# 西藏统计年鉴

# TIBET STATISTICAL YEARBOOK

## 2013

总第25期　NO.25

西藏自治区统计局
Tibet Autonomous Region Bureau of Statistics
国家统计局西藏调查总队
Tibet General Team of Investigation under the NBS
编

中国统计出版社
China Statistics Press

图书在版编目（CIP）数据

西藏统计年鉴. 2013 : 汉英对照 / 西藏自治区统计局, 国家统计局西藏调查总队编. -- 北京 : 中国统计出版社, 2013.7
ISBN 978-7-5037-6861-3

Ⅰ. ①西… Ⅱ. ①西… ②国… Ⅲ. ①统计资料－西藏－2013－年鉴－汉、英 Ⅳ. ①C832.75-54

中国版本图书馆 CIP 数据核字(2013)第 153075 号

西藏统计年鉴-2013

作　　者/ 西藏自治区统计局　国家统计局西藏调查总队
责任编辑/ 佘竞雄　高勇　刘院明
装帧设计/ 李建树
出版发行/ 中国统计出版社
地　　址/ 北京市丰台区西三环南路甲 6 号　邮政编码/100073
电　　话/ 邮购（010）63376909　书店（010）68783171
网　　址/ http://csp.stats.gov.cn
印　　刷/ 北京力信诚印刷有限公司
经　　销/ 新华书店
开　　本/ 890mm×1240mm　1/16
字　　数/ 860 千字
印　　张/ 29.75
版　　别/ 2013 年 7 月第 1 版
版　　次/ 2013 年 7 月第 1 次印刷
定　　价/ 280.00 元

本书附同版本 CD-ROM 一张，光盘内容以书面文字为准。
如有印装差错，由本社发行部调换。

# 《西藏统计年鉴-2013》编辑委员会及编辑工作人员

## 编辑委员会



## 编辑工作人员

《TIBET STATISTICAL YEARBOOK-2013》
EDITORIAL BOARD AND EDITORIAL STAFF

# 编辑说明

一、《西藏统计年鉴》(2013)是一本信息高度密集的资料工具书。本书收录了2012 年西藏自治区的经济和社会发展等各方面的统计数据，以及西藏和平解放以来各个时期的主要统计数据，是国内外各界人士了解西藏、认识西藏的重要资料性工具书。

二、全书内容分为18个篇目，即1.行政区划和自然资源；2.综合；3.人口、从业人员和职工工资；4.固定资产投资；5.财政；6.物价；7.人民生活；8.农业；9.工业；10.建筑业；11.运输和邮电；12.国内贸易；13.对外经济贸易和旅游；14.金融和保险；15.教育、科技和文化；16.卫生、体育和环保；17.各县（区、市）主要统计资料；18.全国各省（区、市）统计资料。为便于读者正确使用资料，书末还附有主要统计指标解释。

三、本年鉴中总量指标均按当年现行价格计算。西藏生产总值及各产业增加值、农业总产值、工业总产值指数和增长速度均按可比价格计算。

四、本年鉴部分数据合计数或相对数由于单位取舍不同产生的计算误差未作机械调整。

五、本年鉴对以前的统计资料重新进行了核实，相应地调整了部分数据。读者在使用历史资料时，凡与本年鉴有出入的，均以本年鉴为准。

六、本年鉴中的符号使用说明："…"表示数据不足本表最小单位数；"空格"表示该项统计指标数据不详或无数据；"#"表示其中主要项。

七、资料中所使用的度量衡单位采用国际统一标准计量单位。

八、本书为中英文对照，配有电子版光盘。

九、《西藏统计年鉴》公开出版以来，受到了国内外广大读者的关心和支持，对本年鉴的内容和编辑工作提出了许多宝贵意见，同时得到区直有关部门和单位的大力支持，对此我们深表感谢。限于我们的水平，欢迎读者继续对年鉴的不足之处给予批评和指正，帮助我们进一步改进年鉴的编辑工作，以便我们更好地为广大读者服务。

# EDITOR'S NOTE

Ⅰ.*Tibet Statistical Yearbook 2013*contains comprehensive statistics of Tibetan social and economic development in 2012 and some selected major data series in historically important years after The Peaceful Liberation of Tibet. It is really an important and efficient reference yearbook for people of various circles in and outside China to know and understand Tibet.

Ⅱ.The book is composed of 18 parts. They include: 1.Division of Administrative Areas and Natural Resources;2.General Survey;3. Population , Employment and Wages; 4.Investment in Fixed Assets; 5.Government Finance; 6.Price; 7.People's Livelihood; 8.Agriculture; 9.Industry; 10.Construction; 11.Transportation, Postal and Telecommunications Services; 12.Domestic Trade;13.Foreign Trade and Tourism;14.Banking and Insurance; 15.Education, Science and Culture;16.Sport, Public Health and Environmental Protection;17.Statistics for Counties, Cities and Districts;18.Statistics for Provinces, Municipality and Autonomous Region. Interpretation of major statistical indicators attached is a useful tool for readers of this yearbook.

Ⅲ.The prices used in calculation in this publication are current prices of those years.Indices and growth rate of gross regional product of Tibet,value-added by three strata of industry,gross agricultural output value and gross industrial output value are calculated at constant prices.

Ⅳ.Statistical discrepancies in this yearbook due to rounding are not adjusted.

Ⅴ.Some of the published data are changed in this yearbook according to our checking, therefore, data in this yearbook are reliable whenever you find different data in other publications.

Ⅵ.Marks in this yearbook:" ... "means not large enough to be rounded into the least unit; "#" indicates major item in a category. "blank space" not available.

Ⅶ.The international standard units of measurement are applied in this yearbook.

Ⅷ.This book is written in Chinese and English, and is equipped with electric CD.

Ⅸ.Previous editions of *Tibet Statistical Yearbook* have won wide acclaim among the readers. During the compilation of the yearbook, we have got the support from some government departments of Autonomous Region and other relative units. We express our thanks to all of them here. In order to excel, we welcome all candid comments and criticism from our readers.

# 目 录

# CONTENTS

## 第一篇　行政区划和自然资源

## CHAPTER 1　ADMINISTRATIVE DIVISION AND NATURAL RESOURCES



## 第二篇　综合

## CHAPTER 2　GENERAL SURVEY

## 第三篇 人口、从业人员和职工工资
## CHAPTER 3 POPULATION,EMPLOYMENT AND WAGES

## 第四篇 固定资产投资

## CHAPTER 4 INVESTMENT IN FIXED ASSETS

## 第五篇 财政
## CHAPTER 5 GOVERNMENT FINANCE



## 第六篇 物价指数
## CHAPTER 6 PRICE INDICES

## 第七篇　人民生活
## CHAPTER 7　PEOPLE'S LIVELIHOOD

## 第八篇　农业
## CHAPTER 8　AGRICULTURE

## 第九篇 工业
## CHAPTER 9 INDUSTRY

## 第十篇 建筑业
## CHAPTER 10 CONSTRUCTION

## 第十一篇 运输和邮电业
## CHAPTER 11 TRANSPORTATION，POSTAL AND TELECOMMUNICATIONS SERVICES



## 第十二篇 国内贸易
## CHAPTER 12 DOMESTIC TRADE

## 第十三篇　对外经济贸易和旅游
## CHAPTER 13　FOREIGN TRADE AND TOURISM



## 第十四篇　金融和保险
## CHAPTER 14　BANKING AND INSURANCE

## 第十五篇　教育、科技和文化
## CHAPTER 15　EDUCATION，SCIENCE AND CULTURE

## 第十六篇　体育、卫生、环保

## CHAPTER 16　SPORTS，PUBLIC HEALTH AND ENVIRONMENTAL PROTECTION

## 第十七篇　各县(市、区)主要统计指标
## CHAPTER 17　MAIN ECONOMIC INDICATORS BY COUNTIES (CITY AND REGIONS)

## 第十八篇 全国各省（区、市）统计资料

## CHAPTER 18 STATISTICAL DATA OF PROVINCE , MUNICIPALITY AND AUTONOMOUS REGION

## 附 录
## APPENDIX

# 第一篇

## Chapter 1

## ADMINISTRATIVE DIVISION AND NATURAL RESOURCES

# 1-1 行政区划

## ADMINISTRATIVE DIVISIONS

单位：个 (unit)

| 地区 Region | | 市辖区 Districts Under the Jurisdica-tion of Cities | 县级市 Cities at Country Level | 县 Country | 乡 Township | #民族乡 National Township | 镇 Town | 街道 Urban Sub-districts | 居民委员会 Neighbor-hood Committee | 村民委员会 Village Committee |
|---|---|---|---|---|---|---|---|---|---|---|
| **总计** | **Total** | **1** | **1** | **72** | **543** | **9** | **140** | **10** | **209** | **5255** |
| 拉萨市 | Lhasa | 1 | | 7 | 48 | | 9 | 8 | 44 | 224 |
| 昌都地区 | Qamdo | | | 11 | 110 | 1 | 28 | | 23 | 1119 |
| 山南地区 | Shannan | | | 12 | 58 | 5 | 24 | | 61 | 493 |
| 日喀则地区 | Xigazê | | 1 | 17 | 174 | | 27 | 2 | 30 | 1643 |
| 那曲地区 | Nagqu | | | 11 | 89 | | 25 | | 37 | 1153 |
| 阿里地区 | Ngari | | | 7 | 30 | | 7 | | 7 | 134 |
| 林芝地区 | Nyingchi | | | 7 | 34 | 3 | 20 | | 7 | 489 |

# 1-2 行政区划一览表

## LIST OF ADMINISTRATIVE DIVISIONS

| | | |
|---|---|---|
| 拉萨市 | Lhasa | 城关区 墨竹工卡县 达孜县 堆龙德庆县 曲水县 尼木县 当雄县 林周县<br>Lhasa Chengguanqu Maizhokunggar Dagzê Doilungdêqên Qüxü Nyêmo Damxung Lhünzhub |
| 昌都地区 | Qamdo | 左贡县 芒康县 洛隆县 边坝县 昌都县 江达县 贡觉县 类乌齐县 丁青县 察雅县 八宿县<br>Zogang Markam Lhorong Banbar Qamdo Jomda Konjo Riwoqê Dêngqên Chagyab Baxoi |
| 山南地区 | Shannan | 乃东县 扎囊县 贡嘎县 桑日县 琼结县 洛扎县 加查县 隆子县 曲松县 措美县 错那县 浪卡子县<br>Nêdong Chanang Konggar Sangri Qonggyai Lhozhag Gyaca Lhünzê Qusum Comai Cona Nagarzê |
| 日喀则地区 | Xigazê | 日喀则市 南木林县 江孜县 定日县 萨迦县 拉孜县 昂仁县 谢通门县 白朗县 仁布县 康马县 定结县 仲巴县 亚东县 吉隆县 聂拉木县 萨嘎县 岗巴县<br>Xigazê Shi Namling Gyangzê Tingri Sa'gya Lhazê Ngamring Xaitongmoin Bainang Rinbung Kangmar Dinggyê Zhongba Yadong Gyirong Nyalam Saga Kamba |
| 那曲地区 | Nagqu | 申扎县 班戈县 那曲县 聂荣县 安多县 嘉黎县 巴青县 比如县 索县 尼玛县 双湖县<br>Xainza Bangoin Nagqu Nyainrong Amdo Lhari Baqên Biru Sog Nyima Shuanghu |
| 阿里地区 | Ngari | 普兰县 札达县 噶尔县 日土县 革吉县 改则县 措勤县<br>Burang Zanda Gar Rutog Gê'gyai Gêrzê Coqên |
| 林芝地区 | Nyingchi | 林芝县 米林县 朗县 工布江达县 波密县 察隅县 墨脱县<br>Nyingchi Mainling Nang Gongbo'gyamda Bomê Zayü Mêdog |

# 1-3 县(市、区)分类

## COUNTIES(CITIES AND REGION)BY TYPE

| 分类<br>Classify | 个数<br>Number | 县(市、区)名称<br>Name of County (city and region) |
|---|---|---|
| 边境县<br>Counties of Border | 21 | 墨脱县 米林县 察隅县 朗 县 洛扎县 隆子县 错那县 浪卡子县 定日县 康马县 定结县<br>仲巴县 亚东县 吉隆县 聂拉木县 萨嘎县 岗巴县 普兰县 札达县 噶尔县 日土县<br>Mêdog Mainling Zayü Nang Lhozhag Lhünzê Cona Nagarzê Tingri Kangmar<br>Dinggyê Zhongba Yadong Gyirong Nyalam Saga Kamba Burang Zanda Gar Rutog |
| 农业县<br>Counties of Agriculture | 35 | 城关区 墨竹工卡县 达孜县 堆龙德庆县 曲水县 尼木县 墨脱县 米林县 林芝县 波密县<br>察隅县 朗 县 芒康县 左贡县 洛隆县 边坝县 乃东县 扎囊县 贡嘎县 桑日县 琼结县 洛扎县<br>加查县 隆子县 日喀则市 南木林县 江孜县 定日县 萨迦县 拉孜县 白朗县 仁布县 定结县<br>吉隆县 聂拉木县<br>Lhasa Chengguanqu Maizhokunggar Dagzê Doilungdêqên Qüxü Nyêmo Mêdog Mainling<br>Nyingchi Bomê Zayü Nang Markam Zogang Lhorong Banbar Nêdong Chanang<br>Konggar Sangri Qonggyai Lhozhag Gyaca Lhünzê Xigazê Shi Namling Gyangzê<br>Tingri Sa'gya Lhazê Bainang Rinbung Dinggyê Gyirong Nyalam |
| 牧业县<br>Counties of Animal | 14 | 当雄县 仲巴县 萨嘎县 那曲县 嘉黎县 聂荣县 安多县 申扎县 班戈县 巴青县<br>尼玛县 双湖县 革吉县 改则县 措勤县<br>Damxung Zhongba Saga Nagqu Lhari Nyainrong Amdo Xainza Bangoin Baqên Nyima<br>Shuanghu Gê'gyai Gêrzê Coqên |
| 半农半牧县<br>Counties of Agriculture and Animal | 24 | 林周县 工布江达县 昌都县 江达县 贡觉县 类乌齐县 丁青县 察雅县 八宿县<br>曲松县 措美县 错那县 浪卡子县 昂仁县 谢通门县 康马县 亚东县 岗巴县 比如县<br>索 县 普兰县 札达县 噶尔县 日土县<br>Lhünzhub Gongbo'gyamda Qamdo Jomda Konjo Riwoqê Dêngqên Chagyab Baxoi<br>Qusum Comai Cona Nagarzê Ngamring Xaitongmoin Kangmar Yadong Kamba Biru<br>Sog Burang Zanda Gar Rutog |
| "一江两河"开发县<br>One River and Two River Exploiture | 18 | 城关区 墨竹工卡县 达孜县 堆龙德庆县 曲水县 尼木县 林周县 乃东县 扎囊县 贡嘎县<br>桑日县 琼结县 日喀则市 南木林县 江孜县 白朗县 拉孜县 谢通门县<br>Lhasa Chengguanqu Maizhokunggar Dagzê Doilungdêqên Qüxü Nyêmo Lhünzhub Nêdong<br>Chanang Konggar Sangri Qonggyai Xigazê Shi Namling Gyangzê Bainang Lhazê<br>Xaitongmoin |
| 粮食基地县<br>Counties of Grain Base | 11 | 堆龙德庆县 林周县 波密县 芒康县 乃东县 扎囊县 贡嘎县 江孜县 白朗县<br>日喀则市 拉孜县<br>Doilungdêqên Lhünzhub Bomê Markam Nêdong Chanang Konggar Gyangzê Bainang<br>Xigazê Shi Lhazê |

# 1-4 西藏各水系流域面积

## DRAINAGE AREA OF TIBET WATER SYSTEM

单位：平方公里、% (sq. km, %)

| 区域 Area | 水系 Water System | 流域 | Drainage Area | 面积 Area | 比重 Proportion |
|---|---|---|---|---|---|
| 外流区 Water System of Outer Area | 太平洋水系 Pacific Ocean Water System | 金沙江 | Jingsajiang | 22933 | 1.9 |
| | | 澜沧江 | Lantsang | 38908 | 3.2 |
| | | 小计 | Subtotal | 61841 | 5.1 |
| | 印度洋水系 Indian Ocean Water System | 怒江 | Nujiang | 102691 | 8.5 |
| | | 吉太曲 | Jitaicu | 2350 | 0.2 |
| | | 察隅曲 | Chayucu | 17881 | 1.5 |
| | | 丹马曲(达兰河) | Danbacu(Dalan River ) | 12114 | 1.0 |
| | | 雅鲁藏布江 | Brahmaputra | 242004 | 20.1 |
| | | 西巴霞曲 | Xibaxiacu | 25775 | 2.1 |
| | | 鲍罗里河(卡门河) | Baoluoli River(Kameng River) | 10790 | 0.9 |
| | | 达旺-娘江曲 | Dawang-niangjiangcu | 6330 | 0.5 |
| | | 洛扎怒曲 | Luozhashucu | 6312 | 0.5 |
| | | 康布曲 | Kangbucu | 2176 | 0.2 |
| | | 汇入布拉马普特拉河的其他河流 | Other | 8882 | 0.7 |
| | | 朋曲 | Pengcu | 24272 | 2.0 |
| | | 绒辖藏布 | Rongxiacangbu | 1400 | 0.1 |
| | | 波曲(麻章藏布) | Pocu(Mazhangcangbu) | 1987 | 0.2 |
| | | 吉隆藏布 | Jilongcangbu | 2950 | 0.2 |
| | | 马甲藏布(孔雀河) | Majiacangbu (Peacock River) | 3063 | 0.3 |
| | | 甲扎岗噶曲 | Jiazhagangcu | 1483 | 0.1 |
| | | 乌热曲-乌扎拉曲 | Wurecu-wuzhalacu | 816 | 0.1 |
| | | 汇入恒河的其他河流 | Ganges from Others River | 1443 | 0.1 |
| | | 朗钦藏布(象泉河) | Langqincangbu(xiangquan River) | 23070 | 1.9 |
| | | 如许藏布 | Ruxucangbu | 2630 | 0.2 |
| | | 森格藏布(狮泉河) | Senggecangbu | 27170 | 2.3 |
| | | 羌臣摩河(奇普恰普河) | Qiangchengmo River(Qipuqiapu River) | 1397 | 0.1 |
| | | 小计 | Subtotal | 528986 | 44.0 |
| | 合计 | | Total | 590827 | 49.1 |
| 内流区 Water System of Inner Area | 藏南内流水系 Water System Inner of South Tibet | 羊卓雍错-普莫雍错-哲古错 | Yangzhuoyongcuo-pumoyongcuo-zhegucuo | 10091 | 0.8 |
| | | 多庆错-嘎拉错 | Duoqingcuo-galacuo | 3111 | 0.3 |
| | | 错姆折林-共左错 | Cuomuzhelin-Gongzuocuo | 1380 | 0.1 |
| | | 佩枯错-错戳龙 | Peikucuo-cuochuolong | 3290 | 0.3 |
| | | 小计 | Subtotal | 17872 | 1.5 |
| | 藏北内流水系 Water System Inner of North Tibet | 纳木错-己木错-兹格塘错 | Namucuo-Jimucuo-Zigetangcuo | 33449 | 2.8 |
| | | 色林错-格林错 | Selincuo-Gelincuo | 51405 | 4.3 |
| | | 扎日南木错-当惹雍错湖区 | Zharinanmucuo-Dangreyongcuo | 60962 | 5.1 |
| | | 坶旁雍错-昂拉仁错-塔若错 | Mapangyongcuo-Anglangrencuo-Taruocuo | 52460 | 4.4 |
| | | 班公错-泽错 | Bangongcuo-Zecuo | 28436 | 2.4 |
| | | 藏北其他湖区 | Other | 366959 | 30.5 |
| | | 小计 | Subtotal | 593671 | 49.4 |
| | 合计 | | Total | 611543 | 50.9 |

# 1-5 西藏境内面积大于200平方公里的湖泊

## STATISTICS LAKE AREA OVER 200 SQURE KILOMETER OF TIBET

| 湖泊名称 Lake name | | 湖面海拔(米) Lake Sea Level (m) | 湖面面积(平方公里) Lake Area (sq.km) | 湖泊类型 Lake Type |
|---|---|---|---|---|
| 纳木错 | Namtso Lake | 4718 | 1920 | 咸 Salty |
| 色林错 | Selin Lake | 4530 | 1640 | 咸 Salty |
| 扎日南木错 | Zharinanmu Lake | 4613 | 1023 | 咸 Salty |
| 当惹雍错 | Dangreyong Lake | 4535 | 835 | 咸 Salty |
| 羊卓雍错 | Yamdok Tso Lake | 4441 | 638 | 咸 Salty |
| 昂拉仁错 | Anglaren Lake | 4689 | 560 | 咸 Salty |
| 塔若错 | Tarou Lake | 4545 | 520 | 咸 Salty |
| 格仁错 | Geren Lake | 4650 | 466 | 咸 Salty |
| 班公错 | Bangong Lake | 4241 | 413 | 东淡西咸 Salty or tasteless |
| 玛旁雍错 | Mapangyong Lake | 4588 | 412 | 淡 Tasteless |
| 昂孜错 | Angzi Lake | 4638 | 406 | 咸 Salty |
| 多格仁错 | Dougeren Lake | 4814 | 394 | 咸 Salty |
| 吴如错 | Wuru Lake | 4552 | 351 | 淡 Tasteless |
| 多尔索洞错 | Douershoudong Lake | 4749 | 350 | 咸 Salty |
| 鲁玛江冬错 | Lumajiangdong Lake | 4810 | 322 | 咸 Salty |
| 佩枯错 | Peiku Lake | 4591 | 300 | 咸 Salty |
| 普莫雍错 | Pumoyong Lake | 5009 | 284 | 淡 Tasteless |
| 拉昂错 | Laang Lake | 4573 | 269 | 淡 Tasteless |
| 错鄂 | Coue Lake | 4562 | 244 | 咸 Salty |
| 郭扎错 | Gouzha Lake | 5080 | 244 | 北淡南咸 Salty or tasteless |
| 达则错 | Dazhe Lake | 4461 | 243 | 咸 Salty |
| 许如错 | Xuru Lake | 4714 | 208 | 咸 Salty |
| 扎布耶茶卡 | Zabuyeca Lake | 4400 | 235 | 咸 Salty |
| 仁青休布错 | Renqingxiubu Lake | 4760 | 200 | 咸 Salty |

# 1-6 西藏境内海拔5000米以上的湖泊

## STATISTICS OF LAKE HEIGHT ABOVE SEA LEVEL OVER 5000 METER FOR TIBET

| 湖泊名称 | Lake name | 湖面海拔(米) Lake Sea Level (m) | 湖面面积(平方公里) Lake Area (sq.km) | 湖泊类型 Lake Type |
|---|---|---|---|---|
| 普莫雍错 | Mopuyong Lake | 5009 | 284 | 咸 Salty |
| 郭扎错 | Gouzha Lake | 5080 | 244 | 北淡南咸 Salty or tasteless |
| 杰萨错 | Jiesa Lake | 5202 | 150 | 淡 Tasteless |
| 打加错 | Dajia Lake | 5170 | 145 | - |
| 帕龙错 | Palong Lake | 5116 | 140 | 咸 Salty |
| 龙木错 | Longmu Lake | 5002 | 97 | 咸 Salty |
| 黑石北错 | Heishibei Lake | 5048 | 93 | 咸 Salty |
| 令戈错 | Lingge Lake | 5051 | 89 | - |
| 窝尔巴错 | Woerba Lake | 5177 | 89 | 咸 Salty |
| 布岩错 | Buyan Lake | 5158 | 85 | - |
| 森里错 | Shengli Lake | 5386 | 78 | 淡 Tasteless |
| 独立石湖 | Dulishi Lake | 5031 | 76 | 咸 Salty |
| 美日切错 | Meiriqie Lake | 5354 | 64 | 咸 Salty |
| 骆驼错 | Luotuo Lake | 5103 | 62 | 咸 Salty |
| 清澈错 | Qingche Lake | 5104 | 57 | 咸 Salty |
| 阿果错 | Arguo Lake | 5000 | 55 | 咸 Salty |
| 错纳错 | Cuonacuo Lake | 5145 | 50 | 咸 Salty |

# 第二篇

# Chapter 2

## GENERAL SURVEY

# 2-1 各部门机构数

## GRASSROOTS UNITS IN VARIOUS SECTORS

| 部门 | Sector | 2008 | 2009 | 2010 | 2011 | 2012 |
|---|---|---|---|---|---|---|
| **农村基层组织** | (个) **Rural Grassroots Units** (unit) | | | | | |
| 乡政府 | Township Governments | 542 | 542 | 542 | 542 | 543 |
| 镇政府 | Town Governments | 140 | 140 | 140 | 140 | 140 |
| 村民委员会 | Village Committees | 5261 | 5261 | 5261 | 5254 | 5255 |
| 乡村户数 | (万户) Numbers of Rural Huosehold (10000 households) | 44.09 | 46.03 | 47.75 | 50.34 | 52.36 |
| **工业企业** | (个) **Industrial Enterprises** (unit) | **465** | **519** | **479** | **497** | **473** |
| #国有企业 | State-owned | 128 | 180 | 138 | 136 | 129 |
| 集体企业 | Collective-owned | 71 | 84 | 66 | 74 | 73 |
| **建筑业企业** | (个) **Construction Enterprises and Units** (unit) | **175** | **178** | **174** | **200** | **175** |
| #国有企业 | Construction Enterprises | 23 | 24 | 30 | 35 | 26 |
| **邮电局所** | (个) **Post and Telecommunications Offices** (unit) | **193** | **194** | **196** | **203** | **207** |
| **卫生事业** | (个) **Health Care** (unit) | **1326** | **1329** | **1352** | **1380** | **1403** |
| #医院及卫生院 | Urban and Township Hospital | 764 | 763 | 773 | 783 | 777 |
| 门诊部、所 | Clinics | 412 | 417 | 430 | 444 | 473 |
| 卫生防疫站 | Sanitation and Antiepidemic Stations | 81 | 81 | 81 | 82 | 82 |
| **教育事业** | **Education** | | | | | |
| 普通高等学校 | (所) Regular Institutions of Higher Education (unit) | 6 | 6 | 6 | 6 | 6 |
| 中等学校 | (所) Secondary Schools (unit) | 126 | 124 | 128 | 129 | 128 |
| #普通中学 | (所) Regular Secondary Schools (unit) | 119 | 118 | 122 | 122 | 122 |
| 小学 | (所) Primary Schools (unit) | 885 | 884 | 872 | 860 | 857 |
| 幼儿园 | (所) Kindergartens (unit) | 83 | 88 | 119 | 198 | 480 |
| **文化事业** | (个) **Cultural Institutions** (unit) | **314** | **360** | **377** | **393** | **408** |
| 艺术事业 | Art Institutions | 51 | 51 | 50 | 67 | 82 |
| 群众文化事业 | Mass Cultural Establishments | 257 | 297 | 321 | 320 | 320 |
| 图书馆事业 | Libraries | 4 | 4 | 4 | 4 | 4 |
| **文物事业** | (个) **Cultural Relie Establishments** (unit) | **17** | **17** | **79** | **81** | **81** |
| **出版发行事业** | (个) **Publishing and Distribution Establishments** (unit) | **86** | **90** | **90** | **90** | **56** |
| **广播电视** | (座) **Broadcasting and Television Stations** (unit) | **85** | **85** | **85** | **85** | **85** |
| 广播电台 | Radio Stations | 1 | 1 | 1 | 1 | 1 |
| 电视台 | Television Stations | 5 | 5 | 5 | 5 | 2 |
| 广播电视台 | Broadcast-Television Stations | 3 | 3 | 3 | 3 | 6 |
| 县级以上有线电视转播发射台 | TV Transmission Stations and Relaying Station in Counties and City | 76 | 76 | 76 | 76 | 76 |

# 2-2 国民经济和社会发展总量与速度指标

| 指　标 | | Item | | 总量指标 1965 | 1978 | 1993 |
|---|---|---|---|---|---|---|
| **人　口** | **(万人)** | **Population** | **(10000 persons)** | | | |
| 年末常住人口数 | | Year-end Population | | 137.12 | 178.82 | 232.22 |
| #市镇人口 | | Urban | | | 20.21 | 38.39 |
| 乡村人口 | | Rural | | | 158.61 | 193.83 |
| #男性人口 | | Male | | 66.91 | 87.26 | 114.82 |
| 女性人口 | | Female | | 70.21 | 91.56 | 117.40 |
| **从业人数** | **(万人)** | **Employment** | **(10000 persons)** | | | |
| #职工人数 | | Staff and Workers | | 6.25 | 13.52 | 16.90 |
| **地区生产总值** | **(亿元)** | **Gross Domestic Product** | **(100 million yuan)** | **3.27** | **6.65** | **37.42** |
| 第一产业 | | Primary Industry | | 2.32 | 3.37 | 18.30 |
| 第二产业 | | Secondary Industry | | 0.22 | 1.84 | 5.49 |
| 第三产业 | | Tertiary Industry | | 0.73 | 1.44 | 13.63 |
| **固定资产投资** | **(亿元)** | **Investment in Fixed Assets** | **(100 million yuan)** | | | |
| 固定资产投资总额 | | Total Investment in Fixed Assets | | | 1.85 | 18.15 |
| **财　政** | **(亿元)** | **Public Finance** | **(100 million yuan)** | | | |
| 地方财政收入 | | Total Revenue of Lpcal Governments | | 0.22 | -0.16 | 1.56 |
| 财政支出 | | Total Expenditures | | 1.13 | 4.57 | 21.60 |
| **物价指数(上年=100)** | | **Price Indices** | **(preceding year=100)** | | | |
| 商品零售价格总指数 | | General Retail Price Index | | | | 111.9 |
| 居民消费价格总指数 | | General Consumer Price Index | | | | 113.4 |
| **人民生活** | | **People's Livelihood** | | | | |
| 城镇居民人均可支配收入 | (元) | Per Capita Annual Disposable Income of Urban Households | | | 565 | 2348 |
| 农牧民人均纯收入 | (元) | Per Capita Net Income of Rural Residents | (yuan) | | 175 | 706 |
| 储蓄存款余额 | (亿元) | Outstanding Amount of Saving Deposits in Urban & Rural Areas | (100million yuan) | 0.25 | 0.33 | 9.05 |
| **职工工资** | | **Wages of Staff and Workers** | | | | |
| 职工工资总额 | (亿元) | Total Wages of Staff and Workers | (100 million yuan) | 0.59 | 1.11 | 6.79 |
| 职工平均工资 | (元) | Average Wage of Staff and Workers | (yuan) | 938 | 850 | 4085 |
| **农　业** | **(亿元)** | **Agriculture** | **(100 million yuan)** | | | |
| 农林牧渔业总产值 | | Gross Output Value of Farming Forestry, Animal Household and Fishery | | 2.64 | 3.92 | 22.99 |

# PRINCIPAL AGGREGATE INDICATORS ON NATIONAL ECONOMIC AND SOCIAL DEVELOPMENT AND THEIR RELATED INDICES AND GROWTH RATES

| Aggregate Data | | | | 速度指标 (%) Indices and Growth Rates | | | | | | | | |
|---|---|---|---|---|---|---|---|---|---|---|---|---|
| | | | | 指数 Index (2012年比以下各年) (2012 as percentage of the following years) | | | | | 年平均增长速度 Average Annual Growth Rate | | | |
| 2000 | 2005 | 2011 | 2012 | 1965 | 1978 | 1993 | 2000 | 2011 | 1966-2012 | 1979-2012 | 1994-2012 | 2001-2012 |
| 259.83 | 280.31 | 303.30 | 307.62 | 224.3 | 172.0 | 132.5 | 118.4 | 101.4 | 1.7 | 1.6 | 1.5 | 1.4 |
| 50.22 | 58.45 | 68.88 | 69.98 | | 346.3 | 182.3 | 139.3 | 101.6 | | 3.7 | 3.2 | 2.8 |
| 209.61 | 221.86 | 234.42 | 237.64 | | 149.8 | 122.6 | 113.4 | 101.4 | | 1.2 | 1.1 | 1.1 |
| 131.47 | 142.90 | 155.29 | 156.89 | 234.5 | 179.8 | 136.6 | 119.3 | 101.0 | 1.8 | 1.7 | 1.7 | 1.5 |
| 128.36 | 137.41 | 148.01 | 150.73 | 214.7 | 164.6 | 128.4 | 117.4 | 101.8 | 1.6 | 1.5 | 1.3 | 1.3 |
| 16.24 | 16.28 | 19.80 | 21.22 | 339.5 | 157.0 | 125.6 | 130.7 | 107.2 | 2.6 | 1.3 | 1.2 | 2.3 |
| **117.80** | **248.80** | **605.83** | **701.03** | **5594.9** | **2950.1** | **971.8** | **405.0** | **111.8** | **108.9** | **110.5** | **112.7** | **112.4** |
| 36.39 | 48.04 | 74.47 | 80.38 | 639.2 | 466.1 | 205.9 | 160.6 | 103.4 | 104.0 | 104.6 | 103.9 | 104.0 |
| 27.05 | 63.52 | 208.79 | 242.85 | 27699.5 | 3879.4 | 2428.5 | 641.2 | 114.4 | 112.7 | 111.4 | 118.3 | 116.7 |
| 54.37 | 137.24 | 322.57 | 377.80 | 20674.5 | 10583.5 | 1456.2 | 441.9 | 112.0 | 112.0 | 114.7 | 115.1 | 113.2 |
| 66.50 | 196.19 | 549.27 | 709.98 | | 38377.3 | 3911.7 | 1067.6 | 129.3 | | 19.1 | 21.3 | 21.8 |
| 6.33 | 14.33 | 64.53 | 95.63 | 43468.2 | | 6130.1 | 1510.7 | 148.2 | 13.8 | | 24.2 | 25.4 |
| 61.61 | 189.16 | 775.68 | 933.97 | 82652.2 | 20437.0 | 4323.9 | 1515.9 | 120.4 | 15.4 | 16.9 | 21.9 | 25.4 |
| 99.2 | 100.8 | 103.7 | 102.9 | | | 92.0 | 103.7 | 99.2 | | | | |
| 99.9 | 101.5 | 105.0 | 103.5 | | | 91.3 | 103.6 | 98.6 | | | | |
| 6448 | 8411 | 16196 | 18028 | | 3190.8 | 767.8 | 279.6 | 111.3 | | 10.7 | 11.3 | 8.9 |
| 1331 | 2078 | 4904 | 5719 | | 3268.0 | 810.1 | 429.7 | 116.6 | | 10.8 | 11.6 | 12.9 |
| 40.48 | 123.10 | 318.83 | 403.91 | 161564.0 | 122397.0 | 4463.1 | 997.8 | 126.7 | 17.0 | 23.3 | 22.1 | 21.1 |
| 23.20 | 46.26 | 110.59 | 123.82 | 20986.4 | 11155.0 | 1823.6 | 533.7 | 112.0 | 12.0 | 14.9 | 16.5 | 15.0 |
| 14976 | 28950 | 55845 | 58347 | 6220.4 | 6864.4 | 1428.3 | 389.6 | 104.5 | 9.2 | 13.2 | 15.0 | 12.0 |
| 51.21 | 67.74 | 109.37 | 118.33 | 4482.2 | 3018.6 | 514.7 | 231.1 | 108.2 | 8.4 | 10.5 | 9.0 | 7.2 |

## 2-2 续表1

| 指标 | 单位 | Item | Unit | 总量指标 1965 | 1978 | 1993 |
|---|---|---|---|---|---|---|
| #农业产值 | | Gross Output Value of Animal Husbandry | | 0.85 | 1.47 | 10.05 |
| 牧业产值 | | Gross Output Value of Farming | | 1.79 | 2.44 | 12.37 |
| **主要产品产量** | | **Output of Major Farm Products** | | | | |
| 粮食 | (万吨) | Grain | (10000 tons) | 29.07 | 51.34 | 67.22 |
| 油菜籽 | (吨) | Oil-bearing Crops | (ton) | 5264 | 7914 | 26040 |
| 猪牛羊肉 | (万吨) | Pork,Beef and Mutton | (10000 tons) | | 4.71 | 10.25 |
| **年末牲畜存栏** | | **Number of Livestock in Year-end** | | | | |
| 大牲畜 | (万头) | Large Animal | (10000 heads) | 459 | 509 | 588 |
| 猪 | (万头) | Hog | (10000 heads) | 13 | 25 | 20 |
| 羊 | (万头) | Sheep and Goats | (10000 heads) | 1229 | 1815 | 1713 |
| **工 业** | | **Industry** | | | | |
| 工业总产值 | (亿元) | Gross Industrial Output Value | (100 million yuan) | 0.23 | 1.49 | 5.99 |
| 主要产品产量 | | Output of Major Industrial Products | | | | |
| 铬矿石 | (万吨) | Chromium Ore | (10000 tons) | | 1.25 | 7.13 |
| 发电量 | (亿千瓦时) | Electricity | (100 million kwh) | 0.28 | 1.34 | 3.93 |
| 水泥 | (万吨) | Cement | (10000 tons) | 1.06 | 6.20 | 13.09 |
| 全部规模以上工业企业主要指标 | | Main Indicators of all Industrial Enterprises above Designated Size | | | | |
| 资产总计 | (亿元) | Total Assets | (100 million yuan) | | | |
| 利润总额 | (亿元) | Total Profits | (100 million yuan) | | | |
| **运输、邮电** | | **Transportation , Postal and Telecommunications Services** | | | | |
| 货运总量 | (万吨) | Freight Traffic | (10000 tons) | 29.60 | 49.0 | 153.62 |
| #公路 | | Highways | | 29.60 | 49.0 | 144.68 |
| 铁路 | | | | | | |
| 客运总量 | (万人次) | Passenger Traffic | (10000 persons-times) | 9.30 | 6.0 | 218.70 |
| #公路 | | Highways | | 9.30 | 6.0 | 207.42 |
| 铁路 | | | | | | |
| 旅客周转量 | (万人公里) | Passenger-kilometers | (10000 passenger-km) | 5694 | 5036 | 41077 |
| #公路 | | Highways | | 5694 | 5036 | 25884 |
| 货物周转量 | (万吨公里) | Freight Ton-kilometers | (10000 ton-km) | 17874 | 38333 | 73244 |
| #公路 | | Highways | | 17874 | 38333 | 63550 |
| 邮电业务量 | (万元) | Total Business Revenue | (10000 yuan) | 284 | 214 | 3273 |
| 函件 | (万件) | Number of Letters Delivered | (10000 pieces) | 478 | 557 | 1168 |

continued

| Aggregate Data | | | | 速度指标 (%)　Indices and Growth Rates | | | | | | | | |
|---|---|---|---|---|---|---|---|---|---|---|---|---|
| | | | | 指数　Index（2012年比以下各年）(2012as percentage of the following years) | | | | | 年平均增长速度 Average Annual Growth Rate | | | |
| 2000 | 2005 | 2011 | 2012 | 1965 | 1978 | 1993 | 2000 | 2011 | 1966-2012 | 1979-2012 | 1994-2012 | 2001-2012 |
| 26.36 | 29.89 | 49.62 | 53.39 | 6281.2 | 3632.0 | 531.2 | 202.5 | 107.6 | 9.2 | 11.1 | 9.2 | 6.1 |
| 23.53 | 30.05 | 54.11 | 59.02 | 3297.2 | 2418.9 | 477.1 | 250.8 | 109.1 | 7.7 | 9.8 | 8.6 | 8.0 |
| 96.22 | 93.39 | 93.73 | 94.90 | 326.5 | 184.8 | 141.2 | 98.6 | 101.2 | 2.5 | 1.8 | 1.8 | -0.1 |
| 39610 | 61164 | 63276 | 63047 | 1197.7 | 796.7 | 242.1 | 159.2 | 99.6 | 5.4 | 6.3 | 4.8 | 3.9 |
| 14.93 | 21.46 | 27.67 | 28.95 | | 614.6 | 282.4 | 193.9 | 104.6 | | 5.5 | 5.6 | 5.7 |
| 579 | 686 | 690 | 668 | 145.5 | 131.2 | 113.6 | 115.4 | 96.8 | 0.8 | 0.8 | 0.7 | 1.2 |
| 23 | 30 | 36 | 36 | 276.9 | 144.0 | 180.0 | 156.5 | 100.0 | 2.2 | 1.1 | 3.1 | 3.8 |
| 1664 | 1698 | 1459 | 1352 | 110.0 | 74.5 | 78.9 | 81.3 | 92.7 | 0.2 | -0.9 | -1.2 | -1.7 |
| 18.30 | 33.65 | 95.08 | 105.91 | 46047.8 | 7108.1 | 1768.1 | 578.7 | 111.4 | 13.9 | 13.4 | 16.3 | 15.8 |
| 19.66 | 11.67 | 12.05 | 12.35 | | 988.0 | 173.2 | 62.8 | 102.5 | | 7.0 | 2.9 | -3.8 |
| 6.61 | 13.34 | 27.14 | 26.22 | 9364.3 | 1956.7 | 667.2 | 396.7 | 96.6 | 10.1 | 9.1 | 10.5 | 12.2 |
| 49.32 | 137.28 | 234.91 | 286.67 | 27044.3 | 4623.7 | 2190.0 | 581.2 | 122.0 | 12.7 | 11.9 | 17.6 | 15.8 |
| 75.24 | 112.43 | 346.15 | 506.86 | | | | 673.7 | 146.4 | | | | 17.2 |
| 2.68 | 4.47 | 12.83 | 12.89 | | | | 481.0 | 100.5 | | | | 14.0 |
| 209.30 | 369.61 | 1043.74 | 1144.00 | 3864.9 | 2334.7 | 744.7 | 546.6 | 109.6 | 8.1 | 9.7 | 11.1 | 15.2 |
| 196.00 | 356.00 | 979.00 | 1042.00 | 3520.3 | 2126.5 | 720.2 | 531.6 | 106.4 | 7.9 | 9.4 | 11.0 | 14.9 |
| | | 48.63 | 84.63 | | | | | 174.0 | | | | |
| 310.08 | 479.47 | 3938.00 | 4053.00 | 43580.6 | 67550.0 | 1853.2 | 1307.1 | 102.9 | 13.8 | 21.1 | 16.6 | 23.9 |
| 257.00 | 385.00 | 3659.00 | 3739.00 | 40204.3 | 62316.7 | 1802.6 | 1454.9 | 102.2 | 13.6 | 20.8 | 16.4 | 25.0 |
| | | 95.86 | 92.03 | | | | | 96.0 | | | | |
| 62016 | 228266 | 451670 | 472899 | 8305.2 | 9390.4 | 1151.3 | 762.5 | 104.7 | 9.9 | 14.3 | 13.7 | 18.4 |
| 32125 | 184209 | 225022 | 232044 | 4075.2 | 4607.7 | 896.5 | 722.3 | 103.1 | 8.2 | 11.9 | 12.2 | 17.9 |
| 91981 | 41315 | 437885 | 496470 | 2777.6 | 1295.2 | 677.8 | 539.8 | 113.4 | 7.3 | 7.8 | 10.6 | 15.1 |
| 80912 | 407134 | 270988 | 278732 | 1559.4 | 727.1 | 438.6 | 344.5 | 102.9 | 6.0 | 6.0 | 8.1 | 10.9 |
| 38431 | 164833 | 270424 | 344116 | 121167.6 | 160801.9 | 10513.8 | 895.4 | 127.3 | 16.3 | 24.3 | 27.8 | 20.0 |
| 1349 | 343 | 237 | 287 | 60.0 | 51.5 | 24.6 | 21.3 | 121.1 | -1.1 | -1.9 | -7.1 | -12.1 |

## 2-2 续表2

| 指标 | | Item | | 总量指标 1965 | 1978 | 1993 |
|---|---|---|---|---|---|---|
| 报刊期发数 | (万份) | Number of Newspapers and Magazines Distributed | (10000 copies) | 4 | 19 | 26 |
| **国内贸易** | | **Domestic Trade** | | | | |
| 社会消费品零售总额 | (亿元) | Total Retail Sales of Consumer Goods | (100 million yuan) | | 2.45 | 18.16 |
| **对外贸易** | | **Foreign Trade** | | | | |
| 进出口总额 | (万美元) | Total Exports and Imports | (10000 USD) | 243 | 1664 | 10265 |
| 出口 | | Exports | | 39 | 158 | 1503 |
| 进口 | | Imports | | 204 | 1506 | 8762 |
| **旅 游** | | **Tourism** | | | | |
| 接待国际旅游人数 | (万人次) | Number of International Tourists Received | (10000 persons) | | | 5.44 |
| 旅游外汇收入 | (万美元) | Foreign Exchange Earnings from Tourism | (10000 USD) | | | 675 |
| **金 融** | | **Finance** | | | | |
| 金融机构各项存款 | (亿元) | Deposits of National Banking System | (100 million yuan) | 2.30 | 7.06 | 32.68 |
| 金融机构各项贷款 | (亿元) | Loans of National Bamking System | (100 million yuan) | 0.91 | 1.61 | 33.01 |
| **教 育** | | **Education** | | | | |
| 在校学生数 | | Students Enrollment | | | | |
| 高等学校 | (人) | Institutions of Higher Education | (person) | 2251 | 2081 | 2813 |
| 中等专业学校 | (人) | Specialized Secondary Schools | (person) | 455 | 4640 | 4948 |
| 普通中学 | (人) | Regular Secondary Schools | (person) | 1059 | 17679 | 25693 |
| 小学 | (万人) | Primary Schools | (10000 persons) | 6.68 | 26.26 | 21.19 |
| **文 化** | | **Culture** | | | | |
| 出版数量 | | Publications | | | | |
| 报纸 | (千印张) | Number of Newspapers Issue | (1000 sheets) | 3258 | 26669 | 15377 |
| 杂志 | (千册) | Number of Magazines Issue | (1000 copies) | | 74 | 297 |
| 图书 | (千册) | Number of Books Published | (1000 copies) | 500 | 3060 | 4164 |
| **卫 生** | | **Health Care** | | | | |
| 医院、卫生院 | (个) | Number Hospitals | (unit) | 86 | 519 | 293 |
| 医院、卫生院床位数 | (张) | Number of Hospital Beds | (unit) | 1570 | 4198 | 4515 |
| 卫生技术人员 | (人) | Medical Technical Personnel | (person) | 2424 | 5780 | 7540 |

continued

| Aggregate Data | | | | 速度指标 (%) Indices and Growth Rates | | | | | | | | |
|---|---|---|---|---|---|---|---|---|---|---|---|---|
| | | | | 指数 Index （2012年比以下各年） (2012 as percentage of the following years) | | | | | 年平均增长速度 Average Annual Growth Rate | | | |
| 2000 | 2005 | 2011 | 2012 | 1965 | 1978 | 1993 | 2000 | 2011 | 1966-2012 | 1979-2012 | 1994-2012 | 2001-2012 |
| 40 | 27 | 47 | 54 | 1350.0 | 284.2 | 207.7 | 135.0 | 114.9 | 5.7 | 3.1 | 3.9 | 2.5 |
| 42.52 | 73.23 | 219.00 | 254.64 | | 10393.5 | 1402.2 | 598.9 | 116.3 | | 14.6 | 14.9 | 16.1 |
| 13029 | 20539 | 135861 | 342397 | 140904.1 | 20576.7 | 3335.6 | 2628.0 | 252.0 | 16.7 | 17.0 | 20.3 | 31.3 |
| 11333 | 16532 | 118310 | 335501 | 860259.0 | 212342.4 | 22322.1 | 2960.4 | 283.6 | 21.3 | 25.3 | 32.9 | 32.6 |
| 1696 | 4007 | 17551 | 6896 | 3380.4 | 457.9 | 78.7 | 406.6 | 39.3 | 7.8 | 4.6 | -1.3 | 12.4 |
| 14.94 | 12.13 | 27.08 | 19.49 | | | 358.3 | 130.5 | 72.0 | | | 6.9 | 2.2 |
| 5226 | 4443 | 12963 | 10570 | | | 1565.9 | 202.3 | 81.5 | | | 15.6 | 6.0 |
| 144.98 | 455.11 | 1661.24 | 2050.58 | 89155.7 | 29045.0 | 6274.7 | 1414.4 | 123.4 | 15.5 | 18.2 | 24.3 | 24.7 |
| 80.62 | 178.85 | 408.75 | 663.76 | 72940.7 | 41227.3 | 2010.8 | 823.3 | 162.4 | 15.1 | 19.4 | 17.1 | 19.2 |
| 5475 | 18979 | 32374 | 33452 | 1486.1 | 1607.5 | 1189.2 | 611.0 | 103.3 | 5.9 | 8.5 | 13.9 | 16.3 |
| 6585 | 7027 | 19767 | 18291 | 4020.0 | 394.2 | 369.7 | 277.8 | 92.5 | 8.2 | 4.1 | 7.1 | 8.9 |
| 55232 | 15048 | 181047 | 178091 | 16816.9 | 1007.4 | 693.1 | 322.4 | 98.4 | 11.5 | 7.0 | 10.7 | 10.2 |
| 31.38 | 32.75 | 29.47 | 29.20 | 437.1 | 111.2 | 137.8 | 93.1 | 99.1 | 3.2 | 0.3 | 1.7 | -0.6 |
| 28712 | 53511 | 175967 | 196881 | 6043.0 | 738.2 | 1280.4 | 685.7 | 111.9 | 9.1 | 6.1 | 14.4 | 17.4 |
| 580 | 767 | 1678 | 1859 | | 2512.2 | 625.9 | 320.5 | 110.8 | | 9.9 | 10.1 | 10.2 |
| 5240 | 8540 | 17900 | 13540 | 2708.0 | 442.5 | 325.2 | 258.4 | 75.6 | 7.3 | 4.5 | 6.4 | 8.2 |
| 810 | 763 | 783 | 777 | 903.5 | 149.7 | 265.2 | 95.9 | 99.2 | 4.8 | 1.2 | 5.3 | -0.3 |
| 6156 | 6412 | 9192 | 9666 | 615.7 | 230.3 | 214.1 | 157.0 | 105.2 | 3.9 | 2.5 | 4.1 | 3.8 |
| 8948 | 8914 | 10664 | 11313 | 466.7 | 195.7 | 150.0 | 126.4 | 106.1 | 3.3 | 2.0 | 2.2 | 2.0 |

# 2-3 国民经济和社会发展结构指标

# STRUCTURAL INDICATORS ON NATIONAL ECONOMIC AND SOCIAL DEVELOPMENT

单位：% (%)

| 指 标 | Item | 1978 | 1994 | 2003 | 2010 | 2011 | 2012 |
|---|---|---|---|---|---|---|---|
| **常住人口** | **Population** | | | | | | |
| 城乡结构 | Urban and Rural Structure | | | | | | |
| 城镇 | Urban | 11.3 | 16.6 | 20.21 | 22.67 | 22.71 | 22.7 |
| 乡村 | Rural | 88.7 | 83.4 | 79.79 | 77.33 | 77.29 | 77.3 |
| 性别结构 | Sexual Structure | | | | | | |
| 男 | Male | 48.8 | 49.4 | 50.80 | 51.38 | 51.20 | 51.00 |
| 女 | Female | 51.2 | 50.6 | 49.20 | 48.62 | 48.80 | 49.00 |
| **地区生产总值** | **Gross Domestic Product** | | | | | | |
| 第一产业 | Primary Industry | 50.7 | 46.0 | 22.0 | 13.5 | 12.3 | 11.5 |
| 第二产业 | Secondary Industry | 27.7 | 17.1 | 26.0 | 32.3 | 34.5 | 34.6 |
| 第三产业 | Tertiary Industry | 21.6 | 36.9 | 52.0 | 54.2 | 53.2 | 53.9 |
| **就业产业结构** | **Industrial Structure of Employment** | | | | | | |
| 第一产业 | Primary Industry | 82.0 | 77.1 | 64.1 | 53.6 | 50.3 | 46.3 |
| 第二产业 | Secondary Industry | 5.9 | 3.7 | 9.3 | 10.9 | 12.2 | 13.4 |
| 第三产业 | Tertiary Industry | 12.1 | 19.2 | 26.6 | 35.5 | 37.5 | 40.3 |
| **投 资** | **Investment** | | | | | | |
| 全社会固定资产投资 | Total Investment in Fixed Assets | | | | | | |
| 第一产业 | Primary Industry | | 4.6 | 4.6 | 5.1 | 5.6 | 4.5 |
| 第二产业 | Secondary Industry | | 30.5 | 19.0 | 29.0 | 27.4 | 31.4 |
| 第三产业 | Tertiary Industry | | 64.9 | 76.4 | 65.9 | 67.0 | 64.1 |
| 资金来源结构 | Structure of Funded Sources | | | | | | |
| 国家预算内资金 | State Budgetary Appropriation | | 49.1 | 61.2 | 62.1 | 63.2 | 59.4 |
| 国内贷款 | Domestic Loans | | 4.4 | 4.9 | 1.9 | 2.5 | 3.6 |
| 自筹和其他投资 | Fundraising | | 46.5 | 33.9 | 36.0 | 34.3 | 37.0 |
| **农 业** | **Agriculture** | | | | | | |
| 农林牧渔业产值结构 | Structure of Gross Output Value | | | | | | |
| #农业 | Farming | 39.6 | 49.0 | 43.1 | 45.9 | 45.4 | 45.1 |
| 林业 | Forestry | 0.4 | 2.4 | 9.1 | 2.4 | 2.2 | 2.2 |
| 牧业 | Animal Husbandry | 59.9 | 48.6 | 46.2 | 48.5 | 49.5 | 49.9 |
| 渔业 | Fishery | … | | 1.6 | 0.2 | 0.2 | 0.2 |
| **工业企业结构** | **Industry** | | | | | | |
| 轻工业 | Light Industry | 38.1 | 47.2 | 37.5 | 34.9 | 38.9 | 38.4 |
| 重工业 | Heavy Industry | 61.9 | 52.8 | 62.5 | 65.1 | 61.1 | 61.6 |

# 2-4 平均每天主要社会经济活动

## SELECTED IEDICATORS ON AVERAGE DAILY SOCIAL AND ECONOMIC ACTIVITIES

| 指标 | Item | | 1978 | 1994 | 2003 | 2010 | 2011 | 2012 |
|---|---|---|---|---|---|---|---|---|
| **每天创造的财富** | **Daily Production** | | | | | | | |
| 地区生产总值 | (万元) Gross Domestic Product | (10000 yuan) | 182 | 1260 | 5071 | 13903 | 16598 | 19206 |
| 第一产业 | Primary Industry | | 92 | 579 | 1115 | 1883 | 2040 | 2202 |
| 第二产业 | Secondary Industry | | 50 | 216 | 1305 | 4491 | 5720 | 6653 |
| 工业 | Industry | | 17 | 94 | 378 | 1088 | 1320 | 1516 |
| 建筑业 | Construction | | 34 | 122 | 927 | 3402 | 4400 | 5137 |
| 第三产业 | Tertiary Industry | | 40 | 465 | 2651 | 7529 | 8838 | 10351 |
| 农业总产值 | (万元) Gross Output Value of Agriculture | (10000 yuan) | 107 | 735 | 1606 | 2761 | 2996 | 3242 |
| 工业总产值 | (万元) Gross Industrial Output Value | (10000 yuan) | 41 | 209 | 657 | 2072 | 2605 | 2902 |
| 地方财政收入 | (万元) Local Government Revenue | (10000 yuan) | | 39 | 275 | 1164 | 1768 | 2620 |
| 财政支出 | (万元) Government Expenditures | (10000 yuan) | 125 | 830 | 4060 | 15413 | 21252 | 25588 |
| 粮食 | (吨) Grain | (ton) | 1407 | 1820 | 2647 | 2499 | 2568 | 2600 |
| 油菜籽 | (吨) Oil-bearing Crops | (ton) | 22 | 80 | 135 | 159 | 173 | 173 |
| 发电量 | (万千瓦时) Electricity | (10000 kwh) | 37 | 122 | 278 | 662 | 743 | 718 |
| 水泥 | (吨) Cement | (ton) | 170 | 411 | 2436 | 6003 | 6436 | 7854 |
| 铬矿石 | (吨) Chromium Ore | (ton) | 34 | 203 | 427 | 551 | 330 | 338 |
| **每天消费量** | **Daily Consumption** | | | | | | | |
| 最终消费 | (万元) Final Consumption Expenditure | (10000 yuan) | | 897 | 4604 | 8945 | 10229 | 12401 |
| 居民消费 | Resident Consumption | | | 703 | 2078 | 3649 | 3911 | 4468 |
| 政府消费 | Government Consumption | | | | 2526 | 5296 | 6318 | 7933 |
| 社会消费品零售总额 | (万元) Total Retail Sales of Consumer Goods | (10000 yuan) | 67 | 568 | 1597 | 5077 | 6000 | 6977 |
| **每天其他活动** | **Other Daily Activities** | | | | | | | |
| 邮电业务总量 | (万元) Business Volume of Postal and telecommunications Services | (10000 yuan) | 0.59 | 11 | 269 | 638 | 741 | 943 |
| 海外旅游人数 | (人次) Number of Tourists | (person-times) | | 181 | 140 | 626 | 742 | 534 |
| 居民储蓄额 | (万元) Outstanding Amount of Saving Deposit | (10000 yuan) | 9 | 306 | 2518 | 7319 | 8735 | 8326 |
| 出版报纸 | (千印张) Number of Newspapers Published | (1000 copies) | 73 | 74 | 124 | 384 | 482 | 539 |
| 出版图书 | (千册) Number of Books Published | (1000 copies) | 8 | 8 | 21 | 39 | 49 | 37 |

# 2-5 人均主要经济指标

## PER CAPITA MAIN INDICATORS ON ECONOMIC BENEFIT

| 年份 Year | 地区生产总值(元) Gross Domestic Product (yuan) | 农业总产值(元) Gross Output Value of Agriculture (yuan) | 工业总产值(元) Gross Industrial Output Value (yuan) | 粮食产量(公斤) Yield of Grain (kg) | 社会消费品零售总额(元) Total Retail Sales of Consumer Goods (yuan) | 储蓄存款余额(元) Outstanding Amount of Saving Deposit (yuan) | 农牧民人均纯收入(元) Per Capita Net Income of Rural Residents (yuan) | 全部职工人均工资(元) Average Wage of All Staff and Workers (yuan) |
|---|---|---|---|---|---|---|---|---|
| 1965 | 241 | 194 | 17 | 214 | | | | 940 |
| 1978 | 375 | 221 | 84 | 290 | 105 | | 175 | 850 |
| 1980 | 471 | 289 | 81 | 274 | 123 | | 274 | 1025 |
| 1981 | 560 | 354 | 65 | 260 | 142 | 34 | 296 | 1055 |
| 1982 | 544 | 338 | 74 | 239 | 159 | 40 | 324 | 1313 |
| 1983 | 538 | 311 | 77 | 193 | 168 | 51 | 318 | 1362 |
| 1984 | 702 | 406 | 99 | 254 | 396 | 64 | 446 | 1678 |
| 1985 | 894 | 550 | 107 | 268 | 406 | 80 | 535 | 1963 |
| 1986 | 842 | 494 | 101 | 226 | 389 | 99 | 492 | 2375 |
| 1987 | 863 | 506 | 105 | 228 | 422 | 111 | 519 | 2499 |
| 1988 | 964 | 616 | 126 | 242 | 454 | 134 | 573 | 2710 |
| 1989 | 1021 | 640 | 156 | 257 | 551 | 155 | 555 | 2881 |
| 1990 | 1276 | 899 | 171 | 256 | 551 | 180 | 582 | 3181 |
| 1991 | 1358 | 941 | 198 | 289 | 593 | 227 | 617 | 3355 |
| 1992 | 1468 | 990 | 219 | 290 | 651 | 260 | 653 | 3448 |
| 1993 | 1624 | 998 | 260 | 292 | 788 | 334 | 706 | 4085 |
| 1994 | 1964 | 1146 | 325 | 284 | 885 | 472 | 817 | 7115 |
| 1995 | 2358 | 1508 | 382 | 302 | 1021 | 807 | 878 | 7382 |
| 1996 | 2688 | 1594 | 429 | 321 | 1083 | 1098 | 975 | 11087 |
| 1997 | 3144 | 1688 | 479 | 322 | 1315 | 1230 | 1085 | 10098 |
| 1998 | 3666 | 1698 | 578 | 341 | 1391 | 1330 | 1158 | 10987 |
| 1999 | 4180 | 1902 | 655 | 364 | 1484 | 1441 | 1258 | 12904 |
| 2000 | 4572 | 1988 | 710 | 373 | 1650 | 1558 | 1331 | 14976 |
| 2001 | 5324 | 2027 | 764 | 376 | 1861 | 1908 | 1404 | 19144 |
| 2002 | 6117 | 2108 | 816 | 371 | 1998 | 2637 | 1521 | 24766 |
| 2003 | 6893 | 2184 | 892 | 360 | 2153 | 3401 | 1691 | 26931 |
| 2004 | 8103 | 2307 | 1045 | 353 | 2323 | 3927 | 1861 | 29292 |
| 2005 | 9036 | 2460 | 1222 | 339 | 2660 | 4444 | 2078 | 28950 |
| 2006 | 10422 | 2526 | 1440 | 331 | 3226 | 4975 | 2435 | 31518 |
| 2007 | 12083 | 2825 | 1785 | 332 | 3985 | 5615 | 2788 | 46098 |
| 2008 | 13824 | 3097 | 2091 | 333 | 4551 | 6440 | 3176 | 47280 |
| 2009 | 15295 | 3236 | 2279 | 314 | 5426 | 7805 | 3532 | 48750 |
| 2010 | 17319 | 3455 | 2593 | 313 | 6354 | 9159 | 4139 | 54397 |
| 2011 | 20077 | 3624 | 3151 | 311 | 7257 | 10566 | 4904 | 55845 |
| 2012 | 22936 | 3847 | 3443 | 308 | 8278 | 13130 | 5719 | 58347 |

# 2-6 地区生产总值

## GROSS DOMESTIC PRODUCT

单位：亿元 (100 million yuan)

| 年份 Year | 地区生产总值 Gross Domestic Product | 第一产业 Primary Industry | 第二产业 Secondary Industry | 工业 Industry | 建筑业 Construction | 第三产业 Tertiary Industry | 人均地区生产总值(元) Per Capita GDP (yuan) |
|---|---|---|---|---|---|---|---|
| 1951 | 1.29 | 1.26 | 0.001 | | 0.001 | 0.03 | 114 |
| 1959 | 1.74 | 1.28 | 0.22 | 0.15 | 0.07 | 0.24 | 142 |
| 1965 | 3.27 | 2.32 | 0.22 | 0.09 | 0.13 | 0.73 | 241 |
| 1978 | 6.65 | 3.37 | 1.84 | 0.61 | 1.23 | 1.44 | 375 |
| 1980 | 8.67 | 4.64 | 2.18 | 0.8 | 1.38 | 1.85 | 471 |
| 1981 | 10.40 | 6.30 | 1.68 | 0.70 | 0.98 | 2.42 | 560 |
| 1982 | 10.21 | 5.82 | 2.09 | 0.79 | 1.30 | 2.30 | 544 |
| 1983 | 10.29 | 5.50 | 2.59 | 1.09 | 1.50 | 2.20 | 538 |
| 1984 | 13.68 | 6.38 | 2.80 | 1.01 | 1.79 | 4.50 | 702 |
| 1985 | 17.76 | 8.87 | 3.08 | 1.23 | 1.85 | 5.81 | 894 |
| 1986 | 16.93 | 7.95 | 2.18 | 1.01 | 1.17 | 6.82 | 842 |
| 1987 | 17.71 | 8.07 | 2.13 | 1.09 | 1.04 | 7.51 | 863 |
| 1988 | 20.25 | 9.65 | 2.41 | 1.28 | 1.12 | 8.19 | 964 |
| 1989 | 21.86 | 10.04 | 2.84 | 1.58 | 1.26 | 8.98 | 1021 |
| 1990 | 27.70 | 14.10 | 3.57 | 1.92 | 1.65 | 10.03 | 1276 |
| 1991 | 30.53 | 15.50 | 4.17 | 2.27 | 1.90 | 10.86 | 1358 |
| 1992 | 33.29 | 16.59 | 4.46 | 2.56 | 1.90 | 12.24 | 1468 |
| 1993 | 37.42 | 18.30 | 5.49 | 2.70 | 2.79 | 13.63 | 1624 |
| 1994 | 45.99 | 21.14 | 7.88 | 3.43 | 4.44 | 16.97 | 1964 |
| 1995 | 56.11 | 23.48 | 13.24 | 4.10 | 9.13 | 19.39 | 2358 |
| 1996 | 64.98 | 27.20 | 11.32 | 4.40 | 6.93 | 26.46 | 2688 |
| 1997 | 77.24 | 29.23 | 16.88 | 8.16 | 8.72 | 31.13 | 3144 |
| 1998 | 91.50 | 31.37 | 20.14 | 9.05 | 11.09 | 39.99 | 3666 |
| 1999 | 105.98 | 34.25 | 23.86 | 9.50 | 14.36 | 47.86 | 4180 |
| 2000 | 117.80 | 36.39 | 27.05 | 10.17 | 16.88 | 54.37 | 4572 |
| 2001 | 139.16 | 37.54 | 31.97 | 10.88 | 21.09 | 69.65 | 5318 |
| 2002 | 162.04 | 39.75 | 32.72 | 11.65 | 21.07 | 89.56 | 6094 |
| 2003 | 185.09 | 40.70 | 47.64 | 13.82 | 33.82 | 96.76 | 6850 |
| 2004 | 220.34 | 44.30 | 52.74 | 16.10 | 36.64 | 123.30 | 8034 |
| 2005 | 248.80 | 48.04 | 63.52 | 17.48 | 46.04 | 137.24 | 8939 |
| 2006 | 290.76 | 50.90 | 80.10 | 21.71 | 58.39 | 159.76 | 10285 |
| 2007 | 341.43 | 54.89 | 98.48 | 27.62 | 70.86 | 188.06 | 11898 |
| 2008 | 394.85 | 60.62 | 115.56 | 29.48 | 86.08 | 218.67 | 13588 |
| 2009 | 441.36 | 63.88 | 136.63 | 33.11 | 103.52 | 240.85 | 15008 |
| 2010 | 507.46 | 68.72 | 163.92 | 39.73 | 124.19 | 274.82 | 17027 |
| 2011 | 605.83 | 74.47 | 208.79 | 48.18 | 160.61 | 322.57 | 20077 |
| 2012 | 701.03 | 80.38 | 242.85 | 55.35 | 187.50 | 377.80 | 22936 |

注：本表按当年价格计算。依据第二次经济普查资料，对2005-2008年地区生产总值进行了修订。

Note: Data in this table are calculated at current prices.From 2005 to 2008,figures on gross domestic product have been adjusted in accordance with the results of the Second Economic Census.

# 2-7 地区生产总值构成

## COMPOSITION OF GROSS DOMESTIC PRODUCT

单位：% (%)

| 年份<br>Year | 地区生产总值<br>Gross Domestic Product | 第一产业<br>Primary Industry | 第二产业<br>Secondary Industry | 工业<br>Industry | 建筑业<br>Construction | 第三产业<br>Tertiary Industry |
|---|---|---|---|---|---|---|
| 1951 | 100.0 | 97.7 | … |  | … | 2.3 |
| 1959 | 100.0 | 73.6 | 12.6 | 8.6 | 4.0 | 13.8 |
| 1965 | 100.0 | 70.9 | 6.8 | 2.8 | 4.0 | 22.3 |
| 1978 | 100.0 | 50.7 | 27.7 | 9.2 | 18.5 | 21.6 |
| 1980 | 100.0 | 53.5 | 25.2 | 9.2 | 15.9 | 21.3 |
| 1981 | 100.0 | 60.6 | 16.2 | 6.7 | 9.4 | 23.2 |
| 1982 | 100.0 | 57.0 | 20.5 | 7.7 | 12.7 | 22.5 |
| 1983 | 100.0 | 53.4 | 25.2 | 10.6 | 14.6 | 21.4 |
| 1984 | 100.0 | 46.6 | 20.5 | 7.4 | 13.1 | 32.9 |
| 1985 | 100.0 | 49.9 | 17.4 | 6.9 | 10.4 | 32.7 |
| 1986 | 100.0 | 47.0 | 12.8 | 6.0 | 6.9 | 40.2 |
| 1987 | 100.0 | 45.6 | 12.0 | 6.2 | 5.9 | 42.4 |
| 1988 | 100.0 | 47.7 | 11.9 | 6.3 | 5.5 | 40.4 |
| 1989 | 100.0 | 45.9 | 13.0 | 7.2 | 5.8 | 41.1 |
| 1990 | 100.0 | 50.9 | 12.9 | 6.9 | 5.8 | 36.2 |
| 1991 | 100.0 | 50.8 | 13.7 | 7.4 | 6.2 | 35.5 |
| 1992 | 100.0 | 49.8 | 13.4 | 7.7 | 5.7 | 36.8 |
| 1993 | 100.0 | 48.9 | 14.7 | 7.2 | 7.5 | 36.4 |
| 1994 | 100.0 | 46.0 | 17.1 | 7.5 | 9.7 | 36.9 |
| 1995 | 100.0 | 41.8 | 23.6 | 7.3 | 16.3 | 34.6 |
| 1996 | 100.0 | 41.9 | 17.4 | 6.8 | 10.7 | 40.7 |
| 1997 | 100.0 | 37.8 | 21.9 | 10.6 | 11.3 | 40.3 |
| 1998 | 100.0 | 34.3 | 22.0 | 9.9 | 12.1 | 43.7 |
| 1999 | 100.0 | 32.3 | 22.5 | 9.0 | 13.5 | 45.2 |
| 2000 | 100.0 | 30.9 | 23.0 | 8.6 | 14.3 | 46.2 |
| 2001 | 100.0 | 27.0 | 23.0 | 7.8 | 15.2 | 50.1 |
| 2002 | 100.0 | 24.5 | 20.2 | 7.2 | 13.0 | 55.3 |
| 2003 | 100.0 | 22.0 | 25.7 | 7.5 | 18.3 | 52.3 |
| 2004 | 100.0 | 20.1 | 23.9 | 7.3 | 16.6 | 56.0 |
| 2005 | 100.0 | 19.3 | 25.5 | 7.0 | 18.5 | 55.2 |
| 2006 | 100.0 | 17.5 | 27.6 | 7.5 | 20.1 | 54.9 |
| 2007 | 100.0 | 16.1 | 28.8 | 8.1 | 20.7 | 55.1 |
| 2008 | 100.0 | 15.3 | 29.3 | 7.5 | 21.8 | 55.4 |
| 2009 | 100.0 | 14.5 | 30.9 | 7.5 | 23.4 | 54.6 |
| 2010 | 100.0 | 13.5 | 32.3 | 7.8 | 24.5 | 54.2 |
| 2011 | 100.0 | 12.3 | 34.5 | 8.0 | 26.5 | 53.2 |
| 2012 | 100.0 | 11.5 | 34.6 | 7.9 | 26.7 | 53.9 |

注：本表按当年价格计算。

Note: The indices in this table are caculated at current prices.

# 2-8 地区生产总值指数

## INDICES OF GROSS DOMESTIC PRODUCT

上年=100　　(preceding year=100)

| 年份 Year | 地区生产总值 Gross Domestic Product | 第一产业 Primary Industry | 第二产业 Secondary Industry | 工业 Industry | 建筑业 Construction | 第三产业 Tertiary Industry | 人均地区生产总值 Per Capita GDP |
|---|---|---|---|---|---|---|---|
| 1959 | 101.2 | 91.1 | 128.6 | 96.5 | 422.7 | 166.9 | 100.7 |
| 1960 | 145.8 | 115.9 | 292.6 | 270.0 | 339.9 | 167.8 | 141.7 |
| 1965 | 116.1 | 110.1 | 176.2 | 190.9 | 167.0 | 124.8 | 114.2 |
| 1978 | 107.2 | 102.9 | 115.3 | 107.4 | 120.1 | 108.5 | 105.1 |
| 1980 | 122.4 | 139.7 | 100.3 | 107.6 | 96.5 | 100.4 | 120.2 |
| 1981 | 120.5 | 134.5 | 75.1 | 85.9 | 68.9 | 124.8 | 119.5 |
| 1982 | 100.3 | 89.9 | 159.3 | 140.0 | 173.2 | 98.1 | 99.3 |
| 1983 | 94.8 | 90.7 | 100.2 | 115.6 | 91.3 | 104.6 | 93.0 |
| 1984 | 125.3 | 108.0 | 87.1 | 74.2 | 96.7 | 238.4 | 122.9 |
| 1985 | 115.4 | 113.6 | 107.9 | 102.3 | 111.1 | 111.0 | 109.8 |
| 1986 | 90.8 | 91.2 | 67.1 | 96.3 | 52.3 | 100.3 | 89.4 |
| 1987 | 100.1 | 101.5 | 104.2 | 106.2 | 52.3 | 97.6 | 98.0 |
| 1988 | 104.2 | 106.3 | 100.0 | 110.9 | 52.3 | 103.3 | 101.8 |
| 1989 | 108.4 | 104.1 | 117.9 | 116.3 | 52.3 | 110.0 | 106.3 |
| 1990 | 108.9 | 106.5 | 114.4 | 113.5 | 52.3 | 109.5 | 107.8 |
| 1991 | 100.4 | 96.3 | 108.6 | 107.9 | 109.4 | 103.6 | 98.4 |
| 1992 | 107.1 | 103.5 | 105.7 | 103.2 | 101.6 | 112.6 | 106.1 |
| 1993 | 115.5 | 106.6 | 119.7 | 108.6 | 132.9 | 127.4 | 113.7 |
| 1994 | 115.7 | 104.0 | 128.8 | 108.6 | 148.4 | 125.5 | 113.8 |
| 1995 | 117.9 | 104.0 | 167.5 | 109.1 | 208.8 | 113.2 | 116.0 |
| 1996 | 113.2 | 104.2 | 90.8 | 106.9 | 84.8 | 134.9 | 111.5 |
| 1997 | 111.8 | 104.0 | 114.4 | 108.9 | 117.0 | 116.7 | 110.0 |
| 1998 | 112.1 | 101.7 | 121.1 | 107.8 | 126.9 | 115.6 | 110.3 |
| 1999 | 112.3 | 105.3 | 120.2 | 106.1 | 125.4 | 113.2 | 110.5 |
| 2000 | 110.4 | 102.1 | 116.1 | 106.7 | 119.0 | 112.6 | 108.6 |
| 2001 | 112.7 | 103.1 | 117.8 | 106.7 | 124.1 | 116.0 | 111.9 |
| 2002 | 112.9 | 104.4 | 120.5 | 105.7 | 128.1 | 113.9 | 111.1 |
| 2003 | 112.0 | 103.4 | 113.4 | 110.5 | 114.7 | 115.2 | 110.2 |
| 2004 | 112.1 | 105.5 | 111.4 | 116.4 | 109.3 | 115.1 | 110.4 |
| 2005 | 112.1 | 105.5 | 123.6 | 110.1 | 129.6 | 109.7 | 110.5 |
| 2006 | 113.3 | 103.1 | 123.0 | 117.2 | 125.2 | 112.4 | 111.5 |
| 2007 | 114.0 | 104.2 | 116.0 | 117.7 | 115.4 | 116.0 | 112.3 |
| 2008 | 110.1 | 106.2 | 107.9 | 108.7 | 107.6 | 112.4 | 108.7 |
| 2009 | 112.4 | 103.0 | 121.7 | 112.9 | 124.9 | 110.4 | 111.1 |
| 2010 | 112.3 | 103.2 | 114.1 | 113.3 | 114.4 | 113.7 | 110.8 |
| 2011 | 112.7 | 103.4 | 118.3 | 118.1 | 118.4 | 111.6 | 111.3 |
| 2012 | 111.8 | 103.4 | 114.4 | 114.6 | 114.4 | 112.0 | 110.4 |

注：本表按可比价格计算。

Note: The indices in this table are caculated at comparable prices.

# 2-9 地区生产总值指数

## INDICES OF GROSS DOMESTIC PRODUCT

1951年=100 (year of 1951=100)

| 年份<br>Year | 地区生产总值<br>Gross Domestic Product | 第一产业<br>Primary Industry | 第二产业<br>Secondary Industry | 工业<br>Industry | 建筑业<br>Construction | 第三产业<br>Tertiary Industry | 人均地区生产总值<br>Per Capita GDP |
|---|---|---|---|---|---|---|---|
| 1959 | 135.4 | 101.8 | 32104.6 | 3102.4 | 10398.0 | 777.1 | 126.5 |
| 1965 | 254.1 | 184.4 | 32192.3 | 1913.9 | 18850.1 | 2826.3 | 212.6 |
| 1978 | 481.9 | 252.9 | 229859.4 | 11509.6 | 149850.9 | 5521.1 | 308.6 |
| 1980 | 635.9 | 367.1 | 251528.9 | 13907.6 | 156897.6 | 6541.0 | 391.7 |
| 1981 | 766.3 | 493.7 | 188898.2 | 11946.6 | 108102.4 | 8163.2 | 468.1 |
| 1982 | 768.6 | 443.8 | 300914.8 | 16725.2 | 187233.4 | 8008.1 | 464.8 |
| 1983 | 728.6 | 402.5 | 301516.6 | 19334.3 | 170944.1 | 8376.5 | 432.3 |
| 1984 | 912.9 | 434.7 | 262621.0 | 14346.1 | 165302.9 | 19969.6 | 531.3 |
| 1985 | 1053.5 | 493.8 | 283368.1 | 14676.1 | 183651.5 | 22166.3 | 583.4 |
| 1986 | 956.6 | 450.3 | 190140.0 | 14133.1 | 96049.5 | 22232.8 | 521.6 |
| 1987 | 957.6 | 457.1 | 198125.9 | 15009.4 | 98162.6 | 21699.2 | 511.2 |
| 1988 | 997.8 | 485.9 | 198125.9 | 16645.4 | 87561.0 | 22415.3 | 520.4 |
| 1989 | 1081.6 | 505.8 | 233590.4 | 19358.6 | 103759.8 | 24656.8 | 553.2 |
| 1990 | 1177.9 | 538.7 | 267227.4 | 21972.0 | 120672.6 | 26999.2 | 596.3 |
| 1991 | 1182.6 | 518.9 | 290209.0 | 23707.8 | 132015.8 | 27971.2 | 586.8 |
| 1992 | 1266.6 | 537.1 | 306750.9 | 24466.4 | 134128.1 | 31495.6 | 622.6 |
| 1993 | 1462.9 | 572.5 | 367180.8 | 26570.5 | 178256.2 | 40125.4 | 707.9 |
| 1994 | 1692.6 | 595.5 | 472928.9 | 28855.6 | 264532.3 | 50357.4 | 805.6 |
| 1995 | 1995.6 | 619.3 | 792155.9 | 31481.4 | 552343.4 | 57004.5 | 934.5 |
| 1996 | 2259.0 | 645.3 | 719277.6 | 33653.7 | 468387.2 | 76899.1 | 1041.9 |
| 1997 | 2525.6 | 671.1 | 822853.5 | 36648.8 | 548013.0 | 89741.3 | 1146.1 |
| 1998 | 2831.1 | 682.5 | 996475.6 | 39507.4 | 695428.5 | 103740.9 | 1264.2 |
| 1999 | 3179.4 | 718.7 | 1197763.7 | 41917.4 | 872067.3 | 117434.7 | 1396.9 |
| 2000 | 3510.0 | 733.8 | 1390603.7 | 44725.9 | 1037760.1 | 132231.5 | 1517.1 |
| 2001 | 3955.8 | 756.5 | 1638131.1 | 47722.5 | 1287860.3 | 153388.5 | 1697.6 |
| 2002 | 4466.1 | 789.8 | 1973948.0 | 50442.7 | 1649749.1 | 174709.5 | 1886.0 |
| 2003 | 5002.0 | 816.6 | 2238457.1 | 55739.1 | 1892262.2 | 201265.4 | 2078.4 |
| 2004 | 5607.3 | 861.6 | 2493641.2 | 64880.4 | 2068242.6 | 231656.5 | 2294.6 |
| 2005 | 6285.8 | 909.0 | 3082140.5 | 71433.3 | 2680442.4 | 254127.2 | 2535.5 |
| 2006 | 7121.8 | 937.2 | 3791032.8 | 83719.8 | 3355913.9 | 285639.0 | 2827.1 |
| 2007 | 8118.9 | 976.6 | 4397598.0 | 98538.2 | 3872724.6 | 331341.2 | 3174.8 |
| 2008 | 8938.9 | 1037.1 | 4745008.2 | 107111.0 | 4167051.7 | 372427.5 | 3451.0 |
| 2009 | 10047.3 | 1068.2 | 5774675.0 | 120928.3 | 5204647.6 | 411160.0 | 3834.1 |
| 2010 | 11283.1 | 1102.4 | 6588904.2 | 137011.8 | 5954116.9 | 467488.9 | 4248.2 |
| 2011 | 12716.1 | 1139.9 | 7794673.7 | 161810.9 | 7049674.4 | 521717.6 | 4728.2 |
| 2012 | 14216.6 | 1178.7 | 8917106.7 | 185435.3 | 8064827.5 | 584323.7 | 5220.0 |

注：本表按可比价格计算。

Note: The indices in this table are caculated at constant prices.

# 2-10 分地区生产总值

## GROSS DOMESTIC PRODUCT BY REGION

单位：亿元　(100 million yuan)

| 地区 Region | | 2011 地区生产总值 Gross Domestic Product | 2011 第一产业 Primary Industry | 2011 第二产业 Secondary Industry | 2011 第三产业 Tertiary Industry | 2012 地区生产总值 Gross Domestic Product | 2012 第一产业 Primary Industry | 2012 第二产业 Secondary Industry | 2012 第三产业 Tertiary Industry |
|---|---|---|---|---|---|---|---|---|---|
| 拉萨市 | Lhasa | 222.09 | 9.99 | 75.21 | 136.89 | 260.04 | 10.78 | 90.70 | 158.56 |
| 昌都地区 | Qamdo | 75.40 | 16.37 | 29.20 | 29.83 | 89.75 | 17.61 | 32.37 | 39.77 |
| 山南地区 | Shannan | 63.37 | 4.39 | 29.36 | 29.62 | 73.07 | 4.76 | 33.66 | 34.65 |
| 日喀则地区 | Xigazê | 103.91 | 22.56 | 32.06 | 49.29 | 115.24 | 24.45 | 35.27 | 55.52 |
| 那曲地区 | Nagqu | 58.03 | 10.54 | 13.38 | 34.11 | 65.16 | 11.45 | 16.45 | 37.26 |
| 阿里地区 | Ngari | 21.30 | 3.99 | 5.88 | 11.43 | 25.63 | 4.31 | 7.09 | 14.23 |
| 林芝地区 | Nyingchi | 61.35 | 6.51 | 22.17 | 32.67 | 72.39 | 7.05 | 26.11 | 39.23 |

注：本表按当年价格计算。

Note: Data in value terms in the table are caculated at current prices.

# 2-11 分地区生产总值增长速度

## INCREASE RATE OF GROSS DOMESTIC PRODUCT BY REGION

单位：%　(%)

| 地区 Region | | 2011 地区生产总值 Gross Domestic Product | 2011 第一产业 Primary Industry | 2011 第二产业 Secondary Industry | 2011 第三产业 Tertiary Industry | 2012 地区生产总值 Gross Domestic Product | 2012 第一产业 Primary Industry | 2012 第二产业 Secondary Industry | 2012 第三产业 Tertiary Industry |
|---|---|---|---|---|---|---|---|---|---|
| 拉萨市 | Lhasa | 14.6 | 3.4 | 24.6 | 10.7 | 12.2 | 3.4 | 17.2 | 9.6 |
| 昌都地区 | Qamdo | 10.2 | 3.2 | 7.9 | 16.4 | 12.2 | 3.0 | 9.6 | 19.3 |
| 山南地区 | Shannan | 13.6 | 4.6 | 13.9 | 14.7 | 12.0 | 3.8 | 15.3 | 9.9 |
| 日喀则地区 | Xigazê | 12.8 | 3.2 | 32.6 | 7.5 | 11.6 | 3.8 | 7.7 | 17.7 |
| 那曲地区 | Nagqu | 9.7 | 3.3 | -7.5 | 21.2 | 11.4 | 2.8 | 20.2 | 10.5 |
| 阿里地区 | Ngari | 10.1 | 3.3 | 15.2 | 10.3 | 11.7 | 3.7 | 19.1 | 7.6 |
| 林芝地区 | Nyingchi | 12.8 | 3.5 | 21.7 | 9.5 | 12.0 | 3.7 | 13.3 | 12.7 |

注：本表按可比价格计算。

Note: The indices in this table are caculated at constant prices.

第三篇

# 人口 从业人员和职工工资

Chapter 3

# POPULATION,EMPLOYMENT AND WAGES

# 3-1 人口数及构成

## POPULATION AND ITS COMPOSITION

单位：万人 (10000 persons)

| 年份 Year | 总人口(年末) Total Population | 按性别分 By Sex 男 Male 人口数 Population | 比重(%) Proportion | 女 Female 人口数 Population | 比重(%) Proportion | 按城乡分 By Residence 城镇 Urban 人口数 Population | 比重(%) Proportion | 乡村 Rural 人口数 Population | 比重(%) Proportion |
|---|---|---|---|---|---|---|---|---|---|
| 1990 | 221.47 | 109.85 | 49.6 | 111.62 | 50.4 | 36.32 | 16.4 | 185.15 | 83.6 |
| 1995 | 239.84 | 118.51 | 49.4 | 121.33 | 50.6 | 40.05 | 16.7 | 199.79 | 83.3 |
| 1996 | 243.70 | 121.10 | 49.7 | 122.60 | 50.3 | 43.64 | 17.9 | 200.06 | 82.1 |
| 1997 | 247.60 | 123.32 | 49.8 | 124.28 | 50.2 | 45.14 | 18.2 | 202.46 | 81.8 |
| 1998 | 251.54 | 124.51 | 49.5 | 127.03 | 50.5 | 46.69 | 18.6 | 204.85 | 81.4 |
| 1999 | 255.51 | 126.99 | 49.7 | 128.52 | 50.3 | 48.29 | 18.9 | 207.22 | 81.1 |
| 2000 | 259.83 | 131.47 | 50.6 | 128.36 | 49.4 | 50.22 | 19.3 | 209.61 | 80.7 |
| 2001 | 263.55 | 133.52 | 50.66 | 130.03 | 49.34 | 51.77 | 19.64 | 211.78 | 80.36 |
| 2002 | 268.24 | 136.10 | 50.74 | 132.14 | 49.26 | 53.36 | 19.89 | 214.88 | 80.11 |
| 2003 | 272.16 | 138.25 | 50.80 | 133.91 | 49.20 | 55.00 | 20.21 | 217.16 | 79.79 |
| 2004 | 276.35 | 140.56 | 50.86 | 135.79 | 49.14 | 56.70 | 20.52 | 219.65 | 79.48 |
| 2005 | 280.31 | 142.90 | 50.98 | 137.41 | 49.02 | 58.45 | 20.85 | 221.86 | 79.15 |
| 2006 | 285.08 | 145.25 | 50.95 | 139.83 | 49.05 | 60.25 | 21.13 | 224.83 | 78.87 |
| 2007 | 288.83 | 147.04 | 50.91 | 141.79 | 49.09 | 62.10 | 21.50 | 226.73 | 78.50 |
| 2008 | 292.33 | 149.40 | 51.11 | 142.93 | 48.89 | 64.01 | 21.90 | 228.32 | 78.10 |
| 2009 | 295.84 | 151.80 | 51.31 | 144.04 | 48.69 | 65.99 | 22.30 | 229.85 | 77.70 |
| 2010 | 300.22 | 154.26 | 51.38 | 145.96 | 48.62 | 68.06 | 22.67 | 232.16 | 77.33 |
| 2011 | 303.30 | 155.29 | 51.20 | 148.01 | 48.80 | 68.88 | 22.71 | 234.42 | 77.29 |
| 2012 | 307.62 | 156.89 | 51.00 | 150.73 | 49.00 | 69.98 | 22.70 | 237.64 | 77.30 |

注：本表数据为常住人口数。是根据人口普查、每年的人口变动抽样调查推算数。2010年为人口普查数据，时点为2010年11月1日零时。
Note: Data in bracket were resident population , it adjusted on the basis of the national population censuses and the sample surveyon population changes every year.

# 3-2 人口出生率、死亡率和自然增长率

## BIRTH RATE，DEATH RATE AND NATURAL GROWTH RATE OF POPULATION

单位：‰ (‰)

| 年份 Year | 出生率 Birth Rate | 死亡率 Death Rate | 自然增长率 Natural Growth Rate | 年份 Year | 出生率 Birth Rate | 死亡率 Death Rate | 自然增长率 Natural Growth Rate |
|---|---|---|---|---|---|---|---|
| 1990 | 26.00 | 8.90 | 17.10 | 2004 | 17.40 | 6.20 | 11.20 |
| 1995 | 24.90 | 8.80 | 16.10 | 2005 | 17.90 | 7.20 | 10.80 |
| 1996 | 24.70 | 8.50 | 16.20 | 2006 | 17.40 | 5.70 | 11.70 |
| 1997 | 23.90 | 7.90 | 16.00 | 2007 | 16.40 | 5.10 | 11.30 |
| 1998 | 23.70 | 7.80 | 15.90 | 2008 | 15.50 | 5.20 | 10.30 |
| 1999 | 23.20 | 7.40 | 15.80 | 2009 | 15.30 | 5.10 | 10.20 |
| 2000 | 19.50 | 6.60 | 12.90 | 2010 | 15.28 | 5.32 | 9.96 |
| 2001 | 18.60 | 6.50 | 12.10 | 2011 | 15.39 | 5.13 | 10.26 |
| 2002 | 18.80 | 6.10 | 12.70 | 2012 | 15.48 | 5.21 | 10.27 |
| 2003 | 17.40 | 6.30 | 11.10 | | | | |

# 3-3 按三次产业分的从业人员

## NUMBER OF EMPLOYED PERSONS BY TYPE OF INDUSTRY

| 年份 Year | 合计(万人) Total (10000 persons) | | | | 构成(%) Proportion | | |
|---|---|---|---|---|---|---|---|
| | | 第一产业 Primary Industry | 第二产业 Secondary Industry | 第三产业 Tertiary Industry | 第一产业 Primary Industry | 第二产业 Secondary Industry | 第三产业 Tertiary Industry |
| 1978 | 93.09 | 76.34 | 5.53 | 11.22 | 82.0 | 5.9 | 12.1 |
| 1985 | 105.72 | 85.58 | 4.88 | 15.26 | 81.0 | 4.6 | 14.4 |
| 1986 | 107.37 | 85.75 | 5.37 | 16.25 | 79.9 | 5.0 | 15.1 |
| 1987 | 107.77 | 85.79 | 5.30 | 16.68 | 79.6 | 4.9 | 15.5 |
| 1988 | 107.24 | 85.38 | 4.90 | 16.96 | 79.6 | 4.6 | 15.8 |
| 1989 | 107.56 | 86.79 | 4.30 | 16.47 | 80.7 | 4.0 | 15.3 |
| 1990 | 107.88 | 87.08 | 4.13 | 16.67 | 80.7 | 3.8 | 15.5 |
| 1991 | 109.73 | 87.13 | 4.32 | 18.28 | 79.4 | 3.9 | 16.7 |
| 1992 | 110.92 | 86.78 | 4.67 | 19.47 | 78.2 | 4.2 | 17.6 |
| 1993 | 112.35 | 88.14 | 5.41 | 18.80 | 78.5 | 4.8 | 16.7 |
| 1994 | 114.34 | 88.21 | 4.21 | 21.92 | 77.1 | 3.7 | 19.2 |
| 1995 | 115.09 | 89.51 | 5.62 | 19.96 | 77.8 | 4.9 | 17.3 |
| 1996 | 117.70 | 89.72 | 5.84 | 22.14 | 76.2 | 5.0 | 18.8 |
| 1997 | 120.47 | 91.01 | 6.38 | 23.08 | 75.5 | 5.3 | 19.2 |
| 1998 | 120.22 | 89.27 | 6.87 | 24.08 | 74.3 | 5.7 | 20.0 |
| 1999 | 123.91 | 92.19 | 6.46 | 25.26 | 74.4 | 5.2 | 20.4 |
| 2000 | 124.18 | 90.98 | 7.35 | 25.85 | 73.3 | 5.9 | 20.8 |
| 2001 | 126.33 | 89.65 | 8.16 | 28.52 | 71.0 | 6.5 | 22.5 |
| 2002 | 130.20 | 89.63 | 8.11 | 32.46 | 68.8 | 6.2 | 25.0 |
| 2003 | 132.81 | 85.14 | 12.36 | 35.31 | 64.1 | 9.3 | 26.6 |
| 2004 | 137.32 | 86.00 | 13.17 | 38.15 | 62.6 | 9.6 | 27.8 |
| 2005 | 143.60 | 86.39 | 13.60 | 43.61 | 60.1 | 9.5 | 30.4 |
| 2006 | 148.20 | 87.32 | 14.28 | 46.60 | 58.9 | 9.6 | 31.4 |
| 2007 | 158.15 | 88.63 | 17.07 | 52.45 | 56.0 | 10.8 | 33.2 |
| 2008 | 163.50 | 89.41 | 17.09 | 57.00 | 54.6 | 10.5 | 34.9 |
| 2009 | 169.07 | 92.17 | 18.18 | 58.72 | 54.5 | 10.8 | 34.7 |
| 2010 | 173.39 | 92.96 | 18.85 | 61.58 | 53.6 | 10.9 | 35.5 |
| 2011 | 185.55 | 93.41 | 22.57 | 69.57 | 50.3 | 12.2 | 37.5 |
| 2012 | 202.06 | 93.60 | 27.10 | 81.36 | 46.3 | 13.4 | 40.3 |

# 3-4 国民经济各行业从业人员数（2012年）

## NUMBER OF EMPLOYED PERSONS BY OWNERSHIP(2012)

单位：人　　　　(person)

| 行　业 | Sector | 合计 Total | 国有经济单位 State-owned Units | 集体经济单位 Collective-owned Units | 其他经济单位 Others Units | 城镇私营和个体 Urban Private Enterprises | 乡村从业人数 Rural Employed |
|---|---|---|---|---|---|---|---|
| 总计 | **Total** | **2020570** | **242039** | **4317** | **5501** | **489538** | **1279175** |
| 农、林、牧、渔业 | Farming,Forestry,Animal Hus–bandry and Fishery | 935967 | 5639 | 31 | | 9578 | 920719 |
| 采矿业 | Mining and Quarrying | 38646 | 1801 | 169 | | 5315 | 31361 |
| 制造业 | Manufacturing | 33531 | 2688 | 1756 | 2168 | 26919 | |
| 电力、燃气及水的生产供应业 | Electricity,Gas Water Production and Supply | 10604 | 7715 | | | 2889 | |
| 建筑业 | Construction | 188189 | 3038 | 1916 | 64 | 59843 | 123328 |
| 交通运输、仓储及邮政业 | Transport,Storage,and Post | 57921 | 5745 | 11 | 253 | 9401 | 42511 |
| 信息传输、计算机服务和软件业 | Information Transmission,Computer Servecis and Software | 10713 | 3135 | | | 7251 | 327 |
| 批发和零售业 | Wholesale and Retail Trade | 250128 | 4479 | 289 | 473 | 207181 | 37706 |
| 住宿和餐饮业 | Stay Place and Catering | 92685 | 3063 | 90 | 17 | 71559 | 17956 |
| 金融业 | Finance and Insurance | 8629 | 7448 | | 802 | 379 | |
| 房地产业 | Real Estate Trade | 3766 | 201 | | 48 | 3517 | |
| 租赁和商务服务业 | Tenancy and Commerce Servecis | 20328 | 339 | 11 | 1676 | 18302 | |
| 科学研究、技术服务和地质勘查业 | Science Studies,Technical Servecis and Geological Prospecting | 12530 | 10864 | | | 1666 | |
| 水利、环境和公共设施管理业 | Water Environment and Municipal Engineering Conservancy | 2631 | 2253 | | | 378 | |
| 居民服务和其他服务业 | Resideng Services and Other Services | 40882 | 9 | 20 | | 40853 | |
| 教育 | Education | 44281 | 44022 | | | 259 | |
| 卫生、社会保障和社会福利业 | Health Care,Social Security and Social Welfare | 17777 | 16323 | | | 1454 | |
| 文化、体育和娱乐业 | Culture and Arts,Sports and Re–creation | 21094 | 5975 | 24 | | 15095 | |
| 公共管理和社会组织 | Public Management and Social Organization | 117302 | 117302 | | | | |
| | | 251857 | 242039 | 4317 | 5501 | | |
| 其他 | Others | 112966 | | | | 7699 | 105267 |

# 3-5 全区职工人数及构成

## NUMBER OF STAFF AND WORKERS AND ITS PROPORTION

| 年份 Year | 合计（人） Total (person) | 国有经济单位 State-owned Units | 城镇集体经济单位 Urban Collective-owned | 其他经济单位 Units of Other Type of Ownership | 构成（总计=100） Proportion (Total=100) | | |
|---|---|---|---|---|---|---|---|
| | | | | | 国有经济单位 State-owned Units | 城镇集体经济单位 Urban Collective-owned | 其他经济单位 Units of Other Type of Ownership |
| 1978 | 135217 | 126663 | 8554 | | 93.7 | 6.3 | |
| 1980 | 193288 | 178433 | 14855 | | 92.3 | 7.7 | |
| 1981 | 174227 | 162637 | 11590 | | 93.3 | 6.7 | |
| 1982 | 182821 | 168301 | 14520 | | 92.1 | 7.9 | |
| 1983 | 174964 | 160191 | 14773 | | 91.6 | 8.4 | |
| 1984 | 176282 | 161695 | 14587 | | 91.7 | 8.3 | |
| 1985 | 166772 | 152566 | 14018 | 188 | 91.5 | 8.4 | 0.1 |
| 1986 | 158985 | 146216 | 12202 | 567 | 92.0 | 7.7 | 0.3 |
| 1987 | 156826 | 146168 | 10189 | 469 | 93.2 | 6.5 | 0.3 |
| 1988 | 160038 | 148718 | 10746 | 574 | 92.9 | 6.7 | 0.4 |
| 1989 | 161385 | 150657 | 10125 | 603 | 93.4 | 6.3 | 0.3 |
| 1990 | 157841 | 149144 | 8557 | 140 | 94.5 | 5.4 | 0.1 |
| 1991 | 163863 | 152573 | 10522 | 768 | 93.1 | 6.4 | 0.5 |
| 1992 | 167790 | 155940 | 11043 | 807 | 92.9 | 6.7 | 0.4 |
| 1993 | 169018 | 157263 | 11194 | 561 | 93.1 | 6.6 | 0.3 |
| 1994 | 160143 | 151134 | 8318 | 691 | 94.4 | 5.2 | 0.4 |
| 1995 | 162896 | 151971 | 10021 | 904 | 93.3 | 6.1 | 0.6 |
| 1996 | 167496 | 155488 | 10818 | 1190 | 92.8 | 6.5 | 0.7 |
| 1997 | 166960 | 154262 | 11348 | 1350 | 92.4 | 6.8 | 0.8 |
| 1998 | 163342 | 149057 | 11752 | 2533 | 91.3 | 7.2 | 1.5 |
| 1999 | 161451 | 147146 | 10076 | 4229 | 91.1 | 6.2 | 2.6 |
| 2000 | 162438 | 149690 | 8187 | 4561 | 92.2 | 5.0 | 2.8 |
| 2001 | 159691 | 144592 | 8512 | 6587 | 90.6 | 5.3 | 4.1 |
| 2002 | 148025 | 137940 | 5580 | 4505 | 93.2 | 3.8 | 3.0 |
| 2003 | 144777 | 136646 | 3688 | 4443 | 94.4 | 2.5 | 3.1 |
| 2004 | 144924 | 136732 | 2940 | 5252 | 94.4 | 2.0 | 3.6 |
| 2005 | 162831 | 154473 | 3226 | 5132 | 94.9 | 2.0 | 3.1 |
| 2006 | 170141 | 160669 | 4709 | 4763 | 94.4 | 2.8 | 2.8 |
| 2007 | 177690 | 167465 | 4873 | 5352 | 94.3 | 2.7 | 3.0 |
| 2008 | 180700 | 170748 | 4983 | 4969 | 94.5 | 2.8 | 2.7 |
| 2009 | 188881 | 178593 | 4648 | 5640 | 94.8 | 2.3 | 2.9 |
| 2010 | 194553 | 184151 | 4754 | 5648 | 94.7 | 2.4 | 2.9 |
| 2011 | 198029 | 187335 | 3788 | 6906 | 94.6 | 1.9 | 3.5 |
| 2012 | 215020 | 207167 | 2780 | 5073 | 96.3 | 1.3 | 2.4 |

注：1998年以后为在岗职工人数。

Note: Data of 1998 and after year refer to fully employed staff and workers.

# 3-6 单位女性从业人员数

## NUMBER OF FEMALE STAFF AND WORKERS IN UNITS

| 年份 Year | 合计(人) Total (person) | 国有经济单位 State-owned Units | 城镇集体经济单位 Urban Collective-owned | 其他经济单位 Units of Other Type of Ownership | 占单位从业人员比重(%) Proportion 合计 Total | 国有经济单位 State-owned Units | 城镇集体经济单位 Urban Collective-owned | 其他经济单位 Units of Other Type of Ownership |
|---|---|---|---|---|---|---|---|---|
| 1980 | 66085 | 58936 | 7149 | | 34.2 | 33.0 | 48.1 | |
| 1985 | 57614 | 50945 | 6637 | 32 | 34.6 | 33.4 | 47.4 | 17.0 |
| 1986 | 52229 | 46739 | 5270 | 220 | 32.9 | 32.0 | 43.2 | 38.8 |
| 1987 | 52579 | 47177 | 5181 | 221 | 33.5 | 32.4 | 50.9 | 47.1 |
| 1988 | 52944 | 47410 | 5277 | 257 | 33.1 | 31.9 | 49.1 | 44.8 |
| 1989 | 52856 | 48185 | 4403 | 268 | 32.8 | 32.0 | 43.5 | 44.4 |
| 1990 | 50428 | 46673 | 3677 | 78 | 32.0 | 31.3 | 43.0 | 55.7 |
| 1991 | 53347 | 48555 | 4489 | 303 | 32.6 | 31.8 | 42.7 | 39.5 |
| 1992 | 54336 | 49294 | 4720 | 322 | 32.4 | 31.6 | 42.7 | 39.9 |
| 1993 | 55299 | 49668 | 5336 | 295 | 32.7 | 31.6 | 47.7 | 52.6 |
| 1994 | 54437 | 50512 | 3582 | 343 | 34.0 | 33.4 | 43.1 | 49.6 |
| 1995 | 54539 | 49989 | 4050 | 500 | 33.5 | 32.9 | 40.4 | 55.3 |
| 1996 | 57700 | 53222 | 3869 | 609 | 34.4 | 34.2 | 35.8 | 51.2 |
| 1997 | 58254 | 53364 | 4395 | 495 | 34.9 | 34.6 | 38.7 | 36.7 |
| 1998 | 59971 | 54195 | 5234 | 542 | 36.7 | 36.4 | 44.5 | 21.4 |
| 1999 | 59472 | 53428 | 4656 | 1388 | 33.5 | 33.0 | 43.6 | 29.4 |
| 2000 | 59623 | 54604 | 3522 | 1497 | 33.3 | 33.3 | 40.3 | 29.3 |
| 2001 | 59572 | 54082 | 3220 | 2270 | 34.3 | 34.3 | 35.9 | 34.0 |
| 2002 | 55840 | 52301 | 1639 | 1900 | 33.2 | 33.2 | 28.5 | 29.5 |
| 2003 | 57827 | 54350 | 1604 | 1873 | 33.8 | 33.8 | 30.4 | 25.1 |
| 2004 | 61467 | 58247 | 1280 | 1940 | 35.6 | 35.6 | 27.6 | 29.6 |
| 2005 | 63870 | 60125 | 1490 | 2255 | 35.1 | 35.5 | 28.7 | 30.1 |
| 2006 | 62495 | 59142 | 1278 | 2075 | 33.0 | 33.4 | 24.6 | 29.9 |
| 2007 | 69165 | 64718 | 1782 | 2665 | 35.2 | 35.4 | 33.4 | 31.0 |
| 2008 | 70899 | 66586 | 1845 | 2468 | 34.9 | 35.1 | 36.6 | 30.5 |
| 2009 | 80727 | 76360 | 1697 | 2670 | 37.8 | 38.8 | 37.1 | 27.3 |
| 2010 | 79573 | 74243 | 2345 | 2985 | 35.8 | 35.8 | 49.0 | 29.7 |
| 2011 | 82362 | 76540 | 2283 | 3539 | 35.3 | 34.5 | 58.6 | 33.5 |
| 2012 | 90488 | 87298 | 1379 | 1811 | 35.9 | 36.1 | 31.9 | 32.9 |

# 3-7 各行业分经济类型、分地区职工人数（2012年）

单位：人

| 行业 | Sector | 合计 Total | 国有经济单位 State-owned Units | 集体经济单位 Collective-owned Units | 其他经济单位 Others Units |
|---|---|---|---|---|---|
| **总计** | **Total** | **215020** | **207167** | **2780** | **5073** |
| 农、林、牧、渔业 | Farming,Forestry,Animal Hus–bandry and Fishery | 1538 | 1509 | 29 | |
| 采掘业 | Mining and Quarrying | 1770 | 1601 | 169 | |
| 制造业 | Manufacturing | 5940 | 2408 | 1637 | 1895 |
| 电力、燃气及水生产供应业 | Electricity,Gas Water Production and Supply | 7474 | 7474 | | |
| 建筑业 | Construction | 2469 | 1773 | 632 | 64 |
| 交通运输、仓储及邮政业 | Transport,Storage,and Post | 5925 | 5661 | 11 | 253 |
| 信息传输、计算机服务和软件业 | Information Transmission,Computer Servecis and Software | 3088 | 3088 | | |
| 批发和零售业 | Wholesale and Retail Trade | 4319 | 3712 | 159 | 448 |
| 住宿和餐饮业 | Stay Place and Catering | 2827 | 2720 | 90 | 17 |
| 金融业 | Finance and Insurance | 8076 | 7295 | | 781 |
| 房地产业 | Real Estate Trade | 239 | 194 | | 45 |
| 租赁和商务服务业 | Tenancy and Commerce Servecis | 1873 | 294 | 9 | 1570 |
| 科学研究、技术服务和地质勘查业 | Science Studies,Technical Servecis and Geological Prospecting | 8964 | 8964 | | |
| 水利、环境和公共设施管理业 | Water Environment and Municipal Engineering Conservancy | 1641 | 1641 | | |
| 居民服务和其他服务业 | Resideng Services and Other Services | 28 | 8 | 20 | |
| 教育 | Education | 41878 | 41878 | | |
| 卫生、社会保障和社会福利业 | Health Care,Social Security and Social Welfare | 14594 | 14594 | | |
| 文化、体育和娱乐业 | Culture and Arts,Sports and Re–creation | 5286 | 5262 | 24 | |
| 公共管理和社会组织 | Public Management and Social Organization | 97091 | 97091 | | |

注：分地区中的其它为区直单位(下同)。

# NUMBER OF STAFF AND WORKERS BY REGION,OWNERSHIP AND SECTOR(2012)

(person)

| 拉萨市 Lhasa | 昌都地区 Qamdo | 山南地区 Shannan | 日喀则地区 Xigazê | 那曲地区 Nagqu | 阿里地区 Ngari | 林芝地区 Nyingchi | 其 它 Others |
|---|---|---|---|---|---|---|---|
| **26883** | **27827** | **21969** | **31018** | **22364** | **8945** | **16193** | **59821** |
| 218 | 352 | 84 | 164 | 56 | 30 | 625 | 9 |
| | 22 | 373 | 271 | 72 | 19 | | 1013 |
| 700 | 142 | 939 | 689 | 159 | | 909 | 2402 |
| 304 | 574 | 291 | 480 | 416 | 52 | 344 | 5013 |
| 928 | | 330 | 336 | 377 | 9 | 59 | 430 |
| 1280 | 196 | 671 | 152 | 450 | 11 | 457 | 2708 |
| 79 | | | | | | | 3009 |
| 558 | 203 | 131 | 610 | 612 | 76 | 206 | 1923 |
| 17 | | 354 | 527 | 231 | 22 | 62 | 1614 |
| 80 | | | | 12 | | | 7984 |
| 189 | | | 45 | | | | 5 |
| | | | 32 | | 65 | | 1776 |
| 184 | 781 | 422 | 1059 | 1260 | 298 | 101 | 4859 |
| 771 | 50 | 12 | 564 | 60 | 23 | 88 | 73 |
| 5 | | 20 | | 3 | | | |
| 6685 | 6826 | 4910 | 8893 | 5604 | 1108 | 2998 | 4854 |
| 1356 | 2569 | 1470 | 2408 | 2085 | 533 | 882 | 3291 |
| 379 | 361 | 554 | 620 | 456 | 155 | 240 | 2521 |
| 13150 | 15751 | 11408 | 14168 | 10511 | 6544 | 9222 | 16337 |

Note: Others included minority nationality autonomous uints.(The next table is the same).

# 3-8 各地区国有经济单位分行业女性从业人员数（2012年）

## NUMBER OF FEMALE STAFF AND WORKERS OF STATE-OWNED UNITS BY REGION AND SECTOR(2012)

单位：人 (person)

| 行业 | Sector | 合计 Total | 拉萨市 Lhasa | 昌都地区 Qamdo | 山南地区 Shan-nan | 日喀则地区 Xigazê | 那曲地区 Nagqu | 阿里地区 Ngari | 林芝地区 Nying-chi | 其它 Others |
|---|---|---|---|---|---|---|---|---|---|---|
| **总计** | **Total** | **87298** | **11485** | **11053** | **8101** | **14118** | **7964** | **3125** | **7738** | **23714** |
| 农、林、牧、渔业 | Farming,Forestry,Animal Hus–bandry and Fishery | 569 | 89 | 83 | 19 | 85 | 8 | 16 | 264 | 5 |
| 采掘业 | Mining and Quarrying | 324 | | 5 | 9 | 60 | 12 | 9 | | 229 |
| 制造业 | Manufacturing | 1152 | 182 | 59 | 30 | 143 | 35 | | 320 | 383 |
| 电力、燃气及水生产供应业 | Electricity,Gas Water Production and Supply | 2608 | 144 | 166 | 55 | 184 | 104 | 9 | 156 | 1790 |
| 建筑业 | Construction | 542 | 163 | | 117 | 11 | 39 | 5 | 19 | 188 |
| 交通运输、仓储及邮政业 | Transport,Storage,and Post | 2150 | 612 | 67 | 278 | 51 | 65 | 3 | 176 | 898 |
| 信息传输、计算机服务和软件业 | Information Transmission,Com-puter Servecis and Software | 1606 | 55 | | | | | | | 1551 |
| 批发和零售业 | Wholesale and Retail Trade | 1727 | 184 | 92 | 47 | 301 | 273 | 31 | 98 | 701 |
| 住宿和餐饮业 | Stay Place and Catering | 1758 | | | 250 | 297 | 143 | 10 | 28 | 1030 |
| 金融业 | Finance and Insurance | 3268 | | | | | 4 | | | 3264 |
| 房地产业 | Real Estate Trade | 57 | 54 | | | | | | | 3 |
| 租赁和商务服务业 | Tenancy and Commerce Servecis | 132 | | | | 19 | | 21 | | 92 |
| 科学研究、技术服务和地质勘查业 | Science Studies,Technical Serve-cis and Geological Prospecting | 2883 | 112 | 213 | 159 | 441 | 279 | 101 | 32 | 1546 |
| 水利、环境和公共设施管理业 | Water Environment and Munici-pal Engineering Conservancy | 1210 | 349 | 32 | 10 | 430 | 25 | 5 | 341 | 18 |
| 居民服务和其他服务业 | Resideng Services and Other Services | 6 | 5 | | | | 1 | | | |
| 教育 | Education | 20924 | 3946 | 3505 | 2310 | 4182 | 2679 | 538 | 1389 | 2375 |
| 卫生、社会保障和社会福利业 | Health Care,Social Security and Social Welfare | 8627 | 843 | 1118 | 823 | 1772 | 826 | 275 | 604 | 2366 |
| 文化、体育和娱乐业 | Culture and Arts,Sports and Recreation | 2240 | 193 | 126 | 210 | 266 | 189 | 67 | 111 | 1078 |
| 公共管理和社会组织 | Public Management and Social Organization | 35515 | 4554 | 5587 | 3784 | 5876 | 3282 | 2035 | 4200 | 6197 |

# 3-9 各地市国有经济单位分行业职工人数（2012年）

## NUMBER OF STAFF AND WORKERS IN STATE-OWNED UNITS BY SECTOR AND REGION (2012)

单位：人 (person)

| 行业 | Sector | 合计 Total | 拉萨市 Lhasa | 昌都地区 Qamdo | 山南地区 Shannan | 日喀则地区 Xigazê | 那曲地区 Nagqu | 阿里地区 Ngari | 林芝地区 Nyingchi | 其它 Others |
|---|---|---|---|---|---|---|---|---|---|---|
| **总计** | **Total** | **207167** | **25985** | **27827** | **21016** | **29975** | **22299** | **8945** | **15878** | **55242** |
| 农、林、牧、渔业 | Farming,Forestry,Animal Husbandry and Fishery | 1509 | 218 | 352 | 84 | 163 | 56 | 30 | 597 | 9 |
| 采掘业 | Mining and Quarrying | 1601 | | 22 | 365 | 110 | 72 | 19 | | 1013 |
| 制造业 | Manufacturing | 2408 | 330 | 142 | 87 | 289 | 99 | | 640 | 821 |
| 电力、燃气及水生产供应业 | Electricity,Gas Water Production and Supply | 7474 | 304 | 574 | 291 | 480 | 416 | 52 | 344 | 5013 |
| 建筑业 | Construction | 1773 | 632 | | 280 | 50 | 377 | 9 | 59 | 366 |
| 交通运输、仓储及邮政业 | Transport,Storage,and Post | 5661 | 1280 | 196 | 671 | 141 | 450 | 11 | 457 | 2455 |
| 信息传输、计算机服务和软件业 | Information Transmission,Computer Servecis and Software | 3088 | 79 | | | | | | | 3009 |
| 批发和零售业 | Wholesale and Retail Trade | 3712 | 423 | 203 | 108 | 594 | 607 | 76 | 188 | 1513 |
| 住宿和餐饮业 | Stay Place and Catering | 2720 | | | 354 | 437 | 231 | 22 | 62 | 1614 |
| 金融业 | Finance and Insurance | 7295 | | | | | 12 | | | 7283 |
| 房地产业 | Real Estate Trade | 194 | 189 | | | | | | | 5 |
| 租赁和商务服务业 | Tenancy and Commerce Servecis | 294 | | | | 23 | | 65 | | 206 |
| 科学研究、技术服务和地质勘查业 | Science Studies,Technical Servecis and Geological Prospecting | 8964 | 184 | 781 | 422 | 1059 | 1260 | 298 | 101 | 4859 |
| 水利、环境和公共设施管理业 | Water Environment and Municipal Engineering Conservancy | 1641 | 771 | 50 | 12 | 564 | 60 | 23 | 88 | 73 |
| 居民服务和其他服务业 | Resideng Services and Other Services | 8 | 5 | | | | 3 | | | |
| 教育 | Education | 41878 | 6685 | 6826 | 4910 | 8893 | 5604 | 1108 | 2998 | 4854 |
| 卫生、社会保障和社会福利业 | Health Care,Social Security and Social Welfare | 14594 | 1356 | 2569 | 1470 | 2408 | 2085 | 533 | 882 | 3291 |
| 文化、体育和娱乐业 | Culture and Arts,Sports and Recreation | 5262 | 379 | 361 | 554 | 596 | 456 | 155 | 240 | 2521 |
| 公共管理和社会组织 | Public Management and Social Organization | 97091 | 13150 | 15751 | 11408 | 14168 | 10511 | 6544 | 9222 | 16337 |

# 3-10 各地市城镇集体经济单位分行业职工人数（2012年）

## NUMBER OF STAFF AND WORKERS IN URBAN COLLECTIVE-OWNED UNITS BY SECTOR AND REGION(2012)

单位：人 (person)

| 行 业 | Sector | 合计 Total | 拉萨市 Lhasa | 昌都地区 Qamdo | 山南地区 Shannan | 日喀则地区 Xigazê | 那曲地区 Nagqu | 阿里地区 Ngari | 林芝地区 Nyingchi | 其它 Others |
|---|---|---|---|---|---|---|---|---|---|---|
| **总计** | **Total** | **2780** | **761** | | **336** | **998** | **65** | | **315** | **305** |
| 农、林、牧、渔业 | Farming,Forestry,Animal Hus–bandry and Fishery | 29 | | | | 1 | | | 28 | |
| 采掘业 | Mining and Quarrying | 169 | | | 8 | 161 | | | | |
| 制造业 | Manufacturing | 1637 | 345 | | 258 | 400 | 60 | | 269 | 305 |
| 电力、燃气及水生产供应业 | Electricity,Gas Water Production and Supply | | | | | | | | | |
| 建筑业 | Construction | 632 | 296 | | 50 | 286 | | | | |
| 交通运输、仓储及邮政业 | Transport,Storage,and Post | 11 | | | | 11 | | | | |
| 信息传输、计算机服务和软件业 | Information Transmission,Computer Servecis and Software | | | | | | | | | |
| 批发和零售业 | Wholesale and Retail Trade | 159 | 120 | | | 16 | 5 | | 18 | |
| 住宿和餐饮业 | Stay Place and Catering | 90 | | | | 90 | | | | |
| 金融业 | Finance and Insurance | | | | | | | | | |
| 房地产业 | Real Estate Trade | | | | | | | | | |
| 租赁和商务服务业 | Tenancy and Commerce Servecis | 9 | | | | 9 | | | | |
| 科学研究、技术服务和地质勘查业 | Science Studies,Technical Servecis and Geological Prospecting | | | | | | | | | |
| 水利、环境和公共设施管理业 | Water Environment and Municipal Engineering Conservancy | | | | | | | | | |
| 居民服务和其他服务业 | Resideng Services and Other Services | 20 | | | 20 | | | | | |
| 教育 | Education | | | | | | | | | |
| 卫生、社会保障和社会福利业 | Health Care,Social Security and Social Welfare | | | | | | | | | |
| 文化、体育和娱乐业 | Culture and Arts,Sports and Recreation | 24 | | | | 24 | | | | |
| 公共管理和社会组织 | Public Management and Social Organization | | | | | | | | | |

# 3-11 单位从业人员劳动报酬情况（2012年）

## WORKING PAY OF EMPLOYED PERSONS IN UNITS(2012)

单位：万元 (10000 yuan)

| 行业 | Sector | 单位从业人员劳动报酬 Total Wages | 在岗职工工资总额 Staff and Workers at their Posts | 其他从业人员劳动报酬 Others | #聘用的离退休人员 Retired and Ucsrm Engaged and Kept on | 离开本单位仍保留劳动关系职工的生活费 Subsidies and Allowances |
|---|---|---|---|---|---|---|
| **总计** | **Total** | **1284975** | **1238223** | **46752** | | |
| **按经济类型分** | **Grouped by Ownership** | | | | | |
| 国有经济单位 | State-owned Units | 1246691 | 1205449 | 41242 | | |
| 城镇集体经济单位 | Urban Collective Owned Units | 11295 | 7500 | 3795 | | |
| 其他经济单位 | Units of Other Types of Ownership | 26989 | 25274 | 1715 | | |
| **按行业分** | **Grouped by Sector** | | | | | |
| 农、林、牧、渔业 | Farming,Forestry,Animal Husbandry and Fishery | 7586 | 4807 | 2779 | | |
| 采掘业 | Mining and Quarrying | 9213 | 7608 | 1605 | | |
| 制造业 | Manufacturing | 24623 | 22803 | 1820 | | |
| 电力、燃气及水生产供应业 | Electricity,Gas Water Production and Supply | 39511 | 38472 | 1039 | | |
| 建筑业 | Construction | 12153 | 7342 | 4811 | | |
| 交通运输、仓储及邮政业 | Transport,Storage,and Post | 32985 | 32652 | 333 | | |
| 信息传输、计算机服务和软件业 | Information Transmission,Computer Servecis and Software | 11244 | 11175 | 69 | | |
| 批发和零售业 | Wholesale and Retail Trade | 22642 | 20000 | 2642 | | |
| 住宿和餐饮业 | Stay Place and Catering | 10975 | 9723 | 1252 | | |
| 金融业 | Finance and Insurance | 95451 | 95193 | 258 | | |
| 房地产业 | Real Estate Trade | 1157 | 1139 | 18 | | |
| 租赁和商务服务业 | Tenancy and Commerce Servecis | 10822 | 9978 | 844 | | |
| 科学研究、技术服务和地质勘查业 | Science Studies,Technical Servecis and Geological Prospecting | 53424 | 50226 | 3198 | | |
| 水利、环境和公共设施管理业 | Water Environment and Municipal Engineering Conservancy | 5892 | 4985 | 907 | | |
| 居民服务和其他服务业 | Resideng Services and Other Services | 74 | 70 | 4 | | |
| 教育 | Education | 243191 | 239861 | 3330 | | |
| 卫生、社会保障和社会福利业 | Health Care,Social Security and Social Welfare | 74921 | 72978 | 1943 | | |
| 文化、体育和娱乐业 | Culture and Arts,Sports and Recreation | 34078 | 32994 | 1084 | | |
| 公共管理和社会组织 | Public Management and Social Organization | 595033 | 576217 | 18816 | | |

# 3-12 职工工资总额及构成

## TOTAL WAGES OF STAFF AND WORKERS AND ITS COMPOSITION

| 年份 地区 Year Region | | 绝对数(万元) Value (10000 yuan) | | | | 构成(总计=100)Composition(Total=100) | | |
|---|---|---|---|---|---|---|---|---|
| | | 合计 Total | 国有经济单位 State-Owned Units | 城镇集体经济单位 Urban Collection-Owned Uints | 其他经济单位 Units of Others Types of Ownership | 国有经济单位 State-Owned Units | 城镇集体经济单位 Urban Collection-Owned Uints | 其他经济单位 Units of Others Types of Ownership |
| 1965 | | 5861 | 5861 | | | 100.0 | | |
| 1978 | | 11125 | 10658 | 467 | | 95.8 | 4.2 | |
| 1980 | | 19548 | 18574 | 974 | | 95.0 | 5.0 | |
| 1985 | | 32856 | 30636 | 2181 | 39 | 93.2 | 6.6 | 0.2 |
| 1986 | | 37562 | 35300 | 2111 | 151 | 94.0 | 5.6 | 0.4 |
| 1987 | | 38638 | 36539 | 1997 | 102 | 94.6 | 5.1 | 0.3 |
| 1988 | | 42662 | 40071 | 2458 | 133 | 93.9 | 5.8 | 0.3 |
| 1989 | | 46576 | 44386 | 2024 | 166 | 95.3 | 4.4 | 0.3 |
| 1990 | | 49071 | 47118 | 1896 | 57 | 96.0 | 3.9 | 0.1 |
| 1991 | | 54513 | 51567 | 2312 | 274 | 95.2 | 4.3 | 0.5 |
| 1992 | | 56851 | 53946 | 2610 | 295 | 94.9 | 4.6 | 0.5 |
| 1993 | | 67869 | 64520 | 3032 | 317 | 95.1 | 4.5 | 0.4 |
| 1994 | | 111934 | 108501 | 2478 | 955 | 96.9 | 2.2 | 0.9 |
| 1995 | | 120652 | 115668 | 4007 | 977 | 95.9 | 3.3 | 0.8 |
| 1996 | | 185405 | 179463 | 4482 | 1460 | 96.8 | 2.4 | 0.8 |
| 1997 | | 170366 | 164175 | 5223 | 968 | 96.3 | 3.1 | 0.6 |
| 1998 | | 179427 | 171185 | 6321 | 1921 | 95.4 | 3.5 | 1.1 |
| 1999 | | 205336 | 195535 | 5389 | 4412 | 95.2 | 2.6 | 2.2 |
| 2000 | | 232007 | 222425 | 4648 | 4934 | 95.9 | 2.0 | 2.1 |
| 2001 | | 295197 | 283439 | 5123 | 6635 | 96.0 | 1.7 | 2.3 |
| 2002 | | 364066 | 351545 | 5437 | 7084 | 96.6 | 1.5 | 2.0 |
| 2003 | | 388303 | 375822 | 3402 | 9079 | 96.8 | 0.9 | 2.3 |
| 2004 | | 422299 | 410205 | 2814 | 9280 | 97.1 | 0.7 | 2.2 |
| 2005 | | 462580 | 448477 | 3935 | 10168 | 97.0 | 0.9 | 2.1 |
| 2006 | | 528980 | 512456 | 5184 | 11340 | 96.9 | 1.0 | 2.1 |
| 2007 | | 805584 | 785865 | 5776 | 13943 | 97.6 | 0.7 | 1.7 |
| 2008 | | 848391 | 829494 | 6699 | 12198 | 97.8 | 0.8 | 1.4 |
| 2009 | | 920798 | 897831 | 5685 | 17282 | 97.5 | 0.6 | 1.9 |
| 2010 | | 1058308 | 1023536 | 7819 | 26953 | 96.7 | 0.7 | 2.6 |
| 2011 | | 1105895 | 1068081 | 5750 | 32064 | 96.6 | 0.5 | 2.9 |
| 2012 | | 1238223 | 1205450 | 7499 | 25274 | 97.3 | 0.7 | 2.0 |
| 拉萨市 | Lhasa | 138474 | 136500 | 1392 | 583 | 98.6 | 1 | 0.4 |
| 昌都地区 | Qamdo | 139059 | 139059 | | | 100.0 | | |
| 山南地区 | Shannan | 116942 | 112250 | 891 | 3801 | 96 | 0.8 | 3.2 |
| 日喀则地区 | Xigazê | 165550 | 163713 | 1706 | 131 | 98.9 | 1 | 0.1 |
| 那曲地区 | Nagqu | 121370 | 121228 | 142 | | 99.9 | 0.1 | |
| 阿里地区 | Ngari | 53399 | 53399 | | | 100.0 | | |
| 林芝地区 | Nyingchi | 85549 | 83078 | 2471 | | 97.1 | 2.9 | |
| 其他 | Others | 417880 | 396223 | 899 | 20758 | 94.8 | 0.2 | 5 |

注：1998年后为在岗职工工资(下同)。

Note: the data on total wages after 1998 refer to wagws of fully employed staff and workers. ( Similarlly in the following tables ).

# 3-13 职工工资总额指数

## INDEX WAGES OF STAFF AND WORKERS

| 年份 Year | 指数(1978=100) Indices (1978=100) | | | | 指数(上年=100) Indices (Preceding year=100) | | | |
|---|---|---|---|---|---|---|---|---|
| | 合计 Total | 国有经济单位 State-Owned Units | 城镇集体经济单位 Urban Collection-Owned Uints | 其他经济单位 Units of Others Types of Ownership | 合计 Total | 国有经济单位 State-Owned Units | 城镇集体经济单位 Urban Collection-Owned Uints | 其他经济单位 Units of Others Types of Ownership |
| 1978 | 100.0 | 100.0 | 100.0 | | 107.0 | | | |
| 1980 | 175.7 | 174.3 | 208.6 | | 125.2 | 124.2 | 148.5 | |
| 1981 | 174.3 | 173.0 | 205.3 | | 99.2 | 99.3 | 98.4 | |
| 1982 | 210.8 | 205.1 | 340.4 | | 102.9 | 118.6 | 165.8 | |
| 1983 | 219.1 | 210.0 | 425.4 | | 103.9 | 102.4 | 125.0 | |
| 1984 | 265.0 | 257.1 | 446.5 | | 121.0 | 122.4 | 105.0 | |
| 1985 | 295.3 | 287.5 | 466.9 | 100.0 | 111.4 | 111.8 | 104.6 | |
| 1986 | 337.6 | 331.2 | 452.0 | 387.2 | 114.3 | 115.2 | 96.8 | 387.2 |
| 1987 | 347.3 | 343.3 | 427.7 | 261.5 | 102.9 | 103.5 | 94.6 | 67.5 |
| 1988 | 383.5 | 376.0 | 426.4 | 341.0 | 110.4 | 109.7 | 123.1 | 130.4 |
| 1989 | 418.7 | 416.5 | 433.4 | 425.6 | 109.2 | 110.8 | 82.3 | 124.8 |
| 1990 | 441.1 | 442.9 | 406.0 | 146.2 | 105.4 | 106.3 | 93.7 | 34.4 |
| 1991 | 486.8 | 483.9 | 495.1 | 702.6 | 110.4 | 109.3 | 121.9 | 480.6 |
| 1992 | 511.0 | 506.2 | 558.9 | 756.4 | 105.0 | 104.6 | 112.9 | 107.7 |
| 1993 | 610.1 | 605.4 | 649.3 | 812.8 | 119.4 | 119.6 | 116.2 | 107.5 |
| 1994 | 1006.2 | 1018.1 | 530.6 | 2448.7 | 164.9 | 168.2 | 81.7 | 301.3 |
| 1995 | 1084.5 | 1085.3 | 858.1 | 2505.1 | 107.8 | 106.6 | 161.7 | 102.4 |
| 1996 | 1666.6 | 1683.8 | 959.7 | 3743.6 | 153.7 | 155.2 | 111.9 | 149.4 |
| 1997 | 1531.4 | 1540.4 | 1118.4 | 2481.5 | 91.9 | 91.5 | 116.5 | 66.3 |
| 1998 | 1612.8 | 1606.2 | 1353.5 | 4925.6 | 105.3 | 104.3 | 121.0 | 198.5 |
| 1999 | 1845.7 | 1834.6 | 1154.0 | 11312.8 | 114.4 | 114.2 | 85.3 | 229.7 |
| 2000 | 2085.6 | 2087.8 | 995.9 | 12647.7 | 113.0 | 113.8 | 86.3 | 111.8 |
| 2001 | 2653.5 | 2659.4 | 1096.8 | 17010.3 | 127.2 | 127.4 | 110.2 | 134.5 |
| 2002 | 3272.5 | 3298.4 | 1097.0 | 18164.1 | 123.3 | 124.0 | 100.0 | 106.8 |
| 2003 | 3490.4 | 3526.2 | 728.5 | 23279.5 | 106.7 | 106.9 | 62.6 | 128.2 |
| 2004 | 3797.6 | 3847.1 | 602.5 | 23791.6 | 108.8 | 109.1 | 82.7 | 102.2 |
| 2005 | 4158.0 | 4207.9 | 842.6 | 26071.8 | 109.5 | 109.3 | 139.8 | 109.6 |
| 2006 | 4754.9 | 4808.2 | 1110.3 | 29076.9 | 114.4 | 114.3 | 131.8 | 115.3 |
| 2007 | 7241.2 | 7373.5 | 1236.8 | 35753.9 | 152.3 | 153.4 | 111.4 | 123.0 |
| 2008 | 7625.9 | 7792.8 | 1434.4 | 31276.9 | 105.3 | 105.6 | 116 | 87.5 |
| 2009 | 8276.8 | 8424.0 | 1217.3 | 44312.3 | 108.5 | 108.1 | 84.9 | 141.7 |
| 2010 | 9512.8 | 9603.4 | 1674.3 | 69110.3 | 114.9 | 114.0 | 137.5 | 155.9 |
| 2011 | 9940.6 | 10021.4 | 1231.3 | 82241.3 | 104.5 | 104.4 | 73.5 | 119 |
| 2012 | 11130.1 | 11310.3 | 1605.8 | 64805.1 | 119.7 | 112.9 | 130.4 | 78.8 |

# 3-14 各行业分经济类型、分地区职工工资总额（2012年）

单位：万元

| 行业 | Sector | 合计 Total | 国有经济单位 State-owned Units | 集体经济单位 Collective-owned Units | 其他经济单位 Others Units |
|---|---|---|---|---|---|
| **总计** | **Total** | **1238223** | **1205450** | **7499** | **25274** |
| 农、林、牧、渔业 | Farming,Foresty,Animal Husbandry and Fishery | 4808 | 4719 | 89 | |
| 采掘业 | Mining and Quarrying | 7608 | 7394 | 214 | |
| 制造业 | Manufacturing | 22803 | 8456 | 5199 | 9149 |
| 电力、燃气及水生产供应业 | Electricity,Gas Water Production and Supply | 38472 | 38472 | | |
| 建筑业 | Construction | 7342 | 5914 | 1412 | 15 |
| 交通运输、仓储及邮政业 | Transport,Storage,and Post | 32652 | 31178 | 15 | 1459 |
| 信息传输、计算机服务和软件业 | Information Transmission,Computer Servecis and Software | 11175 | 11175 | | |
| 批发和零售业 | Wholesale and Retail Trade | 20000 | 18419 | 351 | 1231 |
| 住宿和餐饮业 | Stay Place and Catering | 9723 | 9441 | 163 | 120 |
| 金融业 | Finance and Insurance | 95193 | 90995 | | 4199 |
| 房地产业 | Real Estate Trade | 1139 | 1008 | | 131 |
| 租赁和商务服务业 | Tenancy and Commerce Servecis | 9978 | 995 | 13 | 8970 |
| 科学研究、技术服务和地质勘查业 | Science Studies,Technical Servecis and Geological Prospecting | 50226 | 50226 | | |
| 水利、环境和公共设施管理业 | Water Environment and Municipal Engineering Conservancy | 4984 | 4984 | | |
| 居民服务和其他服务业 | Resideng Services and Other Services | 70 | 48 | 22 | |
| 教育 | Education | 239860 | 239860 | | |
| 卫生、社会保障和社会福利业 | Health Care,Social Security and Social Welfare | 72978 | 72978 | | |
| 文化、体育和娱乐业 | Culture and Arts,Sports and Recreation | 32994 | 32971 | 23 | |
| 公共管理和社会组织 | Public Management and Social Organization | 576218 | 576218 | | |

# TOTAL WAGES OF STAFF AND WORKERS BY REGION,OWNERSHIP AND SECTOR (2012)

(10000 yuan)

| 拉萨市 Lhasa | 昌都地区 Qamdo | 山南地区 Shannan | 日喀则地区 Xigazê | 那曲地区 Nagqu | 阿里地区 Ngari | 林芝地区 Nyingchi | 其　它 Others |
|---|---|---|---|---|---|---|---|
| **138474** | **139059** | **116942** | **165550** | **121370** | **53399** | **85549** | **417880** |
| 1178 | 803 | 189 | 668 | 285 | 127 | 1531 | 28 |
|  | 166 | 1981 | 514 | 531 | 77 |  | 4338 |
| 1752 | 435 | 4616 | 1680 | 359 |  | 4454 | 9508 |
| 1338 | 1550 | 794 | 1086 | 1724 | 155 | 1023 | 30800 |
| 1898 |  | 1283 | 779 | 1202 | 41 | 227 | 1916 |
| 3709 | 743 | 2552 | 444 | 2083 | 51 | 2191 | 20878 |
| 446 |  |  |  |  |  |  | 10728 |
| 1943 | 533 | 436 | 1287 | 1799 | 303 | 1282 | 12418 |
| 120 |  | 1403 | 1203 | 564 | 93 | 266 | 6075 |
| 356 |  |  |  | 70 |  |  | 94766 |
| 975 |  |  | 131 |  |  |  | 33 |
|  |  |  | 32 |  | 120 |  | 9826 |
| 1080 | 2736 | 2107 | 4526 | 3666 | 1965 | 804 | 33342 |
| 2277 | 91 | 60 | 1173 | 454 | 117 | 350 | 462 |
| 26 |  | 22 |  | 22 |  |  |  |
| 39047 | 36115 | 30378 | 50079 | 32076 | 7147 | 16840 | 28177 |
| 6752 | 10150 | 8006 | 13195 | 10267 | 3184 | 5059 | 16364 |
| 2259 | 2249 | 2965 | 3665 | 2735 | 1025 | 1280 | 16816 |
| 73318 | 83488 | 60150 | 85088 | 63533 | 38994 | 50242 | 121404 |

# 3-15 各行业分经济类型、分地区职工平均工资（2012年）

单位：元

| 行 业 | Sector | 合计 Total | 国有经济单位 State-owned Units | 集体经济单位 Collective-owned Units | 其他经济单位 Others Units |
|---|---|---|---|---|---|
| **总计** | **Total** | **58347** | **58982** | **26417** | **50527** |
| 农、林、牧、渔业 | Farming,Forestry,Animal Hus–bandry and Fishery | 31158 | 31316 | 24556 | |
| 采掘业 | Mining and Quarrying | 42982 | 46181 | 12680 | |
| 制造业 | Manufacturing | 38525 | 35100 | 31854 | 48717 |
| 电力、燃气及水生产供应业 | Electricity,Gas Water Production and Supply | 51296 | 51296 | | |
| 建筑业 | Construction | 28668 | 32730 | 20464 | 2406 |
| 交通运输、仓储及邮政业 | Transport,Storage,and Post | 55882 | 55884 | 13364 | 57680 |
| 信息传输、计算机服务和软件业 | Information Transmission,Computer Servecis and Software | 37114 | 37114 | | |
| 批发和零售业 | Wholesale and Retail Trade | 45424 | 48598 | 22050 | 27112 |
| 住宿和餐饮业 | Stay Place and Catering | 33129 | 33383 | 18089 | 70412 |
| 金融业 | Finance and Insurance | 121482 | 128251 | | 56661 |
| 房地产业 | Real Estate Trade | 47674 | 51974 | | 29133 |
| 租赁和商务服务业 | Tenancy and Commerce Servecis | 53906 | 34086 | 14667 | 57868 |
| 科学研究、技术服务和地质勘查业 | Science Studies,Technical Servecis and Geological Prospecting | 56200 | 56200 | | |
| 水利、环境和公共设施管理业 | Water Environment and Municipal Engineering Conservancy | 30978 | 30978 | | |
| 居民服务和其他服务业 | Resideng Services and Other Services | 24964 | 59500 | 11150 | |
| 教育 | Education | 57511 | 57511 | | |
| 卫生、社会保障和社会福利业 | Health Care,Social Security and Social Welfare | 50612 | 50612 | | |
| 文化、体育和娱乐业 | Culture and Arts,Sports and Recreation | 62857 | 63090 | 10043 | |
| 公共管理和社会组织 | Public Management and Social Organization | 60745 | 60745 | | |

# AVERAGE WAGES OF STAFF AND WORKERS BY REGION,OWNERSHIP AND SECTOR (2012)

(yuan)

| 拉萨市 Lhasa | 昌都地区 Qamdo | 山南地区 Shannan | 日喀则地区 Xigazê | 那曲地区 Nagqu | 阿里地区 Ngari | 林芝地区 Nyingchi | 其　它 Others |
|---|---|---|---|---|---|---|---|
| **51729** | **52276** | **53105** | **54282** | **54548** | **60529** | **54145** | **70283** |
| 54046 | 22931 | 22536 | 40006 | 51745 | 42233 | 24294 | 30778 |
| | | | | | | | |
| | 72261 | 53118 | 19019 | 73778 | 40368 | | 42832 |
| 25212 | 30620 | 50389 | 24349 | 22553 | | 48675 | 60776 |
| 44736 | 27017 | 27849 | 23111 | 41645 | 30471 | 30171 | 42364 |
| | | | | | | | |
| 19757 | | 36149 | 23190 | 31891 | 45778 | 31472 | 78936 |
| 28980 | 36078 | 39569 | 29007 | 46284 | 46000 | 48371 | 36593 |
| 56418 | | | | | | | 62214 |
| | | | | | | | |
| 34821 | 25980 | 34039 | 20953 | 28843 | 39829 | 63465 | 122407 |
| 70412 | | 39513 | 22820 | 24416 | 42318 | 36944 | 66600 |
| 43427 | | | | 57917 | | | 122407 |
| 51587 | | | 29133 | | | | |
| | | | 9969 | | 18462 | | 34385 |
| 58712 | 35298 | 49460 | 42137 | 29309 | 66840 | 83750 | 56021 |
| | | | | | | | |
| 30896 | 19739 | 50083 | 20503 | 75650 | 50870 | 40767 | 68930 |
| | | | | | | | |
| 51600 | | 11150 | | 72667 | | | 63315 |
| | | | | | | | |
| 59082 | 53173 | 60756 | 56301 | 57618 | 64797 | 56722 | 59046 |
| 49832 | 40605 | 54279 | 54299 | 49242 | 60756 | 59799 | 51075 |
| | | | | | | | |
| 59751 | 62280 | 53717 | 60482 | 60108 | 65268 | 52884 | 67362 |
| | | | | | | | |
| 55869 | 57078 | 52786 | 62487 | 60885 | 60570 | 56591 | 74276 |

# 3-16 各地市国有经济单位分行业职工工资总额（2012年）

## TOTAL WAGES OF STAFF AND WORKERS IN STATE-OWNED UNITS BY SECTOR AND REGION (2012)

单位：万元 (10000 yuan)

| 行业 | Sector | 合计 Total | 拉萨市 Lhasa | 昌都地区 Qamdo | 山南地区 Shannan | 日喀则地区 Xigazê | 那曲地区 Nagqu | 阿里地区 Ngari | 林芝地区 Nyingchi | 其它 Others |
|---|---|---|---|---|---|---|---|---|---|---|
| **总计** | **Total** | **1205450** | **136500** | **139059** | **112250** | **163713** | **121228** | **53399** | **83078** | **396223** |
| 农、林、牧、渔业 | Farming,Forestry,Animal Hus–bandry and Fishery | 4719 | 1178 | 803 | 189 | 667 | 285 | 127 | 1443 | 28 |
| 采掘业 | Mining and Quarrying | 7394 | | 166 | 1971 | 310 | 531 | 77 | | 4339 |
| 制造业 | Manufacturing | 8456 | 1035 | 435 | 322 | 1113 | 227 | | 2109 | 3214 |
| 电力、燃气及水生产供应业 | Electricity,Gas Water Production and Supply | 38472 | 1338 | 1551 | 794 | 1086 | 1724 | 155 | 1023 | 30801 |
| 建筑业 | Construction | 5914 | 1453 | | 1003 | 93 | 1202 | 41 | 227 | 1895 |
| 交通运输仓储及邮政业 | Transport,Storage,and Post | 31178 | 3709 | 743 | 2552 | 429 | 2083 | 51 | 2191 | 19419 |
| 信息传输、计算机服务和软件业 | Information Transmission,Computer Servecis and Software | 11175 | 446 | | | | | | | 10729 |
| 批发和零售业 | Wholesale and Retail Trade | 18419 | 1607 | 533 | 349 | 1254 | 1789 | 303 | 1244 | 11341 |
| 住宿和餐饮业 | Stay Place and Catering | 9441 | | | 1403 | 1040 | 564 | 93 | 266 | 6075 |
| 金融业 | Finance and Insurance | 90995 | | | | | 70 | | | 90925 |
| 房地产业 | Real Estate Trade | 1008 | 975 | | | | | | | 33 |
| 租赁和商务服务业 | Tenancy and Commerce Servecis | 995 | | | | 19 | | 120 | | 857 |
| 科学研究、技术服务和地质勘查业 | Science Studies,Technical Servecis and Geological Prospecting | 50226 | 1080 | 2736 | 2107 | 4526 | 3667 | 1965 | 804 | 33342 |
| 水利、环境和公共设施管理业 | Water Environment and Municipal Engineering Conservancy | 4984 | 2277 | 91 | 60 | 1173 | 454 | 117 | 351 | 462 |
| 居民服务和其他服务业 | Resideng Services and Other Services | 48 | 26 | | | | 22 | | | |
| 教育 | Education | 239860 | 39047 | 36115 | 30378 | 50080 | 32076 | 7147 | 16841 | 28178 |
| 卫生、社会保障和社会福利业 | Health Care,Social Security and Social Welfare | 72978 | 6752 | 10151 | 8006 | 13195 | 10267 | 3184 | 5059 | 16364 |
| 文化、体育和娱乐业 | Culture and Arts,Sports and Recreation | 32971 | 2259 | 2248 | 2965 | 3642 | 2735 | 1025 | 1280 | 16817 |
| 公共管理和社会组织 | Public Management and Social Organization | 576218 | 73318 | 83488 | 60150 | 85089 | 63533 | 38995 | 50242 | 121404 |

# 3-17 各地市国有经济单位分行业职工平均工资（2012年）

## AVERAGE WAGES OF STAFF AND WORKERS IN STATE-OWNED UNITS BY SECTOR AND REGION (2012)

单位：元 (yuan)

| 行业 | Sector | 合计 Total | 拉萨市 Lhasa | 昌都地区 Qamdo | 山南地区 Shannan | 日喀则地区 Xigazê | 那曲地区 Nagqu | 阿里地区 Ngari | 林芝地区 Nyingchi | 其它 Others |
|---|---|---|---|---|---|---|---|---|---|---|
| **总计** | **Total** | **58982** | **52833** | **52276** | **53285** | **55569** | **54644** | **60529** | **53696** | **72127** |
| 农、林、牧、渔业 | Farming,Forestry,Animal Husbandry and Fishery | 31316 | 54046 | 22931 | 22536 | 40175 | 51745 | 42233 | 24257 | 30778 |
| 采掘业 | Mining and Quarrying | 46181 | | 72261 | 54000 | 28394 | 73778 | 40368 | 32952 | 42832 |
| 制造业 | Manufacturing | 35100 | 31840 | 30620 | 37057 | 37725 | 22970 | | | 39152 |
| 电力、燃气及水生产供应业 | Electricity,Gas Water Production and Supply | 51296 | 44736 | 27017 | 27849 | 23111 | 41645 | 30471 | 30171 | 60776 |
| 建筑业 | Construction | 32730 | 22992 | | 35829 | 18560 | 31891 | 45778 | 31472 | 48972 |
| 交通运输、仓储及邮政业 | Transport,Storage,and Post | 55884 | 28980 | 36078 | 39569 | 30218 | 46284 | 46000 | 48371 | 81184 |
| 信息传输、计算机服务和软件业 | Information Transmission,Computer Servecis and Software | 37114 | 56418 | | | | | | | 36593 |
| 批发和零售业 | Wholesale and Retail Trade | 48598 | 37993 | 25980 | 33276 | 20962 | 28906 | 39829 | 67582 | 71777 |
| 住宿和餐饮业 | Stay Place and Catering | 33383 | | | 39513 | 23794 | 24416 | 42318 | 36944 | 35507 |
| 金融业 | Finance and Insurance | 128251 | | | | | 57917 | | | 128371 |
| 房地产业 | Real Estate Trade | 51974 | 51587 | | | | | | | 66600 |
| 租赁和商务服务业 | Tenancy and Commerce Servecis | 34086 | | | | 8130 | | 18642 | | 41990 |
| 科学研究、技术服务和地质勘查业 | Science Studies,Technical Servecis and Geological Prospecting | 56200 | 58712 | 35298 | 49460 | 42137 | 29309 | 66840 | 83750 | 68930 |
| 水利、环境和公共设施管理业 | Water Environment and Municipal Engineering Conservancy | 30978 | 30896 | 19739 | 50083 | 20503 | 75650 | 50870 | 40767 | 63315 |
| 居民服务和其他服务业 | Resideng Services and Other Services | 59500 | 51600 | | | | 72667 | | | |
| 教育 | Education | 57511 | 59082 | 53173 | 60756 | 56301 | 57618 | 64797 | 56722 | 59046 |
| 卫生、社会保障和社会福利业 | Health Care,Social Security and Social Welfare | 50612 | 49832 | 40605 | 54279 | 54299 | 49242 | 60756 | 59799 | 51075 |
| 文化、体育和娱乐业 | Culture and Arts,Sports and Recreation | 63090 | 59751 | 62280 | 53717 | 62472 | 60108 | 65268 | 52884 | 67323 |
| 公共管理和社会组织 | Public Management and Social Organization | 60745 | 55869 | 57078 | 52786 | 62487 | 60885 | 60570 | 56591 | 74276 |

# 3-18 各地市城镇集体经济单位分行业职工工资总额（2012年）

## TOTAL WAGES OF STAFF AND WORKERS IN URBAN COLLECTIVE-OWNED UNITS BY SECTOR AND REGION (2012)

单位：万元 (10000 yuan)

| 行业 | Sector | 合计 Total | 拉萨市 Lhasa | 昌都地区 Qamdo | 山南地区 Shannan | 日喀则地区 Xigazê | 那曲地区 Nagqu | 阿里地区 Ngari | 林芝地区 Nyingchi | 其它 Others |
|---|---|---|---|---|---|---|---|---|---|---|
| **总计** | **Total** | **7500** | **1392** | | **891** | **1706** | **141** | | **2471** | **899** |
| 农、林、牧、渔业 | Farming,Forestry,Animal Husbandry and Fishery | 88 | | | | 1 | | | 87 | |
| 采掘业 | Mining and Quarrying | 214 | | | 10 | 204 | | | | |
| 制造业 | Manufacturing | 5199 | 678 | | 579 | 567 | 131 | | 2345 | 899 |
| 电力、燃气及水生产供应业 | Electricity,Gas Water Production and Supply | | | | | | | | | |
| 建筑业 | Construction | 1412 | 446 | | 280 | 686 | | | | |
| 交通运输、仓储及邮政业 | Transport,Storage,and Post | 15 | | | | 15 | | | | |
| 信息传输、计算机服务和软件业 | Information Transmission,Computer Servecis and Software | | | | | | | | | |
| 批发和零售业 | Wholesale and Retail Trade | 351 | 269 | | | 33 | 10 | | 39 | |
| 住宿和餐饮业 | Stay Place and Catering | 163 | | | | 163 | | | | |
| 金融业 | Finance and Insurance | | | | | | | | | |
| 房地产业 | Real Estate Trade | | | | | | | | | |
| 租赁和商务服务业 | Tenancy and Commerce Servecis | 13 | | | | 13 | | | | |
| 科学研究、技术服务和地质勘查业 | Science Studies,Technical Servecis and Geological Prospecting | | | | | | | | | |
| 水利、环境和公共设施管理业 | Water Environment and Municipal Engineering Conservancy | | | | | | | | | |
| 居民服务和其他服务业 | Resideng Services and Other Services | 22 | | | 22 | | | | | |
| 教育 | Education | | | | | | | | | |
| 卫生、社会保障和社会福利业 | Health Care,Social Security and Social Welfare | | | | | | | | | |
| 文化、体育和娱乐业 | Culture and Arts,Sports and Recreation | 23 | | | | 23 | | | | |
| 公共管理和社会组织 | Public Management and Social Organization | | | | | | | | | |

# 3-19 各地市城镇集体经济单位分行业职工平均工资（2012年）

## AVERAGE WAGES OF STAFF AND WORKERS IN URBAN COLLECTIVE-OWNED UNITS BY SECTOR AND REGION (2012)

单位：元 (yuan)

| 行业 | Sector | 合计 Total | 拉萨市 Lhasa | 昌都地区 Qamdo | 山南地区 Shan-nan | 日喀则地区 Xigazê | 那曲地区 Nagqu | 阿里地区 Ngari | 林芝地区 Nying-chi | 其它 Others |
|---|---|---|---|---|---|---|---|---|---|---|
| **总计** | **Total** | **26147** | **17526** | | **25104** | **17194** | **21800** | | **75323** | **29482** |
| 农、林、牧、渔业 | Farming,Forestry,Animal Husbandry and Fishery | 24556 | | | | 12000 | | | 24914 | |
| 采掘业 | Mining and Quarrying | 12680 | | | 12875 | 12671 | | | | |
| 制造业 | Manufacturing | 31854 | 19638 | | 22956 | 14359 | 21869 | | | 29482 |
| 电力、燃气及水生产供应业 | Electricity,Gas Water Production and Supply | | | | | | | | | |
| 建筑业 | Construction | 20464 | 13541 | | 37347 | 24000 | | | | |
| 交通运输、仓储及邮政业 | Transport,Storage,and Post | 13364 | | | | 13364 | | | | |
| 信息传输、计算机服务和软件业 | Information Transmission,Computer Servecis and Software | | | | | | | | | |
| 批发和零售业 | Wholesale and Retail Trade | 22050 | 22383 | | | 20625 | 21000 | | 21389 | |
| 住宿和餐饮业 | Stay Place and Catering | 18089 | | | | 18089 | | | | |
| 金融业 | Finance and Insurance | | | | | | | | | |
| 房地产业 | Real Estate Trade | | | | | | | | | |
| 租赁和商务服务业 | Tenancy and Commerce Servecis | 14667 | | | | 14669 | | | | |
| 科学研究、技术服务和地质勘查业 | Science Studies,Technical Servecis and Geological Prospecting | | | | | | | | | |
| 水利、环境和公共设施管理业 | Water Environment and Municipal Engineering Conservancy | | | | | | | | | |
| 居民服务和其他服务业 | Resideng Services and Other Services | 11150 | | | 11150 | | | | | |
| 教育 | Education | | | | | | | | | |
| 卫生、社会保障和社会福利业 | Health Care,Social Security and Social Welfare | | | | | | | | | |
| 文化、体育和娱乐业 | Culture and Arts,Sports and Recreation | 10043 | | | | 10043 | | | | |
| 公共管理和社会组织 | Public Management and Social Organization | | | | | | | | | |

# 3-20 职工平均工资及指数

## AVERAGE WAGE OF STAFF AND WORKERS AND RELATED INDICES

| 年份 地区<br>Year Region | 平均工资(元) Average (yuan) | | | | 指数(上年=100) Indices (preceding year=100) | | | |
|---|---|---|---|---|---|---|---|---|
| | 合计<br>Total | 国有经济单位<br>State-owned Units | 城镇集体经济单位<br>Urban Collective Owned Units | 其他经济单位<br>Units of Others Types of Ownership | 合计<br>Total | 国有经济单位<br>State-owned Units | 城镇集体经济单位<br>Urban Collective Owned Units | 其他经济单位<br>Units of Others Types of Ownership |
| 1978 | | 854 | | | | | | |
| 1985 | 1963 | 1995 | 1609 | 2087 | 117.0 | 115.3 | 113.3 | |
| 1986 | 2375 | 2419 | 1819 | 2392 | 120.9 | 181.9 | 113.1 | 114.7 |
| 1987 | 2499 | 2536 | 1982 | 2171 | 105.2 | 104.8 | 109.0 | 90.7 |
| 1988 | 2710 | 2740 | 2331 | 2237 | 108.5 | 108.0 | 117.6 | 103.0 |
| 1989 | 2881 | 2941 | 1997 | 2741 | 106.3 | 107.3 | 85.7 | 122.5 |
| 1990 | 3181 | 3224 | 2384 | 3419 | 110.4 | 109.6 | 119.3 | 124.8 |
| 1991 | 3355 | 3416 | 2507 | 3568 | 105.5 | 106.0 | 105.2 | 104.3 |
| 1992 | 3448 | 3495 | 2689 | 3656 | 108.4 | 108.4 | 112.8 | 106.9 |
| 1993 | 4085 | 4178 | 2720 | 5566 | 118.5 | 120.0 | 101.1 | 152.3 |
| 1994 | 7115 | 7304 | 3067 | 13815 | 174.8 | 174.8 | 112.8 | 248.2 |
| 1995 | 7382 | 7572 | 4090 | 10821 | 103.8 | 103.7 | 133.4 | 78.3 |
| 1996 | 11087 | 11519 | 4370 | 12411 | 150.2 | 152.1 | 106.8 | 114.7 |
| 1997 | 10098 | 10524 | 4588 | 7233 | 91.1 | 91.4 | 105.0 | 58.3 |
| 1998 | 10987 | 11462 | 5382 | 8709 | 108.8 | 108.9 | 117.3 | 120.4 |
| 1999 | 12904 | 13490 | 5364 | 10692 | 117.4 | 117.7 | 99.7 | 122.8 |
| 2000 | 14976 | 15566 | 5835 | 12135 | 116.1 | 115.4 | 108.8 | 113.5 |
| 2001 | 19144 | 20112 | 6236 | 13125 | 127.8 | 129.2 | 106.9 | 108.2 |
| 2002 | 24766 | 25675 | 9761 | 15693 | 129.4 | 127.7 | 156.5 | 119.6 |
| 2003 | 26931 | 27611 | 9348 | 20475 | 108.7 | 107.5 | 95.8 | 130.5 |
| 2004 | 29292 | 30163 | 9600 | 17704 | 108.8 | 109.2 | 102.7 | 86.5 |
| 2005 | 28950 | 29644 | 12336 | 19154 | 98.8 | 98.3 | 128.5 | 108.2 |
| 2006 | 31518 | 32355 | 11125 | 23680 | 108.9 | 109.2 | 90.2 | 123.6 |
| 2007 | 46098 | 47757 | 11770 | 26334 | 146.3 | 147.6 | 105.8 | 111.2 |
| 2008 | 47280 | 48975 | 13023 | 24778 | 102.6 | 102.6 | 110.6 | 94.1 |
| 2009 | 48750 | 50272 | 12231 | 30641 | 103.1 | 102.6 | 93.9 | 123.6 |
| 2010 | 54397 | 55581 | 16447 | 47722 | 111.5 | 110.5 | 134.4 | 155.7 |
| 2011 | 55845 | 57014 | 15181 | 46429 | 102.7 | 102.6 | 92.3 | 97.3 |
| 2012 | 58347 | 58982 | 11160 | 50527 | 104.5 | 103.5 | 73.5 | 108.8 |
| 拉萨市 Lhasa | 52168 | 52833 | 17526 | 41942 | 105.1 | 99.4 | 125.0 | 108.2 |
| 昌都地区 Qamdo | 52276 | 52276 | | | 109.6 | 109.6 | | |
| 山南地区 Shannan | 53105 | 53285 | 25104 | 63350 | 100.4 | 98.7 | 188.1 | 157.5 |
| 日喀则地区 Xigazê | 54350 | 55569 | 17194 | 29133 | 106.5 | 104.5 | 115.5 | 108.3 |
| 那曲地区 Nagqu | 54548 | 54644 | 21800 | | 100.3 | 100.3 | | |
| 阿里地区 Ngari | 60529 | 60529 | | | 98.4 | 98.4 | | |
| 林芝地区 Nyingchi | 54145 | 53696 | 75323 | | 93.7 | 104.4 | | |
| 其 它 Others | 70283 | 72127 | 29482 | 49214 | 107.0 | 98.8 | | 103.7 |

注：1998年后为在岗职工平均工资(下同)。

Note: the data on average wages after 1998 refer to wages of fully employed staff and workers (Similarly in the following tables).

# 3-21 各行业分经济类型从业人员平均工资（2012年）

## AVERAGE WAGES OF EMPLOYED PERSONS BY OWNERSHIP AND SECTOR (2012)

单位：人　　(person)

| 行业 | Sector | 合计 Total | 国有经济单位 State-owned Units | 集体经济单位 Collective-owned Units | 其他经济单位 Others Units |
|---|---|---|---|---|---|
| **总计** | **Total** | **51705** | **55219** | **25966** | **49730** |
| 农、林、牧、渔业 | Farming,Forestry,Animal Hus–bandry and Fishery | 13522 | 13441 | 25474 | |
| 采掘业 | Mining and Quarrying | 40673 | 42930 | 12680 | |
| 制造业 | Manufacturing | 37313 | 34641 | 30737 | 46024 |
| 电力、燃气及水生产供应业 | Electricity,Gas Water Production and Supply | 50825 | 50825 | | |
| 建筑业 | Construction | 22882 | 22075 | 24927 | 2406 |
| 交通运输、仓储及邮政业 | Transport,Storage,and Post | 55689 | 55682 | 13364 | 57680 |
| 信息传输、计算机服务和软件业 | Information Transmission,Computer Servecis and Software | 36877 | 36877 | | |
| 批发和零售业 | Wholesale and Retail Trade | 43136 | 46462 | 17512 | 27476 |
| 住宿和餐饮业 | Stay Place and Catering | 33737 | 33987 | 18089 | 70412 |
| 金融业 | Finance and Insurance | 119165 | 125797 | | 56084 |
| 房地产业 | Real Estate Trade | 46446 | 50826 | | 28104 |
| 租赁和商务服务业 | Tenancy and Commerce Servecis | 54083 | 30795 | 13273 | 59103 |
| 科学研究、技术服务和地质勘查业 | Science Studies,Technical Servecis and Geological Prospecting | 50876 | 50876 | | |
| 水利、环境和公共设施管理业 | Water Environment and Municipal Engineering Conservancy | 27455 | 27455 | | |
| 居民服务和其他服务业 | Resideng Services and Other Services | 25586 | 57667 | 11150 | |
| 教育 | Education | 55537 | 55537 | | |
| 卫生、社会保障和社会福利业 | Health Care,Social Security and Social Welfare | 46879 | 46879 | | |
| 文化、体育和娱乐业 | Culture and Arts,Sports and Re–creation | 57178 | 57361 | 10043 | |
| 公共管理和社会组织 | Public Management and Social Organization | 51823 | 51823 | | |

# 3-22 各行业分经济类型从业人员工资总额（2012年）

## TOTAL WAGES OF EMPLOYED PERSONS BY OWNERSHIP AND SECTOR(2012)

单位：人 (person)

| 行业 | Sector | 合计 Total | 国有经济单位 State-owned Units | 集体经济单位 Collective-owned Units | 其他经济单位 Others Units |
|---|---|---|---|---|---|
| **总计** | **Total** | **1284975** | **1246691** | **11295** | **26988** |
| 农、林、牧、渔业 | Farming,Forestry,Animal Hus–bandry and Fishery | 7586 | 7489 | 97 | |
| 采掘业 | Mining and Quarrying | 9213 | 8998 | 214 | |
| 制造业 | Manufacturing | 24623 | 9329 | 5394 | 9900 |
| 电力、燃气及水生产供应业 | Electricity,Gas Water Production and Supply | 39511 | 39511 | | |
| 建筑业 | Construction | 12153 | 7292 | 4846 | 15 |
| 交通运输、仓储及邮政业 | Transport,Storage,and Post | 32985 | 31512 | 15 | 1459 |
| 信息传输、计算机服务和软件业 | Information Transmission,Computer Servecis and Software | 11244 | 11244 | | |
| 批发和零售业 | Wholesale and Retail Trade | 22642 | 20820 | 506 | 1316 |
| 住宿和餐饮业 | Stay Place and Catering | 10975 | 10692 | 163 | 120 |
| 金融业 | Finance and Insurance | 95451 | 91178 | | 4274 |
| 房地产业 | Real Estate Trade | 1157 | 1022 | | 135 |
| 租赁和商务服务业 | Tenancy and Commerce Servecis | 10822 | 1038 | 15 | 9769 |
| 科学研究、技术服务和地质勘查业 | Science Studies,Technical Servecis and Geological Prospecting | 53424 | 53424 | | |
| 水利、环境和公共设施管理业 | Water Environment and Municipal Engineering Conservancy | 5892 | 5892 | | |
| 居民服务和其他服务业 | Resideng Services and Other Services | 74 | 52 | 22 | |
| 教育 | Education | 243191 | 243191 | | |
| 卫生、社会保障和社会福利业 | Health Care,Social Security and Social Welfare | 74921 | 74921 | | |
| 文化、体育和娱乐业 | Culture and Arts,Sports and Recreation | 34078 | 34055 | 23 | |
| 公共管理和社会组织 | Public Management and Social Organization | 595033 | 595033 | | |

# 第四篇

## Chapter 4

## INVESTMENT IN FIXED ASSETS

# 4-1　全社会固定资产投资

## TOTAL INVESTMENT IN FIXED ASSETS

| 指　标 | Item | 2000 | 2007 | 2010 | 2011 | 2012 |
|---|---|---|---|---|---|---|
| **投资总额　　(万元)** | **Total Investment　　(10000 yuan)** | **665044** | **2711811** | **4632585** | **5492690** | **7099822** |
| **按经济类型分** | **Grouped by Ownership** | | | | | |
| 国有经济 | State-Owned Units | 630208 | 1699162 | 3337026 | 4093907 | 4730059 |
| 集体经济 | Collective-Owned Units | 7723 | 45619 | 30332 | 47256 | 147424 |
| #农村 | # Rural | 6090 | 5710 | 29909 | 6353 | 112783 |
| 个体经济 | Individuals | 12436 | 367200 | 209378 | 215678 | 320375 |
| #农村 | # Rural | 2253 | 297923 | 199603 | 160220 | 247666 |
| 联营经济 | Joint-Owned Economic Units | 2330 | 9154 | 580 | 87672 | 21532 |
| 股份制经济 | Share Holding Economic Units | 8846 | 317174 | 458886 | 251032 | 836061 |
| 外商投资经济 | Foreign Funded Units | 156 | 1790 | 8339 | 17172 | 13694 |
| 港澳台投资经济 | Economic Units with Funs From Hong Kong, Macao and Taiwan | 1814 | | 18000 | 6900 | 35825 |
| 其他经济 | Others | 1531 | 267912 | 570044 | 773073 | 994852 |
| **按资金来源分** | **Grouped by Source of Funds** | | | | | |
| 国家预算内资金 | State Budgetary Appropriation | 374105 | 2045636 | 3220359 | 4059794 | 4217320 |
| 国内贷款 | Domestic Loans | 29975 | 46165 | 98774 | 162392 | 254866 |
| 利用外资 | Foreign Investment | 25091 | 2097 | 14403 | 49440 | 65898 |
| 自筹资金 | Fundraising | 189713 | 840902 | 1588139 | 1686511 | 2029335 |
| 其他资金 | Others | 126255 | 514020 | 261798 | 462481 | 813709 |
| **按管理渠道分** | **Grouped by Channel of Management** | | | | | |
| 城镇 | Urban | 558743 | 2316460 | 4054318 | 4808381 | 6069290 |
| #房地产开发 | #Real Estate Development | 9771 | 116767 | 89634 | 51342 | 68719 |
| 农村 | Rural | | | 578267 | 684309 | 1030532 |
| **按构成分** | **Grouped by Use of Funds** | | | | | |
| 建筑安装工程 | Construction and Installation | 597335 | 2519242 | 3979621 | 5055930 | 6173604 |
| 设备、工器具购置 | Purchase of Equipment and Instruments | 46695 | 168678 | 534928 | 309434 | 636545 |
| 其他费用 | Others | 21014 | 23891 | 118036 | 127326 | 289673 |
| **按建设性质分** | **Grouped by Type of Construction** | | | | | |
| #新建 | # New Construction | 418036 | 1616955 | 3081541 | 4054030 | 5459207 |
| 扩建 | Expansion | 37308 | 283097 | 498751 | 469769 | 590923 |
| 改建 | Reconstrction | 155880 | 325130 | 255785 | 309812 | 508831 |
| **房屋建筑面积 (万平方米)** | **Floor Space of Building　　(10000 sq.m)** | | | | | |
| 施工面积 | Floor Space Under Construction | 285.97 | 1454.59 | 1298.72 | 852.11 | 1434.06 |
| 竣工面积 | Floor Space Completed | 231.96 | 1143.87 | 518.74 | 450.01 | 433.93 |
| #住宅 | # Residential Buildings | 133.71 | 781.28 | 408.12 | 339.79 | 345.48 |

注：按资金来源分组数据为财务拨款数，各项相加不等于投资总额。(以下各表相同)

Note: Total investment grouped by sources of finance refers to financial appropriation, and the broken-down figures do not add up to the total. (The same as in the following tables).

# 4-2 各地区全社会固定资产投资（2012年）

| 项 目 | Item | 合计 Total | 拉萨 Lhasa |
|---|---|---|---|
| **投资总额** (万元) | **Total Investment (10000 yuan)** | **7099822** | **2850534** |
| **按经济类型分** | **Grouped by Ownership** | | |
| 国有经济 | State-Owned Units | 4730059 | 1419733 |
| 集体经济 | Collective-Owned Units | 147424 | 115038 |
| #农村 | # Rural | 112783 | 101097 |
| 个体经济 | Individuals | 320375 | 3812 |
| #农村 | # Rural | 247666 | 3312 |
| 联营经济 | Joint Ownership Economic Units | 21532 | 80 |
| 股份制经济 | Share Holding Economic Units | 836061 | 581538 |
| 外商投资经济 | Foreign Funded Economic Units | 13694 | |
| 港澳台投资经济 | Economic Units with Funds From Hong Kong, Macao and Taiwan | 35825 | 25335 |
| 其他经济 | Others | 994852 | 704998 |
| **按资金来源分** | **Grouped by Source of Funds** | | |
| 国家预算内资金 | State Budgetary Appropriation | 4217320 | 1186594 |
| 国内贷款 | Domestic Loans | 254866 | 65109 |
| 利用外资 | Foreign Investment | 65898 | 27010 |
| 自筹投资 | Fundraising | 2029335 | 1213119 |
| 其他投资 | Others | 813709 | 392685 |
| **按管理渠道分** | **Grouped by Channel of Management** | | |
| 城镇投资 | Urban Investment | 6069290 | 2598156 |
| #房地产开发 | Real Estate Development | 68719 | 54398 |
| 农村投资 | Counteyside Investment | 1030532 | 252378 |
| **按构成分** | **Grouped by Use of Funds** | | |
| 建筑安装工程 | Construction and Installation | 6173604 | 2128750 |
| 设备、工器具购置 | Purchase of Equipment and Instruments | 636545 | 489728 |
| 其他费用 | Others | 289673 | 232056 |
| **按建设性质分** | **Grouped by Type of Construction** | | |
| #新建 | # New Construction | 5459207 | 2184800 |
| 扩建 | Expansion | 590923 | 163645 |
| 改建 | Reconstrction | 508831 | 339322 |
| **房屋建筑面积** (万平方米) | **Floor Space of Buildings (10000 sq.m)** | | |
| 施工面积 | Floor Space Under Constrction | 1434.06 | 299.07 |
| 竣工面积 | Floor Space Completed | 433.93 | 10.80 |
| #住宅 | # Residential Buildings | 345.48 | 5.51 |

# TOTAL INVESTMENT IN FIXED ASSETS BY REGION (2012)

| 昌都<br>Qamdo | 山南<br>Shannan | 日喀则<br>Xigazê | 那曲<br>Nagqu | 阿里<br>Ngari | 林芝<br>Nyingchi |
|---|---|---|---|---|---|
| **882776** | **867186** | **933877** | **569103** | **243465** | **752881** |
| | | | | | |
| 633254 | 671811 | 730381 | 560016 | 243465 | 471399 |
| 5100 | 17286 | | | | 10000 |
| 5100 | 1586 | | | | 5000 |
| 18846 | 87626 | 128212 | 9087 | | 72792 |
| 18846 | 86806 | 109392 | 9087 | | 20223 |
| 6156 | 5133 | 30 | | | 10133 |
| 197083 | 18929 | 26100 | | | 12411 |
| | 394 | | | | 13300 |
| | 7490 | | | | 3000 |
| | | | | | |
| 22337 | 58517 | 49154 | | | 159846 |
| | | | | | |
| 604656 | 543830 | 676098 | 741536 | 88684 | 375922 |
| 158439 | | 31318 | | | |
| | 16661 | | | | 22227 |
| 108269 | 252355 | 135067 | 3149 | 29379 | 287997 |
| 26915 | 120602 | 104257 | 3692 | 60894 | 104664 |
| | | | | | |
| 744178 | 680819 | 824385 | 435113 | 223949 | 562690 |
| | 10220 | | | | 4101 |
| 138598 | 186367 | 109492 | 133990 | 19516 | 190191 |
| | | | | | |
| 791934 | 825932 | 925262 | 569103 | 213045 | 719578 |
| 70757 | 39855 | | | 16923 | 19282 |
| 20085 | 1399 | 8615 | | 13497 | 14021 |
| | | | | | |
| 560684 | 658976 | 726951 | 569103 | 56835 | 701858 |
| 285978 | 47903 | 1258 | | 60821 | 31318 |
| 16386 | 4136 | 49963 | | 93124 | 5900 |
| | | | | | |
| 546.12 | 86.11 | 404.00 | 35.69 | 41.43 | 21.64 |
| 123.79 | 15.13 | 261.84 | | 21.85 | 0.52 |
| 83.85 | 4.83 | 237.96 | | 13.32 | 0.01 |

# 4-3 全社会固定资产投资

## TOTAL INVESTMENT IN FIXED ASSETS

单位：万元 (10000 yuan)

| 年份 Year | 合计 Total | 国有经济 State-owned Units | 集体经济 Collective-owned Units | 个体经济 Individuals | 其他经济 Other Types of Ownership |
|---|---|---|---|---|---|
| 1978-1980 | 36662 | 36662 | | | |
| 1978 | 18534 | 18534 | | | |
| 1980 | 18128 | 18128 | | | |
| 1981-1985 | 170424 | 158542 | 949 | 10933 | |
| 1981 | 12172 | 12172 | | | |
| 1982 | 15558 | 15558 | | | |
| 1983 | 19875 | 19875 | | | |
| 1984 | 47879 | 47188 | 691 | | |
| 1985 | 74940 | 63749 | 258 | 10933 | |
| 1986-1990 | 307626 | 256419 | 717 | 50490 | |
| 1986 | 53492 | 44375 | 717 | 8400 | |
| 1987 | 53000 | 39613 | | 13387 | |
| 1988 | 58087 | 47085 | | 11002 | |
| 1989 | 66942 | 57680 | | 9262 | |
| 1990 | 76105 | 67666 | | 8439 | |
| 1991-1995 | 1001630 | 935994 | 26026 | 27331 | 12279 |
| 1991 | 105665 | 87425 | 7120 | 11120 | |
| 1992 | 133297 | 120582 | 6380 | 6335 | |
| 1993 | 181458 | 166460 | 6844 | 5795 | 2359 |
| 1994 | 211718 | 200955 | 5667 | 4081 | 1015 |
| 1995 | 369492 | 360572 | 15 | | 8905 |
| 1996-2000 | 2307631 | 2146817 | 35263 | 59443 | 66108 |
| 1996 | 303605 | 281686 | 716 | 9118 | 12085 |
| 1997 | 345495 | 316286 | 4124 | 8864 | 16221 |
| 1998 | 427457 | 394888 | 4708 | 12870 | 14991 |
| 1999 | 566030 | 524029 | 17992 | 15867 | 8142 |
| 2000 | 665044 | 629928 | 7723 | 12724 | 14669 |
| 2001-2005 | 6980035 | 5983622 | 130590 | 306026 | 559797 |
| 2001 | 857725 | 803541 | 11160 | 24080 | 18944 |
| 2002 | 1089868 | 1036629 | 12562 | 30610 | 10067 |
| 2003 | 1386165 | 1273193 | 27505 | 29838 | 55629 |
| 2004 | 1684361 | 1370848 | 11994 | 77534 | 223985 |
| 2005 | 1961916 | 1499411 | 67369 | 143964 | 251172 |
| 2006-2010 | 16561361 | 11398951 | 187728 | 1621181 | 3353501 |
| 2006 | 2323503 | 1578334 | 54761 | 342300 | 348108 |
| 2007 | 2711811 | 1699162 | 45619 | 367200 | 599830 |
| 2008 | 3099304 | 2101022 | 12627 | 322166 | 663489 |
| 2009 | 3794158 | 2683407 | 44389 | 380137 | 686225 |
| 2010 | 4632585 | 3337026 | 30332 | 209378 | 1055849 |
| 2011 | 5492690 | 4093907 | 47256 | 215678 | 1135849 |
| 2012 | 7099822 | 4730059 | 147424 | 320375 | 1901964 |

注：其他经济类型包括联营经济、股份制经济、外商投资经济、港澳台投资经济等国有、集体和个体经济以外的经济成份。
Note:Other types of ownership refer to the types of ownership other than state-owned units, collective-owned units and individuals, including joint-owned economic units, share holding economic units, foreign-funded economic units, economic units funded by the enterpreneurs from Hong Kong,Macao and Taiwan, etc.

# 4-4 城镇投资完成情况

## INVESTMENT IN URBAN

单位：万元 (10000 yuan)

| 年份 Year | 本年完成投资 Total Investment Completed This Year | 按资金来源分 Grouped by Source of Finance | | 本年新增固定资产 Newly Increased Fixed Assets This Year | 固定资产交付使用率（%） Rate of Fixed Assets Put into Use (%) |
|---|---|---|---|---|---|
| | | #国家预算内资金 State Budgetary Appropriation | #自筹资金 Fundraising | | |
| 1959 | 2906 | 2906 | | | |
| 1965 | 5356 | 5297 | 58 | | |
| 1978 | 17548 | 14992 | 1578 | 11777 | 67.1 |
| 1980 | 17116 | 15051 | 2065 | 14070 | 82.2 |
| 1981 | 10360 | 8604 | 1756 | 7773 | 75.0 |
| 1982 | 14220 | 10356 | 3864 | 8831 | 62.1 |
| 1983 | 16115 | 12017 | 4098 | 11304 | 76.2 |
| 1984 | 43320 | 14831 | 27961 | 17799 | 41.1 |
| 1985 | 58408 | 20473 | 33924 | 67069 | 114.8 |
| 1986 | 40971 | 18408 | 15912 | 40532 | 98.9 |
| 1987 | 37371 | 18687 | 14181 | 30001 | 80.3 |
| 1988 | 44530 | 20505 | 22729 | 35256 | 79.2 |
| 1989 | 51698 | 24219 | 20698 | 33407 | 64.6 |
| 1990 | 65209 | 40358 | 21085 | 51032 | 78.3 |
| 1991 | 86326 | 43324 | 39308 | 87107 | 100.9 |
| 1992 | 118981 | 57662 | 57782 | 112710 | 94.7 |
| 1993 | 163540 | 65365 | 65651 | 109694 | 67.1 |
| 1994 | 183331 | 91681 | 75284 | 114691 | 62.6 |
| 1995 | 329023 | 227418 | 63932 | 225972 | 68.7 |
| 1996 | 266874 | 69732 | 121965 | 177677 | 66.6 |
| 1997 | 303246 | 79317 | 133902 | 183684 | 60.6 |
| 1998 | 366071 | 176582 | 124299 | 213176 | 58.2 |
| 1999 | 474663 | 248485 | 170417 | 384314 | 81.0 |
| 2000 | 558743 | 340073 | 136766 | 570192 | 102.0 |
| 2001 | 727814 | 375416 | 173231 | 615641 | 84.6 |
| 2002 | 869549 | 693267 | 89830 | 492572 | 56.6 |
| 2003 | 1195111 | 804659 | 279586 | 801591 | 67.1 |
| 2004 | 1647838 | 1017026 | 363941 | 1330081 | 80.7 |
| 2005 | 1901593 | 1145425 | 348367 | 1763662 | 92.7 |
| 2006 | 2018401 | 1036258 | 574500 | 1566023 | 77.6 |
| 2007 | 2316460 | 1982466 | 626982 | 1804258 | 77.9 |
| 2008 | 2714534 | 2231102 | 773635 | 1325001 | 48.8 |
| 2009 | 3286622 | 2335631 | 1129189 | 2227362 | 67.8 |
| 2010 | 4054318 | 2955611 | 1317425 | 2547827 | 62.8 |
| 2011 | 4808381 | 3730318 | 1361541 | 3903328 | 81.2 |
| 2012 | 6069290 | 3614028 | 1642635 | 3165589 | 52.2 |

# 4-5 按各种分组的城镇投资

## INVESTMENT IN URBAN BY MANY GROUP

单位：万元 (10000 yuan)

| 指　　标 | Item | 2011 | 2012 |
|---|---|---|---|
| **投资总额** | **Total Investment** | **4808381** | **6069290** |
| **按经济类型分** | **Grouped by Ownership** | | |
| 国有经济 | State-Owned Units | 3779642 | 4188301 |
| 集体经济 | Collective-Owned Units | 40903 | 34641 |
| 其他经济类型 | Others | 987836 | 1846348 |
| 联营经济 | Joint-Owned Economic Units | 11340 | 14805 |
| 股份制经济 | Share Holding Economic Units | 312732 | 827682 |
| 其他经济 | Others | 663764 | 882983 |
| **按隶属关系分** | **Grouped by Administrative Relationship** | | |
| 中　央 | Central Government Projects | 2801538 | 2457569 |
| 地　方 | Local Projects | 2006843 | 3611721 |
| **按构成分** | **Grouped by Use of Funds** | | |
| 建筑工程 | Construction | 4332130 | 5014326 |
| 安装工程 | Installation | 136789 | 263045 |
| 设备工器具购置 | Purchase of Equipment and Instruments | 216503 | 540175 |
| 其他费用 | Others | 122959 | 251744 |
| **按建设性质分** | **Grouped by Type of Construction** | | |
| 新　建 | New Construction | 3777443 | 4720019 |
| 扩　建 | Expansion | 438945 | 556274 |
| 改　建 | Reconstruction | 301204 | 492295 |
| 单纯建造生活设施 | Living Installation | 53566 | 86441 |
| 迁　建 | Movement | 17762 | 1682 |
| 恢　复 | Recovery | 153497 | 141242 |
| 单纯购置 | Purchase of Equipment | 65964 | 71337 |
| **按建设阶段分** | **Grouped by Phase of Construction** | | |
| #本年正式施工 | # Started This Year | 4676198 | 5799286 |
| 本年收尾 | Projects Completed | 3096 | 102488 |
| 单纯购置 | Purchase of Equipment | 65964 | 71337 |
| **按国民经济行业分** | **Grouped by Economic Sector** | | |
| 农林牧渔业 | Farming,Forestry,Animal Husbandry and Fishery | 202297 | 224467 |
| 采矿业 | Mining Industry | 138826 | 411673 |
| 制造业 | Manufacturing | 336087 | 430997 |

## 4-5 续表 continued

单位：万元　　(10000 yuan)

| 指　　标 | Item | 2011 | 2012 |
|---|---|---|---|
| 电力、热力、燃气及水生产和供应业 | Production and Supply of Electricity | 614894 | 856992 |
| 建筑业 | Construction | 320872 | 255078 |
| 交通运输、仓储及邮政业 | Transportation, Storage and Post Industries | 1436013 | 1322369 |
| 信息传输、软件和信息技术服务业 | Information Transmission, Computer services and Software Industries | 61265 | 130517 |
| 批发和零售业 | Retail and Wholesale | 35034 | 146464 |
| 住宿和餐饮业 | Hotels and Easteries | 130289 | 249511 |
| 金融业 | Financial Industry | 5821 | 25837 |
| 房地产业 | Real Estate Industry | 229212 | 244300 |
| 租赁和商务服务业 | Tenancy and Commerce Servecis | 18586 | 101184 |
| 科学研究和技术服务业 | Scientific Research,Technology Services and Geological Prospecting | 12182 | 25579 |
| 水利、环境和公共设施管理业 | Water Conservancy,Environment and Public Facility Management | 443829 | 450271 |
| 居民服务、修理和其他服务业 | Resident Services and Other Services | 14402 | 49073 |
| 教育 | Education | 188216 | 196621 |
| 卫生和社会工作 | Health, Social Security and Welfare | 74859 | 85242 |
| 文化、体育和娱乐业 | Culture, Sports and Entertainment | 114695 | 142540 |
| 公共管理、社会保障和社会组织 | Public Administration and Social Organizations | 431002 | 720575 |
| **按资金来源分** | **Grouped by Source of Funds** | | |
| 国家预算内资金 | State Budgetary Appropriation | 3730318 | 3614028 |
| 国内贷款 | Domestic Loans | 128496 | 186839 |
| 利用外资 | Foreign Investment | 49440 | 59056 |
| 自筹资金 | Fundraising | 1361541 | 1642635 |
| 其他资金来源 | Others | 412977 | 709913 |
| **本年新增固定资产** | **Newly Increased Fixed Assets** | **3903328** | **3165589** |
| **本年施工房屋面积 (万平方米)** | **Floor Space of Buildings Under Construction (10000 sq.m)** | **425.98** | **1086.74** |
| 其中:住宅 | # Residential Buildings | 142.22 | 256.73 |
| **本年竣工房屋面积 (万平方米)** | **Floor Space of Buildings Completed (10000 sq.m)** | **166.54** | **180.39** |
| 其中:住宅 | # Residential Buildings | 60.43 | 98.17 |
| **本年竣工房屋价值** | **Value of Buildings Completed** | **358743** | **345442** |
| 其中:住宅 | # Residential Buildings | 88176 | 102394 |
| **施工项目个数** | **Number of Projects Under Construction (unit)** | **3301** | **3866** |
| 其中:本年新开工 | # Started This Year | 2458 | 2978 |
| **本年投产项目个数** | **Number of Projects Completed and Put into Use (unit)** | **2394** | **2705** |

# 4-6 国民经济分行业城镇投资施工、投产项目个数（2012年）

## NUMBER OF URBAN PROJECTS UNDER CONSTRUCTION(2012)

| 行　业 | Sector | 施工项目（个）Number of Projects under Constr-uction (unit) | 全部建成投产项目（个）Number of Projects Completed and Put into Use (unit) | 项目建成投产率(%) Rate of Projects Completed and Put into Use (%) |
|---|---|---|---|---|
| **总计** | **Total** | **3866** | **2705** | **70.0** |
| 农、林、牧、渔业 | Farming,Forestry,Animal Husbandry and Fishery | 607 | 511 | 84.2 |
| 采矿业 | Mining Industry | 47 | 31 | 66.0 |
| #有色金属矿采选业 | Mining and Dressing of Nonferrous Metals | 24 | 17 | 70.8 |
| 制造业 | Manufacturing | 175 | 90 | 51.4 |
| #农副食品加工业 | Farm and Sideline Products Processing | 37 | 21 | 56.8 |
| 食品制造业 | Food Production | 16 | 10 | 62.5 |
| 酒、饮料和精制茶制造业 | Beverages | 20 | 10 | 50.0 |
| 医药制造业 | Medical and Pharmaceutical Products | 17 | 4 | 23.5 |
| 非金属矿物制品业 | Nonmetal Mineral Products | 14 | 12 | 85.7 |
| 电力、热力、燃气及水生产和供应业 | Production and Supply of Electric Power, Gas and Water | 169 | 106 | 62.7 |
| #电力、热力生产和供应业 | Electric Power | 98 | 52 | 53.1 |
| 建筑业 | Construction | 269 | 185 | 68.8 |
| 交通运输、仓储及邮政业 | Transportation, Storage, Postal and Telecommu–nications | 337 | 237 | 70.3 |
| #城市公共交通业 | Public Traffic | | | |
| 仓储业 | Storage | 9 | 6 | 66.7 |
| 邮政业 | Postal | 9 | 8 | 88.9 |
| 信息传输、软件和信息技术服务业 | Information Transmission, Computer Services and Software Industries | 47 | 35 | 74.5 |

## 4-6 续表 continued

| 行　业 | Sector | 施工项目(个) Number of Projects under Constr-uction (unit) | 全部建成投产项目(个) Number of Projects Completed and Put into Use (unit) | 项目建成投产率(%) Rate of Projects Completed and Put into Use (%) |
|---|---|---|---|---|
| #电信、广播电视和卫星传输服务 | Telecommunication and Other Information Transmission | 36 | 25 | 69.4 |
| 批发和零售业 | Wholesale and Retail | 81 | 48 | 59.3 |
| 住宿和餐饮业 | Hotel and Catering | 94 | 57 | 60.6 |
| 住宿业 | Hotel | 73 | 41 | 56.2 |
| 餐饮业 | Catering | 21 | 16 | 76.2 |
| 金融业 | Financeial Industry | 27 | 19 | 70.4 |
| 房地产业 | Real Estate Industry | 132 | 99 | 75.0 |
| 租赁和商务服务业 | Leasing and Business Services | 70 | 43 | 61.4 |
| 商务服务业 | Business Services | 70 | 43 | 61.4 |
| 科学研究和技术服务业 | Scientific Research, Technology Services and Geological Prospecting | 42 | 31 | 73.8 |
| 水利、环境和公共设施管理业 | Water Conservaney,Environment and Public Facility Management | 349 | 267 | 76.5 |
| 水利管理业 | Water Conservaney Management | 147 | 117 | 79.6 |
| 生态保护和环境治理业 | Environment Management | 37 | 30 | 81.1 |
| 公共设施管理业 | Public facility Management | 165 | 120 | 72.7 |
| 居民服务、修理和其他服务业 | Resident Services and Other Services | 52 | 33 | 63.5 |
| 教育 | Education | 308 | 221 | 71.8 |
| 卫生和社会工作 | Health Care, Social Security and Welfare | 109 | 74 | 67.9 |
| 文化、体育和娱乐业 | Cultrre, sport and Recreational | 126 | 80 | 63.5 |
| 广播、电视、电影和影视录音制作业 | Radio, Film and Television and Video | 11 | 8 | 72.7 |
| 文化艺术业 | Culture and Arts | 86 | 54 | 62.8 |
| 体育 | Sports | 14 | 9 | 64.3 |
| 娱乐业 | Recreational | 13 | 8 | 61.5 |
| 公共管理、社会保障和社会组织 | Public Administration and Social Organizations | 825 | 538 | 65.2 |

# 4-7 国民经济分行业城镇投资和新增固定资产（2012年）
## INVESTMENT IN URBAN AND NEWLY INCREASED FIXED ASSETS BY SECTOR (2012)

| 行　业 | Sector | 投资额（万元）Investment (10000 yuan) | 新增固定资产（万元）Newly Increased Fixed Assets (100 million yuan) | 固定资产交付使用率(%) Rate of Fixed Assets Put into Use (%) |
|---|---|---|---|---|
| **总计** | **Total** | **6069290** | **3165589** | **52.2** |
| 农、林、牧、渔业 | Farming,Forestry,Animal Husbandry and Fishery | 224467 | 204852 | 91.3 |
| 采矿业 | Mining Industry | 411673 | 371793 | 90.3 |
| #有色金属矿采选业 | Mining and Dressing of Nonferrous Metals | 328392 | 316930 | 96.5 |
| 制造业 | Manufacturing | 430997 | 128222 | 29.8 |
| #农副食品加工业 | Farm and Sideline Products Processing | 23933 | 14553 | 60.8 |
| 食品制造业 | Food Production | 31258 | 16253 | 52.0 |
| 酒、饮料和精制茶制造业 | Beverages | 66659 | 33039 | 49.6 |
| 医药制造业 | Medical and Pharmaceutical Products | 32531 | 7438 | 22.9 |
| 非金属矿物制品业 | Nonmetal Mineral Products | 29354 | 19905 | 67.8 |
| 电力、热力、燃气及水的生产和供应业 | Production and Supply of Electric Power, Gas and Water | 856992 | 350173 | 40.9 |
| #电力、热力生产和供应业 | Electric Power | 815465 | 319079 | 39.1 |
| 建筑业 | Construction | 255078 | 148627 | 58.3 |
| 交通运输、仓储及邮政业 | Transportation, Storage, Postal and Telecommunications | 1322369 | 436405 | 33.0 |
| #城市公共交通业 | Public Traffic | | | |
| 仓储业 | Storage | 8829 | 3699 | 41.9 |
| 邮政业 | Postal | 2525 | 2382 | 94.3 |
| 信息传输、软件和信息技术服务业 | Information Transmission, Computer Services and Software Industries | 130517 | 75287 | 57.7 |

4-7 续表 continued

| 行　业 | Sector | 投资额 (万元) Investment (10000 yuan) | 新增固定资产 (万元) Newly Increased Fixed Assets (100 million yuan) | 固定资产交付使用率 (%) Rate of Fixed Assets Put into Use (%) |
|---|---|---|---|---|
| #电信、广播电视和卫星传输服务 | Telecommunication and Other Information Transmission | 126836 | 72527 | 57.2 |
| 批发和零售业 | Wholesale and Retail | 146464 | 131923 | 90.1 |
| 住宿和餐饮业 | Hotel and Catering | 249511 | 74095 | 29.7 |
| 住宿业 | Hotel | 236947 | 58594 | 24.7 |
| 餐饮业 | Catering | 12564 | 15501 | 123.4 |
| 金融业 | Financeial Industry | 25837 | 13808 | 53.4 |
| 房地产业 | Real Estate Industry | 244300 | 143475 | 58.7 |
| 租赁和商务服务业 | Leasing and Business Services | 101184 | 137419 | 135.8 |
| 商务服务业 | Business Services | 101184 | 137419 | 135.8 |
| 科学研究和技术服务业 | Scientific Research, Technology Services and Geological Prospecting | 25579 | 21730 | 85.0 |
| 水利、环境和公共设施管理业 | Water Conservaney,Environment and Public Facility Management | 450271 | 207673 | 46.1 |
| 水利管理业 | Water Conservaney Management | 180919 | 68459 | 37.8 |
| 生态保护和环境治理业 | Environment Management | 25047 | 26543 | 106.0 |
| 公共设施管理业 | Public facility Management | 244305 | 112671 | 46.1 |
| 居民服务、修理和其他服务业 | Resident Services and Other Services | 49073 | 27375 | 55.8 |
| 教育 | Education | 196621 | 108336 | 55.1 |
| 卫生和社会工作 | Health Care, Social Security and Welfare | 85242 | 56036 | 65.7 |
| 文化、体育和娱乐业 | Cultrre, sport and Recreational | 142540 | 63422 | 44.5 |
| 广播、电视、电影和影视录音制作业 | Radio, Film and Television and Video | 11407 | 3435 | 30.1 |
| 文化艺术业 | Culture and Arts | 94989 | 32707 | 34.4 |
| 体育 | Sports | 8944 | 14551 | 162.7 |
| 娱乐业 | Recreational | 24545 | 12166 | 49.6 |
| 公共管理、社会保障和社会组织 | Public Administration and Social Organizations | 720575 | 464938 | 64.5 |

# 4-8 按各种分组的农村投资

## INVESTMENT IN RURAL AREAS BY MANY GROUP

单位：万元 (10000 yuan)

| 指　　标 | Item | 2011 | 2012 |
|---|---|---|---|
| **投资总额** | **Total Investment** | **684309** | **1030532** |
| **按经济类型分** | **Grouped by Ownership** | | |
| 国有经济 | State-Owned Units | 314265 | 541758 |
| 集体经济 | Collective-Owned Units | 6353 | 112783 |
| 其他经济类型 | Others | 363691 | 375991 |
| **按隶属关系分** | **Grouped by Administrative Relationship** | | |
| 中　央 | Central Government Projects | 140447 | 318301 |
| 地　方 | Local Projects | 543862 | 712231 |
| **按构成分** | **Grouped by Use of Funds** | | |
| 建筑工程 | Construction | 559329 | 856819 |
| 安装工程 | Installation | 27682 | 39414 |
| 设备工器具购置 | Purchase of Equipment and Instruments | 92931 | 96370 |
| 其他费用 | Others | 4367 | 37929 |
| **按建设性质分** | **Grouped by Type of Construction** | | |
| 新　建 | New Construction | 327929 | 807907 |
| 扩　建 | Expansion | 30824 | 34649 |
| 改　建 | Reconstruction | 8608 | 16536 |
| 单纯建造生活设施 | Living Installation | 227303 | 129358 |
| 恢　复 | Recovery | 82 | |
| 单纯购置 | Purchase of Equipment | 89563 | 42082 |
| **按国民经济行业分** | **Grouped by Economic Sector** | | |
| 农林牧渔业 | Farming,Forestry,Animal Husbandry and Fishery | 104422 | 95814 |
| 采矿业 | Mining Industry | 14660 | 19114 |
| 制造业 | Manufacturing | 16113 | 22330 |
| 电力、热力、燃气及水生产和供应业 | Production and Supply of Electricity | 45574 | 62419 |
| 建筑业 | Construction | 19859 | 169635 |
| 交通运输、仓储及邮政业 | Transportation, Storage and Post Industries | 56514 | 73602 |

## 4-8 续表 continued

单位：万元　　　　(10000 yuan)

| 指　　标 | Item | 2011 | 2012 |
|---|---|---|---|
| 信息传输、软件和信息技术服务业 | Information Transmission, Computer services and Software Industries | 2672 | 292 |
| 批发和零售业 | Retail and Wholesale | 2895 | 9869 |
| 住宿和餐饮业 | Hotels and Easteries | 5331 | 3055 |
| 金融业 | Financial Industry | | |
| 房地产业 | Real Estate Development | 299053 | 352079 |
| 租赁和商务服务业 | Leasing and Business Services | 65 | 9016 |
| 科学研究和技术服务业 | Scientific Research,Technology Services and Geological Prospecting | 616 | 10227 |
| 水利、环境和公共设施管理业 | Water Conservancy,Environment and Public Facility Management | 21095 | 50464 |
| 居民服务、修理和其他服务业 | Resident Services and Other Services | 5538 | 2377 |
| 教育 | Education | 5316 | 28947 |
| 卫生和社会工作 | Health, Social Security and Welfare | 6961 | 505 |
| 文化、体育和娱乐业 | Culture, Sports and Entertainment | 15267 | 11246 |
| 公共管理、社会保障和社会组织 | Public Administration and Social Organizations | 62358 | 109541 |
| **按资金来源分** | **Grouped by Source of Funds** | | |
| 国家预算内资金 | State Budgetary Appropriation | 329476 | 603292 |
| 国内贷款 | Domestic Loans | 33896 | 68027 |
| 利用外资 | Foreign Investment | | 6842 |
| 自筹资金 | Fundraising | 324970 | 386700 |
| 其他资金来源 | Others | 49504 | 103796 |
| **本年新增固定资产** | **Newly Increased Fixed Assets** | **564729** | **781051** |
| **本年施工房屋面积 （万平方米）** | **Floor Space of Buildings Under Construction (10000 sq.m)** | **426.12** | **347.32** |
| 其中:住宅 | # Residential Buildings | 411.91 | 324.89 |
| **本年竣工房屋面积 （万平方米）** | **Floor Space of Buildings Completed (10000 sq.m)** | **28349** | **253.54** |
| 其中:住宅 | # Residential Buildings | 279.36 | 247.31 |
| **本年竣工房屋价值** | **Value of Buildings Completed** | 187408 | 161523 |
| 其中:住宅 | # Residential Buildings | 181315 | 135779 |
| **施工项目个数** | **Number of Projects Under Construction (unit)** | **383** | **840** |
| 其中:本年新开工 | # Started This Year | 312 | 731 |
| **本年投产项目个数** | **Number of Projects Completed and Put into Use (unit)** | **286** | **566** |

# 4-9 各地区国有经济按各种分组的固定资产投资（2012年）

| 指 标 | Item | 合计 Total | 拉萨 Lhasa |
|---|---|---|---|
| **投资总额** (万元) | **Total Investment** (10000 yuan) | **4730059** | **1419733** |
| **按资金来源分** | **Grouped by Source of Funds** | | |
| 国家预算内资金 | State Budgetary Appropriation | 4102943 | 1162501 |
| 国内贷款 | Domestic Loans | 30900 | 30900 |
| 利用外资 | Foreign Investment | 22205 | |
| 自筹投资 | Fundraising | 343015 | 123537 |
| 其他投资 | Others | 456785 | 108079 |
| **按构成分** | **Grouped by Use of Funds** | | |
| 建筑安装工程 | Construction and Installation | 4440551 | 1251793 |
| 设备、工器具购置 | Purchase of Equipment and Instruments | 183560 | 97475 |
| 其他费用 | Others | 105948 | 70465 |
| **按建设性质分** | **Grouped by Type of Construction** | | |
| #新建 | New Construction | 3780355 | 1042092 |
| 扩建 | Expansion | 269466 | 41229 |
| 改建 | Reconstrction | 455924 | 296780 |
| **按产业分** | **Grouped by Type of Industry** | | |
| 第一产业 | Primary Industry | 258238 | 62505 |
| 第二产业 | Secondary Industry | 1167775 | 250040 |
| 第三产业 | Tertiary Industry | 3304046 | 1107188 |
| **按国民经济主要行业分** | **Grouped by Main Sector** | | |
| 农林牧渔业 | Farming,Forestry,Animal Husbandry and Fishery | 258238 | 62505 |
| 工 业 | Industry | 852615 | 175427 |
| #能源工业 | # Energy | 793669 | 147429 |
| 交通运输、仓储和邮政业 | Transportation, Storage, Postal and Telecommunications | 1328638 | 523599 |
| 信息传输、计算机服务和软件业 | Information Transmission, Computer Services and Software Industries | 44535 | 1525 |
| **新增固定资产** (万元) | **Newly Increased Fixed Assets** (10000 yuan) | **2350116** | **479677** |
| **固定资产交付使用率** (%) | **Rate of Fixed Assets Put into Use** (%) | **49.7** | **33.8** |
| **房屋建筑面积** (万平方米) | **Floor Space of Buildings** (10000 sq.m) | | |
| 施工面积 | Floor Space Under Constrction | 526.51 | 116.87 |
| 竣工面积 | Floor Space Completed | 188.16 | 2.64 |
| #住宅 | # Residential Buildings | 107.16 | |

# INVESTMENT IN FIXED ASSETS OF STATE-OWNED UNITS BY REGION (2012)

| 昌都<br>Qamdo | 山南<br>Shannan | 日喀则<br>Xigazê | 那曲<br>Nagqu | 阿里<br>Ngari | 林芝<br>Nyingchi |
|---|---|---|---|---|---|
| **633254** | **671811** | **730381** | **560016** | **243465** | **471399** |
| 602438 | 513864 | 630414 | 731569 | 88684 | 373473 |
| | 10448 | | | | 11757 |
| 31308 | 114791 | 10741 | 2658 | 29379 | 30601 |
| 14861 | 79806 | 102089 | 3192 | 60894 | 87864 |
| 577068 | 661288 | 717264 | 560016 | 213045 | 460077 |
| 46427 | 9124 | 4502 | | 16923 | 9109 |
| 9759 | 1399 | 8615 | | 13497 | 2213 |
| 516688 | 517035 | 651638 | 560016 | 56835 | 436051 |
| 106261 | 34620 | 1258 | | 60821 | 25277 |
| 9332 | 1516 | 49702 | | 93124 | 5470 |
| 34171 | 47274 | 66228 | 6431 | 20065 | 21564 |
| 186522 | 248842 | 114595 | 135822 | 26455 | 205499 |
| 412561 | 375695 | 549558 | 417763 | 196945 | 244336 |
| 34171 | 47274 | 66228 | 6431 | 20065 | 21564 |
| 167145 | 173212 | 112669 | 135822 | 17606 | 70734 |
| 155290 | 161271 | 111913 | 135763 | 15956 | 66047 |
| 161546 | 113976 | 254909 | 169868 | 98421 | 6319 |
| 22474 | 15337 | 2400 | | 2675 | 124 |
| **524623** | **355272** | **427847** | **97799** | **240426** | **224472** |
| **82.8** | **52.9** | **58.6** | **17.5** | **98.8** | **47.6** |
| 119.69 | 75.64 | 139.34 | 24.46 | 41.43 | 9.09 |
| 98.68 | 11.44 | 53.54 | | 21.85 | 0.02 |
| 59.20 | 4.83 | 29.8 | | 13.32 | 0.01 |

# 4-10 国有经济按各种分组的固定资产投资

## INVESTMENT IN FIXED ASSETS OF STATE-OWNED UNITS

| 指　标 | Item | 2000 | 2007 | 2011 | 2012 |
|---|---|---|---|---|---|
| **投资总额　(万元)** | **Total Investment　(10000 yuan)** | **629928** | **1699162** | **4093907** | **4730059** |
| **按资金来源分** | **Grouped by Source of Funds** | | | | |
| 国家预算内资金 | State Budgetary Appropriation | 369006 | 1997213 | 3952091 | 4102943 |
| 国内贷款 | Domestic Loans | 25402 | 15084 | 51462 | 30900 |
| 利用外资 | Foreign Investment | 172 | 117 | 21930 | 22205 |
| 自筹投资 | Fundraising | 159935 | 319479 | 593417 | 343015 |
| 其他投资 | Others | 72048 | 105480 | 309884 | 456785 |
| **按构成分** | **Grouped by Use of Funds** | | | | |
| 建筑安装工程 | Construction and Installation | 569836 | 1584109 | 3899945 | 4440551 |
| 设备、工器具购置 | Purchase of Equipment and Instruments | 41151 | 97698 | 104780 | 183560 |
| 其他费用 | Others | 18941 | | 89182 | 105948 |
| **按建设性质分** | **Grouped by Type of Construction** | | | | |
| #新建 | New Construction | 393676 | 980157 | 3196379 | 3780355 |
| 扩建 | Expansion | 34162 | 218428 | 383960 | 269466 |
| 改建 | Reconstruction | 152264 | 276905 | 241697 | 455924 |
| **按产业分** | **Grouped by Type of Industry** | | | | |
| 第一产业 | Primary Industry | 26354 | 141705 | 195811 | 258238 |
| 第二产业 | Secondary Industry | 151435 | 259541 | 910569 | 1167775 |
| 第三产业 | Tertiary Industry | 452139 | 1297916 | 2987527 | 3304046 |
| **按国民经济主要行业分** | **Grouped by Main Sector** | | | | |
| 农林牧渔业 | Farming,Forestry,Animal Husbandry and Fishery | 13181 | 141705 | 195811 | 258238 |
| 工　业 | Industry | 151435 | 250525 | 622596 | 852615 |
| #能源工业 | # Energy | 102491 | | 505684 | 793669 |
| 交通运输、仓储和邮政业 | Transportation, Storage and Post Industries | 172925 | 675124 | 1444840 | 1328638 |
| 信息传输、计算机服务和软件业 | Information Transmission, Computer Services and Software | 60530 | 60967 | 5318 | 44535 |
| **新增固定资产　(万元)** | **Newly Increased Fixed Assets　(10000 yuan)** | **631768** | **1404431** | **3210818** | **2350116** |
| **固定资产交付使用率　(%)** | **Rate of Fixed Assets Put into Use　(%)** | **100.3** | **82.7** | **78.4** | **49.7** |
| **房屋建筑面积　(万平方米)** | **Floor Space of Buildings　(10000 sq.m)** | | | | |
| 施工面积 | Floor Space Under Construction | 210.50 | 411.84 | 427.78 | 526.51 |
| 竣工面积 | Floor Space Completed | 138.80 | 280.58 | 157.00 | 188.16 |
| #住宅 | # Residential Buildings | 46.70 | 140.20 | 58.21 | 107.16 |

## 4-11 分地区城镇投资（2012年）

## INVESTMENT IN URBAN BY REGION(2012)

单位:万元　　(10000 yuan)

| 地　区 Region | | 建筑工程 Construction | 安装工程 Installation | 设备工器具购置 Purchase of Equipment | 其他费用 Others |
|---|---|---|---|---|---|
| **全　区** | **All** | **5014326** | **263045** | **540175** | **251744** |
| 拉萨市 | Lhasa | 1867687 | 98073 | 435447 | 196949 |
| 昌都地区 | Qamdo | 524785 | 134418 | 65867 | 19108 |
| 山南地区 | Shannan | 649541 | 19015 | 11286 | 977 |
| 日喀则地区 | Xigazê | 806268 | 9502 | | 8615 |
| 那曲地区 | Nagqu | 435113 | | | |
| 阿里地区 | Ngari | 193458 | 231 | 16923 | 13337 |
| 林芝地区 | Nyingchi | 537474 | 1806 | 10652 | 12758 |

## 4-12 农牧民安居工程完成投资

## INVESTMENT IN RURAL HOUSING PROJECT

单位：亿元　　(100 million yuan)

| 年份 Year | 完成投资 Total Invsetment Completed | 受益人口(万人) Beneficiary (10000 persons) |
|---|---|---|
| **总　计** | **246.98** | **207.03** |
| 2006 | 33.98 | 28.85 |
| 2007 | 36.23 | 29.82 |
| 2008 | 39.65 | 29.30 |
| 2009 | 37.88 | 30.41 |
| 2010 | 23.15 | 21.89 |
| 2011 | 34.01 | 34.00 |
| 2012 | 42.08 | 32.76 |

# 4-13 房地产开发主要指标

## MAIN INDICATORS OF REAL ESTATE DEVELOPMENT

| 指 标 | Item | 2001 | 2002 |
|---|---|---|---|
| **土地开发及购置** | **(万平方米) land Development and Purchase (10000 sq.m)** | | |
| 本年土地开发面积 | Land Space Developed This Year | 10.53 | 12.58 |
| 本年土地购置面积 | Land Space Purchased This Year | 17.53 | 15.00 |
| **按资金来源分** | **(万元) Grouped by Source of Funds (10000 yuan)** | **12892** | **26907** |
| 国家预算内资金 | State Budgetary Appropriation | | |
| 国内贷款 | Domestic Loans | 3740 | 9300 |
| 利用外资 | Foreign Investment | | |
| 自筹资金 | Fundraising | 4100 | 7632 |
| 其他资金 | Others | 5052 | 9811 |
| **房屋建筑面积** | **(万平方米) Floor Space of Buildings (10000 sq.m)** | | |
| 施工面积 | Floor Space under Construction | 15.09 | |
| 竣工面积 | Floor Space Competed | 11.05 | 16.16 |
| 本年新开工面积 | Floor Space Started This Year | 11.05 | 19.05 |
| #住宅 | # Residential Buildings | 9.91 | 15.70 |
| **商品房屋销售额** | **(万元) Sales Value of Buildings (10000 yuan)** | **14383** | **25348** |
| #住宅 | # Residential Buildings | 11475 | 22600 |
| **商品房屋销售面积** | **(万平方米) Sales Value of Buildings (10000sq.m)** | **8.59** | **16.16** |
| #住宅 | # Residential Buildings | 7.83 | 14.66 |
| **商品房屋销售价格** | **(元/平方米) Selling Price of House (yuan/sq.m)** | **1674** | **1568** |
| #住宅 | # Residential Buildings | 1466 | |
| **本年完成投资额** | **(万元) Invetment Complete This Year (10000yuan)** | **14993** | **27692** |
| #住宅 | # Residential Buildings | 9763 | 19065 |

4-13 续表 continued

| 2003 | 2004 | 2005 | 2006 | 2007 | 2008 | 2009 | 2010 | 2011 | 2012 |
|---|---|---|---|---|---|---|---|---|---|
| | | | | | | | | | |
| 7.22 | 4.24 | 36.48 | 61.21 | 21.87 | 71.74 | 16.96 | 20.4 | 11.75 | |
| 8.00 | | 44.66 | 52.92 | 5.20 | 20.46 | 5.23 | 4.55 | 5.77 | 1.34 |
| **45946** | **60166** | **69783** | **115081** | **119154** | **133641** | **310418** | **150211** | **136383** | **107702** |
| | | | | | | | | | |
| 9000 | 4100 | 9626 | 16062 | 14060 | 19391 | 18600 | 783 | 24000 | |
| | | | | | | | | | |
| 27159 | 6552 | 24567 | 40029 | 30865 | 43514 | 118125 | 107545 | 28843 | 21319 |
| 9787 | 49514 | 35590 | 57274 | 74229 | 70736 | 173693 | 41883 | 44497 | 60001 |
| | | | | | | | | | |
| 17.37 | 38.43 | 43.36 | 107.82 | 114.71 | 144.89 | 140.62 | | 48.73 | 47.33 |
| 12.56 | 9.19 | 26.49 | 32.94 | 41.27 | 54.85 | 45.98 | 12.18 | 21.69 | 9.23 |
| 17.37 | 30.05 | 38.81 | 60.37 | 56.42 | 122.53 | 37.35 | 16.92 | 4.53 | 22.68 |
| 14.66 | 30.05 | 33.43 | 51.96 | 48.49 | 53.26 | 31.84 | 15.3 | 19.28 | 17.07 |
| **18088** | **26279** | **44032** | **112855** | **164348** | **213056** | **155127** | **56143** | **66890** | **73545** |
| 17794 | 26279 | 36421 | 71317 | 158663 | 192808 | 146889 | 52105 | 60733 | 61578 |
| **10.32** | **9.56** | **25.90** | **57.10** | **60.78** | **66.68** | **63.26** | **19.37** | **19.36** | **22.50** |
| 10.20 | 9.56 | 24.18 | 42.28 | 59.60 | 62.26 | 61.42 | 18.85 | 18.40 | 20.65 |
| **1753** | **2749** | **1700** | **1976** | **2704** | **3195** | **2452** | **2898** | **3455** | **3269** |
| 1745 | 2749 | 1506 | 1687 | 2662 | 3097 | 2397 | | 3299 | 2982 |
| **20005** | **53934** | **60207** | **89022** | **116767** | **137888** | **157480** | **89634** | **51342** | **68719** |
| 16461 | 52734 | 43348 | 69001 | 104008 | 120080 | 113798 | 69870 | 37363 | 42509 |

# 第五篇

# Chapter 5

## GOVERNMENT FINANCE

# 5-1　历年财政收支总额及指数

## TOTAL REVENUE AND TOTAL EXPENDITURES AND ITS INDICES OF LOCAL FINANCE OF THE YEARS

| 年　份 Year | 总收入(万元) Total Revenue (10000 yuan) | 地方财政收入 Local Government Revenue | 公共财政预算收入 public Budgetary Financial Revenue | 国家财政补助收入 Subsidies Revenue of Government | 总支出(万元) Total Expenditures (10000 yuan) | 公共财政预算支出 public Budgetary Financial Expenditures | 指数(上年=100) Indices (preceding year=100) 总收入 Total Revenue | 总支出 Total Expenditures |
|---|---|---|---|---|---|---|---|---|
| 1959 | 13302 | 2190 | | 11112 | 7010 | | 351.1 | 259.5 |
| 1965 | 14044 | 2239 | | 11805 | 11313 | | 82.6 | 83.0 |
| 1970 | 16203 | -2142 | | 18345 | 10613 | | 148.8 | 119.1 |
| 1978 | 47063 | -1558 | | 48620 | 45734 | | 125.7 | 139.9 |
| 1980 | 54131 | -5973 | | 60104 | 46602 | | 109.9 | 93.2 |
| 1985 | 99735 | -6037 | | 105772 | 102941 | | 149.0 | 100.6 |
| 1986 | 94938 | -741 | | 95679 | 89749 | | 95.2 | 87.2 |
| 1987 | 101707 | -353 | | 102060 | 91341 | | 107.1 | 101.8 |
| 1988 | 103303 | -226 | | 103077 | 104766 | | 101.6 | 114.7 |
| 1989 | 125095 | 1380 | | 123715 | 119231 | | 121.1 | 113.8 |
| 1990 | 128470 | 1810 | | 126660 | 129242 | | 102.7 | 108.4 |
| 1991 | 139694 | 2325 | | 137369 | 150018 | | 108.7 | 116.1 |
| 1992 | 157270 | 10869 | | 146401 | 166120 | | 112.6 | 110.7 |
| 1993 | 189868 | 15601 | | 174267 | 216012 | | 120.7 | 130.0 |
| 1994 | 309781 | 14235 | | 295546 | 302998 | | 163.2 | 140.3 |
| 1995 | 334940 | 21500 | | 313440 | 348749 | | 108.1 | 115.1 |
| 1996 | 336502 | 24388 | 24141 | 312114 | 381195 | 368458 | 100.5 | 109.3 |
| 1997 | 386989 | 38254 | 29537 | 348735 | 390961 | 381952 | 115.0 | 102.6 |
| 1998 | 459820 | 44273 | 36393 | 415547 | 461966 | 453225 | 118.8 | 118.2 |
| 1999 | 627292 | 54581 | 45731 | 572711 | 544223 | 532544 | 136.4 | 117.8 |
| 2000 | 699222 | 63265 | 53848 | 635957 | 616108 | 599693 | 111.5 | 113.2 |
| 2001 | 1018566 | 73790 | 61108 | 944776 | 1062067 | 1045690 | 145.7 | 172.4 |
| 2002 | 1398795 | 87325 | 73082 | 1311470 | 1398904 | 1378433 | 137.3 | 131.7 |
| 2003 | 1387906 | 100342 | 81499 | 1287564 | 1481966 | 1459054 | 99.2 | 105.9 |
| 2004 | 1479554 | 119899 | 100188 | 1359655 | 1360690 | 1338335 | 106.6 | 91.8 |
| 2005 | 2058670 | 143330 | 120312 | 1915340 | 1891612 | 1854502 | 139.1 | 139.0 |
| 2006 | 2229029 | 172682 | 145607 | 2007860 | 2023024 | 2001969 | 108.3 | 106.9 |
| 2007 | 3101337 | 231437 | 201412 | 2804127 | 2793631 | 2753682 | 139.1 | 138.1 |
| 2008 | 3864431 | 285872 | 248823 | 3578559 | 3840173 | 3806589 | 124.6 | 137.5 |
| 2009 | 5018573 | 309108 | 300894 | 4709465 | 4711288 | 4701322 | 129.9 | 122.7 |
| 2010 | 5734659 | 424679 | 366473 | 5309980 | 5625834 | 5510362 | 114.2 | 119.4 |
| 2011 | 7787811 | 645270 | 547647 | 7142541 | 7756827 | 7581085 | 135.8 | 137.9 |
| 2012 | 8999260 | 956285 | 865827 | 8042975 | 9339713 | 9053384 | 115.6 | 120.4 |

# 5-2 地方财政收入占地区生产总值的比重

## LOCAL GOVERNMENTS REVENUE AS PERCENTAGE TO GROSS DOMESTIC PRODUCT

| 年份 Year | 地方财政收入 (亿元) Local Government Revenue (100 million yuan) | 地区生产总值 (亿元) Gross Domestic Products (100 million yuan) | 地方财政收入占地区生产总值的比重(%) Percentage of Local Government Revenue to GDP(%) |
|---|---|---|---|
| 1978 | -0.16 | 6.65 | |
| 1980 | -0.60 | 8.67 | |
| 1981 | -0.57 | 10.40 | |
| 1982 | -0.56 | 10.21 | |
| 1983 | -0.48 | 10.29 | |
| 1984 | -1.10 | 13.68 | |
| 1985 | -0.60 | 17.76 | |
| 1986 | -0.07 | 16.93 | |
| 1987 | -0.04 | 17.71 | |
| 1988 | -0.02 | 20.25 | |
| 1989 | 0.14 | 21.86 | 0.6 |
| 1990 | 0.18 | 27.70 | 0.6 |
| 1991 | 0.23 | 30.53 | 0.8 |
| 1992 | 1.09 | 33.29 | 3.3 |
| 1993 | 1.56 | 37.28 | 4.2 |
| 1994 | 1.42 | 45.84 | 3.1 |
| 1995 | 2.15 | 55.98 | 3.8 |
| 1996 | 2.44 | 64.76 | 3.8 |
| 1997 | 3.83 | 76.98 | 5.0 |
| 1998 | 4.43 | 91.18 | 4.9 |
| 1999 | 5.46 | 105.61 | 5.2 |
| 2000 | 6.33 | 117.46 | 5.4 |
| 2001 | 7.38 | 138.73 | 5.3 |
| 2002 | 8.73 | 161.42 | 5.4 |
| 2003 | 10.03 | 184.50 | 5.4 |
| 2004 | 11.99 | 211.54 | 5.7 |
| 2005 | 14.33 | 251.21 | 5.7 |
| 2006 | 17.27 | 291.01 | 5.9 |
| 2007 | 23.14 | 342.19 | 6.8 |
| 2008 | 28.59 | 395.91 | 7.2 |
| 2009 | 30.91 | 441.36 | 7.0 |
| 2010 | 42.47 | 507.46 | 8.4 |
| 2011 | 64.52 | 605.83 | 10.6 |
| 2012 | 95.63 | 701.03 | 13.6 |

# 5-3 地方财政收入基本情况

## LOCAL GOVERNMENT FINANCIAL REVENUE IN CURRENT BUDGET

单位：万元 (10000 yuan)

| 项 目 | Item | 1998 | 1999 | 2000 | 2005 | 2007 | 2011 | 2012 |
|---|---|---|---|---|---|---|---|---|
| **地方财政收入** | **Local Government Financial Revenue** | **44273** | **54581** | **63265** | **143330** | **231437** | **645270** | **956285** |
| **公共财政预算收入** | **Public Budgetary Financial Revenue** | **36393** | **45731** | **53848** | **120312** | **201412** | **547647** | **865827** |
| 各项税收 | Taxes | 35935 | 43073 | 50652 | 81458 | 116667 | 458317 | 700654 |
| 增值税 | Value-added Tax | 5962 | 6954 | 7892 | 11824 | 20874 | 51789 | 76866 |
| 营业税 | Operation Tax | 14870 | 16758 | 19390 | 48721 | 64421 | 160016 | 207525 |
| 企业所得税 | Enterprises' Income Tax | 9855 | 12623 | 16123 | 8879 | 12529 | 112474 | 109124 |
| 个人所得税 | Individual Income Tax | 2319 | 2697 | 3127 | 4475 | 5807 | 80956 | 238039 |
| 资源税 | Resources Tax | 1319 | 1534 | 1654 | 2399 | 5012 | 8142 | 10005 |
| 城市维护建设税 | Building Tax on City Maintenance | 1668 | 1912 | 2117 | 4114 | 5843 | 25860 | 36130 |
| 印花税 | Stemp tax | 191 | 151 | 168 | 654 | 1261 | 4031 | 7319 |
| 土地增值税 | Land Value Added Tax | 519 | 437 | 144 | 296 | 832 | 3649 | 3390 |
| 其他税收 | Other Taxes | -768 | 7 | 37 | 96 | 88 | 11400 | 12256 |
| 国有资本经营收入 | Operational Income of State-owned Assets | 922 | 1014 | 837 | 1683 | 4944 | -4875 | -4890 |
| 国有资源（资产）有偿使用收入 | State-owned Resources(Assets) Compensation for the use of Revenue | | | | | 13141 | 22072 | 44020 |
| 行政事业性收费收入 | Revenue of from Administrative and Institutional Units | 521 | 689 | 834 | 16289 | 12471 | 12124 | 22618 |
| 罚没收入 | Penalty | 1664 | 1530 | 2029 | 5841 | 10581 | 5299 | 18622 |
| 专项收入 | Special Revenue | 762 | 1153 | 1607 | 3469 | 10618 | 1976 | 19070 |
| 其他收入 | Other Revenue | 8384 | 8348 | 8045 | 20721 | 32990 | 52734 | 65733 |
| **基金收入** | **Fund Budgetary Revenue** | **7880** | **8850** | **9417** | **23018** | **30025** | **97623** | **90458** |

# 5-4 财政支出基本情况

## FINANCIAL EXPENDITURE

单位：万元 (10000 yuan)

| 项　　目 | Item | 2011 | 2012 |
|---|---|---|---|
| **财政支出** | **Total Financial Expenditure** | **7756827** | **9339713** |
| **公共财政预算支出** | **Public Budgetary Financial Expenditures** | **7581085** | **9053384** |
| 一般公共服务 | General Public Services | 959404 | 1503960 |
| 教育 | Education | 778126 | 944843 |
| 科学技术 | Science and Technology | 33800 | 50891 |
| 文化体育与传媒 | Culture Education and Summon Matchmaker | 189103 | 241827 |
| 社会保障和就业 | Social Security and Employed | 576777 | 655372 |
| 医疗卫生 | Medical and Health | 353043 | 361174 |
| 环境保护 | Environmental Protection | 160465 | 236654 |
| 城乡社区事务 | Urban and Rural Community Affairs | 216583 | 315496 |
| 农林水事务 | Agriculture Forestry Water Affairs | 1265282 | 1426192 |
| 交通运输 | Transports | 778768 | 942572 |
| 资源勘察电力信息等事物 | Mining and Quarrying , Electricity and Information | 495993 | 705410 |
| 粮油物资管理等事物 | Management of Grain , Oil and Material Reserves | 16240 | 19959 |
| 金融监管 | Financial Regulation | 3707 | 3391 |
| 国土资源气象等事务 | Land resources and Meteorological Affairs | 62130 | 73893 |
| 其他支出 | Others | 1691664 | 1571750 |
| **基金支出** | **Fund Budgetary Expenditures** | **175742** | **286329** |

## 5-5　各地市财政收支情况

### FINANCIAL REVENUE AND EXPENDITURES BY REGION

单位：亿元　　(100 million yuan)

| 地　区 Region | | 2005 | | 2011 | | 2012 | |
|---|---|---|---|---|---|---|---|
| | | 财政收入 Financial Revenue | 财政支出 Financial Expenditures | 财政收入 Financial Revenue | 财政支出 Financial Expenditures | 财政收入 Financial Revenue | 财政支出 Financial Expenditures |
| 拉萨市 | Lhasa | 3.22 | 14.27 | 23.43 | 75.63 | 34.36 | 106.90 |
| 昌都地区 | Qamdo | 1.04 | 9.94 | 3.54 | 41.10 | 5.02 | 61.16 |
| 山南地区 | Shannan | 1.54 | 9.62 | 4.95 | 37.95 | 6.03 | 49.20 |
| 日喀则地区 | Xigazê | 1.53 | 12.88 | 4.42 | 57.64 | 5.76 | 78.90 |
| 那曲地区 | Nagqu | 1.01 | 8.45 | 2.40 | 35.30 | 3.40 | 54.38 |
| 阿里地区 | Ngari | 0.61 | 4.73 | 1.29 | 17.25 | 1.60 | 24.64 |
| 林芝地区 | Nyingchi | 1.29 | 6.57 | 11.72 | 46.46 | 24.39 | 58.90 |

## 5-6　各地市财政收入占地区生产总值的比重

### LOCAL GOVERNMENT REVENUE BY REGION AS PERCENTAGE TO GROSS DOMESTIC PRODUCE

| 地　区 Region | | 2011 | | | 2012 | | |
|---|---|---|---|---|---|---|---|
| | | 财政收入(亿元) Local Govern-ment Revenue (100 millin yuan) | 地区生产总值(亿元) Gross Domestic Products (100 million yuan) | 财政收入占地区生产总值比重(%) Percentage of Local Government Revenue to GDP (%) | 财政收入(亿元) Local Govern-ment Revenue (100 millin yuan) | 地区生产总值(亿元) Gross Domestic Products (100 million yuan) | 财政收入占地区生产总值比重(%) Percentage of Local Government Revenue to GDP (%) |
| 拉萨市 | Lhasa | 23.43 | 222.09 | 10.6 | 34.36 | 260.04 | 13.2 |
| 昌都地区 | Qamdo | 3.54 | 75.40 | 4.7 | 5.02 | 89.75 | 5.6 |
| 山南地区 | Shannan | 4.95 | 63.37 | 7.8 | 6.03 | 73.07 | 8.3 |
| 日喀则地区 | Xigazê | 4.42 | 103.91 | 4.3 | 5.76 | 115.24 | 5.0 |
| 那曲地区 | Nagqu | 2.40 | 58.03 | 4.2 | 3.40 | 65.16 | 5.2 |
| 阿里地区 | Ngari | 1.29 | 21.30 | 6.1 | 1.60 | 25.63 | 6.2 |
| 林芝地区 | Nyingchi | 11.72 | 61.35 | 19.1 | 24.39 | 72.39 | 33.7 |

第六篇

# 物价指数

Chapter 6

# PRICE INDICES

# 6-1 全区物价指数

## GENERAL PRICE INDICES

上年=100 (preceding year=100)

| 年份 Year | 商品零售价格指数 General Retail | 城镇 Urban Areas | 农村 Rural Areas | 居民消费价格指数 General Consumer Price Index | 城镇 Urban Areas | 农村 Rural Areas |
|---|---|---|---|---|---|---|
| 1995 | 117.4 | 116.5 | 118.8 | 119.4 | 121.3 | 117.5 |
| 1996 | 107.2 | 106.4 | 108.5 | 107.8 | 109.5 | 106.1 |
| 1997 | 104.2 | 103.7 | 104.6 | 105.0 | 104.8 | 105.6 |
| 1998 | 98.8 | 99.0 | 98.9 | 100.7 | 99.8 | 101.5 |
| 1999 | 98.8 | 98.5 | 99.0 | 100.0 | 99.4 | 100.5 |
| 2000 | 99.2 | 99.1 | 99.5 | 99.9 | 100.4 | 99.8 |
| 2001 | 99.6 | 99.6 | 99.4 | 100.2 | 99.2 | 100.9 |
| 2002 | 99.5 | 99.4 | 99.6 | 100.4 | 101.0 | 99.9 |
| 2003 | 99.4 | 99.1 | 100.0 | 100.9 | 100.8 | 100.9 |
| 2004 | 100.7 | 100.5 | 101.2 | 102.7 | 102.0 | 103.4 |
| 2005 | 100.8 | 100.8 | 100.4 | 101.5 | 101.5 | 100.9 |
| 2006 | 100.2 | 99.9 | 100.8 | 102.0 | 101.9 | 102.4 |
| 2007 | 101.7 | 101.3 | 102.5 | 103.4 | 102.9 | 104.2 |
| 2008 | 103.9 | 104.1 | 103.5 | 105.7 | 105.7 | 105.7 |
| 2009 | 99.5 | 99.5 | 99.6 | 101.4 | 101.5 | 101.3 |
| 2010 | 101.0 | 101.0 | 101.0 | 102.2 | 102.2 | 102.2 |
| 2011 | 103.7 | 103.9 | 103.3 | 105.0 | 105.2 | 104.7 |
| 2012 | 102.9 | 103.1 | 102.5 | 103.5 | 103.6 | 103.4 |
| 1989年=100 (1989=100) | | | | | | |
| 1995 | 192.1 | 191.3 | 193.2 | 216.7 | 220.2 | 211.7 |
| 1996 | 205.9 | 203.5 | 209.6 | 233.6 | 241.1 | 224.6 |
| 1997 | 214.5 | 211.0 | 219.2 | 245.3 | 252.7 | 237.2 |
| 1998 | 211.9 | 208.9 | 216.8 | 247.0 | 252.2 | 240.8 |
| 1999 | 209.4 | 205.8 | 214.6 | 247.0 | 250.7 | 242.0 |
| 2000 | 207.7 | 203.9 | 213.5 | 246.8 | 251.8 | 241.5 |
| 2001 | 206.9 | 203.1 | 212.2 | 247.3 | 249.8 | 243.7 |
| 2002 | 205.9 | 201.9 | 211.4 | 248.3 | 252.3 | 243.5 |
| 2003 | 204.7 | 200.1 | 211.4 | 250.5 | 254.3 | 245.7 |
| 2004 | 206.1 | 201.1 | 213.9 | 257.3 | 259.4 | 254.1 |
| 2005 | 207.8 | 202.7 | 214.8 | 261.2 | 263.3 | 256.4 |
| 2006 | 208.2 | 202.5 | 216.5 | 266.4 | 268.3 | 262.6 |
| 2007 | 211.7 | 205.1 | 221.9 | 275.5 | 276.1 | 273.6 |
| 2008 | 220.0 | 213.5 | 229.7 | 291.2 | 291.8 | 289.2 |
| 2009 | 218.9 | 212.4 | 228.8 | 295.3 | 296.2 | 293.0 |
| 2010 | 221.1 | 214.5 | 231.1 | 301.8 | 302.8 | 299.5 |
| 2011 | 229.5 | 223.1 | 239.2 | 315.4 | 316.4 | 313.0 |
| 2012 | 236.0 | 229.8 | 244.7 | 328.0 | 330.0 | 324.3 |

# 6-2 居民消费价格分类指数

## CONSUMER PRICE INDICES BY CATEGORY

上年=100 (preceding year=100)

| 项 目 | Item | 2000 | 2001 | 2007 | 2010 | 2011 | 2012 |
|---|---|---|---|---|---|---|---|
| **居民消费价格总指数** | **General Consumer Price Index** | **99.9** | **100.2** | **103.4** | **102.2** | **105.0** | **103.5** |
| **非食品价格指数** | **Consumer Price Index Without Food** | | **100.6** | **101.8** | **101.1** | **102.9** | **101.7** |
| **服务项目价格指数** | **Services Price Index** | **106.4** | **101.7** | **103.7** | **101.5** | **104.3** | **102.0** |
| **消费品价格指数** | **Consumer Goods Price Index** | | **99.9** | **103.3** | **102.3** | **105.2** | **103.9** |
| **食品类** | **Food** | **98.9** | **99.4** | **106.6** | **104.5** | **109.1** | **106.9** |
| 粮食 | Grain | 101.5 | 99.9 | 108.5 | 107.1 | 112.7 | 103.0 |
| 淀粉 | Starches | 102.4 | 98.0 | 99.6 | 103.4 | 103.1 | 105.2 |
| 干豆类及豆制品 | Bean and Its Products | 98.6 | 99.4 | 102.7 | 110.6 | 110.2 | 106.4 |
| 油脂类 | Oil or Fat | 98.8 | 97.2 | 108. 5 | 100.9 | 103.4 | 105.5 |
| 肉禽及其制品 | Meal, Poultry and Their Products | 94.0 | 102.4 | 119.5 | 102.1 | 112.2 | 108.9 |
| 蛋类 | Eggs | 98.0 | 97.1 | 105.1 | 103.5 | 108.6 | 102.4 |
| 水产品 | Aquatic Products | 97.6 | 100.9 | 104.1 | 102.8 | 105.2 | 102.8 |
| 菜类 | Vegetables | 105.0 | 92.4 | 99.1 | 107.9 | 108.3 | 114.6 |
| 调味品 | Flavoring | 99.9 | 99.8 | 98.9 | 102.3 | 110.1 | 101.0 |
| 糖类 | Carbohydrate | 101.1 | 99.0 | 102.7 | 102.1 | 109.8 | 103.2 |
| 茶及饮料 | Tea and Beverages | | 100.3 | 100.9 | 100.7 | 102.4 | 100.3 |
| 干鲜瓜果类 | Dried and Fresh Melons and Fruits | 97.8 | 101.5 | 109.4 | 108.9 | 114.9 | 107.6 |
| 糕点、饼干 | Cakes and Biscuits | 94.9 | 98.9 | 102.9 | 100.7 | 101.9 | 104.7 |
| 液体乳及乳制品 | Liquid Milk and Its Products | 108.3 | 100.1 | 102.3 | 105.1 | 103.2 | 102.1 |
| 在外用膳食品 | Out-of-home Food | | 100.0 | 103.6 | 104.4 | 108.6 | 110.2 |
| 其他食品 | Other Food | 102.8 | 100.2 | 99.7 | 100.2 | 100.4 | 102.7 |
| **烟酒及用品** | **Cigarettes,Liquors and Related Items** | | **99.6** | **102.5** | **101.1** | **102.7** | **101.5** |
| 烟草 | Tobacco | | 99.1 | 103.1 | 100.5 | 102.0 | 99.8 |
| 酒 | Liquors | | 100.4 | 101.9 | 102.1 | 103.9 | 103.9 |
| 吸烟饮酒用品 | Cigarettes and Spirits Related Items | | 100.1 | 101.2 | 99.8 | | |
| **衣着类** | **Clothing** | **99.7** | **101.1** | **102.0** | **102.1** | **102.8** | **104.3** |

## 6-2 续表 continued

上年=100 (preceding year=100)

| 项目 | Item | 2000 | 2001 | 2007 | 2010 | 2011 | 2012 |
|---|---|---|---|---|---|---|---|
| 服装 | Garments | 100 | 100.4 | 101.7 | 102.5 | 102.5 | 104.2 |
| 衣着材料 | Clothing Material | 94.1 | 102.1 | 100.1 | 101.8 | 101.6 | 101.2 |
| 鞋、袜、帽 | Shoes,Socks and Hats | 99.7 | 102.8 | 102.5 | 100.9 | 102.5 | 102.7 |
| 衣着加工服务费 | Garment Processing Service | 98.9 | 100.2 | 104.7 | 102.8 | 107.2 | 112.4 |
| **家庭设备用品及维修服务** | **Home Appliances and Repair Service** | **101.5** | **99.4** | **100** | **100.6** | **101.9** | **101.5** |
| 耐用消费品 | Durable Consumer Goods | 101.5 | 98.9 | 100.0 | 100.1 | 101.7 | 101.5 |
| 室内装饰品 | Interior Decorations | 101.3 | 99.8 | 100.1 | 100.3 | 100.8 | 101.6 |
| 床上用品 | Bed Articles | 100.3 | 99.9 | 100.1 | 102.2 | 103.6 | 103.1 |
| 家庭日用杂品 | Daily Use Household Articles | 103 | 99.5 | 99. 4 | 100.7 | 101.3 | 100.1 |
| 家庭服务及加工维修服务 | Household Service and Repair Service | 100.0 | 101.7 | 102.3 | 100.5 | 103.0 | 104.3 |
| **医疗保健和个人用品** | **Medicine,Medical Service and Personal Aricles** | **100.3** | **100.1** | **100.1** | **101.2** | **102.8** | **100.9** |
| 医疗保健 | Medical Appliances and Articles | 99.6 | 100.1 | 99.2 | 100.3 | 101.6 | 100.5 |
| 个人用品及服务 | Personal Articles and Service | | | 100.9 | 102.1 | 104.3 | 101.5 |
| **交通和通信** | **Transportation and Communication** | **98.4** | **103.6** | **100.6** | **99.8** | **102.2** | **101.2** |
| 交通 | Transportation | 99.3 | 101.6 | 101.4 | 102.9 | 104.4 | 103.3 |
| 通信 | Communication | 92.7 | 106.2 | 99 | 94 | 99.2 | 98.4 |
| **娱乐教育文化用品及服务** | **Recreation,Education ,Culture Articles and It's Service** | **97.4** | **98.7** | **100.2** | **99.7** | **100.7** | **100.3** |
| 文娱用耐用消费品及服务 | Durable Consumer Goods for Recreational Use | 91.7 | 94.8 | 97.7 | 93.4 | 97.8 | 98.8 |
| 教育 | Education | 102.1 | 100.2 | 100.4 | 100.8 | 100.6 | 100.9 |
| 文化娱乐类 | Cultural and Recreational Articles | 108.9 | 103.6 | 101.6 | 101.1 | 101.1 | 101.2 |
| 旅游 | Tourism | | | 102.5 | 107.5 | 106.0 | 100.5 |
| **居 住** | **Residence** | **103.5** | **101.3** | **107.1** | **102.8** | **106.3** | **101.4** |
| 建房及装修材料 | Construction and Decoration Materials | 102.1 | 100.5 | 100.9 | 104.6 | 106.2 | 102.4 |
| 租房 | Building Materials | 103.2 | 100 | 102.5 | 105.2 | 102.7 | 100.2 |
| 自有住房 | Self-owned House | | | 124.5 | 100.2 | 109.3 | 101.2 |
| 水电燃料 | Water, Electricity and Fuels | 104 | 101.7 | 106.5 | 101.3 | 106.2 | 103.0 |

# 6-3 拉萨市居民消费价格分类指数

## CONSUMER PRICE INDICES BY CATEGORY OF LHASA

上年=100 (preceding year=100)

| 项 目 | Item | 2007 | 2008 | 2009 | 2010 | 2011 | 2012 |
|---|---|---|---|---|---|---|---|
| **居民消费价格总指数** | **General Consumer Price Index** | **103.2** | **106.4** | **101.7** | **102.2** | **105.0** | **103.2** |
| **非食品价格指数** | **Consumer Price Index Without Food** | **101.6** | **102.7** | **100.9** | **101.3** | **102.7** | **101.4** |
| **服务项目价格指数** | **Services Price Index** | **104.8** | **101.2** | **101.7** | **102.0** | **103.5** | **100.5** |
| **消费品价格指数** | **Consumer Goods Price Index** | **102.8** | **107.7** | **101.7** | **102.2** | **105.4** | **104.0** |
| **食品类** | **Food** | **106.9** | **115.1** | **103.8** | **104.3** | **110.0** | **106.8** |
| 粮食 | Grain | 104.1 | 102.9 | 98.4 | 107.0 | 112.7 | 101.7 |
| 淀粉 | Starches | 100.0 | 106.0 | 99.0 | 104.5 | 105.9 | 108.7 |
| 干豆类及豆制品 | Bean and Its Products | 103.7 | 121.7 | 104.9 | 114.3 | 117.0 | 113.2 |
| 油脂类 | Oil or Fat | 108.4 | 128.1 | 94.7 | 101.0 | 101.4 | 103.7 |
| 肉禽及其制品 | Meal, Poultry and Their Products | 117.2 | 129.5 | 96.9 | 101.2 | 109.9 | 111.8 |
| 蛋类 | Eggs | 106.9 | 112.0 | 97.8 | 105.0 | 110.3 | 99.6 |
| 水产品 | Aquatic Products | 105.5 | 121.1 | 101.8 | 102.5 | 104.6 | 101.8 |
| 菜类 | Vegetables | 100.6 | 108.3 | 119.1 | 105.3 | 109.3 | 113.8 |
| 调味品 | Flavoring | 100.2 | 100.1 | 105.4 | 106.0 | 109.9 | 100.2 |
| 糖类 | Carbohydrate | 101.9 | 106.9 | 102.1 | 100.8 | 114.0 | 102.9 |
| 茶及饮料 | Tea and Beverages | 101.5 | 108.6 | 101.9 | 101.0 | 105.5 | 102.3 |
| 干鲜瓜果类 | Dried and Fresh Melons and Fruits | 108.7 | 116.2 | 118.9 | 107.4 | 119.1 | 107.9 |
| 糕点、饼干 | Cakes and Biscuits | 105.8 | 105.1 | 100.9 | 101.2 | 102.8 | 106.1 |
| 液体乳及乳制品 | Liquid Milk and Its Products | 105.5 | 119.0 | 108.3 | 111.9 | 104.2 | 102.7 |
| 在外用膳食品 | Out-of-home Food | 101.0 | 103.9 | 104.0 | 105.5 | 115.4 | 106.5 |
| 其他食品 | Other Food | 101.5 | 105.3 | 100.0 | 100.0 | 100.9 | 104.2 |
| **烟酒及用品** | **Cigarettes,Liquors and Related Items** | **101.0** | **103.3** | **104.3** | **101.9** | **101.7** | **101.3** |
| 烟草 | Tobacco | 100.0 | 101.5 | 107.5 | 102.9 | 100.0 | 100.0 |
| 酒 | Liquors | 102.5 | 106.5 | 101.7 | 101.2 | 107.0 | 105.0 |
| 吸烟饮酒用品 | Cigarettes and Spirits Related Items | 100.0 | 100.0 | 99.6 | 99.8 | | |
| **衣着类** | **Clothing** | **100.6** | **103.8** | **101.7** | **102.4** | **103.3** | **104.3** |

## 6-3 续表 continued

上年=100　　(preceding year=100)

| 项　目 | Item | 2007 | 2008 | 2009 | 2010 | 2011 | 2012 |
|---|---|---|---|---|---|---|---|
| 服装 | Garments | 99.8 | 105.6 | 102.0 | 102.6 | 104.0 | 104.6 |
| 衣着材料 | Clothing Material | 100.0 | 102.0 | 109.8 | 103.1 | 101.2 | 101.0 |
| 鞋、袜、帽 | Shoes,Socks and Hats | 100.6 | 101.8 | 94.1 | 101.2 | 102.6 | 103.8 |
| 衣着加工服务费 | Garment Processing Service | 106.6 | 100.0 | 113.7 | 104.1 | 102.8 | 106.0 |
| **家庭设备用品及维修服务** | **Home Appliances and Repair Service** | **100.2** | **103.8** | **99.5** | **101.4** | **104.4** | **101.5** |
| 耐用消费品 | Durable Consumer Goods | 99.6 | 103.8 | 94.6 | 101.0 | 104.7 | 101.2 |
| 室内装饰品 | Interior Decorations | 100.0 | 107.5 | 105.4 | 100.9 | 102.3 | 101.1 |
| 床上用品 | Bed Articles | 102.1 | 104.1 | 101.0 | 104.3 | 109.3 | 105.6 |
| 家庭日用杂品 | Daily Use Household Articles | 100.1 | 104.1 | 104.1 | 100.8 | 103.1 | 100.1 |
| 家庭服务及加工维修服务 | Household Service and Repair Service | 100.0 | 100.0 | 104.9 | 100.4 | 100.0 | 100.0 |
| **医疗保健和个人用品** | **Medicine,Medical Service and Personal Aricles** | **100.2** | **102.2** | **102.1** | **101.0** | **101.7** | **99.9** |
| 医疗保健 | Medical Appliances and Articles | 98.8 | 99.8 | 98.3 | 99.4 | 99.9 | 99.1 |
| 个人用品及服务 | Personal Articles and Service | 101.7 | 104.8 | 106.1 | 102.6 | 103.5 | 100.7 |
| **交通和通信** | **Transportation and Communication** | **99.9** | **100.3** | **98.1** | **98.6** | **101.5** | **101.2** |
| 交通 | Transportation | 100.0 | 103.1 | 100.9 | 102.3 | 103.8 | 102.1 |
| 通信 | Communication | 99.7 | 96.5 | 94.1 | 93.2 | 98.3 | 100.0 |
| **娱乐教育文化用品及服务** | **Recreation,Education ,Culture Articles and It's Service** | **100.1** | **98.1** | **99.9** | **100.1** | **100.7** | **100.3** |
| 文娱用耐用消费品及服务 | Durable Consumer Goods for Recreational Use | 99.5 | 98.7 | 96.3 | 89.7 | 96.8 | 98.9 |
| 教育 | Education | 100.6 | 99.7 | 99.4 | 100.7 | 100.7 | 100.5 |
| 文化娱乐类 | Cultural and Recreational Articles | 99.7 | 99.8 | 104.9 | 101.5 | 103.2 | 102.0 |
| 旅游 | Tourism | 100.3 | 92.1 | 101.1 | 114.4 | 104.3 | 100.0 |
| **居　住** | **Residence** | **108.3** | **106.8** | **100.4** | **102.7** | **105.3** | **100.9** |
| 建房及装修材料 | Construction and Decoration Materials | 101.8 | 105.7 | 103.8 | 106.2 | 109.0 | 101.6 |
| 租房 | Building Materials | 101.8 | 100.3 | 102.2 | 106.4 | 103.9 | 100.0 |
| 自有住房 | Self-owned House | 139.1 | 110.4 | 94.9 | 102.0 | 110.4 | 100.0 |
| 水电燃料 | Water, Electricity and Fuels | 101.3 | 107.7 | 99.5 | 98.5 | 99.3 | 103.2 |

# 6-4 昌都地区居民消费价格分类指数

## CONSUMER PRICE INDICES BY CATEGORY OF QAMDO

上年=100 (preceding year=100)

| 项　目 | Item | 2007 | 2008 | 2009 | 2010 | 2011 | 2012 |
|---|---|---|---|---|---|---|---|
| **居民消费价格总指数** | **General Consumer Price Index** | **102.8** | **104.9** | **101.6** | **102.5** | **104.6** | **103.9** |
| **非食品价格指数** | **Consumer Price Index Without Food** | **101.8** | **101.8** | **100.3** | **101.1** | **102.9** | **102.5** |
| **服务项目价格指数** | **Services Price Index** | **102.5** | **103.7** | **101.7** | **104.7** | **105.0** | **104.0** |
| **消费品价格指数** | **Consumer Goods Price Index** | **102.9** | **105.1** | **101.6** | **102.2** | **104.5** | **103.9** |
| **食品类** | **Food** | **104.6** | **110.6** | **104.0** | **105.1** | **107.7** | **106.3** |
| 粮食 | Grain | 101.9 | 102.8 | 102.4 | 109.0 | 114.7 | 104.8 |
| 淀粉 | Starches | 105.9 | 102.2 | 101.3 | 100.0 | 100.0 | 104.5 |
| 干豆类及豆制品 | Bean and Its Products | 101.2 | 102.9 | 101.8 | 102.5 | 112.0 | 107.1 |
| 油脂类 | Oil or Fat | 103.7 | 115.0 | 96.5 | 102.6 | 103.1 | 104.9 |
| 肉禽及其制品 | Meal, Poultry and Their Products | 111.7 | 129.3 | 101.1 | 101.0 | 110.2 | 105.7 |
| 蛋类 | Eggs | 103.5 | 102.5 | 99.2 | 102.8 | 105.8 | 101.4 |
| 水产品 | Aquatic Products | 104.3 | 102.3 | 98.6 | 104.2 | 108.5 | 102.2 |
| 菜类 | Vegetables | 103.1 | 110.0 | 114.0 | 113.8 | 102.5 | 111.9 |
| 调味品 | Flavoring | 103.8 | 103.6 | 88.8 | 81.8 | 138.6 | 100.4 |
| 糖类 | Carbohydrate | 101.9 | 103.8 | 98.2 | 103.8 | 106.7 | 107.8 |
| 茶及饮料 | Tea and Beverages | 102.2 | 102.4 | 101.8 | 102.4 | 101.3 | 101.6 |
| 干鲜瓜果类 | Dried and Fresh Melons and Fruits | 104.2 | 108.4 | 113.1 | 107.5 | 103.9 | 112.4 |
| 糕点、饼干 | Cakes and Biscuits | 100.7 | 102.4 | 100.2 | 100.0 | 101.6 | 104.3 |
| 液体乳及乳制品 | Liquid Milk and Its Products | 100.7 | 105.7 | 106.8 | 99.7 | 102.3 | 104.7 |
| 在外用膳食品 | Out-of-home Food | 108.3 | 113.7 | 101.1 | 104.5 | 108.4 | 106.9 |
| 其他食品 | Other Food | 104.9 | 112.2 | 100.0 | 100.3 | 100.8 | 100.0 |
| **烟酒及用品** | **Cigarettes,Liquors and Related Items** | **100.6** | **101.0** | **101.3** | **97.0** | **102.6** | **103.2** |
| 烟草 | Tobacco | 100.0 | 100.3 | 101.7 | 93.1 | 102.4 | 102.8 |
| 酒 | Liquors | 101.6 | 102.4 | 100.7 | 102.7 | 102.8 | 103.8 |
| 吸烟饮酒用品 | Cigarettes and Spirits Related Items | 100.0 | 100.0 | 100.4 | 100.4 | | |
| **衣着类** | **Clothing** | **104.6** | **104.9** | **102.4** | **102.3** | **103.0** | **104.4** |

# 6-4 续表 continued

上年=100 (preceding year=100)

| 项目 | Item | 2007 | 2008 | 2009 | 2010 | 2011 | 2012 |
|---|---|---|---|---|---|---|---|
| 服装 | Garments | 104.4 | 102.4 | 103.1 | 103.8 | 101.6 | 103.0 |
| 衣着材料 | Clothing Material | 101.8 | 109.7 | 101.2 | 98.7 | 107.6 | 106.2 |
| 鞋、袜、帽 | Shoes,Socks and Hats | 106.7 | 108.7 | 101.0 | 100.2 | 100.6 | 101.1 |
| 衣着加工服务费 | Garment Processing Service | 100.0 | 104.7 | 102.6 | 101.5 | 118.0 | 122.2 |
| **家庭设备用品及维修服务** | **Home Appliances and Repair Service** | **101.7** | **102.4** | **99.7** | **100.6** | **101.3** | **105.5** |
| 耐用消费品 | Durable Consumer Goods | 101.2 | 102.8 | 98.6 | 100.6 | 101.5 | 101.5 |
| 室内装饰品 | Interior Decorations | 102.0 | 102.2 | 100.4 | 100.0 | 100.5 | 102.6 |
| 床上用品 | Bed Articles | 100.6 | 100.3 | 101.3 | 100.1 | 100.2 | 100.3 |
| 家庭日用杂品 | Daily Use Household Articles | 100.0 | 100.0 | 99.8 | 100.3 | 100.2 | 100.2 |
| 家庭服务及加工维修服务 | Household Service and Repair Service | 113.6 | 112.6 | 105.7 | 104.7 | 108.2 | 106.7 |
| **医疗保健和个人用品** | **Medicine,Medical Service and Personal Aricles** | **100.3** | **101.0** | **99.6** | **101.3** | **103.1** | **102.1** |
| 医疗保健 | Medical Appliances and Articles | 98.9 | 100.7 | 100.5 | 100.8 | 100.0 | 101.5 |
| 个人用品及服务 | Personal Articles and Service | 101.6 | 101.4 | 98.8 | 101.8 | 106.5 | 102.7 |
| **交通和通信** | **Transportation and Communication** | **100.5** | **100.2** | **98.5** | **102.7** | **103.4** | **103.5** |
| 交通 | Transportation | 101.3 | 103.5 | 99.6 | 104.7 | 106.1 | 106.2 |
| 通信 | Communication | 99.3 | 96.0 | 96.9 | 100.1 | 100.0 | 100.0 |
| **娱乐教育文化用品及服务** | **Recreation,Education ,Culture Articles and It's Service** | **100.8** | **97.7** | **99.2** | **103.3** | **100.7** | **101.4** |
| 文娱用耐用消费品及服务 | Durable Consumer Goods for Recreational Use | 100.0 | 92.3 | 93.9 | 99.8 | 100.7 | 101.5 |
| 教育 | Education | 100.5 | 102.1 | 104.4 | 105.2 | 100.2 | 101.1 |
| 文化娱乐类 | Cultural and Recreational Articles | 100.1 | 98.9 | 99.2 | 100.5 | 100.1 | 100.8 |
| 旅游 | Tourism | 104.5 | 95.6 | 95.4 | 109.5 | 102.7 | 102.6 |
| **居 住** | **Residence** | **104.0** | **104.2** | **100.4** | **100.0** | **105.7** | **101.0** |
| 建房及装修材料 | Construction and Decoration Materials | 101.5 | 103.1 | 99.8 | 101.8 | 103.4 | 104.4 |
| 租房 | Building Materials | 100.6 | 101.0 | 103.0 | 107.3 | 109.2 | 101.2 |
| 自有住房 | Self-owned House | 114.3 | 121.5 | 103.3 | 106.0 | 103.9 | 100.9 |
| 水电燃料 | Water, Electricity and Fuels | 103.7 | 101.9 | 98.7 | 95.2 | 104.2 | 100.5 |

# 6-5 山南地区居民消费价格分类指数

## CONSUMER PRICE INDICES BY CATEGORY OF SHANNAN

上年=100 (preceding year=100)

| 项目 | Item | 2007 | 2008 | 2009 | 2010 | 2011 | 2012 |
|---|---|---|---|---|---|---|---|
| **居民消费价格总指数** | **General Consumer Price Index** | **105.6** | **104.0** | **101.3** | **102.3** | **104.0** | **103.2** |
| **非食品价格指数** | **Consumer Price Index Without Food** | **104.5** | **101.5** | **99.3** | **102.5** | **101.2** | **101.4** |
| **服务项目价格指数** | **Services Price Index** | **107.1** | **105.6** | **99.7** | **102.0** | **102.8** | **103.5** |
| **消费品价格指数** | **Consumer Goods Price Index** | **105.3** | **103.7** | **101.6** | **102.9** | **104.3** | **103.1** |
| **食品类** | **Food** | **107.6** | **108.3** | **105.0** | **103.1** | **109.1** | **106.3** |
| 粮食 | Grain | 107.6 | 106.1 | 100.0 | 103.0 | 108.8 | 105.9 |
| 淀粉 | Starches | 100.0 | 100.0 | 100.0 | 100.0 | 100.0 | 95.3 |
| 干豆类及豆制品 | Bean and Its Products | 89.3 | 141.6 | 100.0 | 112.4 | 114.8 | 102.1 |
| 油脂类 | Oil or Fat | 121.3 | 118.2 | 98.9 | 104.7 | 107.6 | 113.3 |
| 肉禽及其制品 | Meal, Poultry and Their Products | 117.9 | 123.8 | 105.0 | 98.3 | 110.1 | 104.5 |
| 蛋类 | Eggs | 102.3 | 104.9 | 111.2 | 103.1 | 107.6 | 102.6 |
| 水产品 | Aquatic Products | 98.5 | 116.7 | 103.1 | 107.1 | 101.2 | 101.1 |
| 菜类 | Vegetables | 95.9 | 99.0 | 114.1 | 104.2 | 109.6 | 111.3 |
| 调味品 | Flavoring | 108.1 | 97.5 | 100.2 | 101.6 | 100.4 | 100.3 |
| 糖类 | Carbohydrate | 106.1 | 109.3 | 103.9 | 102.5 | 106.3 | 103.6 |
| 茶及饮料 | Tea and Beverages | 104.2 | 99.6 | 100.0 | 100.0 | 100.0 | 100.0 |
| 干鲜瓜果类 | Dried and Fresh Melons and Fruits | 117.7 | 109.5 | 114.9 | 107.0 | 115.2 | 105.8 |
| 糕点、饼干 | Cakes and Biscuits | 105.0 | 94.9 | 100.0 | 100.0 | 100.5 | 100.6 |
| 液体乳及乳制品 | Liquid Milk and Its Products | 104.3 | 116.1 | 99.8 | 101.3 | 109.7 | 108.4 |
| 在外用膳食品 | Out-of-home Food | 117.3 | 103.1 | 100.7 | 106.0 | 122.2 | 110.7 |
| 其他食品 | Other Food | 100.0 | 100.0 | 105.7 | 102.2 | 100.0 | 100.0 |
| **烟酒及用品** | **Cigarettes,Liquors and Related Items** | **107.0** | **99.8** | **100.1** | **105.6** | **100.6** | **100.9** |
| 烟草 | Tobacco | 103.4 | 99.6 | 98.9 | 99.6 | 100.0 | 100.0 |
| 酒 | Liquors | 110.6 | 99.9 | 101.9 | 114.7 | 101.3 | 101.9 |
| 吸烟饮酒用品 | Cigarettes and Spirits Related Items | 110.3 | 100.2 | 99.3 | 99.8 | | |
| **衣着类** | **Clothing** | **103.8** | **99.6** | **100.7** | **103.6** | **102.9** | **103.5** |

## 6-5 续表 continued

上年=100 (preceding year=100)

| 项　目 | Item | 2007 | 2008 | 2009 | 2010 | 2011 | 2012 |
|---|---|---|---|---|---|---|---|
| 服装 | Garments | 103.2 | 99.4 | 101.5 | 104.0 | 100.5 | 101.8 |
| 衣着材料 | Clothing Material | 100.0 | 100.0 | 99.6 | 108.2 | 100.4 | 100.0 |
| 鞋、袜、帽 | Shoes,Socks and Hats | 106.7 | 99.6 | 99.5 | 101.0 | 102.4 | 101.3 |
| 衣着加工服务费 | Garment Processing Service | 101.0 | 100.0 | 100.0 | 105.5 | 116.0 | 115.2 |
| **家庭设备用品及维修服务** | **Home Appliances and Repair Service** | **102.6** | **99.8** | **99.0** | **101.9** | **101.1** | **102.4** |
| 耐用消费品 | Durable Consumer Goods | 99.1 | 99.6 | 98.1 | 101.1 | 98.0 | 99.8 |
| 室内装饰品 | Interior Decorations | 100.0 | 100.0 | 100.0 | 102.2 | 100.2 | 100.0 |
| 床上用品 | Bed Articles | 105.0 | 99.8 | 100.0 | 100.4 | 100.1 | 100.0 |
| 家庭日用杂品 | Daily Use Household Articles | 105.1 | 100.0 | 100.0 | 103.7 | 100.5 | 101.7 |
| 家庭服务及加工维修服务 | Household Service and Repair Service | 119.5 | 99.5 | 97.7 | 102.2 | 117.4 | 116.9 |
| **医疗保健和个人用品** | **Medicine,Medical Service and Personal Aricles** | **101.7** | **101.5** | **99.0** | **102.1** | **100.9** | **101.6** |
| 医疗保健 | Medical Appliances and Articles | 99.7 | 101.7 | 99.3 | 99.6 | 101.6 | 100.0 |
| 个人用品及服务 | Personal Articles and Service | 103.3 | 101.2 | 98.6 | 104.2 | 100.1 | 103.5 |
| **交通和通信** | **Transportation and Communication** | **101.1** | **104.8** | **98.5** | **101.2** | **102.7** | **99.5** |
| 交通 | Transportation | 102.0 | 110.7 | 104.9 | 104.8 | 105.1 | 101.5 |
| 通信 | Communication | 100.0 | 98.6 | 91.6 | 97.2 | 99.7 | 97.1 |
| **娱乐教育文化用品及服务** | **Recreation,Education ,Culture Articles and It's Service** | **103.5** | **99.1** | **99.8** | **101.2** | **97.8** | **98.9** |
| 文娱用耐用消费品及服务 | Durable Consumer Goods for Recreational Use | 102.6 | 100.0 | 94.7 | 98.4 | 93.9 | 95.4 |
| 教育 | Education | 100.7 | 100.0 | 102.4 | 103.1 | 100.2 | 100.1 |
| 文化娱乐类 | Cultural and Recreational Articles | 109.0 | 99.3 | 99.7 | 102.9 | 100.4 | 100.0 |
| 旅游 | Tourism | 100.6 | 96.5 | 100.7 | 99.1 | 93.8 | 100.9 |
| **居住** | **Residence** | **111.0** | **106.9** | **97.1** | **100.5** | **101.9** | **102.2** |
| 建房及装修材料 | Construction and Decoration Materials | 105.6 | 101.0 | 100.3 | 104.1 | 101.1 | 100.3 |
| 租房 | Building Materials | 114.6 | 107.7 | 100.8 | 103.7 | 100.8 | 100.8 |
| 自有住房 | Self-owned House | 121.4 | 111.3 | 78.6 | 100.0 | 100.3 | 103.1 |
| 水电燃料 | Water, Electricity and Fuels | 105.1 | 107.7 | 101.2 | 94.8 | 106.0 | 102.9 |

# 6-6 日喀则地区居民消费价格分类指数

## CONSUMER PRICE INDICES BY CATEGORY OF XIGAZE

上年=100 (preceding year=100)

| 项目 | Item | 2007 | 2008 | 2009 | 2010 | 2011 | 2012 |
|---|---|---|---|---|---|---|---|
| **居民消费价格总指数** | **General Consumer Price Index** | **102.9** | **104.6** | **101.0** | **102.4** | **104.8** | **103.6** |
| **非食品价格指数** | **Consumer Price Index Without Food** | **101.4** | **100.9** | **99.5** | **101.1** | **102.8** | **101.7** |
| **服务项目价格指数** | **Services Price Index** | **104.7** | **102.3** | **99.3** | **99.0** | **102.6** | **103.3** |
| **消费品价格指数** | **Consumer Goods Price Index** | **102.6** | **105.0** | **103.8** | **103.0** | **105.4** | **103.6** |
| **食品类** | **Food** | **105.8** | **111.3** | **101.1** | **105.0** | **108.5** | **107.1** |
| 粮食 | Grain | 109.1 | 103.9 | 104.6 | 109.2 | 111.0 | 103.8 |
| 淀粉 | Starches | 97.0 | 129.2 | 96.7 | 100.0 | 101.5 | 111.5 |
| 干豆类及豆制品 | Bean and Its Products | 100.5 | 105.3 | 115.2 | 109.4 | 101.6 | 103.3 |
| 油脂类 | Oil or Fat | 108.0 | 134.1 | 94.3 | 98.0 | 103.8 | 107.6 |
| 肉禽及其制品 | Meal, Poultry and Their Products | 119.0 | 120.6 | 103.4 | 102.5 | 110.9 | 108.8 |
| 蛋类 | Eggs | 105.5 | 111.4 | 98.5 | 100.9 | 109.9 | 106.9 |
| 水产品 | Aquatic Products | 103.1 | 109.4 | 100.7 | 101.9 | 105.1 | 107.1 |
| 菜类 | Vegetables | 104.6 | 101.4 | 116.3 | 112.9 | 110.9 | 110.3 |
| 调味品 | Flavoring | 98.4 | 105.7 | 100.1 | 100.6 | 100.5 | 100.4 |
| 糖类 | Carbohydrate | 101.4 | 102.0 | 106.1 | 102.0 | 109.9 | 102.5 |
| 茶及饮料 | Tea and Beverages | 100.0 | 100.0 | 100.0 | 100.0 | 101.4 | 96.9 |
| 干鲜瓜果类 | Dried and Fresh Melons and Fruits | 109.2 | 118.4 | 107.7 | 114.8 | 119.1 | 108.2 |
| 糕点、饼干 | Cakes and Biscuits | 102.4 | 101.2 | 103.1 | 100.0 | 102.1 | 108.8 |
| 液体乳及乳制品 | Liquid Milk and Its Products | 99.8 | 119.8 | 102.0 | 100.7 | 103.7 | 100.4 |
| 在外用膳食品 | Out-of-home Food | 101.8 | 113.9 | 102.4 | 102.5 | 103.6 | 119.5 |
| 其他食品 | Other Food | 98.2 | 102.1 | 100.0 | 100.0 | 100.0 | 107.9 |
| **烟酒及用品** | **Cigarettes,Liquors and Related Items** | **102.2** | **99.9** | **100.0** | **100.3** | **105.3** | **100.7** |
| 烟草 | Tobacco | 103.6 | 100.0 | 100.0 | 100.0 | 108.5 | 97.5 |
| 酒 | Liquors | 101.0 | 100.0 | 100.3 | 100.9 | 102.0 | 104.1 |
| 吸烟饮酒用品 | Cigarettes and Spirits Related Items | 100.0 | 99.2 | 99.1 | 100.0 | | |
| **衣着类** | **Clothing** | **101.0** | **99.8** | **101.3** | **102.0** | **102.4** | **105.8** |

## 6-6 续表 continued

上年=100 (preceding year=100)

| 项　　目 | Item | 2007 | 2008 | 2009 | 2010 | 2011 | 2012 |
|---|---|---|---|---|---|---|---|
| 服装 | Garments | 101.2 | 99.4 | 100.4 | 102.6 | 101.3 | 105.8 |
| 衣着材料 | Clothing Material | 100.0 | 100.0 | 100.8 | 100.0 | 101.2 | 100.0 |
| 鞋、袜、帽 | Shoes,Socks and Hats | 101.2 | 100.2 | 105.1 | 101.4 | 103.7 | 101.3 |
| 衣着加工服务费 | Garment Processing Service | 100.6 | 101.9 | 99.0 | 102.1 | 107.0 | 121.7 |
| **家庭设备用品及维修服务** | **Home Appliances and Repair Service** | **99.2** | **100.0** | **99.7** | **99.6** | **100.5** | **99.8** |
| 耐用消费品 | Durable Consumer Goods | 100.6 | 99.6 | 95.9 | 98.6 | 100.3 | 99.0 |
| 室内装饰品 | Interior Decorations | 100.0 | 100.0 | 101.7 | 100.0 | 100.0 | 100.0 |
| 床上用品 | Bed Articles | 97.4 | 99.2 | 100.0 | 100.0 | 102.2 | 102.7 |
| 家庭日用杂品 | Daily Use Household Articles | 97.1 | 99.8 | 102.9 | 100.2 | 100.3 | 97.5 |
| 家庭服务及加工维修服务 | Household Service and Repair Service | 100.9 | 102.6 | 100.0 | 100.0 | 100.0 | 102.6 |
| **医疗保健和个人用品** | **Medicine,Medical Service and Personal Aricles** | **100.4** | **102.3** | **102.4** | **102.0** | **104.0** | **100.6** |
| 医疗保健 | Medical Appliances and Articles | 100.6 | 103.1 | 104.6 | 101.1 | 104.9 | 101.1 |
| 个人用品及服务 | Personal Articles and Service | 100.2 | 101.7 | 100.7 | 102.8 | 102.8 | 100.0 |
| **交通和通信** | **Transportation and Communication** | **98.8** | **99.7** | **92.4** | **98.9** | **102.2** | **100.8** |
| 交通 | Transportation | 101.1 | 101.6 | 94.7 | 102.5 | 104.6 | 103.9 |
| 通信 | Communication | 94.0 | 95.6 | 87.7 | 91.0 | 99.1 | 96.5 |
| **娱乐教育文化用品及服务** | **Recreation,Education ,Culture Articles and It's Service** | **99.9** | **100.1** | **97.4** | **97.8** | **100.6** | **99.8** |
| 文娱用耐用消费品及服务 | Durable Consumer Goods for Recreational Use | 96.3 | 98.9 | 92.1 | 96.8 | 100.0 | 98.3 |
| 教育 | Education | 100.4 | 101.6 | 101.9 | 100.1 | 100.5 | 100.6 |
| 文化娱乐类 | Cultural and Recreational Articles | 101.5 | 101.3 | 100.1 | 100.0 | 100.0 | 100.8 |
| 旅游 | Tourism | 104.7 | 97.6 | 95.7 | 90.7 | 102.6 | 100.0 |
| **居 住** | **Residence** | **107.9** | **104.2** | **101.3** | **106.1** | **104.8** | **103.2** |
| 建房及装修材料 | Construction and Decoration Materials | 100.7 | 101.0 | 104.0 | 101.4 | 107.9 | 103.7 |
| 租房 | Building Materials | 106.5 | 99.8 | 103.7 | 101.8 | 100.0 | 100.0 |
| 自有住房 | Self-owned House | 124.3 | 108.0 | 91.8 | 91.7 | 100.0 | 104.3 |
| 水电燃料 | Water, Electricity and Fuels | 107.0 | 106.9 | 102.2 | 118.2 | 122.0 | 106.1 |

# 6-7 那曲地区居民消费价格分类指数

## CONSUMER PRICE INDICES BY CATEGORY OF NAGQU

上年=100 (preceding year=100)

| 项 目 | Item | 2007 | 2008 | 2009 | 2010 | 2011 | 2012 |
|---|---|---|---|---|---|---|---|
| **居民消费价格总指数** | **General Consumer Price Index** | **105.2** | **109.0** | **101.3** | **101.5** | **104.1** | **103.7** |
| **非食品价格指数** | **Consumer Price Index Without Food** | **99.8** | **106.9** | **98.9** | **99.4** | **102.2** | **101.4** |
| **服务项目价格指数** | **Services Price Index** | **101.7** | **111.8** | **97.5** | **100.6** | **102.4** | **102.0** |
| **消费品价格指数** | **Consumer Goods Price Index** | **105.8** | **108.5** | **101.9** | **101.6** | **104.5** | **104.1** |
| **食品类** | **Food** | **113.9** | **112.0** | **105.0** | **104.8** | **107.3** | **107.5** |
| 粮食 | Grain | 103.9 | 105.0 | 100.5 | 104.2 | 122.5 | 103.4 |
| 淀粉 | Starches | 103.9 | 112.2 | 93.7 | 108.9 | 104.0 | 100.0 |
| 干豆类及豆制品 | Bean and Its Products | 108.2 | 133.5 | 101.7 | 105.7 | 101.2 | 100.0 |
| 油脂类 | Oil or Fat | 107.6 | 161.9 | 106.1 | 102.7 | 102.8 | 100.7 |
| 肉禽及其制品 | Meal, Poultry and Their Products | 129.6 | 117.4 | 102.3 | 107.6 | 107.9 | 106.6 |
| 蛋类 | Eggs | 118.1 | 111.2 | 103.5 | 100.3 | 104.1 | 104.7 |
| 水产品 | Aquatic Products | 122.8 | 124.5 | 102.7 | 110.7 | 104.0 | 103.3 |
| 菜类 | Vegetables | 117.9 | 95.3 | 102.3 | 103.2 | 98.5 | 141.9 |
| 调味品 | Flavoring | 100.1 | 95.7 | 102.5 | 100.8 | 106.6 | 114.7 |
| 糖类 | Carbohydrate | 106.1 | 104.8 | 99.2 | 104.6 | 100.7 | 102.5 |
| 茶及饮料 | Tea and Beverages | 99.4 | 103.2 | 101.7 | 100.2 | 101.9 | 104.9 |
| 干鲜瓜果类 | Dried and Fresh Melons and Fruits | 102.0 | 98.0 | 107.7 | 107.2 | 110.0 | 101.5 |
| 糕点、饼干 | Cakes and Biscuits | 98.5 | 107.0 | 90.4 | 105.3 | 100.6 | 10.0 |
| 液体乳及乳制品 | Liquid Milk and Its Products | 102.9 | 113.4 | 123.5 | 103.2 | 101.5 | 102.4 |
| 在外用膳食品 | Out-of-home Food | 104.4 | 110.2 | 110.6 | 104.9 | 101.3 | 102.8 |
| 其他食品 | Other Food | 100.0 | 100.0 | 100.4 | 100.3 | 100.0 | 100.0 |
| **烟酒及用品** | **Cigarettes,Liquors and Related Items** | **99.2** | **110.3** | **98.3** | **99.6** | **100.8** | **100.4** |
| 烟草 | Tobacco | 100.2 | 106.8 | 100.4 | 99.7 | 100.1 | 100.3 |
| 酒 | Liquors | 98.1 | 116.4 | 96.3 | 99.7 | 101.6 | 100.5 |
| 吸烟饮酒用品 | Cigarettes and Spirits Related Items | 96.9 | 97.4 | 94.5 | 97.3 | | |
| **衣着类** | **Clothing** | **103.8** | **105.2** | **101.4** | **98.6** | **102.4** | **101.3** |

## 6-7 续表 continued

上年=100　　(preceding year=100)

| 项目 | Item | 2007 | 2008 | 2009 | 2010 | 2011 | 2012 |
|---|---|---|---|---|---|---|---|
| 服装 | Garments | 103.1 | 103.2 | 104.8 | 99.3 | 102.5 | 101.3 |
| 衣着材料 | Clothing Material | 102.7 | 115.9 | 97.9 | 99.0 | 99.6 | 100.0 |
| 鞋、袜、帽 | Shoes,Socks and Hats | 104.8 | 104.9 | 92.7 | 97.0 | 103.3 | 100.9 |
| 衣着加工服务费 | Garment Processing Service | 107.8 | 110.1 | 109.5 | 98.5 | 101.9 | 104.3 |
| **家庭设备用品及维修服务** | **Home Appliances and Repair Service** | **97.6** | **104.1** | **99.6** | **97.7** | **99.8** | **102.2** |
| 耐用消费品 | Durable Consumer Goods | 99.0 | 99.6 | 98.6 | 96.1 | 99.5 | 101.8 |
| 室内装饰品 | Interior Decorations | 100.0 | 105.5 | 99.2 | 99.3 | 100.5 | 104.7 |
| 床上用品 | Bed Articles | 98.3 | 99.6 | 99.9 | 100.0 | 100.1 | 101.8 |
| 家庭日用杂品 | Daily Use Household Articles | 92.0 | 108.3 | 99.9 | 98.6 | 100.6 | 101.9 |
| 家庭服务及加工维修服务 | Household Service and Repair Service | 104.5 | 146.7 | 105.0 | 96.4 | 97.4 | 103.6 |
| **医疗保健和个人用品** | **Medicine,Medical Service and Personal Aricles** | **97.1** | **109.1** | **99.3** | **101.6** | **103.0** | **101.9** |
| 医疗保健 | Medical Appliances and Articles | 95.5 | 107.2 | 103.9 | 103.1 | 100.4 | 102.1 |
| 个人用品及服务 | Personal Articles and Service | 100.0 | 112.2 | 91.3 | 97.7 | 105.9 | 101.8 |
| **交通和通信** | **Transportation and Communication** | **100.2** | **102.6** | **98.8** | **99.6** | **101.9** | **100.7** |
| 交通 | Transportation | 100.5 | 105.0 | 103.5 | 101.7 | 103.4 | 101.1 |
| 通信 | Communication | 99.4 | 98.3 | 89.9 | 95.9 | 99.3 | 99.9 |
| **娱乐教育文化用品及服务** | **Recreation,Education ,Culture Articles and It's Service** | **98.5** | **102.7** | **100.4** | **100.1** | **101.7** | **103.2** |
| 文娱用耐用消费品及服务 | Durable Consumer Goods for Recreational Use | 93.2 | 96.3 | 91.4 | 93.7 | 98.9 | 99.9 |
| 教育 | Education | 100.0 | 104.5 | 103.4 | 99.8 | 100.7 | 106.6 |
| 文化娱乐类 | Cultural and Recreational Articles | 98.1 | 107.2 | 108.8 | 105.2 | 101.6 | 100.1 |
| 旅游 | Tourism | 108.4 | 103.8 | 96.5 | 107.9 | 113.5 | 106.0 |
| **居 住** | **Residence** | **101.4** | **113.8** | **94.0** | **98.6** | **104.4** | **100.4** |
| 建房及装修材料 | Construction and Decoration Materials | 100.1 | 101.0 | 107.0 | 101.2 | 101.2 | 100.0 |
| 租房 | Building Materials | 100.0 | 118.4 | 94.9 | 103.3 | 101.3 | 100.0 |
| 自有住房 | Self-owned House | 105.4 | 116.6 | 82.5 | 98.2 | 106.9 | 100.0 |
| 水电燃料 | Water, Electricity and Fuels | 101.6 | 113.7 | 94.4 | 97.3 | 107.6 | 101.4 |

# 6-8 阿里地区居民消费价格分类指数

## CONSUMER PRICE INDICES BY CATEGORY OF NGARI

上年=100 (preceding year=100)

| 项　目 | Item | 2007 | 2008 | 2009 | 2010 | 2011 | 2012 |
|---|---|---|---|---|---|---|---|
| **居民消费价格总指数** | **General Consumer Price Index** | **104.6** | **106.4** | **101.5** | **101.5** | **105.0** | **102.6** |
| **非食品价格指数** | **Consumer Price Index Without Food** | **101.5** | **103.9** | **98.7** | **100.4** | **102.1** | **102.5** |
| **服务项目价格指数** | **Services Price Index** | **103.6** | **100.4** | **99.2** | **99.2** | **103.5** | **103.2** |
| **消费品价格指数** | **Consumer Goods Price Index** | **104.8** | **107.7** | **101.9** | **102.0** | **105.4** | **102.5** |
| **食品类** | **Food** | **110.4** | **111.0** | **106.9** | **103.8** | **110.9** | **102.9** |
| 粮食 | Grain | 106.6 | 106.6 | 118.2 | 107.9 | 107.4 | 101.8 |
| 淀粉 | Starches | 102.9 | 99.8 | 107.4 | 109.7 | 108.4 | 100.7 |
| 干豆类及豆制品 | Bean and Its Products | 116.4 | 100.1 | 105.2 | 104.9 | 103.1 | 100.7 |
| 油脂类 | Oil or Fat | 114.3 | 118.1 | 99.3 | 109.3 | 107.5 | 101.3 |
| 肉禽及其制品 | Meal, Poultry and Their Products | 119.0 | 115.0 | 100.8 | 108.9 | 124.7 | 104.2 |
| 蛋类 | Eggs | 114.1 | 101.5 | 98.1 | 108.8 | 102.3 | 100.9 |
| 水产品 | Aquatic Products | 115.1 | 113.5 | 99.2 | 101.2 | 103.4 | 98.7 |
| 菜类 | Vegetables | 114.4 | 131.7 | 125.2 | 99.3 | 110.8 | 101.6 |
| 调味品 | Flavoring | 98.8 | 94.2 | 115.8 | 99.2 | 99.1 | 95.6 |
| 糖类 | Carbohydrate | 99.3 | 99.9 | 101.4 | 100.9 | 105.9 | 104.7 |
| 茶及饮料 | Tea and Beverages | 98.1 | 101.0 | 96.9 | 100.0 | 101.4 | 105.4 |
| 干鲜瓜果类 | Dried and Fresh Melons and Fruits | 115.5 | 114.8 | 114.0 | 91.9 | 114.8 | 111.9 |
| 糕点、饼干 | Cakes and Biscuits | 103.5 | 106.5 | 103.2 | 97.2 | 102.2 | 100.2 |
| 液体乳及乳制品 | Liquid Milk and Its Products | 100.0 | 102.1 | 100.8 | 99.4 | 100.4 | 100.9 |
| 在外用膳食品 | Out-of-home Food | 103.7 | 109.5 | 103.1 | 98.2 | 102.6 | 101.5 |
| 其他食品 | Other Food | 114.4 | 100.5 | 102.5 | 97.6 | 102.2 | 101.6 |
| **烟酒及用品** | **Cigarettes,Liquors and Related Items** | **100.1** | **100.4** | **101.5** | **100.5** | **103.6** | **104.6** |
| 烟草 | Tobacco | 99.7 | 100.0 | 100.3 | 99.3 | 100.3 | 100.1 |
| 酒 | Liquors | 100.0 | 100.9 | 103.2 | 102.1 | 107.7 | 109.7 |
| 吸烟饮酒用品 | Cigarettes and Spirits Related Items | 104.2 | 100.0 | 100.0 | 99.8 | | |
| **衣着类** | **Clothing** | **100.3** | **100.6** | **102.6** | **100.8** | **100.9** | **102.5** |

## 6-8 续表 continued

上年=100　　(preceding year=100)

| 项目 | Item | 2007 | 2008 | 2009 | 2010 | 2011 | 2012 |
|---|---|---|---|---|---|---|---|
| 服装 | Garments | 99.9 | 102.1 | 103.2 | 101.7 | 100.4 | 100.3 |
| 衣着材料 | Clothing Material | 100.0 | 100.0 | 112.3 | 100.0 | 100.7 | 102.3 |
| 鞋、袜、帽 | Shoes,Socks and Hats | 101.4 | 97.9 | 99.3 | 99.2 | 100.4 | 102.1 |
| 衣着加工服务费 | Garment Processing Service | 100.0 | 100.0 | 100.0 | 100.0 | 108.4 | 124.5 |
| **家庭设备用品及维修服务** | **Home Appliances and Repair Service** | **99.7** | **100.2** | **96.7** | **103.6** | **101.1** | **101.2** |
| 耐用消费品 | Durable Consumer Goods | 99.2 | 98.7 | 95.2 | 102.6 | 102.2 | 101.8 |
| 室内装饰品 | Interior Decorations | 97.7 | 98.5 | 94.7 | 106.4 | 101.6 | 101.6 |
| 床上用品 | Bed Articles | 103.5 | 98.8 | 93.8 | 107.7 | 100.9 | 102.5 |
| 家庭日用杂品 | Daily Use Household Articles | 95.5 | 100.3 | 98.3 | 102.4 | 100.6 | 100.3 |
| 家庭服务及加工维修服务 | Household Service and Repair Service | 134.8 | 111.6 | 101.8 | 101.0 | 100.7 | 101.4 |
| **医疗保健和个人用品** | **Medicine,Medical Service and Personal Aricles** | **102.6** | **100.5** | **100.1** | **100.1** | **102.6** | **104.5** |
| 医疗保健 | Medical Appliances and Articles | 96.7 | 100.4 | 100.3 | 100.0 | 98.6 | 100.1 |
| 个人用品及服务 | Personal Articles and Service | 107.5 | 100.6 | 99.9 | 100.2 | 106.2 | 108.1 |
| **交通和通信** | **Transportation and Communication** | **101.5** | **109.9** | **95.1** | **101.5** | **101.3** | **101.9** |
| 交通 | Transportation | 101.8 | 102.5 | 105.6 | 102.5 | 103.7 | 104.1 |
| 通信 | Communication | 101.3 | 115.3 | 87.6 | 100.7 | 99.6 | 100.3 |
| **娱乐教育文化用品及服务** | **Recreation,Education ,Culture Articles and It's Service** | **101.3** | **99.1** | **98.4** | **97.3** | **103.5** | **100.0** |
| 文娱用耐用消费品及服务 | Durable Consumer Goods for Recreational Use | 101.4 | 97.8 | 89.5 | 100.0 | 101.0 | 100.1 |
| 教育 | Education | 102.4 | 102.5 | 105.5 | 98.2 | 98.7 | 100.8 |
| 文化娱乐类 | Cultural and Recreational Articles | 100.1 | 99.8 | 101.6 | 99.4 | 99.4 | 100.8 |
| 旅游 | Tourism | 100.0 | 91.3 | 89.1 | 84.9 | 127.2 | 97.1 |
| **居 住** | **Residence** | **106.8** | **119.8** | **96.4** | **99.2** | **100.4** | **101.8** |
| 建房及装修材料 | Construction and Decoration Materials | 100.0 | 102.9 | 93.1 | 104.0 | 104.8 | 99.9 |
| 租房 | Building Materials | 100.0 | 98.3 | 93.9 | 100.0 | 100.0 | 100.8 |
| 自有住房 | Self-owned House | 104.8 | 98.2 | 101.9 | 99.7 | 99.8 | 102.3 |
| 水电燃料 | Water, Electricity and Fuels | 110.8 | 131.9 | 97.6 | 97.7 | 100.7 | 103.3 |

# 6-9 林芝地区居民消费价格分类指数

## CONSUMER PRICE INDICES BY CATEGORY OF NYINGCHI

上年=100 (preceding year=100)

| 项　目 | Item | 2007 | 2008 | 2009 | 2010 | 2011 | 2012 |
|---|---|---|---|---|---|---|---|
| **居民消费价格总指数** | **General Consumer Price Index** | **103.2** | **103.9** | **101.1** | **102.2** | **104.7** | **102.8** |
| **非食品价格指数** | **Consumer Price Index Without Food** | **102.0** | **103.2** | **99.9** | **101.1** | **103.0** | **101.5** |
| **服务项目价格指数** | **Services Price Index** | **104.2** | **101.2** | **98.6** | **100.9** | **106.2** | **100.7** |
| **消费品价格指数** | **Consumer Goods Price Index** | **103.1** | **105.3** | **101.5** | **102.4** | **104.3** | **103.3** |
| **食品类** | **Food** | **105.5** | **102.5** | **103.3** | **104.6** | **108.2** | **105.2** |
| 粮食 | Grain | 102.2 | 101.4 | 101.4 | 106.1 | 110.6 | 99.0 |
| 淀粉 | Starches | 99.9 | 103.3 | 99.2 | 103.7 | 101.5 | 95.0 |
| 干豆类及豆制品 | Bean and Its Products | 107.6 | 112.0 | 102.8 | 109.7 | 113.2 | 98.4 |
| 油脂类 | Oil or Fat | 109.7 | 115.4 | 97.0 | 98.1 | 104.0 | 104.9 |
| 肉禽及其制品 | Meal, Poultry and Their Products | 111.7 | 116.2 | 101.4 | 102.8 | 112.3 | 106.9 |
| 蛋类 | Eggs | 103.2 | 104.7 | 102.0 | 105.0 | 109.9 | 105.3 |
| 水产品 | Aquatic Products | 102.2 | 104.1 | 101.5 | 99.3 | 107.6 | 101.0 |
| 菜类 | Vegetables | 109.7 | 101.2 | 108.2 | 107.4 | 110.2 | 116.6 |
| 调味品 | Flavoring | 100.4 | 101.1 | 100.8 | 102.7 | 100.7 | 91.1 |
| 糖类 | Carbohydrate | 102.2 | 100.3 | 104.5 | 103.5 | 102.4 | 98.7 |
| 茶及饮料 | Tea and Beverages | 100.5 | 100.5 | 100.7 | 101.6 | 100.4 | 94.6 |
| 干鲜瓜果类 | Dried and Fresh Melons and Fruits | 106.2 | 104.4 | 109.4 | 109.1 | 108.9 | 102.6 |
| 糕点、饼干 | Cakes and Biscuits | 98.6 | 102.1 | 100.4 | 101.6 | 102.7 | 98.6 |
| 液体乳及乳制品 | Liquid Milk and Its Products | 103.5 | 106.3 | 101.5 | 103.5 | 102.6 | 100.3 |
| 在外用膳食品 | Out-of-home Food | 102.9 | 104.4 | 106.3 | 105.0 | 104.6 | 109.6 |
| 其他食品 | Other Food | 99.9 | 102.8 | 100.1 | 100.0 | 100.0 | 94.0 |
| **烟酒及用品** | **Cigarettes,Liquors and Related Items** | **101.5** | **104.5** | **102.0** | **101.5** | **103.5** | **101.0** |
| 烟草 | Tobacco | 102.5 | 100.2 | 99.8 | 100.7 | 99.9 | 98.7 |
| 酒 | Liquors | 100.7 | 107.7 | 104.4 | 102.2 | 106.7 | 102.9 |
| 吸烟饮酒用品 | Cigarettes and Spirits Related Items | 101.2 | 106.4 | 100.3 | 101.2 | | |
| **衣着类** | **Clothing** | **101.8** | **102.8** | **100.9** | **102.3** | **102.4** | **103.7** |

## 6-9 续表 continued

上年=100 (preceding year=100)

| 项　目 | Item | 2007 | 2008 | 2009 | 2010 | 2011 | 2012 |
|---|---|---|---|---|---|---|---|
| 服装 | Garments | 102.2 | 106.7 | 101.3 | 102.5 | 102.5 | 105.4 |
| 衣着材料 | Clothing Material | 98.6 | 100.0 | 100.7 | 100.6 | 101.5 | 99.3 |
| 鞋、袜、帽 | Shoes,Socks and Hats | 100.5 | 98.2 | 100.9 | 103.1 | 102.1 | 101.7 |
| 衣着加工服务费 | Garment Processing Service | 111.0 | 101.3 | 100.9 | 101.3 | 103.5 | 103.1 |
| **家庭设备用品及维修服务** | **Home Appliances and Repair Service** | **100.5** | **100.5** | **99.1** | **98.9** | **101.3** | **104.7** |
| 耐用消费品 | Durable Consumer Goods | 101.6 | 97.5 | 97.6 | 99.1 | 101.5 | 105.9 |
| 室内装饰品 | Interior Decorations | 98.2 | 109.4 | 98.8 | 97.9 | 101.5 | 105.0 |
| 床上用品 | Bed Articles | 99.2 | 102.8 | 98.6 | 96.1 | 101.2 | 103.7 |
| 家庭日用杂品 | Daily Use Household Articles | 99.8 | 103.5 | 101.9 | 99.3 | 100.5 | 102.2 |
| 家庭服务及加工维修服务 | Household Service and Repair Service | 97.3 | 100.0 | 102.2 | 102.6 | 103.7 | 107.2 |
| **医疗保健和个人用品** | **Medicine,Medical Service and Personal Aricles** | **101.1** | **103.2** | **101.1** | **101.7** | **102.6** | **99.9** |
| 医疗保健 | Medical Appliances and Articles | 100.2 | 100.1 | 100.2 | 101.7 | 101.8 | 99.4 |
| 个人用品及服务 | Personal Articles and Service | 101.8 | 105.4 | 101.8 | 101.7 | 103.3 | 100.3 |
| **交通和通信** | **Transportation and Communication** | **101.7** | **102.2** | **97.4** | **99.6** | **101.5** | **100.5** |
| 交通 | Transportation | 103.2 | 105.9 | 99.7 | 101.3 | 104.0 | 103.1 |
| 通信 | Communication | 99.5 | 96.7 | 93.8 | 96.9 | 97.9 | 96.6 |
| **娱乐教育文化用品及服务** | **Recreation,Education ,Culture Articles and It's Service** | **101.9** | **98.5** | **98.3** | **99.8** | **101.3** | **98.6** |
| 文娱用耐用消费品及服务 | Durable Consumer Goods for Recreational Use | 99.1 | 97.6 | 91.4 | 94.6 | 91.8 | 97.1 |
| 教育 | Education | 100.0 | 101.5 | 100.7 | 101.9 | 101.5 | 97.4 |
| 文化娱乐类 | Cultural and Recreational Articles | 103.3 | 102.0 | 101.7 | 100.7 | 101.8 | 102.6 |
| 旅游 | Tourism | 107.9 | 90.3 | 100.0 | 101.5 | 115.9 | 98.4 |
| **居　住** | **Residence** | **105.0** | **108.2** | **99.6** | **101.9** | **108.0** | **101.1** |
| 建房及装修材料 | Construction and Decoration Materials | 107.0 | 106.0 | 102.7 | 104.7 | 102.5 | 101.5 |
| 租房 | Building Materials | 100.0 | 97.6 | 99.5 | 101.3 | 103.0 | 99.9 |
| 自有住房 | Self-owned House | 113.4 | 107.3 | 84.2 | 101.0 | 116.5 | 102.4 |
| 水电燃料 | Water, Electricity and Fuels | 103.6 | 113.4 | 102.2 | 100.8 | 101.7 | 100.3 |

# 6-10 各月居民消费价格分类指数（2012年）

## CONSUMER PRICE INDICES BY CATEGORY AND EACH MONTH(2012)

上年=100 (preceding year=100)

| 项目 | Item | 1月Jan. | 2月Feb. | 3月Mar. | 4月Apr. | 5月May. | 6月June. |
|---|---|---|---|---|---|---|---|
| **总指数** | **General Consumer Price Index** | **104.8** | **104.6** | **104.3** | **104.4** | **104.6** | **104.0** |
| 食品类 | Food | 109.4 | 108.9 | 107.9 | 107.9 | 108.8 | 107.6 |
| 粮食 | Grain | 106.1 | 104.7 | 104.6 | 103.7 | 102.9 | 101.9 |
| 肉禽及其制品 | Meal, Poultry and Their Products | 115.2 | 115.0 | 113.4 | 113.0 | 112.2 | 110.1 |
| 蛋类 | Eggs | 105.1 | 103.9 | 104.0 | 104.9 | 105.2 | 102.8 |
| 水产品 | Aquatic Products | 103.2 | 103.5 | 105.6 | 107.6 | 110.3 | 104.9 |
| 菜类 | Vegetables | 114.9 | 114.4 | 110.0 | 112.3 | 117.1 | 117.4 |
| 茶和饮料 | Tea and Beverages | 101.1 | 100.9 | 100.7 | 100.6 | 101.5 | 100.9 |
| 干鲜瓜果类 | Dried and Fresh Melons and Fruits | 113.4 | 113.3 | 111.3 | 108.5 | 108.7 | 106.8 |
| 烟酒及用品 | Cigarettes,Liquors and Related Items | 103.3 | 102.9 | 102.7 | 102.5 | 102.1 | 101.8 |
| 衣着类 | Clothing | 105.2 | 104.9 | 105.1 | 105.5 | 105.6 | 105.4 |
| 家庭设备用品及维修服务 | Home Appliances and Repair Service | 102.2 | 102.1 | 102.2 | 102.5 | 101.8 | 101.8 |
| 医疗保健和个人用品 | Medicine,Medical Service and Personal Aricles | 102.2 | 102.0 | 102.0 | 101.8 | 101.3 | 100.8 |
| 交通和通信 | Transportation and Communication | 102.1 | 102.0 | 102.4 | 102.1 | 102.0 | 101.5 |
| 娱乐教育文化用品及服务 | Recreation, Education and Culture Articles | 100.2 | 100.5 | 100.6 | 101.2 | 101.0 | 101.0 |
| 居住 | Residence | 101.1 | 101.1 | 101.0 | 101.2 | 101.7 | 101.7 |
| 服务项目 | Services | 102.3 | 102.2 | 102.2 | 102.4 | 102.7 | 102.6 |

6-10 续表 continued

| 项目 | Item | 7月July | 8月Aug. | 9月Sep. | 10月Oct. | 11月Nov. | 12月Dec. |
|---|---|---|---|---|---|---|---|
| **总指数** | **General Consumer Price Index** | **103.6** | **103.0** | **102.6** | **102.3** | **102.1** | **101.9** |
| 食品类 | Food | 106.9 | 105.7 | 105.3 | 104.8 | 104.9 | 104.6 |
| 粮食 | Grain | 101.4 | 101.7 | 102.4 | 102.5 | 102.1 | 102.2 |
| 肉禽及其制品 | Meal, Poultry and Their Products | 105.3 | 104.5 | 104.6 | 104.3 | 105.2 | 106.7 |
| 蛋类 | Eggs | 103.0 | 98.9 | 100.0 | 100.4 | 100.3 | 101.2 |
| 水产品 | Aquatic Products | 103.8 | 101.5 | 100.7 | 98.1 | 97.8 | 98.2 |
| 菜类 | Vegetables | 121.9 | 117.7 | 116.2 | 113.6 | 113.1 | 109.0 |
| 茶和饮料 | Tea and Beverages | 100.6 | 100.5 | 99.5 | 99.2 | 98.9 | 99.4 |
| 干鲜瓜果类 | Dried and Fresh Melons and Fruits | 106.6 | 106.4 | 104.8 | 104.2 | 104.7 | 103.5 |
| 烟酒及用品 | Cigarettes,Liquors and Related Items | 101.8 | 101.3 | 100.2 | 100.1 | 99.7 | 99.6 |
| 衣着类 | Clothing | 105.2 | 104.7 | 104.4 | 103.1 | 102.1 | 101.2 |
| 家庭设备用品及维修服务 | Home Appliances and Repair Service | 101.8 | 101.6 | 100.8 | 100.8 | 100.6 | 100.3 |
| 医疗保健和个人用品 | Medicine,Medical Service and Personal Aricles | 100.7 | 100.4 | 100.1 | 100.2 | 100.0 | 99.9 |
| 交通和通信 | Transportation and Communication | 10.5 | 100.3 | 100.2 | 100.8 | 100.6 | 100.3 |
| 娱乐教育文化用品及服务 | Recreation, Education and Culture Articles | 100.7 | 100.4 | 99.8 | 99.8 | 99.3 | 99.3 |
| 居住 | Residence | 101.6 | 101.5 | 101.4 | 101.3 | 101.4 | 101.3 |
| 服务项目 | Services | 102.0 | 101.6 | 101.7 | 101.5 | 101.3 | 101.1 |

# 6-11 商品零售价格分类指数（2012年）

## RETAIL PRICE INDICES BY CATEGORY(2012)

上年=100 (preceding year=100)

| 项目 | Item | 全区 Average | 城市 Urban Areas | 农村 Rural Areas |
|---|---|---|---|---|
| **商品零售价格总指数** | **General Retail Price Index** | **102.9** | **103.1** | **102.5** |
| **食品类** | **Food** | **107.3** | **107.6** | **106.5** |
| 粮食 | Grain | 103.0 | 102.7 | 103.5 |
| 淀粉 | Starches | 106.3 | 109.4 | 98.6 |
| 干豆类及豆制品 | Dry Bean and Bean Products | 108.4 | 110.7 | 101.6 |
| 油脂 | Oil or Fat | 105.9 | 105.1 | 107.6 |
| 肉禽及其制品 | Meat, Pourty and It's Products | 109.5 | 111.8 | 105.5 |
| 蛋 | Eggs | 101.6 | 101.3 | 102.4 |
| 水产品 | Aquatic Products | 102.8 | 103.1 | 102.2 |
| 菜 | Vegetable | 113.9 | 112.8 | 116.2 |
| #鲜菜 | Fresh Vegetables | 116.3 | 115.6 | 118.0 |
| 调味品 | Flavoring | 100.4 | 100.2 | 100.9 |
| 糖 | Sugar | 102.9 | 102.7 | 103.5 |
| 干鲜瓜果 | Dried and Fresh Fruits | 107.6 | 108.1 | 106.4 |
| 糕点饼干面包 | Cake, Biscuits and Bread | 104.9 | 107.0 | 100.9 |
| 液体乳及乳制品 | Liquid Milk and Its Products | 102.4 | 101.5 | 104.2 |
| 在外用膳食品 | Out-dining Food | 109.0 | 109.5 | 107.9 |
| 其他食品 | Other Food | 103.7 | 105.6 | 98.8 |
| **饮料、烟酒类** | **Beverages,Tobacco and Liquor** | **101.3** | **101.3** | **101.5** |
| 茶及饮料 | Tea and Beverages | 101.1 | 101.2 | 101.1 |
| 烟草 | Tobacco | 99.5 | 98.8 | 100.7 |
| 酒 | Liquor | 104.2 | 104.9 | 102.8 |
| **服装、鞋帽类** | **Garments,Shoes and Hats** | **103.7** | **104.3** | **102.3** |
| 服装 | Garments | 104.4 | 105.2 | 102.7 |
| 鞋袜帽 | Shoes and Hats | 102.5 | 103.0 | 101.4 |
| 其他 | Others | 99.4 | 98.5 | 101.8 |
| **纺织品类** | **Textiles** | **102.6** | **106.2** | **101.0** |
| 衣着材料 | Clothing Material | 100.6 | 100.5 | 101.0 |
| 床上用品 | Bed Articles | 103.9 | 105.1 | 101.1 |
| **家用电器及音像器材类** | **Household Appliances and Video Appliances** | **98.7** | **98.5** | **99.2** |
| 家庭设备 | Home Appliances | 99.3 | 98.5 | 101.0 |
| 文娱耐用消费品 | Culture and Recreat Durable Consumable | 98.3 | 98.8 | 97.3 |
| 音像器材类 | Video Appliances | 96.0 | 95.8 | 99.4 |

## 6-11 续表 continued

上年=100 (preceding year=100)

| 项目 | Item | 全区 Average | 城市 Urban Areas | 农村 Rural Areas |
|---|---|---|---|---|
| **文化办公用品类** | **Culture and Office Articles** | **97.8** | **97.7** | **98.1** |
| **日用品类** | **Articles for Daily Use** | **101.0** | **101.6** | **99.8** |
| 日用百货 | Articles for Daily Use | 101.0 | 101.6 | 99.8 |
| 日用杂品 | Sundries for Daily Use | 101.4 | 102.8 | 98.7 |
| 洗涤用品 | Washing Articles | 99.7 | 99.7 | 99.8 |
| 其他日用品 | Others | 103.5 | 104.5 | 101.0 |
| **体育娱乐用品类** | **Sports and Recreation Goods** | **98.3** | **97.5** | **100.6** |
| 体育用品 | Sports Goods | 98.3 | 97.1 | 101.7 |
| 娱乐用品 | Recreationa Goods | 98.2 | 98.1 | 98.6 |
| **交通通信用品类** | **Transportation and Communication Goods** | **98.4** | **98.8** | **97.5** |
| 交通运输机械 | Transportation Machines | 100.6 | 100.2 | 106.4 |
| 通讯器材类 | Telecommunication Appliances | 97.3 | 97.7 | 96.8 |
| **家具类** | **Furniture** | **102.7** | **102.5** | **103.3** |
| **化妆品类** | **Cosmetics** | **100.9** | **100.2** | **102.6** |
| **金银珠宝类** | **Jewelry** | **101.0** | **99.8** | **103.9** |
| **中西药及医疗保健品类** | **Traditional Chinese and Western Medicine** | **99.8** | **99.3** | **101.0** |
| 医疗器具及用品 | Special Appliances of Medicines | 99.9 | 96.9 | 106.2 |
| 中药材及中成药 | Traditional Chinese Medicine | 103.9 | 105.0 | 102.0 |
| 西药 | Western Medicine | 97.0 | 95.8 | 99.6 |
| 保健器具及用品 | Healthcare Equipment | 99.9 | 99.9 | 99.9 |
| **书报杂志及电子出版物类** | **Newspapers, Magazines and Electronic Publications** | **100.2** | **100.1** | **100.3** |
| 教材及参考书 | Teaching Materials and Reference Books | 99.6 | 100.0 | 98.9 |
| 书报杂志 | Newspapers and Magazines | 100.9 | 100.6 | 101.6 |
| 电子音像制品 | Electronic Audio-video Products | 99.8 | 99.2 | 101.1 |
| **燃料类** | **Fuels** | **104.1** | **104.8** | **102.6** |
| 煤炭及制品类 | Coal and Their Products | 104.5 | 106.8 | 100.7 |
| 石油及制品类 | Petroleum and Their Products | 103.9 | 104.2 | 103.4 |
| **建筑材料及五金电料类** | **Building Materials and Hardwares** | **101.2** | **101.5** | **100.5** |
| 建筑装潢材料 | Building Decoration Materials | 102.0 | 102.3 | 101.5 |
| 五金电料类 | Hardwares | 97.9 | 98.3 | 97.0 |

# 6-12 拉萨市商品零售价格分类指数

## RETAIL PRICE INDICES BY CATEGORY OF LHASA

上年=100 (preceding year=100)

| 项目 | Item | 2007 | 2008 | 2009 | 2010 | 2011 | 2012 |
|---|---|---|---|---|---|---|---|
| **商品零售价格总指数** | **General Retail Price Index** | **101.2** | **104.6** | **100.1** | **101.2** | **103.9** | **102.9** |
| **食品类** | **Food** | **105.9** | **114.1** | **104.8** | **105.0** | **110.1** | **106.9** |
| 粮食 | Grain | 104.1 | 102.9 | 98.4 | 107.0 | 112.7 | 101.7 |
| 淀粉 | Starches | 100.0 | 106.0 | 99.0 | 104.5 | 105.9 | 108.7 |
| 干豆类及豆制品 | Dry Bean and Bean Products | 103.7 | 121.7 | 104.9 | 114.3 | 117.0 | 113.2 |
| 油脂 | Oil or Fat | 108.4 | 128.1 | 94.7 | 101.0 | 101.4 | 103.7 |
| 肉禽及其制品 | Meat, Pourtry and It's Products | 117.2 | 129.5 | 96.9 | 101.2 | 109.9 | 111.8 |
| 蛋 | Eggs | 106.9 | 112.0 | 97.8 | 105.0 | 110.3 | 99.6 |
| 水产品 | Aquatic Products | 105.1 | 121.1 | 102.0 | 101.2 | 104.6 | 101.8 |
| 菜 | Vegetable | 100.6 | 108.3 | 119.1 | 105.3 | 109.3 | 113.8 |
| #鲜菜 | Fresh Vegetables | 100.0 | 105.8 | 122.1 | 103.9 | 109.5 | 116.0 |
| 调味品 | Flavoring | 100.2 | 100.1 | 105.4 | 106.0 | 109.9 | 100.2 |
| 糖 | Sugar | 101.9 | 106.9 | 102.1 | 100.8 | 114.0 | 102.9 |
| 干鲜瓜果 | Dried and Fresh Fruits | 106.3 | 115.7 | 115.3 | 109.8 | 119.1 | 107.9 |
| 糕点饼干面包 | Cake, Biscuits and Bread | 105.8 | 105.1 | 100.9 | 101.2 | 102.8 | 106.1 |
| 液体乳及乳制品 | Liquid Milk and Its Products | 105.5 | 119.0 | 108.3 | 111.9 | 104.2 | 102.7 |
| 在外用膳食品 | Out-dining Food | 101.0 | 103.9 | 104.0 | 105.5 | 115.4 | 106.5 |
| 其他食品 | Other Food | 101.5 | 105.3 | 100.0 | 100.0 | 100.9 | 104.2 |
| **饮料、烟酒类** | **Beverages,Tobacco and Liquor** | **101.2** | **104.9** | **104.2** | **101.8** | **103.7** | **102.2** |
| 茶及饮料 | Tea and Beverages | 101.6 | 108.2 | 102.2 | 101.0 | 105.5 | 102.3 |
| 烟草 | Tobacco | 100.0 | 101.5 | 107.5 | 102.9 | 100.0 | 100.0 |
| 酒 | Liquor | 102.5 | 106.5 | 101.7 | 101.2 | 107.0 | 105.0 |
| **服装、鞋帽类** | **Garments,Shoes and Hats** | **100.4** | **104.9** | **99.6** | **102.0** | **103.2** | **103.8** |
| 服装 | Garments | 100.3 | 106.7 | 101.9 | 102.6 | 104.0 | 104.6 |
| 鞋袜帽 | Shoes and Hats | 100.7 | 102.4 | 94.5 | 101.2 | 102.6 | 103.8 |
| 其他 | Others | 100.0 | 100.0 | 102.1 | 100.2 | 100.0 | 98.3 |
| **纺织品类** | **Textiles** | **101.0** | **103.0** | **105.6** | **103.7** | **106.0** | **103.9** |
| 衣着材料 | Clothing Material | 100.0 | 102.0 | 109.8 | 103.1 | 101.2 | 101.0 |
| 床上用品 | Bed Articles | 102.1 | 104.1 | 101.0 | 104.3 | 109.8 | 106.0 |
| **家用电器及音像器材类** | **Household Appliances and Video Appliances** | **98.5** | **98.8** | **91.6** | **94.1** | **98.8** | **98.8** |
| 家庭设备 | Home Appliances | 97.8 | 100.6 | 87.5 | 98.0 | 102.3 | 99.6 |
| 文娱耐用消费品 | Culture and Recreat Durable Consumable | 99.2 | 97.0 | 96.7 | 90.6 | 97.3 | 98.4 |
| 音像器材类 | Video Appliances | 100.0 | 92.3 | 69.0 | 71.2 | 82.3 | 95.1 |

## 6-12 续表 continued

上年=100 (preceding year=100)

| 项目 | Item | 2007 | 2008 | 2009 | 2010 | 2011 | 2012 |
|---|---|---|---|---|---|---|---|
| **文化办公用品类** | **Culture and Office Articles** | **99.7** | **100.3** | **103.1** | **97.0** | **95.0** | **98.1** |
| **日用品类** | **Articles for Daily Use** | **99.5** | **100.6** | **99.4** | **100.0** | **101.7** | **102.6** |
| 日用百货 | Articles for Daily Use | 98.4 | 98.3 | 94.4 | 100.8 | 102.4 | 104.3 |
| 日用杂品 | Sundries for Daily Use | 99.7 | 101.8 | 100.0 | 100.7 | 100.3 | 100.1 |
| 洗涤用品 | Washing Articles | 100.1 | 102.3 | 100.9 | 100.0 | 99.8 | 99.6 |
| 其他日用品 | Others | 99.9 | 100.5 | 103.2 | 98.5 | 104.2 | 105.8 |
| **体育娱乐用品类** | **Sports and Recreation Goods** | **98.6** | **97.5** | **92.8** | **97.1** | **97.8** | **97.4** |
| 体育用品 | Sports Goods | 99.6 | 98.0 | 95.6 | 100.3 | 97.1 | 96.1 |
| 娱乐用品 | Recreationa Goods | 97.7 | 97.0 | 90.2 | 94.0 | 98.4 | 98.6 |
| **交通通信用品类** | **Transportation and Communication Goods** | **97.6** | **91.9** | **89.1** | **92.8** | **96.0** | **99.5** |
| 交通运输机械 | Transportation Machines | 98.2 | 98.3 | 97.0 | 95.3 | 97.9 | 100.3 |
| 通讯器材类 | Telecommunication Appliances | 97.0 | 85.1 | 79.9 | 90.0 | 93.6 | 98.6 |
| **家具类** | **Furniture** | **101.9** | **108.5** | **104.7** | **104.9** | **109.3** | **103.6** |
| **化妆品类** | **Cosmetics** | **99.7** | **101.2** | **101.1** | **100.0** | **101.3** | **100.6** |
| **金银珠宝类** | **Jewelry** | **102.8** | **116.5** | **101.9** | **106.7** | **102.6** | **99.5** |
| **中西药及医疗保健品类** | **Traditional Chinese and Western Medicine** | **99.0** | **100.0** | **97.1** | **99.5** | **99.9** | **99.5** |
| 医疗器具及用品 | Special Appliances of Medicines | 100.0 | 100.0 | 100.0 | 96.3 | 89.1 | 95.3 |
| 中药材及中成药 | Traditional Chinese Medicine | 101.8 | 101.2 | 94.3 | 103.1 | 109.6 | 106.7 |
| 西药 | Western Medicine | 96.0 | 99.7 | 98.8 | 97.7 | 96.3 | 94.4 |
| 保健器具及用品 | Healthcare Equipment | 100.0 | 98.6 | 96.3 | 100.0 | 99.5 | 99.6 |
| **书报杂志及电子出版物类** | **Newspapers, Magazines and Electronic Publications** | **99.1** | **95.1** | **97.5** | **100.4** | **103.3** | **99.7** |
| 教材及参考书 | Teaching Materials and Reference Books | 100.0 | 98.0 | 96.9 | 100.0 | 100.0 | 100.0 |
| 书报杂志 | Newspapers and Magazines | 100.0 | 100.5 | 103.4 | 102.2 | 111.1 | 100.0 |
| 电子音像制品 | Electronic Audio-video Products | 97.4 | 86.5 | 90.1 | 98.5 | 98.1 | 99.1 |
| **燃料类** | **Fuels** | **101.9** | **114.0** | **99.4** | **108.0** | **105.5** | **103.0** |
| 煤炭及制品类 | Coal and Their Products | 95.2 | 106.2 | 99.9 | 100.7 | 100.0 | 99.7 |
| 石油及制品类 | Petroleum and Their Products | 103.8 | 116.2 | 99.3 | 110.2 | 107.2 | 104.0 |
| **建筑材料及五金电料类** | **Building Materials and Hardwares** | **101.4** | **103.1** | **101.6** | **104.2** | **105.7** | **100.9** |
| 建筑装潢材料 | Building Decoration Materials | 102.0 | 105.5 | 103.2 | 106.5 | 107.7 | 101.7 |
| 五金电料类 | Hardwares | 100.4 | 99.2 | 98.7 | 100.3 | 98.8 | 97.9 |

# 6-13 昌都地区商品零售价格分类指数

## RETAIL PRICE INDICES BY CATEGORY OF QAMDO

上年=100　　(preceding year=100)

| 项　目 | Item | 2007 | 2008 | 2009 | 2010 | 2011 | 2012 |
|---|---|---|---|---|---|---|---|
| **商品零售价格总指数** | **General Retail Price Index** | **102.1** | **103.5** | **100.4** | **101.5** | **103.4** | **103.0** |
| **食品类** | **Food** | **104.4** | **111.0** | **104.1** | **105.1** | **107.0** | **106.1** |
| 粮食 | Grain | 101.8 | 103.5 | 102.6 | 109.7 | 112.5 | 104.6 |
| 淀粉 | Starches | 105.9 | 102.2 | 101.3 | 100.0 | 100.0 | 104.5 |
| 干豆类及豆制品 | Dry Bean and Bean Products | 101.2 | 102.9 | 101.8 | 102.5 | 112.0 | 107.1 |
| 油脂 | Oil or Fat | 103.8 | 114.8 | 96.4 | 102.6 | 103.1 | 104.8 |
| 肉禽及其制品 | Meat, Pourtry and It's Products | 111.7 | 129.1 | 101.2 | 101.1 | 110.4 | 105.7 |
| 蛋 | Eggs | 103.5 | 102.5 | 99.2 | 102.8 | 105.7 | 101.4 |
| 水产品 | Aquatic Products | 102.9 | 100.9 | 97.6 | 105.1 | 106.7 | 102.8 |
| 菜 | Vegetable | 104.4 | 112.7 | 113.0 | 113.8 | 102.6 | 110.6 |
| #鲜菜 | Fresh Vegetables | 100.8 | 104.4 | 115.3 | 114.1 | 102.6 | 114.0 |
| 调味品 | Flavoring | 103.8 | 103.6 | 88.8 | 81.9 | 138.5 | 100.4 |
| 糖 | Sugar | 101.9 | 103.8 | 98.2 | 103.8 | 106.7 | 107.7 |
| 干鲜瓜果 | Dried and Fresh Fruits | 104.2 | 108.4 | 113.0 | 107.5 | 103.9 | 112.4 |
| 糕点饼干面包 | Cake, Biscuits and Bread | 100.7 | 102.4 | 100.2 | 100.0 | 101.6 | 104.3 |
| 液体乳及乳制品 | Liquid Milk and Its Products | 100.6 | 106.1 | 107.1 | 99.6 | 101.7 | 103.5 |
| 在外用膳食品 | Out-dining Food | 108.3 | 117.7 | 101.2 | 104.5 | 108.3 | 106.8 |
| 其他食品 | Other Food | 104.9 | 112.2 | 100.0 | 100.3 | 100.8 | 100.0 |
| **饮料、烟酒类** | **Beverages,Tobacco and Liquor** | **100.9** | **101.2** | **102.2** | **97.9** | **102.9** | **102.6** |
| 茶及饮料 | Tea and Beverages | 102.7 | 101.9 | 102.7 | 102.9 | 101.4 | 101.8 |
| 烟草 | Tobacco | 100.0 | 100.5 | 102.7 | 94.4 | 103.3 | 102.3 |
| 酒 | Liquor | 101.7 | 102.4 | 100.7 | 102.7 | 103.0 | 104.0 |
| **服装、鞋帽类** | **Garments,Shoes and Hats** | **104.8** | **104.0** | **102.2** | **102.3** | **101.2** | **102.3** |
| 服装 | Garments | 104.4 | 102.6 | 103.1 | 103.7 | 101.6 | 103.0 |
| 鞋袜帽 | Shoes and Hats | 106.7 | 108.8 | 101.0 | 100.2 | 100.6 | 101.1 |
| 其他 | Others | 99.6 | 95.3 | 100.0 | 100.0 | 100.0 | 100.0 |
| **纺织品类** | **Textiles** | **101.0** | **103.3** | **101.2** | **99.3** | **102.0** | **101.9** |
| 衣着材料 | Clothing Material | 101.7 | 107.8 | 101.1 | 98.2 | 105.0 | 104.1 |
| 床上用品 | Bed Articles | 100.6 | 100.2 | 101.2 | 100.1 | 100.0 | 100.3 |
| **家用电器及音像器材类** | **Household Appliances and Video Appliances** | **100.0** | **95.4** | **94.1** | **99.7** | **101.2** | **100.3** |
| 家庭设备 | Home Appliances | 100.5 | 100.0 | 96.5 | 100.7 | 102.1 | 101.7 |
| 文娱耐用消费品 | Culture and Recreat Durable Consumable | 99.4 | 88.2 | 90.1 | 99.1 | 100.3 | 100.7 |
| 音像器材类 | Video Appliances | 100.0 | 99.4 | 95.7 | 85.0 | 95.1 | 99.4 |

## 6-13 续表 continued

上年=100 (preceding year=100)

| 项目 | Item | 2007 | 2008 | 2009 | 2010 | 2011 | 2012 |
|---|---|---|---|---|---|---|---|
| **文化办公用品类** | **Culture and Office Articles** | **98.2** | **93.8** | **92.5** | **96.7** | **100.2** | **101.1** |
| **日用品类** | **Articles for Daily Use** | **100.0** | **99.5** | **97.5** | **96.6** | **100.2** | **100.5** |
| 日用百货 | Articles for Daily Use | 100.8 | 99.7 | 97.9 | 96.8 | 100.4 | 100.2 |
| 日用杂品 | Sundries for Daily Use | 98.9 | 99.6 | 98.8 | 100.0 | 100.0 | 100.3 |
| 洗涤用品 | Washing Articles | 99.0 | 99.6 | 97.4 | 93.5 | 99.8 | 100.0 |
| 其他日用品 | Others | 100.3 | 98.5 | 94.8 | 96.0 | 100.5 | 101.9 |
| **体育娱乐用品类** | **Sports and Recreation Goods** | **101.9** | **97.3** | **96.6** | **101.3** | **101.1** | **105.1** |
| 体育用品 | Sports Goods | 101.9 | 96.7 | 97.1 | 101.7 | 103.9 | 107.6 |
| 娱乐用品 | Recreationa Goods | 101.8 | 98.1 | 95.9 | 100.7 | 97.4 | 101.7 |
| **交通通信用品类** | **Transportation and Communication Goods** | **99.2** | **95.6** | **97.3** | **100.0** | **100.0** | **100.0** |
| 交通运输机械 | Transportation Machines | 99.9 | 98.7 | 100.1 | 100.1 | 99.6 | 77.6 |
| 通讯器材类 | Telecommunication Appliances | 98.7 | 93.3 | 95.1 | 100.0 | 100.0 | 100.0 |
| **家具类** | **Furniture** | **102.0** | **105.1** | **100.3** | **100.5** | **100.7** | **101.3** |
| **化妆品类** | **Cosmetics** | **100.6** | **100.7** | **100.8** | **101.0** | **101.8** | **101.0** |
| **金银珠宝类** | **Jewelry** | **101.7** | **100.2** | **92.1** | **100.0** | **116.7** | **103.6** |
| **中西药及医疗保健品类** | **Traditional Chinese and Western Medicine** | **98.4** | **100.2** | **100.3** | **100.0** | **100.0** | **100.9** |
| 医疗器具及用品 | Special Appliances of Medicines | 100.0 | 119.9 | 104.2 | 109.5 | 100.0 | 100.0 |
| 中药材及中成药 | Traditional Chinese Medicine | 97.1 | 98.1 | 100.5 | 102.0 | 101.7 | 102.7 |
| 西药 | Western Medicine | 98.5 | 99.2 | 99.3 | 97.2 | 98.9 | 100.0 |
| 保健器具及用品 | Healthcare Equipment | 100.4 | 99.9 | 100.8 | 99.8 | 99.4 | 100.0 |
| **书报杂志及电子出版物类** | **Newspapers, Magazines and Electronic Publications** | **99.7** | **94.5** | **98.9** | **101.1** | **100.1** | **101.2** |
| 教材及参考书 | Teaching Materials and Reference Books | 100.0 | 95.7 | 101.6 | 103.2 | 100.0 | 100.1 |
| 书报杂志 | Newspapers and Magazines | 100.0 | 100.0 | 100.0 | 100.0 | 100.0 | 100.0 |
| 电子音像制品 | Electronic Audio-video Products | 98.8 | 85.4 | 93.3 | 100.0 | 100.3 | 104.2 |
| **燃料类** | **Fuels** | **105.7** | **111.2** | **97.8** | **105.5** | **106.4** | **102.0** |
| 煤炭及制品类 | Coal and Their Products | 105.4 | 106.6 | 100.0 | 96.7 | 99.2 | 100.5 |
| 石油及制品类 | Petroleum and Their Products | 105.7 | 112.6 | 97.0 | 108.2 | 108.6 | 102.4 |
| **建筑材料及五金电料类** | **Building Materials and Hardwares** | **100.9** | **101.3** | **99.3** | **99.3** | **102.2** | **103.1** |
| 建筑装潢材料 | Building Decoration Materials | 101.3 | 101.9 | 99.7 | 99.8 | 102.8 | 104.0 |
| 五金电料类 | Hardwares | 99.7 | 99.2 | 97.8 | 97.6 | 100.0 | 100.0 |

# 6-14 山南地区商品零售价格分类指数

## RETAIL PRICE INDICES BY CATEGORY OF SHANNAN

上年=100　　(preceding year=100)

| 项　目 | Item | 2007 | 2008 | 2009 | 2010 | 2011 | 2012 |
|---|---|---|---|---|---|---|---|
| **商品零售价格总指数** | **General Retail Price Index** | **103.4** | **102.2** | **99.3** | **101.6** | **102.8** | **101.6** |
| **食品类** | **Food** | **108.0** | **110.0** | **104.2** | **103.2** | **108.9** | **106.5** |
| 粮食 | Grain | 107.8 | 106.1 | 100.8 | 103.0 | 108.5 | 105.7 |
| 淀粉 | Starches | 100.0 | 100.0 | 100.0 | 100.0 | 100.0 | 95.3 |
| 干豆类及豆制品 | Dry Bean and Bean Products | 89.3 | 141.6 | 100.0 | 112.4 | 114.7 | 102.0 |
| 油脂 | Oil or Fat | 121.3 | 118.2 | 98.9 | 104.7 | 107.3 | 112.9 |
| 肉禽及其制品 | Meat, Pourtry and It's Products | 117.9 | 123.8 | 105.0 | 98.3 | 109.2 | 105.7 |
| 蛋 | Eggs | 102.3 | 104.9 | 111.0 | 103.1 | 107.9 | 102.1 |
| 水产品 | Aquatic Products | 98.6 | 116.4 | 103.1 | 107.0 | 101.7 | 101.9 |
| 菜 | Vegetable | 95.9 | 99.0 | 114.2 | 104.3 | 110.1 | 111.2 |
| #鲜菜 | Fresh Vegetables | 95.6 | 99.7 | 110.5 | 99.7 | 108.6 | 111.3 |
| 调味品 | Flavoring | 108.0 | 97.1 | 100.2 | 101.9 | 100.4 | 100.3 |
| 糖 | Sugar | 106.1 | 109.3 | 103.9 | 102.5 | 106.3 | 103.6 |
| 干鲜瓜果 | Dried and Fresh Fruits | 117.7 | 109.5 | 114.9 | 107.0 | 115.1 | 105.8 |
| 糕点饼干面包 | Cake, Biscuits and Bread | 105.0 | 94.9 | 100.0 | 100.0 | 100.5 | 100.5 |
| 液体乳及乳制品 | Liquid Milk and Its Products | 104.3 | 116.0 | 99.8 | 101.3 | 107.4 | 106.5 |
| 在外用膳食品 | Out-dining Food | 117.2 | 103.0 | 100.7 | 106.0 | 121.1 | 110.4 |
| 其他食品 | Other Food | 100.0 | 100.0 | 105.7 | 102.2 | 100.0 | 100.0 |
| **饮料、烟酒类** | **Beverages,Tobacco and Liquor** | **106.0** | **99.8** | **100.0** | **104.3** | **100.4** | **100.6** |
| 茶及饮料 | Tea and Beverages | 105.4 | 99.8 | 100.0 | 100.0 | 100.0 | 100.0 |
| 烟草 | Tobacco | 103.2 | 99.6 | 98.8 | 99.6 | 100.0 | 100.0 |
| 酒 | Liquor | 110.7 | 99.9 | 101.9 | 114.6 | 101.3 | 101.9 |
| **服装、鞋帽类** | **Garments,Shoes and Hats** | **104.9** | **99.7** | **100.5** | **102.5** | **100.8** | **101.3** |
| 服装 | Garments | 103.1 | 99.4 | 101.4 | 103.9 | 99.6 | 101.5 |
| 鞋袜帽 | Shoes and Hats | 107.2 | 99.5 | 99.4 | 100.9 | 102.5 | 101.5 |
| 其他 | Others | 105.5 | 102.4 | 100.0 | 100.0 | 100.0 | 100.0 |
| **纺织品类** | **Textiles** | **103.0** | **99.9** | **99.8** | **102.1** | **100.1** | **100.0** |
| 衣着材料 | Clothing Material | 100.0 | 100.0 | 99.7 | 104.0 | 100.2 | 100.0 |
| 床上用品 | Bed Articles | 105.8 | 99.8 | 100.0 | 100.4 | 100.1 | 100.0 |
| **家用电器及音像器材类** | **Household Appliances and Video Appliances** | **99.3** | **99.7** | **96.2** | **98.0** | **97.0** | **97.0** |
| 家庭设备 | Home Appliances | 99.1 | 99.7 | 98.5 | 98.7 | 99.5 | 99.0 |
| 文娱耐用消费品 | Culture and Recreat Durable Consumable | 100.0 | 100.0 | 93.6 | 97.4 | 93.9 | 94.4 |
| 音像器材类 | Video Appliances | 96.8 | 98.3 | 93.0 | 94.6 | 96.5 | 98.8 |

## 6-14 续表 continued

上年=100 (preceding year=100)

| 项目 | Item | 2007 | 2008 | 2009 | 2010 | 2011 | 2012 |
|---|---|---|---|---|---|---|---|
| **文化办公用品类** | **Culture and Office Articles** | **103.7** | **98.8** | **93.4** | **95.8** | **96.2** | **98.7** |
| **日用品类** | **Articles for Daily Use** | **97.9** | **94.9** | **93.8** | **98.0** | **100.3** | **99.8** |
| 日用百货 | Articles for Daily Use | 96.3 | 92.6 | 90.1 | 97.6 | 103.4 | 99.9 |
| 日用杂品 | Sundries for Daily Use | 109.7 | 99.4 | 97.7 | 99.3 | 99.9 | 100.0 |
| 洗涤用品 | Washing Articles | 89.2 | 94.2 | 95.4 | 98.7 | 99.2 | 99.6 |
| 其他日用品 | Others | 98.9 | 94.0 | 92.9 | 94.8 | 96.6 | 99.7 |
| **体育娱乐用品类** | **Sports and Recreation Goods** | **91.6** | **93.4** | **93.1** | **92.6** | **94.4** | **99.2** |
| 体育用品 | Sports Goods | 91.4 | 94.7 | 96.7 | 93.5 | 94.3 | 99.0 |
| 娱乐用品 | Recreationa Goods | 92.1 | 91.0 | 85.7 | 90.7 | 94.6 | 99.5 |
| **交通通信用品类** | **Transportation and Communication Goods** | **100.0** | **98.4** | **90.5** | **96.4** | **98.4** | **90.7** |
| 交通运输机械 | Transportation Machines | 100.0 | 100.0 | 100.0 | 99.0 | 98.1 | 101.3 |
| 通讯器材类 | Telecommunication Appliances | 100.0 | 96.8 | 81.0 | 93.4 | 98.4 | 90.7 |
| **家具类** | **Furniture** | **99.2** | **99.6** | **98.0** | **104.4** | **97.2** | **101.4** |
| **化妆品类** | **Cosmetics** | **102.7** | **96.2** | **98.9** | **103.5** | **97.5** | **103.8** |
| **金银珠宝类** | **Jewelry** | **94.7** | **97.8** | **94.3** | **109.3** | **109.6** | **102.8** |
| **中西药及医疗保健品类** | **Traditional Chinese and Western Medicine** | **100.4** | **99.4** | **98.4** | **99.6** | **102.3** | **100.5** |
| 医疗器具及用品 | Special Appliances of Medicines | 100.0 | 108.9 | 102.7 | 100.0 | 100.0 | 98.8 |
| 中药材及中成药 | Traditional Chinese Medicine | 105.1 | 99.7 | 100.1 | 100.0 | 104.8 | 101.6 |
| 西药 | Western Medicine | 96.1 | 91.6 | 92.5 | 98.6 | 101.4 | 99.7 |
| 保健器具及用品 | Healthcare Equipment | 100.0 | 105.4 | 101.7 | 100.0 | 100.0 | 100.0 |
| **书报杂志及电子出版物类** | **Newspapers, Magazines and Electronic Publications** | **101.3** | **98.6** | **99.4** | **101.7** | **99.7** | **99.9** |
| 教材及参考书 | Teaching Materials and Reference Books | 100.3 | 100.0 | 105.0 | 105.3 | 100.4 | 100.2 |
| 书报杂志 | Newspapers and Magazines | 102.5 | 100.4 | 100.0 | 100.0 | 100.0 | 100.0 |
| 电子音像制品 | Electronic Audio-video Products | 100.8 | 94.3 | 91.4 | 99.6 | 98.5 | 99.5 |
| **燃料类** | **Fuels** | **100.6** | **106.5** | **99.3** | **104.0** | **105.9** | **104.0** |
| 煤炭及制品类 | Coal and Their Products | 96.3 | 98.6 | 94.8 | 86.9 | 94.8 | 103.4 |
| 石油及制品类 | Petroleum and Their Products | 101.7 | 109.0 | 101.0 | 109.7 | 109.7 | 104.2 |
| **建筑材料及五金电料类** | **Building Materials and Hardwares** | **104.0** | **99.2** | **98.6** | **99.6** | **99.7** | **100.4** |
| 建筑装潢材料 | Building Decoration Materials | 106.2 | 100.5 | 100.3 | 103.0 | 100.7 | 100.4 |
| 五金电料类 | Hardwares | 95.0 | 94.4 | 92.2 | 87.8 | 96.2 | 100.6 |

# 6-15 日喀则地区商品零售价格分类指数

## RETAIL PRICE INDICES BY CATEGORY OF XIGAZE

上年=100　　(preceding year=100)

| 项　目 | Item | 2007 | 2008 | 2009 | 2010 | 2011 | 2012 |
|---|---|---|---|---|---|---|---|
| **商品零售价格总指数** | **General Retail Price Index** | **101.1** | **103.3** | **99.1** | **100.9** | **103.6** | **102.5** |
| **食品类** | **Food** | **106.9** | **112.6** | **102.9** | **104.5** | **108.6** | **107.0** |
| 粮食 | Grain | 108.8 | 103.2 | 100.2 | 108.4 | 111.1 | 104.4 |
| 淀粉 | Starches | 97.0 | 129.2 | 96.8 | 100.0 | 101.5 | 111.5 |
| 干豆类及豆制品 | Dry Bean and Bean Products | 103.0 | 106.6 | 111.0 | 113.9 | 101.6 | 103.3 |
| 油脂 | Oil or Fat | 109.7 | 131.4 | 92.8 | 95.6 | 103.8 | 107.6 |
| 肉禽及其制品 | Meat, Pourtry and It's Products | 119.1 | 120.9 | 103.6 | 103.1 | 110.9 | 108.8 |
| 蛋 | Eggs | 106.0 | 111.8 | 99.3 | 101.1 | 109.9 | 106.9 |
| 水产品 | Aquatic Products | 103.3 | 111.5 | 100.0 | 100.6 | 105.1 | 107.1 |
| 菜 | Vegetable | 107.6 | 101.0 | 115.0 | 110.6 | 110.9 | 110.3 |
| #鲜菜 | Fresh Vegetables | 103.0 | 99.4 | 123.3 | 108.6 | 112.2 | 114.2 |
| 调味品 | Flavoring | 96.0 | 107.2 | 100.1 | 100.5 | 100.5 | 100.4 |
| 糖 | Sugar | 101.4 | 102.1 | 106.1 | 102.0 | 109.9 | 102.5 |
| 干鲜瓜果 | Dried and Fresh Fruits | 109.1 | 118.4 | 107.8 | 114.8 | 119.1 | 108.2 |
| 糕点饼干面包 | Cake, Biscuits and Bread | 102.6 | 101.5 | 102.9 | 100.0 | 102.3 | 108.5 |
| 液体乳及乳制品 | Liquid Milk and Its Products | 99.5 | 120.8 | 100.5 | 100.8 | 103.7 | 100.4 |
| 在外用膳食品 | Out-dining Food | 101.4 | 117.0 | 101.9 | 103.1 | 103.6 | 119.5 |
| 其他食品 | Other Food | 98.2 | 102.1 | 100.0 | 100.0 | 100.0 | 107.9 |
| **饮料、烟酒类** | **Beverages,Tobacco and Liquor** | **101.9** | **100.0** | **100.1** | **100.5** | **104.8** | **99.1** |
| 茶及饮料 | Tea and Beverages | 100.0 | 100.0 | 100.0 | 100.0 | 101.4 | 96.9 |
| 烟草 | Tobacco | 103.5 | 100.0 | 100.0 | 100.0 | 108.5 | 97.5 |
| 酒 | Liquor | 101.2 | 100.0 | 100.5 | 101.7 | 102.0 | 104.1 |
| **服装、鞋帽类** | **Garments,Shoes and Hats** | **101.1** | **99.7** | **101.3** | **101.7** | **102.2** | **104.1** |
| 服装 | Garments | 101.9 | 99.4 | 100.1 | 102.1 | 101.3 | 106.0 |
| 鞋袜帽 | Shoes and Hats | 101.2 | 100.1 | 104.2 | 101.2 | 103.7 | 101.3 |
| 其他 | Others | 93.5 | 100.0 | 100.0 | 100.0 | 100.0 | 100.0 |
| **纺织品类** | **Textiles** | **98.6** | **99.5** | **100.6** | **100.0** | **100.6** | **100.4** |
| 衣着材料 | Clothing Material | 100.0 | 100.0 | 101.3 | 100.0 | 101.2 | 100.0 |
| 床上用品 | Bed Articles | 97.5 | 99.2 | 100.0 | 100.0 | 100.1 | 100.8 |
| **家用电器及音像器材类** | **Household Appliances and Video Appliances** | **97.0** | **99.1** | **92.3** | **95.6** | **100.0** | **98.0** |
| 家庭设备 | Home Appliances | 98.5 | 99.2 | 90.8 | 96.9 | 100.0 | 96.6 |
| 文娱耐用消费品 | Culture and Recreat Durable Consumable | 96.0 | 99.1 | 92.4 | 96.5 | 100.0 | 99.4 |
| 音像器材类 | Video Appliances | 95.4 | 98.5 | 96.0 | 90.1 | 100.0 | 100.0 |

## 6-15 续表 continued

上年=100 (preceding year=100)

| 项 目 | Item | 2007 | 2008 | 2009 | 2010 | 2011 | 2012 |
|---|---|---|---|---|---|---|---|
| **文化办公用品类** | **Culture and Office Articles** | **96.7** | **99.8** | **95.2** | **95.2** | **96.7** | **96.9** |
| **日用品类** | **Articles for Daily Use** | **98.9** | **99.7** | **99.7** | **100.0** | **100.1** | **99.4** |
| 日用百货 | Articles for Daily Use | 101.7 | 100.7 | 97.5 | 100.2 | 100.7 | 100.4 |
| 日用杂品 | Sundries for Daily Use | 96.3 | 98.6 | 100.0 | 100.0 | 100.0 | 96.4 |
| 洗涤用品 | Washing Articles | 98.1 | 100.2 | 101.6 | 100.0 | 100.0 | 100.0 |
| 其他日用品 | Others | 99.1 | 98.9 | 100.0 | 100.0 | 99.6 | 99.9 |
| **体育娱乐用品类** | **Sports and Recreation Goods** | **93.7** | **95.4** | **91.5** | **97.2** | **91.4** | **99.6** |
| 体育用品 | Sports Goods | 97.1 | 99.7 | 100.0 | 100.0 | 100.0 | 100.0 |
| 娱乐用品 | Recreationa Goods | 89.3 | 89.8 | 79.5 | 93.0 | 80.4 | 98.9 |
| **交通通信用品类** | **Transportation and Communication Goods** | **90.7** | **93.7** | **81.8** | **89.1** | **98.8** | **96.9** |
| 交通运输机械 | Transportation Machines | 99.9 | 99.3 | 92.9 | 100.0 | 100.0 | 100.0 |
| 通讯器材类 | Telecommunication Appliances | 85.8 | 90.7 | 75.8 | 82.6 | 98.2 | 95.2 |
| **家具类** | **Furniture** | **102.4** | **99.8** | **99.9** | **100.0** | **100.6** | **99.7** |
| **化妆品类** | **Cosmetics** | **98.9** | **99.7** | **98.5** | **99.2** | **96.4** | **98.4** |
| **金银珠宝类** | **Jewelry** | **101.0** | **112.7** | **96.9** | **105.1** | **105.9** | **100.8** |
| **中西药及医疗保健品类** | **Traditional Chinese and Western Medicine** | **99.2** | **100.1** | **99.2** | **100.6** | **100.6** | **99.5** |
| 医疗器具及用品 | Special Appliances of Medicines | 100.0 | 100.0 | 100.0 | 100.0 | 101.2 | 100.9 |
| 中药材及中成药 | Traditional Chinese Medicine | 101.1 | 100.5 | 98.1 | 102.4 | 101.8 | 101.0 |
| 西药 | Western Medicine | 97.3 | 100.0 | 100.0 | 100.0 | 100.0 | 97.8 |
| 保健器具及用品 | Healthcare Equipment | 99.6 | 100.0 | 98.7 | 99.6 | 100.0 | 100.0 |
| **书报杂志及电子出版物类** | **Newspapers, Magazines and Electronic Publications** | **99.3** | **98.3** | **98.7** | **100.0** | **100.0** | **100.8** |
| 教材及参考书 | Teaching Materials and Reference Books | 101.1 | 100.0 | 100.0 | 100.0 | 100.0 | 100.0 |
| 书报杂志 | Newspapers and Magazines | 100.0 | 100.0 | 100.0 | 100.0 | 100.0 | 102.7 |
| 电子音像制品 | Electronic Audio-video Products | 96.5 | 94.7 | 95.8 | 100.0 | 100.0 | 100.0 |
| **燃料类** | **Fuels** | **104.7** | **110.2** | **101.8** | **106.9** | **106.9** | **107.9** |
| 煤炭及制品类 | Coal and Their Products | 99.2 | 100.0 | 100.0 | 100.0 | 102.2 | 120.3 |
| 石油及制品类 | Petroleum and Their Products | 106.5 | 113.8 | 102.5 | 109.4 | 108.7 | 103.5 |
| **建筑材料及五金电料类** | **Building Materials and Hardwares** | **99.3** | **101.6** | **102.3** | **101.4** | **104.4** | **102.6** |
| 建筑装潢材料 | Building Decoration Materials | 99.3 | 101.6 | 102.8 | 101.8 | 105.5 | 103.2 |
| 五金电料类 | Hardwares | 99.1 | 101.5 | 100.2 | 100.0 | 100.0 | 100.0 |

# 6-16 那曲地区商品零售价格分类指数

## RETAIL PRICE INDICES BY CATEGORY OF NAGQU

上年=100　　(preceding year=100)

| 项　目 | Item | 2007 | 2008 | 2009 | 2010 | 2011 | 2012 |
|---|---|---|---|---|---|---|---|
| **商品零售价格总指数** | **General Retail Price Index** | **102.1** | **105.2** | **98.8** | **98.6** | **102.6** | **103.3** |
| **食品类** | **Food** | **110.7** | **111.1** | **106.9** | **104.9** | **107.0** | **107.9** |
| 粮食 | Grain | 103.4 | 104.1 | 100.4 | 103.9 | 123.2 | 103.3 |
| 淀粉 | Starches | 103.9 | 112.2 | 93.7 | 108.9 | 104.0 | 100.0 |
| 干豆类及豆制品 | Dry Bean and Bean Products | 108.7 | 134.0 | 101.6 | 105.6 | 101.2 | 100.0 |
| 油脂 | Oil or Fat | 107.6 | 162.2 | 105.9 | 102.5 | 102.7 | 100.7 |
| 肉禽及其制品 | Meat, Pourtry and It's Products | 124.1 | 116.8 | 102.1 | 108.5 | 107.3 | 106.2 |
| 蛋 | Eggs | 118.9 | 111.5 | 103.8 | 100.3 | 104.5 | 105.1 |
| 水产品 | Aquatic Products | 121.8 | 120.9 | 102.6 | 109.8 | 103.5 | 102.9 |
| 菜 | Vegetable | 118.7 | 95.3 | 102.3 | 103.2 | 98.5 | 141.9 |
| #鲜菜 | Fresh Vegetables | 112.9 | 100.7 | 109.4 | 105.1 | 99.1 | 136.0 |
| 调味品 | Flavoring | 100.0 | 93.5 | 102.2 | 99.9 | 106.7 | 115.7 |
| 糖 | Sugar | 106.1 | 105.8 | 99.3 | 104.3 | 100.6 | 102.4 |
| 干鲜瓜果 | Dried and Fresh Fruits | 103.1 | 98.0 | 107.7 | 107.2 | 111.0 | 101.7 |
| 糕点饼干面包 | Cake, Biscuits and Bread | 98.5 | 107.2 | 90.3 | 105.3 | 100.6 | 100.0 |
| 液体乳及乳制品 | Liquid Milk and Its Products | 102.5 | 112.7 | 123.5 | 104.2 | 101.8 | 101.9 |
| 在外用膳食品 | Out-dining Food | 104.3 | 110.3 | 110.7 | 104.9 | 101.3 | 102.7 |
| 其他食品 | Other Food | 100.0 | 100.0 | 100.4 | 100.3 | 100.0 | 100.0 |
| **饮料、烟酒类** | **Beverages,Tobacco and Liquor** | **99.3** | **109.9** | **98.8** | **100.0** | **101.1** | **101.8** |
| 茶及饮料 | Tea and Beverages | 99.8 | 103.9 | 101.8 | 100.2 | 102.0 | 105.2 |
| 烟草 | Tobacco | 100.2 | 107.4 | 100.2 | 99.9 | 100.1 | 100.3 |
| 酒 | Liquor | 98.3 | 116.2 | 96.0 | 99.8 | 101.4 | 100.9 |
| **服装、鞋帽类** | **Garments,Shoes and Hats** | **103.8** | **103.6** | **98.8** | **98.6** | **102.4** | **101.1** |
| 服装 | Garments | 102.8 | 103.0 | 105.2 | 99.4 | 102.2 | 101.3 |
| 鞋袜帽 | Shoes and Hats | 105.8 | 105.2 | 92.0 | 97.1 | 103.4 | 100.9 |
| 其他 | Others | 104.8 | 104.5 | 61.0 | 94.1 | 99.5 | 100.0 |
| **纺织品类** | **Textiles** | **100.2** | **108.0** | **98.7** | **99.6** | **99.9** | **100.7** |
| 衣着材料 | Clothing Material | 102.6 | 117.7 | 97.8 | 99.0 | 99.7 | 100.0 |
| 床上用品 | Bed Articles | 98.0 | 98.9 | 99.9 | 100.2 | 100.0 | 101.3 |
| **家用电器及音像器材类** | **Household Appliances and Video Appliances** | **95.8** | **92.6** | **90.2** | **95.4** | **98.7** | **100.4** |
| 家庭设备 | Home Appliances | 99.7 | 91.6 | 89.5 | 99.3 | 99.6 | 101.4 |
| 文娱耐用消费品 | Culture and Recreat Durable Consumable | 93.4 | 93.3 | 91.4 | 95.0 | 98.1 | 99.8 |
| 音像器材类 | Video Appliances | 100.0 | 90.0 | 81.5 | 81.8 | 100.0 | 100.0 |

## 6-16 续表 continued

上年=100 (preceding year=100)

| 项 目 | Item | 2007 | 2008 | 2009 | 2010 | 2011 | 2012 |
|---|---|---|---|---|---|---|---|
| **文化办公用品类** | **Culture and Office Articles** | **88.4** | **95.3** | **87.0** | **93.9** | **98.8** | **100.0** |
| **日用品类** | **Articles for Daily Use** | **96.3** | **105.7** | **88.6** | **88.6** | **98.8** | **99.2** |
| 日用百货 | Articles for Daily Use | 98.1 | 102.8 | 92.1 | 89.9 | 97.7 | 97.3 |
| 日用杂品 | Sundries for Daily Use | 92.1 | 100.5 | 100.1 | 95.0 | 99.4 | 100.0 |
| 洗涤用品 | Washing Articles | 100.0 | 102.7 | 93.2 | 85.4 | 100.2 | 101.4 |
| 其他日用品 | Others | 89.2 | 117.3 | 72.1 | 89.0 | 97.3 | 97.1 |
| **体育娱乐用品类** | **Sports and Recreation Goods** | **96.1** | **98.0** | **82.5** | **80.1** | **96.4** | **104.3** |
| 体育用品 | Sports Goods | 96.9 | 101.9 | 80.4 | 80.0 | 97.4 | 107.8 |
| 娱乐用品 | Recreationa Goods | 95.0 | 93.1 | 85.1 | 80.1 | 95.2 | 100.0 |
| **交通通信用品类** | **Transportation and Communication Goods** | **95.9** | **92.0** | **98.5** | **93.2** | **94.3** | **99.6** |
| 交通运输机械 | Transportation Machines | 96.6 | 89.9 | 105.2 | 91.5 | 97.2 | 100.0 |
| 通讯器材类 | Telecommunication Appliances | 95.4 | 93.3 | 94.2 | 94.4 | 94.3 | 99.6 |
| **家具类** | **Furniture** | **98.8** | **106.0** | **104.8** | **94.4** | **99.7** | **101.8** |
| **化妆品类** | **Cosmetics** | **100.7** | **91.7** | **83.6** | **88.3** | **99.8** | **100.7** |
| **金银珠宝类** | **Jewelry** | **106.6** | **133.3** | **89.3** | **97.2** | **114.1** | **110.4** |
| **中西药及医疗保健品类** | **Traditional Chinese and Western Medicine** | **93.9** | **99.8** | **103.2** | **102.1** | **99.9** | **102.7** |
| 医疗器具及用品 | Special Appliances of Medicines | 100.0 | 98.2 | 91.8 | 96.9 | 100.0 | 100.0 |
| 中药材及中成药 | Traditional Chinese Medicine | 97.8 | 99.8 | 102.8 | 103.3 | 101.0 | 105.7 |
| 西药 | Western Medicine | 87.9 | 99.7 | 106.3 | 100.9 | 99.8 | 100.3 |
| 保健器具及用品 | Healthcare Equipment | 95.5 | 100.8 | 104.2 | 103.7 | 97.7 | 101.6 |
| **书报杂志及电子出版物类** | **Newspapers, Magazines and Electronic Publications** | **101.4** | **98.6** | **107.6** | **98.6** | **100.6** | **100.0** |
| 教材及参考书 | Teaching Materials and Reference Books | 100.0 | 99.9 | 103.3 | 96.8 | 100.0 | 100.0 |
| 书报杂志 | Newspapers and Magazines | 104.2 | 104.0 | 127.2 | 112.9 | 103.6 | 100.0 |
| 电子音像制品 | Electronic Audio-video Products | 98.6 | 90.5 | 82.7 | 78.2 | 98.1 | 100.0 |
| **燃料类** | **Fuels** | **100.2** | **106.5** | **93.8** | **99.6** | **105.5** | **101.8** |
| 煤炭及制品类 | Coal and Their Products | 96.0 | 100.9 | 89.7 | 93.7 | 102.0 | 100.1 |
| 石油及制品类 | Petroleum and Their Products | 106.1 | 113.6 | 99.9 | 107.3 | 109.8 | 103.8 |
| **建筑材料及五金电料类** | **Building Materials and Hardwares** | **99.9** | **99.6** | **102.3** | **99.5** | **103.6** | **101.2** |
| 建筑装潢材料 | Building Decoration Materials | 100.1 | 100.2 | 106.4 | 101.3 | 100.5 | 100.0 |
| 五金电料类 | Hardwares | 99.4 | 97.7 | 86.9 | 91.9 | 115.0 | 104.9 |

# 6-17 阿里地区商品零售价格分类指数

## RETAIL PRICE INDICES BY CATEGORY OF NGARI

上年=100　　(preceding year=100)

| 项　目 | Item | 2007 | 2008 | 2009 | 2010 | 2011 | 2012 |
|---|---|---|---|---|---|---|---|
| **商品零售价格总指数** | **General Retail Price Index** | **102.9** | **105.2** | **99.6** | **100.6** | **104.0** | **101.7** |
| **食品类** | **Food** | **111.3** | **112.1** | **107.8** | **104.2** | **112.2** | **102.8** |
| 粮食 | Grain | 106.6 | 106.6 | 118.2 | 107.9 | 107.4 | 101.8 |
| 淀粉 | Starches | 102.9 | 99.8 | 107.4 | 109.7 | 108.4 | 100.7 |
| 干豆类及豆制品 | Dry Bean and Bean Products | 116.5 | 100.2 | 105.2 | 104.9 | 103.1 | 100.7 |
| 油脂 | Oil or Fat | 114.3 | 118.1 | 99.3 | 109.3 | 107.5 | 101.3 |
| 肉禽及其制品 | Meat, Pourtry and It's Products | 119.0 | 115.0 | 100.8 | 108.9 | 125.0 | 104.2 |
| 蛋 | Eggs | 114.1 | 101.5 | 98.1 | 108.8 | 102.2 | 100.9 |
| 水产品 | Aquatic Products | 115.1 | 113.5 | 99.2 | 101.2 | 103.4 | 98.7 |
| 菜 | Vegetable | 114.4 | 131.7 | 125.2 | 99.3 | 110.7 | 101.6 |
| #鲜菜 | Fresh Vegetables | 107.7 | 134.5 | 117.0 | 106.1 | 117.1 | 104.0 |
| 调味品 | Flavoring | 99.2 | 92.3 | 117.7 | 99.7 | 97.7 | 93.8 |
| 糖 | Sugar | 99.3 | 99.9 | 101.4 | 100.9 | 105.8 | 104.7 |
| 干鲜瓜果 | Dried and Fresh Fruits | 115.5 | 114.8 | 114.0 | 91.9 | 114.6 | 111.8 |
| 糕点饼干面包 | Cake, Biscuits and Bread | 103.5 | 106.5 | 103.2 | 97.2 | 102.1 | 100.2 |
| 液体乳及乳制品 | Liquid Milk and Its Products | 100.0 | 102.1 | 100.8 | 99.4 | 100.4 | 100.9 |
| 在外用膳食品 | Out-dining Food | 103.7 | 109.5 | 103.1 | 98.2 | 102.5 | 101.5 |
| 其他食品 | Other Food | 114.4 | 100.5 | 102.5 | 97.6 | 102.2 | 101.6 |
| **饮料、烟酒类** | **Beverages,Tobacco and Liquor** | **99.4** | **100.4** | **100.4** | **100.4** | **103.2** | **104.4** |
| 茶及饮料 | Tea and Beverages | 97.6 | 100.3 | 95.9 | 100.0 | 102.1 | 104.6 |
| 烟草 | Tobacco | 99.7 | 100.0 | 100.3 | 99.3 | 100.3 | 100.1 |
| 酒 | Liquor | 100.0 | 100.9 | 103.2 | 102.1 | 107.6 | 109.6 |
| **服装、鞋帽类** | **Garments,Shoes and Hats** | **100.4** | **100.6** | **101.8** | **100.9** | **100.4** | **100.9** |
| 服装 | Garments | 99.9 | 102.1 | 103.2 | 101.9 | 100.5 | 100.4 |
| 鞋袜帽 | Shoes and Hats | 101.4 | 97.9 | 99.3 | 99.2 | 100.4 | 102.1 |
| 其他 | Others | 100.0 | 100.0 | 100.0 | 100.0 | 100.0 | 100.0 |
| **纺织品类** | **Textiles** | **102.0** | **99.1** | **98.5** | **104.5** | **101.3** | **102.7** |
| 衣着材料 | Clothing Material | 100.0 | 100.0 | 112.2 | 100.0 | 101.2 | 100.3 |
| 床上用品 | Bed Articles | 102.7 | 98.7 | 93.1 | 106.3 | 101.4 | 103.6 |
| **家用电器及音像器材类** | **Household Appliances and Video Appliances** | **100.0** | **98.6** | **91.0** | **99.9** | **101.3** | **100.7** |
| 家庭设备 | Home Appliances | 100.0 | 98.6 | 91.2 | 101.0 | 102.1 | 101.3 |
| 文娱耐用消费品 | Culture and Recreat Durable Consumable | 100.0 | 98.6 | 90.4 | 99.0 | 100.8 | 100.2 |
| 音像器材类 | Video Appliances | 100.0 | 100.0 | 98.8 | 97.4 | 93.7 | 99.6 |

## 6-17 续表 continued

上年=100 (preceding year=100)

| 项 目 | Item | 2007 | 2008 | 2009 | 2010 | 2011 | 2012 |
|---|---|---|---|---|---|---|---|
| **文化办公用品类** | **Culture and Office Articles** | **98.9** | **98.7** | **97.2** | **90.0** | **92.9** | **100.1** |
| **日用品类** | **Articles for Daily Use** | **96.9** | **99.4** | **96.9** | **91.1** | **97.2** | **98.2** |
| 日用百货 | Articles for Daily Use | 97.8 | 98.3 | 96.0 | 98.8 | 98.4 | 98.9 |
| 日用杂品 | Sundries for Daily Use | 92.9 | 99.8 | 96.5 | 99.0 | 100.7 | 100.4 |
| 洗涤用品 | Washing Articles | 97.8 | 99.6 | 97.2 | 77.4 | 92.3 | 95.5 |
| 其他日用品 | Others | 98.3 | 100.1 | 98.0 | 89.2 | 97.8 | 98.1 |
| **体育娱乐用品类** | **Sports and Recreation Goods** | **99.3** | **99.0** | **94.9** | **96.7** | **95.4** | **97.0** |
| 体育用品 | Sports Goods | 100.0 | 99.3 | 96.3 | 96.0 | 93.1 | 95.6 |
| 娱乐用品 | Recreationa Goods | 97.9 | 98.6 | 92.5 | 98.0 | 99.3 | 99.4 |
| **交通通信用品类** | **Transportation and Communication Goods** | **101.5** | **122.3** | **82.9** | **101.8** | **98.5** | **99.3** |
| 交通运输机械 | Transportation Machines | 100.0 | 99.3 | 94.6 | 104.9 | 100.0 | 100.0 |
| 通讯器材类 | Telecommunication Appliances | 102.6 | 139.1 | 75.1 | 99.4 | 97.5 | 98.7 |
| **家具类** | **Furniture** | **98.6** | **98.8** | **97.7** | **103.8** | **102.5** | **102.1** |
| **化妆品类** | **Cosmetics** | **98.9** | **100.7** | **91.8** | **104.0** | **99.1** | **104.2** |
| **金银珠宝类** | **Jewelry** | **98.2** | **96.0** | **96.5** | **98.5** | **101.5** | **99.1** |
| **中西药及医疗保健品类** | **Traditional Chinese and Western Medicine** | **96.5** | **99.7** | **100.1** | **100.0** | **98.3** | **100.5** |
| 医疗器具及用品 | Special Appliances of Medicines | 100.0 | 100.0 | 100.0 | 100.0 | 100.0 | 110.7 |
| 中药材及中成药 | Traditional Chinese Medicine | 99.2 | 99.4 | 100.0 | 100.0 | 98.2 | 99.6 |
| 西药 | Western Medicine | 92.6 | 99.2 | 100.0 | 100.0 | 97.4 | 99.1 |
| 保健器具及用品 | Healthcare Equipment | 100.0 | 101.5 | 100.5 | 100.0 | 100.0 | 100.4 |
| **书报杂志及电子出版物类** | **Newspapers, Magazines and Electronic Publications** | **100.0** | **99.6** | **100.8** | **98.4** | **100.4** | **100.1** |
| 教材及参考书 | Teaching Materials and Reference Books | 100.0 | 100.0 | 95.1 | 98.8 | 100.0 | 100.5 |
| 书报杂志 | Newspapers and Magazines | 100.0 | 99.7 | 106.8 | 98.4 | 101.6 | 100.0 |
| 电子音像制品 | Electronic Audio-video Products | 99.8 | 98.8 | 95.9 | 96.3 | 98.1 | 99.7 |
| **燃料类** | **Fuels** | **103.4** | **107.5** | **99.8** | **101.7** | **104.9** | **103.6** |
| 煤炭及制品类 | Coal and Their Products | 100.0 | 100.0 | 100.0 | 100.0 | 100.0 | 100.0 |
| 石油及制品类 | Petroleum and Their Products | 105.4 | 112.4 | 99.8 | 102.8 | 108.3 | 105.8 |
| **建筑材料及五金电料类** | **Building Materials and Hardwares** | **99.6** | **99.3** | **92.6** | **98.0** | **99.6** | **99.4** |
| 建筑装潢材料 | Building Decoration Materials | 100.0 | 99.3 | 92.8 | 102.0 | 103.4 | 99.8 |
| 五金电料类 | Hardwares | 98.1 | 99.4 | 91.9 | 83.4 | 86.0 | 97.7 |

# 6-18 林芝地区商品零售价格分类指数

## RETAIL PRICE INDICES BY CATEGORY OF NYINGCHI

上年=100　　(preceding year=100)

| 项　目 | Item | 2007 | 2008 | 2009 | 2010 | 2011 | 2012 |
|---|---|---|---|---|---|---|---|
| **商品零售价格总指数** | **General Retail Price Index** | **102.1** | **102.5** | **100.8** | **102.0** | **103.2** | **101.7** |
| **食品类** | **Food** | **105.4** | **106.0** | **103.6** | **104.7** | **107.4** | **104.1** |
| 粮食 | Grain | 102.3 | 102.6 | 101.4 | 106.1 | 109.8 | 99.1 |
| 淀粉 | Starches | 99.9 | 103.3 | 99.2 | 103.7 | 101.5 | 95.0 |
| 干豆类及豆制品 | Dry Bean and Bean Products | 106.2 | 112.2 | 103.3 | 109.4 | 114.2 | 98.6 |
| 油脂 | Oil or Fat | 109.9 | 115.1 | 96.9 | 98.2 | 104.0 | 104.9 |
| 肉禽及其制品 | Meat, Pourtry and It's Products | 109.4 | 113.1 | 103.1 | 103.3 | 109.7 | 105.2 |
| 蛋 | Eggs | 102.6 | 105.5 | 102.1 | 105.4 | 110.6 | 104.8 |
| 水产品 | Aquatic Products | 103.2 | 105.3 | 101.3 | 98.8 | 108.8 | 102.2 |
| 菜 | Vegetable | 109.7 | 102.6 | 108.8 | 107.6 | 109.8 | 115.4 |
| #鲜菜 | Fresh Vegetables | 109.5 | 104.0 | 109.0 | 109.0 | 111.3 | 122.1 |
| 调味品 | Flavoring | 100.2 | 101.0 | 100.6 | 102.7 | 100.6 | 91.2 |
| 糖 | Sugar | 102.5 | 100.4 | 104.7 | 104.0 | 102.4 | 98.7 |
| 干鲜瓜果 | Dried and Fresh Fruits | 105.8 | 104.4 | 108.9 | 108.9 | 108.1 | 100.9 |
| 糕点饼干面包 | Cake, Biscuits and Bread | 98.5 | 102.1 | 100.2 | 101.7 | 102.8 | 98.4 |
| 液体乳及乳制品 | Liquid Milk and Its Products | 105.2 | 108.1 | 101.7 | 103.3 | 102.4 | 100.0 |
| 在外用膳食品 | Out-dining Food | 102.1 | 104.1 | 105.5 | 105.0 | 104.8 | 110.6 |
| 其他食品 | Other Food | 99.9 | 102.8 | 100.1 | 100.0 | 100.0 | 94.0 |
| **饮料、烟酒类** | **Beverages,Tobacco and Liquor** | **100.9** | **102.9** | **101.3** | **101.4** | **102.3** | **99.5** |
| 茶及饮料 | Tea and Beverages | 100.5 | 100.5 | 100.8 | 101.8 | 100.5 | 95.2 |
| 烟草 | Tobacco | 101.1 | 100.1 | 99.8 | 100.9 | 99.9 | 98.6 |
| 酒 | Liquor | 100.9 | 107.8 | 103.8 | 101.9 | 106.4 | 102.6 |
| **服装、鞋帽类** | **Garments,Shoes and Hats** | **101.0** | **103.8** | **100.9** | **102.6** | **102.4** | **104.7** |
| 服装 | Garments | 101.8 | 106.7 | 101.2 | 102.4 | 102.5 | 105.4 |
| 鞋袜帽 | Shoes and Hats | 99.3 | 97.3 | 100.8 | 103.0 | 102.1 | 102.0 |
| 其他 | Others | 100.0 | 100.0 | 100.0 | 102.0 | 102.2 | 110.0 |
| **纺织品类** | **Textiles** | **98.7** | **101.3** | **99.5** | **98.2** | **100.9** | **102.0** |
| 衣着材料 | Clothing Material | 98.0 | 100.0 | 100.8 | 100.8 | 101.2 | 100.0 |
| 床上用品 | Bed Articles | 99.2 | 102.3 | 98.6 | 96.3 | 100.7 | 103.5 |
| **家用电器及音像器材类** | **Household Appliances and Video Appliances** | **96.3** | **94.5** | **93.5** | **94.9** | **95.4** | **101.3** |
| 家庭设备 | Home Appliances | 96.1 | 93.9 | 94.1 | 95.7 | 99.5 | 103.7 |
| 文娱耐用消费品 | Culture and Recreat Durable Consumable | 97.6 | 99.1 | 92.7 | 93.4 | 91.0 | 98.5 |
| 音像器材类 | Video Appliances | 89.3 | 67.9 | 92.9 | 100.0 | 100.0 | 100.0 |

## 6-18 续表 continued

上年=100 (preceding year=100)

| 项目 | Item | 2007 | 2008 | 2009 | 2010 | 2011 | 2012 |
|---|---|---|---|---|---|---|---|
| **文化办公用品类** | **Culture and Office Articles** | **97.4** | **92.7** | **96.1** | **101.5** | **101.9** | **91.4** |
| **日用品类** | **Articles for Daily Use** | **99.2** | **97.8** | **104.2** | **100.5** | **102.9** | **99.7** |
| 日用百货 | Articles for Daily Use | 99.2 | 96.5 | 105.5 | 103.4 | 105.1 | 95.1 |
| 日用杂品 | Sundries for Daily Use | 99.3 | 98.8 | 98.8 | 99.2 | 99.9 | 101.9 |
| 洗涤用品 | Washing Articles | 100.1 | 99.9 | 112.1 | 102.2 | 105.9 | 98.7 |
| 其他日用品 | Others | 98.1 | 95.5 | 97.8 | 95.4 | 98.9 | 105.7 |
| **体育娱乐用品类** | **Sports and Recreation Goods** | **96.8** | **96.6** | **99.5** | **97.5** | **96.6** | **96.0** |
| 体育用品 | Sports Goods | 98.2 | 97.8 | 104.5 | 100.4 | 99.6 | 94.9 |
| 娱乐用品 | Recreationa Goods | 95.3 | 95.1 | 93.5 | 93.5 | 93.0 | 97.5 |
| **交通通信用品类** | **Transportation and Communication Goods** | **98.9** | **94.7** | **91.8** | **93.8** | **95.7** | **99.2** |
| 交通运输机械 | Transportation Machines | 100.3 | 100.0 | 97.9 | 96.1 | 96.9 | 114.5 |
| 通讯器材类 | Telecommunication Appliances | 98.0 | 91.4 | 87.7 | 91.8 | 95.7 | 99.2 |
| **家具类** | **Furniture** | **111.4** | **101.9** | **100.8** | **102.4** | **105.2** | **108.4** |
| **化妆品类** | **Cosmetics** | **101.2** | **103.0** | **101.5** | **99.7** | **101.8** | **99.7** |
| **金银珠宝类** | **Jewelry** | **100.9** | **109.6** | **98.7** | **107.8** | **119.7** | **105.2** |
| **中西药及医疗保健品类** | **Traditional Chinese and Western Medicine** | **99.8** | **99.9** | **100.3** | **101.9** | **102.0** | **100.3** |
| 医疗器具及用品 | Special Appliances of Medicines | 97.2 | 100.0 | 102.9 | 102.5 | 103.3 | 123.8 |
| 中药材及中成药 | Traditional Chinese Medicine | 100.1 | 99.8 | 100.0 | 100.0 | 100.6 | 98.3 |
| 西药 | Western Medicine | 100.0 | 100.4 | 100.0 | 103.5 | 103.7 | 97.3 |
| 保健器具及用品 | Healthcare Equipment | 100.0 | 98.6 | 100.2 | 101.9 | 100.0 | 97.6 |
| **书报杂志及电子出版物类** | **Newspapers, Magazines and Electronic Publications** | **100.0** | **99.1** | **101.5** | **100.7** | **100.2** | **100.8** |
| 教材及参考书 | Teaching Materials and Reference Books | 100.0 | 100.0 | 100.6 | 102.7 | 102.5 | 95.1 |
| 书报杂志 | Newspapers and Magazines | 100.0 | 100.4 | 104.7 | 102.2 | 101.2 | 107.9 |
| 电子音像制品 | Electronic Audio-video Products | 100.0 | 97.4 | 99.1 | 98.2 | 95.4 | 99.8 |
| **燃料类** | **Fuels** | **105.0** | **110.9** | **100.0** | **107.4** | **105.8** | **101.7** |
| 煤炭及制品类 | Coal and Their Products | 96.3 | 96.5 | 101.8 | 101.6 | 100.0 | 100.0 |
| 石油及制品类 | Petroleum and Their Products | 108.0 | 116.1 | 99.4 | 109.5 | 107.8 | 102.2 |
| **建筑材料及五金电料类** | **Building Materials and Hardwares** | **104.4** | **104.0** | **101.9** | **103.0** | **100.8** | **97.7** |
| 建筑装潢材料 | Building Decoration Materials | 106.4 | 105.7 | 101.9 | 103.7 | 102.2 | 101.4 |
| 五金电料类 | Hardwares | 97.9 | 98.0 | 101.9 | 100.6 | 96.1 | 84.5 |

# 6-19 各月商品零售价格分类指数（2012年）

## RETAIL PRICE INDICES BY CATEGORY AND EACH MONTH(2012)

上年=100 (preceding year=100)

| 项 目 | Item | 1月 Jan. | 2月 Feb. | 3月 Mar. | 4月 Apr. | 5月 May. | 6月 June |
|---|---|---|---|---|---|---|---|
| **总指数** | **General Consumer Price Index** | **104.0** | **103.8** | **103.5** | **103.8** | **103.9** | **103.3** |
| 食品类 | Food | 109.8 | 109.2 | 108.0 | 108.3 | 109.4 | 108.1 |
| #粮食 | Grain | 106.1 | 104.6 | 104.6 | 103.6 | 103.2 | 102.5 |
| 鲜菜 | Fresh Vegetables | 116.8 | 116.2 | 109.5 | 113.5 | 121.7 | 121.6 |
| 饮料、烟酒类 | Beverages,Tobacco and Liquor | 103.6 | 102.9 | 102.7 | 102.6 | 102.4 | 102.0 |
| 服装、鞋帽类 | Garments,Shoes and Hats | 104.7 | 104.3 | 104.6 | 105.0 | 104.9 | 104.9 |
| 纺织品类 | Textiles | 104.4 | 104.3 | 104.4 | 104.4 | 102.8 | 102.9 |
| 家用电器及音像器材类 | Household Appliances and Audio-vides Appliance | 98.9 | 99.3 | 99.3 | 99.2 | 98.7 | 98.5 |
| 文化办公用品类 | Cultural Office Article | 96.9 | 96.9 | 96.6 | 98.3 | 97.9 | 99.1 |
| 日用品类 | Articles for Daily Use | 101.8 | 101.8 | 101.6 | 101.9 | 101.3 | 101.2 |
| 体育娱乐用品类 | Sports and Recreation Goods | 97.5 | 97.6 | 96.8 | 98.8 | 98.6 | 98.8 |
| 交通通信用品类 | Transportation and Communication Goods | 98.3 | 98.5 | 98.5 | 98.0 | 98.6 | 98.7 |
| 家具类 | Furniture | 104.7 | 104.7 | 104.8 | 104.3 | 103.5 | 103.5 |
| 化妆品类 | Cosmetics | 101.2 | 101.3 | 100.8 | 101.3 | 100.6 | 100.6 |
| 金银珠宝类 | Jewelry | 103.7 | 103.4 | 102.4 | 101.2 | 100.4 | 100.3 |
| 中西药及医疗保健品类 | Traditional Chinese and Western Medicine | 99.8 | 99.7 | 100.2 | 100.8 | 100.4 | 99.8 |
| 书报杂志及电子出版物类 | Newspapers and Magazines | 99.9 | 99.9 | 99.9 | 100.0 | 100.5 | 100.6 |
| 燃料类 | Fuels | 103.6 | 103.2 | 104.8 | 105.8 | 105.0 | 103.0 |
| 建筑材料及五金电料类 | Building Materials and Hardwares | 102.9 | 102.8 | 102.4 | 101.4 | 101.2 | 100.9 |

6-19 续表 continued

| 项 目 | Item | 7月 July. | 8月 Aug. | 9月 Sep. | 10月 Oct. | 11月 Nov. | 12月 Dec. |
|---|---|---|---|---|---|---|---|
| **总指数** | **General Consumer Price Index** | **103.0** | **102.3** | **102.0** | **101.9** | **101.7** | **101.5** |
| 食品类 | Food | 107.6 | 106.1 | 105.8 | 105.2 | 105.2 | 105.0 |
| #粮食 | Grain | 101.9 | 101.7 | 102.1 | 102.3 | 101.9 | 102.0 |
| 鲜菜 | Fresh Vegetables | 126.9 | 121.3 | 118.0 | 114.1 | 112.6 | 108.9 |
| 饮料、烟酒类 | Beverages,Tobacco and Liquor | 102.0 | 101.2 | 99.4 | 99.3 | 99.0 | 99.1 |
| 服装、鞋帽类 | Garments,Shoes and Hats | 104.9 | 104.2 | 103.2 | 102.3 | 101.0 | 100.2 |
| 纺织品类 | Textiles | 102.7 | 102.7 | 100.7 | 100.7 | 100.6 | 100.5 |
| 家用电器及音像器材类 | Household Appliances and Audio-vides Appliance | 98.4 | 98.3 | 98.5 | 98.4 | 98.5 | 98.5 |
| 文化办公用品类 | Cultural Office Article | 99.1 | 98.7 | 97.7 | 97.7 | 97.7 | 97.7 |
| 日用品类 | Articles for Daily Use | 101.2 | 101.2 | 100.6 | 100.2 | 99.9 | 99.9 |
| 体育娱乐用品类 | Sports and Recreation Goods | 98.8 | 98.1 | 98.8 | 98.8 | 98.3 | 98.2 |
| 交通通信用品类 | Transportation and Communication Goods | 98.7 | 98.5 | 98.4 | 98.3 | 98.1 | 98.1 |
| 家具类 | Furniture | 103.5 | 103.4 | 100.3 | 100.3 | 100.2 | 99.8 |
| 化妆品类 | Cosmetics | 100.5 | 100.5 | 100.7 | 100.9 | 101.0 | 100.9 |
| 金银珠宝类 | Jewelry | 100.1 | 97.8 | 99.9 | 100.6 | 101.2 | 101.4 |
| 中西药及医疗保健品类 | Traditional Chinese and Western Medicine | 99.9 | 99.8 | 99.7 | 99.7 | 99.2 | 99.1 |
| 书报杂志及电子出版物类 | Newspapers and Magazines | 100.5 | 100.5 | 100.1 | 100.1 | 100.1 | 100.0 |
| 燃料类 | Fuels | 101.1 | 101.6 | 104.0 | 105.8 | 105.6 | 105.0 |
| 建筑材料及五金电料类 | Building Materials and Hardwares | 101.0 | 100.6 | 100.3 | 100.3 | 100.3 | 100.1 |

# 6-20 农业生产资料价格分类指数（2012年）

## PRICE INDICES FOR MEANS OF AGRICULTURAL PRODUCTION BY CATEGORY(2012)

上年=100 (preceding year=100)

| 项目 | Item | 全年 The Year | 1月 Jan. | 2月 Feb. | 3月 Mar. | 4月 Apr. | 5月 May. | 6月 June |
|---|---|---|---|---|---|---|---|---|
| **总指数** | **General Consumer Price Index** | **101.6** | **102.5** | **102.4** | **101.5** | **101.7** | **101.9** | **101.6** |
| 农用手工工具 | Farm Hand Tools | 101.8 | 100.9 | 101.0 | 101.3 | 101.6 | 101.4 | 102.5 |
| 饲料 | Forage | 98.7 | 99.4 | 99.4 | 99.4 | 99.5 | 100.1 | 98.0 |
| 幼禽家畜 | Young Livestock and Fowls | 103.1 | 100.2 | 100.2 | 100.8 | 102.5 | 104.0 | 104.0 |
| 半机械化农具 | Semi-mechanized Farm Implements | 101.5 | 102.7 | 102.7 | 102.7 | 102.7 | 101.9 | 101.9 |
| 机械化农具 | Mechanized Farm Implements | 103.5 | 104.6 | 104.6 | 104.6 | 104.8 | 103.9 | 103.9 |
| 化学肥料 | Chemecal Fertilizer | 100.5 | 100.4 | 100.3 | 100.3 | 100.5 | 100.6 | 100.6 |
| 氮肥 | Nitrogenous Fertilizer | 100.9 | 100.9 | 100.9 | 100.9 | 101.1 | 100.9 | 100.9 |
| 磷肥 | Phosphate | 99.9 | 100.0 | 100.0 | 100.0 | 100.3 | 100.6 | 100.6 |
| 钾肥 | Kalium Fertilizer | 100.4 | 100.6 | 100.0 | 100.0 | 100.3 | 100.6 | 100.6 |
| 复合肥料 | Compound Fertilizer | 100.3 | 100.0 | 100.0 | 100.0 | 100.0 | 100.4 | 100.4 |
| 农药及农药械 | Pesticide and Its Appliances | 100.0 | 99.9 | 99.9 | 99.9 | 100.0 | 100.0 | 100.0 |
| 化学农药 | Chemecal Pesticide | 100.0 | 100.0 | 100.0 | 100.0 | 100.0 | 100.0 | 100.0 |
| 农药器械 | Chemecal Pesticide Appliances | 99.5 | 98.0 | 98.0 | 98.0 | 100.0 | 100.0 | 100.0 |
| 农用机油 | Oil for Farm Machinery | 105.8 | 122.6 | 121.8 | 105.6 | 103.6 | 103.2 | 102.6 |
| 其他农业生产资料 | Others | 99.3 | 102.6 | 102.0 | 102.4 | 101.1 | 99.4 | 99.2 |
| 农业生产服务 | Service for Agricultural Production | 100.9 | 101.0 | 101.0 | 101.0 | 100.5 | 100.5 | 100.9 |

6-20 续表 continued

| 项目 | Item | 7月 July. | 8月 Aug. | 9月 Sep. | 10月Oct. | 11月Nov. | 12月Dec. |
|---|---|---|---|---|---|---|---|
| **总指数** | **General Consumer Price Index** | **101.4** | **101.4** | **101.4** | **101.3** | **101.3** | **101.3** |
| 农用手工工具 | Farm Hand Tools | 102.5 | 102.1 | 102.1 | 102.1 | 102.1 | 101.8 |
| 饲料 | Forage | 98.0 | 97.9 | 98.1 | 98.1 | 98.1 | 98.1 |
| 幼禽家畜 | Young Livestock and Fowls | 104.0 | 104.0 | 104.3 | 104.5 | 104.5 | 104.5 |
| 半机械化农具 | Semi-mechanized Farm Implements | 101.9 | 101.9 | 101.2 | 100.2 | 99.2 | 99.8 |
| 机械化农具 | Mechanized Farm Implements | 103.9 | 103.9 | 101.8 | 101.8 | 101.8 | 102.9 |
| 化学肥料 | Chemecal Fertilizer | 100.5 | 100.6 | 100.4 | 100.4 | 100.4 | 100.4 |
| 氮肥 | Nitrogenous Fertilizer | 100.9 | 101.3 | 100.9 | 100.9 | 100.9 | 100.7 |
| 磷肥 | Phosphate | 100.0 | 99.3 | 99.3 | 99.3 | 99.3 | 99.3 |
| 钾肥 | Kalium Fertilizer | 100.6 | 100.6 | 100.6 | 100.6 | 100.6 | 100.6 |
| 复合肥料 | Compound Fertilizer | 100.4 | 100.4 | 100.4 | 100.4 | 100.4 | 100.4 |
| 农药及农药械 | Pesticide and Its Appliances | 100.0 | 100.0 | 100.0 | 100.0 | 100.0 | 100.0 |
| 化学农药 | Chemecal Pesticide | 100.0 | 100.0 | 100.0 | 100.0 | 100.0 | 100.0 |
| 农药器械 | Chemecal Pesticide Appliances | 100.0 | 100.0 | 100.0 | 100.0 | 100.0 | 100.0 |
| 农用机油 | Oil for Farm Machinery | 101.3 | 101.5 | 104.3 | 103.4 | 103.2 | 102.9 |
| 农业生产资料 | Others | 98.2 | 98.2 | 97.2 | 97.2 | 97.2 | 96.9 |
| 农业生产服务 | Service for Agricultural Production | 100.9 | 100.9 | 100.9 | 100.9 | 100.9 | 100.9 |

# 6-21 昌都地区农业生产资料价格分类指数

## PRICE INDICES FOR MEANS OF AGRICULTURAL PRODUCTION BY CATEGORY OF QAMDO

上年=100 (preceding year=100)

| 项 目 | Item | 2006 | 2007 | 2008 | 2009 | 2010 | 2011 | 2012 |
|---|---|---|---|---|---|---|---|---|
| **总指数** | **General Consumer Price Index** | **100.3** | **101.1** | **101.8** | **99.8** | **99.9** | **106.1** | **102.9** |
| 农用手工工具 | Farm Hand Tools | 103.2 | 101.7 | 99.9 | 99.9 | 99.1 | 100.0 | 104.2 |
| 饲料 | Forage | 100.0 | 103.8 | 107.4 | 98.2 | 100.7 | 100.0 | 100.0 |
| 幼禽家畜 | Young Livestock and Fowls | 101.7 | 104.7 | 107.8 | 101.7 | 99.6 | 102.7 | 104.2 |
| 半机械化农具 | Semi-mechanized Farm Implements | 97.0 | 97.6 | 99.3 | 97.9 | 100.0 | 100.0 | 100.0 |
| 机械化农具 | Mechanized Farm Implements | 98.4 | 99.9 | 100.7 | 100.1 | 100.0 | 100.0 | 100.0 |
| 化学肥料 | Chemecal Fertilizer | 99.1 | 100.0 | 100.0 | 100.0 | 100.0 | 100.0 | 100.0 |
| 氮肥 | Nitrogenous Fertilizer | 100.0 | 100.0 | 100.0 | 100.0 | 100.0 | 100.0 | 100.0 |
| 磷肥 | Phosphate | 100.0 | 100.0 | 100.0 | 100.0 | 100.0 | 100.0 | 100.0 |
| 钾肥 | Kalium Fertilizer | 100.0 | 100.0 | 100.0 | 100.0 | 100.0 | 100.0 | 100.0 |
| 复合肥料 | Compound Fertilizer | 97.7 | 100.0 | 100.0 | 100.0 | 100.0 | 100.0 | 100.0 |
| 农药及农药械 | Pesticide and Its Appliances | 100.0 | 99.8 | 99.9 | 100.0 | 100.0 | 100.0 | 100.0 |
| 化学农药 | Chemecal Pesticide | 100.0 | 100.0 | 100.0 | 100.0 | 100.0 | 100.0 | 100.0 |
| 农药器械 | Chemecal Pesticide Appliances | 99.8 | 99.1 | 99.3 | 100.0 | 100.0 | 100.0 | 100.0 |
| 农用机油 | Oil for Farm Machinery | 100.8 | 101.4 | 104.6 | 100.3 | 100.3 | 152.8 | 111.7 |
| 其他农业生产资料 | Others | 99.0 | 100.3 | 101.1 | 100.0 | 100.6 | 106.1 | 102.2 |
| 农业生产服务 | Service for Agricultural Production | 100.0 | 100.0 | 100.0 | 100.0 | 100.0 | 101.9 | 102.7 |

# 6-22 山南地区农业生产资料价格分类指数

## PRICE INDICES FOR MEANS OF AGRICULTURAL PRODUCTION BY CATEGORY OF SHANNAN

上年=100 (preceding year=100)

| 项 目 | Item | 2006 | 2007 | 2008 | 2009 | 2010 | 2011 | 2012 |
|---|---|---|---|---|---|---|---|---|
| **总指数** | **General Consumer Price Index** | **100.0** | **100.2** | **101.7** | **97.2** | **101.7** | **101.6** | **100.8** |
| 农用手工工具 | Farm Hand Tools | 100.0 | 100.0 | 100.0 | 97.8 | 100.1 | 100.8 | 100.6 |
| 饲料 | Forage | 100.0 | 103.6 | 108.3 | 90.0 | 99.7 | 98.4 | 99.5 |
| 幼禽家畜 | Young Livestock and Fowls | 100.0 | 100.7 | 100.5 | 100.0 | 100.0 | 100.1 | 100.9 |
| 半机械化农具 | Semi-mechanized Farm Implements | 100.0 | 100.0 | 100.0 | 100.0 | 100.0 | 100.0 | 100.2 |
| 机械化农具 | Mechanized Farm Implements | 100.0 | 100.0 | 103.4 | 101.5 | 100.0 | 104.7 | 102.5 |
| 化学肥料 | Chemecal Fertilizer | 100.0 | 100.0 | 102.4 | 96.5 | 104.0 | 101.7 | 100.8 |
| 氮肥 | Nitrogenous Fertilizer | 100.0 | 100.0 | 97.4 | 89.0 | 110.1 | 105.4 | 100.0 |
| 磷肥 | Phosphate | 100.0 | 100.0 | 100.0 | 96.1 | 99.6 | 100.0 | 100.0 |
| 钾肥 | Kalium Fertilizer | 100.0 | 100.0 | 100.0 | 99.4 | 102.1 | 101.7 | 100.0 |
| 复合肥料 | Compound Fertilizer | 100.0 | 100.0 | 106.2 | 100.3 | 101.4 | 100.0 | 100.0 |
| 农药及农药械 | Pesticide and Its Appliances | 100.0 | 100.0 | 100.3 | 100.3 | 100.3 | 100.4 | 100.0 |
| 化学农药 | Chemecal Pesticide | 100.0 | 100.0 | 100.0 | 100.0 | 100.4 | 100.4 | 100.0 |
| 农药器械 | Chemecal Pesticide Appliances | 100.0 | 100.0 | 101.0 | 101.4 | 100.0 | 100.0 | 100.0 |
| 农用机油 | Oil for Farm Machinery | 100.0 | 100.0 | 118.8 | 106.4 | 107.2 | 106.8 | 101.1 |
| 农业生产资料 | Others | 100.0 | 100.0 | 102.1 | 94.6 | 103.3 | 102.7 | 101.9 |
| 农业生产服务 | Service for Agricultural Production | 100.0 | 100.0 | 100.0 | 100.1 | 100.9 | 100.0 | 100.0 |

# 6-23 那曲地区农业生产资料价格分类指数

## PRICE INDICES FOR MEANS OF AGRICULTURAL PRODUCTION BY CATEGORY OF NAGQU

上年=100 (preceding year=100)

| 项 目 | Item | 2006 | 2007 | 2008 | 2009 | 2010 | 2011 | 2012 |
|---|---|---|---|---|---|---|---|---|
| **总指数** | **General Consumer Price Index** | **100.4** | **101.0** | **104.4** | **100.0** | **100.6** | **100.1** | **102.8** |
| 农用手工工具 | Farm Hand Tools | 106.2 | 97.9 | 110.3 | 98.4 | 100.6 | 102.8 | 104.0 |
| 饲料 | Forage | 100.0 | 100.0 | 105.3 | 101.2 | 100.1 | 99.9 | 100.0 |
| 幼禽家畜 | Young Livestock and Fowls | 100.0 | 101.0 | 105.4 | 98.5 | 101.1 | 100.0 | 104.7 |
| 半机械化农具 | Semi-mechanized Farm Implements | 100.0 | 100.0 | 102.7 | 103.1 | 99.5 | 100.0 | 100.3 |
| 机械化农具 | Mechanized Farm Implements | 100.0 | 100.0 | 100.5 | 99.2 | 100.0 | 100.0 | 102.1 |
| 化学肥料 | Chemecal Fertilizer | 100.0 | 100.0 | 100.0 | 102.2 | 100.0 | 100.0 | 100.0 |
| 氮肥 | Nitrogenous Fertilizer | 100.0 | 100.0 | 100.0 | 102.8 | 100.0 | 100.0 | 100.0 |
| 磷肥 | Phosphate | 100.0 | 100.0 | 100.0 | 101.1 | 99.9 | 100.0 | 100.0 |
| 钾肥 | Kalium Fertilizer | 100.0 | 100.0 | 100.0 | 102.5 | 100.0 | 100.0 | 100.0 |
| 复合肥料 | Compound Fertilizer | 100.0 | 100.0 | 100.0 | 102.5 | 100.0 | 100.0 | 100.0 |
| 农药及农药械 | Pesticide and Its Appliances | 101.8 | 99.2 | 99.9 | 100.4 | 99.6 | 100.0 | 99.9 |
| 化学农药 | Chemecal Pesticide | 101.7 | 100.0 | 100.4 | 103.6 | 100.0 | 100.0 | 99.9 |
| 农药器械 | Chemecal Pesticide Appliances | 101.9 | 98.1 | 99.2 | 96.0 | 99.0 | 100.0 | 100.0 |
| 农用机油 | Oil for Farm Machinery | 100.0 | 100.0 | 100.0 | 95.5 | 100.0 | 100.0 | 100.0 |
| 其他农业生产资料 | Others | 102.4 | 120.2 | 108.5 | 96.3 | 99.1 | 100.0 | 102.6 |
| 农业生产服务 | Service for Agricultural Production | 100.0 | 100.0 | 100.0 | 100.0 | 100.0 | 100.0 | 100.0 |

# 6-24 阿里地区农业生产资料价格分类指数

## PRICE INDICES FOR MEANS OF AGRICULTURAL PRODUCTION BY CATEGORY OF NGARI

上年=100 (preceding year=100)

| 项 目 | Item | 2006 | 2007 | 2008 | 2009 | 2010 | 2011 | 2012 |
|---|---|---|---|---|---|---|---|---|
| **总指数** | **General Consumer Price Index** | **100.2** | **100.0** | **100.0** | **99.9** | **100.2** | **100.0** | **100.0** |
| 农用手工工具 | Farm Hand Tools | 105.4 | 100.0 | 100.0 | 96.9 | 103.2 | 100.0 | 100.0 |
| 饲料 | Forage | 100.0 | 100.0 | 100.0 | 100.0 | 100.0 | 100.0 | 100.0 |
| 幼禽家畜 | Young Livestock and Fowls | 100.0 | 100.0 | 100.0 | 100.0 | 100.0 | 100.0 | 100.0 |
| 半机械化农具 | Semi-mechanized Farm Implements | 100.0 | 100.0 | 100.0 | 100.0 | 100.0 | 100.0 | 100.0 |
| 机械化农具 | Mechanized Farm Implements | 100.7 | 100.0 | 100.0 | 100.0 | 100.0 | 100.0 | 99.8 |
| 化学肥料 | Chemecal Fertilizer | 100.0 | 100.0 | 100.0 | 100.0 | 100.0 | 99.6 | 100.0 |
| 氮肥 | Nitrogenous Fertilizer | 100.0 | 100.0 | 100.0 | 100.0 | 100.0 | 99.4 | 100.0 |
| 磷肥 | Phosphate | 100.0 | 100.0 | 100.0 | 100.0 | 100.0 | 100.0 | 100.0 |
| 钾肥 | Kalium Fertilizer | 100.0 | 100.0 | 100.0 | 100.0 | 100.0 | 100.0 | 100.0 |
| 复合肥料 | Compound Fertilizer | 100.0 | 100.0 | 100.0 | 100.0 | 100.0 | 100.0 | 100.0 |
| 农药及农药械 | Pesticide and Its Appliances | 100.0 | 100.0 | 100.0 | 98.4 | 101.6 | 100.0 | 100.0 |
| 化学农药 | Chemecal Pesticide | 100.0 | 100.0 | 100.0 | 98.4 | 101.6 | 100.0 | 100.0 |
| 农药器械 | Chemecal Pesticide Appliances | 100.0 | 100.0 | 100.0 | 97.3 | 102.8 | 100.0 | 100.0 |
| 农用机油 | Oil for Farm Machinery | 100.0 | 100.0 | 100.0 | 100.0 | 100.0 | 100.0 | 100.0 |
| 农业生产资料 | Others | 100.0 | 100.0 | 100.0 | 100.0 | 100.0 | 100.0 | 100.0 |
| 农业生产服务 | Service for Agricultural Production | 100.0 | 100.0 | 100.0 | 100.0 | 100.0 | 102.6 | 100.5 |

# 6-25 林芝地区农业生产资料价格分类指数

## PRICE INDICES FOR MEANS OF AGRICULTURAL PRODUCTION BY CATEGORY OF NYINGCHI

上年=100　　(preceding year=100)

| 项　目 | Item | 2006 | 2007 | 2008 | 2009 | 2010 | 2011 | 2012 |
|---|---|---|---|---|---|---|---|---|
| **总指数** | **General Consumer Price Index** | **101.0** | **102.0** | **103.9** | **100.1** | **100.8** | **102.3** | **98.8** |
| 农用手工工具 | Farm Hand Tools | 97.3 | 105.0 | 100.0 | 99.9 | 99.2 | 100.5 | 99.5 |
| 饲料 | Forage | 104.9 | 109.7 | 110.4 | 100.5 | 100.4 | 100.7 | 92.6 |
| 幼禽家畜 | Young Livestock and Fowls | 102.6 | 100.4 | 100.1 | 99.4 | 99.8 | 102.5 | 100.0 |
| 半机械化农具 | Semi-mechanized Farm Implements | 90.6 | 93.2 | 90.1 | 99.0 | 99.3 | 102.5 | 106.4 |
| 机械化农具 | Mechanized Farm Implements | 97.7 | 99.2 | 98.2 | 99.4 | 99.6 | 104.0 | 113.0 |
| 化学肥料 | Chemecal Fertilizer | 100.4 | 100.6 | 105.6 | 100.5 | 100.4 | 100.7 | 100.6 |
| 氮肥 | Nitrogenous Fertilizer | 100.8 | 101.0 | 105.6 | 100.5 | 100.2 | 100.4 | 100.1 |
| 磷肥 | Phosphate | 100.9 | 100.5 | 105.9 | 101.4 | 100.5 | 101.3 | 99.5 |
| 钾肥 | Kalium Fertilizer | 100.0 | 100.5 | 104.9 | 100.0 | 101.0 | 102.2 | 102.2 |
| 复合肥料 | Compound Fertilizer | 100.0 | 100.5 | 105.7 | 100.3 | 100.2 | 100.2 | 101.2 |
| 农药及农药械 | Pesticide and Its Appliances | 100.3 | 99.7 | 100.0 | 100.0 | 102.2 | 100.1 | 99.8 |
| 化学农药 | Chemecal Pesticide | 100.0 | 100.0 | 100.0 | 100.0 | 100.0 | 100.0 | 100.0 |
| 农药器械 | Chemecal Pesticide Appliances | 100.9 | 99.1 | 100.0 | 100.0 | 106.9 | 101.3 | 97.4 |
| 农用机油 | Oil for Farm Machinery | 104.3 | 102.1 | 114.3 | 101.1 | 105.0 | 109.4 | 103.2 |
| 其他农业生产资料 | Others | 100.9 | 102.5 | 99.8 | 99.2 | 100.2 | 103.0 | 91.2 |
| 农业生产服务 | Service for Agricultural Production | 100.0 | 100.0 | 100.0 | 100.0 | 100.0 | 100.0 | 100.0 |

第七篇

# 人民生活

Chapter 7

# PEOPLE'S LIVELIHOOD

# 7-1 人民物质文化生活提高情况

## IMPROVEMENT IN PEOPLE'S MATRERIAL AND CULTURAL LIFE

| 指　标 | | Item | | 1995 | 2000 | 2010 | 2011 | 2012 |
|---|---|---|---|---|---|---|---|---|
| **就 业** | | **Employment** | | | | | | |
| 每一农村劳动力负担人数 | (人) | Number of Dependents per Rural Laborer | (person) | 1.63 | 1.74 | 1.59 | 1.66 | 1.65 |
| 每一城镇就业者负担人数 | (人) | Number of Dependents per Urban Employee | (person) | 1.96 | 1.89 | 2.25 | 2.10 | 2.09 |
| **收 入** | | **Income of Rural and Urban Residents** | | | | | | |
| 农牧民人均纯收入 | (元) | Annual Per Capita Net Income of Rural Residents | (yuan) | 878 | 1331 | 4139 | 4904 | 5719 |
| 城镇居民家庭人均可支配收入 | (元) | Annual Per Capita Disposable Income of Urban Residents | (yuan) | 4000 | 6448 | 14980 | 16196 | 18028 |
| 职工年平均工资 | (元) | Annual Average Wages of Staff and Workers | (yuan) | 7382 | 14976 | 54397 | 55845 | 58347 |
| **消费水平** | | **Annual Per Capita Consumption** | | | | | | |
| 全区居民消费水平 | (元) | Per Capita Consumption of All Residents | (yuan) | 1202 | 1823 | 4326 | 4730 | 5340 |
| 农村居民 | (元) | Urban Residents | (yuan) | 762 | 1144 | 2381 | 2755 | 3098 |
| 城镇居民 | (元) | Rural Residents | (yuan) | 3981 | 4737 | 11028 | 11393 | 12958 |
| **储 蓄** | | **Savings** | | | | | | |
| 城乡居民年末储蓄存款余额 | (亿元) | Balance of Savings Deposit of Rural and Urban Residents (year-end) | (100 million yuan) | 19.70 | 40.48 | 267.13 | 318.83 | 403.91 |
| 平均每人年末储蓄存款余额 | (元) | Per Capita Balance of Saving Deposit | (yuan) | 807 | 1558 | 9159 | 10566 | 13130 |
| **住 房** | (平方米) | **Per Capita Floor Space of Residential Buildings** | (sq.m) | | | | | |
| 农村平均每人住房面积 | | Rural Areas | | 20.00 | 23.16 | 24.03 | 29.60 | 29.58 |
| 城市平均每人居住面积 | | Urban Areas | | 14.02 | 19.86 | 34.72 | 36.61 | 36.14 |
| **文化、教育** | | **Culture and Education** | | | | | | |
| 城市每百户拥有彩色电视机 | (台) | Number of Color TV Sets Per 100 Households in Urban | (unit) | 102 | 120 | 129 | 128 | 129 |
| 农村每百户拥有电视机 | (台) | Number of TV Sets Per 100 Households in Rural | (unit) | 1.3 | 13.7 | 75.5 | 106.3 | 108.1 |
| 学龄儿童入学率 | (%) | Enrollment Ratio of School-Age Children | (%) | 70.4 | 85.8 | 99.2 | 99.4 | 99.4 |
| 每万人口中在校学生数 | (人) | Number of Students Per 10000 Persons | (person) | 1287 | 1467 | 1775 | 1741 | 1696 |
| **卫 生** | | **Public Health** | | | | | | |
| 每千人拥有床位数 | (张) | Every Thousand People Has Berths to Count | (unit) | 2.62 | 2.52 | 3.02 | 3.17 | 3.28 |
| 每千人拥有卫生技术人员数 | (人) | Number of Medical Technical Personnel Per 1000 Persons | (person) | 3.53 | 3.44 | 3.44 | 3.52 | 4.53 |

# 7-2 城乡居民家庭人均收入及指数

## PER CAPITA ANNUAL INCOME OF URBAN AND RURAL HOUSEHOLDS

单位：元、%　　　　(yuan,%)

| 年份 Year | 农牧民人均纯收入 Per Capita Net Income of Rural Residents | | 城镇居民人均可支配收入 Per Capita Annual Disposable Income of Rural Areas | |
|---|---|---|---|---|
| | 绝对数 Value | 指数(上年=100) Indeces (Preceding year=100) | 绝对数 Value | 指数(上年=100) Indeces (Preceding year=100) |
| 1978 | 175 | | 565 | |
| 1980 | 274 | 117.6 | 683 | 109.3 |
| 1981 | 296 | 108.0 | 715 | 104.7 |
| 1982 | 324 | 109.5 | 768 | 107.4 |
| 1983 | 318 | 98.1 | 840 | 109.4 |
| 1984 | 446 | 140.3 | 915 | 108.9 |
| 1985 | 535 | 120.0 | 984 | 107.5 |
| 1986 | 492 | 92.0 | 1026 | 104.3 |
| 1987 | 519 | 105.5 | 1229 | 119.8 |
| 1988 | 573 | 110.4 | 1376 | 112.0 |
| 1989 | 555 | 96.9 | 1477 | 107.3 |
| 1990 | 582 | 104.9 | 1613 | 109.2 |
| 1991 | 617 | 106.0 | 1995 | 123.7 |
| 1992 | 653 | 105.8 | 2083 | 104.4 |
| 1993 | 706 | 108.1 | 2348 | 112.7 |
| 1994 | 817 | 115.7 | 3330 | 141.8 |
| 1995 | 878 | 107.5 | 4000 | 120.1 |
| 1996 | 975 | 111.0 | 5030 | 125.8 |
| 1997 | 1085 | 111.3 | 5135 | 102.1 |
| 1998 | 1158 | 106.7 | 5439 | 105.9 |
| 1999 | 1258 | 108.6 | 5998 | 110.3 |
| 2000 | 1331 | 105.8 | 6448 | 107.5 |
| 2001 | 1404 | 105.5 | 7119 | 110.4 |
| 2002 | 1521 | 108.3 | 7762 | 109.0 |
| 2003 | 1691 | 111.2 | 8058 | 103.8 |
| 2004 | 1861 | 110.1 | 8200 | 101.8 |
| 2005 | 2078 | 111.7 | 8411 | 102.6 |
| 2006 | 2435 | 117.2 | 8941 | 106.3 |
| 2007 | 2788 | 114.5 | 11131 | 124.5 |
| 2008 | 3176 | 113.9 | 12482 | 112.1 |
| 2009 | 3532 | 111.2 | 13544 | 108.5 |
| 2010 | 4139 | 117.2 | 14980 | 110.6 |
| 2011 | 4904 | 118.5 | 16196 | 108.1 |
| 2012 | 5719 | 116.6 | 18028 | 111.3 |

# 7-3 各地区农牧民人均纯收入

## PER CAPITA ANNUAL NET INCOME OF RURAL HOUSEHOLDS BY REGION

单位：元、% (yuan,%)

| 年份 Year / 地区 Region | 拉萨市 Lhasa | 昌都地区 Qamdo | 山南地区 Shannan | 日喀则地区 Xigazê | 那曲地区 Nagqu | 阿里地区 Ngari | 林芝地区 Nyingchi |
|---|---|---|---|---|---|---|---|
| **绝对数** Value | | | | | | | |
| 2000 | 1427 | 1258 | 1298 | 1195 | 1335 | 1169 | 1656 |
| 2005 | 2402 | 1844 | 2159 | 1896 | 2123 | 1801 | 2723 |
| 2007 | 3250 | 2490 | 2893 | 2534 | 2843 | 2390 | 3596 |
| 2008 | 3732 | 2830 | 3305 | 2881 | 3219 | 2695 | 4095 |
| 2009 | 4149 | 3144 | 3676 | 3203 | 3577 | 2987 | 4562 |
| 2010 | 5003 | 3662 | 4330 | 3750 | 4081 | 3451 | 5411 |
| 2011 | 6019 | 4332 | 5183 | 4473 | 4860 | 4183 | 6433 |
| 2012 | 7082 | 4962 | 6056 | 5165 | 5586 | 5452 | 7498 |
| **增长速度** Increase rate | | | | | | | |
| 2001 | 9.3 | 7.9 | 3.2 | 11.8 | 6.1 | 9.4 | 9.1 |
| 2005 | 9.3 | 9.8 | 14.1 | 9.0 | 9.7 | 11.2 | 13.8 |
| 2007 | 15.1 | 14.5 | 14.4 | 14.4 | 14.2 | 13.6 | 14.2 |
| 2008 | 14.8 | 13.7 | 14.2 | 13.7 | 13.2 | 12.8 | 13.9 |
| 2009 | 11.2 | 11.1 | 11.2 | 11.2 | 11.1 | 10.9 | 11.4 |
| 2010 | 20.6 | 16.5 | 17.8 | 17.1 | 14.1 | 15.5 | 18.6 |
| 2011 | 20.3 | 18.3 | 19.7 | 19.3 | 19.1 | 21.2 | 18.9 |
| 2012 | 17.7 | 14.5 | 16.9 | 15.5 | 14.9 | 30.4 | 16.6 |

# 7-4 各地区农牧民人均纯收入和生活消费支出（2012年）

## PER CAPITA ANNUAL NET INCOME AND CONSUMPTION EXPENDITURE OF RURAL HOUSEHOLDS BY REGION (2012)

单位：元 (yuan)

| 指标 Item / 地区 Region | | 拉萨市 Lhasa | 昌都地区 Qamdo | 山南地区 Shannan | 日喀则地区 Xigazê | 那曲地区 Nagqu | 阿里地区 Ngari | 林芝地区 Nyingchi |
|---|---|---|---|---|---|---|---|---|
| 人均纯收入 | **Annual Per Capita Net Income of Rural Residents** | **7082** | **4962** | **6056** | **5165** | **5586** | **5452** | **7498** |
| 工资性收入 | Income of Wages and Salaries | 1515 | 1060 | 1967 | 1584 | 71 | 517 | 928 |
| 家庭经营收入 | Income from Household Business Operation | 4831 | 3241 | 3259 | 2659 | 4860 | 3842 | 5029 |
| 转移性和财产性收入 | Transfer Income and Property Income | 736 | 661 | 830 | 922 | 655 | 1093 | 1541 |
| **生活消费支出** | **Living Expenditure** | **2782** | **2446** | **3014** | **3153** | **2834** | **2421** | **3652** |
| 食品 | Food | 1370 | 1306 | 1478 | 1743 | 1298 | 1578 | 2057 |
| 衣着 | Clothing | 377 | 441 | 476 | 330 | 229 | 355 | 463 |
| 居住 | Residence | 403 | 126 | 200 | 463 | 40 | 11 | 148 |
| 家庭设备用品及服务 | Household Facilities, Articles and Services | 199 | 197 | 207 | 164 | 100 | 163 | 188 |
| 交通通讯 | Transportation and Communications | 214 | 254 | 322 | 194 | 1035 | 130 | 514 |

# 7-5 各地区城镇居民人均可支配收入和消费支出

单位：元

| 年份 Year | 地区 Region | 全区 Total 2011 | 全区 Total 2012 | 拉萨市 Lhasa 2011 | 拉萨市 Lhasa 2012 | 昌都地区 Qamdo 2011 | 昌都地区 Qamdo 2012 |
|---|---|---|---|---|---|---|---|
| **可支配收入** | **Disposable Income** | **16196** | **18028** | **17654** | **19545** | **13829** | **15593** |
| **总收入** | **Total Income** | **18116** | **20224** | **20040** | **22258** | **15254** | **17346** |
| 工资性收入 | Wage Income | 15855 | 17672 | 18578 | 20428 | 12911 | 14638 |
| 经营性收入 | Management Income | 487 | 571 | 121 | 239 | 377 | 469 |
| 财产净收入 | Income from Properties | 358 | 418 | 397 | 540 | 149 | 183 |
| 转移性收入 | Income from Transfers | 1416 | 1563 | 945 | 1051 | 1816 | 2056 |
| **出售财物收入** | **Selling Asset Income** | **...** | **19** | | | | |
| **借贷收入** | **Debit and Credit Income** | **539** | **799** | **773** | **894** | | |
| **消费性支出** | **Total Living Expenditurs** | **10399** | **11184** | **12787** | **13953** | **8200** | **8715** |
| 食品 | Food | 5184 | 5518 | 5796 | 6213 | 4551 | 4795 |
| 衣着 | Clothing | 1261 | 1362 | 1778 | 1877 | 670 | 731 |
| 居住 | Residence | 781 | 845 | 769 | 835 | 643 | 689 |
| 家庭设备用品及服务 | Household Facitities,Articles and Services | 428 | 475 | 737 | 840 | 198 | 213 |
| 医疗保健 | Medicine and Medical Services | 424 | 467 | 569 | 654 | 243 | 262 |
| 交通和通讯 | Transportation and Communications | 1278 | 1387 | 1669 | 1849 | 811 | 844 |
| 教育文化娱乐服务 | Education,Recreation and Cultural Services | 514 | 550 | 739 | 824 | 468 | 500 |
| 其它商品和服务 | Others Commodities and Services | 528 | 580 | 729 | 859 | 615 | 681 |

# PER CAPITA ANNUAL DISPOSABLE INCOME AND CONSUMPTION EXPENDITURE OF URBAN HOUSEHOLDS BY REGION

(yuan)

| 山南地区 Shannan | | 日喀则地区 Xigazê | | 那曲地区 Nagqu | | 阿里地区 Ngari | | 林芝地区 Nyingchi | |
|---|---|---|---|---|---|---|---|---|---|
| 2011 | 2012 | 2011 | 2012 | 2011 | 2012 | 2011 | 2012 | 2011 | 2012 |
| **15185** | **17037** | **16361** | **18075** | **15996** | **18426** | **21895** | **23077** | **14675** | **16143** |
| **16675** | **18709** | **17880** | **19785** | **18012** | **20716** | **24541** | **25698** | **16746** | **18598** |
| 15072 | 17139 | 14442 | 16176 | 15780 | 18185 | 21562 | 22549 | 13751 | 15082 |
| 215 | 263 | 1033 | 1058 | 718 | 798 | | | 1088 | 1241 |
| 375 | 395 | 807 | 771 | 231 | 330 | 388 | 398 | 25 | 49 |
| 1013 | 913 | 1597 | 1780 | 1283 | 1403 | 2591 | 2751 | 1882 | 2226 |
| **...** | **183** | | | | | **11** | **11** | | |
| **2877** | **5255** | | | | | **45** | | **224** | **55** |
| **9858** | **10819** | **10631** | **11458** | **10211** | **10675** | **9996** | **10255** | **7799** | **8296** |
| 4250 | 4394 | 5416 | 5967 | 5993 | 6290 | 5263 | 5401 | 4001 | 4224 |
| 1453 | 1674 | 1253 | 1406 | 1048 | 1091 | 1157 | 1185 | 918 | 980 |
| 588 | 731 | 937 | 1010 | 917 | 953 | 847 | 864 | 810 | 865 |
| 527 | 676 | 334 | 297 | 273 | 285 | 243 | 249 | 244 | 264 |
| 343 | 346 | 543 | 606 | 362 | 376 | 362 | 371 | 311 | 333 |
| 1943 | 2177 | 1218 | 1302 | 970 | 1006 | 1130 | 1160 | 830 | 896 |
| 445 | 462 | 494 | 485 | 227 | 238 | 666 | 687 | 328 | 351 |
| 308 | 360 | 436 | 385 | 420 | 437 | 329 | 337 | 358 | 382 |

# 7-6 全区居民消费水平

## ANNUAL PER CAPITA CONSUMPTION OF ALL RESIDENTS

| 年份 Year | 居民消费水平 Annual Per Capita Consumption of All Residents | | | 指数(上年=100) Indeces (Preceding year=100) | | |
|---|---|---|---|---|---|---|
| | 全区居民 (元/人) All Residents (yuan/person) | 农村居民 Rural Residents | 城镇居民 Urban Residents | 全区居民 (%) All Residents (%) | 农村居民 Rural Residents | 城镇居民 Urban Residents |
| 1979 | 218 | 147 | 620 | | | |
| 1980 | 276 | 210 | 635 | 126.6 | 142.9 | 102.4 |
| 1981 | 301 | 198 | 878 | 109.1 | 94.3 | 138.3 |
| 1982 | 319 | 209 | 968 | 106.0 | 105.6 | 110.3 |
| 1983 | 293 | 215 | 814 | 91.3 | 102.9 | 84.1 |
| 1984 | 359 | 268 | 971 | 122.5 | 124.7 | 119.3 |
| 1985 | 422 | 309 | 1182 | 117.5 | 115.3 | 121.7 |
| 1986 | 438 | 296 | 1387 | 103.8 | 95.8 | 117.3 |
| 1987 | 499 | 374 | 1478 | 113.9 | 126.4 | 106.6 |
| 1988 | 543 | 382 | 1519 | 108.8 | 102.1 | 102.8 |
| 1989 | 647 | 412 | 2078 | 119.2 | 107.9 | 136.8 |
| 1990 | 735 | 484 | 2329 | 113.6 | 117.5 | 112.1 |
| 1991 | 839 | 554 | 2721 | 114.1 | 114.5 | 116.8 |
| 1992 | 903 | 594 | 2825 | 107.6 | 107.2 | 104.8 |
| 1993 | 931 | 591 | 3083 | 102.9 | 99.5 | 109.1 |
| 1994 | 1110 | 694 | 3700 | 119.2 | 117.4 | 120.0 |
| 1995 | 1202 | 762 | 3981 | 108.2 | 109.8 | 107.6 |
| 1996 | 1312 | 873 | 4023 | 109.2 | 114.6 | 101.1 |
| 1997 | 1471 | 939 | 4744 | 112.1 | 107.6 | 117.9 |
| 1998 | 1551 | 981 | 4169 | 105.3 | 100.6 | 107.8 |
| 1999 | 1669 | 1030 | 4579 | 107.6 | 105.0 | 109.8 |
| 2000 | 1823 | 1144 | 4737 | 109.2 | 111.0 | 103.4 |
| 2001 | 1939 | 1223 | 4992 | 106.4 | 106.9 | 105.4 |
| 2002 | 2725 | 1365 | 8278 | 119.3 | 109.2 | 237.4 |
| 2003 | 2825 | 1272 | 9112 | 103.7 | 93.2 | 110.1 |
| 2004 | 2950 | 1483 | 8895 | 112.1 | 111.8 | 112.2 |
| 2005 | 3019 | 1532 | 9040 | 102.3 | 103.3 | 101.6 |
| 2006 | 2990 | 1874 | 7515 | 112.1 | 111.8 | 112.2 |
| 2007 | 3215 | 1950 | 7888 | 107.5 | 104.1 | 105.0 |
| 2008 | 3504 | 2149 | 8324 | 105.5 | 106.1 | 102.6 |
| 2009 | 4027 | 2397 | 9421 | 112.3 | 109.7 | 110.0 |
| 2010 | 4326 | 2381 | 11028 | 107.5 | 107.7 | 105.2 |
| 2011 | 4730 | 2755 | 11393 | 103.4 | 109.7 | 98.1 |
| 2012 | 5340 | 3098 | 12958 | 109.0 | 107.2 | 110.2 |

# 7-7 城镇居民家庭基本情况

## BASIC CONDITIONS OF URBAN HOUSEHOLDS

| 项　目 | Item | 1990 | 1995 | 2000 | 2010 | 2011 | 2012 |
|---|---|---|---|---|---|---|---|
| **调查户数** | **(户) Number of Households Surveyed (household)** | **100** | **100** | **100** | **800** | **800** | **800** |
| **平均每户家庭人口数** | **(人) Average Household Size (person)** | **3.95** | **3.53** | **3.41** | **3.48** | **3.32** | **3.32** |
| **平均每户就业人口数** | **(人) Average Number of Enployed Persons Per Household (person)** | **1.97** | **1.80** | **1.80** | **1.55** | **1.58** | **1.59** |
| **平均每户就业面** | **(%) Percentage of Employment per Household (%)** | **49.9** | **51.0** | **52.8** | **44.5** | **47.6** | **47.9** |
| **平均每一就业者负担人数** | **(人) Number of Persons Supported by Each Employee Including the Employee Himself (person)** | **2.01** | **1.96** | **1.89** | **2.25** | **2.1** | **2.09** |
| **平均每人每年可支配收入** | **(元) Per Capita Annual Disposable Income (yuan)** | **1685** | **5071** | **7426** | **14980** | **16196** | **18028** |
| **平均每人每年总收入** | **(元) Per Capita Annual Income (yuan)** | **2120** | **5360** | **11772** | **16539** | **18116** | **20224** |
| 工薪收入 | Wage Income | | | | 14707 | 15855 | 17672 |
| 经营净收入 | Management Income | | | | 396 | 487 | 571 |
| 财产性收入 | Property Income | 2 | 26 | 5 | 233 | 358 | 418 |
| 转移性收入 | Transfering Income | 204 | 323 | 356 | 1203 | 1416 | 1563 |
| **出售财物收入** | **Selling Asset Income** | | | | **2** | **…** | **19** |
| **借贷收入** | **Debit and Credit Income** | | **276** | **4295** | **583** | **539** | **799** |
| **平均每人消费性支出** | **(元) Per Capita Annual Living Expenditures for Consumption (yuan)** | **1340** | **3912** | **5554** | **9686** | **10399** | **11184** |
| 食品 | Food | 888 | 2255 | 2570 | 4848 | 5184 | 5518 |
| 衣着 | Clothing | 208 | 774 | 876 | 1159 | 1261 | 1362 |
| 居住 | Residence | 27 | 151 | 340 | 727 | 781 | 845 |
| 家庭设备用品及服务 | Household Facilities,Articles and Service | 122 | 134 | 275 | 376 | 428 | 475 |
| 医疗保健 | Health Care and Medical Services | 10 | 109 | 265 | 386 | 424 | 467 |
| 交通和通讯 | Transport and Communications | 12 | 102 | 443 | 1231 | 1278 | 1387 |
| 教育文化娱乐服务 | Education,Cultural and Recreation Service | 48 | 156 | 419 | 478 | 514 | 550 |
| 其它商品和服务 | Others Commodities and Services | 24 | 231 | 367 | 482 | 528 | 580 |

注．本表至8-12表城镇居民家庭收支抽样调查资料,2005年以前数据为拉萨市城镇居民家庭调查数据,2006年以后为全区城镇居民家庭调查数据。

Note:Date from the tables to 8-12 are obtained from the sample survey on income and expenditures of urban households.

The data before 2005 are obtained from the sample survey on income and expenditures of Lhasa urban households.

Since 2006, the data obtained from the sample survey on income and expenditures of Tibet urban households.

# 7-8 城镇居民家庭平均每百户年底耐用消费品拥有量

## NUMBER OF MAJOR DURABLE CONSUMER GOODS OWNED PER 100 URBAN HOUSEHOLDS AT YEAR-END

| 项　目 | Item | | 1990 | 1995 | 2000 | 2005 | 2007 | 2010 | 2011 | 2012 |
|---|---|---|---|---|---|---|---|---|---|---|
| 助力车 | (辆) Auto-bicycle | (unit) | | | | | … | 5 | 9 | 10 |
| 家用汽车 | (辆) Automobile | (unit) | | | | 3 | 7 | 16 | 25 | 27 |
| 家用电脑 | (台) Household Computer | (unit) | | | 1 | 19 | 18 | 39 | 59 | 63 |
| 组合音响 | (台) Hi-Fi Stereo Component System | (unit) | | 13 | 24 | 32 | 38 | 39 | 32 | 30 |
| 微波炉 | (台) Microwave Oven | (unit) | | | 3 | 34 | 15 | 27 | 39 | 39 |
| 洗衣机 | (台) Washing Machine | (unit) | 42 | 78 | 100 | 95 | 82 | 84 | 88 | 88 |
| 电冰箱 | (台) Refrigerator | (unit) | 24 | 50 | 74 | 88 | 73 | 81 | 86 | 86 |
| 摩托车 | (辆) Motorcycle | (unit) | 1 | 9 | 5 | 7 | 14 | 12 | 16 | 16 |
| 彩色电视机 | (台) Color TV Set | (unit) | 88 | 98 | 120 | 135 | 112 | 129 | 128 | 129 |
| 淋浴热水器 | (台) Shower | (unit) | | 1 | 12 | 25 | 16 | 26 | 32 | 33 |
| 照相机 | (架) Camera | (unit) | 26 | 46 | 54 | 56 | 37 | 37 | 44 | 48 |
| 中高档乐器 | (件) Other Medium and High Grade Musical Instrument | (unit) | 8 | 2 | 2 | 2 | 2 | 1 | 1 | 2 |
| 摄像机 | (台) Cold Wind Machine | (unit) | | | | 6 | 5 | 6 | 9 | 11 |
| 空调器 | (台) Air Conditioner | (unit) | | 2 | 3 | 5 | 3 | 6 | 13 | 15 |
| 消毒碗柜 | (台) Dish-sterilization Boxes | (unit) | | | | 8 | 3 | 5 | 7 | 6 |
| 洗碗机 | (台) Dish-washer | (unit) | | | | 2 | 1 | 1 | 1 | 1 |
| 健身器材 | (套) Healthy Equipment | (sets) | | | | 1 | 1 | 2 | 3 | 3 |
| 固定电话 | (部) Fixed Telephones | (unit) | | | | 89 | 85 | 79 | 68 | 67 |
| 移动电话 | (部) Mobile Telephone | (unit) | | | 30 | 112 | 119 | 156 | 183 | 187 |
| 钢琴 | (架) Piano | (unit) | | | | | … | 1 | … | 1 |

# 7-9 城镇居民家庭平均每人全年购买主要商品数量

## PER CAPITA ANNUAL PURCHASES OF MAJOR COMMODITIES IN URBAN HOUSEHOLDS

| 指 标 | Item | | 1990 | 1995 | 2000 | 2005 | 2007 | 2010 | 2011 | 2012 |
|---|---|---|---|---|---|---|---|---|---|---|
| 粮食 (千克) | Grain | (kg) | 149.7 | 117.9 | 91.4 | 99.7 | 107.1 | 100.8 | 98.2 | 90.5 |
| 油脂类 (千克) | Oil and Fats | (kg) | 7.2 | 6.5 | 7.6 | 14.4 | 11.1 | 10.3 | 8.3 | 8.5 |
| 猪肉 (千克) | Pork | (kg) | 10.4 | 16.5 | 14.4 | 12.8 | 9.2 | 9.8 | 7.3 | 7.1 |
| 牛肉 (千克) | Beef | (kg) | 5.4 | 13.5 | 13.8 | 15.4 | 21.4 | 17.1 | 17.9 | 16.7 |
| 羊肉 (千克) | Mutton | (kg) | 5.4 | 2.0 | 1.7 | 2.6 | 5.6 | 3.0 | 2.9 | 2.8 |
| 家禽 (千克) | Poultry | (kg) | 1.4 | 2.6 | 4.9 | 9.1 | 3.7 | 4.0 | 2.9 | 3.3 |
| 鲜蛋 (千克) | Eggs | (kg) | 3.8 | 9.5 | 4.9 | 5.9 | 5.8 | 6.7 | 4.1 | 4.2 |
| 水产品类 (千克) | Aquatic Products | (kg) | 2.7 | | 5.7 | 6.0 | 1.9 | 2.1 | 1.4 | 1.7 |
| 鲜菜 (千克) | Fresh Vegetables | (kg) | 52.4 | 68.9 | 84.7 | 105.7 | 82.2 | 71.5 | 72.7 | 74.7 |
| 白酒 (千克) | Liquor | (kg) | 1.5 | 0.9 | 0.7 | 0.4 | 0.2 | 0.3 | 0.2 | 0.2 |
| 啤酒 (千克) | Beer | (kg) | 9.3 | 12.9 | 6.4 | 10.0 | 11.5 | 22.2 | 14.1 | 14.2 |
| 茶叶 (千克) | Tea | (kg) | 1.0 | 1.6 | 1.4 | 0.6 | 0.7 | 2.7 | 2.3 | 2.2 |
| 干鲜瓜果 (千克) | Dried and Fresh Melons and Fruits | (kg) | 15.6 | 26.9 | 35.7 | 42.8 | 24.9 | 22.8 | 22.9 | 24.0 |
| 糕点 (千克) | Cake | (kg) | 1.2 | 1.5 | 1.9 | 2.5 | 1.9 | 1.9 | 1.7 | 1.5 |
| 服装 (件) | Garments | (unit) | 1.8 | 5.0 | 5.0 | 3.4 | 3.2 | 3.5 | 4.6 | 3.9 |

# 7-10 按收入等级分的城镇居民家庭平均每百户年底耐用消费品拥有量（2012年）

| 项目 | | Item | | 总平均 Average | 最低收入户 Lowest Incme Households | #贫困户 Difficult Households |
|---|---|---|---|---|---|---|
| 助力车 | (辆) | Auto-bicycle | (unit) | 10 | 16 | 12 |
| 家用汽车 | (辆) | Automobile | (unit) | 27 | 5 | |
| 家用电脑 | (台) | Household Computer | (unit) | 63 | 6 | 2 |
| 组合音响 | (台) | Hi-Fi Stereo Component System | (unit) | 30 | 1 | |
| 微波炉 | (台) | Microwave Oven | (unit) | 39 | 6 | 2 |
| 洗衣机 | (台) | Washing Machine | (unit) | 88 | 55 | 54 |
| 电冰箱 | (台) | Refrigerator | (unit) | 86 | 55 | 54 |
| 摩托车 | (辆) | Motorcycle | (unit) | 16 | 10 | 13 |
| 彩色电视机 | (台) | Color TV Set | (unit) | 129 | 106 | 106 |
| 淋浴热水器 | (台) | Shower | (unit) | 33 | 2 | 3 |
| 照相机 | (架) | Camera | (unit) | 48 | 9 | 7 |
| 中高档乐器 | (件) | Other Medium and High Grade Musical Instrument | (unit) | 2 | | |
| 摄像机 | (台) | Cold Wind Machine | (unit) | 11 | 1 | |
| 空调器 | (台) | Air Conditioner | (unit) | 15 | 3 | |
| 消毒碗柜 | (台) | Dish-sterilization Boxes | (unit) | 6 | | |
| 洗碗机 | (台) | Dish-washer | (unit) | 1 | … | |
| 健身器材 | (套) | Healthy Equipment | (sets) | 3 | | |
| 固定电话 | (部) | Fixed Telephones | (unit) | 67 | 52 | 43 |
| 移动电话 | (部) | Mobile Telephone | (unit) | 187 | 141 | 142 |
| 钢琴 | (架) | Piano | (unit) | 1 | | |

# NUMBER OF MAJOR DURABLE CONSUMER GOODS OWNED PER 100 URBAN HOUSEHOLDS AT YEAR-END BY LEVEL OF INCOME (2012)

| 低收入户<br>Low Income Households | 中等偏下户<br>Lower Middle Income Huoseholds | 中等收入户<br>Middle Income Households | 中等偏上户<br>Upper Middle Income Households | 高收入户<br>High Income Households | 最高收入户<br>Highest Income Households |
|---|---|---|---|---|---|
| 22 | 6 | 8 | 10 | 5 | 7 |
| 6 | 21 | 30 | 40 | 47 | 33 |
| 17 | 51 | 76 | 86 | 98 | 89 |
| 19 | 36 | 34 | 36 | 36 | 31 |
| 24 | 33 | 44 | 54 | 50 | 52 |
| 83 | 89 | 96 | 93 | 97 | 92 |
| 81 | 86 | 93 | 94 | 95 | 77 |
| 31 | 17 | 22 | 13 | 6 | 8 |
| 110 | 122 | 130 | 142 | 155 | 131 |
| 12 | 27 | 40 | 49 | 45 | 36 |
| 14 | 44 | 54 | 66 | 70 | 57 |
|  | 1 | 2 | 3 | 1 | 2 |
|  |  |  |  |  |  |
| 4 | 4 | 12 | 22 | 17 | 10 |
| 4 | 14 | 18 | 23 | 17 | 14 |
| 5 | 3 | 5 | 11 | 12 | 10 |
| 2 | 1 | 1 | 3 | 2 | 1 |
|  | 5 | 1 | 4 | 6 | 7 |
| 46 | 73 | 77 | 72 | 77 | 53 |
| 153 | 182 | 199 | 210 | 207 | 187 |
|  |  | 1 | 3 | 2 |  |

# 7-11 城镇居民家庭平均每人全年消费性支出

## ANNUAL PER CAPITAL LIVING EXPENDITURES OF URBAN HOUSEHOLDS

单位：元 (yuan)

| 项　目 | Item | 1990 | 1995 | 2000 | 2007 | 2010 | 2011 | 2012 |
|---|---|---|---|---|---|---|---|---|
| **消费性支出** | **Total Living Expenditurs** | **1340** | **3912** | **5554** | **7532** | **9686** | **10399** | **11184** |
| **食　品** | **Food** | **888** | **2255** | **2570** | **3837** | **4848** | **5184** | **5518** |
| 粮食 | Grain | 83 | 343 | 280 | 425 | 432 | 518 | 463 |
| 淀粉及薯类 | Starches and tubers | | 37 | 35 | 33 | 34 | 26 | 27 |
| 干豆类及豆制品 | Btarches and Tubers | 9 | 12 | 11 | 10 | 5 | 10 | 11 |
| 油脂类 | Oil and Fats | 17 | 62 | 72 | 129 | 163 | 136 | 143 |
| 肉类 | Meat | 156 | 415 | 426 | 884 | 996 | 1049 | 1119 |
| 禽类 | Poultry | 40 | 104 | 106 | 72 | 89 | 76 | 85 |
| 蛋类 | Eggs | 21 | 57 | 50 | 49 | 54 | 49 | 41 |
| 水产品类 | Aquatic Products | 14 | 44 | 97 | 47 | 51 | 41 | 51 |
| 鲜菜 | Fresh Vegetables | 86 | 234 | 280 | 431 | 533 | 566 | 635 |
| 干菜 | Dry Vegetables | 8 | 21 | 25 | 30 | 32 | 33 | 43 |
| 菜制品 | Vegetables Products | 1 | 2 | 2 | 5 | 1 | 1 | 5 |
| 调味品 | Condiments | 10 | 13 | 20 | 37 | 46 | 60 | 59 |
| 糖类 | Sugar | 18 | 47 | 69 | 79 | 59 | 64 | 54 |
| 烟草类 | Tobacco | 123 | 243 | 275 | 421 | 408 | 444 | 496 |
| 酒类 | Liquor and Beverages | 54 | 81 | 107 | 167 | 184 | 183 | 178 |
| 饮料 | Beverages | 26 | 38 | 50 | 75 | 114 | 110 | 122 |
| 鲜果 | Fresh Fruits | 40 | 120 | 163 | 162 | 206 | 243 | 252 |
| 鲜瓜 | Fresh Melons | 5 | 15 | 23 | 13 | 18 | 21 | 23 |
| 其它干鲜瓜果类制品 | Melons and Fruits Products | 3 | 8 | 10 | 12 | 25 | 29 | 40 |
| 糕点类 | Cake | 6 | 16 | 35 | 35 | 38 | 34 | 34 |
| 奶及奶制品 | Milk and Dairy Products | 21 | 251 | 283 | 285 | 311 | 410 | 399 |
| 其他食品 | Other Food | 121 | 13 | 36 | 78 | 82 | 152 | 156 |
| 食品加工服务费 | Food Processig Service Fees | | 2 | 13 | 2 | 1 | 2 | 3 |
| 在外饮食 | Dining Out | 26 | 75 | 103 | 356 | 964 | 927 | 1080 |

7-11 续表 continued

单位：元　(yuan)

| 项　目 | Item | 1990 | 1995 | 2000 | 2007 | 2010 | 2011 | 2012 |
|---|---|---|---|---|---|---|---|---|
| **衣　着** | **Clothing** | **208** | **774** | **876** | **880** | **1159** | **1261** | **1362** |
| 服装 | Garments | 77 | 565 | 657 | 616 | 842 | 874 | 947 |
| 衣着材料 | Clothing Materials | 71 | 27 | 22 | 9 | 5 | 7 | 4 |
| 鞋类 | Shoes | | | | 240 | 288 | 362 | 390 |
| 其他衣着用品 | Other Clothing | | | | 13 | 20 | 15 | 14 |
| 衣着加工服务费 | Tailoring and Laundering Service Fees | | 2 | 2 | 2 | 4 | 4 | 7 |
| **居　住** | **Residence** | **27** | **151** | **340** | **628** | **727** | **781** | **845** |
| 住房 | Housing | 2 | 40 | 100 | 77 | 137 | 147 | 190 |
| 水电燃料其他 | Water , Electricity , Fuels and Others | 25 | 111 | 240 | 537 | 560 | 588 | 619 |
| 居住服务费 | Residence Services | | | | 15 | 29 | 45 | 36 |
| **家庭设备用品及服务** | **Household Facilities , Articles and Services** | **122** | **134** | **275** | **271** | **376** | **428** | **475** |
| 耐用消费品 | Durable Consumer Goods | 50 | 42 | 151 | 42 | 76 | 76 | 95 |
| 室内装饰品 | Room Decorations | 1 | 10 | 17 | 18 | 20 | 19 | 34 |
| 床上用品 | Bed Articles | | 27 | 28 | 74 | 87 | 98 | 93 |
| 家庭日用杂品 | Household Articles for Daily Use | 6 | 51 | 73 | 124 | 179 | 213 | 234 |
| 家具材料 | Furniture Materials | 64 | … | … | 5 | 5 | 12 | 9 |
| 家庭服务 | Household Services | | 4 | 6 | 8 | 11 | 10 | 10 |
| **医疗保健** | **Medicine and Medical Services** | **10** | **109** | **265** | **273** | **386** | **424** | **467** |
| **交通和通讯** | **Transportation and Communications** | **12** | **102** | **443** | **866** | **1231** | **1278** | **1387** |
| 交通 | Transportation | 5 | 93 | 134 | 286 | 569 | 544 | 582 |
| 通讯 | Communications | 7 | 9 | 309 | 581 | 662 | 734 | 805 |
| **教育文化娱乐服务** | **Education, Recreation and Cultural Services** | **48** | **156** | **419** | **441** | **478** | **514** | **550** |
| 文化娱乐用品 | Culture and Recreation Articles | 3 | 36 | 105 | 89 | 145 | 113 | 139 |
| 教育 | Education | 25 | 104 | 256 | 264 | 198 | 228 | 225 |
| 文化娱乐服务 | Cultrre and Recreation Service | 20 | 16 | 58 | 89 | 135 | 174 | 186 |
| **其它商品和服务** | **Others Commodities and Services** | **24** | **231** | **367** | **336** | **482** | **528** | **580** |
| 其它商品服务 | Others Commodities and Services | 24 | 231 | 367 | 336 | 482 | 528 | 580 |

# 7-12 按收入等级分组城镇居民家庭人均消费支出情况（2012年）

单位：元

| 项　目 | Item | 总平均 Average | 最低收入户 Lowest-Income Households | #贫困户 Difficult Households |
|---|---|---|---|---|
| **消费性支出** | **Total Living Expenditurs** | **11184** | **4992** | **4509** |
| **食　品** | **Food** | **5518** | **2958** | **2663** |
| 粮油类 | Grain and Oil | 643 | 513 | 491 |
| 肉禽蛋水产品类 | Meat,Poultry,Eggs and Aquatic Products | 1297 | 803 | 713 |
| 蔬菜类 | Vegetables | 683 | 438 | 387 |
| 调味品 | Condiments | 59 | 25 | 19 |
| 糖烟酒饮料类 | Suger,Cigarette and Liquor | 849 | 465 | 443 |
| 干鲜瓜果类 | Dried and Fresh Melons and Fruits | 316 | 146 | 123 |
| 糕点、奶及奶制品 | Cake,Milk and Dairy Products | 432 | 367 | 371 |
| 其他食品 | Other Food | 156 | 30 | 20 |
| 饮食服务 | Dining Service | 1083 | 171 | 96 |
| **衣　着** | **Clothing** | **1362** | **532** | **476** |
| 服装 | Garments | 947 | 351 | 330 |
| 衣着材料 | Clothing Materials | 4 | 2 | 2 |
| 鞋类 | Shoes | 390 | 172 | 137 |
| 其他衣着用品 | Other Clothing | 14 | 6 | 7 |
| 衣着加工服务费 | Tailoring and Laundering Service Fees | 7 | 2 | 1 |
| **居　住** | **Residence** | **845** | **448** | **407** |
| 住房 | Housing | 190 | 33 | 15 |
| 水电燃料及其他 | Water , Electricity , Fuels and Others | 619 | 413 | 391 |
| 居住服务费 | Residence Services | 36 | 2 | |

# PER CAPITAL ANNUAL LIVING EXPENDITURE OF URBAN HOUSEHOLDS

## (GROUPED BY LEVEL OF INCOME) (2012)

(yuan)

| 低收入户 Low Income Households | 中等偏下户 Lower Middle Income Households | 中等收入户 Middle Income Households | 中等偏上户 Upper Middle Income Households | 高收入户 High Income Households | 最高收入户 Highest Income Households |
|---|---|---|---|---|---|
| **6346** | **8448** | **11158** | **14416** | **17330** | **27331** |
| **3661** | **4335** | **5488** | **6688** | **8560** | **11967** |
| 535 | 581 | 650 | 702 | 794 | 988 |
| 972 | 1046 | 1250 | 1400 | 2071 | 2872 |
| 562 | 623 | 711 | 767 | 835 | 1136 |
| 35 | 60 | 70 | 80 | 61 | 77 |
| 575 | 549 | 751 | 971 | 1516 | 2546 |
| 215 | 269 | 344 | 370 | 441 | 640 |
| 332 | 329 | 426 | 447 | 643 | 882 |
| 73 | 130 | 181 | 240 | 230 | 243 |
| 361 | 748 | 1105 | 1711 | 1970 | 2583 |
| **677** | **954** | **1322** | **1908** | **2215** | **3470** |
| 461 | 638 | 896 | 1345 | 1606 | 2511 |
| 3 | 3 | 3 | 4 | 6 | 15 |
| 199 | 294 | 404 | 534 | 579 | 885 |
| 13 | 16 | 13 | 16 | 13 | 25 |
| 1 | 3 | 6 | 9 | 12 | 34 |
| **531** | **667** | **802** | **1051** | **1413** | **1810** |
| 71 | 126 | 165 | 326 | 371 | 438 |
| 450 | 509 | 597 | 676 | 982 | 1265 |
| 10 | 31 | 39 | 48 | 60 | 107 |

7-12 续表 continued

单位：元

| 项　目 | Item | 总计 Total | 最低收入户 Lowest Income Households | #贫困户 Difficult Households |
|---|---|---|---|---|
| **家庭设备用品及服务** | **Household Facilities , Articles and Services** | **475** | **132** | **100** |
| 耐用消费品 | Durable Consumer Goods | 95 | 10 | 9 |
| 室内装饰品 | Room Decorations | 34 | 8 | 2 |
| 床上用品 | Bed Articles | 93 | 22 | 7 |
| 家庭日用杂品 | Household Articles for Daily Use | 234 | 90 | 82 |
| 家具材料 | Furniture Materials | 9 | 1 | |
| 家庭服务 | Household Services | 10 | 1 | … |
| **医疗保健** | **Medicine and Medical Services** | **467** | **155** | **158** |
| 医疗器具 | Medical Treatment Apparatus | 1 | … | |
| 保健器具 | Medical Services Apparatus | 6 | | |
| 药品费 | Medicines | 262 | 126 | 130 |
| 滋补保健品 | Medical Prouducts | 71 | 8 | 13 |
| 医疗费 | Medical Treatment | 112 | 18 | 11 |
| 其他 | Others | 14 | 3 | 3 |
| **交通和通讯** | **Transportation and Communications** | **1387** | **431** | **400** |
| 交通 | Transportation | 582 | 97 | 92 |
| 通讯 | Communications | 805 | 334 | 309 |
| **教育文化娱乐服务** | **Education, Recreation and Cultural Services** | **550** | **139** | **125** |
| 文化娱乐用品 | Recreational Articles | 139 | 61 | 70 |
| 文化娱乐服务 | Recreational Services | 186 | 31 | 27 |
| 教育 | Education | 225 | 47 | 27 |
| **其它商品和服务** | **Others Commodities and Services** | **580** | **197** | **180** |
| 其它商品 | Others Commodities | 320 | 87 | 80 |
| 服务 | Services | 260 | 110 | 101 |

(yuan)

| 低收入户 Low Income Households | 中等偏下户 Lower Middle Income Households | 中等收入户 Middle Income Households | 中等偏上户 Upper Middle Income Households | 高收入户 High Income Households | 最高收入户 Highest Income Households |
|---|---|---|---|---|---|
| **207** | **333** | **496** | **729** | **688** | **1162** |
| 18 | 53 | 111 | 177 | 127 | 245 |
| 28 | 11 | 16 | 50 | 29 | 228 |
| 44 | 73 | 95 | 140 | 133 | 218 |
| 111 | 182 | 241 | 338 | 379 | 448 |
| 1 | 1 | 19 | 14 | 12 | 13 |
| 5 | 13 | 14 | 10 | 8 | 11 |
| **201** | **343** | **420** | **610** | **813** | **1476** |
| … | 2 | 2 | … | 4 | 3 |
| 2 | 2 | 6 | 16 | 6 | 11 |
| 141 | 211 | 271 | 324 | 390 | 613 |
| 20 | 36 | 62 | 103 | 139 | 309 |
| 35 | 84 | 66 | 144 | 226 | 524 |
| 3 | 9 | 13 | 23 | 49 | 16 |
| **558** | **915** | **1360** | **1861** | **2046** | **4905** |
| 143 | 291 | 494 | 788 | 933 | 3014 |
| 415 | 623 | 866 | 1074 | 1112 | 1891 |
| **236** | **415** | **614** | **782** | **735** | **1445** |
| 57 | 67 | 143 | 187 | 199 | 527 |
| 89 | 138 | 179 | 273 | 286 | 540 |
| 90 | 210 | 292 | 322 | 250 | 378 |
| **276** | **486** | **657** | **787** | **860** | **1095** |
| 129 | 268 | 372 | 438 | 502 | 612 |
| 148 | 218 | 285 | 349 | 358 | 483 |

# 7-13 城镇居民家庭平均每人全年现金收支情况 (2012年)

单位：元

| 项　目 | Item | 总平均 Average | 最低收入户 Lowest Incme Households | #贫困户 Difficult Households |
|---|---|---|---|---|
| **可支配收入** | **Disposable Income** | **18028** | **4719** | **3840** |
| **家庭总收入** | **Household Total Income** | **20224** | **4943** | **4106** |
| 工薪收入 | Wage and Salary | 17672 | 3089 | 2660 |
| #工资及补贴收入 | Wage and Subsidies | 17042 | 2040 | 1861 |
| 经营净收入 | Business Income | 571 | 529 | 258 |
| 财产性收入 | Property Income | 418 | 264 | 249 |
| 转移性收入 | Transfer Income | 1563 | 1060 | 939 |
| #养老金或离退休金 | Pensions | 1120 | 284 | 125 |
| **出售财物收入** | **Income of Selling Assets** | **19** | **110** | |
| **借贷收入** | **Income for Savings and Credit** | **799** | **79** | **43** |
| #提取储蓄存款 | Drawing Deposita from Bank | 418 | 77 | 43 |
| #住房贷款 | Housing Loans | 230 | | |
| **家庭总支出** | **Household Total Expenditures** | **14205** | **5195** | **4771** |
| 消费支出 | Living Expenditure | 11184 | 4992 | 4509 |
| #服务性消费支出 | Service Expenditure | 2453 | 702 | 586 |
| #食品 | Food | 5518 | 2958 | 2663 |
| 购房与建房支出 | Purchasing and Constructing Housese | 208 | | |
| 转移性支出 | Transfer Expenditures | 714 | 38 | 43 |
| 财产性支出 | Property Expenditures | 15 | | |
| 社会保障支出 | Social Security Expenditures | 2084 | 165 | 219 |
| **借贷支出** | **Expenditure for Savings and Credit** | **5745** | **820** | **577** |
| #存入储蓄款 | Deposit Money in Bank | 4336 | 659 | 493 |
| #归还住房贷款 | Returning Housing Loans | 1152 | 131 | 38 |

# URBAN HOUSEHOLD ANNUAL PER CAPITAL CASH INCOME (2012)

(yuan)

| 低收入户 Low Income Households | 中等偏下户 Lower Middle Income Huoseholds | 中等收入户 Middle Income Households | 中等偏上户 Upper Middle Income Households | 高收入户 High Income Households | 最高收入户 Highest Income Households |
|---|---|---|---|---|---|
| **7575** | **11950** | **17850** | **25259** | **34344** | **48350** |
| **8089** | **13280** | **20413** | **28558** | **38491** | **54222** |
| 5489 | 10508 | 18303 | 26268 | 34209 | 50946 |
| 3949 | 9764 | 18009 | 25920 | 34073 | 50751 |
| 1095 | 806 | 362 | 276 | 450 | 594 |
| 449 | 282 | 333 | 130 | 1527 | 925 |
| 1055 | 1684 | 1415 | 1884 | 2305 | 1757 |
| 380 | 1265 | 1120 | 1617 | 2060 | 1010 |
| 4 | | | | | **82** |
| **467** | **660** | **454** | **1760** | **446** | **2364** |
| 270 | 390 | 453 | 596 | 428 | 894 |
| 77 | 145 | | 999 | 18 | |
| **7040** | **10370** | **14235** | **19388** | **22871** | **35834** |
| 6346 | 8448 | 11158 | 14416 | 17330 | 27331 |
| 1094 | 1828 | 2567 | 3479 | 3809 | 6102 |
| 3661 | 4335 | 5488 | 6688 | 8560 | 11967 |
| | 244 | | 825 | | |
| 256 | 451 | 607 | 939 | 1541 | 2806 |
| | 5 | 25 | 45 | | |
| 437 | 1223 | 2445 | 3162 | 4001 | 5697 |
| **1332** | **3043** | **5560** | **8943** | **12726** | **17200** |
| 1122 | 2620 | 4463 | 6846 | 8063 | 12275 |
| 124 | 246 | 741 | 1791 | 4003 | 4609 |

# 7-14 按收入等级分的城镇居民家庭平均每人全年购买主要商品数量（2012年）

单位：公斤

| 指 标 | Item | 总平均 Average | 最低收入户 Lowest Incme Households | #贫困户 Difficult Households |
|---|---|---|---|---|
| 粮 食 | Grain | 90.5 | 86.0 | 88.1 |
| 油脂类 | Oil and Fats | 8.5 | 7.1 | 6.5 |
| 猪 肉 | Pork | 7.1 | 3.0 | 2.4 |
| 牛 肉 | Beef | 16.7 | 13.4 | 12.8 |
| 羊 肉 | Mutton | 2.8 | 1.8 | 2.1 |
| 家 禽 | Poultry | 3.3 | 0.9 | 0.6 |
| 鲜 蛋 | Eggs | 4.2 | 4.4 | 4.1 |
| 水产品类 | Aquatic Products | 1.7 | 0.2 | 0.1 |
| 鲜 菜 | Fresh Vegetables | 74.7 | 52.3 | 46.8 |
| 白 酒 | Liquor | 0.2 | … | … |
| 啤 酒 | Beer | 14.2 | 13.4 | 13.7 |
| 茶 叶 | Tea | 2.2 | 3.6 | 4.1 |
| 干鲜瓜果 | Dried and Fresh Melons and Fruits | 24.0 | 13.4 | 11.7 |
| 糕 点 | Cake | 1.5 | 0.6 | 0.4 |
| 服 装 (件) | Garments (unit) | 3.9 | 2.5 | 2.5 |

# PER CAPITA ANNUAL PURCHASES OF MAJOR COMMODITIES OF URBAN HOUSEHOLDS BY LEVEL OF INCOME(2012)

(kg)

| 低收入户 Low Income Households | 中等偏下户 Lower Middle Income Huosehold s | 中等收入户 Middle Income Households | 中等偏上户 Upper Middle Income Households | 高收入户 High Income Households | 最高收入户 Highest Income Households |
|---|---|---|---|---|---|
| 82.5 | 78.6 | 86.8 | 94.5 | 112.7 | 134.2 |
| 7.2 | 7.9 | 9.0 | 9.3 | 9.2 | 11.8 |
| 5.4 | 6.7 | 8.4 | 7.8 | 7.6 | 13.5 |
| 14.0 | 12.6 | 14.9 | 17.5 | 28.5 | 34.4 |
| 1.8 | 1.9 | 1.9 | 2.7 | 6.6 | 8.9 |
| 1.6 | 2.8 | 3.8 | 4.1 | 3.9 | 8.5 |
| 3.7 | 3.3 | 3.6 | 4.2 | 6.0 | 7.8 |
| 0.5 | 1.4 | 2.1 | 2.1 | 2.3 | 4.8 |
| 67.7 | 69.8 | 80.0 | 81.5 | 78.3 | 114.0 |
| 0.1 | 0.2 | 0.3 | 0.3 | 0.3 | 0.5 |
| 15.2 | 7.2 | 10.1 | 13.0 | 26.9 | 43.0 |
| 2.4 | 1.6 | 1.9 | 1.7 | 2.6 | 3.7 |
| 18.4 | 20.1 | 25.3 | 28.4 | 31.4 | 44.9 |
| 1.0 | 1.1 | 1.7 | 1.9 | 2.3 | 3.8 |
| 2.9 | 3.1 | 3.6 | 4.8 | 5.1 | 8.4 |

# 7-15 农村居民家庭基本情况

## BASIC CONDITIONS OF RURAL HOUSEHOLDS

| 项　目 | Item | 1990 | 1995 | 2000 | 2007 | 2010 | 2011 | 2012 |
|---|---|---|---|---|---|---|---|---|
| **调查户数　（户）** | **Number of Households Surveyed (unit)** | **480** | **480** | **480** | **1480** | **1480** | **1480** | **1480** |
| **调查户人口　（人）** | **Number of Residents Surveyed (person)** | | | | | | | |
| 常住人口 | Number of Permanent Residents in the Households Surveyed | 2787 | 3145 | 3255 | 9256 | 9271 | 8444 | 8424 |
| 平均每户常住人口 | Average Number of Permanent Residents Per Household | 5.81 | 6.55 | 6.78 | 6.25 | 6.26 | 5.71 | 5.69 |
| 平均每户整半劳力 | Average Number of Able-bodied and Semi-able-bodied Laborers per Household | 3.43 | 4.03 | 3.91 | 3.67 | 3.93 | 3.42 | 3.44 |
| 平均每个劳动力负担人口（含本人） | Average Number of Persons Supported by a Laborer(including the laborer himself or herself) | 1.44 | 1.63 | 1.74 | 1.70 | 1.59 | 1.67 | 1.65 |
| **平均每人年收入　（元）** | **Per Capita Annual Income (yuan)** | | | | | | | |
| 总收入 | Total Revenue | 623 | 1501 | 1727 | 3598 | 5027 | 6138 | 6986 |
| 纯收入 | Net Income | 447 | 1200 | 1331 | 2788 | 4139 | 4904 | 5719 |
| **平均每人年支出　（元）** | **Per Capita Annual Expenditure (yuan)** | | | | | | | |
| 总支出 | Total Expenditure | 485 | 1211 | 1477 | 2912 | 3311 | 3834 | 3968 |
| 家庭经营费用支出 | Expenditure for Household Business | 110 | 180 | 227 | 508 | 530 | 617 | 622 |
| 生活消费支出 | Expenditure for Consumption | 341 | 873 | 1117 | 2167 | 2503 | 2742 | 2968 |
| 其他非生产性支出 | Other Nonproductive Expenditure | 35 | 157 | 133 | 237 | | | |
| 现金支出 | Cash Expenditure | 262 | 704 | 719 | 2107 | 2533 | 3122 | 3101 |
| 生产费用 | Productive Costs | 63 | 223 | 228 | 438 | 509 | 855 | 745 |
| 缴纳税金和上交集体税费支出 | Expenditure for Tax and Fee | 0.46 | 2.59 | 4.90 | 2.39 | 0.14 | 0.60 | 5.89 |
| 生活消费支出 | Expenditure for Consumption | 173 | 413 | 477 | 1640 | 1969 | 2236 | 2304 |
| 储蓄借贷支出 | Expenditure for Savings and Credit | 16 | 52 | 10 | 383 | 241 | 333 | 382 |

# 7-16 农村居民家庭平均每人总收入

## PER CAPITA ANNUAL GROSS INCOME OF RURAL HOUSEHOLDS

单位：元　　(yuan)

| 项　目 | Item | 1990 | 1995 | 2000 | 2007 | 2010 | 2011 | 2012 |
|---|---|---|---|---|---|---|---|---|
| **总收入** | **Gross Income** | **623** | **1501** | **1727** | **3598** | **5027** | **6138** | **6986** |
| 基本收入 | Basic Income | 582 | 1392 | 1547 | 3150 | 4388 | 5372 | 6129 |
| 工资性收入 | Income of Wages and Salaries | 1 | 79 | 232 | 612 | 891 | 1008 | 1202 |
| 集体组织劳动报酬 | From Collectivev Organization | 1 | … | 107 | 97 | 99 | 104 | 113 |
| 企业劳动报酬 | From Enterprises | … | … | 22 | 45 | 38 | 60 | 71 |
| 其他单位劳动报酬 | From Other Units | … | 79 | 102 | 470 | 754 | 844 | 1018 |
| 家庭经营收入 | Income from Household Business Operation | 580 | 1313 | 1316 | 2538 | 3497 | 4364 | 4927 |
| 转移性和财产性收入 | Transfer Income and Property Income | 42 | 109 | 179 | 448 | 639 | 766 | 857 |
| **按收入来源分** | **Grouped by Sourse** | | | | | | | |
| 基本收入 | Basic Income | 582 | 1392 | 1547 | 3150 | 4388 | 5372 | 6129 |
| 工资性收入 | Income of Wages and Salaries | 1 | 79 | 232 | 612 | 891 | 1008 | 1202 |
| 家庭经营收入 | Income from Household Business Operation | 580 | 1313 | 1316 | 2538 | 3497 | 4363 | 4927 |
| 农业收入 | Farming | 288 | 586 | 517 | 1139 | 1625 | 1945 | 2199 |
| 林业收入 | Forestry | 15 | 45 | 9 | 119 | 160 | 150 | 169 |
| 牧业收入 | Animal Husbandry | 130 | 307 | 271 | 843 | 1075 | 1491 | 1639 |
| 渔业收入 | Fishery | … | … | … | … | 1 | | |
| 工业收入 | Industry | 1 | 10 | 34 | 16 | 25 | 31 | 40 |
| 建筑业收入 | Construction | 9 | 20 | 143 | 62 | 75 | 94 | 84 |
| 运输业收入 | Transportion | 22 | 85 | 161 | 195 | 321 | 411 | 519 |
| 批发和零售贸易餐饮业收入 | Wholesale and Retail Trades and Catering Trades | 11 | 57 | 47 | 96 | 131 | 173 | 199 |
| 服务业收入 | Service Trade | 1 | 13 | 15 | 33 | 44 | 67 | 76 |
| 其他收入 | Others | 39 | 148 | 115 | 35 | 40 | 1 | 2 |
| 转移性和财产性收入 | Transfer Income and Property Income | 42 | 109 | 179 | 448 | 639 | 766 | 857 |
| **按收入性质分** | **Grouped by Type of Income** | | | | | | | |
| 生产性收入 | Productive Income | 580 | 1392 | 1547 | 3150 | 4388 | 5372 | 6129 |
| 第一产业收入 | Primary Industry | 505 | 1127 | 913 | 2101 | 2860 | 3585 | 4090 |
| 第二产业收入 | Secondary Industry | 18 | 50 | 177 | 620 | 992 | 1214 | 1385 |
| 第三产业收入 | Teriary Industry | 57 | 215 | 458 | 429 | 536 | 573 | 654 |
| 非生产性收入 | Nonproductive Income | 42 | 109 | 179 | 448 | 639 | 766 | 857 |

# 7-17 农村居民家庭平均每人纯收入

## PER CAPITA ANNUAL NET INCOME OF RURAL HOUSEHOLDS

单位：元 (yuan)

| 项　目 | Item | 1990 | 1995 | 2000 | 2007 | 2010 | 2011 | 2012 |
|---|---|---|---|---|---|---|---|---|
| **纯收入** | **Net Income** | **447** | **1200** | **1331** | **2788** | **4139** | **4904** | **5719** |
| 基本收入 | Basic Income | 417 | 1101 | 1221 | 2348 | 3504 | 4147 | 4880 |
| 工资性收入 | Income of Wages | 1 | 79 | 232 | 611 | 891 | 1008 | 1202 |
| 集体组织劳动报酬 | From Collectivev Organization | 1 | … | 107 | 97 | 99 | 104 | 113 |
| 企业劳动报酬 | From Enterprises | … | … | 22 | 45 | 38 | 60 | 71 |
| 其他单位劳动报酬 | From Other Units | … | 79 | 102 | 470 | 754 | 844 | 1018 |
| 家庭经营收入 | Income from Household Business Operation | 416 | 1022 | 989 | 1735 | 2613 | 3139 | 3678 |
| 转移性和财产性收入 | Transfer Income and Property Income | 30 | 99 | 110 | 442 | 635 | 757 | 839 |
| **按收入来源分** | **Grouped by Sourse** | | | | | | | |
| 基本收入 | Basic Income | 417 | 1101 | 1221 | 2348 | 3504 | 4147 | 4880 |
| 工资性收入 | Income of Wages | 1 | 79 | 232 | 611 | 891 | 1008 | 1202 |
| 家庭经营收入 | Income from Household Business Operation | 416 | 1022 | 989 | 1735 | 2613 | 3139 | 3678 |
| 农业收入 | Farming | 206 | 457 | 314 | 811 | 1239 | 1433 | 1670 |
| 林业收入 | Forestry | 11 | 35 | 9 | 117 | 158 | 144 | 162 |
| 牧业收入 | Animal Husbandry | 93 | 239 | 218 | 508 | 731 | 1040 | 1186 |
| 渔业收入 | Fishery | … | … | … | … | 1 | | |
| 工业收入 | Industry | 1 | 8 | 31 | 14 | 24 | 28 | 38 |
| 建筑业收入 | Construction | 7 | 16 | 143 | 52 | 71 | 73 | 60 |
| 运输业收入 | Transportion | 16 | 66 | 112 | 92 | 198 | 220 | 329 |
| 批发和零售贸易餐饮业收入 | Wholesale and Retail Trades and Catering Trades | 8 | 45 | 46 | 81 | 113 | 136 | 159 |
| 服务业收入 | Service Trade | 1 | 10 | 14 | 32 | 43 | 62 | 73 |
| 其他收入 | Others | 28 | 115 | 102 | 29 | 35 | 2 | 1 |
| 转移性和财产性收入 | Transfer Income and Property Income | 30 | 99 | 110 | 442 | 635 | 757 | 839 |
| **按收入性质分** | **Grouped by Type of Income** | | | | | | | |
| 生产性收入 | Productive Income | 417 | 1101 | 1221 | 2348 | 3504 | 4147 | 4880 |
| 第一产业收入 | Primary Industry | 356 | 877 | 752 | 1435 | 2129 | 2618 | 3080 |
| 第二产业收入 | Secondary Industry | 8 | 44 | 174 | 570 | 924 | 937 | 1103 |
| 第三产业收入 | Teriary Industry | 54 | 181 | 295 | 343 | 451 | 592 | 697 |
| 非生产性收入 | Nonproductive Income | 30 | 99 | 110 | 448 | 635 | 757 | 839 |

# 7-18 农村居民家庭平均每人生活消费支出

## PER CAPTA LIVING EXPENDITURE OF RURAL HOUSEHOLDS

单位：元　　(yuan)

| 项　目 | Item | 1990 | 1995 | 2000 | 2007 | 2010 | 2011 | 2012 |
|---|---|---|---|---|---|---|---|---|
| **生活消费支出** | **Living Expenditure** | **341** | **873** | **1117** | **2167** | **2502** | **2742** | **2968** |
| **按消费类别分** | **By Category of Consumption** | | | | | | | |
| 食品 | Food | 253 | 644 | 886 | 1082 | 1287 | 1385 | 1592 |
| #主食 | Staple Food | 114 | 106 | 263 | 443 | 526 | 564 | 674 |
| 副食 | Non-Staple Food | 91 | 191 | 399 | 554 | 653 | 735 | 826 |
| 其他食品 | Other Food | 48 | 347 | 216 | 85 | 108 | 86 | 92 |
| 衣着 | Clothing | 43 | 93 | 87 | 234 | 317 | 331 | 373 |
| 居住 | Residence | 20 | 45 | 47 | 371 | 308 | 328 | 252 |
| 家庭设备用品及服务 | Household Facilities , Articles and Services | 19 | 62 | 40 | 134 | 174 | 186 | 173 |
| 医疗保健 | Medicines and Medical Services | … | 6 | 16 | 61 | 75 | 66 | 83 |
| 交通通讯 | Transportation and Communications | … | 8 | 15 | 161 | 219 | 349 | 364 |
| 文教娱乐用品及服务 | Cultural , Educational and Recreational Articles and Services | 2 | 6 | 11 | 64 | 51 | 41 | 41 |
| 其他商品及服务 | Other Commodities and Services | 5 | 9 | 14 | 60 | 71 | 56 | 90 |
| **按消费性质分** | **By Source of Consumption** | | | | | | | |
| 货币性消费 | Consumption Paid in Money | 173 | 413 | 477 | 1639 | 1969 | 2236 | 2304 |
| 食品 | Food | 87 | 204 | 257 | 592 | 771 | 881 | 930 |
| 衣着 | Clothing | 43 | 92 | 87 | 222 | 304 | 331 | 373 |
| 居住 | Residence | 18 | 26 | 36 | 350 | 304 | 326 | 249 |
| 家庭设备用品及服务 | Household Facilities , Articles and Services | 19 | 61 | 40 | 130 | 174 | 186 | 173 |
| 医疗保健 | Medicines and Medical Services | … | 6 | 16 | 61 | 75 | 66 | 83 |
| 交通通讯 | Transportation and Communications | … | 8 | 15 | 160 | 219 | 349 | 364 |
| 文教娱乐用品及服务 | Cultural , Educational and Recreational Articles and Services | 2 | 6 | 11 | 64 | 51 | 41 | 41 |
| 其他商品及服务 | Other Commodities and Services | 5 | 9 | 14 | 60 | 71 | 56 | 91 |
| 实物性消费 | Consumption in kind | 168 | 460 | 640 | 528 | 533 | 506 | 664 |
| 食品 | Food | 165 | 440 | 629 | 490 | 516 | 504 | 661 |
| 衣着 | Clothing | | 1 | … | 12 | 13 | | |
| 居住 | Residence | 3 | 19 | 11 | 21 | 4 | 2 | 3 |
| 家庭设备用品及服务 | Household Facilities , Articles and Services | | 1 | | 4 | | | |
| 医疗保健 | Medicines and Medical Services | | | | | | | |
| 交通通讯 | Transportation and Communications | | | | 1 | | | |
| 文教娱乐用品及服务 | Cultural , Educational and Recreational Articles and Services | … | | | | | | |
| 其他商品及服务 | Other Commodities and Services | | … | | | | | |

# 7-19 农村居民家庭主要实物消费量

## MAIN CONSUMPTIONS IN KIND OF RURAL HOUSEHOLDS

| 项目 | | Item | | 1990 | 1995 | 2000 | 2007 | 2010 | 2011 | 2012 |
|---|---|---|---|---|---|---|---|---|---|---|
| 粮食(原粮) | (公斤/人) | Grain (Unprocessed) | (kg/person) | 183.63 | 264.56 | 280.18 | 290.60 | 277.89 | 246.28 | 277.44 |
| 细粮 | | Wheat and Rice | | 155.64 | 89.08 | 134.73 | 174.73 | 161.27 | 145.23 | 132.72 |
| 稻谷 | | Rice | | 4.12 | 13.04 | 40.06 | 74.06 | 64.84 | 58.38 | 54.68 |
| 小麦 | | Wheat | | 55.45 | 76.04 | 94.67 | 100.67 | 96.43 | 86.85 | 78.04 |
| 粗粮 | | Non-Wheat and Rice | | 27.99 | 175.48 | 145.45 | 115.87 | 116.62 | 101.05 | 144.72 |
| 蔬菜 | (公斤/人) | Vegetables | (kg/person) | 22.83 | 23.31 | 23.58 | 24.00 | 16.16 | 13.88 | 14.03 |
| 食用油 | (公斤/人) | Edible oil | (kg/person) | 3.56 | 4.59 | 6.17 | 7.07 | 7.23 | 7.29 | 7.73 |
| 植物油 | | Vegetable Oil | | 2.18 | 3.55 | 5.00 | 6.07 | 6.16 | 5.42 | 5.86 |
| 动物油 | | Animal Oil | | 1.38 | 1.04 | 1.17 | 1.00 | 1.07 | 1.87 | 1.87 |
| 肉类 | (公斤/人) | Meat | (kg/person) | 14.69 | 12.17 | 11.83 | 17.83 | 15.95 | 18.54 | 21.19 |
| #猪肉 | | Pork | | 1.48 | 1.06 | 1.90 | 2.46 | 2.43 | 2.29 | 2.3 |
| 牛羊奶 | (公斤/人) | Cow and Sheep Milk | (kg/person) | 50.02 | 14.06 | 12.25 | 38.29 | 78.27 | 38.27 | 33.6 |
| 家禽 | (公斤/人) | Poultry | (kg/person) | 0.01 | 0.01 | 0.01 | 0.04 | 0.04 | 0.02 | 0.02 |
| 蛋类 | (公斤/人) | Eggs | (kg/person) | 0.51 | 1.05 | 0.64 | 0.64 | 0.87 | 0.51 | 0.56 |
| 鱼虾 | (公斤/人) | Fish and Shrimp | (kg/person) | | 0.01 | 0.01 | 0.01 | 0.01 | … | |
| 食糖 | (公斤/人) | Sugar | (kg/person) | 1.06 | 2.43 | 2.62 | 2.64 | 3.1 | 2.61 | 2.51 |
| 酒 | (公斤/人) | Liquor | (kg/person) | 96.37 | 0.53 | 0.89 | 2.71 | 3.35 | 4.02 | 3.43 |
| 茶叶 | (公斤/人) | Tea | (kg/person) | 3.97 | 2.35 | 1.77 | 8.11 | 6.64 | 5.95 | 5.94 |
| 建筑材料 | | Building Material | | | | | | | | |
| 水泥 | (公斤/人) | Cement | (kg/person) | 0.73 | 0.22 | 0.94 | 29.24 | 33.03 | 14.43 | 11.65 |
| 木材 | (立方米/户) | Timber | (cu.m/person) | 0.24 | 0.21 | 0.95 | 0.50 | 3.47 | 0.10 | 0.06 |
| 玻璃 | (平方米/户) | Glass | m/household) | 0.03 | 0.11 | 0.09 | 0.34 | 0.88 | 0.03 | 0.02 |
| 服装 | (件/人) | Garments | piece/person) | 0.69 | 0.99 | 1.06 | 0.72 | 1.05 | 1.2 | 1.23 |
| 化肥 | (公斤/人) | Chemical Fertilizers | (kg/person) | 70.85 | 73.25 | 14.5 | 22.52 | 21.11 | 14.73 | 14.8 |
| 农药 | (公斤/人) | Pesticides | (kg/person) | | 0.47 | 1.32 | 1.32 | 1.00 | 4.78 | 1.54 |
| 生产用燃料 | (公斤/人) | Fuels for Prodution | (kg/person) | 13.26 | 15.03 | 13.17 | 7.19 | 21.23 | 28.67 | 33.28 |

# 7-20 农村居民家庭人均粮食收支平衡情况

## PER CAPITA GRAIN BALANCE OF RURAL HOUSEHOLDS

单位：公斤　　(kg)

| 项　目 | Item | 1990 | 1995 | 2000 | 2007 | 2010 | 2011 | 2012 |
|---|---|---|---|---|---|---|---|---|
| **年初粮食结存** | **Grain Remainder at Year-head** | **617.69** | **578.41** | **960.11** | **966.88** | **1149.43** | **1112.31** | **1035.31** |
| **年内粮食收入合计** | **Total Grain Income This Year** | **516.45** | **553.82** | **680.36** | **503.13** | **555.24** | **626.27** | **677.38** |
| 家庭经营 | From Household Management | 495.59 | 528.95 | 628.89 | 382.88 | 422.04 | 501.86 | 530.63 |
| 购入 | Purchase | 16.85 | 24.06 | 50.31 | 118.89 | 132.77 | 124.32 | 120.98 |
| 收回借出粮 | Grains Took Back Lending | 0.14 | 0.05 | 0.12 | 0.01 | | … | 25.5 |
| 其他 | Others | 3.86 | 0.57 | 1.04 | 1.35 | | 0.08 | 0.27 |
| **年内粮食支出** | **Total Grain Expenditure This Year** | **379.51** | **390.43** | **411.63** | **409.98** | **421.15** | **346.54** | **410.65** |
| 主食用粮 | Grains for Staple Food | 198.03 | 233.14 | 282.66 | 290.61 | 277.89 | 246.28 | 277.44 |
| 其他生活用粮 | For Other Consumption | 6.46 | 2.85 | 1.24 | 4.71 | 8.18 | 3.98 | 3.81 |
| 出售 | Sale | 52.22 | 56.53 | 47.34 | 41.99 | 60.18 | 41.26 | 75.04 |
| 种籽 | Seeds | 42.65 | 30.07 | 24.95 | 19.41 | 22 | 19.71 | 24.46 |
| 饲料 | Fodder | 39.04 | 38.58 | 48.47 | 52.04 | 52.37 | 35.26 | 29.87 |
| 借出 | Lended | 0.02 | 0.12 | 0.12 | 0.04 | | | |
| 归还借粮 | Grains Returned Borrowing | 0.07 | 0.02 | 0.17 | 0.01 | 0.05 | | |
| 其他 | Others | 7.28 | 0.55 | 6.68 | 1.17 | 0.48 | 0.04 | 0.03 |
| **年末粮食结存** | **Grains Remainder at Year-end** | **754.53** | **741.79** | **1228.84** | **987.58** | **1283.52** | **1392.04** | **1302.04** |
| #口粮 | Grain Ration | 303.87 | 425.94 | 749.59 | 438.93 | | | |
| 饲料 | Fodder | 29.60 | 74.72 | 191.35 | 77.25 | | | |
| 种籽 | Seeds | 31.48 | 67.77 | 113.61 | 52.59 | | | |

# 7-21 农村居民家庭平均每百户主要耐用物品拥有量

## NUMBER OF DURABLE CONSUMER GOODS OWNED PER 100 RURAL HOUSEHOLDS AT THE YEAR-END

| 项　目 | | Item | | 1990 | 1995 | 2000 | 2007 | 2009 | 2010 | 2011 | 2012 |
|---|---|---|---|---|---|---|---|---|---|---|---|
| 自行车 | (辆) | Bicycle | (unit) | 6.80 | 11.73 | 79.38 | 32.09 | 32.02 | 32.64 | 7.09 | 8.38 |
| 洗衣机 | (台) | Washing Machine | (unit) | | 0.13 | 2.29 | 8.58 | 9.70 | 10.41 | 22.22 | 27.77 |
| 摩托车 | (辆) | Motorcycle | (unit) | | 0.03 | 0.20 | 33.37 | 42.56 | 46.69 | 76.14 | 79.86 |
| 黑白电视机 | (台) | Black and White TV Set | (unit) | 0.32 | 0.73 | 4.79 | 1.35 | 2.16 | 2.09 | 1.55 | 1.48 |
| 彩色电视机 | (台) | Colour TV Set | (unit) | 0.04 | 0.57 | 8.96 | 53.91 | 68.44 | 73.45 | 104.72 | 106.49 |
| 照相机 | (台) | Camera | (unit) | 0.04 | 0.03 | 0.83 | 0.68 | 1.08 | 0.95 | 1.42 | 1.55 |
| 电冰箱 | (台) | Refrigerator | (unit) | | | 0.41 | 10.13 | 11.82 | 14.73 | 29.39 | 32.7 |
| 电话机 | (部) | Telephone | (unit) | | | 0.20 | 44.66 | 77.97 | 98.04 | 168.51 | 183.18 |
| 影碟机 | (台) | VCD Player | (unit) | | | 0.41 | 29.59 | 45.06 | 45.27 | 48.37 | 49.73 |
| 电动自行车 | (辆) | Electraic-bicycle | (unit) | | | | 0.08 | 0.87 | 0.95 | 0.2 | 0.34 |

# 7-22 农村居民家庭主要农产品生产量、出售量

## PRODUCTS AND SALES OF MAJOR AGRICULTURE OF RURAL HOUSEHOLDS

| 项　目 | | Item | | 1990 | 1995 | 2000 | 2007 | 2009 | 2010 | 2011 | 2012 |
|---|---|---|---|---|---|---|---|---|---|---|---|
| **生产量** | | **Products** | | | | | | | | | |
| 粮食 | (公斤/人) | Grain | (kg/person) | 496.66 | 528.95 | 628.89 | 382.88 | 340.61 | 371.90 | 477.92 | 505.05 |
| 油料 | (公斤/人) | Oil-bearing Crops | (kg/person) | 16.97 | 20.90 | 20.66 | 18.78 | 21.83 | 25.97 | 19.92 | 21.29 |
| 蔬菜 | (公斤/人) | Vegetables | (kg/person) | 63.90 | 61.73 | 74.17 | 28.91 | 30.11 | 31.32 | 32.64 | 12.74 |
| 水果 | (公斤/人) | Fruits | (kg/person) | 2.83 | 4.37 | 4.16 | 2.76 | 4.19 | 3.45 | 4.21 | 4.18 |
| **出售量** | | **Sales** | | | | | | | | | |
| 粮食 | (公斤/人) | Grain | (kg/person) | 10.71 | 56.54 | 47.34 | 42.00 | 49.68 | 50.23 | 35.68 | 70.75 |
| 油料 | (公斤/人) | Oil-bearing Crops | (kg/person) | 22.57 | 4.34 | 3.21 | 5.71 | 4.88 | 3.46 | 3.25 | 4.45 |
| 蔬菜 | (公斤/人) | Vegetables | (kg/person) | 5.10 | 4.28 | 6.47 | 6.48 | 7.04 | 7.27 | 1.94 | 1.27 |
| 水果 | (公斤/人) | Fruits | (kg/person) | 20.40 | 0.69 | 0.82 | 0.67 | 0.96 | 1.14 | 2.3 | 2.43 |
| 猪肉 | (公斤/人) | Pork | (kg/person) | 14.05 | 0.32 | 0.96 | 1.40 | 1.46 | 1.17 | 1 | 1.04 |
| 羊肉 | (公斤/人) | Mutton | (kg/person) | 17.27 | 1.05 | 0.18 | 3.49 | 4.98 | 3.63 | 4.19 | 5.25 |
| 牛羊奶 | (公斤/人) | Cow and Goat Milk | (kg/person) | 0.35 | 3.14 | 1.89 | 1.17 | 0.78 | 1.01 | 3.44 | 5.79 |
| 家禽 | (只/人) | Poultry | (head/person) | 2.82 | 0.26 | 0.23 | 1.19 | 0.02 | 0.06 | 0.05 | 0.09 |
| 禽蛋 | (公斤/人) | Poultry Eggs | (kg/person) | 15.27 | 0.62 | 0.69 | 0.35 | 0.33 | 0.24 | 0.27 | 0.29 |
| 羊毛 | (公斤/户) | Wool | (kg/household) | 18.11 | 0.56 | 7.64 | 10.47 | 17.52 | 16.01 | 16.49 | 8.53 |

# Chapter 8

## AGRICULTURE

# 8-1 农村和农业基本情况

## BASIC CONDITIONS OF RURAL AND AGRICULTURE

| 项目 | Item | | 2000 | 2011 | 2012 |
|---|---|---|---|---|---|
| 乡村户数 | (万户) Number of Rural Households | (10000 units) | 37.83 | 50.34 | 52.36 |
| 乡村劳动力 | (万人) Number of Rural Laborers | (10000 persons) | 100.83 | 126.08 | 127.92 |
| 男 | Male | | 50.80 | 65.43 | 66.84 |
| 女 | Female | | 50.03 | 60.65 | 61.08 |
| 按行业分乡村劳动力 | (万人) Number of Rural Laborers by Sector | (10000 persons) | 100.83 | 126.08 | 127.92 |
| 农业林牧渔业 | Farming,Forestry,Animal Husbandry & Fishery | | 90.12 | 91.88 | 92.07 |
| 工业 | Industry | | 1.57 | 2.75 | 3.14 |
| 建筑业 | Construction | | 2.33 | 11.62 | 12.33 |
| 交通运输业、仓储及邮电通信业 | Transport,Storage,Post and Telecommunications | | 1.89 | 3.89 | 4.25 |
| 批发零售贸易业餐饮业 | Wholesale and Retail Trade & Catering Services | | 1.99 | 3.34 | 5.57 |
| 其他非农业行业 | Other Non-agricultural Trades | | 2.93 | 9.63 | 10.56 |
| 年末实有耕地面积 | (千公顷) Cultivated Areas (Year-end) | (1000 hectares) | 230.85 | 231.57 | 232.57 |
| 水田 | Paddy Fields | | 1.09 | 1.13 | 1.23 |
| 旱地 | Dry Fields | | 229.76 | 230.43 | 231.34 |
| 当年减少耕地面积 | (千公顷) Decrease in Cultivated Area by Cause | (1000 hectares) | 0.94 | 0.71 | 0.75 |
| 农村机械总动力 | (千瓦) Total Agricultural Machinery Power | (1000 kw) | 1145276 | 4450898 | 4994835 |
| 农用大中型拖拉机 | (台) Number of Large & Medium Tractors | (unit) | 2025 | 26761 | 36074 |
| 农用大中型拖拉机 | (千瓦) Capacity of Large & Medium Tractors | (1000 kw) | 126960 | 747127 | 782093 |
| 小型拖拉机 | (台) Number of Mini-tractors | (unit) | 30999 | 133805 | 141512 |
| 小型拖拉机 | (千瓦) Capacity of Mini-tractors | (1000 kw) | 332177 | 1826992 | 1952234 |
| 化肥施用量 | (吨) Consumption of Chemical Fertilizers | (ton) | 24955 | 47916 | 49876 |
| 农林牧渔业总产值 | (万元) Gross Output of Farming, Forestry, Animal Husbandry and Fishery | (10000 yuan) | 512185 | 1093675 | 1183267 |
| #农业 | Farming | | 263649 | 496152 | 533863 |
| 牧业 | Animal Husbandry | | 235282 | 541123 | 590193 |
| 农作物总播种面积 | (千公顷) Total Sown Area | (1000 hectares) | 231.05 | 241.43 | 243.95 |
| #粮食 | Grain Crops | | 201.44 | 170.15 | 170.86 |
| 油料 | Oil-bearing Crops | | 16.11 | 24.02 | 24.02 |
| 蔬菜 | Vegetables | | | 22.40 | 23.72 |
| 粮食总产量 | (万吨) Yield of Grain Crops | (10000 tons) | 96.22 | 93.73 | 94.89 |
| #小麦 | Wheat | | 30.73 | 24.91 | 24.57 |
| 年末牲畜总头数 | (万头) Number of Animals (Year-end) | (10000 heads) | 2266.31 | 2185.21 | 2056.31 |
| 猪牛羊肉产量 | (万吨) Output of Pork,Beef and Mutton | (10000 tons) | 14.93 | 27.67 | 28.95 |

# 8-2 农村基本情况

## BASIC CONDITIONS OF RURAL

| 年份 地区<br>Year Region | 乡村户数<br>(万户)<br>Number of Households<br>(10000 households) | 乡村从业人员<br>(万人)<br>Number of Rural Employed Persons<br>(10000 persons) | 男<br>Male | 女<br>Female |
|---|---|---|---|---|
| 1965 | 23.14 | 67.94 | | |
| 1978 | 30.84 | 80.86 | | |
| 1980 | 31.31 | 81.82 | 38.69 | 43.13 |
| 1985 | 31.81 | 87.83 | 43.69 | 44.14 |
| 1986 | 32.31 | 89.64 | 43.82 | 45.82 |
| 1987 | 32.55 | 90.15 | 44.60 | 45.55 |
| 1988 | 32.81 | 89.15 | 44.57 | 44.58 |
| 1989 | 33.15 | 90.33 | 45.22 | 45.11 |
| 1990 | 33.49 | 90.85 | 45.00 | 45.85 |
| 1991 | 33.89 | 91.19 | 45.35 | 45.84 |
| 1992 | 34.21 | 91.55 | 46.03 | 45.52 |
| 1993 | 35.04 | 92.81 | 46.20 | 46.61 |
| 1994 | 35.79 | 94.35 | 47.21 | 47.33 |
| 1995 | 35.44 | 94.71 | 47.57 | 47.14 |
| 1996 | 34.87 | 95.34 | 47.71 | 47.63 |
| 1997 | 36.28 | 97.77 | 49.03 | 48.72 |
| 1998 | 36.75 | 97.52 | 50.14 | 47.38 |
| 1999 | 37.11 | 100.91 | 51.05 | 49.86 |
| 2000 | 37.83 | 100.83 | 50.80 | 50.03 |
| 2001 | 38.34 | 100.67 | 51.08 | 49.60 |
| 2002 | 38.87 | 103.50 | 52.64 | 50.86 |
| 2003 | 39.02 | 103.61 | 52.66 | 50.95 |
| 2004 | 39.26 | 105.69 | 53.52 | 52.17 |
| 2005 | 40.35 | 108.83 | 55.31 | 53.52 |
| 2006 | 40.75 | 109.92 | 55.86 | 54.06 |
| 2007 | 42.78 | 112.42 | 57.72 | 54.70 |
| 2008 | 44.09 | 115.07 | 59.40 | 55.67 |
| 2009 | 46.03 | 119.36 | 61.77 | 57.59 |
| 2010 | 47.78 | 121.94 | 63.78 | 58.16 |
| 2011 | 50.34 | 126.08 | 65.43 | 60.65 |
| 2012 | 52.36 | 127.92 | 66.84 | 61.07 |
| 拉萨市 Lhasa | 6.78 | 15.96 | 8.39 | 7.57 |
| 昌都地区 Qamdo | 10.45 | 29.73 | 15.64 | 14.09 |
| 山南地区 Shannan | 8.17 | 15.27 | 7.72 | 7.55 |
| 日喀则地区 Xigazê | 12.74 | 35.85 | 18.84 | 17.01 |
| 那曲地区 Nagqu | 9.33 | 19.77 | 10.24 | 9.53 |
| 阿里地区 Ngari | 2.00 | 4.74 | 2.44 | 2.30 |
| 林芝地区 Nyingchi | 2.89 | 6.60 | 3.57 | 3.03 |

# 8-3 乡村从业人员

## RURAL EMPLOYED PERSONS BY SECTOR

单位：万人　(10000 persons)

| 年份 Year | 地区 Region | 合计 Total | 农林牧渔业 Farming Forestry, Animal Husbandry and Fishery | 工业 Industry | 建筑业 Construction | 交通运输、仓储和邮政业 Transportation, Storage and Post | 批发和零售业 Wholesale and Retail Trade | 其它非农行业 Other Non-agricultural Trades |
|---|---|---|---|---|---|---|---|---|
| 1978 | | 80.86 | 79.65 | 0.30 | | | | 0.91 |
| 1985 | | 87.83 | 85.02 | 0.37 | 0.21 | 0.41 | 0.80 | 1.02 |
| 1986 | | 89.64 | 84.68 | 0.66 | 0.43 | 0.59 | 0.89 | 2.39 |
| 1987 | | 90.15 | 84.75 | 0.99 | 0.42 | 0.62 | 0.87 | 2.50 |
| 1988 | | 89.15 | 84.35 | 0.90 | 0.50 | 0.68 | 0.87 | 1.85 |
| 1989 | | 90.33 | 85.71 | 0.51 | 0.51 | 0.75 | 0.84 | 2.01 |
| 1990 | | 90.85 | 86.01 | 0.40 | 0.48 | 0.79 | 0.67 | 2.50 |
| 1991 | | 91.19 | 86.05 | 0.52 | 0.41 | 0.91 | 0.73 | 2.57 |
| 1992 | | 91.55 | 85.86 | 0.63 | 0.47 | 0.92 | 0.76 | 2.91 |
| 1993 | | 92.81 | 87.15 | 1.07 | 0.69 | 0.95 | 0.84 | 2.11 |
| 1994 | | 94.35 | 88.92 | 1.02 | 0.87 | 1.01 | 0.93 | 1.60 |
| 1995 | | 94.72 | 88.48 | 1.23 | 0.79 | 1.17 | 1.12 | 1.93 |
| 1996 | | 95.34 | 88.68 | 1.29 | 1.03 | 1.42 | 1.18 | 1.74 |
| 1997 | | 97.77 | 90.34 | 1.40 | 1.32 | 1.37 | 1.23 | 2.11 |
| 1998 | | 97.52 | 88.79 | 1.56 | 1.63 | 1.63 | 1.39 | 2.52 |
| 1999 | | 100.91 | 91.75 | 1.33 | 1.56 | 1.68 | 1.43 | 3.16 |
| 2000 | | 100.83 | 90.12 | 1.57 | 2.33 | 1.89 | 1.99 | 2.93 |
| 2001 | | 100.68 | 88.84 | 1.86 | 2.72 | 2.04 | 1.74 | 3.48 |
| 2002 | | 103.50 | 88.80 | 1.66 | 2.97 | 2.39 | 2.11 | 5.57 |
| 2003 | | 103.61 | 84.39 | 1.95 | 5.75 | 2.28 | 2.21 | 7.03 |
| 2004 | | 105.69 | 85.19 | 2.03 | 5.96 | 2.52 | 2.57 | 7.42 |
| 2005 | | 108.83 | 85.53 | 2.62 | 5.63 | 2.98 | 2.81 | 9.26 |
| 2006 | | 109.92 | 86.38 | 2.65 | 5.68 | 3.01 | 2.84 | 9.36 |
| 2007 | | 112.42 | 87.67 | 2.34 | 7.71 | 3.59 | 2.64 | 8.47 |
| 2008 | | 115.07 | 88.28 | 2.39 | 7.59 | 3.50 | 2.94 | 10.37 |
| 2009 | | 119.36 | 91.19 | 2.44 | 8.41 | 3.45 | 2.80 | 11.07 |
| 2010 | | 121.94 | 91.55 | 2.97 | 8.77 | 3.69 | 3.19 | 11.77 |
| 2011 | | 126.08 | 91.88 | 2.75 | 11.62 | 3.89 | 3.34 | 12.60 |
| 2012 | | 127.92 | 92.07 | 3.14 | 12.33 | 4.25 | 3.77 | 12.36 |
| 拉萨市 | Lhasa | 15.96 | 8.88 | 0.48 | 1.68 | 1.03 | 0.61 | 3.28 |
| 昌都地区 | Qamdo | 29.73 | 24.80 | 0.90 | 1.47 | 0.64 | 0.83 | 1.09 |
| 山南地区 | Shannan | 15.27 | 8.04 | 0.42 | 4.76 | 0.48 | 0.50 | 1.08 |
| 日喀则地区 | Xigazê | 35.85 | 26.17 | 0.88 | 3.25 | 0.85 | 0.97 | 3.73 |
| 那曲地区 | Nagqu | 19.77 | 14.88 | 0.21 | 0.55 | 0.82 | 0.57 | 2.74 |
| 阿里地区 | Ngari | 4.74 | 3.67 | 0.21 | 0.43 | 0.17 | 0.11 | 0.14 |
| 林芝地区 | Nyingchi | 6.60 | 5.64 | 0.03 | 0.19 | 0.26 | 0.18 | 0.29 |

注：2002年以前交通运输、仓储和邮政业为交通运输、仓储和邮电通讯业资料,批发和零售业为批发零售贸易餐饮业资料。

Note:The Data of Transportation,Storage and Post Included Telecommunacations Before 2002.
The Data of Wholesale and Retail Sale Included Catering at 2002.

# 8-4 农林牧渔业总产值

## GROSS OUTPUT VALUE OF FARMING, FORESTRY, ANIMAL HUSBANDRY AND FISHERY

单位：万元 (10000 yuan)

| 年份 Year | 地区 Region | 农林牧渔业总产值 Gross Output Value | 农业 Farming | 林业 Forestry | 牧业 Animal Husbandry | 渔业 Fishery | 农林牧渔服务业 FFAF Services |
|---|---|---|---|---|---|---|---|
| 1959 | | 14417 | 4704 | | 9713 | | |
| 1965 | | 26420 | 8522 | 20 | 17878 | 2 | |
| 1970 | | 28028 | 8671 | 12 | 19340 | 5 | |
| 1978 | | 39228 | 14657 | 167 | 24386 | 18 | |
| 1980 | | 53215 | 24846 | 765 | 27597 | 7 | |
| 1985 | | 108875 | 50999 | 2274 | 55562 | 40 | |
| 1986 | | 99206 | 43793 | 1625 | 53756 | 32 | |
| 1987 | | 103761 | 45692 | 1528 | 56506 | 35 | |
| 1988 | | 129484 | 59684 | 1752 | 67986 | 62 | |
| 1989 | | 137126 | 64077 | 1584 | 71408 | 57 | |
| 1990 | | 195023 | 98138 | 3250 | 93573 | 62 | |
| 1991 | | 210063 | 95755 | 2949 | 111278 | 81 | |
| 1992 | | 224530 | 101092 | 3485 | 119863 | 90 | |
| 1993 | | 229860 | 100452 | 5659 | 123661 | 89 | |
| 1994 | | 268249 | 131327 | 6487 | 130335 | 100 | |
| 1995 | | 358961 | 177927 | 7151 | 173782 | 101 | |
| 1996 | | 385282 | 192157 | 8773 | 184083 | 269 | |
| 1997 | | 414546 | 218195 | 8577 | 187624 | 150 | |
| 1998 | | 423770 | 224346 | 8821 | 190350 | 253 | |
| 1999 | | 482155 | 260666 | 9224 | 212062 | 202 | |
| 2000 | | 512185 | 263649 | 13130 | 235282 | 124 | |
| 2001 | | 527791 | 276113 | 12849 | 238695 | 134 | |
| 2002 | | 558874 | 290759 | 12221 | 255772 | 122 | |
| 2003 | | 586339 | 252779 | 53084 | 270867 | 78 | 9531 |
| 2004 | | 627373 | 265638 | 57186 | 291197 | 87 | 13265 |
| 2005 | | 677408 | 298887 | 56997 | 300498 | 136 | 20890 |
| 2006 | | 704765 | 304974 | 60191 | 316975 | 1762 | 20863 |
| 2007 | | 798309 | 359382 | 63078 | 349108 | 1073 | 25668 |
| 2008 | | 884518 | 396962 | 67971 | 389629 | 2804 | 27152 |
| 2009 | | 933807 | 390575 | 71155 | 442880 | 2049 | 27147 |
| 2010 | | 1007685 | 462822 | 24602 | 488612 | 2268 | 29381 |
| 2011 | | 1093675 | 496152 | 23929 | 541123 | 2181 | 30290 |
| 2012 | | 1183267 | 533863 | 25577 | 590193 | 2220 | 31415 |
| 拉萨市 | Lhasa | 177096 | 75156 | 3884 | 94017 | 130 | 3909 |
| 昌都地区 | Qamdo | 277329 | 108868 | 12837 | 149647 | 39 | 5939 |
| 山南地区 | Shannan | 84261 | 39779 | 1691 | 35578 | 1491 | 5721 |
| 日喀则地区 | Xigazê | 329968 | 184421 | 4310 | 133373 | 331 | 7533 |
| 那曲地区 | Nagqu | 161468 | 75803 | 5 | 81285 | 23 | 4352 |
| 阿里地区 | Ngari | 56693 | 2943 | 101 | 52668 | 22 | 959 |
| 林芝地区 | Nyingchi | 96452 | 46893 | 2748 | 43624 | 184 | 3002 |
| 其它 | Others | … | … | | | | |

注：①本表按当年价格计算。②2002年以前农林牧渔业总产值不含农林牧渔服务业产值。

Note:The data in terms of value in this table are calculated at current prices.

The data of gross output of FFAF Didn't Include FFAF Services before 2002.

# 8-5　农林牧渔业总产值指数

## INDICES OF GROSS OUTPUT VALUE OF FARMING, FORESTRY, ANIMALS HUSBANDRY AND FISHERY

上年=100　　(preceding year=100)

| 年份<br>Year | 农林牧渔业总产值<br>Gross Output Value | 农　业<br>Farming | 林　业<br>Forestry | 牧　业<br>Animal | 渔　业<br>Fishery | 农林牧渔服务业<br>FFAF Services |
|---|---|---|---|---|---|---|
| 1959 | 92.1 | 109.8 | | 85.0 | | |
| 1965 | 111.3 | 107.3 | 105.0 | 113.6 | | |
| 1970 | 100.1 | 101.4 | 100.7 | 99.3 | 135.7 | |
| 1978 | 103.9 | 103.2 | 130.7 | 103.9 | 293.7 | |
| 1980 | 111.0 | 130.0 | 89.4 | 102.0 | 80.2 | |
| 1985 | 112.3 | 106.6 | 119.4 | 111.4 | 79.9 | |
| 1986 | 104.8 | 85.7 | 77.1 | 107.4 | 76.3 | |
| 1987 | 104.4 | 104.4 | 103.8 | 105.6 | 105.4 | |
| 1988 | 102.6 | 107.9 | 112.5 | 96.7 | 103.9 | |
| 1989 | 101.4 | 102.2 | 86.3 | 99.0 | 131.4 | |
| 1990 | 106.4 | 116.2 | 132.6 | 98.8 | 64.5 | |
| 1991 | 104.5 | 91.1 | 189.5 | 103.1 | 106.6 | |
| 1992 | 103.4 | 100.4 | 96.0 | 104.4 | 119.1 | |
| 1993 | 100.3 | 123.4 | 111.7 | 98.7 | 89.0 | |
| 1994 | 104.5 | 102.3 | 119.8 | 104.8 | 109.3 | |
| 1995 | 104.4 | 108.9 | 119.4 | 100.7 | 102.1 | |
| 1996 | 103.4 | 107.4 | 107.3 | 100.2 | 153.1 | |
| 1997 | 103.4 | 104.2 | 85.4 | 104.5 | 94.6 | |
| 1998 | 102.4 | 104.5 | 103.1 | 100.9 | 135.4 | |
| 1999 | 107.5 | 110.8 | 97.5 | 105.9 | 100.0 | |
| 2000 | 101.9 | 102.2 | 104.0 | 101.6 | 45.2 | |
| 2001 | 105.4 | 108.5 | 84.7 | 104.5 | 91.8 | |
| 2002 | 103.8 | 103.0 | 119.8 | 103.6 | 70.3 | |
| 2003 | 103.2 | 84.9 | 218.7 | 102.2 | 41.9 | |
| 2004 | 104.1 | 102.0 | 102.7 | 104.2 | 156.4 | 152.0 |
| 2005 | 105.1 | 109.6 | 97.0 | 92.5 | 152.2 | 155.2 |
| 2006 | 100.8 | 98.8 | 102.3 | 102.8 | 1254.7 | 97.9 |
| 2007 | 107.9 | 112.8 | 100.3 | 104.3 | 58.3 | 119.0 |
| 2008 | 106.5 | 106.1 | 103.5 | 100.2 | 251.1 | 100.0 |
| 2009 | 102.3 | 96.6 | 102.8 | 104.8 | 71.8 | 98.6 |
| 2010 | 103.5 | 112.3 | 32.8 | 107.1 | 104.9 | 105.9 |
| 2011 | 103.5 | 104.0 | 94.4 | 103.9 | 93.3 | 98.0 |
| 2012 | 103.6 | 103.0 | 102.4 | 104.5 | 97.5 | 99.3 |

注：本表按可比价格计算。

Note:The indices in this table are calculated at comparable prices.

# 8-6 农林牧渔业总产值指数

## INDICES OF GROSS OUTPUT VALUE OF FARMING, FORESTRY, ANIMALS HUSBANDRY AND FISHERY

1951年=100 (year of 1951=100)

| 年份 Year | 农林牧渔业总产值 Gross Output Value | 农业 Farming | 林业 Forestry | 牧业 Animal | 渔业 Fishery | 农林牧渔服务业 FFAF Services |
|---|---|---|---|---|---|---|
| 1959 | 102.1 | 113.2 | | 108.2 | | |
| 1965 | 187.1 | 205.1 | 145.3 | 190.3 | 100.0 | |
| 1970 | 198.6 | 209.3 | 84.5 | 198.0 | 330.6 | |
| 1978 | 277.9 | 344.4 | 1239.8 | 263.0 | 1010.9 | |
| 1980 | 320.8 | 390.0 | 2653.5 | 282.2 | 671.3 | |
| 1985 | 396.5 | 419.0 | 8122.4 | 341.7 | 1317.8 | |
| 1986 | 415.5 | 359.1 | 6262.4 | 367.0 | 1005.5 | |
| 1987 | 433.8 | 374.9 | 6500.4 | 387.6 | 1059.8 | |
| 1988 | 445.1 | 404.5 | 7313.0 | 374.8 | 1101.1 | |
| 1989 | 451.3 | 413.4 | 6311.1 | 371.1 | 1446.8 | |
| 1990 | 480.2 | 280.4 | 8368.5 | 366.6 | 933.2 | |
| 1991 | 501.9 | 437.6 | 7489.8 | 378.0 | 994.8 | |
| 1992 | 519.0 | 439.4 | 7190.2 | 394.6 | 1184.8 | |
| 1993 | 520.6 | 542.2 | 8031.5 | 389.5 | 1054.5 | |
| 1994 | 544.0 | 554.7 | 9621.7 | 408.2 | 1152.6 | |
| 1995 | 565.8 | 604.1 | 11488.3 | 411.1 | 1176.8 | |
| 1996 | 583.9 | 648.8 | 12326.9 | 411.9 | 1801.7 | |
| 1997 | 603.8 | 676.0 | 10527.2 | 430.4 | 1704.4 | |
| 1998 | 618.3 | 706.4 | 10853.5 | 434.3 | 2307.8 | |
| 1999 | 664.7 | 782.7 | 10582.2 | 459.9 | 2307.8 | |
| 2000 | 677.3 | 799.9 | 11005.5 | 467.3 | 1043.1 | |
| 2001 | 713.9 | 867.9 | 9321.7 | 488.3 | 957.6 | |
| 2002 | 741.0 | 893.9 | 11167.3 | 505.9 | 673.2 | |
| 2003 | 764.7 | 758.9 | 24423.0 | 517.0 | 282.1 | 100.0 |
| 2004 | 796.1 | 774.1 | 25082.4 | 538.8 | 441.1 | 152.0 |
| 2005 | 836.7 | 848.4 | 24355.2 | 498.9 | 671.4 | 236.5 |
| 2006 | 843.4 | 838.2 | 24915.4 | 512.9 | 8424.6 | 231.5 |
| 2007 | 910.0 | 945.5 | 24990.1 | 534.9 | 4911.5 | 275.5 |
| 2008 | 969.2 | 1003.2 | 25864.7 | 535.9 | 12332.8 | 275.5 |
| 2009 | 991.5 | 969.1 | 26588.9 | 561.6 | 8855.0 | 271.6 |
| 2010 | 1026.2 | 1088.3 | 8721.2 | 601.5 | 9288.8 | 287.6 |
| 2011 | 1062.1 | 1222.2 | 2860.5 | 644.2 | 9744.0 | 281.2 |
| 2012 | 1099.3 | 1271.0 | 2700.3 | 669.3 | 9091.1 | 275.6 |

注：本表按可比价格计算。

Note:The indices in this table are calculated at comparable prices.

# 8-7　各地市农林牧渔业总产值

## GROSS OUTPUT VALUE OF FARMING，FORESTRY，ANIMAL HUSBANDRY AND FISHERY BY REGION

单位：万元　　(10000 yuan)

| 年份 Year | 合计 Total | 拉萨 Lhasa | 昌都 Qamdo | 山南 Shannan | 日喀则 Xigazê | 那曲 Nagqu | 阿里 Ngari | 林芝 Nyingchi | 其它 Others |
|---|---|---|---|---|---|---|---|---|---|
| 1998 | 423770 | 62134 | 105601 | 47863 | 122013 | 39022 | 13863 | 28534 | 4740 |
| 1999 | 482155 | 71864 | 115291 | 52693 | 131448 | 56173 | 17004 | 32838 | 4843 |
| 2000 | 512185 | 85059 | 124269 | 53416 | 132220 | 56272 | 22473 | 34151 | 4325 |
| 2001 | 527791 | 73916 | 126207 | 53969 | 146264 | 67220 | 21003 | 36017 | 3195 |
| 2002 | 558874 | 84212 | 131970 | 54160 | 148314 | 75969 | 23832 | 40417 | 2525 |
| 2003 | 586339 | 86548 | 149635 | 50852 | 144143 | 79603 | 26760 | 46273 | 2525 |
| 2004 | 627373 | 93403 | 150532 | 56521 | 161838 | 80070 | 30619 | 53159 | 1231 |
| 2005 | 677408 | 100255 | 163423 | 55463 | 179421 | 89761 | 30463 | 57975 | 647 |
| 2006 | 704765 | 105644 | 168553 | 55887 | 187627 | 95261 | 31208 | 59966 | 619 |
| 2007 | 798309 | 116473 | 186534 | 59992 | 222011 | 109835 | 37155 | 66002 | 307 |
| 2008 | 884518 | 128401 | 207577 | 65884 | 246360 | 122109 | 41074 | 72417 | 696 |
| 2009 | 933807 | 135551 | 219636 | 69105 | 259657 | 128430 | 44188 | 76738 | 502 |
| 2010 | 1007685 | 149944 | 236928 | 72238 | 280526 | 138153 | 48091 | 81806 | |
| 2011 | 1093675 | 163173 | 256777 | 78298 | 304989 | 149627 | 52030 | 88781 | |
| 2012 | 1183267 | 177096 | 277329 | 84261 | 329968 | 161468 | 56693 | 96452 | |

注：本表按当年价格计算。

Note: The indices in this table are caculated at current prices.

# 8-8　各地市农林牧渔业总产值指数

## INDEX OF GROSS OUTPUT VALUE OF FARMING，FORESTRY，ANIMAL HUSBANDRY AND FISHERY BY REGION

上年=100　　(preceding year=100)

| 年份 Year | 合计 Total | 拉萨 Lhasa | 昌都 Qamdo | 山南 Shannan | 日喀则 Xigazê | 那曲 Nagqu | 阿里 Ngari | 林芝 Nyingchi | 其它 Others |
|---|---|---|---|---|---|---|---|---|---|
| 1998 | 102.4 | 101.6 | 103.1 | 105.1 | 106.3 | 97.7 | 89.0 | 98.6 | 151.4 |
| 1999 | 107.5 | 105.6 | 105.5 | 108.4 | 107.8 | 108.7 | 116.4 | 109.3 | 83.6 |
| 2000 | 101.9 | 105.7 | 106.3 | 100.5 | 101.0 | 97.4 | 100.7 | 99.8 | 90.1 |
| 2001 | 105.4 | 101.0 | 98.2 | 99.7 | 114.2 | 111.5 | 107.9 | 99.7 | |
| 2002 | 103.8 | 111.3 | 103.3 | 102.1 | 101.2 | 104.4 | 101.9 | 102.9 | |
| 2003 | 103.2 | 100.4 | 111.3 | 89.9 | 94.6 | 100.4 | 108.2 | 115.5 | |
| 2004 | 104.1 | 103.6 | 101.5 | 103.7 | 105.2 | 106.6 | 108.9 | 101.3 | 82.0 |
| 2005 | 105.1 | 104.5 | 105.7 | 95.5 | 107.9 | 109.2 | 96.9 | 106.2 | 51.2 |
| 2006 | 100.8 | 102.0 | 99.9 | 97.6 | 101.3 | 102.8 | 99.2 | 100.2 | 92.7 |
| 2007 | 107.9 | 105.7 | 106.1 | 102.9 | 113.5 | 110.6 | 114.2 | 105.6 | 47.6 |
| 2008 | 106.5 | 106.0 | 107.0 | 105.6 | 106.7 | 106.9 | 106.3 | 105.5 | 217.9 |
| 2009 | 102.3 | 102.3 | 102.5 | 101.6 | 102.1 | 101.9 | 104.2 | 102.7 | 69.9 |
| 2010 | 103.5 | 106.2 | 103.5 | 100.3 | 103.7 | 103.2 | 104.4 | 102.3 | |
| 2011 | 103.5 | 103.8 | 103.4 | 103.4 | 103.7 | 103.3 | 103.2 | 103.5 | |
| 2012 | 103.6 | 103.9 | 103.4 | 103.1 | 103.6 | 103.3 | 104.3 | 104.0 | |

注：本表按可比价格计算。

Note:The indices in this table are caculated at comparable prices .

# 8-9 农林牧渔业分项产值

## GROSS OUTPUT VALUE OF FARMING, FORESTRY, ANIMAL HUSBANDRY AND FISHERY BY BRANCH

| 指标 | Item | 绝对数(万元) Value (10000 yuan) | | | | | | 2012年为2011年% |
|---|---|---|---|---|---|---|---|---|
| | | 2000 | 2003 | 2007 | 2010 | 2011 | 2012 | 2012/2011 Rate |
| **农林牧渔业总产值** | **Gross Output Value** | **512185** | **586339** | **798309** | **1007685** | **1093675** | **1183267** | **103.6** |
| **农业产值** | **Farming** | **263649** | **252779** | **359382** | **462910** | **496152** | **533863** | **103.0** |
| 谷物及其它作物 | Corn and Other Crops | 190664 | 183092 | 210819 | 223833 | 246000 | 260429 | **101.4** |
| #粮食作物 | #Grain Grops | 178246 | 168417 | 182447 | 195058 | 213804 | 226475 | **101.4** |
| # 谷物 | #Corn | 172777 | 162398 | 175515 | 188369 | 207355 | 219872 | **101.5** |
| #小麦 | #Wheat | | 38157 | 43464 | 43494 | 48177 | 50051 | **99.5** |
| 玉米 | Maize | | 2253 | 3066 | 5979 | 5787 | 5738 | **95.0** |
| 薯类 | Potato | | 417 | 978 | 973 | 1055 | 1219 | **110.7** |
| 油料 | Oil Plants | | 13810 | 20988 | 23624 | 24379 | 26708 | **104.9** |
| #油菜籽 | #Rapeseed | | 12252 | 20907 | 23484 | 24243 | 26559 | **104.9** |
| **林业产值** | **Forestry** | **13130** | **53085** | **63078** | **24602** | **23929** | **25577** | **102.4** |
| 林木培育和种植 | Tree Breeding and Planting | 2668 | 6591 | 8201 | 10438 | 8554 | 10868 | **121.7** |
| 林产品 | Forest Products | 4898 | 30909 | 38368 | 2177 | 365 | 410 | **107.6** |
| 村及村以下竹木采伐 | Lumbering in Village and Below | 5564 | 9584 | 8445 | 11987 | 7615 | 14299 | **179.8** |
| **牧业产值** | **Animal Husbandry** | **235282** | **270867** | **349108** | **488612** | **541123** | **590193** | **104.5** |
| 牲 畜 | Domestic Animals | 152357 | 258429 | 330978 | 456985 | 510567 | 557586 | **104.6** |
| 牛 | Cattles | 78157 | 97436 | 130343 | 240656 | 271457 | 317815 | **112.1** |
| 猪 | Hogs | 10614 | 6606 | 14212 | 26416 | 24048 | 23541 | **93.7** |
| 羊 | Sheep and Goats | 63586 | 65259 | 84677 | 110595 | 119221 | 117205 | **94.1** |
| 家禽饲养 | Poultry Raising | 1161 | 2749 | 3858 | 5403 | 6397 | 8986 | **134.5** |
| 捕 猎 | Hunting | 136 | 634 | 6 | … | | | |
| **渔业产值** | **Fishery** | **124** | **78** | **1073** | **2268** | **2181** | **2220** | **97.5** |
| **农林牧渔服务业产值** | **FFAF Services** | | **9531** | **25667** | **29381** | **30290** | **31415** | **99.3** |

注：本表绝对数按当年价计算,指数按可比价计算。

Note:Data in terms of value in this table are calculated at current prices,while the related indices are caleulated at comparable prices.

# 8-10 农林牧渔业分项产值构成

## COMPOSITION OF GROSS OUTPUT VALUE OF FARMING, FORESTRY, ANIMAL HUSBANDRY AND FISHERY BY BRANCH

| 指　　标 | Item | 构成 Composition (%) | | | | | |
|---|---|---|---|---|---|---|---|
| | | 2000 | 2003 | 2007 | 2010 | 2011 | 2012 |
| **农林牧渔业** | **Gross Output Value** | **100.0** | **100.0** | **100.0** | **100.0** | **100.0** | **100.0** |
| **农 业** | **Farming** | **51.5** | **43.1** | **45.0** | **45.9** | **45.4** | **45.1** |
| 谷物及其它作物 | Corn and Other Crops | 37.2 | 31.2 | 26.4 | 22.2 | 22.5 | 22.0 |
| #粮食作物 | #Grain Grops | 34.8 | 28.7 | 22.9 | 19.3 | 19.5 | 19.1 |
| #谷物 | #Corn | 33.7 | 27.7 | 21.9 | 18.7 | 19.0 | 18.6 |
| #小麦 | #Wheat | | 6.5 | 5.4 | 4.3 | 4.4 | 4.2 |
| 玉米 | Maize | | 0.4 | 0.4 | 0.6 | 0.5 | 0.5 |
| 薯类 | Potato | | 0.1 | 0.1 | 0.1 | 0.1 | 0.1 |
| 油料 | Oil Plants | | 2.4 | 2.6 | 2.3 | 2.2 | 2.3 |
| #油菜籽 | #Rapeseed | | 2.1 | 2.6 | 2.3 | 2.2 | 2.2 |
| **林 业** | **Forestry** | **2.6** | **9.1** | **7.9** | **2.4** | **2.2** | **2.2** |
| 林木培育和种植 | Tree Breeding and Planting | 0.5 | 1.1 | 0.8 | 1.0 | 0.8 | 0.9 |
| 林产品 | Forest Products | 1.0 | 5.3 | 4.8 | 0.2 | … | 0.0 |
| 村及村以下竹木采伐 | Lumbering in Village and Below | 1.1 | 1.6 | 1.1 | 1.2 | 0.7 | 1.2 |
| **牧 业** | **Animal Husbandry** | **45.9** | **46.2** | **43.7** | **48.5** | **49.5** | **49.9** |
| 牲　畜 | Domestic Animals | 29.7 | 44.1 | 41.5 | 45.3 | 46.7 | 47.1 |
| 牛 | Cattles | 15.3 | 16.6 | 16.3 | 23.9 | 24.8 | 26.9 |
| 猪 | Hogs | 2.1 | 1.1 | 1.8 | 2.6 | 2.2 | 2.0 |
| 羊 | Sheep and Goats | 12.4 | 11.1 | 10.6 | 11.0 | 10.9 | 9.9 |
| 家禽饲养 | Poultry Raising | 0.2 | 0.5 | 0.4 | 0.5 | 0.6 | 0.8 |
| 捕　猎 | Hunting | … | 0.1 | … | … | 0.0 | 0.0 |
| **渔 业** | **Fishery** | **…** | **…** | **0.2** | **0.2** | **0.2** | **0.2** |
| **农林牧渔服务业** | **FFAF Services** | **…** | **1.6** | **3.2** | **2.9** | **2.8** | **2.7** |

注：本表构成按当年价计算。

Note:The data in terms of composition in this table are calculated at current prices.

# 8-11 全区农村社会总产值

## RURAL SOCIAL GROSS OUTPUT VALUE

单位：万元 (10000 yuan)

| 年份 地区 Year Region | | 农村社会总产值 Rural Social Gross Output Value | 农林牧渔业总产值 Gross Output Value | 农村工业总产值 Rural Industry Gross Output Value | 农村建筑业总产值 Rural Constration Gross Output Value | 农村运输业总产值 Rural Transportation Gross Output Value | 农村商业总产值 Rural Commerce Gross Output Value |
|---|---|---|---|---|---|---|---|
| 1985 | | 177142 | 106316 | 1233 | 3410 | 3106 | 3077 |
| 1986 | | 106147 | 97985 | 1199 | 2315 | 2303 | 2345 |
| 1987 | | 113062 | 102986 | 3204 | 1997 | 1993 | 2882 |
| 1988 | | 139970 | 128528 | 3053 | 2365 | 2541 | 3483 |
| 1989 | | 146382 | 135808 | 2064 | 2436 | 3014 | 3060 |
| 1990 | | 182283 | 170347 | 2055 | 2712 | 3433 | 3736 |
| 1991 | | 221175 | 208923 | 1551 | 2550 | 4458 | 3693 |
| 1992 | | 236362 | 223249 | 1942 | 2910 | 5009 | 3252 |
| 1993 | | 242776 | 229860 | 2381 | 2336 | 4632 | 3567 |
| 1994 | | 282293 | 268113 | 2628 | 2532 | 5206 | 2314 |
| 1995 | | 389605 | 358961 | 5857 | 5447 | 8957 | 10383 |
| 1996 | | 416824 | 382553 | 6711 | 5279 | 10992 | 11289 |
| 1997 | | 455711 | 414546 | 8901 | 8459 | 13454 | 10350 |
| 1998 | | 470337 | 423770 | 14076 | 8888 | 11820 | 11783 |
| 1999 | | 536358 | 482155 | 14588 | 10624 | 14570 | 14421 |
| 2000 | | 570808 | 512185 | 13307 | 14546 | 17086 | 13684 |
| 2001 | | 577709 | 527791 | 14244 | 12407 | 13274 | 9993 |
| 2002 | | 618802 | 558874 | 11707 | 14788 | 20832 | 12601 |
| 2003 | | 675593 | 586339 | 20033 | 23995 | 26120 | 19106 |
| 2004 | | 757243 | 627373 | 26536 | 40567 | 41556 | 21211 |
| 2005 | | 823658 | 677408 | 27207 | 43925 | 45077 | 30041 |
| 2006 | | 877722 | 704765 | 27802 | 64743 | 47445 | 32967 |
| 2007 | | 1021216 | 798309 | 29411 | 103807 | 53065 | 36624 |
| 2008 | | 1150468 | 884519 | 30385 | 126476 | 59854 | 49234 |
| 2009 | | 1236703 | 933807 | 28520 | 150398 | 67243 | 56733 |
| 2010 | | 1351837 | 1007685 | 35194 | 154366 | 82109 | 72483 |
| 2011 | | 1469501 | 1093675 | 40599 | 151534 | 95565 | 88128 |
| 2012 | | 1650604 | 1183267 | 58446 | 185357 | 113415 | 110119 |
| 拉萨市 | Lhasa | 286362 | 177096 | 23240 | 32172 | 37101 | 16753 |
| 昌都地区 | Qamdo | 363460 | 277329 | 5349 | 51146 | 7568 | 22068 |
| 山南地区 | Shannan | 194526 | 84261 | 14743 | 46415 | 31406 | 17702 |
| 日喀则地区 | Xigazê | 430557 | 329968 | 13468 | 30874 | 21305 | 34942 |
| 那曲地区 | Nagqu | 180143 | 161468 | 189 | 6675 | 5245 | 6567 |
| 阿里地区 | Ngari | 74339 | 56693 | 284 | 10068 | 2351 | 4943 |
| 林芝地区 | Nyingchi | 121216 | 96452 | 1172 | 8007 | 8440 | 7145 |

注：本表按当年价计算，全区农林牧渔业总产值中含有区直产值。

Note:The data in value terms in this table are calculated at current prices. Straight output value of containing area in the gross output value of the agriculture, forestry, animal husbandry and fishery.

# 8-12 农村社会总产值构成

## RURAL SOCIAL GROSS OUTPUT PERCENTAGE

单位：% (%)

| 年份 Year | 地区 Region | 农村社会总产值 Rural Social Gross Output Value | 农林牧渔业总产值 Gross Output Value | 农村工业总产值 Rural Industry Gross Output Value | 农村建筑业总产值 Rural Constration Gross Output Value | 农村运输业总产值 Rural Transportation Gross Output Value | 农村商业总产值 Rural Commerce Gross Output Value |
|---|---|---|---|---|---|---|---|
| 1985 | | 100.0 | 90.8 | 1.0 | 2.9 | 2.7 | 2.6 |
| 1986 | | 100.0 | 92.3 | 1.1 | 2.2 | 2.2 | 2.2 |
| 1987 | | 100.0 | 91.0 | 2.8 | 1.8 | 1.8 | 2.6 |
| 1988 | | 100.0 | 91.8 | 2.2 | 1.7 | 1.8 | 2.5 |
| 1989 | | 100.0 | 92.8 | 1.4 | 1.7 | 2.0 | 2.1 |
| 1990 | | 100.0 | 93.4 | 1.1 | 1.5 | 1.9 | 2.1 |
| 1991 | | 100.0 | 94.4 | 0.7 | 1.2 | 2.0 | 1.7 |
| 1992 | | 100.0 | 94.5 | 0.8 | 1.2 | 2.1 | 1.4 |
| 1993 | | 100.0 | 94.6 | 1.0 | 1.0 | 1.9 | 1.5 |
| 1994 | | 100.0 | 95.0 | 0.9 | 0.9 | 1.8 | 1.4 |
| 1995 | | 100.0 | 92.1 | 1.5 | 1.4 | 2.3 | 2.7 |
| 1996 | | 100.0 | 91.8 | 1.6 | 1.3 | 2.6 | 2.7 |
| 1997 | | 100.0 | 91.0 | 2.0 | 1.9 | 3.0 | 2.3 |
| 1998 | | 100.0 | 90.1 | 3.0 | 1.9 | 2.5 | 2.5 |
| 1999 | | 100.0 | 89.9 | 2.7 | 2.0 | 2.7 | 2.7 |
| 2000 | | 100.0 | 89.7 | 2.4 | 2.5 | 3.0 | 2.4 |
| 2001 | | 100.0 | 91.4 | 2.5 | 2.1 | 2.3 | 1.7 |
| 2002 | | 100.0 | 90.3 | 1.9 | 2.4 | 3.4 | 2.0 |
| 2003 | | 100.0 | 86.7 | 3.0 | 3.6 | 3.9 | 2.8 |
| 2004 | | 100.0 | 82.8 | 3.5 | 5.4 | 5.5 | 2.8 |
| 2005 | | 100.0 | 82.2 | 3.3 | 5.4 | 5.5 | 3.6 |
| 2006 | | 100.0 | 80.3 | 3.2 | 7.4 | 5.4 | 3.7 |
| 2007 | | 100.0 | 78.2 | 2.9 | 10.1 | 5.2 | 3.6 |
| 2008 | | 100.0 | 76.9 | 2.6 | 11.0 | 5.2 | 4.3 |
| 2009 | | 100.0 | 75.5 | 2.3 | 12.2 | 5.4 | 4.6 |
| 2010 | | 100.0 | 74.5 | 2.6 | 11.4 | 6.1 | 5.4 |
| 2011 | | 100.0 | 74.4 | 2.8 | 10.3 | 6.5 | 6.0 |
| 2012 | | 100.0 | 71.7 | 3.5 | 11.2 | 6.9 | 6.7 |
| 拉萨市 | Lhasa | 100.0 | 61.8 | 8.1 | 11.2 | 13.0 | 5.9 |
| 昌都地区 | Qamdo | 100.0 | 76.3 | 1.5 | 14.1 | 2.1 | 6.1 |
| 山南地区 | Shannan | 100.0 | 43.3 | 7.6 | 23.9 | 16.1 | 9.1 |
| 日喀则地区 | Xigazê | 100.0 | 76.6 | 3.1 | 7.2 | 4.9 | 8.1 |
| 那曲地区 | Nagqu | 100.0 | 89.6 | 0.1 | 3.7 | 2.9 | 3.6 |
| 阿里地区 | Ngari | 100.0 | 76.3 | 0.4 | 13.5 | 3.2 | 6.6 |
| 林芝地区 | Nyingchi | 100.0 | 79.6 | 1.0 | 6.6 | 7.0 | 5.9 |

注：本表按当年价格计算。

Note:The data in value terms in this table are calculated at current prices.

# 8-13 农业商品产值

## GROSS OUTPUT VALUE OF AGRICULTURE

单位：万元 (10000 yuan)

| 年份 Year | 地区 Region | 合 计 Total | 农 业 Farming | 林 业 Forestry | 牧 业 Animal Husbandry | 渔 业 Fishery |
|---|---|---|---|---|---|---|
| 1990 | | 39571 | 10512 | 1218 | 19648 | 13 |
| 1991 | | 45911 | 14059 | 1187 | 22861 | 15 |
| 1992 | | 52423 | 13619 | 1024 | 27893 | 24 |
| 1993 | | 55278 | 21169 | 1003 | 33086 | 20 |
| 1994 | | 75214 | 32384 | 2163 | 40640 | 27 |
| 1995 | | 108615 | 40283 | 5084 | 63215 | 33 |
| 1996 | | 111774 | 47668 | 3984 | 60032 | 90 |
| 1997 | | 122948 | 53337 | 4170 | 65398 | 43 |
| 1998 | | 123332 | 48887 | 3242 | 71055 | 148 |
| 1999 | | 153485 | 71350 | 3500 | 78485 | 150 |
| 2000 | | 166980 | 73846 | 4220 | 88829 | 85 |
| 2001 | | 184887 | 84725 | 4955 | 95084 | 122 |
| 2002 | | 204237 | 95700 | 5235 | 103194 | 108 |
| 2003 | | 235559 | 104097 | 9192 | 122177 | 93 |
| 2004 | | 300929 | 136705 | 8126 | 156000 | 98 |
| 2005 | | 327154 | 153080 | 8494 | 165477 | 103 |
| 2006 | | 379614 | 177401 | 10307 | 191800 | 106 |
| 2007 | | 425378 | 199780 | 9488 | 215995 | 115 |
| 2008 | | 485152 | 228141 | 11441 | 245455 | 115 |
| 2009 | | 560052 | 292188 | 11873 | 254372 | 1619 |
| 2010 | | 596053 | 288973 | 11521 | 293962 | 1595 |
| 2011 | | 617494 | 285682 | 11204 | 318851 | 1758 |
| 2012 | | 668265 | 287462 | 14517 | 364476 | 1811 |
| 拉萨市 | Lhasa | 94237 | 33610 | 1267 | 59175 | 186 |
| 昌都地区 | Qamdo | 191073 | 87720 | 6830 | 96523 | |
| 山南地区 | Shannan | 36487 | 22659 | 742 | 11594 | 1491 |
| 日喀则地区 | Xigazê | 125741 | 51468 | 221 | 74015 | 37 |
| 那曲地区 | Nagqu | 131737 | 65582 | 5 | 66099 | 52 |
| 阿里地区 | Ngari | 35799 | 89 | | 35710 | |
| 林芝地区 | Nyingchi | 53191 | 26335 | 5452 | 21359 | 45 |

注：本表按当年价格计算。

Note:The data in value terms in this table are calculated at current prices.

# 8-14　耕地面积

## AREAS UNDER CULTIVATION

| 年份 Year | 地区 Region | 年末实有耕地面积(千公顷) Cultivated Area (1000 hectares) | 旱地 Dry Fields | 水田 Paddy Fields | 当年减少(千公顷) Decrease in This Year (1000 hectares) | #国家基建占地 Capital Construction | 当年增加(千公顷) Increase in This Year (1000 hectares) |
|---|---|---|---|---|---|---|---|
| 1959 | | 167.63 | | | | | |
| 1965 | | 202.77 | | | | | |
| 1978 | | 227.60 | | | | | |
| 1980 | | 228.67 | | | | | |
| 1985 | | 223.55 | 223.14 | 0.41 | 4.76 | 0.13 | 2.97 |
| 1986 | | 222.33 | 221.74 | 0.59 | 1.99 | 0.06 | 0.34 |
| 1987 | | 221.40 | 220.84 | 0.56 | 1.97 | 1.60 | 1.04 |
| 1988 | | 221.50 | 220.85 | 0.65 | 0.96 | 0.06 | 2.61 |
| 1989 | | 222.35 | 221.47 | 0.88 | 0.45 | 0.21 | 1.35 |
| 1990 | | 222.50 | 221.86 | 0.64 | 1.31 | 0.10 | 1.20 |
| 1991 | | 222.90 | 222.30 | 0.60 | 1.33 | 0.04 | 1.73 |
| 1992 | | 223.79 | 222.97 | 0.83 | 0.73 | 0.02 | 1.60 |
| 1993 | | 222.62 | 221.83 | 0.79 | 0.52 | 0.07 | 0.75 |
| 1994 | | 222.84 | 222.07 | 0.77 | 0.35 | 0.09 | 0.57 |
| 1995 | | 224.47 | 221.68 | 0.79 | 0.31 | 0.08 | 2.17 |
| 1996 | | 224.80 | 223.99 | 0.81 | 3.37 | 0.34 | 3.72 |
| 1997 | | 228.76 | 227.91 | 0.85 | 0.61 | 0.20 | 3.94 |
| 1998 | | 230.32 | 229.44 | 0.88 | 0.98 | 0.17 | 2.31 |
| 1999 | | 231.16 | 230.23 | 0.93 | 1.33 | 0.09 | 2.15 |
| 2000 | | 230.83 | 229.76 | 1.07 | 0.39 | … | 0.06 |
| 2001 | | 230.20 | 229.15 | 1.05 | 1.40 | 0.25 | 0.77 |
| 2002 | | 229.89 | 228.90 | 1.00 | 2.45 | 0.66 | 2.15 |
| 2003 | | 225.34 | 224.38 | 0.96 | 6.22 | 0.79 | 2.77 |
| 2004 | | 222.74 | 221.77 | 0.97 | 4.03 | 0.35 | 1.46 |
| 2005 | | 223.01 | 222.03 | 0.98 | 1.55 | 0.37 | 1.83 |
| 2006 | | 223.01 | 222.03 | 0.98 | 1.55 | 0.37 | 1.83 |
| 2007 | | 228.23 | 227.26 | 0.97 | 1.27 | 0.68 | 1.95 |
| 2008 | | 225.92 | 224.95 | 0.97 | 0.44 | 0.09 | 1.58 |
| 2009 | | 229.57 | 228.49 | 1.08 | 0.83 | 0.04 | 5.06 |
| 2010 | | 229.53 | 228.43 | 1.10 | 1.53 | 0.09 | 1.49 |
| 2011 | | 231.57 | 230.44 | 1.13 | 0.71 | 0.14 | 2.04 |
| 2012 | | 232.57 | 231.34 | 1.23 | 0.75 | 0.19 | 1.74 |
| 拉萨市 | Lhasa | 35.11 | 35.11 | | 0.15 | 0.07 | 0.15 |
| 昌都地区 | Qamdo | 48.62 | 48.62 | | | | |
| 山南地区 | Shannan | 31.17 | 31.17 | | 0.02 | 0.01 | 0.73 |
| 日喀则地区 | Xigazê | 90.33 | 90.33 | | 0.10 | | 0.49 |
| 那曲地区 | Nagqu | 5.02 | 5.02 | | 0.05 | | 0.06 |
| 阿里地区 | Ngari | 2.78 | 2.78 | | | | |
| 林芝地区 | Nyingchi | 19.54 | 18.31 | 1.23 | 0.43 | 0.11 | 0.31 |
| 其他 | Others | | | | | | |

# 8-15 主要农业机械年末拥有量

(年底数) (year-end)

| 指　标 | | Item | | 2000 | 2001 | 2002 |
|---|---|---|---|---|---|---|
| **农业机械总动力** | (千瓦) | **Total Power of Agricultural Machinery** | (kw) | **1145276** | **1232123** | **1458024** |
| **耕作机械** | | **Cultivation Machinery** | | | | |
| 农用大中型拖拉机 | (台) | Large and Medium Agricultural Tractors | (unit) | 2025 | 2538 | 3205 |
| | (千瓦) | | (kw) | 126960 | 112967 | 106499 |
| 小型拖拉机及手扶拖拉机 | (台) | Mini and Walking Tractors | (unit) | 30999 | 38318 | 50598 |
| | (千瓦) | | (kw) | 332177 | 409866 | 513355 |
| 大中型拖拉机配套农具 | (部) | Farm Tools for Large and Medium Tractor | (unit) | 1033 | 2136 | 2558 |
| 小型拖拉机配套农具 | (部) | Farm Tools for Mini Tractor | (unit) | 11450 | 10424 | 11684 |
| 农用排灌动力机械 | | Irrigating Machinery | | | | |
| 柴油机 | (台) | Diesel Engines | (unit) | 2608 | 2853 | 3596 |
| | (千瓦) | | (kw) | 24469 | 27168 | 36276 |
| 电动机 | (台) | Electromotors | (unit) | 1476 | 1075 | 1487 |
| | (千瓦) | | (kw) | 14610 | 11697 | 15997 |
| 农用水泵 | (台) | Pumps | (unit) | 627 | 446 | 754 |
| **收获机械** | | **Harvest Machinery** | | | | |
| 联合收割机 | (台) | Combine Harvesters | (unit) | 129 | 1694 | 625 |
| | (千瓦) | | (kw) | 2354 | 2602 | 5614 |
| 机动脱粒机 | (台) | Thresher Threshing Machines | (unit) | 6859 | 8201 | 13721 |
| **运输机械** | | **Transport Machinery** | | | | |
| 农用运输车 | (辆) | Transport Vehicles for Agricultureal Use | (unit) | 3665 | 3462 | 8781 |
| | (千瓦) | | (kw) | 139727 | 168407 | 607526 |

# MAIN AGRICULTURL MACHINERY YEAR-END POSSESSED

| 2003 | 2007 | 2010 | 2011 | 2012 | 拉萨 Lhasa | 昌都 Qamdo | 山南 Shannan | 日喀则 Xigazê | 那曲 Nagqu | 阿里 Ngari | 林芝 Nyingchi |
|---|---|---|---|---|---|---|---|---|---|---|---|
| **1812121** | **3294227** | **4119871** | **4450898** | **4994835** | **939869** | **656184** | **561355** | **1745798** | **319810** | **160067** | **611752** |
| 5302 | 9973 | 22946 | 26761 | 36074 | 7033 | 1254 | 7859 | 15035 | 713 | 736 | 3444 |
| 158915 | 307370 | 531847 | 747127 | 782093 | 187330 | 26948 | 114815 | 258404 | 55107 | 9899 | 129590 |
| 60524 | 88321 | 119621 | 133805 | 141512 | 23247 | 10313 | 26794 | 57547 | 3892 | 8119 | 11600 |
| 662170 | 1457540 | 1547424 | 1826992 | 1952234 | 330566 | 211893 | 276373 | 830213 | 50285 | 97197 | 155707 |
| 2507 | 3486 | 8484 | 25493 | 9233 | 989 | 427 | 2252 | 3597 | 3 |  | 1965 |
| 15252 | 21294 | 37260 | 48768 | 52221 | 10360 | 2714 | 11399 | 17360 | 6 | 961 | 9421 |
| 4675 | 2529 | 4313 | 4055 | 4168 | 298 | 1093 | 2203 | 13 |  |  | 561 |
| 43134 | 21929 | 47257 | 49275 | 51980 | 3841 | 9575 | 20047 | 686 |  |  | 17831 |
| 2420 | 1036 | 2908 | 1632 | 1861 | 778 | 86 | 294 | 89 |  |  | 614 |
| 17091 | 13625 | 36940 | 30666 | 28719 | 2464 | 499 | 6339 | 9354 |  |  | 10063 |
| 786 | 1015 | 395 | 528 | 508 | 200 |  | 199 | 78 |  |  | 31 |
| 2176 | 2261 | 4138 | 3917 | 3536 | 406 | 73 | 452 | 2296 | 37 |  | 272 |
| 35938 | 39053 | 74164 | 91516 | 72640 | 15977 | 1818 | 5515 | 30980 | 3263 |  | 15087 |
| 13032 | 21574 | 27968 | 35032 | 40310 | 6818 | 4271 | 13882 | 10223 | 11 | 6 | 5099 |
| 11044 | 15382 | 20496 | 22110 | 24938 | 5403 | 5677 | 1941 | 4967 | 2006 | 1451 | 3493 |
| 777161 | 1001836 | 1453403 | 1677221 | 1879611 | 351846 | 388062 | 130373 | 469487 | 211154 | 52972 | 275717 |

# 8-16 农业电气化、化学化及水利情况

| 指　标 | | Item | | 2000 | 2001 |
|---|---|---|---|---|---|
| **农村电气化情况** | | **Electrization in Rural Areas** | | | |
| 农村小型水电站个数 | (个) | Number of Small Hydropower Station in Rural Areas | (unit) | 231 | 235 |
| 农村用电量 | (万千瓦时) | Electricity Consumed in Rural Area | (10000 kwh) | 3392 | 3117 |
| 发电量 | (万千瓦时) | Generate Electricity | (10000 kwh) | 2127 | 1540 |
| **农业化学化情况** | | **Chemistry in Rural Areas** | | | |
| 农用化肥施用折纯量 | (吨) | Consumption of Chemical Fertilizers | (ton) | 24955 | 30164 |
| 氮肥 | | Nitrogenous Fertilizer | | 11610 | 15730 |
| 磷肥 | | Phosphate Fertilizer | | 5359 | 4719 |
| 钾肥 | | Potash Fertilizer | | 1721 | 1312 |
| 复合肥 | | Compound Fertilizer | | 6266 | 8404 |
| 每公顷耕地平均化肥施用量 | (公斤) | Chemical Fertilizer Per Hectare | (kg) | 108 | 131 |
| 农用塑料薄膜使用量 | (吨) | Plastic Film for Agricultural Use | (ton) | 128 | 294 |
| 农药使用量 | (吨) | Consumption of Chemical Fertilizers | (ton) | 651 | 583 |
| 每公顷播种面积用农药 | (公斤) | Chemical Fertilizer Per Hectare | (kg) | 3 | 3 |
| **农业水利化情况** | | **Irrigation Works in Rural Areas** | | | |
| 农田有效灌溉面积 | (千公顷) | Effective Irrigated Areas | (1000 hectares) | 157.03 | 154.37 |
| #机电灌溉面积 | (千公顷) | Irrigated Areas by Power | (1000 hectares) | 8.05 | 5.81 |
| 有效灌溉面积占耕地面积比重 | (%) | Effective Irrigated Areas as Proportion of Cultivated Areas | (%) | 68.00 | 67.10 |
| 有效灌溉面积占播种面积比重 | (%) | Effective Irrigated Areas Proportion of Areas | (%) | 68.00 | 66.90 |
| 机电灌溉面积占有效灌溉面积比重 | (%) | Irrigated Areas by Power as Proportion of Irrigated Land | (%) | 5.10 | 3.80 |
| 旱涝保收面积 | (千公顷) | Dried and Flooded Area Under Control and Ensuring Stable Yields | (1000 hectares) | 87.58 | 82.99 |
| 旱涝保收面积占播种面积比重 | (%) | Rate of Dried and Flooded Area Under Control and Ensuring Stable Yields | (%) | 37.90 | 36.00 |
| 草场灌溉面积 | (千公顷) | Irrigated Area of Grass | (1000 hectares) | 722.10 | 16.41 |

# ELECTRIFICATION，CHEMICAL AND WATER CONSERVANCY OF AGRICULTURE

| 2002 | 2003 | 2007 | 2010 | 2011 | 2012 | 拉萨 Lhasa | 昌都 Qamdo | 山南 Shannan | 日喀则 Xigazê | 那曲 Nagqu | 阿里 Ngari | 林芝 Nyingchi |
|---|---|---|---|---|---|---|---|---|---|---|---|---|
| 237 | 239 | 283 | 296 | 272 | 280 | 1 | 113 | 37 | 63 | 12 | 14 | 40 |
| 3586 | 4305 | 5553 | 7623 | 8745 | 10149 | 1207 | 2454 | 2109 | 2194 | 273 | 624 | 1288 |
| 5173 | 4941 | 11779 | 8576 | 9106 | 10739 | 359 | 3995 | 1528 | 1811 | 1086 | 236 | 1724 |
| 30361 | 31837 | 45837 | 47351 | 47915 | 49876 | 17022 | 7499 | 5645 | 14698 | 9 | 708 | 4295 |
| 14081 | 16957 | 18705 | 19185 | 14768 | 16931 | 2279 | 2013 | 3017 | 8106 | 9 | 110 | 1397 |
| 6165 | 5694 | 10560 | 10677 | 12002 | 10210 | 2755 | 702 | 1237 | 4733 |  | 50 | 733 |
| 1597 | 1572 | 1865 | 4423 | 5196 | 5524 | 3514 | 172 | 339 | 1084 |  | 5 | 410 |
| 8518 | 7614 | 14707 | 13066 | 15949 | 17211 | 8474 | 4612 | 1051 | 774 |  | 545 | 1755 |
| 132 | 141 | 200 | 206 | 207 | 214 | 485 | 154 | 181 | 163 | 2 | 255 | 220 |
| 521 | 579 | 484 | 734 | 852 | 1153 | 74 | 63 | 356 | 263 |  | 320 | 77 |
| 1611 | 596 | 953 | 1036 | 963 | 923 | 151 | 54 | 153 | 448 |  | 9 | 109 |
| 7 | 3 | 4 | 9 | 4 | 4 | 4 | 1 | 5 | 5 |  | 1 | 5 |
| 159.73 | 154.95 | 156.37 | 167.04 | 169.03 | 178.32 | 32.72 | 20.47 | 27.68 | 80.08 | 0.22 | 1.53 | 15.62 |
| 6.82 | 8.99 | 8.04 | 9.55 | 9.51 | 10.78 | 0.02 |  | 5.55 | 4.64 |  |  | 0.57 |
| 69.48 | 68.76 | 68.51 | 72.77 | 72.99 | 76.70 | 93.19 | 42.10 | 88.82 | 82.35 | 4.40 | 33.62 | 68.63 |
| 68.58 | 66.31 | 67.13 | 69.59 | 70.01 | 73.10 | 85.05 | 38.14 | 87.43 | 86.61 | 4.62 | 13.48 | 59.46 |
| 4.26 | 5.80 | 5.14 | 5.71 | 5.63 | 6.34 | 0.06 |  | 20.05 | 6.24 |  |  | 4.25 |
| 94.20 | 90.36 | 82.63 | 78.83 | 80.76 | 82.22 | 14.69 | 7.66 | 16.54 | 38.06 |  | 0.64 | 4.63 |
| 40.44 | 38.67 | 35.47 | 32.84 | 33.45 | 33.70 | 38.18 | 14.26 | 52.27 | 44.31 |  | 9.18 | 20.54 |
| 208.44 | 514.54 | 1314.4 | 550.56 | 426.92 | 574.39 | 23.84 | 3.64 | 0.54 | 538.13 |  | 8.24 |  |

# 8-17 主要农作物播种面积

单位：千公顷

| 年份 Year<br>地区 Region | 总计<br>Total | 粮食作物<br>Grain Crops | #青稞<br>Qingke | #小麦<br>Wheat | #冬小麦<br>Winter Wheat | #豆类<br>Soybeans |
|---|---|---|---|---|---|---|
| 1951 | 134.15 | 128.74 | | | | |
| 1959 | 140.23 | 133.47 | | | | |
| 1965 | 184.68 | 176.87 | | | | |
| 1978 | 219.83 | 205.00 | 106.68 | 65.65 | 47.90 | 21.43 |
| 1980 | 220.67 | 198.67 | 106.00 | 58.67 | 41.51 | 8.670 |
| 1985 | 209.97 | 194.03 | 121.78 | 38.71 | 23.15 | 25.79 |
| 1990 | 213.71 | 191.95 | 120.17 | 41.80 | 27.43 | 21.83 |
| 1991 | 215.72 | 191.91 | 121.36 | 43.31 | 29.51 | 19.58 |
| 1992 | 214.99 | 192.29 | 122.26 | 43.57 | 31.12 | 18.53 |
| 1993 | 215.57 | 192.55 | 120.32 | 46.75 | 35.82 | 18.54 |
| 1994 | 216.46 | 187.28 | 116.67 | 48.12 | 34.06 | 17.31 |
| 1995 | 220.17 | 189.14 | 109.38 | 52.04 | 33.75 | 16.71 |
| 1996 | 225.02 | 191.86 | 119.90 | 52.51 | 35.37 | 14.52 |
| 1997 | 229.15 | 197.94 | 123.09 | 53.91 | 38.81 | 13.92 |
| 1998 | 229.40 | 200.41 | 126.31 | 55.04 | 38.86 | 12.47 |
| 1999 | 230.44 | 200.76 | 127.10 | 54.73 | 39.71 | 11.78 |
| 2000 | 231.04 | 201.44 | 131.56 | 51.91 | 38.41 | 10.53 |
| 2001 | 230.86 | 199.12 | 134.62 | 46.99 | 33.70 | 10.60 |
| 2002 | 232.90 | 195.01 | 129.60 | 44.77 | 28.72 | 11.08 |
| 2003 | 234.35 | 186.12 | 125.71 | 42.38 | 28.13 | 9.93 |
| 2004 | 231.23 | 179.79 | 120.11 | 40.64 | 25.03 | 9.00 |
| 2005 | 234.95 | 177.68 | 120.27 | 42.00 | 27.95 | 8.97 |
| 2006 | 233.02 | 171.66 | 116.28 | 41.49 | 29.98 | 8.05 |
| 2007 | 232.94 | 171.78 | 117.99 | 40.29 | 28.66 | 7.79 |
| 2008 | 235.29 | 170.63 | 117.85 | 37.34 | 28.41 | 7.08 |
| 2009 | 235.07 | 169.43 | 117.83 | 36.77 | 26.85 | 6.66 |
| 2010 | 240.02 | 170.15 | 117.83 | 37.06 | 28.04 | 6.62 |
| 2011 | 241.43 | 170.15 | 118.42 | 37.60 | 27.91 | 6.46 |
| 2012 | 243.95 | 170.86 | 118.26 | 37.73 | 28.28 | 6.31 |
| 拉萨市 Lhasa | 38.47 | 26.08 | 16.51 | 9.00 | 7.52 | 0.58 |
| 昌都地区 Qamdo | 53.67 | 45.07 | 35.23 | 6.15 | 3.25 | 0.95 |
| 山南地区 Shannan | 31.67 | 22.48 | 12.21 | 8.83 | 8.46 | 1.02 |
| 日喀则地区 Xigazê | 85.88 | 53.89 | 44.57 | 5.56 | 1.91 | 3.28 |
| 那曲地区 Nagqu | 4.78 | 3.58 | 3.43 | 0.07 | 0.07 | 0.06 |
| 阿里地区 Ngari | 6.92 | 1.63 | 1.51 | 0.01 | 0.00 | 0.07 |
| 林芝地区 Nyingchi | 22.56 | 18.13 | 4.79 | 8.11 | 7.07 | 0.34 |
| 其他 Others | | | | | | |

# TOTAL SOWN AREAS OF MAJOR FARM CROPS

(1000 hectares)

| # 薯类 Tubers | 油料 Oil-bearing Crops | #油菜籽 Rapeseeds | #花生 Peanuts | 其他 Others | #蔬菜 Vegetables | #青饲料 Fresh |
|---|---|---|---|---|---|---|
| | 4.73 | 4.73 | | 0.68 | | |
| | 5.03 | 5.03 | | 1.73 | | |
| | 5.87 | 5.87 | | 1.95 | | |
| | 10.54 | 10.54 | | 4.29 | | |
| 0.11 | 12.00 | 11.33 | 0.02 | 10.00 | 8.00 | 2.00 |
| 1.72 | 10.38 | 9.99 | 0.39 | 5.56 | 3.38 | 2.01 |
| 1.23 | 10.74 | 10.73 | 0.01 | 11.02 | 8.11 | 2.87 |
| 1.11 | 11.65 | 11.63 | 0.01 | 12.16 | 8.28 | 3.86 |
| 1.21 | 11.53 | 11.51 | 0.02 | 11.17 | 6.61 | 4.11 |
| 3.27 | 12.13 | 12.08 | 0.01 | 10.89 | 6.14 | 4.52 |
| 1.57 | 16.21 | 16.20 | 0.01 | 12.97 | 7.80 | 4.14 |
| 1.28 | 18.52 | 18.50 | 0.02 | 12.51 | 7.24 | 4.77 |
| 0.87 | 18.33 | 18.30 | 0.03 | 14.83 | 9.29 | 4.85 |
| 0.05 | 17.34 | 17.33 | 0.01 | 13.87 | 9.01 | 3.49 |
| 0.11 | 16.98 | 16.95 | 0.02 | 12.10 | 7.35 | 4.44 |
| 0.15 | 17.12 | 17.06 | 0.05 | 12.56 | 7.36 | 4.65 |
| 0.22 | 16.11 | 16.08 | 0.03 | 13.48 | 7.47 | 5.74 |
| 0.28 | 16.82 | 16.77 | 0.03 | 13.82 | 8.71 | 5.11 |
| 0.56 | 20.39 | 18.74 | 0.03 | 16.23 | 9.74 | 6.50 |
| 0.42 | 21.64 | 21.61 | 0.02 | 26.59 | 14.11 | 10.00 |
| 1.87 | 24.35 | 24.32 | 0.03 | 27.02 | 15.15 | 10.50 |
| 0.55 | 26.11 | 26.05 | 0.06 | 31.15 | 18.04 | 12.14 |
| 0.61 | 24.12 | 24.05 | 0.07 | 37.24 | 18.99 | 17.37 |
| 0.62 | 23.13 | 23.06 | 0.07 | 38.03 | 19.66 | 17.59 |
| 0.53 | 24.73 | 24.65 | 0.07 | 39.93 | 20.14 | 18.90 |
| 0.53 | 24.49 | 24.42 | 0.07 | 41.15 | 20.44 | 19.83 |
| 0.54 | 24.02 | 23.92 | 0.10 | 45.85 | 21.16 | 19.21 |
| 0.62 | 24.02 | 23.92 | 0.10 | 47.26 | 22.40 | 23.86 |
| 0.79 | 24.02 | 23.89 | 0.13 | 49.07 | 23.72 | 24.67 |
| | 3.94 | 3.94 | | 8.45 | 4.63 | 3.33 |
| 0.40 | 3.24 | 3.24 | | 5.36 | 2.82 | 2.54 |
| | 4.54 | 4.54 | | 4.65 | 1.74 | 2.90 |
| 0.06 | 10.08 | 10.08 | | 21.92 | 12.40 | 9.49 |
| 0.02 | 0.05 | 0.05 | | 1.15 | 0.57 | 0.49 |
| 0.02 | 0.13 | 0.13 | | 5.16 | 0.12 | 5.03 |
| 0.29 | 2.03 | 1.90 | 0.13 | 2.40 | 1.45 | 0.89 |

# 8-18 主要农作物产品产量

单位：吨

| 年份 地区 | Year Region | 粮食总产量 Total | 稻谷 Rice | 小麦 Wheat | #冬小麦 Winter Wheat | 青稞 Qingke |
|---|---|---|---|---|---|---|
| 1951 | | 153200 | | | | |
| 1959 | | 182905 | | | | |
| 1965 | | 290725 | | | | |
| 1978 | | 513449 | 2631 | 192959 | 153223 | 245233 |
| 1980 | | 504970 | 2210 | 181085 | 143830 | 237230 |
| 1985 | | 530669 | 2488 | 118519 | 72621 | 333736 |
| 1990 | | 608280 | 3264 | 164271 | 115911 | 369294 |
| 1991 | | 644186 | 2717 | 183088 | 133874 | 392309 |
| 1992 | | 657121 | 3905 | 196282 | 150679 | 393429 |
| 1993 | | 672185 | 3889 | 212417 | 170673 | 386806 |
| 1994 | | 664480 | 4108 | 223177 | 181120 | 379059 |
| 1995 | | 719605 | 4731 | 249366 | 187865 | 380922 |
| 1996 | | 777249 | 4897 | 261422 | 193082 | 448663 |
| 1997 | | 791904 | 5239 | 283052 | 212053 | 446564 |
| 1998 | | 849793 | 4937 | 290773 | 210880 | 498482 |
| 1999 | | 922138 | 5550 | 312117 | 237536 | 547530 |
| 2000 | | 962234 | 5517 | 307288 | 245319 | 597094 |
| 2001 | | 982508 | 6024 | 284453 | 220672 | 628400 |
| 2002 | | 983970 | 5831 | 278250 | 208505 | 635978 |
| 2003 | | 966001 | 5564 | 272308 | 211484 | 619137 |
| 2004 | | 959950 | 5533 | 257279 | 192324 | 612273 |
| 2005 | | 933918 | 5452 | 255506 | 171172 | 613548 |
| 2006 | | 923688 | 5884 | 265315 | 209286 | 592000 |
| 2007 | | 938634 | 5460 | 264859 | 206941 | 610845 |
| 2008 | | 950343 | 5140 | 257556 | 193002 | 618196 |
| 2009 | | 905330 | 5172 | 245617 | 194763 | 595192 |
| 2010 | | 912289 | 5932 | 242373 | 197811 | 602570 |
| 2011 | | 937290 | 5960 | 249064 | 191653 | 621886 |
| 2012 | | 948963 | 5446 | 245716 | 184297 | 637102 |
| 拉萨市 | Lhasa | 174310 | | 70611 | 59507 | 101817 |
| 昌都地区 | Qamdo | 174554 | | 22185 | 12463 | 137132 |
| 山南地区 | Shannan | 147094 | | 67172 | 65810 | 72476 |
| 日喀则地区 | Xigazê | 358182 | | 51712 | 16308 | 292542 |
| 那曲地区 | Nagqu | 11667 | | 902 | 902 | 10579 |
| 阿里地区 | Ngari | 5126 | | 54 | | 4706 |
| 林芝地区 | Nyingchi | 78029 | 5446 | 33080 | 29306 | 17850 |
| 其他 | Others | | | | | |

# YIELD OF MAJOR FARM CROPS

(ton)

| 豆类 Bean | 其他 Others | 油菜籽 Repeseed | 花生 Peanut | 蔬菜 Vegetable | 青饲料 Fodder |
|---|---|---|---|---|---|
| | | 1750 | | | |
| | | 2610 | | | |
| | | 5264 | | | |
| 49266 | 23360 | 7914 | | | |
| 24370 | 60075 | 10770 | | | |
| 57296 | 18630 | 14455 | | 60244 | |
| 52439 | 19012 | 17140 | 11 | 84545 | 27898 |
| 48090 | 17982 | 18457 | 37 | 98394 | 26265 |
| 44975 | 18530 | 17862 | 35 | 51364 | 24026 |
| 49023 | 20050 | 26040 | | 51610 | 46081 |
| 44362 | 13774 | 29373 | 34 | 96773 | 37356 |
| 45962 | 38624 | 33689 | 29 | 93400 | 59342 |
| 40816 | 21451 | 35104 | 33 | 123300 | 36383 |
| 33402 | 23647 | 33682 | 30 | 141478 | 38429 |
| 33758 | 21843 | 34009 | 34 | 137920 | 45515 |
| 33295 | 23646 | 41091 | 121 | 170734 | 49553 |
| 29467 | 22867 | 39610 | 46 | 173727 | 54820 |
| 31813 | 31818 | 43469 | 74 | 202654 | 216598 |
| 34435 | 29476 | 45157 | 94 | 234506 | 84109 |
| 33541 | 35453 | 49378 | 100 | 281979 | 121088 |
| 30780 | 53937 | 53944 | 50 | 299858 | 149247 |
| 32371 | 27041 | 61164 | 154 | 429225 | 152852 |
| 31550 | 28939 | 54490 | 108 | 449309 | 213352 |
| 31882 | 25588 | 52125 | 137 | 450650 | 213923 |
| 26527 | 45118 | 57729 | 126 | 551060 | 271249 |
| 24333 | 42924 | 60145 | 161 | 481408 | 276243 |
| 23503 | 37911 | 57986 | | 581208 | 317757 |
| 23467 | 36913 | 63276 | 239 | 600705 | 296288 |
| 22806 | 37894 | 63047 | 262 | 655905 | 316085 |
| 1883 | | 13225 | | 228746 | 31578 |
| 3072 | 12165 | 4244 | | 46806 | 32047 |
| 4400 | 3046 | 12811 | | 30950 | 67477 |
| 12465 | 1463 | 28958 | | 329249 | 162015 |
| 98 | 89 | 87 | | 2014 | 1635 |
| 167 | 198 | 234 | | 2171 | 14397 |
| 721 | 20933 | 3488 | 262 | 15970 | 6935 |

# 8-19 主要农产品单位面积产量

## YIELD OF MAJOR FARM CROPS PER HECTARE (BY SOWN AREAS)

单位：公斤/公顷 (kg / hectare)

| 年份 Year | 粮食作物 Grain Crops | #小麦 Wheat | #冬小麦 Winter Wheat | #青稞 Qingke | #豆类 Bean | 油菜籽 Repeseed |
|---|---|---|---|---|---|---|
| 1959 | 1370 | | | | | 519 |
| 1965 | 1644 | | | | | 896 |
| 1978 | 2505 | 2940 | 3025 | 2300 | 2300 | 750 |
| 1979 | 2048 | 2325 | 2968 | 1950 | 2108 | 765 |
| 1980 | 2543 | 3090 | 3480 | 2235 | 2813 | 953 |
| 1985 | 2738 | 3060 | 3135 | 2738 | 2220 | 1448 |
| 1990 | 3170 | 3930 | 3365 | 3074 | 2403 | 1598 |
| 1991 | 3357 | 4227 | 3365 | 3233 | 2456 | 1587 |
| 1992 | 3417 | 4499 | 4842 | 3218 | 2427 | 1551 |
| 1993 | 3491 | 4544 | 3888 | 3215 | 2642 | 2147 |
| 1994 | 3548 | 4638 | 5318 | 3255 | 2564 | 1814 |
| 1995 | 3804 | 4793 | 4804 | 3483 | 2751 | 1821 |
| 1996 | 4051 | 4779 | 5459 | 3928 | 2811 | 1919 |
| 1997 | 4017 | 5250 | 5463 | 3628 | 2399 | 1944 |
| 1998 | 4240 | 5283 | 5427 | 3946 | 2705 | 2006 |
| 1999 | 4593 | 5703 | 5982 | 4095 | 2827 | 2408 |
| 2000 | 4777 | 5920 | 6387 | 4539 | 2798 | 2456 |
| 2001 | 4934 | 6053 | 6546 | 4667 | 3000 | 2592 |
| 2002 | 5045 | 6215 | 7260 | 4907 | 3106 | 2409 |
| 2003 | 5195 | 6451 | 7516 | 4926 | 3377 | 2285 |
| 2004 | 5339 | 6330 | 7684 | 5098 | 3420 | 2220 |
| 2005 | 5256 | 6083 | 6124 | 5101 | 3609 | 2348 |
| 2006 | 5381 | 6395 | 6981 | 5091 | 3917 | 2266 |
| 2007 | 5464 | 6574 | 7221 | 5177 | 4092 | 2260 |
| 2008 | 5570 | 6897 | 6793 | 5245 | 3745 | 2432 |
| 2009 | 5343 | 6679 | 7254 | 5051 | 3653 | 2824 |
| 2010 | 5361 | 6540 | 7054 | 5114 | 3553 | 2424 |
| 2011 | 5509 | 6624 | 6866 | 5252 | 3634 | 2645 |
| 2012 | 5554 | 6512 | 6517 | 5387 | 3614 | 2639 |

# 8-20 农作物播种面积及产量

## SOWN AREAS AND OUTPUT OF FARM CROPS

| 指标 | Item | 播种面积(千公顷) Sown Area (1000 hectare) | | | | 产 量(吨) Yield (ton) | | | |
|---|---|---|---|---|---|---|---|---|---|
| | | 2000 | 2011 | 2012 | 2012年比2011年± % 2012Increase Over 2011 | 2000 | 2011 | 2012 | 2012年比2011年± % 2012Increase Over 2011 |
| **农作物总播种面积** | **Total Sown Area** | **231.05** | **241.43** | **243.95** | **1.0** | | | | |
| **粮食作物** | **Grain Crops** | **201.44** | **170.15** | **170.86** | **0.4** | **962234** | **937290** | **948963** | **1.2** |
| 谷物 | Cereal | 190.68 | 163.08 | 163.76 | 0.4 | 931829 | 910161 | 921643 | 1.3 |
| #稻谷 | Rice | 1.01 | 1.00 | 0.97 | -3.0 | 5518 | 5960 | 5446 | -8.6 |
| 小麦 | Wheat | 51.91 | 37.6 | 37.73 | 0.3 | 307288 | 249064 | 245715 | -1.3 |
| #冬小麦 | Winter Wheat | 38.41 | 27.91 | 28.28 | 1.3 | 245319 | 191653 | 184297 | -3.8 |
| 玉米 | Corn | 3.15 | 4.15 | 4.35 | 4.8 | 14131 | 27549 | 26157 | -5.1 |
| 青稞 | Qingke | 131.56 | 118.42 | 118.26 | -0.1 | 597094 | 621886 | 637102 | 2.4 |
| 其他谷物 | Other Cereal | 3.06 | 1.91 | 2.45 | 28.3 | 7798 | 5702 | 7223 | 26.7 |
| 豆类 | Bean | 10.53 | 6.46 | 6.31 | -2.3 | 29467 | 23467 | 22806 | -2.8 |
| 大豆 | Soybean | 0.31 | 0.17 | 0.2 | 17.6 | 554 | 617 | 559 | -9.4 |
| 杂豆 | Other Beans | 10.22 | 0.64 | 0.6 | -6.3 | 28913 | 2451 | 2780 | 13.4 |
| 薯类(按折粮计算) | Tuber | 0.23 | 0.62 | 0.79 | 27.4 | 938 | 3662 | 4514 | 23.3 |
| **油料** | **Oil-bearing** | **16.11** | **24.02** | **24.02** | **0.0** | **39610** | **63515** | **63310** | **-0.3** |
| #花生油 | Peanut | 0.03 | 0.1 | 0.13 | 30.0 | 46 | 239 | 262 | 9.6 |
| 油菜籽 | Rapeseed | 16.08 | 23.92 | 23.89 | -0.1 | 39564 | 63276 | 63047 | -0.4 |
| **蔬菜、瓜类** | **Vegetable and Melon** | **7.47** | **22.54** | **23.88** | **5.9** | **176728** | **604385** | **659725** | **9.2** |
| 蔬菜 | Vegetable | 7.47 | 22.4 | 23.72 | 5.9 | 176695 | 600705 | 655905 | 9.2 |
| 瓜类 | Melon | … | 0.14 | 0.16 | 14.3 | 33 | 3680 | 3820 | 3.8 |
| **其他作物** | **Other Crops** | **6.01** | **24.72** | **25.19** | **1.9** | **57622** | **297634** | **323970** | **8.8** |
| #青饲料 | Succulence | 5.74 | 23.86 | 24.67 | 3.4 | 54820 | 296050 | 316085 | 6.8 |

# 8-21 茶园、果园面积和茶叶、水果产量

## TEA PLANTATIONS，ORCHARDS AND OUTPUT OF TEA AND FRUIT

| 指 标 | Item | 1990 | 1995 | 2000 | 2010 | 2011 | 2012 |
|---|---|---|---|---|---|---|---|
| **面 积** (公顷) | **Ares** (hectare) | | | | | | |
| 茶园面积 | Ares of Tea Plantations | 149 | 146 | 48 | 224 | 163 | 163 |
| 果园面积 | Area of Orchards | 629 | 1277 | 1235 | 1860 | 2146 | 2024 |
| #苹果园 | Apple Plantations | 508 | 1145 | 1051 | 1375 | 1403 | 1324 |
| 梨园 | Pear Plantations | 41 | 58 | 112 | 81 | 89 | 89 |
| **产 量** (吨) | **Yield** (ton) | | | | | | |
| 茶叶产量 | Yield of Tea | 66 | 130 | 1 | 8 | 28 | 31 |
| 水果产量 | Yield of Fruits | 5445 | 6242 | 7418 | 9484 | 9858 | 9745 |
| #苹果 | Apple | 3696 | 3615 | 5299 | 5124 | 5453 | 4442 |
| 梨 | Pear | 319 | 705 | 803 | 1228 | 1070 | 1150 |

# 8-22 各地市造林面积情况（2012年）

## AFFORESTATIONS AREA BY REGION(2012)

单位：公顷 (hectare)

| 地 区 | Region | 当年造林面积 Current New Forest Areas | #用材林 Commercial Forest | #经济林 Ecomomic Forest | 育苗面积 Nursery Garden Areas | 幼林抚育面积 Actual Nursery Areas | 成林抚育面积 Forest Areas | 迹地更新面积 Update Areas |
|---|---|---|---|---|---|---|---|---|
| **全区合计** | **Total** | **36092** | **1077** | **1200** | **1200** | **1371** | **7349** | **1294** |
| 拉萨市 | Lhasa | 12904 | | | 604 | 484 | 316 | 945 |
| 昌都地区 | Qamdo | 4843 | | 755 | 13 | | 6266 | 287 |
| 山南地区 | Shannan | 9420 | 957 | | 38 | 113 | | 15 |
| 日喀则地区 | Xigazê | 6165 | | 2 | 432 | 773 | 600 | |
| 那曲地区 | Nagqu | 51 | | | | | | |
| 阿里地区 | Ngari | 149 | | | 102 | | | |
| 林芝地区 | Nyingchi | 2558 | 120 | 444 | 10 | | 167 | 47 |

# 8-23 林业生产情况

## OUTPUT OF FOREST PRODUCTS

| 指　　标 | Item | 1990 | 1995 | 2000 | 2007 | 2010 | 2011 | 2012 |
|---|---|---|---|---|---|---|---|---|
| **营林情况** | **Tree Planting and Forestation** | | | | | | | |
| 当年造林面积 (公顷) | Current New Forest Areas (hectare) | 5977 | 12966 | 14101 | 22264 | 28793 | 25602 | 36092 |
| 用材林 | Commercial Forest | 193 | 478 | 2293 | 2813 | 1019 | 491 | 1077 |
| 经济林 | Economic Forest | 15 | 179 | 398 | 1593 | 2451 | 2272 | 1631 |
| 防护林 | Shelter Forest | 440 | 3306 | 2721 | 13132 | 25292 | 22094 | 33323 |
| 薪炭林 | Firewood Charcoal Forest | 18 | 2 | 299 | 1239 | 30 | 745 | 61 |
| 其他林 | Other Forest | 201 | 48 | 80 | 291 | | | |
| 迹地更新面积 (公顷) | Update Areas (hectare) | 469 | 684 | 1684 | 129 | 1035 | 361 | 1294 |
| 零星植树 (万株) | Odd Pieces of Planting (10000units) | 28 | 1893 | 840 | 1155 | 1383 | 833 | 1259 |
| 育苗面积 (公顷) | Nursery Garden Areas (hectare) | 486 | 92 | 165 | 190 | 512 | 409 | 1200 |
| 幼林抚育作业面积 (公顷) | Actual Nursery Areas (hectare) | 989 | 1893 | 2626 | 2346 | 2076 | 3829 | 344 |
| 成林抚育面积 (公顷) | Forest Areas (hectare) | 2660 | 3269 | 6150 | 16040 | 14377 | 6033 | 7349 |
| **主要林产品产量** | **Output of Major Forest Products** | | | | | | | |
| 松茸 (吨) | Songrong (ton) | 8 | 155 | | 756 | 611 | 537 | 504 |
| 香菇 (吨) | Xianggu | | | | 11 | 44 | 2 | 4 |
| 核桃 (吨) | Walnuts (ton) | 98 | 1386 | 1829 | 2247 | 3011 | 3744 | 4241 |
| 花椒 (吨) | Huajiao (ton) | 1 | | 35 | 67 | 119 | 464 | 140 |
| **农村竹木采伐** | **Cut Bamboo and Timber in Rural Areas** | | | | | | | |
| 木材 (万立方米) | Timber (10000cu. m) | 13.13 | 14.09 | 13.39 | 35.68 | 23.12 | 24.07 | 22.86 |
| 竹材 (万根) | Lumbering (10000units) | 45.68 | 118.98 | 170.31 | 52.75 | 100.14 | 205.55 | 127.39 |

# 8-24 年末牲畜存栏情况

## NUMBER OF LIVESTOCK IN YEAR-END

单位：万头(只) (10000 heads)

| 年份 Year / 地区 Region | 牲畜总头数 Number of Animal | 大牲畜 Large Animal | #牛 Cattle and Buffalo | 羊 Sheep and Goat | #绵羊 Sheep | 猪 Hog |
|---|---|---|---|---|---|---|
| 1951 | 955 | 242 | 221 | 710 | 463 | 3 |
| 1959 | 956 | 243 | 222 | 707 | 474 | 6 |
| 1965 | 1701 | 459 | 427 | 1229 | 799 | 13 |
| 1978 | 2349 | 509 | 474 | 1815 | 1236 | 25 |
| 1979 | 2349 | 508 | 471 | 1816 | 1249 | 25 |
| 1980 | 2351 | 502 | 465 | 1825 |  | 24 |
| 1985 | 2179 | 539 | 499 | 1627 | 1086 | 13 |
| 1990 | 2251 | 554 | 506 | 1681 | 1113 | 16 |
| 1991 | 2317 | 575 | 526 | 1724 | 1146 | 18 |
| 1992 | 2395 | 598 | 547 | 1779 | 1188 | 19 |
| 1993 | 2320 | 588 | 537 | 1713 | 1145 | 20 |
| 1994 | 2297 | 582 | 531 | 1695 | 1126 | 20 |
| 1995 | 2379 | 590 | 539 | 1767 | 1168 | 22 |
| 1996 | 2276 | 560 | 511 | 1693 | 1109 | 23 |
| 1997 | 2310 | 574 | 524 | 1715 | 1126 | 21 |
| 1998 | 2252 | 559 | 509 | 1671 | 1096 | 21 |
| 1999 | 2290 | 579 | 528 | 1689 | 1104 | 22 |
| 2000 | 2266 | 579 | 526 | 1664 | 1074 | 23 |
| 2001 | 2360 | 607 | 553 | 1729 | 1111 | 24 |
| 2002 | 2439 | 633 | 577 | 1782 | 1139 | 24 |
| 2003 | 2451 | 647 | 591 | 1779 | 1134 | 25 |
| 2004 | 2509 | 668 | 613 | 1816 | 1151 | 26 |
| 2005 | 2415 | 686 | 632 | 1698 | 1072 | 30 |
| 2006 | 2438 | 703 | 651 | 1703 | 1066 | 32 |
| 2007 | 2407 | 674 | 622 | 1707 | 1060 | 26 |
| 2008 | 2405 | 696 | 645 | 1678 | 1032 | 31 |
| 2009 | 2324 | 705 | 653 | 1584 | 968 | 35 |
| 2010 | 2321 | 706 | 654 | 1579 | 977 | 36 |
| 2011 | 2185 | 690 | 645 | 1459 | 900 | 36 |
| 2012 | 2056 | 668 | 625 | 1352 | 841 | 36 |
| 拉萨市 Lhasa | 135 | 70 | 68 | 61 | 35 | 5 |
| 昌都地区 Qamdo | 323 | 197 | 177 | 121 | 68 | 5 |
| 山南地区 Shannan | 173 | 51 | 48 | 120 | 94 | 2 |
| 日喀则地区 Xigazê | 519 | 97 | 90 | 420 | 272 | 1 |
| 那曲地区 Nagqu | 578 | 195 | 190 | 383 | 262 |  |
| 阿里地区 Ngari | 257 | 17 | 16 | 240 | 107 |  |
| 林芝地区 Nyingchi | 72 | 41 | 37 | 8 | 4 | 22 |
| 其他 Others |  |  |  |  |  |  |

# 8-25 牛、猪、羊出栏情况

## SLAUGHTERED OF CATTLE AND BUFFALA，HOG AND SHEEP AND GOAT

单位：万头(只)　　　　(10000 heads)

| 年份 Year | 地区 Region | 牛 Cattle and Buffalo 出栏数 Number of Slaughtered | 牛 出栏率(%) Come Out Rate (%) | 猪 Hog 出栏数 Number of Slaughtered | 猪 出栏率(%) Come Out Rate (%) | 羊 Sheep and Goat 出栏数 Number of Slaughtered | 羊 出栏率(%) Come Out Rate (%) |
|---|---|---|---|---|---|---|---|
| 1978 | | 22.87 | 4.8 | 4.96 | 22.8 | 213.72 | 12.3 |
| 1980 | | 23.27 | 4.9 | 6.47 | 26.2 | 225.03 | 12.4 |
| 1985 | | 34.30 | 7.0 | 5.65 | 45.2 | 283.32 | 17.4 |
| 1990 | | 43.74 | 7.6 | 7.10 | 43.4 | 317.49 | 18.6 |
| 1991 | | 43.32 | 7.8 | 8.81 | 53.9 | 333.74 | 19.9 |
| 1992 | | 47.16 | 8.2 | 9.02 | 50.6 | 357.04 | 20.7 |
| 1993 | | 53.73 | 9.0 | 9.66 | 52.0 | 352.94 | 19.9 |
| 1994 | | 58.08 | 9.9 | 9.86 | 49.9 | 365.13 | 21.5 |
| 1995 | | 68.17 | 11.7 | 9.46 | 52.7 | 388.66 | 22.9 |
| 1996 | | 62.49 | 11.6 | 12.23 | 55.6 | 328.82 | 18.6 |
| 1997 | | 66.59 | 13.0 | 13.24 | 57.6 | 403.28 | 23.8 |
| 1998 | | 69.63 | 12.1 | 12.64 | 60.2 | 411.33 | 24.0 |
| 1999 | | 77.49 | 15.2 | 12.95 | 60.9 | 439.16 | 26.3 |
| 2000 | | 80.13 | 15.2 | 13.64 | 62.0 | 437.52 | 25.9 |
| 2001 | | 85.31 | 16.2 | 12.73 | 55.3 | 467.74 | 28.1 |
| 2002 | | 89.47 | 16.2 | 14.38 | 59.9 | 530.38 | 30.7 |
| 2003 | | 96.28 | 16.3 | 13.93 | 55.7 | 516.19 | 29.0 |
| 2004 | | 105.10 | 17.1 | 15.26 | 61.0 | 475.92 | 26.8 |
| 2005 | | 106.07 | 16.8 | 18.84 | 62.8 | 483.07 | 28.4 |
| 2006 | | 107.96 | 16.6 | 18.31 | 57.2 | 508.52 | 29.9 |
| 2007 | | 116.59 | 17.9 | 15.58 | 48.6 | 526.90 | 30.9 |
| 2008 | | 123.35 | 18.9 | 15.60 | 60.0 | 520.08 | 30.5 |
| 2009 | | 126.58 | 19.6 | 19.67 | 63.5 | 529.84 | 31.6 |
| 2010 | | 136.89 | 21.0 | 20.45 | 58.7 | 525.11 | 33.1 |
| 2011 | | 147.89 | 22.60 | 19.85 | 55.30 | 547.81 | 34.70 |
| 2012 | | 162.02 | 25.12 | 19.32 | 53.80 | 540.59 | 37.05 |
| 拉萨市 | Lhasa | 17.23 | 23.81 | 3.09 | 69.5 | 24.98 | 36.0 |
| 昌都地区 | Qamdo | 53.92 | 29.49 | 3.54 | 62.89 | 54.84 | 40.05 |
| 山南地区 | Shannan | 13.92 | 27.18 | 2.15 | 99.28 | 55.96 | 42.46 |
| 日喀则地区 | Xigazê | 23.61 | 24.79 | 0.85 | 69.28 | 158.13 | 35.80 |
| 那曲地区 | Nagqu | 45.73 | 24.06 | 0.12 | 23.31 | 163.36 | 39.27 |
| 阿里地区 | Ngari | 3.10 | 19.49 | | | 81.29 | 31.98 |
| 林芝地区 | Nyingchi | 4.51 | 12.12 | 9.57 | 43.65 | 2.03 | 22.28 |
| 其 他 | Others | | | | | | |

# 8-26 畜产品产量

## OUTPUT OF LIVESTOCK PRODUCTS

| 年份 地区 Year Region | 猪牛羊肉总产量 (万吨) Output of Pork Beef and Mutton (10000 tons) | 猪肉 Pork | 牛肉 Beef | 羊肉 Mutton | 奶类产量 (万吨) Milk (10000 tons) | #牛奶 Cow Milk |
|---|---|---|---|---|---|---|
| 1978 | 4.71 | 0.19 | 2.09 | 2.43 | 9.34 | 6.01 |
| 1980 | 4.75 | 0.24 | 2.09 | 2.40 | 9.87 | 7.02 |
| 1985 | 7.07 | 0.28 | 3.38 | 3.41 | 10.28 | 8.79 |
| 1990 | 8.78 | 0.50 | 4.35 | 3.93 | 15.75 | 12.55 |
| 1991 | 9.10 | 0.47 | 4.42 | 4.21 | 17.71 | 14.03 |
| 1992 | 9.74 | 0.51 | 4.85 | 4.38 | 18.60 | 14.82 |
| 1993 | 10.25 | 0.53 | 5.31 | 4.41 | 16.56 | 13.20 |
| 1994 | 10.39 | 0.47 | 5.60 | 4.33 | 16.16 | 13.08 |
| 1995 | 11.21 | 0.56 | 6.13 | 4.52 | 17.61 | 14.10 |
| 1996 | 11.54 | 0.66 | 6.24 | 4.64 | 16.62 | 13.51 |
| 1997 | 12.15 | 0.69 | 6.67 | 4.79 | 18.60 | 14.90 |
| 1998 | 12.91 | 0.67 | 7.33 | 4.91 | 19.56 | 15.58 |
| 1999 | 14.69 | 0.73 | 8.29 | 5.67 | 20.88 | 16.72 |
| 2000 | 14.93 | 0.79 | 8.48 | 5.66 | 20.40 | 16.20 |
| 2001 | 16.01 | 0.83 | 8.94 | 6.23 | 23.05 | 18.14 |
| 2002 | 17.21 | 0.92 | 9.40 | 6.89 | 24.30 | 19.00 |
| 2003 | 18.98 | 0.86 | 10.76 | 7.36 | 25.13 | 19.62 |
| 2004 | 20.82 | 1.04 | 12.19 | 7.59 | 26.20 | 20.29 |
| 2005 | 21.46 | 1.22 | 12.76 | 7.47 | 26.98 | 21.21 |
| 2006 | 22.70 | 1.19 | 13.46 | 8.05 | 27.61 | 21.57 |
| 2007 | 23.48 | 1.08 | 14.20 | 8.20 | 28.94 | 22.98 |
| 2008 | 24.46 | 1.11 | 15.07 | 8.28 | 29.46 | 23.32 |
| 2009 | 25.52 | 1.25 | 16.31 | 7.96 | 29.43 | 23.69 |
| 2010 | 26.31 | 1.26 | 16.91 | 8.14 | 30.25 | 24.15 |
| 2011 | 27.67 | 1.17 | 17.89 | 8.61 | 31.35 | 25.34 |
| 2012 | 28.95 | 1.13 | 19.76 | 8.06 | 31.69 | 25.64 |
| 拉萨市 Lhasa | 3.14 | 0.21 | 2.42 | 0.51 | 3.28 | 3.07 |
| 昌都地区 Qamdo | 8.70 | 0.24 | 7.37 | 1.09 | 8.15 | 7.05 |
| 山南地区 Shannan | 2.41 | 0.11 | 1.59 | 0.71 | 4.68 | 4.33 |
| 日喀则地区 Xigazê | 3.75 | 0.06 | 1.86 | 1.84 | 7.38 | 5.07 |
| 那曲地区 Nagqu | 8.18 | 0.01 | 5.63 | 2.55 | 5.16 | 3.86 |
| 阿里地区 Ngari | 1.63 | 0.00 | 0.29 | 1.34 | 0.90 | 0.12 |
| 林芝地区 Nyingchi | 1.14 | 0.51 | 0.59 | 0.04 | 2.14 | 2.14 |
| 其他 Others | | | | | | |

# 第九篇

# Chapter 9

**INDUSTRY**

# 9-1 全部工业企业单位数
## NUMBER OF ALL INDUSTRIAL ENTERPRISES

单位：个 (unit)

| 分 类 | Item | 2000 | 2001 | 2007 | 2010 | 2011 | 2012 |
|---|---|---|---|---|---|---|---|
| **总计** | **Total** | **482** | **489** | **443** | **479** | **497** | **473** |
| **按登记注册类型分** | **Grouped by Ownership** | | | | | | |
| 国有经济 | State-owned | 288 | 267 | 214 | 138 | 136 | 129 |
| 集体经济 | Collective-Owned | 105 | 128 | 81 | 66 | 74 | 73 |
| 其他经济 | Others | 89 | 94 | 148 | 275 | 287 | 271 |
| **按轻重工业分** | **Grouped by Light and Heavy Industry** | | | | | | |
| 轻工业 | Enterprises of Light Industry | 202 | 208 | 168 | 167 | 218 | 226 |
| 重工业 | Enterprises of Heavy Industry | 280 | 281 | 275 | 312 | 279 | 247 |
| **按企业规模分** | **Grouped by Size of Enterprises** | | | | | | |
| 大型企业 | Large-sized | | | | 1 | 2 | 2 |
| 中型企业 | Medium-sized | 4 | 4 | 10 | 13 | 10 | 10 |
| 小型企业 | Small | 478 | 485 | 433 | 465 | 145 | 152 |
| 微型企业 | Micro-sized | | | | | 340 | 309 |
| **按国民经济行业分** | **Grouped by Sectors** | | | | | | |
| 煤炭开采和洗选业 | Coal Mining and Dressing | 2 | 3 | 2 | 2 | 2 | 2 |
| 黑色金属矿采选业 | Ferrous Metals Mining and Dressing | 10 | 9 | 14 | 16 | 18 | 16 |
| 有色金属矿采选业 | Nonferrous Metals Mining and Dressing | 19 | 22 | 42 | 52 | 47 | 47 |
| 非金属矿采选业 | Nonmetal Minerals Mining and Dressing | 17 | 21 | 24 | 29 | 30 | 27 |
| 其他矿采选业 | Other Minerals Mining and Dressing | 1 | | 1 | | | |
| 农副食品加工业 | Farm and Sideline Products Processing | 38 | 36 | 25 | 44 | 48 | 48 |
| 食品制造业 | Food Production | 10 | 15 | 11 | 12 | 14 | 11 |
| 酒、饮料和精制茶制造业 | Manufacture of Liquor,Beverages and Tea | 16 | 16 | 21 | 25 | 29 | 31 |
| 烟草加工业 | Tobacco Processing | 1 | | | | | |
| 纺织业 | Textile Industry | 18 | 20 | 10 | 11 | 11 | 10 |
| 纺织服装、服饰业 | Manufacture of Textile Wearing Apparel and Haberdashery | 22 | 18 | 12 | 11 | 11 | 12 |

注：2002年以前总计中含“木材及竹材采运业”。

Note:Before 2002, Total has excluded Loffing and Transport of Timber.

## 9-1 续表 continued

单位：个 (unit)

| 分 类 | Item | 2000 | 2001 | 2007 | 2010 | 2011 | 2012 |
|---|---|---|---|---|---|---|---|
| 皮革、毛皮、羽毛及其制品和制鞋业 | Manufacture of Leather, Fur, Feather and Its Products，Shoes | 1 | 1 | 1 | 3 | 4 | 4 |
| 木材加工和木、竹、藤、棕、草制品业 | Processing of Timber, Manufacture of Wood, Bamboo, Rattan, Palm and Straw Products | 25 | 30 | 15 | 13 | 12 | 12 |
| 家具制造业 | Furniture Manufacturing | 9 | 13 | 7 | 7 | 8 | 8 |
| 造纸及纸制品业 | Papermaking and Paper Products | 1 | 1 |  | 2 | 2 | 3 |
| 印刷业和记录媒介的复制 | Printing and Record Medium Reproduction | 16 | 18 | 14 | 14 | 14 | 12 |
| 文教、工美、体育和娱乐用品制造业 | Manufacture of Education, Culture，Artwork，Sports and Recreation Articles | 5 |  |  |  |  | 35 |
| 化学原料及化学制品制造业 | Raw Chemical Materials and Chemical Products | 9 | 8 | 10 | 15 | 14 | 14 |
| 医药制造业 | Medical and Pharmaceutical Products | 16 | 17 | 20 | 23 | 23 | 25 |
| 橡胶和塑料制品业 | Plastics and Articles Thereof Rubber and Articles Thereof | 3 | 3 | 1 | 4 | 4 | 4 |
| 非金属矿物制品业 | Nonmetal Mineral Products | 45 | 40 | 34 | 55 | 59 | 54 |
| 黑色金属矿冶炼及压延加工业 | Smelting and Pressing of Ferrous Metals | 2 | 2 |  |  |  |  |
| 有色金属矿冶炼及压延加工业 | Smelting and Pressing of Nonferrous Metals |  |  | 1 | 1 | 2 | 2 |
| 金属制品业 | Metal Products | 6 | 6 | 3 | 8 | 4 | 10 |
| 通用设备制造业 | General Equipment | 2 | 1 | 1 |  |  |  |
| 专用设备制造业 | Special Purposes Equipment | 9 | 6 | 2 | 2 | 2 | 2 |
| 汽车制造业 | Motor Vehicles | 33 | 34 | 22 | 18 | 18 |  |
| 电气机械及器材制造业 | Electrical Machinery and Equipment |  |  | 3 | 3 | 2 | 1 |
| 其他制造业 | Other Manufacturing |  |  |  |  |  | 3 |
| 废弃资源综合利用业 | Recycling and Disposal of Waste |  |  |  |  |  | 1 |
| 电力、热力的生产和供应业 | Production and Supply of Electricity and Thermal Power | 102 | 107 | 105 | 60 | 63 | 64 |
| 自来水生产和供应业 | Production and Supply of Tap Water | 7 | 8 | 11 | 14 | 14 | 15 |

# 9-2 工业总产值

## GROSS OUTPUT VALUE OF INDUSTRY

单位：万元 (10000 yuan)

| 年份<br>Year | 合计<br>Total | 按登记注册类型分<br>Grouped by Ownership | | | 按轻重工业分<br>Grouped by Light and Heavy Industry | | 按企业规模分<br>Grouped by Size of Enterprises | |
|---|---|---|---|---|---|---|---|---|
| | | 国有经济<br>State-owned | 集体经济<br>Collective-owned | 其他经济<br>Other | 轻工业<br>Light Industry | 重工业<br>Heavy Industry | 中型企业<br>Medium-sized | 小型企业<br>Small |
| 1956 | 140 | 140 | | | | 140 | | 140 |
| 1959 | 4344 | 4243 | 101 | | 164 | 4180 | | 4344 |
| 1965 | 2349 | 1797 | 522 | | 892 | 1457 | | 2349 |
| 1978 | 14934 | 11438 | 3496 | | 5691 | 9243 | | 14934 |
| 1980 | 14894 | 13818 | 1076 | | 4600 | 10294 | 477 | 14417 |
| 1981 | 12061 | 10832 | 1229 | | 5321 | 6740 | 668 | 11393 |
| 1982 | 13834 | 12710 | 1124 | | 5423 | 8411 | 1664 | 12170 |
| 1983 | 14662 | 13294 | 1307 | 61 | 5631 | 9031 | 1858 | 12804 |
| 1984 | 19289 | 13870 | 5195 | 244 | 7330 | 11959 | 2164 | 17125 |
| 1985 | 21247 | 13950 | 1958 | 5339 | 10765 | 10482 | 1101 | 20146 |
| 1986 | 20200 | 13085 | 2022 | 5093 | 7734 | 12466 | 1343 | 18857 |
| 1987 | 21608 | 15353 | 2255 | 4000 | 9500 | 12108 | 2173 | 19435 |
| 1988 | 26496 | 19615 | 2881 | 4000 | 11088 | 15408 | 1628 | 24868 |
| 1989 | 33300 | 24119 | 3406 | 5775 | 12900 | 20400 | 1578 | 31722 |
| 1990 | 37200 | 25395 | 4230 | 7575 | 14518 | 22682 | 2102 | 35098 |
| 1991 | 44214 | 28709 | 3805 | 11700 | 20307 | 23907 | 1815 | 42399 |
| 1992 | 49696 | 31502 | 4871 | 13323 | 23053 | 26643 | 3559 | 46137 |
| 1993 | 59873 | 39637 | 5475 | 14761 | 23531 | 36342 | 4263 | 55610 |
| 1994 | 76200 | 48895 | 6139 | 21166 | 35964 | 40236 | 3997 | 72203 |
| 1995 | 90816 | 65679 | 13909 | 11228 | 28479 | 62337 | 12774 | 78042 |
| 1996 | 103617 | 69561 | 20642 | 13414 | 28137 | 75480 | 11507 | 92110 |
| 1997 | 117586 | 78033 | 17648 | 21905 | 40981 | 76605 | 21905 | 40981 |
| 1998 | 144313 | 94543 | 22381 | 27389 | 47554 | 96759 | 13842 | 130471 |
| 1999 | 166010 | 94686 | 14090 | 57234 | 65626 | 100384 | 11804 | 154206 |
| 2000 | 183036 | 94970 | 44529 | 43537 | 68814 | 114222 | 26749 | 156287 |
| 2001 | 199769 | 85086 | 44612 | 70071 | 79495 | 120274 | 50337 | 149432 |
| 2002 | 216337 | 96244 | 44899 | 75194 | 87977 | 128360 | 51343 | 164994 |
| 2003 | 239635 | 105503 | 40209 | 93923 | 89753 | 149882 | 98005 | 141630 |
| 2004 | 284243 | 116453 | 43073 | 124717 | 119924 | 164319 | 104399 | 179844 |
| 2005 | 336462 | 133805 | 44358 | 158299 | 136300 | 200162 | 111569 | 224893 |
| 2006 | 401641 | 135733 | 53667 | 212241 | 158267 | 243374 | 123194 | 278447 |
| 2007 | 504375 | 166871 | 28471 | 309033 | 187171 | 317204 | 203869 | 300506 |
| 2008 | 597153 | 184919 | 27994 | 384240 | 227571 | 369582 | 183802 | 413351 |
| 2009 | 657970 | 191361 | 20251 | 446358 | 271729 | 386241 | 254967 | 403003 |
| 2010 | 756144 | 225250 | 18063 | 512831 | 276447 | 479697 | 325047 | 431097 |
| 2011 | 950805 | 298104 | 25378 | 627323 | 369933 | 580872 | 417738 | 533067 |
| 2012 | 1059120 | 369199 | 30444 | 659477 | 406740 | 652380 | 454272 | 604848 |

# 9-3 工业总产值指数

## INDICES OF GROSS OUTPUT VALUE OF INDUSTRY

(上年=100) (Preceding year=100)

| 年 份 Year | 合 计 Total | 按登记注册类型分 Grouped by Ownership | | | 按轻重工业分 Grouped by Light and Heavy Industry | | 按企业规模分 Grouped by Size of Enterprises | |
|---|---|---|---|---|---|---|---|---|
| | | 国有经济 State-owned | 集体经济 Collective-owned | 其他经济 Other | 轻工业 Light Industry | 重工业 Heavy Industry | 中型企业 Medium-sized | 小型企业 Small |
| 1957 | 252.7 | 252.7 | | | | 252.7 | | 252.7 |
| 1959 | 96.5 | 95.8 | 138.3 | | 137.0 | 95.4 | | 96.5 |
| 1965 | 119.2 | 102.6 | 251.3 | | 251.2 | 90.2 | | 119.2 |
| 1978 | 113.5 | 113.5 | 113.5 | | 107.1 | 117.8 | | 113.5 |
| 1980 | 91.9 | 111.7 | 27.4 | | 95.1 | 90.4 | 87.0 | 92.1 |
| 1981 | 70.1 | 67.7 | 102.0 | | 94.1 | 58.7 | 125.2 | 68.4 |
| 1982 | 104.6 | 106.3 | 89.5 | | 101.7 | 106.7 | 95.4 | 105.1 |
| 1983 | 106.5 | 105.1 | 114.3 | | 104.3 | 108.1 | 115.8 | 106.0 |
| 1984 | 129.9 | 98.1 | 141.4 | | 171.2 | 100.7 | 123.9 | 130.2 |
| 1985 | 102.6 | 99.8 | 92.7 | 118.3 | 99.9 | 105.9 | 101.4 | 102.6 |
| 1986 | 92.7 | 89.2 | 117.7 | 92.9 | 68.3 | 120.4 | 98.1 | 92.4 |
| 1987 | 113.7 | 119.7 | 113.7 | 98.7 | 129.5 | 103.5 | 111.9 | 113.7 |
| 1988 | 110.3 | 99.4 | 118.0 | 139.3 | 119.4 | 103.0 | 111.6 | 110.2 |
| 1989 | 109.5 | 108.7 | 108.2 | 112.0 | 109.1 | 109.9 | 112.8 | 109.3 |
| 1990 | 106.3 | 101.2 | 117.3 | 135.8 | 110.4 | 102.6 | 92.1 | 107.2 |
| 1991 | 107.2 | 97.9 | 99.0 | 160.0 | 135.0 | 89.7 | 84.7 | 108.7 |
| 1992 | 108.2 | 105.0 | 110.5 | 113.8 | 112.6 | 103.9 | 169.5 | 105.0 |
| 1993 | 108.5 | 109.5 | 97.4 | 110.6 | 102.1 | 115.1 | 135.2 | 106.3 |
| 1994 | 113.1 | 104.0 | 116.9 | 129.0 | 111.8 | 114.2 | 86.0 | 116.0 |
| 1995 | 114.7 | 132.9 | 202.0 | 51.0 | 108.5 | 117.8 | 300.7 | 99.2 |
| 1996 | 110.4 | 113.3 | 104.9 | 103.7 | 97.1 | 117.8 | 91.2 | 120.7 |
| 1997 | 112.2 | 102.1 | 116.2 | 175.2 | 133.0 | 123.2 | 29.8 | 129.3 |
| 1998 | 113.5 | 106.7 | 124.6 | 123.7 | 111.4 | 114.8 | 125.7 | 105.3 |
| 1999 | 108.7 | 111.2 | 104.0 | 103.8 | 121.2 | 101.7 | 100.8 | 109.2 |
| 2000 | 108.1 | 103.7 | 115.2 | 109.4 | 114.0 | 107.5 | 103.2 | 105.4 |
| 2001 | 108.0 | 98.4 | 96.8 | 137.2 | 108.1 | 106.3 | 110.7 | 102.9 |
| 2002 | 108.0 | 107.5 | 103.3 | 112.0 | 113.1 | 103.2 | 113.5 | 107.2 |
| 2003 | 109.6 | 113.4 | 92.2 | 118.6 | 106.8 | 111.9 | 112.1 | 108.6 |
| 2004 | 114.6 | 111.0 | 118.7 | 126.9 | 116.4 | 113.1 | 104.5 | 118.4 |
| 2005 | 116.5 | 104.7 | 109.7 | 114.7 | 120.4 | 113.0 | 112.7 | 117.5 |
| 2006 | 117.0 | 110.5 | 115.4 | 129.2 | 100.9 | 135.6 | 111.5 | 118.3 |
| 2007 | 117.4 | 113.6 | 90.7 | 141.9 | 110.4 | 122.2 | 101.8 | 120.2 |
| 2008 | 112.1 | 117.6 | 93.2 | 111.0 | 115.9 | 109.9 | 85.4 | 130.3 |
| 2009 | 112.9 | 104.9 | 89.3 | 118.8 | 120.5 | 108.7 | 112.2 | 113.5 |
| 2010 | 113.2 | 118.2 | 108.0 | 108.6 | 98.8 | 122.1 | 101.4 | 120.9 |
| 2011 | 120.6 | 126.9 | 134.7 | 118.4 | 128.3 | 116.1 | 149.4 | 104.3 |
| 2012 | 111.7 | 124.2 | 120.3 | 105.4 | 110.3 | 112.6 | 109.1 | 113.8 |

注：本表按可比价格计算。

Note:Data in this table are calculated at comparable prices.

# 9-4 工业总产值指数

## INDICES OF GROSS OUTPUT VALUE OF INDUSTRY

(1956年=100) (year of 1956=100)

| 年份 Year | 合计 Total | 按登记注册类型分 Grouped by Ownership | | | 按轻重工业分 Grouped by Light and Heavy Industry | | 按企业规模分 Grouped by Size of Enterprises | |
|---|---|---|---|---|---|---|---|---|
| | | 国有经济 State-owned | 集体经济 Collective-owned | 其他经济 Other | 轻工业 Light Industry | 重工业 Heavy Industry | 中型企业 Medium-sized | 小型企业 Small |
| 1957 | 252.7 | 252.7 | | | | 252.7 | | 252.7 |
| 1959 | 3095.7 | 3501.0 | 213.2 | | 137.0 | 3060.4 | | 3095.7 |
| 1965 | 1673.9 | 1485.2 | 1148.9 | | 746.1 | 1065.6 | | 1673.9 |
| 1978 | 9459.1 | 8356.1 | 6490.7 | | 3977.8 | 6243.4 | | 9459.1 |
| 1980 | 9710.0 | 10425.9 | 1986.5 | | 3468.9 | 2998.6 | 87.0 | 9408.8 |
| 1981 | 6806.7 | 7058.3 | 2026.2 | | 3264.2 | 4108.2 | 108.9 | 6435.6 |
| 1982 | 7119.8 | 7503.0 | 1813.4 | | 3319.7 | 4383.4 | 103.8 | 6763.8 |
| 1983 | 7582.6 | 7885.7 | 2072.7 | | 3462.4 | 4738.5 | 120.2 | 7169.6 |
| 1984 | 9849.8 | 7735.9 | 2930.8 | 100.0 | 5927.6 | 4771.7 | 148.9 | 9334.8 |
| 1985 | 10105.9 | 7720.4 | 2716.9 | 118.3 | 5921.8 | 5053.2 | 151.0 | 9577.5 |
| 1986 | 9368.2 | 6886.6 | 3197.8 | 109.9 | 4044.6 | 6084.1 | 148.0 | 8849.6 |
| 1987 | 10651.6 | 8243.3 | 3635.9 | 108.5 | 5237.8 | 6297.0 | 165.7 | 10062.0 |
| 1988 | 11748.7 | 8193.8 | 4290.4 | 151.1 | 6253.9 | 6485.9 | 185.0 | 11088.3 |
| 1989 | 12864.8 | 8906.7 | 4642.2 | 169.1 | 6823.0 | 7128.0 | 208.7 | 12119.5 |
| 1990 | 13675.3 | 9013.6 | 5445.3 | 198.4 | 7532.6 | 7313.3 | 192.3 | 12992.1 |
| 1991 | 14659.9 | 8824.3 | 5390.8 | 198.3 | 10169.0 | 6560.0 | 206.6 | 14122.4 |
| 1992 | 15862.0 | 9265.5 | 5956.8 | 225.8 | 11450.3 | 6815.8 | 350.3 | 14828.5 |
| 1993 | 17210.3 | 10145.7 | 5801.9 | 249.7 | 11690.8 | 7845.0 | 473.6 | 15762.7 |
| 1994 | 19464.8 | 10551.5 | 6782.4 | 322.1 | 13070.3 | 8959.0 | 407.3 | 18284.7 |
| 1995 | 22534.9 | 14022.9 | 13700.4 | 164.3 | 14181.3 | 10553.7 | 1224.8 | 18436.0 |
| 1996 | 24878.0 | 15887.9 | 14371.7 | 170.4 | 13770.0 | 12432.3 | 1117.0 | 22252.3 |
| 1997 | 27913.7 | 16221.5 | 16699.9 | 298.5 | 18314.1 | 15316.6 | 332.9 | 28772.2 |
| 1998 | 31682.0 | 17308.3 | 20808.1 | 369.2 | 20401.9 | 17583.5 | 418.5 | 30297.1 |
| 1999 | 34438.3 | 19246.8 | 21640.4 | 383.2 | 24727.1 | 17882.4 | 421.8 | 33084.4 |
| 2000 | | 19958.9 | 24929.7 | 419.2 | 28188.9 | 19223.6 | 435.3 | 34871.0 |
| 2001 | 40206.0 | 19639.6 | 24131.9 | 575.1 | 30472.2 | 20434.7 | 481.9 | 35882.3 |
| 2002 | 43422.5 | 21112.6 | 24928.3 | 644.1 | 34464.1 | 21088.6 | 546.9 | 38465.8 |
| 2003 | 47591.1 | 23941.7 | 22983.9 | 763.9 | 36807.7 | 23598.1 | 613.1 | 41773.9 |
| 2004 | 54539.4 | 26575.3 | 27281.9 | 969.4 | 42844.2 | 26689.5 | 640.7 | 49460.3 |
| 2005 | 63538.4 | 27824.3 | 29928.2 | 1111.9 | 51584.4 | 30159.1 | 722.1 | 58115.9 |
| 2006 | 74339.9 | 30745.9 | 34537.1 | 1582.7 | 52048.7 | 40895.7 | 805.1 | 68751.1 |
| 2007 | 87275.0 | 34927.3 | 31325.1 | 2245.9 | 57461.8 | 49974.5 | 819.6 | 82638.8 |
| 2008 | 97835.3 | 41074.5 | 29195.0 | 2492.9 | 66598.2 | 54921.9 | 699.9 | 107678.4 |
| 2009 | 110456.1 | 43087.2 | 26071.1 | 2961.6 | 80250.8 | 59700.1 | 785.3 | 122215.0 |
| 2010 | 125036.3 | 50929.1 | 28156.8 | 3216.3 | 79287.8 | 72893.8 | 796.3 | 147757.9 |
| 2011 | 150793.8 | 64629.0 | 37927.2 | 3808.9 | 101726.2 | 84629.7 | 1189.7 | 154111.5 |
| 2012 | 168436.7 | 80269.2 | 45626.4 | 4014.6 | 112204.0 | 95293.0 | 1298.0 | 175378.9 |

注：本表按可比价格计算。

Note:Data in this table are calculated at comparable prices.

# 9-5 全部工业企业分行业工业总产值

## GROSS OUTPUT VALUE OF ALL INDUSTRIAL ENTERPRISES BY BRANCH

单位：万元 (10000 yuan)

| 分 类 | Item | 2000 | 2007 | 2010 | 2011 | 2012 |
|---|---|---|---|---|---|---|
| **总计** | **Total** | **176035** | **473407** | **704849** | **891521** | **1010666** |
| **按登记注册类型分** | **Grouped by Ownership** | | | | | |
| 国有企业 | State-owned Enterprises | 94969 | 166872 | 225250 | 298104 | 369199 |
| 集体企业 | Collective-owned Enterprises | 44529 | 28471 | 18063 | 25378 | 30444 |
| 股份合作企业 | Cooperative Share Holding Enterprises | 2170 | 7152 | 3881 | 4241 | 8003 |
| 股份制企业 | Share Holding Enterprises | 24535 | 178787 | 333501 | 434529 | 431168 |
| 外商及港澳台商企业 | Foreign-invested and Hong Kong, Macao and Taiwan Funded | 682 | 48726 | 54891 | 59754 | 112478 |
| 其他经济企业 | Other Enterprises | 9150 | 43399 | 69263 | 69515 | 59375 |
| **按国民经济行业分** | **Grouped by Sectors** | | | | | |
| 煤炭开采和洗选业 | Coal Mining and Processing | 799 | | | | |
| 黑色金属矿采选业 | Ferrous Metals Mining and Dressing | 13222 | 38013 | 39589 | 39282 | 60111 |
| 有色金属矿采选业 | Nonferrous Metals Mining and Dressing | 15317 | 86483 | 103550 | 182677 | 208952 |
| 非金属矿采选业 | Nonmetal Minerals Mining and Dressing | 8847 | 10789 | 13796 | 16985 | 5281 |
| 其他矿采选业 | Other Minerals Mining and Dressing | 774 | | | | |
| 农副食品加工业 | Farm and Sideline Products Processing | 2258 | 10192 | 25954 | 33810 | 35747 |
| 食品制造业 | Food Production | 3413 | 9981 | 11291 | 12543 | 15026 |
| 酒、饮料和精制茶制造业 | Manufacture of Liquor,Beverages and Tea | 13700 | 51359 | 106958 | 137758 | 137072 |
| 烟草加工业 | Tobacco Processing | 19 | | | | |
| 纺织业 | Textile Industry | 1700 | 3230 | 8549 | 14043 | 11777 |
| 纺织服装、服饰业 | Manufacture of Textile Wearing Apparel and Haberdashery | 789 | 686 | 880 | 1217 | 1420 |
| 皮革、毛皮、羽毛及其制品和制鞋业 | Manufacture of Leather, Fur, Feather and Its Products，Shoes | 608 | 610 | 1176 | 1706 | 1899 |
| 木材加工和木、竹、藤、棕、草制品业 | Processing of Timber, Manufacture of Wood, Bamboo, Rattan, Palm and Straw Products | 6532 | 15834 | 10822 | 13492 | 13043 |
| 家具制造业 | Furniture Manufacturing | 600 | 429 | 721 | 667 | 1296 |
| 造纸及纸制品业 | Papermaking and Paper Products | 250 | | 8651 | 60 | 2263 |
| 印刷业和记录媒介的复制 | Printing and Record Medium Reproduction | 3925 | 9872 | 8188 | 24027 | 20607 |
| 文教、工美、体育和娱乐用品制造业 | Manufacture of Education, Culture，Artwork，Sports and Recreation Articles | 3066 | 3580 | 5873 | 11210 | 13420 |
| 化学原料及化学制品制造业 | Raw Chemical Materials and Chemical Products | 1114 | 5414 | 9317 | 7344 | 8798 |
| 医药制造业 | Medical and Pharmaceutical Products | 25800 | 63819 | 65027 | 73608 | 113401 |
| 化学纤维制造业 | Chemical Fiber | | | | | |
| 橡胶和塑料制品业 | Plastics and Articles Thereof Rubber and Articles Thereof | 179 | 53 | 632 | 625 | 386 |
| 非金属矿物制品业 | Nonmetal Mineral Products | 32690 | 81377 | 147662 | 165793 | 195506 |
| 黑色金属矿冶炼及压延加工业 | Smelting and Pressing of Ferrous Metals | 560 | | | | |
| 有色金属矿冶炼及压延加工业 | Smelting and Pressing of Nonferrous Metals | | 349 | | 94 | 94 |
| 金属制品业 | Metal Products | 116 | 27 | 343 | 479 | 6464 |
| 通用设备制造业 | General Equipment | 31 | 11 | | | |
| 专用设备制造业 | Special Purposes Equipment | 1510 | 520 | 42 | 47 | 40 |
| 汽车制造业 | Motor Vehicles | 5800 | 4311 | 10791 | 11020 | |
| 电气机械及器材制造业 | Electrical Machinery and Equipment | | 790 | 1481 | 636 | 143 |
| 工艺品及其他制造业 | Artworks and Other Manufacturing | | | | | |
| 其他制造业 | Other Manufacturing | | | | | 5290 |
| 废弃资源综合利用业 | Recycling and Disposal of Waste | | | | | 10335 |
| 电力、热力的生产和供应业 | Production and Supply of Electricity and Thermal Power | 23701 | 65556 | 110616 | 128367 | 125745 |
| 自来水生产和供应业 | Production and Supply of Tap Water | 4007 | 10121 | 12940 | 14022 | 16551 |

# 9-6 分地市全部工业企业单位数及工业总产值（2012年）

## NUMBER OF ENTERPRISES AND GROSS OUTPUT VALUE OF ALL INDUSTRIAL ENTERPRISES BY REGION(2012)

| 地 区 | Region | 合 计<br>Total | 国有经济<br>State-owned | 集体经济<br>Collective-owned | 其他经济<br>Other | 轻工业<br>Light Industry | 重工业<br>Heavy Industry |
|---|---|---|---|---|---|---|---|
| **单位数 (个)** | **Number (unit)** | **472** | **129** | **73** | **270** | **226** | **246** |
| 拉萨市 | Lhasa | 212 | 23 | 31 | 158 | 111 | 101 |
| 昌都地区 | Qamdo | 64 | 22 | 4 | 38 | 20 | 44 |
| 山南地区 | Shannan | 43 | 14 | 15 | 14 | 24 | 19 |
| 日喀则地区 | Xigazê | 87 | 30 | 18 | 39 | 45 | 42 |
| 那曲地区 | Nagqu | 15 | 9 | 1 | 5 | 7 | 8 |
| 阿里地区 | Ngari | 17 | 14 | 1 | 2 | 2 | 15 |
| 林芝地区 | Nyingchi | 34 | 17 | 3 | 14 | 17 | 17 |
| **工业总产值 (万元)** | **Total Industry (10000 yuan)** | **1010666** | **369199** | **30444** | **611023** | **378049** | **632617** |
| 拉萨市 | Lhasa | 646930 | 195119 | 21832 | 429980 | 279499 | 367431 |
| 昌都地区 | Qamdo | 50894 | 23032 | 1102 | 26760 | 25547 | 25347 |
| 山南地区 | Shannan | 142981 | 86890 | 1538 | 54553 | 12761 | 130220 |
| 日喀则地区 | Xigazê | 92395 | 29037 | 3738 | 59621 | 18748 | 73647 |
| 那曲地区 | Nagqu | 7598 | 6173 |  | 1425 | 2017 | 5582 |
| 阿里地区 | Ngari | 8064 | 8001 | 50 | 12 | 127 | 7937 |
| 林芝地区 | Nyingchi | 61802 | 20947 | 2184 | 38672 | 39349 | 22453 |

注：本表按当年价格计算。

Note:Data in this table are calculated at current prices.

# 9-7 全部规模以上工业企业主要经济指标

## MAIN ECONOMIC INDICATORS OF ALL INDUSTRIAL ENTERPRISES ABOVE DESIGNATED SIZE

单位：万元 (10000 yuan)

| 指标 | Item | 2000 | 2001 | 2007 | 2010 | 2011 | 2012 |
|---|---|---|---|---|---|---|---|
| 企业单位数 (个) | Number of Industrial Enterprises (unit) | 219 | 205 | 100 | 97 | 56 | 64 |
| #亏损企业 | Number of Loss Making Enterprises | 45 | 48 | 14 | 24 | 14 | 17 |
| 工业总产值(当年价) | Gross Industrial Output Value (at current price) | 152376 | 160363 | 413637 | 622246 | 749612 | 872516 |
| 工业增加值(当年价) | Added Value of Industry (at current price) | 86419 | 85332 | 234621 | 292500 | 353785 | 428275 |
| 工业销售产值(当年价) | Sales Value of Industry (at current price) | 141582 | 143829 | 387163 | 600627 | 733912 | 889591 |
| #出口交货值 | Delivery Value of Industry | 1094 | 375 | 90 | 254 | 219 | 290 |
| 流动资产合计 | Circulating Funds | 223916 | 204455 | 573217 | 907575 | 1018777 | 1549467 |
| 固定资产原价 | Original Value of Fixed Assets | 562109 | 579977 | 1204026 | 1898472 | 2064416 | 3091650 |
| 固定资产净值 | Net Value of Fixed Assets | | | | | 1479827 | 2387564 |
| 资产总计 | Total Assets | 752352 | 766752 | 1721826 | 3152355 | 3461491 | 5068637 |
| 流动负债合计 | Liquid Liabilities | 137495 | 123942 | 290843 | 583755 | 665737 | 1157870 |
| 非流动负债合计 | Non-current Liabilities | 46655 | 37334 | 102952 | 300521 | 331519 | 363101 |
| 所有者权益合计 | Creditors Equity | 566057 | 605476 | 1328031 | 2232227 | 2461677 | 3431561 |
| 实收资本 | Total Capital Hold | 437438 | 462800 | 554520 | 898243 | 912442 | 1172649 |
| 营业收入 | Business Income Products | | | | | 757830 | 930196 |
| 主营业务收入 | Business Income of The Main Products | 144227 | 156288 | 367308 | 597092 | 731364 | 918791 |
| 营业成本 | Business Cost | | | | | 595696 | 768079 |
| 主营业务成本 | Cost of The Core Business | 81691 | 104000 | 228165 | 483103 | 568696 | 757671 |
| 营业税金及附加 | Operating Tax and Extra Charges | | | | | 13559 | 16940 |
| 主营业务税金及附加 | Sales Tax of the Core Business and Adding | 4053 | 3889 | 5649 | 8409 | 12878 | 15737 |
| 销售费用 | Selling Expenses | | | | | 34159 | 37580 |
| 管理费用 | Management Expenses | | | | | 65015 | 78356 |
| 财务费用 | Financing Expenses | | | | | 7448 | 21406 |
| 利息收入 | Interest Revenue | | | | | 3406 | 6206 |
| 利息支出 | Interest Expenses | | | | | 9831 | 26003 |
| 营业利润 | Business Profits | 14012 | 19834 | 65895 | 29001 | 49205 | 28576 |
| 投资收益 | Profit from Investment | | | | | 3921 | 16003 |
| 补贴收入 | Subsidize Revenue | | | | | 4895 | 86030 |
| 营业外收入 | Non-business Revenue | | | | | 90305 | 106322 |
| 营业外支出 | Non-business Expenditure | | | | | 7182 | 6142 |
| 利润总额 | Total Profits | 26848 | 26646 | 71465 | 108200 | 128318 | 128885 |
| 亏损企业亏损总额 | Total Loss of Loss-suffering Enterprises | 2773 | 3383 | 14300 | 31301 | 45823 | 104231 |
| 应交所得税 | Income Taxes Payable | 1504 | 1288 | 5649 | 14642 | 26329 | 31699 |
| 利税总额 | Total Profits | | | | | 200112 | 222783 |
| 应交税金及附加 | Sales Tax of The Core Business and Adding | | | | | 98683 | 126546 |
| 本年应交增值税 | Value-added Tax Payable This Year | 11216 | 11416 | 43772 | 50084 | 58234 | 76958 |
| 本年应付职工薪酬 | Payroll Payable This Year | 27462 | 19875 | 52277 | 85435 | 123265 | 129180 |
| 本年应付福利费总额 | Welfarisms Payable in This Year | 2224 | 2691 | 4097 | 2908 | | |
| 土地和固定资产支出 | Expenses on Land and Fixed Assets | | | | | 184181 | 138415 |
| 全部从业人员年平均人数 (人) | Average Number of Employees (person) | 22934 | 21571 | 20170 | 19144 | 16236 | 16981 |

注：2007年以前为全部国有及主营业务收入500万元以上非国有工业企业，2007年以后为主营业务收入500万元以上工业企业。2011年为主营业务收入2000万元以上工业企业。

Note:Date in the table are all state-owned and non-state-owned industrial enterprises with business income of the main products over 5 million yuan before 2007,since2007 late for business income of the main products over 5 million yuan industrial enterprises, since2011 late for business income of the main products over 20 million yuan industrial enterprises.

# 9-8 规模以下工业企业主要经济指标

## MAIN ECONOMIC INDICATORS OF INDUSTRIAL ENTERPRISES BELOW DESIGNATED SIZE

单位：万元 (10000 yuan)

| 指 标 | Item | 2010 | 2011 | 2012 |
|---|---|---|---|---|
| 企业单位数 (个) | Number of Industrial Enterprises (unit) | 382 | 441 | 408 |
| 期末从业人数 (人) | Average Number of Employees (person) | 8761 | 12850 | 12031 |
| 工业总产值(当年价) | Gross Industrial Output Value (at current price) | 82603 | 147851 | 138150 |
| 应收账款 | Accounts Receivable | | 12310 | 26800 |
| 主营业务收入 | Business Income of The Main Products | 76627 | 144751 | 136782 |
| 出口产品销售收入 | Proceeds of Exports | | 131 | 374 |
| 主营业务成本 | Cost of The Core Business | | 81068 | 109758 |
| 税金总额 | Total Tax | 4517 | 8132 | 7737 |
| 其中:企业所得税 | Company Imcome Tax | 770 | 1341 | 938 |
| 营业利润 | Business Profits | 24201 | 28783 | 16019 |
| 应付职工薪酬 | Payroll Payable | 14416 | 26838 | 31543 |
| 资产总计 | Total Assets | 314600 | 591617 | 572401 |
| 负债合计 | Total Liabilities | | 88863 | 77237 |
| 固定资产原价 | Original Value of Fixed Assets | 251806 | 433137 | 390862 |
| 本年折旧 | Depreciation of Fixed Assets | 10457 | 20311 | 22593 |
| 利息支出 | Interest Expenses | 153 | 756 | 1867 |

注：本表从2011年起包括年主营业务收入2000万元以下的工业企业数据。

Note:Data in this table include state-owned industrial enterprise with business income of the main products 20 millinon yuan.

(The same as in the following table)

# 9-9 全部规模以上工业企业分类型主要经济指标（2012年）

单位：万元

| 指　　标 | Item | 企业单位数（个）Number of Enterprises (unit) | #亏损企业 Number of Loss Making Enterprises | 工业总产值（当年价）Gross Industrial Output Value (At current price) |
|---|---|---|---|---|
| **总计** | **Total** | **64** | **17** | **872516** |
| **按登记注册类型分** | **Grouped by Ownership** | | | |
| 国有企业 | State-owned Enterprises | 18 | 8 | 325704 |
| 集体企业 | Collective-owned Enterprises | 2 | | 10841 |
| 股份合作企业 | Cooperative Share Holding Enterprises | | | |
| 股份制企业 | Share Holding Enterprises | 36 | 7 | 389894 |
| 外商及港澳台商企业 | Foreign-invested and Hong kong, Macao and Taiwan Funded | 3 | | 69295 |
| 其他经济企业 | Other Enterprises | 5 | 2 | 76782 |
| **按轻重工业分** | **By Light Industry and Heavy Industry** | | | |
| 轻工业 | Light Industry | 28 | 3 | 299945 |
| 重工业 | Heavy Industry | 36 | 14 | 572571 |
| **按企业规模分** | **By Size of Enterprises** | | | |
| 大型企业 | Large-sized | 2 | 1 | 155786 |
| 中型企业 | Medium-sized | 10 | | 298486 |
| 小型企业 | Small | 49 | 13 | 411084 |
| 微型企业 | Micro-sized | 3 | 3 | 7160 |
| **总计中：** | **Of the Toatl:** | | | |
| 国有及国有控股企业 | State-owned Enterprises ( Including Enterprises with Controlling Share Hold by the State) | 26 | 9 | 499685 |

# MAIN ECONOMIC INDICATORS OF ALL INDUSTRIAL ENTERPRISES ABOVE DESIGNATED SIZE BY STATUS OF REGISTRATION (2012)

(10000 yuan)

| 工业销售产值(当年价) Sales Revenue (At Current Prices) | 出口交货值 Delivery Value of Industry | 流动资产合计 Circulating Funds | 固定资产原价 Original Value of Fixed Assets | 固定资产净值 Net Value of Fixed Assets | 资产总计 Total Assets |
|---|---|---|---|---|---|
| **889591** | **290** | **1549467** | **3091650** | **2387564** | **5068637** |
| | | | | | |
| 319514 | | 777088 | 2488060 | 1948807 | 3170567 |
| 11832 | | 12047 | 11449 | 4300 | 25250 |
| | | | | | |
| 417403 | 27 | 598205 | 490510 | 362569 | 1566096 |
| 70105 | | 57077 | 65314 | 42938 | 102758 |
| | | | | | |
| 70737 | 262 | 105050 | 36317 | 28950 | 203966 |
| | | | | | |
| 291265 | 290 | 338909 | 237815 | 174196 | 640636 |
| 598326 | | 1210558 | 2853835 | 2213368 | 4428001 |
| | | | | | |
| 161462 | | 586188 | 2071196 | 1611937 | 2463171 |
| 312256 | | 390152 | 391419 | 296983 | 1057692 |
| 411418 | 290 | 537232 | 578577 | 440069 | 1207013 |
| 4455 | | 35895 | 50458 | 38575 | 340761 |
| | | | | | |
| 495471 | | 1052899 | 2787152 | 2161071 | 3863715 |

## 9-9 续表1

单位：万元

| 指　标 | Item | 流动负债 合　计 Liquid Liabilities | 非流动负债 合　计 Non-current Liabilities |
|---|---|---|---|
| **总计** | **Total** | **1157870** | **363101** |
| **按登记注册类型分** | **Grouped by Ownership** | | |
| 国有企业 | State-owned Enterprises | 602249 | 183591 |
| 集体企业 | Collective-owned Enterprises | 6422 | 453 |
| 股份合作企业 | Cooperative Share Holding Enterprises | | |
| 股份制企业 | Share Holding Enterprises | 479458 | 176678 |
| 外商及港澳台商企业 | Foreign-invested and Hong kong, Macao and Taiwan Funded | 24957 | |
| 其他经济企业 | Other Enterprises | 44784 | 2379 |
| **按轻重工业分** | **By Light Industry and Heavy Industry** | | |
| 轻工业 | Light Industry | 161649 | 45365 |
| 重工业 | Heavy Industry | 996221 | 317736 |
| **按企业规模分** | **By Size of Enterprises** | | |
| 大型企业 | Large-sized | 480527 | 133736 |
| 中型企业 | Medium-sized | 196501 | 71195 |
| 小型企业 | Small | 277325 | 110411 |
| 微型企业 | Micro-sized | 203517 | 47759 |
| **总计中：** | **Of the Toatl:** | | |
| 国有及国有控股企业 | State-owned Enterprises ( Including Enterprises with Controlling Share Hold by the State) | 705635 | 275260 |

continued

(10000 yuan)

| 所有者权益合计 Creditor's Equity | 实收资本 Total Capital Hold | 营业收入 Business Income Products | 营业成本 Business Cost | 主营业务收入 Business Income of The Main Products | 主营业务成本 Cost of The Core Business |
|---|---|---|---|---|---|
| **3431561** | **1172649** | **930196** | **918791** | **768079** | **757671** |
| | | | | | |
| 2275648 | 549935 | 336013 | 327456 | 414661 | 409212 |
| 18375 | 6103 | 11155 | 11155 | 6937 | 6937 |
| | | | | | |
| 902934 | 515717 | 435822 | 433078 | 256058 | 251108 |
| 77802 | 42199 | 76604 | 76517 | 52040 | 52040 |
| 156802 | 58695 | 70602 | 70585 | 38383 | 38374 |
| | | | | | |
| 427277 | 185099 | 278601 | 277232 | 174636 | 171716 |
| 3004284 | 987550 | 651595 | 641559 | 593443 | 585955 |
| | | | | | |
| 1848909 | 338110 | 181459 | 175731 | 318714 | 315078 |
| 680238 | 324943 | 329704 | 328756 | 176995 | 176253 |
| 812931 | 395296 | 416878 | 414050 | 271363 | 266226 |
| 89483 | 114300 | 2155 | 254 | 1007 | 114 |
| | | | | | |
| 2773741 | 808734 | 524809 | 515657 | 544085 | 538437 |

## 9-9 续表2

单位：万元

| 指　标 | Item | 营业税金及附加 Operating Tax and Extra charges | 主营业务税金及附加 Sales Tax of The Core Business and Adding |
|---|---|---|---|
| **总计** | **Total** | **16940** | **15737** |
| **按登记注册类型分** | **Grouped by Ownership** | | |
| 国有企业 | State-owned Enterprises | 6705 | 5850 |
| 集体企业 | Collective-owned Enterprises | 167 | 167 |
| 股份合作企业 | Cooperative Share Holding Enterprises | | |
| 股份制企业 | Share Holding Enterprises | 8314 | 7966 |
| 外商及港澳台商企业 | Foreign-invested and Hong kong, Macao and Taiwan Funded | 627 | 627 |
| 其他经济企业 | Other Enterprises | 1127 | 1127 |
| **按轻重工业分** | **By Light Industry and Heavy Industry** | | |
| 轻工业 | Light Industry | 2619 | 2594 |
| 重工业 | Heavy Industry | 14321 | 13143 |
| **按企业规模分** | **By Size of Enterprises** | | |
| 大型企业 | Large-sized | 1290 | 1082 |
| 中型企业 | Medium-sized | 9557 | 8955 |
| 小型企业 | Small | 5763 | 5699 |
| 微型企业 | Micro-sized | 330 | 1 |
| **总计中：** | **Of the Toatl:** | | |
| 国有及国有控股企业 | State-owned Enterprises ( Including Enterprises with Controlling Share Hold by the State) | 9346 | 8482 |

continued

(10000 yuan)

| 销售费用 Selling Expenses | 管理费用 Management Expenses | 财务费用 Financing Expenses | 利息收入 Interest Revenue | 利息支出 Interest Expenses | 营业利润 Business profits |
|---|---|---|---|---|---|
| **37580** | **78356** | **21406** | **6206** | **26003** | **28576** |
| 8948 | 23874 | 16909 | 2599 | 19360 | -134637 |
| 258 | 1113 | 22 | 16 | | 2589 |
| 17364 | 43177 | 4260 | 2784 | 5698 | 128022 |
| 6150 | 3681 | -130 | 204 | 58 | 13223 |
| 4860 | 6511 | 345 | 603 | 887 | 19379 |
| 24022 | 22913 | 979 | 985 | 835 | 72710 |
| 13558 | 55443 | 20427 | 5221 | 25168 | -44134 |
| 774 | 3240 | 10505 | 1724 | 12216 | -151520 |
| 8001 | 36001 | 8995 | 2091 | 10624 | 86596 |
| 28691 | 38715 | 1872 | 2391 | 3130 | 93228 |
| 114 | 400 | 34 | | 33 | 272 |
| 13156 | 41424 | 18359 | 4584 | 21798 | -99605 |

## 9-9 续表3

单位：万元

| 指　标 | Item | 投资收益 Profit from Investment | 补贴收入 Subsidize Revenue |
|---|---|---|---|
| **总计** | **Total** | **16003** | **86030** |
| **按登记注册类型分** | **Grouped by Ownership** | | |
| 国有企业 | State-owned Enterprises | 502 | 81366 |
| 集体企业 | Collective-owned Enterprises | | 34 |
| 股份合作企业 | Cooperative Share Holding Enterprises | | |
| 股份制企业 | Share Holding Enterprises | 15501 | 3049 |
| 外商及港澳台商企业 | Foreign-invested and Hong kong, Macao and Taiwan Funded | | |
| 其他经济企业 | Other Enterprises | | 1581 |
| **按轻重工业分** | **By Light Industry and Heavy Industry** | | |
| 轻工业 | Light Industry | 16423 | 7502 |
| 重工业 | Heavy Industry | -420 | 78528 |
| **按企业规模分** | **By Size of Enterprises** | | |
| 大型企业 | Large-sized | 375 | 71897 |
| 中型企业 | Medium-sized | -806 | 4932 |
| 小型企业 | Small | 16434 | 9201 |
| 微型企业 | Micro-sized | | |
| **总计中：** | **Of the Toatl:** | | |
| 国有及国有控股企业 | State-owned Enterprises ( Including Enterprises with Controlling Share Hold by the State) | -432 | 84112 |

continued

(10000 yuan)

| 营业外收入 Non-business Revenue | 营业外支出 Non-business Expenditure | 利润总额 Total Profits | 亏损企业亏损总额 Total Loss of Loss-making Enterprises | 应交所得税 Income Taxes Payable |
|---|---|---|---|---|
| **106322** | **6142** | **128885** | **104231** | **31699** |
| | | | | |
| 87865 | 1935 | -48707 | 99744 | 7035 |
| 61 | 112 | 2680 | | 400 |
| | | | | |
| 14654 | 3853 | 138810 | 2911 | 19637 |
| 2143 | 84 | 15282 | | 1311 |
| 1599 | 158 | 20820 | 1576 | 3316 |
| | | | | |
| 10967 | 601 | 83073 | 925 | 8646 |
| 95355 | 5541 | 45812 | 103306 | 23053 |
| | | | | |
| 73984 | 613 | -78149 | 91168 | 2084 |
| 19577 | 3006 | 103167 | | 15828 |
| 12733 | 1875 | 104216 | 12714 | 13777 |
| 28 | 648 | -349 | 349 | 10 |
| | | | | |
| 93417 | 3314 | -9502 | 99782 | 13228 |

## 9-9 续表4

单位：万元

| 指　标 | Item | 利税总额 Total Profits | 应交税金及附加 Sales Tax of The Core Business and Adding |
|---|---|---|---|
| **总计** | **Total** | **222783** | **126546** |
| **按登记注册类型分** | **Grouped by Ownership** | | |
| 国有企业 | State-owned Enterprises | -18924 | 36993 |
| 集体企业 | Collective-owned Enterprises | 4059 | 1779 |
| 股份合作企业 | Cooperative Share Holding Enterprises | | |
| 股份制企业 | Share Holding Enterprises | 188406 | 69851 |
| 外商及港澳台商企业 | Foreign-invested and Hong kong, Macao and Taiwan Funded | 21921 | 8022 |
| 其他经济企业 | Other Enterprises | 27321 | 9901 |
| **按轻重工业分** | **By Light Industry and Heavy Industry** | | |
| 轻工业 | Light Industry | 104360 | 30520 |
| 重工业 | Heavy Industry | 118423 | 96026 |
| **按企业规模分** | **By Size of Enterprises** | | |
| 大型企业 | Large-sized | -69481 | 10752 |
| 中型企业 | Medium-sized | 149632 | 62476 |
| 小型企业 | Small | 142210 | 52491 |
| 微型企业 | Micro-sized | 422 | 827 |
| **总计中：** | **Of the Toatl:** | | |
| 国有及国有控股企业 | State-owned Enterprises ( Including Enterprises with Controlling Share Hold by the State) | 37696 | 60681 |

(10000 yuan)

| 本年应付职工薪酬 Wages Payable in This Year | 本年应交增值税 Welfarisms Payable in This Year | 土地和固定资产支出 Expenses on Land and Fixed Assets | 全部从业人员年平均人数（人） Average Number of Employees (person) |
|---|---|---|---|
| **129180** | **76958** | **138415** | **16981** |
| 78880 | 23078 | 15672 | 8782 |
| 791 | 1212 | 83 | 380 |
| 40430 | 41285 | 115064 | 6221 |
| 4516 | 6012 | 197 | 644 |
| 4563 | 5371 | 7399 | 954 |
| 20737 | 18668 | 10792 | 3991 |
| 108443 | 58290 | 127623 | 12990 |
| 51158 | 7378 | 543 | 4972 |
| 32029 | 36907 | 31789 | 4879 |
| 39277 | 32231 | 35539 | 6574 |
| 6716 | 442 | 70544 | 556 |
| 93580 | 37852 | 20122 | 11331 |

# 9-10 全部规模以上工业企业分行业主要经济指标（2012年）

单位：万元

| 指 标 | Item | 企业单位数（个）Number of Enterprises (unit) | #亏损企业 Number of Loss Making Enterprises |
|---|---|---|---|
| **总计** | **Total** | **64** | **17** |
| **按国民经济行业分** | **Grouped by Sectors** | | |
| 煤炭开采和洗选业 | Coal Mining and Processing | | |
| 黑色金属矿采选业 | Ferrous Metals Mining and Dressing | 4 | 1 |
| 有色金属矿采选业 | Nonferrous Metals Mining and Dressing | 10 | 4 |
| 非金属矿采选业 | Nonmetal Minerals Mining and Dressing | 1 | |
| 农副食品加工业 | Farm and Sideline Products Processing | 7 | 1 |
| 食品制造业 | Food Production | 3 | 1 |
| 酒、饮料和精制茶制造业 | Manufacture of Liquor,Beverages and Tea | 6 | |
| 纺织业 | Textile Industry | 2 | |
| 纺织服装、服饰业 | Manufacture of Textile Wearing Apparel and Haberdashery | | |
| 皮革、毛皮、羽毛及其制品业和制鞋业 | Manufacture of Leather, Fur, Feather and Its Products，Shoes | | |
| 木材加工和木、竹、藤、棕、草制品业 | Processing of Timber, Manufacture of Wood, Bamboo, Rattan, Palm and Straw Products | 1 | |
| 造纸及纸制品业 | Manufacture of Paper and Paper Products | | |
| 印刷业和记录媒介的复制 | Printing and Record Medium Reproduction | 2 | |
| 化学原料及化学制品制造业 | Row Chemical Materials and Chemical Products | 2 | 1 |
| 医药制造业 | Medical and Pharmaceutical Products | 6 | |
| 橡胶和塑料制品业 | Plastics and Articles Thereof Rubber and Articles Thereof | | |
| 非金属矿物制品业 | Nonmetal Mineral Products | 13 | 4 |
| 黑色金属矿冶炼及压延加工业 | Smelting and Pressing of Ferrous Metals | | |
| 金属制品业 | Metal Products | 1 | 1 |
| 通用设备制造业 | General Equipment | | |
| 专用设备制造业 | General Equipment | | |
| 交通运输设备制造业 | Transport Equipment | | |
| 电气机械及器材制造业 | Manufacture of Electrical Machinery and Equipment | | |
| 其他制造业 | Other Manufacturing | | |
| 废弃资源综合利用业 | Recycling and Disposal of Waste | 1 | 1 |
| 电力、热力的生产和供应业 | Production and Supply of Electricity and Thermal Power | 4 | 3 |
| 自来水生产和供应业 | Production and Supply of Tap Water | 1 | |

# MAIN ECONOMIC INDICATORS OF ALL INDUSTRIAL ENTERPRISES

## ABOVE DESIGNATED SIZE BY SECTOR (2012)

(10000 yuan)

| 工业总产值(当年价) Gross Industrial Output Value (At current price) | 工业销售产值(当年价) Sales Revenue (At Current Prices) | 出口交货值 Delivery Value of Industry | 流动资产合计 Circulating Funds | 固定资产原价 Original Value of Fixed Assets | 固定资产净值 Net Value of Fixed Assets | 资产总计 Total Assets |
|---|---|---|---|---|---|---|
| **872516** | **889591** | **290** | **1549467** | **3091650** | **2387564** | **5068637** |
| 57320 | 55210 | | 120157 | 63717 | 38810 | 344204 |
| 200606 | 223741 | | 343809 | 336448 | 282465 | 1113438 |
| 3202 | 3202 | | 1966 | 865 | 368 | 6742 |
| 24208 | 24092 | | 19449 | 18523 | 15316 | 46923 |
| 13739 | 13442 | | 18235 | 6376 | 4350 | 35904 |
| 129407 | 127293 | | 163781 | 139288 | 105551 | 281266 |
| 9389 | | | | | | |
| | 8950 | 27 | 7645 | 2259 | 1775 | 9523 |
| 8473 | 7547 | | 23402 | 13533 | 7725 | 35121 |
| 12323 | 12808 | | 8894 | 9069 | 4962 | 23261 |
| 7353 | 6769 | | 14153 | 12036 | 10892 | 33913 |
| 98370 | 91938 | 262 | 113124 | 33805 | 22548 | 209370 |
| 181235 | 187916 | | 150429 | 204574 | 121407 | 306901 |
| 2986 | 2986 | | 2796 | 1228 | 535 | 3413 |
| 10335 | 10274 | | 5219 | 495 | 400 | 5714 |
| 102035 | 101888 | | 551125 | 2224771 | 1754365 | 2591410 |
| 11535 | 11535 | | 5283 | 24663 | 16095 | 21534 |

## 9-10 续表1

单位：万元

| 指　标 | Item | 流动负债合　计 Liquid Liabilities | 非流动负债合　计 Non-current Liabilities |
|---|---|---|---|
| **总计** | **Total** | **1157870** | **363101** |
| **按国民经济行业分** | **Grouped by Sectors** | | |
| 煤炭开采和洗选业 | Coal Mining and Processing | | |
| 黑色金属矿采选业 | Ferrous Metals Mining and Dressing | 87249 | 8457 |
| 有色金属矿采选业 | Nonferrous Metals Mining and Dressing | 309899 | 80524 |
| 非金属矿采选业 | Nonmetal Minerals Mining and Dressing | 2681 | |
| 农副食品加工业 | Farm and Sideline Products Processing | 9734 | 1744 |
| 食品制造业 | Food Production | 7728 | 4413 |
| 酒、饮料和精制茶制造业 | Manufacture of Liquor,Beverages and Tea | 104220 | 21085 |
| 纺织业 | Textile Industry | 298 | 2433 |
| 纺织服装、服饰业 | Manufacture of Textile Wearing Apparel and Haberdashery | | |
| 皮革、毛皮、羽毛及其制品业和制鞋业 | Manufacture of Leather, Fur, Feather and Its Products，Shoes | | |
| 木材加工和木、竹、藤、棕、草制品业 | Processing of Timber, Manufacture of Wood, Bamboo, Rattan, Palm and Straw Products | 7684 | 3403 |
| 造纸及纸制品业 | Manufacture of Paper and Paper Products | | |
| 印刷业和记录媒介的复制 | Printing and Record Medium Reproduction | 5271 | 1950 |
| 化学原料及化学制品制造业 | Row Chemical Materials and Chemical Products | 7190 | 3121 |
| 医药制造业 | Medical and Pharmaceutical Products | 33397 | 13681 |
| 橡胶和塑料制品业 | Plastics and Articles Thereof Rubber and Articles Thereof | | |
| 非金属矿物制品业 | Nonmetal Mineral Products | 108384 | 21521 |
| 黑色金属矿冶炼及压延加工业 | Smelting and Pressing of Ferrous Metals | | |
| 金属制品业 | Metal Products | 2042 | |
| 通用设备制造业 | General Equipment | | |
| 专用设备制造业 | General  Equipment | | |
| 交通运输设备制造业 | Transport Equipment | | |
| 电气机械及器材制造业 | Manufacture of Electrical Machinery and Equipment | | |
| 其他制造业 | Other Manufacturing | | |
| 废弃资源综合利用业 | Recycling and Disposal of Waste | 5987 | |
| 电力、热力的生产和供应业 | Production and Supply of Electricity and Thermal Power | 465649 | 200769 |
| 自来水生产和供应业 | Production and Supply of Tap Water | 457 | |

continued

(10000 yuan)

| 所有者权益合计 Creditor's Equity | 实收资本 Total Capital Hold | 营业收入 Business Income Products | 营业成本 Business Cost | 主营业务收入 Business Income of The Main Products | 主营业务成本 Cost of The Core Business |
|---|---|---|---|---|---|
| **3431561** | **1172649** | **930196** | **918791** | **768079** | **757671** |
| | | | | | |
| | | | | | |
| 248498 | 81293 | 57792 | 57553 | 35457 | 35062 |
| 614408 | 497283 | 234864 | 232407 | 106737 | 104046 |
| 4060 | 1300 | 3581 | 3202 | 1624 | 1389 |
| 31958 | 13359 | 20880 | 20873 | 16292 | 16292 |
| 23763 | 13355 | 13338 | 13338 | 9208 | 9208 |
| 155893 | 77844 | 135026 | 134750 | 90732 | 90610 |
| 5510 | 6050 | 9592 | 9592 | 8815 | 6557 |
| | | | | | |
| | | | | | |
| 24034 | 5622 | 8015 | 7718 | 3912 | 3699 |
| | | | | | |
| 16041 | 4684 | 15332 | 15052 | 11867 | 11867 |
| 23602 | 6014 | 15802 | 15625 | 8466 | 8458 |
| 161255 | 59162 | 77330 | 77072 | 32633 | 32624 |
| | | | | | |
| 175845 | 71193 | 190006 | 189970 | 131541 | 131538 |
| | | | | | |
| 1371 | 1000 | 2986 | 2973 | 2772 | 2772 |
| | | | | | |
| | | | | | |
| | | | | | |
| | | | | | |
| | | | | | |
| | 260 | 10274 | 10274 | 10033 | 10033 |
| 1924990 | 325584 | 128998 | 122561 | 293533 | 289591 |
| | | | | | |
| 20606 | 8646 | 6380 | 5831 | 4457 | 3925 |

9-10 续表2

单位：万元

| 指标 | Item | 营业税金及附加 Operating Tax and Extra charges | 主营业务税金及附加 Sales Tax of The Core Business and Adding |
|---|---|---|---|
| **总计** | **Total** | **16940** | **15737** |
| **按国民经济行业分** | **Grouped by Sectors** | | |
| 煤炭开采和洗选业 | Coal Mining and Processing | | |
| 黑色金属矿采选业 | Ferrous Metals Mining and Dressing | 1744 | 1142 |
| 有色金属矿采选业 | Nonferrous Metals Mining and Dressing | 8706 | 8378 |
| 非金属矿采选业 | Nonmetal Minerals Mining and Dressing | 74 | 74 |
| 农副食品加工业 | Farm and Sideline Products Processing | 116 | 106 |
| 食品制造业 | Food Production | 99 | 96 |
| 酒、饮料和精制茶制造业 | Manufacture of Liquor,Beverages and Tea | 958 | 958 |
| 纺织业 | Textile Industry | 18 | 18 |
| 纺织服装、服饰业 | Manufacture of Textile Wearing Apparel and Haberdashery | | |
| 皮革、毛皮、羽毛及其制品和制鞋业 | Manufacture of Leather, Fur, Feather and Its Products，Shoes | | |
| 木材加工和木、竹、藤、棕、草制品业 | Processing of Timber, Manufacture of Wood, Bamboo, Rattan, Palm and Straw Products | 501 | 501 |
| 造纸及纸制品业 | Manufacture of Paper and Paper Products | | |
| 印刷业和记录媒介的复制 | Printing and Record Medium Reproduction | 96 | 84 |
| 化学原料及化学制品制造业 | Row Chemical Materials and Chemical Products | 182 | 172 |
| 医药制造业 | Medical and Pharmaceutical Products | 1271 | 1271 |
| 橡胶和塑料制品业 | Plastics and Articles Thereof Rubber and Articles Thereof | | |
| 非金属矿物制品业 | Nonmetal Mineral Products | 2640 | 2640 |
| 黑色金属矿冶炼及压延加工业 | Smelting and Pressing of Ferrous Metals | | |
| 金属制品业 | Metal Products | 102 | 102 |
| 通用设备制造业 | General Equipment | | |
| 专用设备制造业 | General  Equipment | | |
| 交通运输设备制造业 | Transport Equipment | | |
| 电气机械及器材制造业 | Manufacture of Electrical Machinery and Equipment | | |
| 其他制造业 | Other Manufacturing | | |
| 废弃资源综合利用业 | Recycling and Disposal of Waste | 36 | 36 |
| 电力、热力的生产和供应业 | Production and Supply of Electricity and Thermal Power | 338 | 100 |
| 水的生产和供应业 | Production and Supply of Tap Water | 59 | 59 |

continued

(10000 yuan)

| 销售费用 Selling Expenses | 管理费用 Management Expenses | 财务费用 Financing Expenses | 利息收入 Interest Revenue | 利息支出 Interest Expenses | 营业利润 Business profits |
|---|---|---|---|---|---|
| **37580** | **78356** | **21406** | **6206** | **26003** | **28576** |
| | | | | | |
| | | | | | |
| 4003 | 9985 | 757 | 965 | 1619 | 4857 |
| 1777 | 29001 | 6874 | 2228 | 8834 | 81814 |
| 85 | 591 | 71 | | 71 | 1196 |
| 456 | 1577 | 98 | 5 | 98 | 2267 |
| 4573 | 670 | 40 | 2 | 40 | -1251 |
| 7505 | 7468 | 1003 | 280 | 244 | 45557 |
| 1282 | 1083 | 29 | 21 | 50 | 620 |
| | | | | | |
| | | | | | |
| 165 | 1428 | -14 | 14 | | 2022 |
| | | | | | |
| 93 | 1008 | 142 | 2 | 95 | 2081 |
| 1009 | 1924 | 126 | 8 | 134 | 4143 |
| 9414 | 9470 | -322 | 657 | 301 | 23858 |
| | | | | | |
| 6722 | 10496 | 1611 | 338 | 1842 | 34271 |
| | | | | | |
| | 141 | 19 | 3 | 21 | -47 |
| | | | | | |
| | | | | | |
| | | | | | |
| | | | | | |
| | | | | | |
| | 415 | 6 | | 6 | -157 |
| | 1794 | 10986 | 1663 | 12648 | -172689 |
| 496 | 1305 | -20 | 20 | | 34 |

## 9-10 续表3

单位：万元

| 指　标 | Item | 投资收益 Profit from Investment | 补贴收入 Subsidize Revenue |
|---|---|---|---|
| **总计** | **Total** | **16003** | **86030** |
| **按国民经济行业分** | **Grouped by Sectors** | | |
| 煤炭开采和洗选业 | Coal Mining and Processing | | |
| 黑色金属矿采选业 | Ferrous Metals Mining and Dressing | -927 | 581 |
| 有色金属矿采选业 | Nonferrous Metals Mining and Dressing | 133 | |
| 非金属矿采选业 | Nonmetal Minerals Mining and Dressing | | |
| 农副食品加工业 | Farm and Sideline Products Processing | | 192 |
| 食品制造业 | Food Production | | 2920 |
| 酒、饮料和精制茶制造业 | Manufacture of Liquor,Beverages and Tea | 16423 | 2749 |
| 纺织业 | Textile Industry | | 14 |
| 纺织服装、服饰业 | Manufacture of Textile Wearing Apparel and Haberdashery | | |
| 皮革、毛皮、羽毛及其制品和制鞋业 | Leather, Fur, and Wool Products Manufacturing | | |
| 木材加工和木、竹、藤、棕、草制品业 | Processing of Timber, Manufacture of Wood, Bamboo, Rattan, Palm and Straw Products | | |
| 造纸及纸制品业 | Manufacture of Paper and Paper Products | | |
| 印刷业和记录媒介的复制 | Printing and Record Medium Reproduction | | 83 |
| 化学原料及化学制品制造业 | Row Chemical Materials and Chemical Products | | |
| 医药制造业 | Medical and Pharmaceutical Products | | 1543 |
| 橡胶和塑料制品业 | Plastics and Articles Thereof Rubber and Articles Thereof | | |
| 非金属矿物制品业 | Nonmetal Mineral Products | | 4421 |
| 黑色金属矿冶炼及压延加工业 | Smelting and Pressing of Ferrous Metals | | |
| 金属制品业 | Metal Products | | |
| 通用设备制造业 | General Equipment | | |
| 专用设备制造业 | General Equipment | | |
| 交通运输设备制造业 | Transport Equipment | | |
| 电气机械及器材制造业 | Manufacture of Electrical Machinery and Equipment | | |
| 其他制造业 | Other Manufacturing | | |
| 废弃资源综合利用业 | Recycling and Disposal of Waste | | |
| 电力、热力的生产和供应业 | Production and Supply of Electricity and Thermal Power | 374 | 73527 |
| 水的生产和供应业 | Production and Supply of Tap Water | | |

continued

(10000 yuan)

| 营业外收入 Non-business Revenue | 营业外支出 Non-business Expenditure | 利润总额 Total Profits | 亏损企业亏损总额 Total Loss of Loss-making Enterprises | 应交所得税 Income Taxes Payable |
|---|---|---|---|---|
| **106322** | **6142** | **128885** | **104231** | **31699** |
| | | | | |
| 933 | 659 | 5131 | 1576 | 1522 |
| 12500 | 2629 | 91672 | 2260 | 14256 |
| 2 | 20 | 1178 | | 174 |
| 534 | 48 | 2753 | 1 | 78 |
| 2920 | 7 | 1662 | 468 | 320 |
| 4956 | 148 | 50365 | | 4049 |
| 14 | 1 | 632 | | |
| | | | | |
| | | | | |
| | | | | |
| 270 | 716 | 1576 | | 21 |
| | | | | |
| 83 | 3 | 2161 | | 374 |
| 206 | 379 | 3969 | 456 | 703 |
| 2444 | 370 | 25929 | | 3826 |
| | | | | |
| 5833 | 915 | 39334 | 1825 | 6375 |
| | | | | |
| 24 | 15 | -38 | 38 | 1 |
| | | | | |
| | | | | |
| | | | | |
| | | | | |
| | | | | |
| | | | | |
| | | -157 | 157 | |
| 75586 | 207 | -97310 | 97450 | |
| | | | | |
| 17 | 25 | 28 | | |

## 9-10 续表4

单位：万元

| 指标 | Item | 利润总额 Total Profits | 应交税金及附加 Sales Tax of The Core Business and Adding |
|---|---|---|---|
| **总计** | **Total** | **222783** | **126546** |
| **按国民经济行业分** | **Grouped by Sectors** | | |
| 煤炭开采和洗选业 | Coal Mining and Processing | | |
| 黑色金属矿采选业 | Ferrous Metals Mining and Dressing | 11975 | 8404 |
| 有色金属矿采选业 | Nonferrous Metals Mining and Dressing | 129446 | 52283 |
| 非金属矿采选业 | Nonmetal Minerals Mining and Dressing | 1691 | 697 |
| 农副食品加工业 | Farm and Sideline Products Processing | 3384 | 1008 |
| 食品制造业 | Food Production | 2579 | 1255 |
| 酒、饮料和精制茶制造业 | Manufacture of Liquor,Beverages and Tea | 59924 | 13732 |
| 纺织业 | Textile Industry | 673 | 48 |
| 纺织服装、服饰业 | Manufacture of Textile Wearing Apparel and Haberdashery | | |
| 皮革、毛皮、羽毛及其制品业和制鞋业 | Manufacture of Leather, Fur, Feather and Its Products，Shoes | | |
| 木材加工和木、竹、藤、棕、草制品业 | Processing of Timber, Manufacture of Wood, Bamboo, Rattan, Palm and Straw Products | 3186 | 1631 |
| 造纸及纸制品业 | Manufacture of Paper and Paper Products | | |
| 印刷业和记录媒介的复制 | Printing and Record Medium Reproduction | 2569 | 793 |
| 化学原料及化学制品制造业 | Row Chemical Materials and Chemical Products | 5586 | 2323 |
| 医药制造业 | Medical and Pharmaceutical Products | 35249 | 13273 |
| 橡胶和塑料制品业 | Plastics and Articles Thereof Rubber and Articles Thereof | | |
| 非金属矿物制品业 | Nonmetal Mineral Products | 61933 | 29030 |
| 黑色金属矿冶炼及压延加工业 | Smelting and Pressing of Ferrous Metals | | |
| 金属制品业 | Metal Products | 64 | 106 |
| 通用设备制造业 | General Equipment | | |
| 专用设备制造业 | General Equipment | | |
| 交通运输设备制造业 | Transport Equipment | | |
| 电气机械及器材制造业 | Manufacture of Electrical Machinery and Equipment | | |
| 其他制造业 | Other Manufacturing | | |
| 废弃资源综合利用业 | Recycling and Disposal of Waste | 179 | 335 |
| 电力、热力的生产和供应业 | Production and Supply of Electricity and Thermal Power | -96092 | 1218 |
| 自来水生产和供应业 | Production and Supply of Tap Water | 437 | 410 |

continued

(10000 yuan)

| 本年应付职工薪酬 Wages Payable in This Year | 本年应交增值税 Welfarisms Payable in This Year | 土地和固定资产支出 Expenses on Land and Fixed Assets | 全部从业人员年平均人数(人) Average Number of Employees (person) |
|---|---|---|---|
| **129180** | **76958** | **138415** | **16987** |
| | | | |
| | | | |
| 6167 | 5100 | 4369 | 1489 |
| 28335 | 29068 | 115770 | 2720 |
| 337 | 439 | | 109 |
| 1600 | 516 | 2915 | 428 |
| 1438 | 818 | 275 | 326 |
| 6706 | 8602 | 1122 | 1093 |
| 757 | 23 | 900 | 134 |
| | | | |
| | | | |
| | | | |
| 2686 | 1109 | | 820 |
| | | | |
| | | | |
| 1976 | 312 | | 535 |
| 2166 | 1435 | 2343 | 270 |
| 6164 | 8048 | 5580 | 1130 |
| | | | |
| 17810 | 19959 | 1639 | 3393 |
| | | | |
| 186 | | | 34 |
| | | | |
| | | | |
| | | | |
| | | | |
| | | | |
| 765 | 299 | 495 | 75 |
| 50317 | 880 | 3007 | 4184 |
| | | | |
| 1770 | 350 | | 247 |

# 9-11 分地区全部规模以上工业企业主要经济指标（2012年）

单位：万元

| 指标 | Item | 合计 Total | 拉萨 Lhasa |
|---|---|---|---|
| 企业单位数 (个) | Number of Industrial Enterprises (unit) | 64 | 45 |
| #亏损企业 | Number of Loss Making Enterprises | 17 | 11 |
| 工业总产值(当年价) | Gross Industrial Output Value (at current price) | 872516 | 582667 |
| 工业销售产值(当年价) | Sales Value of Industry (at current price) | 889591 | 561429 |
| #出口交货值 | Delivery Value of Industry | 290 | 27 |
| 流动资产合计 | Circulating Funds | 1549467 | 1150931 |
| 固定资产原价 | Original Value of Fixed Assets | 3091650 | 2642570 |
| 固定资产净值 | Net Value of Fixed Assets | 2387564 | 2065444 |
| 资产总计 | Total Assets | 5068637 | 3800978 |
| 流动负债合计 | Liquid Liabilities | 1157870 | 797973 |
| 非流动负债合计 | Non-current Liabilities | 363101 | 278488 |
| 所有者权益合计 | Creditors Equity | 3431561 | 2609938 |
| 实收资本 | Total Capital Hold | 1172649 | 817019 |
| 营业收入 | Business Income Products | 930196 | 677369 |
| 主营业务收入 | Business Income of The Main Products | 918791 | 669776 |
| 营业成本 | Business Cost | 768079 | 632462 |
| 主营业务成本 | Cost of The Core Business | 757671 | 624174 |
| 营业税金及附加 | Operating Tax and Extra Charges | 16940 | 10991 |
| 主营业务税金及附加 | Sales Tax of the Core Business and Adding | 15737 | 10759 |
| 销售费用 | Selling Expenses | 37580 | 27322 |
| 管理费用 | Management Expenses | 78356 | 51601 |
| 财务费用 | Financing Expenses | 21406 | 21815 |
| 利息收入 | Interest Revenue | 6206 | 3385 |
| 利息支出 | Interest Expenses | 26003 | 23708 |
| 营业利润 | Business Profits | 28576 | -42227 |
| 投资收益 | Profit from Investment | 16003 | 16930 |
| 补贴收入 | Subsidize Revenue | 86030 | 78421 |
| 营业外收入 | Non-business Revenue | 106322 | 96075 |
| 营业外支出 | Non-business Expenditure | 6142 | 3672 |
| 利润总额 | Total Profits | 128885 | 50306 |
| 亏损企业亏损总额 | Total Loss of Loss-suffering Enterprises | 104231 | 96432 |
| 应交所得税 | Income Taxes Payable | 31699 | 18904 |
| 利税总额 | Total Profits | 222783 | 109374 |
| 应交税金及附加 | Sales Tax of The Core Business and Adding | 126546 | 78691 |
| 本年应交增值税 | Value-added Tax Payable This Year | 76958 | 48076 |
| 本年应付职工薪酬 | Payroll Payable This Year | 129180 | 93659 |
| 土地和固定资产支出 | Expenses on Land and Fixed Assets | 138415 | 43208 |
| 全部从业人员年平均人数 (人) | Average Number of Employees (person) | 16981 | 11915 |

# MAIN ECONOMIC INDICATORS OF ALL

# INDUSTRIAL ENTERPRISES ABOVE DESIGNATED SIZE BY REGION (2012)

(10000 yuan)

| 昌 都<br>Qamdo | 山 南<br>Shannan | 日喀则<br>Xigazê | 那 曲<br>Nagqu | 阿 里<br>Ngari | 林 芝<br>Nyingchi |
|---|---|---|---|---|---|
| 4 | 5 | 6 | | 2 | 2 |
| 3 | 1 | | | 2 | |
| 30523 | 128137 | 69669 | 3552 | 5608 | 52360 |
| 28942 | 165086 | 75545 | 3552 | 5597 | 49440 |
| | | | | | 263 |
| 43510 | 157540 | 96832 | | 6942 | 93712 |
| 194359 | 113504 | 53239 | | 62906 | 25072 |
| 140021 | 72907 | 43803 | | 48588 | 16801 |
| 472786 | 408711 | 165036 | | 56085 | 165041 |
| 225053 | 98108 | 19389 | | 2837 | 14510 |
| 51850 | 28157 | 277 | | 506 | 3823 |
| 195883 | 281410 | 144882 | | 52742 | 146706 |
| 125524 | 75697 | 102040 | | 6147 | 46222 |
| 30526 | 104516 | 69746 | | 5715 | 42324 |
| 28215 | 104264 | 69187 | | 5333 | 42016 |
| 26115 | 54265 | 30908 | | 10320 | 14009 |
| 25176 | 53867 | 30604 | | 10061 | 13789 |
| 664 | 2560 | 1649 | | 54 | 1022 |
| 319 | 1958 | 1639 | | 40 | 1022 |
| 3729 | 4158 | 972 | | 52 | 1347 |
| 2197 | 11292 | 7049 | | 209 | 6008 |
| 40 | 996 | -833 | | -2 | -610 |
| 24 | 1194 | 983 | | 3 | 617 |
| 61 | 2089 | 145 | | | |
| -2418 | 27614 | 30039 | | -4983 | 20551 |
| | -927 | | | | |
| | 4654 | | | 1628 | 1327 |
| 1731 | 5037 | 209 | | 1662 | 1608 |
| 745 | 773 | 197 | | 29 | 726 |
| -1432 | 31878 | 30051 | | -3350 | 21432 |
| 4266 | 184 | | | 3349 | |
| 2 | 5539 | 4322 | | | 2932 |
| 2349 | 46725 | 39630 | | -3154 | 27859 |
| 3846 | 20417 | 13972 | | 200 | 9420 |
| 3117 | 12286 | 7930 | | 141 | 5408 |
| 14003 | 10200 | 5126 | | 1415 | 4777 |
| 73748 | 1679 | 15113 | | | 4667 |
| 1183 | 1793 | 800 | | 195 | 1095 |

# 9-12 分地区规模以下工业企业主要经济指标（2012年）

单位：万元

| 指 标 | | Item | | 合 计 Total | 拉 萨 Lhasa |
|---|---|---|---|---|---|
| 企业单位数 | (个) | Number of Industrial Enterprises | (unit) | 408 | 167 |
| 期末从业人数 | (人) | Average Number of Employees | (person) | 12031 | 5732 |
| 工业总产值(当年价) | | Gross Industrial Output Value (at current price) | | 138150 | 64264 |
| 应收账款 | | Accounts Receivable | | 26800 | 2935 |
| 主营业务收入 | | Business Income of The Main Products | | 136782 | 63627 |
| 出口产品销售收入 | | Proceeds of Exports | | 374 | 224 |
| 主营业务成本 | | Cost of The Core Business | | 109758 | 43513 |
| 税金总额 | | Total Tax | | 7737 | 2981 |
| 其中：企业所得税 | | Company Imcome Tax | | 938 | 109 |
| 营业利润 | | Business Profits | | 16019 | 5581 |
| 应付职工薪酬 | | Wages Payable in This Yesr | | 31543 | 16561 |
| 固定资产原价 | | Original Value of Fixed Assets | | 390862 | 177770 |
| 本年折旧 | | Depreciation of Fixed Assets | | 22593 | 8526 |
| 资产总计 | | Total Assets | | 572401 | 250211 |
| 负责合计 | | Total Liabilities | | 77237 | 14604 |
| 利息支出 | | Interest Expenses | | 1867 | 70 |

# MAIN ECONOMIC INDICATOR OF

# INDUSTRIAL ENTERPRISE BELOW DESIGNATED SIZE BY REGION (2012)

(10000 yuan)

| 昌 都<br>Qamdo | 山 南<br>Shannan | 日喀则<br>Xigazê | 那 曲<br>Nagqu | 阿 里<br>Ngari | 林 芝<br>Nyingchi |
|---|---|---|---|---|---|
| 60 | 38 | 81 | 15 | 15 | 32 |
| 1179 | 1204 | 2468 | 426 | 225 | 797 |
| 20371 | 14844 | 22726 | 4047 | 2456 | 9442 |
| 462 | 17582 | 4436 | 107 | 267 | 1012 |
| 20169 | 14697 | 22501 | 4007 | 2432 | 9349 |
|  |  | 120 |  | 30 |  |
| 5968 | 36934 | 13298 | 2826 | 1921 | 5298 |
| 1243 | 645 | 1742 | 86 | 47 | 993 |
| 181 | 130 | 313 | 5 |  | 200 |
| 4499 | -186 | 3823 | 585 | 287 | 1432 |
| 2641 | 2712 | 5082 | 1744 | 471 | 2331 |
| 31119 | 47331 | 89317 | 8526 | 9445 | 27353 |
| 2208 | 4973 | 2102 | 2772 | 288 | 1723 |
| 46530 | 90926 | 128433 | 9684 | 9641 | 36976 |
| 3370 | 41095 | 15672 | 39 |  | 2459 |
|  | 1554 | 137 | 9 | 55 | 42 |

# 9-13 工业主要产品产量

| 年份<br>Year | 铬矿石<br>(吨)<br>Chromium Ore<br>(ton) | 发电量<br>(万千瓦时)<br>Electricity<br>(10000 kwh) | #水电<br>Hydropower | 水泥<br>(吨)<br>Cement<br>(ton) | 啤酒<br>(吨)<br>Beer<br>(ton) | 矿泉水<br>(吨)<br>Mineral Water<br>(ton) |
|---|---|---|---|---|---|---|
| 1956 | | 3 | 3 | | | |
| 1959 | | 88 | 88 | | | |
| 1965 | | 2782 | 2782 | 10600 | | |
| 1978 | 12500 | 13398 | 13398 | 62000 | | |
| 1980 | 50300 | 17459 | 17459 | 52200 | | |
| 1981 | 62159 | 17195 | 15220 | 53536 | | |
| 1982 | 50129 | 19443 | 17273 | 57494 | | |
| 1983 | 50262 | 21094 | 16177 | 57357 | | |
| 1984 | 24535 | 22708 | 20158 | 53233 | | |
| 1985 | 14101 | 24668 | 16561 | 46668 | | |
| 1986 | 42118 | 26266 | 18193 | 29822 | | |
| 1987 | 64193 | 25665 | 20295 | 44516 | | |
| 1988 | 72091 | 26860 | 19414 | 94869 | | |
| 1989 | 87047 | 27492 | 21969 | 119815 | | |
| 1990 | 93120 | 31582 | 24798 | 132345 | | |
| 1991 | 75513 | 34491 | 24991 | 136637 | 1635 | |
| 1992 | 84175 | 35602 | 26095 | 140911 | 2659 | |
| 1993 | 71277 | 39288 | 37998 | 130893 | 1858 | |
| 1994 | 74000 | 44584 | 28252 | 150188 | 2029 | |
| 1995 | 109882 | 48343 | 30361 | 219952 | 1211 | |
| 1996 | 111979 | 51511 | 38119 | 231100 | 4527 | |
| 1997 | 122138 | 57766 | 45133 | 322300 | 16571 | |
| 1998 | 213719 | 62162 | 49644 | 370000 | 13440 | |
| 1999 | 183661 | 63323 | 52204 | 390378 | 24080 | |
| 2000 | | 66075 | 55350 | 493200 | 25017 | 2167 |
| 2001 | 159446 | 69690 | 58958 | 495900 | 27525 | 3894 |
| 2002 | 124222 | 79650 | 68796 | 590800 | 29105 | 5225 |
| 2003 | 155796 | 101600 | 92083 | 889100 | 32942 | 3716 |
| 2004 | 142251 | 116469 | 104628 | 959800 | 38860 | 3961 |
| 2005 | 116679 | 133389 | 120970 | 1372800 | 48917 | 3983 |
| 2006 | 121758 | 151514 | 137901 | 1666659 | 63280 | 8114 |
| 2007 | 128637 | 169072 | 156164 | 1596600 | 83500 | 15588 |
| 2008 | 101690 | 184537 | 168707 | 1684952 | 90429 | 41255 |
| 2009 | 124461 | 220275 | 192960 | 1898671 | 113039 | 71719 |
| 2010 | 201000 | 241593 | 189631 | 2191200 | 133300 | 85173 |
| 2011 | 120500 | 271357 | 206730 | 2349100 | 181700 | 96475 |
| 2012 | 123544 | 262150 | 189878 | 2866712 | 175279 | 97860 |

# OUTPUT OF MAIN INDUSTRIAL PRODUCTS

| 中成药 (吨) Traditional Chinese Medicine (ton) | 面粉 (吨) Flour (ton) | 食用植物油 (吨) Edible Vegetable Oil (ton) | 毛线 (吨) Knitting Wool (ton) | 地毯 (平方米) Carpet (sq. m) | 服装 (件) Garments (unit) |
|---|---|---|---|---|---|
| | 10 | | | | |
| | 3252 | 856 | | | |
| 71 | 17486 | 1908 | 410 | 6762 | |
| 101 | 14407 | 1841 | 371 | 6182 | |
| 65 | 12807 | 1843 | 309 | 11554 | |
| 65 | 11827 | 1784 | 321 | 8709 | 128545 |
| 72 | 11950 | 2256 | 302 | 19224 | 179856 |
| 109 | 5765 | 2185 | 181 | 16751 | 48199 |
| 82 | 9390 | 2434 | 146 | 12973 | 154261 |
| 45 | 14801 | 3637 | 69 | 1908 | 24900 |
| 44 | 5279 | 1962 | 186 | 9034 | 37221 |
| 48 | 6501 | 1465 | 211 | 37861 | 45140 |
| 47 | 10014 | 1638 | 167 | 13889 | 38078 |
| 55 | 9319 | 1917 | 72 | 16799 | 25576 |
| 61 | 9048 | 1593 | 27 | 30659 | 42450 |
| 76 | 11128 | 2150 | 25 | 15709 | 67324 |
| 48 | 14663 | 4496 | 34 | 69489 | 41410 |
| 47 | 10423 | 2447 | 26 | 80000 | 40000 |
| 222 | 8337 | 1562 | 89 | 21841 | 100900 |
| 271 | 3319 | 747 | 39 | 16001 | 126518 |
| 85 | 10699 | 1330 | 55 | 17516 | 351700 |
| 652 | | 1278 | 84 | 18807 | 128898 |
| 538 | 8661 | 1502 | 38 | 22660 | 50728 |
| | 9210 | 1020 | 30 | 22880 | 441900 |
| 697 | 34700 | 342 | 28 | 20426 | 63600 |
| 995 | 18600 | 352 | 17 | 20933 | 36400 |
| 889 | 5500 | 192 | 7 | 25984 | 17900 |
| 1090 | 7900 | 1126 | 10 | 34042 | 15500 |
| 1210 | 8300 | 1121 | 2 | 37118 | 20900 |
| 1296 | 2422 | 1231 | 38 | 31373 | 1600 |
| 1176 | 2689 | 1156 | 39 | 35286 | 17300 |
| 1465 | 3092 | 1482 | 9 | 60135 | 19230 |
| 1366 | 2923 | 1354 | | 33878 | 10800 |
| 1249 | 12977 | 1202 | 6 | 31563 | 12056 |
| 1589 | 14441 | 1236 | 6 | 22786 | 12695 |
| 1657 | 13893 | 1344 | 5 | 32096 | 13689 |

# 9-14 规模以下工业企业分行业主要经济指标（2012年）

单位：万元

| 指　　标 | Item | 企业单位数（个）Number of Enterprises (unit) | 期末从业人员（人）Average Number of Employees (person) |
|---|---|---|---|
| **总计** | **Total** | **408** | **12031** |
| **按国民经济行业分** | **Grouped by Sectors** | | |
| 煤炭开采和洗选业 | Coal Mining and Processing | 2 | 3 |
| 黑色金属矿采选业 | Ferrous Metals Mining and Dressing | 12 | 112 |
| 有色金属矿采选业 | Nonferrous Metals Mining and Dressing | 37 | 537 |
| 非金属矿采选业 | Nonmetal Minerals Mining and Dressing | 26 | 528 |
| 农副食品加工业 | Farm and Sideline Products Processing | 41 | 965 |
| 食品制造业 | Food Production | 8 | 187 |
| 酒、饮料和精制茶饮料制造业 | Manufacture of Liquor,Beverages and Tea | 25 | 610 |
| 纺织业 | Textile Industry | 8 | 300 |
| 纺织服装、服饰业 | Manufacture of Textile Wearing Apparel and Haberdashery | 12 | 330 |
| 皮革、毛皮、羽毛及其制品和制鞋业 | Manufacture of Leather, Fur, Feather and Its Products，Shoes | 4 | 172 |
| 木材加工和木、竹、藤、棕、草制品业 | Processing of Timber, Manufacture of Wood, Bamboo, Rattan, Palm and Straw Products | 11 | 260 |
| 家具制造业 | Furniture Manufacturing | 8 | 297 |
| 造纸及纸制品业 | Manufacture of Paper and Paper Products | 3 | 323 |
| 印刷业和记录媒介的复制 | Printing and Record Medium Reproduction | 10 | 836 |
| 文教、工美、体育和娱乐用品制造业 | Manufacture of Education, Culture，Artwork, Sports and Recreation Articles | 34 | 1572 |
| 化学原料及化学制品制造业 | Row Chemical Materials and Chemical Products | 12 | 275 |
| 医药制造业 | Medical and Pharmaceutical Products | 19 | 935 |
| 橡胶和塑料制品业 | Plastics and Articles Thereof Rubber and Articles Thereof | 4 | 109 |
| 非金属矿物制品业 | Nonmetal Mineral Products | 41 | 1227 |
| 有色金属矿冶炼及压延加工业 | Smelting and Pressing of Nonferrous Metals | 2 | 15 |
| 金属制品业 | Metal Products | 9 | 147 |
| 专用设备制造业 | General Equipment | 2 | 12 |
| 电气机械及器材制造业 | Electrical Machinery and Equipment | 1 | 10 |
| 其他制造业 | Other Manufacturing | 3 | 70 |
| 电力、热力的生产和供应业 | Production and Supply of Electricity and Thermal Power | 60 | 1763 |
| 自来水生产和供应业 | Production and Supply of Tap Water | 14 | 436 |

# MAIN ECONOMIC INDICATORS OF INDUSTRIAL ENTERPRISES BELOW DESIGNATED SIZE BY SECTOR (2012)

(10000 yuan)

| 工业总产值(当年价) Gross Industrial Output Value (At current price) | 主营业务收入 Business Income of The Main Products | 税金总额 Total Tax | 其中:所得税 Imcome Tax Company | 营业利润 Business Profits | 出口产品销售收入 Proceeds of Exports | 固定资产原价 Original Value of Fixed Assets | 本年折旧 Depreciation of Fixed Assets | 利息支出 Interest Expenses | 应收账款 Accounts Receivable | 负债合计 Total Liabilities |
|---|---|---|---|---|---|---|---|---|---|---|
| **138150** | **136782** | **7737** | **938** | **16019** | **374** | **390862** | **22593** | **1867** | **26800** | **77237** |
| 2791 | 2764 | 179 | | 217 | | 7676 | 292 | | 447 | 137 |
| 8346 | 8264 | 801 | 132 | 2138 | | 13702 | 316 | 7 | 198 | 1669 |
| 2078 | 2058 | 99 | 3 | 568 | | 5675 | 126 | 18 | 55 | |
| 11540 | 11425 | 316 | 12 | 1758 | | 30486 | 2961 | 55 | 971 | 4727 |
| 1287 | 1274 | 41 | 5 | 221 | | 6411 | 185 | 16 | 47 | 245 |
| 7665 | 7589 | 555 | 81 | 1977 | 30 | 19119 | 1249 | 67 | 863 | 6618 |
| 2388 | 2364 | 25 | | 512 | | 4399 | 204 | | 39 | 468 |
| 1420 | 1406 | 29 | | 374 | 27 | 1870 | 38 | 4 | 94 | 11 |
| 1899 | 1880 | 247 | 10 | 226 | | 5736 | 1267 | 16 | 4 | 2783 |
| 4570 | 4525 | 854 | 214 | 851 | | 6876 | 1001 | | 308 | 1253 |
| 1296 | 1284 | 41 | | 196 | 76 | 3486 | 70 | | 39 | |
| 2263 | 2240 | 81 | | 327 | | 16843 | 695 | | 95 | |
| 8283 | 8201 | 319 | 45 | -3054 | | 25129 | 2837 | 2 | 1469 | 3503 |
| 13420 | 13287 | 358 | 40 | 2504 | 82 | 27544 | 1500 | 31 | 762 | 1940 |
| 1445 | 1430 | 27 | 3 | 538 | | 2464 | 82 | 9 | 49 | 278 |
| 15031 | 14882 | 1616 | 235 | 2598 | 158 | 21549 | 2299 | 25 | 3401 | 10295 |
| 386 | 382 | 14 | | 125 | | 6655 | 70 | | | |
| 14271 | 14130 | 540 | 20 | 1854 | | 35918 | 574 | | 438 | 703 |
| 94 | 93 | 3 | | -13 | | 112 | 8 | | | |
| 3477 | 3443 | 178 | 2 | 289 | | 3657 | 49 | | 201 | 43 |
| 40 | 40 | 1 | | 4 | | 171 | 7 | | 10 | |
| 143 | 142 | 3 | | 42 | | 100 | 5 | | | |
| 5290 | 5238 | 145 | 5 | 987 | | 984 | 118 | | | |
| 23710 | 23475 | 901 | 68 | 208 | | 125927 | 5824 | 1600 | 16755 | 41686 |
| 5017 | 4967 | 365 | 62 | 573 | | 18372 | 814 | 18 | 557 | 879 |

## 9-14 续表

单位：万元　(10000 yuan)

| 指　标 | Item | 应付职工薪酬 Payroll Payable | 主营业务成本 Cost of The Core Business | 资产总计 Total Assets |
|---|---|---|---|---|
| **总计** | **Total** | **31543** | **109758** | **572401** |
| **按国民经济行业分** | **Grouped by Sectors** | | | |
| 煤炭开采和洗选业 | Coal Mining and Processing | 2 | | |
| 黑色金属矿采选业 | Ferrous Metals Mining and Dressing | 581 | 1919 | 15763 |
| 有色金属矿采选业 | Nonferrous Metals Mining and Dressing | 1403 | 4140 | 21928 |
| 非金属矿采选业 | Nonmetal Minerals Mining and Dressing | 537 | 742 | 9970 |
| 农副食品加工业 | Farm and Sideline Products Processing | 2052 | 7219 | 55197 |
| 食品制造业 | Food Production | 365 | 881 | 6963 |
| 酒、饮料和精制茶饮料制造业 | Manufacture of Liquor,Beverages and Tea | 1323 | 3359 | 32498 |
| 纺织业 | Textile Industry | 472 | 1746 | 4671 |
| 纺织服装、服饰业 | Manufacture of Textile Wearing Apparel and Haberdashery | 497 | 666 | 4211 |
| 皮革、毛皮、羽毛及其制品和制鞋业 | Manufacture of Leather, Fur, Feather and Its Products，Shoes | 516 | 1041 | 7419 |
| 木材加工和木、竹、藤、棕、草制品业 | Processing of Timber, Manufacture of Wood, Bamboo, Rattan, Palm and Straw Products | 734 | 2151 | 10684 |
| 家具制造业 | Furniture Manufacturing | 421 | 594 | 4596 |
| 造纸及纸制品业 | Manufacture of Paper and Paper Products | 697 | 1643 | 21314 |
| 印刷业和记录媒介的复制 | Printing and Record Medium Reproduction | 5266 | 8450 | 38933 |
| 文教、工美、体育和娱乐用品制造业 | Manufacture of Education, Culture，Artwork, Sports and Recreation Articles | 2477 | 8517 | 40260 |
| 化学原料及化学制品制造业 | Row Chemical Materials and Chemical Products | 771 | 650 | 2924 |
| 医药制造业 | Medical and Pharmaceutical Products | 3468 | 7992 | 39009 |
| 橡胶和塑料制品业 | Plastics and Articles Thereof Rubber and Articles Thereof | 120 | 153 | 7446 |
| 非金属矿物制品业 | Nonmetal Mineral Products | 2799 | 8481 | 46384 |
| 有色金属矿冶炼及压延加工业 | Smelting and Pressing of Nonferrous Metals | 55 | 55 | 332 |
| 金属制品业 | Metal Products | 435 | 2550 | 6054 |
| 专用设备制造业 | General Equipment | 24 | 27 | 222 |
| 电气机械及器材制造业 | Electrical Machinery and Equipment | 24 | 76 | 110 |
| 其他制造业 | Other Manufacturing | 224 | 2650 | 6738 |
| 电力、热力的生产和供应业 | Production and Supply of Electricity and Thermal Power | 4653 | 41314 | 162750 |
| 自来水生产和供应业 | Production and Supply of Tap Water | 1629 | 2743 | 26024 |

# 第十篇

# Chapter 10

**CONSTRUCTION**

# 10-1 建筑业企业生产情况

## MAJOR INDICATORS FOR CONSTRUCTION ENTERPRISES

| 指 标 | Item | 2000 | 2010 | 2011 | 2012 |
|---|---|---|---|---|---|
| 企业个数 (个) | Construction Enterprises (unit) | 141 | 174 | 200 | 175 |
| 建筑业总产值 (万元) | Gross Output Value of Construction (10000 yuan) | 168178 | 1218763 | 1245692 | 864044 |
| 建筑工程 | Construction | 153122 | 1201636 | 1185475 | 814843 |
| 安装工程 | Installation | 10099 | 11641 | 22451 | 31304 |
| 其他 | Others | 4957 | 5486 | 37766 | 17897 |
| 建筑业增加值 (万元) | Value Added of Construction (10000 yuan) | 45811 | 277279 | 365726 | 218917 |
| 竣工产值 (万元) | Value of Building Completed (10000 yuan) | 133086 | 941158 | 777403 | 410465 |
| 房屋建筑施工面积 (万平方米) | Floor Space of Building Under Construction (10000 sq.m) | 86.98 | 272.42 | 192.34 | 198.82 |
| 房屋建筑工程竣工面积 (万平方米) | Floor Space of Building Under Completed (10000 sq.m) | 81.06 | 128.25 | 120.62 | 138.34 |
| 住宅面积 | Floor Space of Residential Buildings | 27.53 | 56.33 | 41.14 | 52.06 |
| 全部职工平均人数 (人) | Staff and Workers of Annual Average (person) | 26782 | 58315 | 55528 | 32914 |
| 全员劳动生产率 (元/人·年) | Overall Labor Productivity (yuan/person.year) | | | | |
| 按总产值计算 | In Terms of Gross Output Valuc | 62795 | 208996 | 224336 | 262516 |
| 按增加值计算 | In Terms of Construction Valuc-added | 17105 | 47548 | 65863 | 66511 |

注：2012年数据为企业“一套表”数据。

# 10-2 建筑业生产效益指标

## ECONOMIC RESULTS INDICATORS OF CONSTRUCTION

| 指 标 | Item | 2000 | 2010 | 2011 | 2012 |
|---|---|---|---|---|---|
| 房屋建筑面积竣工率 (%) | Rat of Floor Space of Buildings Completed (%) | 93.2 | 47.1 | 60.8 | 69.6 |
| 产值利润率 (%) | Ratio of profit to Gross Output Value (%) | 4.4 | 0.8 | 6.2 | 4.6 |
| 资本金利润率 (%) | Ratio of Profit to Principal (%) | 11.0 | 18.4 | 13.5 | 10.3 |
| 工资利润率 (%) | Ratio of Profit to Wages (%) | 38.8 | 94.9 | 185.7 | 321.1 |
| 产值工资率 (%) | Ratio of Wages to Production Value (%) | 11.3 | 5.1 | 11.4 | 14.9 |
| 百元产值占用流动资金 (%) | Per 100 Output Value Engross Circulating Capital (%) | 53.5 | 40.8 | 52.3 | 33.1 |
| 流动比率 (%) | Circulating Rate (%) | 130.3 | 134.2 | 150.8 | 150.0 |
| 速动比率 (%) | Speed Rate (%) | 101.4 | 108.6 | 131.9 | 147.6 |
| 资产负债率 (%) | Ratio of Liabilities to Assets (%) | 37.9 | 45.1 | 42.7 | 50.4 |
| 职工人均生产房屋竣工面积 (平方米/人) | Per Staff and Workers Products Floor Space of Buildings Completed (sp.m/person) | 30.3 | 33.3 | 22.3 | 42.0 |

# 10-3 建筑业企业生产情况

## CONDITIONS OF CONSTRUCTION ENTERPRISES

| 指标 | | Item | 2012 |
|---|---|---|---|
| **建筑业合同情况** | (万元) | **Contracts** | |
| 签订的合同额 | | Value from Contracts Signed | 1150131 |
| 上年结转合同额 | | Value from Contracts Signed Last Year | 612048 |
| 本年新签合同额 | | Value from New Contracts Signed This Year | 538083 |
| **承包工程完成情况** | (万元) | **Contracted Projects** | |
| 直接从建设单位承揽工程完成的产值 | | Completed Output Value of Projects Contracted Directly from Investors | 863164 |
| 自行完成施工产值 | | Own-completed Output Value | 852704 |
| 分包出去工程的产值 | | Output Value of Out-sourced Projects | 10460 |
| 从建设单位以外承揽工程完成的产值 | | Others | 11340 |
| **建筑业总产值** | (万元) | **Gross Output Value of Construction** | **864044** |
| 其中：装修装饰产值 | | Architectural Decoration | 26263 |
| 其中：在外省完成的产值 | | from Other Provinces | 105593 |
| 建筑工程产值 | | Output Value of Construction | 814843 |
| 安装工程产值 | | Output Value of Installation | 31304 |
| 其他产值 | | Others | 17897 |
| **竣工产值** | (万元) | **Output Value of Buildings Completed** | **410465** |
| **房屋建筑施工面积** | (平方米) | **Floor Space of Buildings under Construction** | **1988210** |
| 其中：本年新开工面积 | | Started This Year | 1413733 |
| 其中：实行投标承包面积 | | Bidding | 1500073 |
| 其中：本年新开工 | | Started This Year | 1077388 |
| **年末施工自有机械设备** | | **Machinery and Equipment Owned at Year-end** | |
| 净值 | (万元) | Net Value | 42945 |
| 总台数 | (台) | Total Number | 3691 |
| 总功率 | (千瓦) | Total Power | 452922 |
| **主要建筑材料消耗量** | | **Building Materials** | |
| 钢材 | (吨) | Rolled Steel | 196059 |
| 木材 | (立方米) | Timber | 149219 |
| 水泥 | (吨) | Cement | 777663 |
| 平板玻璃 | (重量箱) | Plate Glass(weight cases) | 78772 |
| | (平方米) | | 763893 |
| 铝材 | (吨) | Rolled Aluminium | 1935947 |
| **企业总产值** | (万元) | **Gross Output Value** | **920459** |

# 10-4 建筑业企业财务状况

## FINANCIAL INDICATORS OF CONSTRUCTION ENTERPRISES

单位：万元 (10000yuan)

| 指　标 | Item | 2012 |
|---|---|---|
| **一、年初存货** | **Inventory in the Year** | **112820** |
| **二、期末资产负债** | **Assets-Liability** | |
| 流动资产合计 | Total Working Capital | 858969 |
| 其中：应收工程款 | Project Progressive Payment | 236358 |
| 其中：竣工工程 | Building Completed | 63012 |
| 存货 | Inventory | 136366 |
| 固定资产合计 | Total Fixed Assets | 281914 |
| 固定资产减值准备 | Fixed assets depreciation reserves | 7368 |
| 固定资产原价 | Original Value of Fixed Assets | 387087 |
| 累计折旧 | Total Depreciation | 154933 |
| 其中：本年折旧 | Depreciation This Year | 17023 |
| 在建工程 | Projects under Construction | 23116 |
| 资产总计 | Total Assets | 1341955 |
| 流动负债合计 | Total Working Liabilities | 572743 |
| 其中：应付账款 | Accounts payable | 177063 |
| 非流动负债合计 | Non-current Liabilities | 51218 |
| 负债合计 | Total Liabilities | 676563 |
| 所有者权益合计 | Total Owners' Equities | 665392 |
| 其中：实收资本 | Paid-in Capital | 390303 |
| 国家资本 | National Capital | 47949 |
| 集体资本 | Collective Capital | 32721 |
| 法人资本 | Legal Person's Capital | 177114 |
| 个人资本 | Personal Capital | 132519 |
| 港澳台资本 | Hong Kong, Macao and Taiwan | |
| 外商资本 | Foreign businessmen's capital | |
| **三、损益及分配** | **Profits and Losses，Distribution** | |
| 营业收入 | Business Revenue | 865671 |
| 其中：主营业务收入 | Revenue from Principal Business | 857827 |
| 营业成本 | Business Cost | 723764 |
| 其中：主营业务成本 | Cost of Principal Business | 714540 |

continued

单位：万元 (10000yuan)

| 指　　标 | Item | 2012 |
|---|---|---|
| 营业税金及附加 | Business Taxes and Surcharges | 31206 |
| 其中：主营业务税金及附加 | Taxes and Other Charges on Principal Business | 30683 |
| 其他业务利润 | Other business profits | 1199 |
| 销售费用 | Selling Expenses | 11649 |
| 管理费用 | Managing Costs | 51687 |
| 其中：税金 | Taxes | 1496 |
| 差旅费 | travelling expense | 2665 |
| 工会经费 | Labor union budget | 98 |
| 财务费用 | Financing Expenses | 3871 |
| 其中：利息收入 | Interest Income | 1652 |
| 利息支出 | Interest Expenses | 2842 |
| 资产减值损失 | Assets Devaluation | 1989 |
| 公允价值变动收益 | Profit from Fair Value Changes | 59 |
| 投资收益 | investment income | 1186 |
| 营业利润 | Operating Profit | 40197 |
| 营业外收入 | Non-business Income | 2529 |
| 其中：补贴收入 | Subsidize revenue | 810 |
| 营业外支出 | non-business expenditure | 1977 |
| 利润总额 | Total Profits | 40169 |
| 应交所得税 | Income tax to be paid | 5959 |
| **四、人工成本** | **Labor Cost** | |
| 应付职工薪酬 | Payroll Payable | 128994 |
| **五、土地和固定资产支出** | **Expenditures on Land and Fixed Assets** | 24252 |
| 土地购置 | land | 1899 |
| 房屋和建筑物 | houses and building | 16526 |
| 机器设备 | Machinery and Equipment | 1969 |
| 运输工具 | Means Of Transport | 2813 |
| 其他费用 | others | 1045 |
| **六、其他资料** | **others** | |
| 建筑业企业在境外完成的营业收入 | Business Revenue beyond the borders | 5200 |

# 10-5 建筑业企业房屋建筑完成情况

## COMPLETION OF BUILDINGS BY CONSTRUCTION ENTERPRISES

| 指　　标 | Item | 2012 |
|---|---|---|
| **房屋竣工面积** (平方米) | **Floor Space of Buildings Completed** | **1383372** |
| 住宅房屋 | Residential Buildings | 520548 |
| 商业及服务用房屋 | Houses for Business Use | 187146 |
| 商厦房屋（批发和零售用房） | Wholesale and Retail Trades | 31082 |
| 宾馆用房屋（住宿用房） | Hotels | 47621 |
| 餐饮用房屋（残影用房） | Catering Services | 1522 |
| 商务会展用房屋 | Business | 54126 |
| 其他商业及服务用房屋（居民服务业用房） | others | 52795 |
| 办公用房屋 | Office Buildings | 390521 |
| 科研、教育、医疗用房屋 | Houses for Scientific Research,Education and public health | 169692 |
| 科学研究用房屋 | Scientific Research | 33014 |
| 教育用房屋、 | Education | 73765 |
| 医疗用房屋（卫生医疗用房） | public health | 62913 |
| 文化、体育、娱乐用房屋 | Houses for Culture，Sports and Entertainment | 57815 |
| 厂房及建筑物 | factory building | 7147 |
| 仓库 | Storage Buildings | 6903 |
| 其他未列明的房屋建筑物 | others | 43600 |
| **竣工房屋价值** (万元) | **Value of Buildings Completed** | **254571** |
| 住宅房屋 | Residential Buildings | 85704 |
| 商业及服务用房屋 | Houses for Business Use | 38683 |
| 商厦房屋（批发和零售用房） | Wholesale and Retail Trades | 7680 |
| 宾馆用房屋（住宿用房） | Hotels | 12068 |
| 餐饮用房屋（残影用房） | Catering Services | 359 |
| 商务会展用房屋 | Business | 3169 |
| 其他商业及服务用房屋（居民服务业用房） | others | 15408 |
| 办公用房屋 | Office Buildings | 68948 |
| 科研、教育、医疗用房屋 | Houses for Scientific Research,Education and public health | 38557 |
| 科学研究用房屋 | Scientific Research | 8773 |
| 教育用房屋、 | Education | 12651 |
| 医疗用房屋（卫生医疗用房） | public health | 17133 |
| 文化、体育、娱乐用房屋 | Houses for Culture，Sports and Entertainment | 13522 |
| 厂房及建筑物 | factory building | 1266 |
| 仓库 | Storage Buildings | 1341 |
| 其他未列明的房屋建筑物 | others | 6551 |

# 10-6 各地市建筑业生产情况（2012年）

| 指 标 | | Item | | 总计 Total | 拉萨市 Lhasa |
|---|---|---|---|---|---|
| 企业个数 | (个) | Construction Enterprises | (unit) | 175 | 88 |
| 建筑业总产值 | (万元) | Gross Output Value of Construction | (10000 yuan) | 814843 | 670423 |
| 建筑工程 | | Construction Output Value | | 814845 | 630461 |
| 安装工程 | | Construction and Installation | | 31304 | 26372 |
| 其他 | | Others | | 17897 | 13591 |
| 建筑业增加值 | (万元) | Value Added of Construction | (10000 yuan) | 218917 | 139095 |
| 竣工产值 | (万元) | Value of Building Completed | (10000 yuan) | 410465 | 259069 |
| 房屋建筑施工面积 | (万平方米) | Floor Space of Building Under Construction | (10000 sq.m) | 198.82 | 119.89 |
| 房屋建筑工程竣工面积 | (万平方米) | Floor Space of Building Under Completed | (10000 sq.m) | 138.34 | 80.72 |
| # 住宅面积 | | Floor Space of Residential Buildings | | 52.06 | 25.72 |
| 自有机械设备年末总台数 | (台) | Machinery and Equipment Owned Unit | (unit) | 3691 | 1791 |
| 施工机械功率 | (万千瓦) | Power of Construction Machines | (10000 kw) | 45.3 | 10.88 |
| 自有机械设备净值 | (万元) | Net Value of Machinery and Equipment Owned | (10000 yuan) | 42945 | 23214 |
| 全部职工平均人数 | (人) | Staff and Workers of Annual Average | (person) | 32914 | 21556 |
| 全员劳动生产率 | (元/人·年) | Overall Labor Productivity | (yuan/person.year) | | |
| 按总产值计算 | | In Terms of Gross Output Valuc | | 262516 | 311015 |
| 按增加值计算 | | In Terms of Construction Valuc-added | | 66511 | 64527 |

# MAJOR INDICATORS FOR CONSTRUCTION ENTERPRISES

# BY REGION(2012)

| 昌都地区 Qamdo | 山南地区 Shannan | 日喀则地区 Xigazê | 那曲地区 Nagqu | 阿里地区 Ngari | 林芝地区 Nyingchi |
|---|---|---|---|---|---|
| 5 | 30 | 22 | 2 | 7 | 21 |
| 6946 | 63729 | 78751 | 4800 | 23139 | 16256 |
| 6590 | 63203 | 75116 | 4800 | 22589 | 12084 |
| 311 | 48 | 2061 | | 100 | 2412 |
| 44 | 477 | 1575 | | 450 | 1760 |
| 3078 | 24999 | 12463 | 82 | 9525 | 29675 |
| 8181 | 50981 | 54614 | | 21249 | 16371 |
| 2.24 | 23.40 | 32.61 | | 8.24 | 12.44 |
| 1.74 | 15.91 | 20.69 | | 7.79 | 11.49 |
| 0.32 | 6.85 | 8.77 | | 2.55 | 7.85 |
| 83 | 1440 | 100 | | 161 | 116 |
| 0.19 | 32.94 | 0.50 | | 0.31 | 0.48 |
| 669 | 8088 | 5028 | | 2814 | 3132 |
| 430 | 4275 | 3116 | 78 | 1704 | 1755 |
| | | | | | |
| 161534 | 149074 | 252731 | 615385 | 135792 | 92627 |
| 71581 | 58477 | 39997 | -67564 | 55898 | 169088 |

# 第十一篇

Chapter 11

# TRANSPORTATION,POSTAL AND TELECOMMUNICATIONS SERVICES

# 11-1 公路、桥梁、渡口

## HIGHWAY , BRIDGE AND FERRY

| 年 份<br>Year | 公路通车里程(公里)<br>Highways in Operation (km) | #晴雨通车<br>Length of Highways in All Weathers | 公路养护(公里)<br>Maintain Highways (km) | 桥梁(座/米)<br>Bridge (seat/meter) | 渡口(处)<br>Ferry (unit) |
|---|---|---|---|---|---|
| 1954 | 1988 | 1988 | | | |
| 1959 | 7343 | 7343 | | | |
| 1965 | 14721 | 5713 | 5792 | 631/11286 | 6 |
| 1978 | 15852 | 7247 | 7247 | 665/15919 | 6 |
| 1980 | 21511 | 20663 | 7944 | 712/18358 | 10 |
| 1981 | 21551 | 20663 | 8252 | 713/18452 | 10 |
| 1982 | 21551 | 20663 | 8541 | 717/18594 | 10 |
| 1983 | 21551 | 20663 | 8571 | 721/18753 | 10 |
| 1984 | 21611 | 20723 | 13656 | 726/19553 | 10 |
| 1985 | 21660 | 20733 | 17863 | 730/19845 | 10 |
| 1986 | 21662 | 20733 | 17863 | 744/20178 | 10 |
| 1987 | 21695 | 20766 | 17863 | 744/20178 | 10 |
| 1988 | 21695 | 20845 | 17863 | 746/20281 | 10 |
| 1989 | 21834 | 20970 | 17973 | 757/20549 | 10 |
| 1990 | 21842 | 20978 | 17981 | 777/21697 | 10 |
| 1991 | 21944 | 21066 | 17981 | 780/21718 | 10 |
| 1992 | 21944 | 20978 | 17981 | 881/23960 | 10 |
| 1993 | 21944 | 20978 | 17981 | 881/23960 | 10 |
| 1994 | 21842 | 20978 | 17981 | 881/23960 | 10 |
| 1995 | 22391 | 20988 | 17081 | 882/23988 | 10 |
| 1996 | 22391 | 16719 | 17081 | 948/27775 | 10 |
| 1997 | 22455 | 16719 | 17981 | 948/27775 | 8 |
| 1998 | 22455 | 8895 | 17981 | 948/27775 | 7 |
| 1999 | 22475 | 8895 | 17981 | 948/27775 | 7 |
| 2000 | 22503 | 8895 | 17981 | 1011/29472 | 7 |
| 2001 | 35537 | 17317 | 12419 | 1293/35240 | 5 |
| 2002 | 39760 | 18455 | 12419 | 1293/35240 | |
| 2003 | 41302 | 17104 | 13129 | 1528/42106 | 5 |
| 2004 | 42203 | 16762 | 39243 | 1831/47328 | 5 |
| 2005 | 43716 | 10916 | 39501 | 2012/59514 | 5 |
| 2006 | 44813 | 16766 | 42645 | 3507/96062 | 1 |
| 2007 | 48611 | 21299 | 45488 | 4265/115526 | 1 |
| 2008 | 51314 | 24317 | 47239 | 4452/118548 | 1 |
| 2009 | 53845 | 29658 | 49592 | 4906/133932 | 1 |
| 2010 | 58249 | 43774 | 55856 | 5545/147050 | 1 |
| 2011 | 63108 | 48179 | 57548 | 5971/157216 | 1 |
| 2012 | 65198 | 65198 | 60518 | 6437/170288 | 1 |

注：2001年公路通车里程为第二次公路普查数据。

Note:Date of highways in operation of 2001 is from  the second highways cecsuses.

# 11-2 全社会客、货运输量及周转量

## TURNOVER VOLUME OF PASSENGER AND FREIGHT TRAFFIC

| 指　标 | Item | 2011 | 2012 |
|---|---|---|---|
| **客运量总计** | (万人次) **Total Passenger Traffic** **(10000 person-times)** | **3938.00** | **4053.00** |
| 公 路 | Highways | 3659.00 | 3739.00 |
| 民 航 | Total Civil Aviation Routes | 183.14 | 221.70 |
| 铁 路 | Railways | 95.86 | 92.03 |
| **旅客周转量总计** | (万人公里) **Total Passenger-Kilometers** **(10000 person-km)** | **451670** | **472899** |
| 公 路 | Highways | 225022 | 232044 |
| 民 航 | Total Civil Aviation Routes | 122821 | 138334 |
| 铁 路 | Railways | 103827 | 102521 |
| **货运量总计** | (万吨) **Total Freight Traffic** **(10000 tons)** | **1043.74** | **1144.00** |
| 公 路 | Highways | 979.00 | 1042.00 |
| 民 航 | Total Civil Aviation Routes | 1.21 | 1.65 |
| 管 道 | Petroleum and Gas Pipelines | 14.90 | 15.74 |
| 铁 路 | Railways | 48.63 | 84.63 |
| **货物周转量总计** | (万吨公里) **Total Freight Ton-kilometers** **(10000 ton-km)** | **437885** | **496470** |
| 公 路 | Highways | 270988 | 278732 |
| 民 航 | Total Civil Aviation Routes | 1862 | 2040 |
| 管 道 | Petroleum and Gas Pipelines | 15210 | 16174 |
| 铁 路 | Railways | 149825 | 199524 |

# 11-3 公路客货运输量、周转量（2012年）

## HIGHWAYS OF PASSENGER AND FREIGHT TRAFFIC (2012)

| 指标<br>Item | 客运量<br>(万人)<br>Passenger Traffic<br>(10000 persons) | 旅客周转量<br>(万人公里)<br>Passenger-Kilometers<br>(10000 person-km) | 货运量<br>(万吨)<br>Freight Traffic<br>(10000 tons) | 货运周转量<br>(万吨公里)<br>Freight Ton-kilometers<br>(10000 ton-km) |
|---|---|---|---|---|
| 全年 | **3739** | **232044** | **1042** | **278732** |
| 1月 | 251 | 16595 | 57 | 20173 |
| 2月 | 274 | 15413 | 55 | 17108 |
| 3月 | 288 | 15515 | 60 | 17167 |
| 4月 | 300 | 18048 | 100 | 21691 |
| 5月 | 307 | 20091 | 101 | 25248 |
| 6月 | 309 | 18361 | 109 | 23958 |
| 7月 | 328 | 21007 | 109 | 24601 |
| 8月 | 328 | 20691 | 109 | 24642 |
| 9月 | 346 | 20697 | 110 | 24657 |
| 10月 | 346 | 20709 | 109 | 24838 |
| 11月 | 347 | 21208 | 71 | 26940 |
| 12月 | 315 | 23709 | 52 | 27709 |

# 11-4 民用车辆拥有量（2012年）

## NUMBER OF CIVIL MOTOR VEHICIES OWNED (2012)

单位：辆 (unit)

| 指标 | Item | 总计 Total | 营运 In Management | 非营运 Out Management | 总计中 (In Total) 进口 Import | 个人 Private | 新注册 Newly Register | 报废 Useless |
|---|---|---|---|---|---|---|---|---|
| **合计** | **Total** | **273779** | **69594** | **204185** | **13037** | **188328** | **26690** | **3414** |
| **汽车** | **Vehicles** | **229924** | **60820** | **169104** | **13006** | **153240** | **24130** | **709** |
| 载客汽车 | Buses and Cars | 141629 | 16558 | 125071 | 12837 | 91461 | 14486 | 429 |
| 大型 | Large | 7066 | 4759 | 2307 | 100 | 342 | 407 | 75 |
| 中型 | Middle | 9500 | 3888 | 5612 | 504 | 5452 | 517 | 104 |
| 小型 | Small | 114705 | 7245 | 107460 | 11815 | 79698 | 13079 | 218 |
| 微型 | Mini | 10358 | 666 | 9692 | 418 | 5969 | 483 | 32 |
| 载货汽车 | Trucks | 83262 | 42852 | 40410 | 145 | 59988 | 9416 | 204 |
| 重型 | Heavy-duty | 27911 | 23805 | 4106 | 25 | 15774 | 1628 | 56 |
| 中型 | Middle | 15622 | 10689 | 4933 | 29 | 13616 | 1257 | 74 |
| 轻型 | Light | 38268 | 7947 | 30321 | 91 | 29552 | 6505 | 54 |
| 微型 | Small | 1461 | 411 | 1050 |  | 1046 | 26 | 20 |
| 其他汽车 | Others | 5033 | 1410 | 3623 | 24 | 1791 | 228 | 76 |
| **摩托车** | **Motorcycle** | **34389** | **2938** | **31451** | **28** | **28159** | **2348** | **594** |
| 普通 | Common | 32204 | 2691 | 29513 | 27 | 26279 | 2274 | 486 |
| 轻便 | Brisk | 2185 | 247 | 1938 | 1 | 1880 | 74 | 108 |
| **挂车** | **Trailers** | **1682** | **1637** | **45** |  | **279** | **110** |  |
| **拖拉机** | **Tractors** | **6249** | **2664** | **3585** | **3** | **5115** | **93** | **2088** |
| **其他** | **Others** | **1535** | **1535** |  |  | **1535** | **9** | **23** |

# 11-5 邮电通信网

## SYSTEM OF POSTAL AND TELECOMMUNICATIONS SERVICES

| 年 份<br>Year | 邮政局所(个)<br>Number of post Offices (unit) | 邮路总长度(公里)<br>Length of Postal Routes (km) | 农村投递路线(公里)<br>Rural Delivery Routes (km) | 邮政主要设备汽车(辆)<br>Postal Trucks (unit) | 局用交换机容量(门)<br>Capacity of Local Telephone Exchange(line) | 长途光缆线路长度(公里)<br>Length of Long Distance Optical Cable Lines (km) |
|---|---|---|---|---|---|---|
| 1958 | 12 | 2816 | | 15 | 150 | |
| 1959 | 51 | 4839 | | 19 | 360 | |
| 1965 | 90 | 12378 | 10498 | 48 | 1185 | |
| 1978 | 112 | 95338 | 82480 | 183 | 5720 | |
| 1980 | 117 | 15865 | 57487 | 200 | 9530 | |
| 1985 | 124 | 14355 | 59478 | 188 | 10960 | |
| 1986 | 124 | 17000 | 60252 | 198 | 11080 | |
| 1987 | 118 | 14837 | 59937 | 193 | 10585 | |
| 1988 | 117 | 14882 | 60996 | 168 | 11910 | |
| 1989 | 118 | 14676 | 56725 | 166 | 11760 | |
| 1990 | 119 | 14678 | 56725 | 177 | 15840 | |
| 1991 | 120 | 14391 | 55769 | 113 | 15985 | |
| 1992 | 123 | 15395 | 54999 | 175 | 20995 | |
| 1993 | 125 | 15175 | 55186 | 155 | 35385 | |
| 1994 | 133 | 17320 | 55367 | 146 | 38146 | |
| 1995 | 138 | 17648 | 55367 | 155 | 46571 | |
| 1996 | 139 | 16407 | 55260 | 173 | 57700 | 423 |
| 1997 | 134 | 16435 | 55260 | 174 | 90256 | 4076 |
| 1998 | 134 | 16332 | 58368 | 189 | 149280 | 1450 |
| 1999 | 138 | 16720 | 42016 | 210 | 158980 | 2532 |
| 2000 | 142 | 16646 | 42677 | 286 | 170228 | 5317 |
| 2001 | 133 | 16357 | 42677 | 341 | 244160 | 6789 |
| 2002 | 129 | 16576 | 42677 | 363 | 272036 | 6872 |
| 2003 | 128 | 18544 | 42677 | 406 | 293533 | 6405 |
| 2004 | 126 | 18615 | 44185 | 415 | 340824 | 7565 |
| 2005 | 126 | 15357 | 116710 | 464 | 362093 | 9576 |
| 2006 | 126 | 15347 | 116975 | 464 | 373974 | 13345 |
| 2007 | 193 | 17161 | 117736 | 501 | 416325 | 19019 |
| 2008 | 193 | 17654 | 117746 | 537 | 430000 | 23000 |
| 2009 | 194 | 19246 | 117635 | 554 | 419900 | 22000 |
| 2010 | 196 | 16752 | 117612 | 473 | 423000 | 22500 |
| 2011 | 203 | 16726 | 117432 | 492 | 428000 | 24800 |
| 2012 | 207 | 15513 | 97409 | 491 | 422292 | 30100 |

# 11-6 邮电业务量

## POSTAL AND TELECOMMUNICATIONS SERVICES

| 年份 Year | 邮电业务总量 (万元) Business Volume of Post and Telecommunications Services (10000 yuan) | 邮政业务总量 Business Volume of Post | 电信业务总量 Business Volume of Telecommunications | 函件 (万件) Number of Letters (10000 pcs) | 包件 (万件) Number of Parcels (10000 pcs) |
|---|---|---|---|---|---|
| 1958 | 60 | 12 | 48 | 96 | 0.1 |
| 1959 | 99 | 31 | 43 | 273 | 0.2 |
| 1965 | 284 | 63 | 58 | 478 | 1 |
| 1978 | 214 | 89 | 125 | 557 | 5 |
| 1980 | 269 | 104 | 165 | 576 | 6 |
| 1985 | 813 | 32 | 781 | 657 | 5 |
| 1986 | 829 | 191 | 638 | 727 | 6 |
| 1987 | 894 | 203 | 691 | 804 | 8 |
| 1988 | 1205 | 296 | 909 | 799 | 10 |
| 1989 | 1524 | 396 | 1128 | 784 | 12 |
| 1990 | 1713 | 836 | 877 | 792 | 12 |
| 1991 | 2121 | 1127 | 994 | 753 | 9 |
| 1992 | 2726 | 1480 | 1246 | 867 | 9 |
| 1993 | 3273 | 1399 | 1874 | 1168 | 12 |
| 1994 | 4112 | 1527 | 2585 | 1460 | 17 |
| 1995 | 5740 | 1665 | 4075 | 1653 | 16 |
| 1996 | 7991 | 1858 | 6133 | 1587 | 20 |
| 1997 | 11787 | 2282 | 9505 | 1373 | 20 |
| 1998 | 16492 | 2410 | 14082 | 1298 | 27 |
| 1999 | 26030 | 3073 | 22960 | 1415 | 34 |
| 2000 | 38431 | 3220 | 35211 | 1349 | 31 |
| 2001 | 64831 | 7276 | 28165 | 926 | 31 |
| 2002 | 74549 | 8184 | 66364 | 932 | 35 |
| 2003 | 98192 | 9288 | 88904 | 637 | 35 |
| 2004 | 134657 | 10040 | 124617 | 473 | 36 |
| 2005 | 164833 | 10466 | 154367 | 343 | 36 |
| 2006 | 215134 | 11346 | 203788 | 350 | 32 |
| 2007 | 308899 | 13285 | 295614 | 301 | 37 |
| 2008 | 417265 | 14788 | 402477 | 284 | 30 |
| 2009 | 521235 | 16918 | 504317 | 536 | 35 |
| 2010 | 232784 | 12478 | 220306 | 291 | 19 |
| 2011 | 270424 | 13724 | 256700 | 237 | 22 |
| 2012 | 344116 | 14316 | 329800 | 287 | 23 |

注：邮电业务总量1980年以前按1970年不变价格计算，1981年至1990年按1980年不变价格计算，1991年至2000年按1990年不变价格计算，2001年以后按2000年不变价格计算。

Note: The business volume of post and telecommunications in 1980 and prerious years was calculated at 1970 constant prices while that in 1981-1990 was calculated in 1980 constant prices. Since 1991-2000was calculated in 1990 constant prices, since2001 was calculated at 2000 constant prices.

## 11-6 续表 continued

| 年份 Year | 报刊期发数(万份) Number of Newspapers & Magazines Circulation (10000 copies) | 特快专递(万件) Pieces of Express Mail Services (10000 pcs) | 年末市内电话户数(户) Local Telephone Subscribers Year-end (subscriber) | 移动电话用户(户) Number of Mobile Telephone Subscribers (subscriber) | 年末农村电话户数(户) Rural Telephone Subscribers Year-end (subscriber) |
|---|---|---|---|---|---|
| 1958 | 2 | | 139 | | |
| 1959 | 3 | | 276 | | |
| 1965 | 4 | | 735 | | |
| 1978 | 19 | | 3189 | | 530 |
| 1980 | 23 | | 3923 | | 529 |
| 1985 | 30 | | 5981 | | 280 |
| 1986 | 29 | | 6233 | | 358 |
| 1987 | 24 | | 6429 | | 371 |
| 1988 | 25 | | 7051 | | 332 |
| 1989 | 21 | | 7688 | | 310 |
| 1990 | 25 | | 9056 | | 307 |
| 1991 | 27 | | 10052 | | 307 |
| 1992 | 25 | | 11715 | | 304 |
| 1993 | 26 | 1 | 15026 | 374 | 304 |
| 1994 | 58 | 1 | 19778 | 717 | 312 |
| 1995 | 22 | 3 | 26230 | 1422 | 300 |
| 1996 | 19 | | 32794 | 2218 | 321 |
| 1997 | 26 | 5 | 43326 | 6580 | 310 |
| 1998 | 18 | 6 | 58867 | 11513 | 299 |
| 1999 | 27 | 10 | 79022 | 27774 | 530 |
| 2000 | 40 | 13 | 105005 | 72300 | 620 |
| 2001 | 20 | 17 | 144852 | 112836 | 4713 |
| 2002 | 24 | 20 | 187954 | 210521 | 9492 |
| 2003 | 22 | 28 | 247661 | 330900 | 9094 |
| 2004 | 24 | 31 | 378424 | 396557 | 24998 |
| 2005 | 27 | 33 | 495313 | 469303 | 30396 |
| 2006 | 36 | 39 | 649680 | 605483 | 32513 |
| 2007 | 26 | 47 | 678500 | 737259 | 11693 |
| 2008 | 26 | 50 | 695000 | 835259 | 27000 |
| 2009 | 26 | 63 | 512100 | 1255114 | 27200 |
| 2010 | 42 | 69 | 419142 | 1576388 | 19602 |
| 2011 | 47 | 45 | 390000 | 1964000 | 15000 |
| 2012 | 54 | 47 | 391000 | 2354900 | 14000 |

# 第十二篇

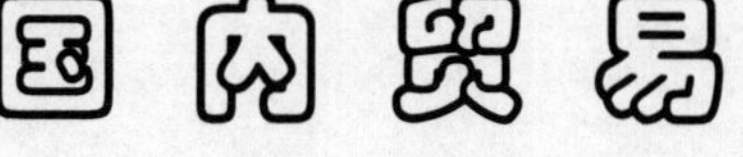


# Chapter 12

# DOMESTIC TRADE

# 12-1 社会消费品零售总额

## TOTAL RETAIL SALES OF CONSUMER GOODS

单位：万元　　　　(10000 yuan)

| 年份 地区 Year Region | 社会消费品零售总额 Total Retail Sales of Consumer Goods | 按地区分 Grouped by Region | | |
|---|---|---|---|---|
| | | 市 City | 县 Country | 县以下 Under Country Level |
| 1978 | 24479 | 9474 | 3665 | 11340 |
| 1980 | 28687 | 11101 | 4446 | 13140 |
| 1981 | 33151 | 12829 | 6831 | 13491 |
| 1982 | 37051 | 14080 | 5782 | 17189 |
| 1983 | 39386 | 15243 | 5908 | 18235 |
| 1984 | 92422 | 35767 | 13863 | 42792 |
| 1985 | 94983 | 36759 | 14891 | 43333 |
| 1986 | 91009 | 35199 | 22752 | 33058 |
| 1987 | 98571 | 34499 | 24642 | 39430 |
| 1988 | 106239 | 32979 | 28833 | 44427 |
| 1989 | 128783 | 34636 | 50166 | 43981 |
| 1990 | 128700 | 33059 | 54082 | 41559 |
| 1991 | 138532 | 59933 | 47234 | 31365 |
| 1992 | 152265 | 68519 | 45680 | 38066 |
| 1993 | 181563 | 76256 | 68994 | 36313 |
| 1994 | 207363 | 87299 | 78866 | 41198 |
| 1995 | 243030 | 111633 | 76782 | 54615 |
| 1996 | 261865 | 122269 | 82736 | 56860 |
| 1997 | 323246 | 157045 | 108761 | 57440 |
| 1998 | 347198 | 174043 | 121030 | 52125 |
| 1999 | 376258 | 185116 | 140223 | 50919 |
| 2000 | 425209 | 204237 | 164287 | 56685 |
| 2001 | 486482 | 238647 | 189758 | 58077 |
| 2002 | 529390 | 238427 | 223892 | 67071 |
| 2003 | 578253 | 258705 | 248035 | 71513 |
| 2004 | 631799 | 280126 | 271778 | 79895 |
| 2005 | 732328 | 330704 | 308763 | 92861 |
| 2006 | 900173 | 439495 | 357143 | 103535 |
| 2007 | 1125992 | 566576 | 441876 | 117540 |
| 2008 | 1299875 | 647290 | 513434 | 139151 |
| 2009 | 1565814 | 760185 | 622573 | 183056 |
| 2010 | 1853000 | 914085 | 733047 | 205868 |
| 2011 | 2190000 | | | |
| 2012 | 2546433 | 2117898 | 1338976 | 428535 |

注：本表2011按销售地分口径改变，故该年分年以后无同口径数据。

The celiber of data by locataion of establishments In2011 is changed, so there is no the same caliber data .

# 12-2 按行业分的社会消费品零售总额

## TOTAL RETAIL SALES OF CONSUMER GOODS BY SECTOR

| 年份<br>Year | 地区<br>Region | 合计<br>(万元)<br>Total<br>(10000 yuan) | 批发和零售业<br>Wholesale and Retail Trades | 住宿和餐饮业<br>Hotel and Restaurants | 其他行业<br>Others |
|---|---|---|---|---|---|
| 1978 | | 24477 | 22679 | 169 | 1631 |
| 1980 | | 28687 | 26220 | 189 | 2278 |
| 1981 | | 33151 | 28723 | 221 | 4207 |
| 1982 | | 37051 | 33728 | 532 | 2791 |
| 1983 | | 39386 | 37426 | 187 | 1773 |
| 1984 | | 92422 | 76086 | 2662 | 13674 |
| 1985 | | 94983 | 79556 | 3553 | 11874 |
| 1986 | | 91009 | 70628 | 3640 | 16741 |
| 1987 | | 98571 | 79510 | 4020 | 15041 |
| 1988 | | 106239 | 86370 | 4961 | 14908 |
| 1989 | | 128783 | 109325 | 5027 | 14431 |
| 1990 | | 128700 | 110935 | 4657 | 13108 |
| 1991 | | 138532 | 103539 | 9277 | 25716 |
| 1992 | | 152265 | 123382 | 6240 | 22643 |
| 1993 | | 181563 | 136325 | 11203 | 34035 |
| 1994 | | 207363 | 168470 | 15724 | 23169 |
| 1995 | | 243030 | 170493 | 37624 | 34913 |
| 1996 | | 261865 | 175803 | 44556 | 41506 |
| 1997 | | 323246 | 262961 | 36315 | 23970 |
| 1998 | | 347198 | 265795 | 52623 | 28780 |
| 1999 | | 376258 | 293794 | 53051 | 29413 |
| 2000 | | 425209 | 319695 | 65861 | 39653 |
| 2001 | | 486482 | 366299 | 73722 | 46461 |
| 2002 | | 529390 | 419709 | 77131 | 32550 |
| 2003 | | 578253 | 462009 | 81027 | 35217 |
| 2004 | | 631799 | 510970 | 109958 | 10871 |
| 2005 | | 732328 | 593024 | 123990 | 15314 |
| 2006 | | 900173 | 718558 | 147790 | 33825 |
| 2007 | | 1125992 | 890370 | 188975 | 46647 |
| 2008 | | 1299875 | 1053295 | 196427 | 50153 |
| 2009 | | 1565814 | 1298188 | 229319 | 38307 |
| 2010 | | 1853000 | 1575166 | 277834 | |
| 2011 | | 2190000 | 1842679 | 347321 | |
| 2012 | | 2546433 | 2122811 | 423622 | |

## 12-3 分地区社会消费品零售总额
## TOTAL RETAIL SALES OF CONSUMER GOODS BY REGION

单位：万元 (10000 yuan)

| 年份 Year | 地区 Region | 社会消费品零售总额 Total Retail Sales of Consumer Goods | 城镇 Cities and towns | 乡村 Rural |
|---|---|---|---|---|
| | 2011 | 2190000 | 1790119 | 399881 |
| | 2012 | 2546433 | 2117898 | 428535 |
| 拉萨市 | Lhasa | 1245546 | 1116339 | 129207 |
| 昌都地区 | Qamdo | 221994 | 160494 | 61500 |
| 山南地区 | Shannan | 255022 | 199340 | 55682 |
| 日喀则地区 | Xigazê | 462304 | 360371 | 101933 |
| 那曲地区 | Nagqu | 119379 | 108381 | 10998 |
| 阿里地区 | Ngari | 60114 | 49239 | 10875 |
| 林芝地区 | Nyingchi | 182074 | 123734 | 58340 |

## 12-4 各地区按行业分的社会消费品零售总额（2012年）
## TOTAL RETAIL SALES OF CONSUMER GOODS BY REGION AND SECTOR (2012)

| 地区 | Region | 合计（万元） Total (10000 yuan) | 批发和零售业 Wholesale and Retail Trades | 住宿和餐饮业 Hotel and Restaurants |
|---|---|---|---|---|
| 拉萨市 | Lhasa | 1245546 | 1065103 | 180443 |
| 昌都地区 | Qamdo | 221994 | 175972 | 46022 |
| 山南地区 | Shannan | 255022 | 224436 | 30586 |
| 日喀则地区 | Xigazê | 462304 | 366801 | 95503 |
| 那曲地区 | Nagqu | 119379 | 112377 | 7002 |
| 阿里地区 | Ngari | 60114 | 40920 | 19194 |
| 林芝地区 | Nyingchi | 182074 | 137202 | 44872 |

# 12-5 限额以上批发和零售业法人企业基本情况（2012年）

## BASIC CONDITIONS OF ENTERPRISES ABOVE DESIGNATED SIZE IN WHOLESALE TRADESALE AND RETAIL TRADES BY TYPES OF REGISTRATION AND SECTOR (2012)

| 指　标 | Item | 法人企业数(个)<br>Number of Corporation<br>Enterprises(unit) | 年末从业人员数(人)<br>Engaged Persons<br>at Year-end(person) |
|---|---|---|---|
| **总计** | **Total** | **81** | **7505** |
| **批发业合计** | **Wholesale Trade** | **16** | **1602** |
| **内资企业** | **Domestic Funded Enterprises** | **16** | **1602** |
| 国有企业 | State-owned Enterprises | 12 | 1116 |
| 有限责任公司 | Limited Liability Corporations | 2 | 240 |
| 私营企业 | Private Enterprises | 2 | 246 |
| **港、澳、台商投资企业** | **Enterprises with Funds from Hong Kong,Macao and Taiwan** | | |
| **外商投资企业** | **Foreign Funded Enterprises** | | |
| **零售业合计** | **Retail Trade** | **65** | **5903** |
| **内资企业** | **Domestic Funded Enterprises** | **64** | **5885** |
| 国有企业 | State-owned Enterprises | 12 | 1623 |
| 集体企业 | Collective-owned Enterprises | 1 | 110 |
| 有限责任公司 | Limited Liability Corporations | 18 | 2305 |
| 股份有限公司 | Share-holding Corporations Ltd. | 4 | 156 |
| 私营企业 | Private Enterprises | 20 | 722 |
| 其他企业 | Others | 9 | 969 |
| **港、澳、台商投资企业** | **Enterprises with Funds from Hong Kong,Macao and Taiwan** | | |
| **外商投资企业** | **Foreign Funded Enterprises** | **1** | **18** |

# 12-6 按登记注册类型分限额以上批发和零售业法人企业商品购、销、存总额（2012年）

## TOTAL PURCHASES，SALES AND STOCK OF ENTERPRISES ABOVE DESIGNATED SIZE OF WHOLESALE AND RETAIL TRADES BY STATUS OF REGISTRATION (2012)

单位：万元　　(10000 yuan)

| 指标 | Item | 购进总额 Total Purchases Value | 销售总额 Total Sales Value | 批发 Wholesale Value | 零售 Retail Value | 年末库存总额 Stock (yesr-end) |
|---|---|---|---|---|---|---|
| **总计** | **Total** | **1107452.4** | **1410798.9** | **674301.6** | **736497.3** | **151249.7** |
| **批发业合计** | **Wholesale Trade** | **365993.5** | **495901.6** | **492788.5** | **3113.1** | **57925.4** |
| **内资企业** | **Domestic Funded Enterprises** | **365993.5** | **495901.6** | **492788.5** | **3113.1** | **57925.4** |
| 国有企业 | State-owned Enterprises | 305286.9 | 388471.4 | 386228.6 | 2242.8 | 49074.7 |
| 有限责任公司 | Limited Liability Corporations | 43074.6 | 90873.5 | 90475.1 | 398.4 | 5833.7 |
| 私营企业 | Private Enterprises | 17632.0 | 16556.7 | 16084.8 | 471.9 | 3017.0 |
| **港、澳、台商投资企业** | **Enterprises with Funds from Hong Kong,Macao and Taiwan** | | | | | |
| **外商投资企业** | **Foreign Funded Enterprises** | | | | | |
| **零售业合计** | **Retail Trade** | **741458.9** | **914897.3** | **181513.1** | **733384.2** | **93324.3** |
| **内资企业** | **Domestic Funded Enterprises** | **738093.0** | **910506.4** | **181513.1** | **728993.3** | **93066.8** |
| 国有企业 | State-owned Enterprises | 379269.7 | 487612.7 | 72700.2 | 414912.5 | 15545.6 |
| 集体企业 | Collective-owned Enterprises | 763.7 | 763.7 | | 763.7 | |
| 有限责任公司 | Limited Liability Corporations | 178586.7 | 245976.5 | 107795.3 | 138181.2 | 48334.2 |
| 股份有限公司 | Share-holding Corporations Ltd. | 48345.4 | 45044.7 | | 45044.7 | 3901.9 |
| 私营企业 | Private Enterprises | 76901.6 | 76514.5 | 967.6 | 75546.9 | 16743.0 |
| 其他企业 | Others | 54225.9 | 54594.3 | 50.0 | 54544.3 | 8542.1 |
| **港、澳、台商投资企业** | **Enterprises with Funds from Hong Kong,Macao and Taiwan** | | | | | |
| **外商投资企业** | **Foreign Funded Enterprises** | **3365.9** | **4390.9** | | **4390.9** | **257.5** |

# 12-7 按行业分限额以上批发和零售业法人企业商品购、销、存总额（2012年）

# TOTAL PURCHASES，SALES AND STOCK OF ENTERPRISES ABOVE DESIGNATED SIZE OF WHOLESALE AND RETAIL TRADES BY SECTOR（2012）

单位：万元 (10000 yuan)

| 指标 | Item | 购进总额 Total Purchases Value | 销售总额 Total Sales Value | 批发 Wholesale Value | 零售 Retail Value | 年末库存总额 Stock (yesr-end) |
|---|---|---|---|---|---|---|
| **总计** | **Total** | **1107452** | **1410799** | **674302** | **736497** | **151250** |
| **批发业合计** | **Wholesale Trade** | **365994** | **495902** | **492789** | **3113** | **57925** |
| 农、林、牧产品批发 | Wholesale of Farm Fovest Produce Produce and Livestock Products | 14694 | 10554 | 10526 | 28 | 2038 |
| 食品、饮料及烟草制品批发 | Wholesale of Food,Beverages and Tobaccos | 267380 | 363052 | 360524 | 2528 | 37519 |
| 文化、体育用品及器材批发 | Wholesale of Culture,Sports Appliances and Equipments | 13919 | 11924 | 11924 | | 6246 |
| 医药及医疗器材批发 | Whollesale of Medicines and Medical Appliances | 36811 | 74468 | 74468 | | 8008 |
| 矿产品、建材及化工产品批发 | Wholesalea of Mineral Products,Building Materials and Chemical Products | | | | | |
| 机械设备、五金产品及电子产品批发 | Wholesaale of Machimery,Hardware and Electronic Equipment | 33190 | 35904 | 35346 | 557 | 4116 |
| **零售业合计** | **Retail Trade** | **741459** | **914897** | **181513** | **733384** | **93324** |
| 综合零售 | Integrated Retail | 33380 | 56122 | 653 | 55470 | 47160 |
| 食品、饮料及烟草制品专门零售 | Retail of Food,Beverages and Tobaccos | 33397 | 41542 | | 41542 | 3462 |
| 纺织、服装及日用品专门零售 | Special Retail of Textiles,Garments and Daily Consumer Articles | 3663 | 4605 | 134 | 4471 | 341 |
| 文化、体育用品及器材专门零售 | Retail of Culture,Sports Appliances and Equipments | 2837 | 3568 | | 3568 | 573 |
| 医药及医疗器材专门零售 | Retail of Medicines and Medical Appliances | 50564 | 96198 | 96156 | 42 | 173 |
| 汽车、摩托车、燃料及零配件专门零售 | Retail of Motor Vehicles,Motorcycles, Fuel and Parts | 561911 | 661770 | 84570 | 577200 | 33882 |
| 家用电器及电子产品专门零售 | Special Retail of Household Electric Appliances and Electronic Products | 48828 | 47192 | | 47192 | 4718 |
| 货摊、无店铺及其他零售 | Stall, Non-shop and Other Retails | 6879 | 3900 | | 3900 | 3017 |

## 12-8 按登记注册类型分限额以上批发和零售业企业资产及负债（2012年）
## BUSINESS OF ENTERPRISES ABOVE DESIGNATED SIZE OF HOTELS AND CATERING SERVICES BY STATUS OF REGISTRATION AND SECTOR (2012)

单位：万元　(10000 yuan)

| 指标 | Item | 资产 总计 Total Assets | #流动资产合计 Working Capitals | #固定资产原价 Original Value of Fixed Assets | 负债合计 Total Liabilities | 所有者权益合计 Total Owners' Equities |
|---|---|---|---|---|---|---|
| **总计** | **Total** | **596128.0** | **381020.8** | **175550.2** | **306454.1** | **289673.9** |
| **批发业合计** | **Wholesale Trade** | **305843.9** | **195968.9** | **61672.6** | **136009.1** | **169834.8** |
| **按登记注册类型分组** | **By Status of Registration** | | | | | |
| **内资企业** | **Domestic Funded Enterprises** | **305843.9** | **195968.9** | **61672.6** | **136009.1** | **169834.8** |
| 国有企业 | State-owned Enterprises | 232205.9 | 130224.7 | 57840.4 | 82081.7 | 150124.2 |
| 有限责任公司 | Limited Liability Corporations | 59943.9 | 52165.1 | 3712.1 | 43258.1 | 16685.8 |
| 私营企业 | Private Enterprises | 13694.1 | 13579.1 | 120.1 | 10669.3 | 3024.8 |
| **港、澳、台商投资企业** | **Enterprises with Funds from Hong Kong,Macao and Taiwan** | | | | | |
| **外商投资企业** | **Foreign Funded Enterprises** | | | | | |
| **零售业合计** | **Retail Trade** | **290284.1** | **185051.9** | **113877.6** | **170445.0** | **119839.1** |
| **内资企业** | **Domestic Funded Enterprises** | **289769.1** | **184693.4** | **113705.0** | **169980.0** | **119789.1** |
| 国有企业 | State-owned Enterprises | 96419.8 | 35619.3 | 71188.8 | 33292.3 | 63127.5 |
| 集体企业 | Collective-owned Enterprises | 437.8 | 402.0 | 53.6 | 106.6 | 331.2 |
| 有限责任公司 | Limited Liability Corporations | 123690.7 | 98676.0 | 19960.9 | 93972.8 | 29717.9 |
| 股份有限公司 | Share-holding Corporations Ltd. | 15083.3 | 9252.5 | 8099.9 | 6662.7 | 8420.6 |
| 私营企业 | Private Enterprises | 30450.9 | 23327.8 | 8484.7 | 17623.6 | 12827.3 |
| 其他企业 | Others | 23686.6 | 17415.8 | 5917.1 | 18322.0 | 5364.6 |
| **港、澳、台商投资企业** | **Enterprises with Funds from Hong Kong,Macao and Taiwan** | | | | | |
| **外商投资企业** | **Foreign Funded Enterprises** | **515.0** | **358.5** | **172.6** | **465.0** | **50.0** |

# 12-9 按行业分限额以上批发和零售业企业资产及负债（2012年）
## ASSETS AND LIABILITIES OF ENTERPRISES ABOVE DESIGNATED SIZE OF WHOLESALE AND RETAIL TRADES BY SECTOR（2012）

单位：万元 (10000 yuan)

| 指标 | Item | 资产总计 Total Assets | #流动资产合计 Working Capitals | #固定资产原价 Original Value of Fixed Assets | 负债合计 Total Liabilities | 所有者权益合计 Total Owners' Equities |
|---|---|---|---|---|---|---|
| **总计** | **Total** | **381021** | **175550** | **596128** | **306454** | **289674** |
| **批发业合计** | **Wholesale Trade** | **195969** | **61673** | **305844** | **136009** | **169835** |
| 农畜产品批发 | Wholesale of Farm Produce and Livestock Products | 32377 | 10054 | 46491 | 28143 | 18348 |
| 食品、饮料及烟草制品批发 | Wholesale of Food,Beverages and Tobaccos | 85918 | 43750 | 175110 | 36648 | 138462 |
| 文化、体育用品及器材批发 | Wholesale of Culture,Sports Appliances and Equipments | 6345 | 3415 | 8954 | 6145 | 2810 |
| 医药及医疗器材批发 | Whollesale of Medicines and Medical Appliances | 57790 | 1079 | 60052 | 56185 | 3867 |
| 矿产品、建材及化工产品批发 | Wholesalea of Mineral Products,Building Materials and Chemical Products | | | | | |
| 机械设备、五金交电及电子产品批发 | Wholesaale of Machimery,Hardware and Electronic Equipment | 13539 | 3376 | 15237 | 8888 | 6348 |
| **零售业合计** | **Retail Trade** | **185052** | **113878** | **290284** | **170445** | **119839** |
| 综合零售 | Integrated Retail | 18079 | 14561 | 33347 | 23587 | 9760 |
| 食品、饮料及烟草制品专门零售 | Retail of Food,Beverages and Tobaccos | 15894 | 5021 | 20546 | 10909 | 9637 |
| 纺织、服装及日用品专门零售 | Special Retail of Textiles,Garments and Daily Consumer Articles | 359 | 173 | 815 | 615 | 200 |
| 文化、体育用品及器材专门零售 | Retail of Culture,Sports Appliances and Equipments | 1664 | 2339 | 3063 | 1603 | 1460 |
| 医药及医疗器材专门零售 | Retail of Medicines and Medical Appliances | 36265 | 986 | 37223 | 23155 | 14068 |
| 汽车、摩托车、燃料及零配件专门零售 | Retail of Motor Vehicles,Motorcycles, Fuel and Parts | 86940 | 88256 | 167534 | 90787 | 76746 |
| 家用电器及电子产品专门零售 | Special Retail of Household Electric Appliances and Electronic Products | 18434 | 1303 | 19463 | 15705 | 3757 |
| 货摊、无店铺及其他零售 | Stall, Non-shop and Other Retails | 7417 | 1240 | 8294 | 4084 | 4211 |

# 12-10 按登记注册类型分限额以上批发和零售业法人企业主要财务指标（2012年）

## MAIN FINANCIAL INDICATORS OF ENTERPRISES ABOVE DESIGNATED SIZE OF WHOLESALE RETAIL TRADES BY STATUS OF REGISTRATION AND SECTOR (2012)

单位：万元 (10000 yuan)

| 指　标 | Item | 主营业务收入 Business Income of The Main Products | 主营业务成本 Cost of The Core Business | 主营业务税金及附加 Taxes and Other Charges on Principal Business | 营业利润 Profits from Principal Business |
|---|---|---|---|---|---|
| **总计** | **Total** | **1325698** | **1041941** | **18296** | **72236** |
| **批发业合计** | **Wholesale Trade** | **445195** | **318093** | **13626** | **15474** |
| **内资企业** | **Domestic Funded Enterprises** | **445195** | **318093** | **13626** | **15474** |
| 国有企业 | State-owned Enterprises | 342290 | 261853 | 11292 | 12706 |
| 有限责任公司 | Limited Liability Corporations | 86348 | 42064 | 2305 | 1817 |
| 股份有限公司 | Share-holding Corporations Ltd. | | | | |
| 私营企业 | Private Enterprises | 16557 | 14175 | 29 | 951 |
| **港、澳、台商投资企业** | **Enterprises with Funds from Hong Kong,Macao and Taiwan** | | | | |
| **外商投资企业** | **Foreign Funded Enterprises** | | | | |
| **零售业合计** | **Retail Trade** | **880503** | **723848** | **4670** | **56762** |
| **内资企业** | **Domestic Funded Enterprises** | **876750** | **720907** | **4653** | **56475** |
| 国有企业 | State-owned Enterprises | 482768 | 396589 | 2930 | 50585 |
| 集体企业 | Collective-owned Enterprises | 764 | 500 | 3 | -125 |
| 有限责任公司 | Limited Liability Corporations | 236852 | 185939 | 1203 | 2022 |
| 股份有限公司 | Share-holding Corporations Ltd. | 29582 | 23841 | 66 | 2220 |
| 私营企业 | Private Enterprises | 71355 | 68329 | 271 | 1105 |
| 其他企业 | Others | 55429 | 45710 | 179 | 668 |
| **港、澳、台商投资企业** | **Enterprises with Funds from Hong Kong,Macao and Taiwan** | | | | |
| **外商投资企业** | **Foreign Funded Enterprises** | **3753** | **2941** | **18** | **287** |

# 12-11 按行业分限额以上批发和零售业法人单位主要财务指标（2012年）

## MAIN FINANCIAL INDICATORS OF ENTERPRISES ABOVE DESIGNATED SIZE OF WHOLESALE AND RETAIL TRADES BY SECTOR (2012)

单位：万元 (10000 yuan)

| 指标 | Item | 主营业务收入 Business Income of The Main Products | 主营业务成本 Cost of The Core Business | 主营业务税金及附加 Taxes and Other Charges on Principal Business | 营业利润 Profits from Principal Business |
|---|---|---|---|---|---|
| **总计** | **Total** | **1325698** | **1041941** | **18296** | **72236** |
| **批发业合计** | **Wholesale Trade** | **445195** | **318093** | **13626** | **15474** |
| 农、林、牧产品批发 | Wholesale of Farm Produce and Livestock Products | 9906 | 11234 | 5 | -6932 |
| 食品、饮料及烟草制品批发 | Wholesale of Food,Beverages and Tobaccos | 316872 | 240190 | 12812 | 20448 |
| 文化、体育用品及器材批发 | Wholesale of Culture,Sports Appliances and Equipments | 8045 | 7076 | 11 | 55 |
| 医药及医疗器材批发 | Whollesale of Medicines and Medical Appliances | 74469 | 28950 | 776 | 1115 |
| 矿产品、建材及化工产品批发 | Wholesalea of Mineral Products,Building Materials and Chemical Products | | | | |
| 机械设备、五金交电及电子产品批发 | Wholesaale of Machimery,Hardware and Electronic Equipment | 35904 | 30643 | 21 | 789 |
| **零售业合计** | **Retail Trade** | **880503** | **723848** | **4670** | **56762** |
| 综合零售 | Integrated Retail | 56218 | 49802 | 482 | 2948 |
| 食品、饮料及烟草制品专门零售 | Retail of Food,Beverages and Tobaccos | 37120 | 30226 | 1629 | 1027 |
| 纺织、服装及日用品专门零售 | Special Retail of Textiles,Garments and Daily Consumer Articles | 3967 | 3101 | 18 | 326 |
| 文化、体育用品及器材专门零售 | Retail of Culture,Sports Appliances and Equipments | 3748 | 2870 | 10 | 315 |
| 医药及医疗器材专门零售 | Retail of Medicines and Medical Appliances | 96198 | 54447 | 882 | -1250 |
| 汽车、摩托车、燃料及零配件专门零售 | Retail of Motor Vehicles,Motorcycles, Fuel and Parts | 643232 | 551071 | 1604 | 53143 |
| 家用电器及电子产品专门零售 | Special Retail of Household Electric Appliances and Electronic Products | 36344 | 29203 | 44 | 179 |
| 货摊、无店铺及其他零售 | Stall,Non-shop and Other Retails | 3678 | 3129 | 3 | 75 |

# 12-12　限额以上批发和零售业商品分类销售额（2012年）
## SALE VALUES OF ENTERPRISES ABOVE DESIGNATED SIZE OF WHOLESALE AND RETAIL TRADES BY CATEGORY OF COMMODITIES (2012)

单位：万元　　(10000 yuan)

| 指　标 | Item | 销售合计 Total Sales | 批　发 Wholesale | 零　售 Retail |
|---|---|---|---|---|
| 粮油、食品、饮料、烟酒类 | Grain and oil,Food,Beverages,Tobaccos and Liquor | 414023 | 346248 | 67775 |
| 粮油、食品类 | Grain and oil,Food | 12627 | | 12627 |
| #粮油类 | Provisions and Oil | 6941 | | 6941 |
| 肉禽类 | Meat and Poultry | 1314 | | 1314 |
| 饮料类 | Beverages | 2063 | | 2063 |
| 烟酒类 | Tobacco and Liquor | 399334 | 346248 | 53086 |
| 服装鞋帽、针、纺织品类 | Clothing,Shoes,Hats and Textiles | 15997 | 1144 | 14853 |
| 服装类 | Clothing | 9080 | 1144 | 7936 |
| 鞋帽类 | Shoes and Hats | 5494 | | 5494 |
| 针、纺织品类 | Knitwear and Textiles | 1423 | | 1423 |
| 化妆品类 | Cosmectics | 9168 | | 9168 |
| 金银珠宝类 | Gold,Sliver and Jewelry | 7847 | | 7847 |
| 日用品类 | Articles for Daily Use | 5735 | 55 | 5680 |
| #洗涤用品类 | Washing Articles | 4598 | | 4598 |
| 儿童玩具类 | Children Toys | 109 | | 109 |
| 五金、电料类 | Hardwarea and Electrical Materials | | | |
| 体育、娱乐用品类 | Sports and Recreation Articles | 173 | | 173 |
| 书报杂志类 | Newspapers ang Magazines | 9982 | 8019 | 1963 |
| 电子出版物及音像制品类 | E-journal and Video Products | 31 | | 31 |
| 家用电器和音像器材类 | Household Appliances and Video Appliances | 13626 | | 13626 |
| 中西药品类 | Traditional Chinese and Western Medicines | 104604 | 104380 | 224 |
| #西药 | Western Medicines | | | |
| 中草药及中成药 | Traditional Chinese Medicines | | | |
| 文化办公用品类 | Culture and Official Goods | 140 | | 140 |
| 家俱类 | Furniture | | | |
| 通讯器材类 | Communication Appliances | 16807 | | 16807 |
| 煤炭及制品类 | Coal and Related Products | | | |
| 木材及制品类 | Wood and Wooden Products | | | |
| 石油及制品类 | Petroleum and Relateel Products | 432698 | | 432698 |
| 化工材料及制品类 | Raw Chemical Materials | 9180 | 9180 | |
| #化肥类 | Fertilizer | 8645 | 8645 | |
| 金属材料类 | Metal Materials | | | |
| 建筑及装潢材料类 | Building and Decoration Materials | | | |
| 机电产品及设备类 | Mechanical and Electrical Products | 25679 | 25679 | |
| #农机类 | Agricultural Machinery | 21246 | 21246 | |
| 汽车类 | Automobile | 168975 | | 168975 |
| 种子饲料类 | Seeds and Feedstuff | | | |
| 棉麻类 | Cotton,Hemp | | | |
| 其他类 | Others | 6180 | 2182 | 3999 |

## 12-13 限额以上住宿和餐饮业企业基本情况（2012年）

## BASIC CONDITIONS OF ENTERPRISES ABOVE DESIGNATED SIZE IN HOTELS AND CATERING SERVICES BY TYPES OF REGISTRATION AND SECTOR (2012)

| 指　标 | Item | 法人企业数(个) Number of Corporation Enterprises(unit) | 年末从业人员数(人) Engaged Persons at Year-end(person) |
|---|---|---|---|
| **总计** | **Total** | **69** | **6227** |
| **住宿业** | **Hotesl** | **55** | **5332** |
| **按登记注册类型分组** | **By Status of Registration** | | |
| **内资企业** | **Domestic Funded Enterprises** | **54** | **5234** |
| 国有企业 | State-owned Enterprises | 23 | 3136 |
| 集体企业 | Collective-owned Enterprises | 2 | 87 |
| 股份合作企业 | Cooperative Enterprises | | |
| 有限责任公司 | Limited Liability Corporations | 8 | 523 |
| 股份有限公司 | Share-holding Corporations Ltd. | 5 | 454 |
| 私营企业 | Private Enterprises | 14 | 959 |
| 其他企业 | Others | 2 | 75 |
| **港、澳、台商投资企业** | **Enterprises with Funds from Hongkong,Macao and Taiwan** | | |
| **外商投资企业** | **Enterprises with Foreign Investment** | **1** | **98** |
| **按行业分组** | **by Sectors** | | |
| 旅游饭店 | Tour Restaurant | 54 | 5272 |
| **餐饮业** | **Catering Services** | **14** | **895** |
| **按登记注册类型分组** | **By Status of Registration** | | |
| **内资企业** | **Domestic Funded Enterprises** | **14** | **895** |
| 有限责任公司 | Limited Liability Corporations | 6 | 463 |
| 私营企业 | Private Enterprises | 6 | 382 |
| 其他企业 | Others | 2 | 50 |
| **港、澳、台商投资企业** | **Enterprises with Funds from Hongkong,Macao and Taiwan** | | |
| **外商投资企业** | **Enterprises with Foreign Investment** | | |
| **按行业分组** | **by Sectors** | | |
| 正餐服务 | Restaurant | 13 | 847 |
| 快餐服务 | Fast Food | 1 | 48 |

# 12-14 限额以上住宿和餐饮业企业经营情况（2012年）

## BASIC CONDITIONS OF ENTERPRISES ABOVE DESIGNATED SIZE IN HOTELS AND CATERING SERVICES BY TYPES OF REGISTRATION AND SECTOR (2012)

单位：万元　　(10000 yuan)

| 指　标 | Item | 营业额 Business Revenue | 客房收入 From Hotes Rooms | 餐费收入 From Meala | 商品销售收入 From Commodities | 其他收入 From Others |
|---|---|---|---|---|---|---|
| **总计** | **Total** | **72861** | **36274** | **26979** | **1232** | **8376** |
| **住宿业** | **Hotesl** | **61481** | **35808** | **16301** | **1112** | **8260** |
| **按登记注册类型分组** | **By Status of Registration** | | | | | |
| **内资企业** | **Domestic Funded Enterprises** | **59498** | **34453** | **15700** | **1085** | **8260** |
| 国有企业 | State-owned Enterprises | 37473 | 21063 | 10129 | 345 | 5936 |
| 集体企业 | Collective-owned Enterprises | 688 | 412 | 25 | | 251 |
| 股份合作企业 | Cooperative Enterprises | | | | | |
| 有限责任公司 | Limited Liability Corporations | 5375 | 3453 | 1140 | 532 | 251 |
| 股份有限公司 | Share-holding Corporations Ltd. | 4357 | 2266 | 1268 | 88 | 735 |
| 私营企业 | Private Enterprises | 10582 | 6555 | 2985 | 121 | 922 |
| 其他企业 | Others | 1023 | 704 | 153 | | 166 |
| **港、澳、台商投资企业** | **Enterprises with Funds from Hongkong,Macao and Taiwan** | | | | | |
| **外商投资企业** | **Enterprises with Foreign Investment** | **1983** | **1355** | **602** | **27** | |
| **按行业分组** | **by Sectors** | | | | | |
| 旅游饭店 | Tour Restaurant | 60924 | 35570 | 15993 | 1112 | 8248 |
| **餐饮业** | **Catering Services** | **11380** | **466** | **10678** | **120** | **116** |
| **按登记注册类型分组** | **By Status of Registration** | | | | | |
| **内资企业** | **Domestic Funded Enterprises** | **11380** | **466** | **10678** | **120** | **116** |
| 有限责任公司 | Limited Liability Corporations | 6830 | 466 | 6265 | | 99 |
| 私营企业 | Private Enterprises | 4133 | | 4056 | 60 | 17 |
| 其他企业 | Others | 417 | | 357 | 60 | |
| **港、澳、台商投资企业** | **Enterprises with Funds from Hongkong,Macao and Taiwan** | | | | | |
| **外商投资企业** | **Enterprises with Foreign Investment** | | | | | |
| **按行业分组** | **by Sectors** | | | | | |
| 正餐服务 | Restaurant | 10934 | 466 | 10232 | 120 | 116 |
| 快餐服务 | Fast Food | 446 | | 446 | | |

# 12-15 限额以上住宿和餐饮业法人企业资产及负债（2012年）

## ASSETS AND LIABILITIES OF ENTERPRISES ABOVE DESIGNATED SIZE OF HOTELS AND CATERING SERVICES BY STATUS OF REGISTRATION ANDSECTOR (2012)

单位：万元 (10000 yuan)

| 指标 | Item | 资产 总计 Total Assets | #流动资产合计 Working Capitals | #固定资产原价 Original Value of Fixed Assets | 负债合计 Total Liabilities | 所有者权益合计 Total Owners' Equities |
|---|---|---|---|---|---|---|
| **总计** | **Total** | **281034** | **43900** | **260730** | **110283** | **170751** |
| **住宿业合计** | **Hotesl** | **272383** | **39920** | **258674** | **103372** | **169011** |
| **按登记注册类型分组** | **By Status of Registration** | | | | | |
| **内资企业** | **Domestic Funded Enterprises** | **271153** | **38690** | **258674** | **102743** | **168410** |
| 国有企业 | State-owned Enterprises | 181503 | 27603 | 178171 | 60683 | 120820 |
| 集体企业 | Collective-owned Enterprises | 2649 | 323 | 3492 | 1201 | 1447 |
| 股份合作企业 | Cooperative Enterprises | | | | | |
| 有限责任公司 | Limited Liability Corporations | 22266 | 3704 | 23573 | 7614 | 14652 |
| 股份有限公司 | Share-holding Corporations Ltd. | 15744 | 1753 | 12051 | 11429 | 4315 |
| 私营企业 | Private Enterprises | 46921 | 4411 | 39812 | 14924 | 31997 |
| 其他企业 | Others | 2071 | 896 | 1576 | 6891 | -4821 |
| **港、澳、台商投资企业** | **Enterprises with Funds from Hongkong,Macao and Taiwan** | | | | | |
| **外商投资企业** | **Enterprises with Foreign Investment** | **1230** | **1230** | | **629** | **601** |
| **按国民经济行业分** | **by Sectors** | | | | | |
| 旅游饭店 | Tour Restaurant | 270509 | 39702 | 256826 | 103372 | 167138 |
| **餐饮业合计** | **Catering Services** | **8651** | **3981** | **2056** | **6911** | **1740** |
| **按登记注册类型分** | **By Status of Registration** | | | | | |
| **内资企业** | **Domestic Funded Enterprises** | **8651** | **3981** | **2056** | **6911** | **1740** |
| 有限责任公司 | Limited Liability Corporations | 1016 | 328 | 482 | 700 | 316 |
| 私营企业 | Private Enterprises | 7388 | 3423 | 1542 | 6118 | 1270 |
| 其他企业 | Others | 247 | 230 | 33 | 93 | 153 |
| **港、澳、台商投资企业** | **Enterprises with Funds from Hongkong,Macao and Taiwan** | | | | | |
| **外商投资企业** | **Enterprises with Foreign Investment** | | | | | |
| **按国民经济行业分** | **by Sectors** | | | | | |
| 正餐服务 | Restaurant | 8288 | 3901 | 1928 | 6832 | 1456 |
| 快餐服务 | Fast Food | 363 | 79 | 128 | 79 | 283 |

# 12-16 限额以上住宿和餐饮业企业主要财务指标（2012年）

## MAIN FINANCIAL INDICATORS OF ENTERPRISES ABOVE DESIGNATED SIZE OF HOTELS AND CATERING SERVICES BY STATUS OF REGISTRATION AND SECTOR(2012)

单位：万元　(10000 yuan)

| 指　标 | Item | 主营业务收入 Business Income of The Main Products | 主营业务成本 Cost of The Core Business | 主营业务税金及附加 Taxes and Other Charges on Principal Business | 营业利润 Profits from Principal Business |
|---|---|---|---|---|---|
| **总计** | **Total** | **70574** | **23149** | **4161** | **-2009** |
| **住宿业** | **Hotesl** | **58926** | **16503** | **3575** | **-1270** |
| **按登记注册类型分组** | **By Status of Registration** | | | | |
| **内资企业** | **Domestic Funded Enterprises** | **56942** | **16236** | **3452** | **-1566** |
| 国有企业 | State-owned Enterprises | 34536 | 8039 | 2010 | -509 |
| 集体企业 | Collective-owned Enterprises | 673 | 328 | 37 | 115 |
| 股份合作企业 | Cooperative Enterprises | | | | |
| 有限责任公司 | Limited Liability Corporations | 6683 | 1985 | 386 | 285 |
| 股份有限公司 | Share-holding Corporations Ltd. | 4357 | 1743 | 246 | -452 |
| 私营企业 | Private Enterprises | 9922 | 3729 | 655 | -1059 |
| 其他企业 | Others | 772 | 414 | 117 | 54 |
| **港、澳、台商投资企业** | **Enterprises with Funds from Hongkong,Macao and Taiwan** | | | | |
| **外商投资企业** | **Enterprises with Foreign Investment** | **1984** | **267** | **123** | **296** |
| **按行业分组** | **by Sectors** | | | | |
| 旅游饭店 | Tour Restaurant | 58380 | 16354 | 3544 | -1272 |
| **餐饮业** | **Catering Services** | **11648** | **6646** | **586** | **-739** |
| **按登记注册类型分组** | **By Status of Registration** | | | | |
| **内资企业** | **Domestic Funded Enterprises** | **11648** | **6646** | **586** | **-739** |
| 有限责任公司 | Limited Liability Corporations | 6833 | 4036 | 363 | -961 |
| 私营企业 | Private Enterprises | 4398 | 2440 | 200 | 197 |
| 其他企业 | Others | 417 | 170 | 23 | 26 |
| **港、澳、台商投资企业** | **Enterprises with Funds from Hongkong,Macao and Taiwan** | | | | |
| **外商投资企业** | **Enterprises with Foreign Investment** | | | | |
| **按餐饮行业小类分组** | **by Sectors** | | | | |
| 正餐服务 | Restaurant | 11202 | 6449 | 564 | -800 |
| 快餐服务 | Fast Food | 446 | 197 | 22 | 61 |

# 第十三篇

# 对外经济贸易和旅游

## Chapter 13

## FOREIGN TRADE AND TOURISM

# 13-1 进出口贸易总额

## TOTAL VALUE OF IMPORTS AND EXPORTS

| 年份 Year | 人民币(万元) RMB(10000 Yuan) | | | 美元(万美元) USD (10000 US Dollars) | | |
|---|---|---|---|---|---|---|
| | 进出口总额 Total Imports And Exports | 出口总额 Total Exports | 进口总额 Total Imports | 进出口总额 Total Imports And Exports | 出口总额 Total Exports | 进口总额 Total Imports |
| 1953 | 1387 | 236 | 1151 | 402 | 68 | 334 |
| 1959 | 672 | 352 | 320 | 195 | 102 | 93 |
| 1965 | 693 | 110 | 583 | 243 | 39 | 204 |
| 1978 | 2869 | 272 | 2597 | 1664 | 158 | 1506 |
| 1980 | 2463 | 381 | 2082 | 1650 | 255 | 1395 |
| 1981 | 3179 | 441 | 2738 | 1907 | 265 | 1642 |
| 1982 | 2049 | 757 | 1292 | 1107 | 409 | 698 |
| 1983 | 3202 | 941 | 2261 | 1633 | 480 | 1153 |
| 1984 | 3257 | 860 | 2397 | 1466 | 387 | 1079 |
| 1985 | 5422 | 1494 | 3928 | 1844 | 508 | 1336 |
| 1986 | 4119 | 2914 | 1205 | 1195 | 845 | 350 |
| 1987 | 9160 | 4501 | 4659 | 2473 | 1215 | 1258 |
| 1988 | 8219 | 5949 | 2270 | 2219 | 1606 | 613 |
| 1989 | 14481 | 7342 | 7139 | 3910 | 1982 | 1928 |
| 1990 | 14267 | 6581 | 7686 | 3022 | 1394 | 1628 |
| 1991 | 18460 | 8581 | 9879 | 3470 | 1613 | 1857 |
| 1992 | 34891 | 10466 | 24425 | 6434 | 1930 | 4504 |
| 1993 | 89305 | 13076 | 76229 | 10265 | 1503 | 8762 |
| 1994 | 266887 | 41857 | 225030 | 31288 | 4907 | 26381 |
| 1995 | 53726 | 24942 | 28784 | 7052 | 3494 | 3558 |
| 1996 | 84764 | 36768 | 47996 | 10471 | 4542 | 5929 |
| 1997 | 97954 | 41473 | 56481 | 11833 | 5010 | 6823 |
| 1998 | 93576 | 60911 | 32665 | 11304 | 7358 | 3946 |
| 1999 | 146140 | 75655 | 70485 | 16622 | 8605 | 8017 |
| 2000 | 113352 | 98597 | 14755 | 13029 | 11333 | 1696 |
| 2001 | 78416 | 68178 | 10238 | 9482 | 8244 | 1238 |
| 2002 | 107775 | 67070 | 40705 | 13032 | 8110 | 4922 |
| 2003 | 133271 | 100613 | 32658 | 16115 | 12166 | 3949 |
| 2004 | 184876 | 107584 | 77292 | 22355 | 13009 | 9346 |
| 2005 | 166366 | 133909 | 32457 | 20539 | 16532 | 4007 |
| 2006 | 256152 | 173332 | 82820 | 32840 | 22222 | 10618 |
| 2007 | 287422 | 238408 | 49014 | 39348 | 32638 | 6710 |
| 2008 | 531798 | 491348 | 40450 | 76543 | 70721 | 5822 |
| 2009 | 274507 | 256296 | 18211 | 40202 | 37535 | 2667 |
| 2010 | 565890 | 521942 | 43948 | 83594 | 77102 | 6492 |
| 2011 | 856047 | 745460 | 110587 | 135861 | 118310 | 17551 |
| 2012 | 2167236 | 2123587 | 43649 | 342397 | 335501 | 6896 |

注：本表1998年以前为外贸部门统计数，1999年开始为海关统计数(下同)。

Note:Data before 1998 were obtained from the Ministry of Foreign Trade ,and the data since 1999 have been obtained from the Customs statistics( The same as in the following tables).

# 13-2 边境进出口贸易总额

## TOTAL VALUE OF IMPORTS AND EXPORTS FOR FRONTIER TRADE

| 年份 Year | 人民币(万元) RMB(10000 Yuan) | | | 美元(万美元) USD (10000 US Dollars) | | |
|---|---|---|---|---|---|---|
| | 边境进出口总额 Total Value of Imports And Exports for Frontier Trade | 出口总额 Total Exports | 进口总额 Total Imports | 进出口总额 Total Value of Imports and Exports for Frontier Trade | 出口总额 Total Exports | 进口总额 Total Imports |
| 1953 | 1387 | 236 | 1151 | 402 | 68 | 334 |
| 1959 | 672 | 352 | 320 | 195 | 102 | 93 |
| 1965 | 429 | 110 | 319 | 150 | 39 | 111 |
| 1978 | 601 | 272 | 329 | 349 | 158 | 191 |
| 1980 | 761 | 381 | 380 | 500 | 255 | 245 |
| 1981 | 840 | 406 | 434 | 504 | 244 | 260 |
| 1982 | 994 | 446 | 548 | 537 | 241 | 296 |
| 1983 | 1328 | 631 | 697 | 664 | 316 | 348 |
| 1984 | 1136 | 562 | 574 | 511 | 253 | 258 |
| 1985 | 1647 | 819 | 828 | 559 | 278 | 281 |
| 1986 | 2876 | 1920 | 956 | 834 | 557 | 277 |
| 1987 | 2679 | 2087 | 592 | 723 | 563 | 160 |
| 1988 | 821 | 605 | 216 | 221 | 163 | 58 |
| 1989 | 5205 | 3168 | 2037 | 1405 | 855 | 550 |
| 1990 | 4026 | 2475 | 1551 | 902 | 524 | 378 |
| 1991 | 3625 | 2995 | 630 | 682 | 564 | 118 |
| 1992 | 5829 | 5352 | 477 | 1075 | 987 | 88 |
| 1993 | 7760 | 6072 | 1688 | 892 | 698 | 194 |
| 1994 | 10500 | 3557 | 6943 | 1231 | 417 | 814 |
| 1995 | 4806 | 4059 | 747 | 579 | 489 | 90 |
| 1996 | 9715 | 7448 | 2267 | 1200 | 920 | 280 |
| 1997 | 2989 | 2724 | 265 | 361 | 329 | 32 |
| 1998 | 6664 | 4892 | 1772 | 805 | 591 | 214 |
| 1999 | 69356 | 62014 | 7342 | 7972 | 7128 | 844 |
| 2000 | 94430 | 88644 | 5786 | 10854 | 10189 | 665 |
| 2001 | 67078 | 62951 | 4127 | 8111 | 7612 | 499 |
| 2002 | 50786 | 46792 | 3994 | 6141 | 5658 | 483 |
| 2003 | 64150 | 59883 | 4267 | 7757 | 7241 | 516 |
| 2004 | 74860 | 70816 | 4044 | 9052 | 8563 | 489 |
| 2005 | 98982 | 93806 | 5176 | 12220 | 11581 | 639 |
| 2006 | 137420 | 133832 | 3588 | 17618 | 17158 | 460 |
| 2007 | 181827 | 179584 | 2243 | 24892 | 24585 | 307 |
| 2008 | 166391 | 164487 | 1904 | 23949 | 23675 | 274 |
| 2009 | 169872 | 167468 | 2404 | 24878 | 24526 | 352 |
| 2010 | 338847 | 336884 | 1963 | 50055 | 49765 | 290 |
| 2011 | 586192 | 582329 | 3863 | 93033 | 92420 | 613 |
| 2012 | 1067474 | 1061721 | 5754 | 168648 | 167739 | 909 |

# 13-3 旅游人数及旅游收入

## NUMBER OF TOURISTS AND FOREIGN EARNINGS

| 年 份 Year | 接待旅游者人数(人次) Number of International Tourists Received (persons-times) | 入境旅游者人数 Number of Overseas Visitor Arrivals | #外国人 Foreigners | 国内旅游者人数 Number of Civil Tourists | 旅游总收入(万元) Business Income (10000 yuan) | 国内旅游收入(万元) Earnings from International tourism (10000 yuan) | 外汇收入(万美元) Foreign Exchange Earnings from Tourism (USD 10000) |
|---|---|---|---|---|---|---|---|
| 1981 | 8624 | 2056 | 2005 | 6568 | 258 | | 171 |
| 1982 | 18201 | 1580 | 1578 | 16621 | 186 | | 130 |
| 1983 | 37564 | 1723 | 1596 | 35841 | 263 | | 150 |
| 1984 | 60183 | 1579 | 1508 | 58604 | 257 | | 100 |
| 1985 | 71980 | 15402 | 15041 | 56578 | 399 | | 120 |
| 1986 | 87968 | 31000 | 29553 | 56968 | 2970 | | 620 |
| 1987 | 127554 | 108750 | 42889 | 18804 | 5600 | | 800 |
| 1988 | 103255 | 56293 | 21835 | 46962 | 6229 | | 700 |
| 1989 | 29833 | 8287 | 3341 | 21546 | 3726 | | 222 |
| 1990 | 23954 | 6654 | 9842 | 17300 | 684 | | 145 |
| 1991 | 117169 | 38286 | 14768 | 78883 | 5069 | | 770 |
| 1992 | 161164 | 50963 | 49823 | 110201 | 7257 | | 997 |
| 1993 | 184262 | 54409 | 53192 | 129853 | 9348 | | 675 |
| 1994 | 198928 | 65980 | 62233 | 132948 | 15321 | | 1045 |
| 1995 | 206598 | 67814 | 65428 | 138784 | 21375 | 6340 | 1130 |
| 1996 | 325468 | 75003 | 72580 | 250465 | 23258 | 7835 | 2955 |
| 1997 | 366610 | 81800 | 73412 | 284810 | 25974 | 10338 | 3172 |
| 1998 | 386643 | 96444 | 87039 | 290199 | 26491 | 10998 | 3302 |
| 1999 | 448547 | 108224 | 98966 | 340323 | 57000 | 22234 | 3630 |
| 2000 | 608335 | 149441 | 134539 | 458894 | 67462 | 25834 | 5226 |
| 2001 | 686116 | 127148 | 116440 | 558968 | 75053 | 37053 | 4638 |
| 2002 | 867320 | 142279 | 129617 | 725041 | 98777 | 55899 | 5166 |
| 2003 | 928639 | 51120 | 45685 | 877519 | 103723 | 88028 | 1891 |
| 2004 | 1223098 | 95816 | 88797 | 1127282 | 153195 | 122817 | 3660 |
| 2005 | 1800623 | 121308 | 111018 | 1679315 | 193524 | 157536 | 4443 |
| 2006 | 2512103 | 154818 | 136159 | 2357285 | 277072 | 228929 | 6094 |
| 2007 | 4029438 | 365370 | 338744 | 3664068 | 485160 | 383152 | 13529 |
| 2008 | 2246447 | 67997 | 62934 | 2178450 | 225865 | 204237 | 3112 |
| 2009 | 5610630 | 174910 | 162458 | 5435720 | 559870 | 506088 | 7873 |
| 2010 | 6851390 | 228321 | 214136 | 6623069 | 714401 | 644001 | 10359 |
| 2011 | 8697605 | 270785 | 249026 | 8426820 | 970568 | 886341 | 12963 |
| 2012 | 10583869 | 194933 | 174631 | 10388936 | 1264788 | 1198017 | 10570 |

# 第十四篇

# Chapter 14

## BANKING AND INSURANCE

# 14-1　金融机构人民币信贷收支

## RMB CREDIT BALANCE OF PAYMENTS FINANCIAL INSTITUTIONS

单位：万元　　(10000 yuan)

| 年 份<br>Year | 存款合计<br>Total<br>Deposita | #财政存款<br>Treasury<br>Deposits | #储蓄存款<br>Savings<br>Deposits | 贷款合计<br>All<br>Loans |
|---|---|---|---|---|
| 1959 | 10182 | | 975 | 1379 |
| 1965 | 23029 | 9572 | 2514 | 9092 |
| 1978 | 70608 | 26349 | 3340 | 16091 |
| 1980 | 87234 | 31703 | 6054 | 23223 |
| 1981 | 101153 | 37500 | 6282 | 20709 |
| 1982 | 108201 | 34158 | 7611 | 22580 |
| 1983 | 134543 | 56092 | 9791 | 31542 |
| 1984 | 104475 | 24725 | 12622 | 59135 |
| 1985 | 133799 | 37260 | 15974 | 73413 |
| 1986 | 143599 | 33482 | 19978 | 66909 |
| 1987 | 175649 | 47448 | 23134 | 55915 |
| 1988 | 196274 | 42464 | 28360 | 108054 |
| 1989 | 215016 | 52762 | 33563 | 124308 |
| 1990 | 212611 | 32722 | 39961 | 172156 |
| 1991 | 262275 | 48162 | 58260 | 171817 |
| 1992 | 290493 | 30106 | 69880 | 208413 |
| 1993 | 326750 | 23824 | 90464 | 330067 |
| 1994 | 525744 | 59706 | 130731 | 403420 |
| 1995 | 716307 | 171699 | 193747 | 522528 |
| 1996 | 854659 | 122534 | 267651 | 593957 |
| 1997 | 977201 | 51638 | 304515 | 758123 |
| 1998 | 1101308 | 67252 | 334481 | 788391 |
| 1999 | 1318361 | 121042 | 368169 | 745852 |
| 2000 | 1449755 | 74919 | 404807 | 806248 |
| 2001 | 2129002 | 96742 | 501778 | 966246 |
| 2002 | 2829653 | 62803 | 703825 | 1211279 |
| 2003 | 3208709 | 47630 | 918982 | 1444358 |
| 2004 | 3617220 | 97697 | 1074935 | 1678969 |
| 2005 | 4551139 | 158668 | 1230959 | 1788521 |
| 2006 | 5445494 | 454718 | 1398071 | 2037107 |
| 2007 | 6424371 | 468457 | 1595615 | 2234699 |
| 2008 | 8278506 | 734226 | 1848908 | 2189754 |
| 2009 | 10272388 | 1052153 | 2263699 | 2480072 |
| 2010 | 12955418 | 1361434 | 2671317 | 3014941 |
| 2011 | 16612392 | 1698574 | 3188288 | 4087517 |
| 2012 | 20505784 | 1640168 | 4039065 | 6637578 |

# 14-2 金融机构各项存款

## BALANCE DEPOSITS OF BANKING SYSTEM

单位：万元 (10000 yuan)

| 指　　标 | Item | 2011 | 2012 |
|---|---|---|---|
| **各项存款** | **Total Deposita** | **16612392** | **20505784** |
| 单位存款 | Per Unit Deposits | 11512309 | 14744651 |
| 活期存款 | Demand Deposits | 8472580 | 10619309 |
| 定期存款 | Regular Deposits | 2720818 | 3592347 |
| 通知存款 | Notice Deposits | 161853 | 162808 |
| 个人存款 | Deposits by personal | 3188340 | 4039553 |
| 储蓄存款 | Savings Deposits | 3188288 | 4039065 |
| 财政性存款 | Fiscal Deposits | 1698574 | 1640168 |
| 临时性存款 | Temporary Deposits | 197620 | 73798 |
| 委托存款 | Entrusted Deposits | 18 | |
| 其他存款 | Olhers Deposits | 15532 | 7614 |

# 14-3 金融机构各项贷款

## BALANCE LOANS OF BANKING SYSTEM

单位：万元 (10000 yuan)

| 指　　标 | Item | 2011 | 2012 |
|---|---|---|---|
| **各项贷款** | **Total Loans** | **4087517** | **6637578** |
| 短期贷款 | Short-term Loans | 743063 | 1267701 |
| 个人贷款及透支 | Lndividhal Loans and Overdrafts | 144710 | 176186 |
| 个人消费贷款 | Indivdual Consumer Loans | 63622 | 83871 |
| 单位贷款及透支 | Per Unit Loans and Overdrafts | 567854 | 1058946 |
| 经营贷款 | Busines Loans | 556962 | 1042787 |
| 固定资产贷款 | Fixed Asset Loans | 10892 | 16159 |
| 中长期贷款 | Medium and Long-term Loans | 2758288 | 4644136 |
| 个人贷款 | Lndividhal Loans | 968448 | 1141067 |
| 个人消费贷款 | Indivdual Consumer Loans | 621206 | 694979 |
| 单位贷款 | Per Unit Loans | 1685940 | 2933381 |
| 经营贷款 | Busines Loans | 804791 | 1408882 |
| 固定资产贷款 | Fixed Asset Loans | 881149 | 1524499 |

# 14-4 保险业务经济技术指标

## ECONOMIC AND TECHNICAL INDICATORS OF INSURANCE COMPANIES

| 指　　标 | Item | 1998 | 1999 | 2000 | 2007 | 2010 | 2011 | 2012 |
|---|---|---|---|---|---|---|---|---|
| **保险金额 (万元)** | **Amount Insured (10000 yuan)** | **415264** | **708697** | **687201** | **7710098** | **15351919** | **39906519** | **84074683** |
| 财产险 | Projects Insurance | 415264 | 708697 | 687201 | 2147224 | 8772787 | 13022346 | 12497331 |
| 企业财产险 | Enterprise Property Insurance | 145367 | 134742 | 102170 | 201033 | 1134711 | 1807893 | 1864496 |
| 家庭财产险 | Family Property Insurance | 16151 | 17731 | 47293 | 81213 | 24193 | 2191862 | 2011261 |
| 机动车辆险 | Motor Vehicle Insurance | 224433 | 484534 | 462684 | 1558985 | 2549445 | 3558155 | 5124760 |
| 工程险 | Projects Insurance |  |  | 4050 | 161173 | 808382 | 417042 | 589361 |
| 责任险 | Related Liability | 13244 | 65682 | 61354 | 1703790 | 4165740 | 4659888 | 2486194 |
| 信用险 | Credit Insurance |  |  |  |  |  |  | 100 |
| 保证险 | Guarantee Insurance |  |  | 340 | 15 | 2239 | 1716 | 2291 |
| 货物运输险 | Freight Transport Insurance | 16069 | 6008 | 9310 | 44958 | 40026 | 43731 | 34550 |
| 特殊风险险 | Special Risk Insurance |  |  |  |  | 34160 |  | 63035 |
| 农业险 | Aerospase Insurance |  |  |  | 33129 | 13610 | 339267 | 304256 |
| 其他险 | Other Insurance |  |  |  |  | 281 | 2792 | 17027 |
| 人身险 | Personal Insurance |  |  |  | 3925802 | 6579132 | 26886965 | 71577352 |
| 寿险 | Life Insurance |  |  |  |  | 7167 | 192821 | 58983 |
| 健康险 | Health Insurance |  |  |  |  | 1637485 | 19194097 | 41781537 |
| 意外伤害险 | Accident Insurance |  |  |  | 3925802 | 5114480 | 7500047 | 29736832 |
| **保费收入 (万元)** | **Premiums Income (10000 yuan)** | **4550** | **5619** | **7011** | **26781** | **50585** | **75983** | **95371** |
| 财产险 | Projects Insurance | 4550 | 5619 | 7011 | 25039 | 41123 | 57289 | 65154 |
| 企业财产险 | Enterprise Property Insurance | 508 | 555 | 488 | 658 | 2009 | 2363 | 2288 |
| 家庭财产险 | Family Property Insurance | 105 | 136 | 187 | 231 | 46 | 2595 | 2914 |
| 机动车辆险 | Motor Vehicle Insurance | 3764 | 4281 | 5432 | 20972 | 31398 | 36182 | 42570 |
| 工程险 | Projects Insurance |  |  | 6 | 756 | 3311 | 1506 | 2486 |
| 责任险 | Related Liability | 103 | 596 | 796 | 2217 | 3428 | 5036 | 6133 |
| 信用险 | Credit Insurance |  |  |  |  |  |  |  |
| 保证险 | Guarantee Insurance |  |  | 7 |  | 34 | 18 | 20 |
| 货物运输险 | Freight Transport Insurance | 70 | 51 | 87 | 39 | 72 | 62 | 71 |
| 特殊风险险 | Special Risk Insurance |  |  |  | 11 | 8 |  | 19 |
| 农业险 | Aerospase Insurance |  |  |  | 155 | 817 | 9524 | 8630 |
| 其他险 | Other Insurance |  |  | 8 |  |  | 3 | 23 |
| 人身险 | Personal Insurance |  |  |  | 1742 | 9462 | 18694 | 30217 |
| 寿险 | Life Insurance |  |  |  |  | 4295 | 7813 | 9794 |
| 健康险 | Agriculture Insurance |  |  |  |  | 2083 | 6578 | 7764 |
| 意外伤害险 | Accident Insurance |  |  |  | 1742 | 3084 | 4303 | 12659 |

14-4 续表 continued

| 指标 | | Item | 1998 | 1999 | 2000 | 2007 | 2010 | 2011 | 2012 |
|---|---|---|---|---|---|---|---|---|---|
| **已决赔案件数 (笔、户、辆)** | | **Number of Indemnity (unit)** | **2848** | **3315** | **4250** | **14926** | **19082** | **33045** | **47784** |
| 财产险 | | Projects Insurance | 2848 | 3315 | 4250 | 14690 | 16378 | 31874 | 45538 |
| 企业财产险 | (笔) | Enterprise Property Insurance | 102 | 97 | 90 | 276 | 791 | 586 | 783 |
| 家庭财产险 | (户) | Family Property Insurance | 370 | 548 | 567 | 385 | 97 | 182 | 343 |
| 机动车辆险 | (笔) | Motor Vehicle Insurance | 2335 | 2517 | 3467 | 13867 | 13496 | 30289 | 43389 |
| 工程险 | (笔) | Projects Insurance | | | | 23 | 1010 | 43 | 51 |
| 责任险 | (笔) | Related Liability | 36 | 153 | 120 | 130 | 786 | 226 | 277 |
| 信用险 | (笔) | Credit Insurance | | | | | | | |
| 保证险 | (笔) | Guarantee Insurance | | | | | | | |
| 货物运输险 | (辆) | Motor Vehicle Insurance | 5 | | 6 | 5 | 42 | 10 | 7 |
| 特殊风险险 | (笔) | Special Risk Insurance | | | | | | | |
| 农业险 | (笔) | Unforeseen Human Injury Insurance | | | | 4 | 155 | 535 | 687 |
| 其它险 | (笔) | Other Insurance | | | | | 1 | 3 | 1 |
| 人身险 | (笔) | Personal Insurance | | | | 236 | 2704 | 1171 | 2246 |
| 寿险 | (笔) | Life Insurance | | | | | 222 | 402 | 965 |
| 健康险 | (笔) | Agriculture Insurance | | | | | 1060 | 576 | 892 |
| 意外伤害险 | (笔) | Accident Insurance | | | | 236 | 1422 | 193 | 389 |
| **已决赔款金额** | **(万元)** | **Indemnity Expenditure (10000 yuan)** | **2041** | **2334** | **2534** | **14873** | **19082** | **29763** | **36676** |
| 财产险 | | Projects Insurance | 2041 | 503 | 2534 | 9233 | 16378 | 26437 | 30256 |
| 企业财产险 | | Enterprise Property Insurance | 138 | 245 | 185 | 668 | 791 | 1034 | 1910 |
| 家庭财产险 | | Family Property Insurance | 27 | 25 | 31 | 115 | 97 | 4498 | 719 |
| 机动车辆险 | | Motor Vehicle Insurance | 1829 | 1831 | 2166 | 7728 | 13496 | 17853 | 21916 |
| 工程险 | | Projects Insurance | | | | 233 | 1010 | 768 | 1070 |
| 责任险 | | Related Liability | 39 | 233 | 139 | 339 | 786 | 1678 | 2437 |
| 信用险 | | Credit Insurance | | | | | | | |
| 保证险 | | Guarantee Insurance | | | | | | | |
| 货物运输险 | | Freight Transport Insurance | 8 | | 13 | 28 | 42 | 33 | 10 |
| 特殊风险险 | | Special Risk Insurance | | | | | | | |
| 农业险 | | Agriculture Insurance | | | | 122 | 155 | 567 | 2194 |
| 其它险 | | Other Insurance | | | | | 1 | 6 | |
| 人身险 | | Personal Insurance | | | | 5640 | 2704 | 3326 | 6420 |
| 寿险 | | Life Insurance | | | | | 222 | 486 | 1010 |
| 健康险 | | Health Insurance | | | | | 1060 | 1502 | 2419 |
| 意外伤害险 | | Accident Insurance | | | | 5640 | 1422 | 1338 | 2991 |

第十五篇

# 教育 科技和文化

Chapter 15

# EDUCATION,SCIENCE AND CULTURE

# 15-1 教育事业基本情况

## BASIC STATISTICS ON EDUCATION

| 指　　标 | Item | 2000 | 2007 | 2010 | 2011 | 2012 |
|---|---|---|---|---|---|---|
| **学校数**　(所) | **Number of Schools　(unit)** | **956** | **1014** | **1006** | **995** | **991** |
| 普通高等学校 | Gegular Institutions of Higher Education | 4 | 6 | 6 | 6 | 6 |
| 中等学校 | Secondary Schools | 110 | 124 | 128 | 129 | 128 |
| #专业学校 | Specialized Secondary Schools | 12 | 7 | 6 | 6 | 6 |
| 普通中学 | Regular Secondary Schools | 98 | 117 | 122 | 123 | 122 |
| 小学 | Primary Schools | 842 | 884 | 872 | 860 | 857 |
| **专任教师**　(人) | **Number of Full-time Teachers　(person)** | **19042** | **30108** | **33731** | **34479** | **34494** |
| 普通高等学校 | Gegular Institutions of Higher Education | 813 | 1755 | 2195 | 2288 | 2369 |
| 中等学校 | Secondary Schools | 5048 | 10540 | 12635 | 13279 | 13272 |
| #专业学校 | Specialized Secondary Schools | 742 | 507 | 591 | 595 | 632 |
| 普通中学 | Regular Secondary Schools | 4306 | 10033 | 12044 | 12684 | 12640 |
| 小学 | Primary Schools | 13181 | 17813 | 18901 | 18912 | 18853 |
| **招生数**　(人) | **New Students Enrollment　(person)** | **88908** | **133604** | **129697** | **125710** | **130538** |
| 普通高等学校 | Gegular Institutions of Higher Education | 2320 | 8046 | 9213 | 9519 | 10132 |
| 中等学校 | Secondary Schools | 28619 | 73668 | 69737 | 66655 | 68854 |
| #专业学校 | Specialized Secondary Schools | 2957 | 6654 | 7319 | 5368 | 7901 |
| 普通中学 | Regular Secondary Schools | 25662 | 67014 | 62418 | 61287 | 60953 |
| 小学 | Primary Schools | 57969 | 51890 | 50747 | 49536 | 51552 |
| **在校学生**　(人) | **Student Enrollment　(person)** | **381099** | **546524** | **532850** | **527913** | **521850** |
| 普通高等学校 | Gegular Institutions of Higher Education | 5475 | 26767 | 31109 | 32374 | 33452 |
| 中等学校 | Secondary Schools | 61817 | 199168 | 202333 | 200814 | 196382 |
| #专业学校 | Specialized Secondary Schools | 6585 | 18958 | 22613 | 19767 | 18291 |
| 普通中学 | Regular Secondary Schools | 55232 | 180210 | 179720 | 181047 | 178091 |
| 小学 | Primary Schools | 313807 | 320589 | 299408 | 294725 | 292016 |
| **毕业生数**　(人) | **Graduates　(person)** | **51822** | **110576** | **124490** | **122638** | **125331** |
| 普通高等学校 | Gegular Institutions of Higher Education | 764 | 4346 | 8266 | 8159 | 8580 |
| 中等学校 | Secondary Schools | 14019 | 53992 | 65582 | 66160 | 69214 |
| #专业学校 | Specialized Secondary Schools | 1895 | 2197 | 7312 | 8625 | 9350 |
| 普通中学 | Regular Secondary Schools | 12124 | 51795 | 58270 | 57535 | 59864 |
| 小学 | Primary Schools | 37039 | 52238 | 50642 | 48319 | 47537 |
| **每一教师负担学生数** | **Student-teacher Ratio　(person)** | **20.01** | **18.15** | **15.80** | **15.32** | **15.13** |
| 普通高等学校 | Gegular Institutions of Higher Education | 6.73 | 15.25 | 14.17 | 14.15 | 14.12 |
| 中等学校 | Secondary Schools | 12.24 | 18.9 | 16.01 | 15.13 | 14.80 |
| #专业学校 | Specialized Secondary Schools | 8.87 | 37.39 | 38.26 | 33.23 | 28.94 |
| 普通中学 | Regular Secondary Schools | 12.83 | 17.96 | 14.92 | 14.28 | 14.09 |
| 小学 | Primary Schools | 23.81 | 18.00 | 15.84 | 15.59 | 15.49 |

# 15-2 各级各类学校数

## NUMBER OF SCHOOLS BY LEVEL AND TYPE

单位：所 (unit)

| 年份<br>Year | 高等学校<br>Regular Institutions of Higher Education | 中等学校<br>Secondary Schools | 中等专业学校<br>Specialized Secondary Schools | 普通中学<br>Regular Secondary Schools | 小学<br>Primary Schools | 幼儿园<br>Kinder-gartens |
|---|---|---|---|---|---|---|
| 1956 | | | | | 10 | |
| 1959 | | 3 | 1 | 2 | 462 | |
| 1965 | 1 | 5 | 1 | 4 | 1822 | |
| 1978 | 4 | 88 | 28 | 60 | 6819 | |
| 1980 | 4 | 98 | 24 | 74 | 6266 | 256 |
| 1985 | 3 | 70 | 14 | 56 | 2315 | 21 |
| 1986 | 3 | 78 | 14 | 64 | 2388 | |
| 1987 | 3 | 81 | 14 | 67 | 2437 | 26 |
| 1988 | 3 | 82 | 15 | 67 | 2453 | 36 |
| 1989 | 3 | 83 | 15 | 68 | 2398 | 40 |
| 1990 | 3 | 78 | 15 | 63 | 2474 | 37 |
| 1991 | 3 | 76 | 15 | 61 | 2652 | 31 |
| 1992 | 3 | 76 | 14 | 62 | 2831 | 36 |
| 1993 | 4 | 84 | 15 | 69 | 3090 | 32 |
| 1994 | 4 | 93 | 16 | 77 | 3477 | 26 |
| 1995 | 4 | 102 | 16 | 86 | 3943 | 29 |
| 1996 | 4 | 104 | 16 | 88 | 790 | 46 |
| 1997 | 4 | 106 | 16 | 90 | 806 | 36 |
| 1998 | 4 | 106 | 16 | 90 | 814 | 31 |
| 1999 | 4 | 113 | 16 | 97 | 820 | 36 |
| 2000 | 4 | 110 | 12 | 98 | 842 | 21 |
| 2001 | 4 | 111 | 11 | 100 | 895 | 20 |
| 2002 | 3 | 114 | 11 | 103 | 899 | 32 |
| 2003 | 4 | 115 | 10 | 105 | 892 | 41 |
| 2004 | 4 | 120 | 10 | 110 | 886 | 41 |
| 2005 | 4 | 128 | 10 | 118 | 890 | 42 |
| 2006 | 6 | 128 | 10 | 118 | 880 | 46 |
| 2007 | 6 | 124 | 7 | 117 | 884 | 61 |
| 2008 | 6 | 126 | 7 | 119 | 885 | 83 |
| 2009 | 6 | 124 | 6 | 118 | 884 | 88 |
| 2010 | 6 | 128 | 6 | 122 | 872 | 119 |
| 2011 | 6 | 129 | 6 | 123 | 860 | 198 |
| 2012 | 6 | 128 | 6 | 122 | 857 | 480 |

注：1996年以前小学校数包括教学点。(以下同)

Note: The total number of the primary schools in 1996 and previous year included teaching classes. ( The same as in the following tables.)

# 15-3 各级各类学校教职工数

## NUMBER OF SCHOOLS STAFF AND WORKERS BY LEVEL AND TYPE OF SCHOOL

单位：人 (person)

| 年份 Year | 高等学校 Regular Institutions of Higher Education | 中等学校 Secondary Schools | 中等专业学校 Specialized Secondary Schools | 普通中学 Regular Secondary Schools | 小学 Primary Schools | 幼儿园 Kinder-gartens |
|---|---|---|---|---|---|---|
| 1959 | | | 396 | | | |
| 1965 | 703 | 232 | 110 | 122 | 2475 | |
| 1978 | 1399 | 2578 | 978 | 1600 | 12169 | |
| 1980 | 1689 | 2970 | 1174 | 1796 | 13964 | 254 |
| 1985 | 1750 | 3260 | 945 | 2315 | 9060 | 99 |
| 1986 | 1675 | 3611 | 1078 | 2533 | 9115 | 107 |
| 1987 | 2883 | 4023 | 1215 | 2808 | 8685 | 212 |
| 1988 | 1757 | 4312 | 1269 | 3043 | 9186 | 317 |
| 1989 | 1791 | 4323 | 1258 | 3065 | 9072 | 291 |
| 1990 | 1737 | 4382 | 1202 | 3180 | 9573 | 224 |
| 1991 | 1763 | 4416 | 1237 | 3179 | 9399 | 288 |
| 1992 | 1773 | 4525 | 1315 | 3210 | 9659 | 300 |
| 1993 | 1744 | 4502 | 1340 | 3162 | 10528 | 289 |
| 1994 | 1771 | 5041 | 1441 | 3600 | 12390 | 300 |
| 1995 | 1818 | 5129 | 1463 | 3666 | 14090 | 347 |
| 1996 | 1720 | 5444 | 1462 | 3982 | 14712 | 416 |
| 1997 | 1737 | 5624 | 1398 | 4226 | 14750 | 360 |
| 1998 | 1762 | 5789 | 1320 | 4469 | 14659 | 343 |
| 1999 | 1736 | 6125 | 1264 | 4861 | 14418 | 397 |
| 2000 | 1673 | 6431 | 1255 | 5176 | 13936 | 322 |
| 2001 | 1836 | 7129 | 1254 | 5875 | 12926 | 283 |
| 2002 | 1829 | 7722 | 1222 | 6500 | 13631 | 537 |
| 2003 | 1794 | 8442 | 1108 | 7334 | 13767 | 628 |
| 2004 | 1913 | 9402 | 1155 | 8247 | 14378 | 616 |
| 2005 | 2033 | 10220 | 1214 | 9006 | 14967 | 672 |
| 2006 | 2669 | 10230 | 753 | 9477 | 16446 | 644 |
| 2007 | 2888 | 11586 | 725 | 10861 | 18450 | 822 |
| 2008 | 2990 | 12270 | 745 | 11525 | 18715 | 1131 |
| 2009 | 3082 | 13046 | 797 | 12249 | 19293 | 1281 |
| 2010 | 3312 | 13504 | 731 | 12773 | 19289 | 1576 |
| 2011 | 3460 | 14114 | 740 | 13374 | 19200 | 1769 |
| 2012 | 3485 | 14133 | 746 | 13387 | 18966 | 2221 |

# 15-4 各级各类学校教师数

## NUMBER OF TEACHERS BY LEVEL AND TYPE OF SCHOOL

单位：人 (person)

| 年份 Year | 高等学校 Regular Institutions of Higher Education | 中等学校 Secondary Schools | 中等专业学校 Specialized Secondary Schools | 普通中学 Regular Secondary Schools | 小学 Primary Schools | 幼儿园 Kinder-gartens |
|---|---|---|---|---|---|---|
| 1978 | 438 | 1452 | 391 | 1061 | | |
| 1980 | 625 | 1618 | 418 | 1200 | 12301 | |
| 1981 | 571 | 1619 | 456 | 1163 | 10164 | |
| 1982 | 534 | 1634 | 440 | 1194 | 8322 | |
| 1983 | 518 | 1464 | 280 | 1184 | 8381 | |
| 1984 | 567 | 1760 | 354 | 1406 | 8118 | |
| 1985 | 571 | 1875 | 382 | 1493 | 7931 | 99 |
| 1986 | 659 | 2182 | 458 | 1724 | 7742 | |
| 1987 | 1071 | 2570 | 574 | 1996 | 7368 | 212 |
| 1988 | 723 | 2894 | 626 | 2268 | 8045 | 317 |
| 1989 | 756 | 2936 | 619 | 2317 | 7939 | 291 |
| 1990 | 719 | 2941 | 618 | 2323 | 8506 | 224 |
| 1991 | 741 | 2975 | 631 | 2344 | 8408 | 288 |
| 1992 | 727 | 3031 | 654 | 2377 | 8647 | 300 |
| 1993 | 761 | 3027 | 685 | 2342 | 9587 | 289 |
| 1994 | 777 | 3435 | 744 | 2691 | 11514 | 300 |
| 1995 | 782 | 3580 | 746 | 2834 | 13349 | 347 |
| 1996 | 833 | 3936 | 794 | 3142 | 13916 | 416 |
| 1997 | 849 | 4132 | 784 | 3348 | 13938 | 360 |
| 1998 | 834 | 4381 | 765 | 3616 | 13908 | 343 |
| 1999 | 765 | 4785 | 740 | 4045 | 13726 | 397 |
| 2000 | 813 | 5048 | 742 | 4306 | 13181 | 196 |
| 2001 | 867 | 5781 | 802 | 4979 | 11995 | 171 |
| 2002 | 885 | 6359 | 782 | 5577 | 12792 | 298 |
| 2003 | 972 | 7162 | 701 | 6461 | 13026 | 341 |
| 2004 | 1081 | 8145 | 774 | 7371 | 13610 | 345 |
| 2005 | 1187 | 8996 | 835 | 8161 | 14267 | 378 |
| 2006 | 1673 | 9161 | 484 | 8677 | 15961 | 373 |
| 2007 | 1755 | 10540 | 507 | 10033 | 17813 | 514 |
| 2008 | 1877 | 11293 | 541 | 10752 | 18087 | 757 |
| 2009 | 1969 | 12099 | 601 | 11498 | 18686 | 850 |
| 2010 | 2195 | 12635 | 591 | 12044 | 18901 | 1042 |
| 2011 | 2288 | 13279 | 595 | 12684 | 18912 | 1121 |
| 2012 | 2369 | 13272 | 632 | 12640 | 18853 | 1593 |

# 15-5　各级各类学校在校学生数

## NUMBER OF STUDENTS ENROLLMENT BY LEVEL AND TYPE OF SCHOOL

单位：人　　　　(person)

| 年份 Year | 高等学校 Regular Institutions of Higher Education | 中等学校 Secondary Schools | 中等专业学校 Specialized Secondary Schools | 普通中学 Regular Secondary Schools | 小学 Primary Schools | 幼儿园 Kinder-gartens |
|---|---|---|---|---|---|---|
| 1959 | | 1732 | 1390 | 342 | 16300 | |
| 1965 | 2251 | 1514 | 455 | 1059 | 66781 | |
| 1978 | 2081 | 22319 | 4640 | 17679 | 262611 | |
| 1980 | 1494 | 22286 | 3489 | 18797 | 240811 | 3491 |
| 1981 | 1522 | 19244 | 2327 | 16917 | 186882 | 3491 |
| 1982 | 1214 | 18340 | 1573 | 16767 | 141587 | 1020 |
| 1983 | 1326 | 19561 | 1403 | 18158 | 124612 | 731 |
| 1984 | 1370 | 20713 | 1826 | 18887 | 125469 | 850 |
| 1985 | 1577 | 22671 | 2249 | 20422 | 119939 | 1092 |
| 1986 | 1850 | 25011 | 3062 | 21949 | 121156 | 1243 |
| 1987 | 1801 | 27112 | 3231 | 23881 | 137069 | 1678 |
| 1988 | 1736 | 26904 | 3465 | 23439 | 144809 | 2648 |
| 1989 | 1973 | 27186 | 3960 | 23226 | 138875 | 2635 |
| 1990 | 2025 | 25478 | 4175 | 21303 | 157402 | 2257 |
| 1991 | 1961 | 26187 | 4385 | 21802 | 168062 | 2668 |
| 1992 | 2239 | 27964 | 4713 | 23251 | 191768 | 2974 |
| 1993 | 2813 | 30641 | 4948 | 25693 | 211872 | 2365 |
| 1994 | 3280 | 33915 | 5190 | 28725 | 232976 | 2517 |
| 1995 | 3878 | 38286 | 5575 | 32711 | 258651 | 4087 |
| 1996 | 3412 | 40340 | 5383 | 34957 | 284350 | 5141 |
| 1997 | 3200 | 44143 | 5730 | 38413 | 300453 | 5083 |
| 1998 | 3447 | 45417 | 5579 | 39838 | 310220 | 4583 |
| 1999 | 4021 | 49879 | 5672 | 44207 | 310437 | 5274 |
| 2000 | 5475 | 61817 | 6585 | 55232 | 313807 | 4491 |
| 2001 | 6793 | 78529 | 6819 | 71710 | 311993 | 3819 |
| 2002 | 8438 | 96906 | 6437 | 90469 | 319569 | 7098 |
| 2003 | 10409 | 120854 | 6718 | 114136 | 322060 | 7876 |
| 2004 | 14731 | 144437 | 8549 | 135888 | 326952 | 8204 |
| 2005 | 18979 | 161075 | 7027 | 154048 | 327497 | 9596 |
| 2006 | 23327 | 180334 | 14775 | 165559 | 329532 | 9149 |
| 2007 | 26767 | 199168 | 18958 | 180210 | 320589 | 11110 |
| 2008 | 29409 | 205516 | 21003 | 184513 | 311832 | 14667 |
| 2009 | 30264 | 202927 | 21357 | 181570 | 305235 | 16068 |
| 2010 | 31109 | 202333 | 22613 | 179720 | 299408 | 23414 |
| 2011 | 32374 | 200814 | 19767 | 181047 | 294725 | 41751 |
| 2012 | 33452 | 196382 | 18291 | 178091 | 292016 | 61495 |

# 15-6 各级各类学校招生数

## NEW STUDENTS ENROLLMENT BY LEVEL AND TYPE OF SCHOOL

单位：人 (person)

| 年份 Year | 高等学校 Regular Institutions of Higher Education | 中等学校 Secondary Schools | 中等专业学校 Specialized Secondary Schools | 普通中学 Regular Secondary Schools | 小学 Primary Schools |
|---|---|---|---|---|---|
| 1959 | | 76 | | 76 | |
| 1965 | 910 | 880 | 455 | 425 | |
| 1978 | 711 | 8722 | 1896 | 6826 | |
| 1980 | 233 | 8530 | 334 | 8196 | 61312 |
| 1981 | 284 | 6682 | 310 | 6372 | 38106 |
| 1982 | 245 | 6712 | 422 | 6290 | 25572 |
| 1983 | 266 | 7379 | 542 | 6837 | 30736 |
| 1984 | 471 | 8181 | 904 | 7277 | 43746 |
| 1985 | 530 | 7555 | 615 | 6940 | 25282 |
| 1986 | 579 | 8169 | 1031 | 7138 | 30333 |
| 1987 | 404 | 9158 | 913 | 8245 | 32057 |
| 1988 | 568 | 8301 | 1060 | 7241 | 37657 |
| 1989 | 670 | 8760 | 1150 | 7610 | 34608 |
| 1990 | 645 | 7687 | 1171 | 6516 | 38338 |
| 1991 | 552 | 8981 | 1117 | 7864 | 41748 |
| 1992 | 683 | 10655 | 1303 | 9352 | 52739 |
| 1993 | 1193 | 11215 | 1306 | 9909 | 52740 |
| 1994 | 1095 | 12262 | 1531 | 10731 | 63488 |
| 1995 | 1175 | 13946 | 1707 | 12239 | 59963 |
| 1996 | 909 | 14818 | 1517 | 13301 | 73218 |
| 1997 | 717 | 16317 | 1552 | 14765 | 59611 |
| 1998 | 1385 | 16784 | 1300 | 15484 | 60385 |
| 1999 | 1681 | 19831 | 1664 | 18167 | 58939 |
| 2000 | 2320 | 28619 | 2957 | 25662 | 57969 |
| 2001 | 2420 | 35912 | 2089 | 33823 | 58973 |
| 2002 | 3414 | 40080 | 2107 | 37973 | 60824 |
| 2003 | 4279 | 49138 | 2203 | 46935 | 58913 |
| 2004 | 6009 | 56938 | 4223 | 52715 | 59126 |
| 2005 | 7589 | 59684 | 2856 | 56828 | 54665 |
| 2006 | 8359 | 60573 | 2336 | 58237 | 52864 |
| 2007 | 8046 | 73668 | 6654 | 67014 | 51890 |
| 2008 | 8526 | 70173 | 5219 | 64954 | 50937 |
| 2009 | 9020 | 74964 | 11038 | 63926 | 53682 |
| 2010 | 9213 | 69737 | 7319 | 62418 | 50747 |
| 2011 | 9519 | 66655 | 5368 | 61287 | 49536 |
| 2012 | 10132 | 68854 | 7901 | 60953 | 51552 |

# 15-7 各级各类学校毕业生数

## NUMBER OF GRADUATES BY LEVEL AND TYPE OF SCHOOL

单位：人　(person)

| 年份 Year | 高等学校 Regular Institutions of Higher Education | 中等学校 Secondary Schools | 中等专业学校 Specialized Secondary Schools | 普通中学 Regular Secondary Schools | 小学 Primary Schools |
|---|---|---|---|---|---|
| 1959 | | 2287 | 2287 | | |
| 1965 | 1063 | 206 | | 206 | |
| 1978 | 783 | 5338 | 1388 | 3950 | |
| 1980 | 193 | 5861 | 1288 | 4573 | 17051 |
| 1981 | 205 | 5725 | 1422 | 4303 | 12199 |
| 1982 | 539 | 5679 | 1209 | 4470 | 11088 |
| 1983 | 106 | 4866 | 257 | 4609 | 13585 |
| 1984 | 411 | 4682 | 435 | 4247 | 11500 |
| 1985 | 305 | 4680 | 133 | 4547 | 11381 |
| 1986 | 315 | 5716 | 452 | 5264 | 11724 |
| 1987 | 424 | 6867 | 667 | 6200 | 13167 |
| 1988 | 683 | 6914 | 833 | 6081 | 7467 |
| 1989 | 394 | 7253 | 581 | 6672 | 7483 |
| 1990 | 587 | 6773 | 900 | 5873 | 9314 |
| 1991 | 543 | 6670 | 895 | 5775 | 8607 |
| 1992 | 593 | 7949 | 1006 | 6943 | 12403 |
| 1993 | 564 | 6644 | 1080 | 5564 | 11443 |
| 1994 | 621 | 7600 | 1291 | 6309 | 12594 |
| 1995 | 525 | 8351 | 1196 | 7155 | 14412 |
| 1996 | 1242 | 10104 | 1353 | 8751 | 15974 |
| 1997 | 857 | 11148 | 1366 | 9782 | 19378 |
| 1998 | 1151 | 13015 | 1693 | 11322 | 24611 |
| 1999 | 1066 | 13519 | 1427 | 12092 | 30725 |
| 2000 | 764 | 14019 | 1895 | 12124 | 37039 |
| 2001 | 1050 | 14701 | 1517 | 13184 | 42044 |
| 2002 | 1686 | 18023 | 2311 | 15712 | 43929 |
| 2003 | 1745 | 23263 | 1973 | 21290 | 45695 |
| 2004 | 2108 | 33570 | 2544 | 31026 | 45182 |
| 2005 | 3172 | 40010 | 2930 | 37080 | 47960 |
| 2006 | 3846 | 47975 | 2280 | 45695 | 48655 |
| 2007 | 4346 | 53992 | 2197 | 51795 | 52238 |
| 2008 | 5840 | 58358 | 2436 | 55922 | 52721 |
| 2009 | 8454 | 59316 | 3603 | 55713 | 50850 |
| 2010 | 8266 | 65582 | 7312 | 58270 | 50642 |
| 2011 | 8159 | 66160 | 8625 | 57535 | 48319 |
| 2012 | 8580 | 69214 | 9350 | 59864 | 47537 |

## 15-8 高等本科分科学生数（2012年）

### NUMBER OF UNDERGRADUATES BYFIELD(2012)

单位：人 (person)

| 项目 | Item | 毕业生数 Graduates | 招生数 New Student Enrollment | 在校学生数 Student Enrollment |
|---|---|---|---|---|
| **合计** | **Total** | **4673** | **5656** | **20576** |
| 哲学 | Philosophy | 20 | 30 | 64 |
| 经济学 | Economics | 245 | 208 | 703 |
| 法学 | Law | 331 | 231 | 1179 |
| 教育学 | Education | 213 | 420 | 1050 |
| 文学 | Literature | 1074 | 1010 | 3935 |
| 历史学 | History | 52 | 195 | 486 |
| 理学 | Science | 357 | 608 | 2018 |
| 工学 | Engineering | 697 | 1016 | 3447 |
| 农学 | Agriculture | 375 | 459 | 2197 |
| 医学 | Medicine | 466 | 545 | 2252 |
| 管理学 | Management | 843 | 934 | 3245 |

## 15-9 中等专业学校分科学生数（2012年）

### NUMBER OF STUDENTS BY FIELD STUDY IN SPECIALIZED SECONDARY SCHOOLS(2012)

单位：人 (person)

| 项目 | Item | 毕业生数 Graduates | 招生数 New Student Enrollment | 在校学生数 Student Enrollment |
|---|---|---|---|---|
| **合计** | **Total** | **9350** | **7901** | **18291** |
| 农林牧渔类 | Agriculture,Forestry | 1635 | 1295 | 2424 |
| 资源与环境类 | Resource and Environment | 51 | | |
| 能源与新能源类 | Energy and new Energy | 38 | 82 | 222 |
| 土木水利类 | Constrution and Water Conservancy Engineering | 82 | 255 | 372 |
| 加工制造类 | Machining and Manufacture | 138 | 99 | 396 |
| 轻纺食品类 | Light Fang and eats | 122 | 222 | 603 |
| 交通运输类 | Transport | 627 | 379 | 826 |
| 信息技术类 | Information Technology | 971 | 774 | 1588 |
| 医药卫生类 | Medicine and Health | 2442 | 2021 | 5878 |
| 财经商贸类 | Finance and Economics | 285 | 112 | 260 |
| 旅游服务类 | Travel service | 1311 | 733 | 1503 |
| 文化艺术类 | Culture and Arts | 947 | 847 | 1988 |
| 体育健身类 | Pysical Education | 146 | 135 | 598 |
| 师范类 | Teacher Training | 83 | 311 | 510 |
| 公共管理与服务类 | Society Commonality Business | 418 | 347 | 804 |
| 其他 | Others | 54 | 289 | 319 |

# 15-10 高等专科分科学生数（2012年）

## NUMBER OF STUDENTS ENROLLED IN SPECIALIZED CONURSES BY FIED(2012)

单位：人　　(person)

| 项　目 | Item | 毕业生数 Grad-uates | 招生数 New Student Enrollment | 在校学生数 Student Enrollment |
|---|---|---|---|---|
| **合计** | **Total** | **3907** | **4476** | **12876** |
| 农林牧渔类 | Agriculture,Forestry | 785 | 922 | 2750 |
| 交通运输类 | Transport | | | |
| 生化和药品类 | Biochemistry and Pharmaceutical Products | | | |
| 资源开发与测绘类 | Resources Dvdelopent,and Surveying and Maping | | | |
| 材料和能源类 | Materials and Energy | 185 | 90 | 426 |
| 土建类 | Civil Construction | 214 | 289 | 646 |
| 水利类 | Water Cpnservancy | 102 | 84 | 342 |
| 制造类 | Manufacturing | 30 | 129 | 210 |
| 电子信息类 | Electric Information | 294 | 321 | 1008 |
| 环保、气象与安全类 | Environment Protection,Meteorology and Safety | 82 | | 183 |
| 轻纺食品类 | Textile and Food | | | |
| 财经类 | Eonomy and Finance | 464 | 509 | 1386 |
| 医药卫生类 | Medicine and Health | 302 | 191 | 856 |
| 旅游类 | Tourism | 233 | 549 | 964 |
| 公共事业类 | Public Affairs Mangement | | | |
| 文化教育类 | Culture and Education | 719 | 925 | 2770 |
| 艺术设计传媒类 | Art Design Media | 67 | 67 | 196 |
| 公安类 | Public Securty | 388 | 271 | 839 |
| 法律类 | Law | 42 | 129 | 300 |

# 15-11 各级学校教师负担学生数

## STUDENT-TEACHER RATIO BY LEVEL OF SCHOOL

单位：人 (person)

| 年份 Year | 高等学校 Institutions of Higher Education | | 中等专业学校 Specialized Secondary Schools | | 普通中学 Regular Secondary Schools | | 小学 Primary Schools | |
|---|---|---|---|---|---|---|---|---|
| | 教师数 Number of of Teachers | 平均每个教师负担学生数 Student-Teacher Ratio | 教师数 Number of of Teachers | 平均每个教师负担学生数 Student-Teacher Ratio | 教师数 Number of of Teachers | 平均每个教师负担学生数 Student-Teacher Ratio | 教师数 Number of of Teachers | 平均每个教师负担学生数 Student-Teacher Ratio |
| 1978 | 438 | 4.75 | 391 | 11.87 | 1061 | 16.66 | | |
| 1980 | 625 | 2.39 | 418 | 8.35 | 1200 | 15.66 | 12301 | 19.58 |
| 1981 | 571 | 2.67 | 456 | 5.10 | 1163 | 14.55 | 10164 | 18.39 |
| 1982 | 534 | 2.27 | 440 | 3.58 | 1194 | 14.04 | 8322 | 17.01 |
| 1983 | 518 | 2.56 | 280 | 5.01 | 1184 | 15.34 | 8381 | 14.87 |
| 1984 | 567 | 2.42 | 354 | 5.16 | 1406 | 13.43 | 8118 | 15.46 |
| 1985 | 571 | 2.76 | 382 | 5.89 | 1493 | 13.68 | 7931 | 15.12 |
| 1986 | 659 | 2.81 | 458 | 6.69 | 1724 | 12.73 | 7742 | 15.65 |
| 1987 | 1071 | 1.68 | 574 | 5.63 | 1996 | 11.96 | 7368 | 18.60 |
| 1988 | 723 | 2.40 | 626 | 5.54 | 2268 | 10.33 | 8045 | 18.00 |
| 1989 | 756 | 2.61 | 619 | 6.40 | 2317 | 10.02 | 7939 | 17.49 |
| 1990 | 719 | 2.82 | 618 | 6.76 | 2323 | 9.17 | 8506 | 16.44 |
| 1991 | 741 | 2.65 | 631 | 6.95 | 2344 | 9.30 | 8408 | 19.99 |
| 1992 | 727 | 3.08 | 654 | 7.21 | 2377 | 9.78 | 8647 | 22.18 |
| 1993 | 761 | 3.70 | 685 | 7.22 | 2342 | 10.97 | 9587 | 22.10 |
| 1994 | 777 | 4.22 | 744 | 6.98 | 2691 | 10.67 | 11514 | 20.23 |
| 1995 | 782 | 4.96 | 746 | 7.47 | 2834 | 11.54 | 13349 | 19.38 |
| 1996 | 833 | 4.10 | 794 | 6.78 | 3142 | 11.13 | 13916 | 20.43 |
| 1997 | 849 | 3.76 | 784 | 7.31 | 3348 | 11.47 | 13938 | 21.56 |
| 1998 | 834 | 4.13 | 765 | 7.29 | 3616 | 11.02 | 13908 | 22.31 |
| 1999 | 765 | 5.26 | 740 | 7.66 | 4045 | 10.93 | 13726 | 22.62 |
| 2000 | 813 | 6.73 | 742 | 8.87 | 4306 | 12.83 | 13181 | 23.81 |
| 2001 | 867 | 7.84 | 802 | 8.50 | 4979 | 14.40 | 11995 | 26.01 |
| 2002 | 885 | 9.53 | 782 | 8.23 | 5577 | 16.22 | 12792 | 24.98 |
| 2003 | 972 | 10.71 | 701 | 9.58 | 6461 | 17.67 | 13026 | 24.72 |
| 2004 | 1081 | 13.63 | 774 | 11.05 | 7371 | 18.44 | 13610 | 24.02 |
| 2005 | 1187 | 15.99 | 835 | 8.42 | 8161 | 18.88 | 14267 | 22.95 |
| 2006 | 1673 | 13.94 | 484 | 30.53 | 8677 | 19.08 | 15961 | 20.65 |
| 2007 | 1755 | 15.25 | 507 | 37.39 | 10033 | 17.96 | 17813 | 18.00 |
| 2008 | 1877 | 15.67 | 541 | 38.82 | 10752 | 17.16 | 18087 | 17.24 |
| 2009 | 1969 | 15.37 | 601 | 35.54 | 11498 | 15.79 | 18686 | 16.34 |
| 2010 | 2195 | 14.17 | 591 | 38.26 | 12044 | 14.92 | 18901 | 15.84 |
| 2011 | 2288 | 14.15 | 595 | 33.23 | 12684 | 14.28 | 18912 | 15.59 |
| 2012 | 2369 | 14.12 | 632 | 28.94 | 12640 | 14.09 | 18853 | 15.49 |

# 15-12 初中毕业生和小学毕业生升学率及小学学龄儿童入学率

## PERCENTAGE GRADUATES OF JUNIOR SECONDARY SCHOOLS AND PRIMARY SCHOOLS ENTERING HIGHER LEVEL SCHOOLS, PERCENTAGE OF SCHOOL-AGE CHILDREN ENROLLED

单位：% (%)

| 年份 Year | 初中毕业生升学率 Percentage of Graduates of Junior Secondary Schools Entering Senior Secondary Schools | 小学毕业生升学率 Percentage of Graduates of Primary Schools Entering Senior Secondary Schools | 小学学龄儿童入学率 Percentage of School-Age Children Enrolled |
|---|---|---|---|
| 1981 | | 29.6 | 76.0 |
| 1982 | 38.1 | 41.1 | 78.0 |
| 1983 | 39.2 | 49.7 | 42.1 |
| 1984 | 36.0 | 44.0 | 46.4 |
| 1985 | 49.4 | 44.9 | 46.0 |
| 1986 | 44.4 | 47.9 | 50.0 |
| 1987 | 48.8 | 53.2 | 48.4 |
| 1988 | 41.3 | 39.6 | 55.7 |
| 1989 | 40.7 | 73.6 | 53.1 |
| 1990 | 36.2 | 62.1 | 67.4 |
| 1991 | 32.9 | 67.7 | 45.6 |
| 1992 | 32.4 | 62.7 | 52.4 |
| 1993 | 30.2 | 74.0 | 58.9 |
| 1994 | 29.9 | 87.3 | 66.6 |
| 1995 | 43.2 | 67.7 | 70.4 |
| 1996 | 35.6 | 66.7 | 73.5 |
| 1997 | 52.8 | 61.7 | 78.2 |
| 1998 | 47.1 | 62.9 | 81.3 |
| 1999 | 66.6 | 45.2 | 81.7 |
| 2000 | 82.5 | 55.0 | 85.8 |
| 2001 | 73.3 | 67.0 | 87.2 |
| 2002 | 77.3 | 71.1 | 88.3 |
| 2003 | 72.1 | 82.9 | 91.8 |
| 2004 | 61.7 | 92.3 | 94.7 |
| 2005 | 50.5 | 91.7 | 95.9 |
| 2006 | 42.5 | 92.0 | 96.5 |
| 2007 | 58.0 | 97.1 | 98.2 |
| 2008 | 48.8 | 93.8 | 98.5 |
| 2009 | 55.2 | 98.4 | 98.8 |
| 2010 | 46.3 | 93.5 | 99.2 |
| 2011 | 48.6 | 92.2 | 99.4 |
| 2012 | 51.6 | 91.4 | 99.4 |

# 15-13 平均每万人口中在校学生数和大中小学学生构成

## STUDENT ENROLLMENT PER 10000 POPULATION AND COMPOSITION OF STUDENTS ENROLLED

| 年份 Year | 平均每万人口中 Number of Students per 10000 Population | | | | 大中小学学生占学生总数 Students of Different Level as Percentage of Total Students | | | |
|---|---|---|---|---|---|---|---|---|
| | 大学生 (人) University and College Students (person) | 中专生 (人) Specialized Secondary School Students (person) | 中学生 (人) Secondary School Students (person) | 小学生 (人) Primary School Students (person) | 大学生 (%) University and College Students (%) | 中专生 (%) Specialized Secondary School Students (%) | 中学生 (%) Secondary School Students (%) | 小学生 (%) Primary School Students (%) |
| 1965 | 16 | 3 | 8 | 487 | | | | |
| 1978 | 12 | 26 | 99 | 1469 | 0.7 | 1.6 | 6.2 | 91.5 |
| 1980 | 8 | 19 | 102 | 1300 | 0.6 | 1.3 | 7.1 | 91.0 |
| 1985 | 8 | 11 | 102 | 601 | 1.1 | 1.6 | 14.2 | 83.2 |
| 1986 | 9 | 15 | 108 | 598 | 1.3 | 2.1 | 14.8 | 81.9 |
| 1987 | 9 | 16 | 115 | 659 | 1.1 | 1.9 | 14.4 | 82.6 |
| 1988 | 8 | 16 | 110 | 682 | 1.0 | 2.0 | 13.5 | 83.5 |
| 1989 | 9 | 19 | 109 | 654 | 1.2 | 2.4 | 13.8 | 82.7 |
| 1990 | 9 | 19 | 98 | 725 | 1.1 | 2.3 | 11.5 | 85.1 |
| 1991 | 9 | 20 | 98 | 758 | 1.0 | 2.2 | 11.1 | 85.7 |
| 1992 | 10 | 21 | 104 | 858 | 1.0 | 2.1 | 10.5 | 86.4 |
| 1993 | 12 | 22 | 112 | 926 | 1.2 | 2.0 | 10.5 | 86.4 |
| 1994 | 14 | 23 | 125 | 1011 | 1.2 | 1.9 | 10.6 | 86.2 |
| 1995 | 17 | 24 | 139 | 1098 | 1.3 | 1.9 | 10.9 | 86.0 |
| 1996 | 14 | 23 | 146 | 1188 | 1.0 | 1.6 | 10.7 | 86.7 |
| 1997 | 13 | 24 | 162 | 1238 | 0.9 | 1.7 | 11.0 | 86.4 |
| 1998 | 14 | 23 | 163 | 1271 | 1.0 | 1.6 | 11.1 | 86.4 |
| 1999 | 16 | 23 | 179 | 1253 | 1.1 | 1.6 | 12.1 | 85.2 |
| 2000 | 21 | 25 | 213 | 1199 | 1.4 | 1.7 | 14.6 | 82.3 |
| 2001 | 26 | 26 | 273 | 1187 | 1.7 | 1.7 | 18.1 | 78.5 |
| 2002 | 32 | 24 | 339 | 1197 | 2.0 | 1.5 | 21.3 | 75.2 |
| 2003 | 39 | 25 | 422 | 1192 | 2.3 | 1.5 | 25.2 | 71.0 |
| 2004 | 54 | 31 | 497 | 1195 | 3.0 | 1.8 | 28.0 | 67.3 |
| 2005 | 69 | 25 | 556 | 1182 | 3.7 | 1.4 | 30.4 | 64.5 |
| 2006 | 83 | 53 | 589 | 1173 | 4.4 | 2.8 | 31.1 | 61.8 |
| 2007 | 94 | 67 | 634 | 1128 | 4.9 | 3.5 | 33.0 | 58.7 |
| 2008 | 102 | 73 | 643 | 1086 | 5.4 | 3.8 | 33.7 | 57.0 |
| 2009 | 104 | 74 | 626 | 1052 | 5.6 | 4.0 | 33.7 | 56.7 |
| 2010 | 104 | 75 | 599 | 997 | 5.8 | 4.3 | 33.7 | 56.2 |
| 2011 | 107 | 65 | 597 | 972 | 6.1 | 3.8 | 34.3 | 55.8 |
| 2012 | 109 | 60 | 579 | 949 | 6.4 | 3.5 | 34.1 | 56.0 |

# 15-14 高等学校分科专任教师数（2012年）

## NUMBER OF FULL-TIME TEACHERS BY FIELD OF STUDY IN REGULAR HIGHER EDUCATIONAL INSTITUTIONS (2012)

单位：人 (person)

| 项目 | Item | 合计 Total | 正高级 Senior Title | 副高级 Associate Title | 中级 Junior Title | 初级 Primary Title | 未定职级 Non-title |
|---|---|---|---|---|---|---|---|
| **合计** | **Total** | **2369** | **141** | **647** | **993** | **424** | **164** |
| 哲学 | Philosophy | 112 | 11 | 30 | 40 | 21 | 10 |
| 经济学 | Economics | 120 | 9 | 33 | 48 | 17 | 13 |
| 法学 | Law | 176 | 5 | 34 | 72 | 52 | 13 |
| 教育学 | Education | 364 | 13 | 85 | 137 | 77 | 52 |
| 文学 | Literature | 506 | 24 | 171 | 212 | 77 | 22 |
| 历史学 | History | 74 | 12 | 22 | 17 | 7 | 16 |
| 理学 | Science | 243 | 18 | 97 | 92 | 28 | 8 |
| 工学 | Engineering | 276 | 15 | 45 | 136 | 61 | 19 |
| 农学 | Agriculture | 179 | 14 | 57 | 97 | 11 | |
| 医学 | Medicine | 156 | 15 | 35 | 64 | 34 | 8 |
| 管理学 | Management | 163 | 5 | 38 | 78 | 39 | 3 |

# 15-15 高等学校专任教师、聘请校外教师学历情况（2012年）

## EDUCATIONAL BACKGROUND OF FULL-TIME TEACHERS AND ENGAGED FROM OTHER SCHOOLS IN INSTITUTIONS OF HIGHER EDUCATION (2012)

单位：人 (person)

| 项目 | Item | 合计 Total | 博士 Doctor | 硕士 Master | 大学本科 Regular College Course | 大学专科及以下 Specializ subjec and Below |
|---|---|---|---|---|---|---|
| **专任教师** | **Full-time Teachers** | **2369** | **170** | **989** | **1155** | **55** |
| 正高级 | Senior Title | 141 | 30 | 25 | 85 | 1 |
| 副高级 | Associate Title | 647 | 54 | 221 | 371 | 1 |
| 中级 | Junior Title | 993 | 68 | 551 | 328 | 46 |
| 初级 | Primary Title | 424 | 1 | 137 | 282 | 4 |
| 未定职级 | Non-title | 164 | 17 | 55 | 89 | 3 |
| **聘请校外教师** | **Engaged from Other Schools** | **234** | **35** | **81** | **118** | |
| 正高级 | Senior Title | 63 | 15 | 16 | 32 | |
| 副高级 | Associate Title | 62 | 12 | 34 | 16 | |
| 中级 | Junior Title | 67 | 8 | 27 | 32 | |
| 初级 | Primary Title | 13 | | 4 | 9 | |
| 未定职级 | Non-title | 29 | | | 29 | |

# 15-16 各级学校女学生和女教师数

## NUMBER OF FEMALE STUDENTS AND TEACHERS BY LEVEL OF SCHOOL

单位：人 (person)

| 项 目 | Item | 2000 | 2007 | 2010 | 2011 | 2012 |
|---|---|---|---|---|---|---|
| **女学生数** | **Number of Female Students** | **176102** | **261161** | **259211** | **256891** | **256660** |
| 高等学校 | Institutions of Higher Education | 2049 | 13293 | 16156 | 16377 | 17409 |
| 中等专业学校 | Specialized Secondary Schools | 3433 | 9529 | 10432 | 8933 | 8100 |
| 普通中学 | Regular Secondary Schools | 25946 | 85371 | 87803 | 89178 | 89115 |
| 小学 | Primaey Schools | 144674 | 152968 | 144820 | 142403 | 142036 |
| **女学生占学生总数的百分比 (%)** | **Percentage of Female Students to Total Students (%)** | **46.2** | **49.8** | **48.7** | **48.7** | **49.2** |
| 高等学校 | Institutions of Higher Education | 37.4 | 49.7 | 51.9 | 50.6 | 52.0 |
| 中等专业学校 | Specialized Secondary Schools | 52.1 | 50.2 | 46.1 | 45.2 | 44.3 |
| 普通中学 | Regular Secondary Schools | 47.0 | 41.3 | 48.9 | 49.3 | 50.0 |
| 小学 | Primaey Schools | 46.1 | 47.8 | 48.4 | 48.3 | 48.6 |
| **女教师数** | **Number of Female Teachers** | **7721** | **13878** | **16323** | **16812** | **16873** |
| 高等学校 | Institutions of Higher Education | 290 | 783 | 1046 | 1086 | 1124 |
| 中等专业学校 | Specialized Secondary Schools | 299 | 189 | 219 | 236 | 260 |
| 普通中学 | Regular Secondary Schools | 1514 | 4162 | 5502 | 5944 | 5931 |
| 小学 | Primaey Schools | 5618 | 8744 | 9556 | 9546 | 9558 |
| **女教师数占教师总数的百分比 (%)** | **Percentage of Female Teachers to Total Teachers (%)** | **40.6** | **44.0** | **48.4** | **48.8** | **48.9** |
| 高等学校 | Institutions of Higher Education | 35.7 | 44.6 | 47.7 | 47.5 | 47.5 |
| 中等专业学校 | Specialized Secondary Schools | 40.3 | 37.3 | 37.1 | 39.7 | 41.1 |
| 普通中学 | Regular Secondary Schools | 35.2 | 41.5 | 45.7 | 46.9 | 46.9 |
| 小学 | Primaey Schools | 42.6 | 49.1 | 50.6 | 50.5 | 50.7 |

## 15-17 各地区普通中学基本情况（2012年）

## BASIC STATISTICS OF REGULAR SECONDARY SCHOOLS BY REGION(2012)

单位：人 (person)

| 地区 | Region | 学校(所) Schools (unit) | 毕业生数 Graduates | 招生数 New Students Enrollment | 在校学生 Students Enrollment | 专任教师 Full-time Teachers |
|---|---|---|---|---|---|---|
| **合计** | **Total** | **122** | **59864** | **60953** | **178097** | **12640** |
| 拉萨市 | Lhasa | 26 | 12663 | 13793 | 39808 | 3050 |
| 昌都地区 | Qamdo | 18 | 12741 | 12052 | 34894 | 1974 |
| 山南地区 | Shannan | 17 | 6832 | 6869 | 20815 | 1696 |
| 日喀则地区 | Xigazê | 29 | 13904 | 13767 | 41271 | 3304 |
| 那曲地区 | Nagqu | 15 | 8363 | 8570 | 23948 | 1399 |
| 阿里地区 | Ngari | 7 | 1562 | 1515 | 4524 | 326 |
| 林芝地区 | Nyingchi | 10 | 3799 | 4387 | 12831 | 891 |

## 15-18 各地区普通小学基本情况（2012年）

## BASIC STATISTICS OF REGULAR PRIMARY SCHOOLS BY REGION(2012)

单位：人 (person)

| 地区 | Region | 学校(所) Schools (unit) | 毕业生数 Graduates | 招生数 New Students Enrollment | 在校学生 Students Enrollment | 专任教师 Full-time Teachers |
|---|---|---|---|---|---|---|
| **合计** | **Total** | **857** | **47537** | **51552** | **292016** | **18853** |
| 拉萨 市 | Lhasa | 88 | 7631 | 9071 | 50500 | 3500 |
| 昌都地区 | Qamdo | 198 | 11095 | 11228 | 65044 | 3701 |
| 山南地区 | Shannan | 97 | 4985 | 4195 | 27225 | 2202 |
| 日喀则地区 | Xigazê | 224 | 10374 | 12072 | 66205 | 4313 |
| 那曲地区 | Nagqu | 149 | 8562 | 10111 | 53808 | 2913 |
| 阿里地区 | Ngari | 36 | 1562 | 1801 | 10621 | 723 |
| 林芝地区 | Nyingchi | 65 | 3328 | 3074 | 18613 | 1501 |

# 15-19 各类专业技术人员数

## SCIENTIFIC AND TECHNICAL PERSONNEL

单位：人 (person)

| 指　标 | Item | 1985 | 1990 | 1995 | 2000 | 2010 | 2011 | 2012 |
|---|---|---|---|---|---|---|---|---|
| **合计** | **Total** | **23537** | **26751** | **30353** | **36587** | **52686** | **56264** | **62269** |
| 工程技术人员 | Engineering | 1735 | 2367 | 2963 | 4093 | 2221 | 2849 | 2999 |
| 农业技术人员 | Agriculture | 1838 | 1578 | 1726 | 1852 | 2750 | 3312 | 4561 |
| 科学研究人员 | Scientific Research | 324 | 360 | 417 | 352 | 428 | 485 | 300 |
| 卫生技术人员 | Health Care | 6019 | 6530 | 7353 | 7304 | 8687 | 9515 | 10991 |
| 教学人员 | Teaching | 7699 | 8869 | 12089 | 17323 | 35453 | 36128 | 37735 |
| 会计人员 | Financial Accounting | 3447 | 2671 | 1735 | 1956 | 229 | 297 | 264 |
| 统计人员 | Statistical | 773 | 533 | 283 | 162 | 14 | 25 | 24 |
| 新闻、出版、播音人员 | Editor, Reporter and Announcer | 361 | 492 | 534 | 689 | 1037 | 1377 | 1842 |
| 翻译人员 | Translator | 79 | 310 | 332 | 391 | 202 | 275 | 262 |
| 体育教练人员 | Physical Coaches | 50 | 48 | 57 | 42 | 171 | 191 | 43 |
| 经济人员 | Economic | 370 | 1755 | 1028 | 870 | 61 | 95 | 102 |
| 图书、档案、文博人员 | Books, Archives and Data | 118 | 364 | 440 | 509 | 268 | 332 | 426 |
| 工艺美术人员 | Industrial Arts | 8 | 16 | 26 | 2 | 10 | 8 | 71 |
| 艺术人员 | Literature | 716 | 800 | 831 | 471 | 1029 | 1031 | 1328 |
| 律师、公证人员 | Lawyer |  | 58 | 51 | 66 | 13 | 11 | 17 |
| 政工人员 | Politics |  |  | 488 | 505 | 113 | 333 | 1304 |

# 15-20 自治区科协系统科技活动情况

## BASIC STATISTICS ON SCIENTIFIC AND TECHNOLOGICAL ACTIVITIES OF TIBET ASSOCIATIONS FOR SCIENCE AND TECHNOLOGY

| 项　目 | | Item | | 2000 | 2007 | 2010 | 2011 | 2012 |
|---|---|---|---|---|---|---|---|---|
| **学术活动** | | **Academic Activities** | | | | | | |
| 参加活动次数 | (次) | Number of Academic Meeting | (time) | 41 | 28 | 42 | 44 | 50 |
| 参加人数 | (人) | Number of Participants | (person) | 4419 | 1270 | 2600 | 2900 | 3600 |
| 交流论文数 | (篇) | Number of Papers Presented | (piece) | 579 | 281 | 340 | 450 | 520 |
| **科普活动** | | **Activities for Popular Science** | | | | | | |
| 讲座次数 | (次) | Number of Lectures | (time) | 19 | 12 | 150 | 160 | 7 |
| 参加人数 | (人) | Number of Participants | (person) | 5028 | 4700 | 170000 | 180000 | 20000 |
| 展览次数 | (次) | Number of Exhibitions | (time) | 6 | 5 | 160 | 180 | 27 |
| 参观人数 | (人) | Number of Participants | (person) | 30000 | 28000 | 165000 | 200000 | 20000 |
| 参加科技咨询的科技人员数 | (人) | Number of Consultation for Decision-Making | (person) | 150 | 300 | 3100 | 4000 | 21 |
| **出　版** | | **Publications** | | | | | | |
| 科技期刊总数 | (种) | Number of Academic Journals | (kind) | 9 | 5 | 7 | 7 | |
| 学术论著发行量 | (册) | Number of Copies Distributed for Science Treatise | (copies) | 21000 | | 6000 | 6000 | |
| 论文集种数 | (种) | Number of Collections Articles | (kind) | 1 | 3 | 2 | 2 | |
| 发行量 | (册) | Number of Copies Distributed | (copies) | 1000 | 1000 | 1500 | 1500 | |
| 科技报纸种数 | (种) | Number of Scientific and Technological Newspapers | (kind) | 2 | 2 | 2 | 2 | 2 |
| 发行份数 | (万份) | Number of Copies Distributed | (10000 copies) | 50 | 22 | 287 | 287 | 208 |

# 15-21 科学研究与技术开发机构科技活动情况

## BASIC STATISTICS ON SCIENTIFIC RESEARCH AND DEVELOPMENT INSTITUTION

| 项　目 | | Item | | 2007 | 2010 | 2011 | 2012 |
|---|---|---|---|---|---|---|---|
| **科技活动人员** | (人) | **Personnel Engaged in S&T Activities** | **(person)** | **881** | **880** | **894** | **841** |
| 科学家和工程师 | (人) | Scientists and Engineers | (person) | 473 | 474 | | 451 |
| 科技论文 | (篇) | Scientific Papers | (piece) | 229 | 246 | 315 | 173 |
| 科技著作 | (种) | Scientific Books | (kind) | 25 | 40 | 26 | 7 |
| **科技经费筹集额** | **(万元)** | **Funding for S&T Activities** | **(10000 yuan)** | **13740** | | **21129** | **27830** |
| 政府资金 | (万元) | Government Appropriation | (10000 yuan) | 13451 | | 21019 | 27830 |
| 企业资金 | (万元) | Enterprises Funds | (10000 yuan) | | | | |
| 事业单位资金 | (万元) | Institutions Funds | (10000 yuan) | 238 | | 84 | |
| 国外资金 | (万元) | Foreign Funds | (10000 yuan) | 51 | | 26 | |
| 其他 | (万元) | Others | (10000 yuan) | | | | |
| **科技经费内部支出** | **(万元)** | **Intramural Expenditures on S&T Activities** | **(10000 yuan)** | **10685** | **17136** | **20335** | **25240** |
| 人员费用 | (万元) | Personnel Cost | (10000 yuan) | 4000 | 6143 | 6700 | 15027 |
| 资产购建费 | (万元) | Purchases or Coustruction of Fixed Asssets | (10000 yuan) | 2163 | 4050 | 7286 | 3896 |
| 其它日常支出 | (万元) | Other Expenditure | (10000 yuan) | 4522 | 5942 | 6349 | 6317 |
| **研究与试验发展经费支出** | **(万元)** | **Expenditure on R&D** | **(10000 yuan)** | **4174** | **4654** | **4863** | **7992** |
| 基础研究 | (万元) | Basic Research | (10000 yuan) | 427 | 1053 | 793 | 1128 |
| 应用研究 | (万元) | Applied Research | (10000 yuan) | 3121 | 2046 | 1175 | 2106 |
| 试验发展 | (万元) | Experimental Development | (10000 yuan) | 626 | 1555 | 2895 | 4757 |
| **研究与试验发展折合全时工作量** | (人年) | **Full-time Equivalent of R&Dnding for R&D Personnel** | **( man-year)** | **397** | **444** | **367** | **411** |
| 基础研究 | (人年) | Basic Research | ( man-year) | 48 | 140 | 69 | 21 |
| 应用研究 | (人年) | Applied Research | ( man-year) | 298 | 220 | 111 | 73 |
| 试验发展 | (人年) | Experimental Development | ( man-year) | 51 | 84 | 187 | 223 |
| R&D成果应用 | (人年) | | | | | | 52 |
| 科技服务 | (人年) | | | | | | 42 |

# 15-22 文化艺术、文物和出版行业事业机构和人员情况

## NUMBER OF INSTITUTIONS AND PERSONNEL IN CULTURE, ART, CULTURAL RELICS, NEWS AND PUBLISHING UNDERTAKINGS

| 机构类别 | Catetory of Institutions | 机构数(个) Number of Institutions (unit) | | | | 从业人员(人) Number of Persons Engaged (person) | | | |
|---|---|---|---|---|---|---|---|---|---|
| | | 2000 | 2010 | 2011 | 2012 | 2000 | 2010 | 2011 | 2012 |
| **文化事业合计** | **Culture** | **143** | **377** | **393** | **408** | **1683** | **1763** | **1863** | **2322** |
| 艺术事业 | Art Institutions | 46 | 50 | 67 | 82 | 1255 | 1335 | 1436 | 1834 |
| 剧团、文工团 | Troupe and Cultural Troupes | 10 | 10 | 10 | 10 | 816 | 858 | 858 | 834 |
| 乌兰牧骑、文宣队 | Ulanmuchi and Performance Troupes | 16 | 19 | 36 | 52 | 234 | 436 | 503 | 918 |
| 艺术表演场所 | Art Centers | 20 | 21 | 21 | 20 | 205 | 41 | 75 | 82 |
| 图书馆事业 | Libraries | 1 | 4 | 4 | 4 | 43 | 64 | 60 | 61 |
| 群众文化事业 | Mass Culture | 94 | 321 | 320 | 320 | 333 | 311 | 309 | 374 |
| 群众艺术馆 | Mass Art Centers | 7 | 8 | 8 | 8 | 183 | 154 | 167 | 168 |
| 文化馆 | Culture Centers | 52 | 74 | 73 | 73 | 118 | 100 | 55 | 96 |
| 文化站 | Culture Stations | 35 | 239 | 239 | 239 | 32 | 57 | 87 | 110 |
| 其他文化事业 | Other Culture Units | 2 | 2 | 2 | 2 | 52 | 53 | 58 | 53 |
| **文物事业** | **Cultural Relics** | **18** | **79** | **81** | **81** | **286** | **346** | **379** | **457** |
| **出版发行事业** | **News and Publishing Undertakings** | **71** | **90** | **90** | **56** | **376** | **458** | **559** | **509** |

# 15-23 图书、杂志出版情况

## NUMBER OF BOOKS，MAGAZINES PUBLISHED

| 年份 Year | 图书 Books Published | | | | 杂志 Magazines Published | | | | | |
|---|---|---|---|---|---|---|---|---|---|---|
| | | | | | 合计 Total | | 汉文 Chinese | | 藏文 Tibetan | |
| | 合计 (万册) Total (10000 copies) | 汉文 Chinese | 藏文 Tibetan | 英文 English | 种数 (种) Number of Publications (kind) | 印数 (千册) Printed Copies (1000 copies) | 种数 (种) Number of Publications (kind) | 印数 (千册) Printed Copies (1000 copies) | 种数 (种) Number of Publications (kind) | 印数 (千册) Printed Copies (1000 copies) |
| 1965 | 50 | 10 | 40 | | | | | | | |
| 1978 | 306 | 61 | 245 | | 4 | 74 | 4 | 74 | | |
| 1980 | 359 | 159 | 200 | | 7 | 835 | 4 | 519 | 3 | 316 |
| 1985 | 310 | 96 | 214 | | 14 | 417 | 8 | 298 | 6 | 119 |
| 1986 | 293 | 124 | 169 | | | | | | | |
| 1987 | 378 | 153 | 225 | | 12 | 218 | 6 | 107 | 6 | 111 |
| 1988 | 301 | 118 | 184 | | 17 | 277 | 9 | 181 | 7 | 96 |
| 1989 | 372 | 125 | 247 | | 15 | 217 | 7 | 137 | 8 | 80 |
| 1990 | 435 | 225 | 210 | | 16 | 205 | 7 | 96 | 8 | 106 |
| 1991 | 363 | 114 | 249 | | 18 | 299 | 8 | 109 | 9 | 187 |
| 1992 | 368 | 119 | 249 | | 26 | 355 | 14 | 220 | 11 | 133 |
| 1993 | 416 | 108 | 308 | | 26 | 297 | 15 | 171 | 11 | 126 |
| 1994 | 308 | 122 | 186 | | 23 | 293 | 12 | 181 | 11 | 112 |
| 1995 | 402 | 94 | 308 | | 23 | 286 | 12 | 182 | 11 | 104 |
| 1996 | 450 | | | | 21 | 252 | | | | |
| 1997 | 349 | 87 | 262 | | 20 | 290 | 10 | 177 | 10 | 113 |
| 1998 | 456 | 88 | 369 | | 20 | 329 | 10 | 172 | 10 | 157 |
| 1999 | 436 | 103 | 333 | | 23 | 462 | 12 | 302 | 11 | 160 |
| 2000 | 524 | 151 | 373 | | 32 | 580 | 17 | 347 | 15 | 233 |
| 2001 | 461 | 219 | 235 | | 33 | 874 | 19 | 518 | 14 | 356 |
| 2002 | 874 | 400 | 474 | | 34 | 720 | 14 | 263 | 20 | 457 |
| 2003 | 781 | 367 | 414 | | 34 | 716 | 20 | 517 | 14 | 199 |
| 2004 | 795 | 374 | 421 | | 34 | 750 | 20 | 531 | 14 | 219 |
| 2005 | 854 | 369 | 485 | | 34 | 767 | 20 | 587 | 14 | 180 |
| 2006 | 927 | 381 | 546 | | 34 | 830 | 20 | 635 | 14 | 195 |
| 2007 | 1206 | 725 | 481 | | 34 | 3903 | 20 | 3614 | 14 | 289 |
| 2008 | 1286 | 788 | 498 | | 34 | 2808 | 20 | 2478 | 14 | 330 |
| 2009 | 1339 | 899 | 441 | | 34 | 1327 | 20 | 1009 | 14 | 318 |
| 2010 | 1446 | 977 | 469 | | 34 | 1605 | 20 | 1174 | 14 | 431 |
| 2011 | 1790 | 957 | 833 | | 35 | 1678 | 21 | 1293 | 14 | 385 |
| 2012 | 1354 | 757 | 512 | 85 | 35 | 1859 | 21 | 1467 | 14 | 392 |

# 15-24 报纸出版情况

## NUMBER OF NEWSPAPER PUBLISHED

| 年 份 Year | 合计 Total | | | 汉文报 Chinese | | | 藏文报 Tibetan | | |
|---|---|---|---|---|---|---|---|---|---|
| | 种数 (种) Number of Newspaper Published (kind) | 总印张 (千印张) Printed Sheets (1000 sheets) | 总印数 (万份) Printed Copies (10 000copies) | 种数 (种) Number of Newspaper Published (kind) | 总印张 (千印张) Printed Sheets (1000 sheets) | 总印数 (万份) Printed Copies (10 000copies) | 种数 (种) Number of Newspaper Published (kind) | 总印张 (千印张) Printed Sheets (1000 sheets) | 总印数 (万份) Printed Copies (10 000copies) |
| 1959 | | 1560 | | | 800 | | | 760 | |
| 1965 | | 3258 | | | 2008 | | | 1250 | |
| 1978 | | 26669 | | | 10112 | | | 16557 | |
| 1980 | | 20739 | | | 8342 | | | 12397 | |
| 1981 | | 15129 | | | 5788 | | | 9341 | |
| 1982 | | 15167 | | | 6593 | | | 8574 | |
| 1983 | 6 | 17251 | | 3 | 6854 | | 3 | 10397 | |
| 1984 | 6 | 17253 | | 3 | 7329 | | 3 | 9924 | |
| 1985 | 13 | 16529 | | 6 | 9035 | | 7 | 7494 | |
| 1986 | | | | | | | | | |
| 1987 | 10 | 15121 | | 5 | 8103 | | 5 | 7018 | |
| 1988 | 11 | 15046 | | 5 | 8177 | | 6 | 6869 | |
| 1989 | 12 | 14782 | | 6 | 8973 | | 6 | 5809 | |
| 1990 | 11 | 13441 | | 5 | 7493 | | 6 | 5948 | |
| 1991 | 13 | 15535 | | 6 | 8851 | | 7 | 6684 | |
| 1992 | 14 | 16454 | | 7 | 9325 | | 7 | 7129 | |
| 1993 | 15 | 15377 | | 8 | 9072 | | 7 | 6305 | |
| 1994 | 15 | 27004 | | 8 | 15451 | | 7 | 11553 | |
| 1995 | 15 | 27207 | | 8 | 15593 | | 7 | 11614 | |
| 1996 | 10 | 28690 | | | | | | | |
| 1997 | 12 | 26739 | | 7 | 20261 | | 5 | 7578 | |
| 1998 | 14 | 27360 | | 8 | 20134 | | 6 | 7226 | |
| 1999 | 16 | 35573 | | 9 | 26482 | | 7 | 9091 | |
| 2000 | 16 | 28712 | | 9 | 21987 | | 7 | 6725 | |
| 2001 | 16 | 34370 | 2248 | 10 | 24470 | 1629 | 6 | 9900 | 619 |
| 2002 | 19 | 51330 | 2937 | 11 | 43953 | 2048 | 8 | 7377 | 889 |
| 2003 | 19 | 45130 | 2806 | 11 | 37722 | 1912 | 8 | 7408 | 894 |
| 2004 | 19 | 53520 | 3298 | 11 | 44737 | 2474 | 8 | 8783 | 824 |
| 2005 | 23 | 53511 | 2631 | 13 | 45632 | 1810 | 10 | 7879 | 821 |
| 2006 | 23 | 56000 | 3440 | 13 | 47754 | 2207 | 10 | 8246 | 1233 |
| 2007 | 23 | 76642 | 3788 | 13 | 65507 | 2488 | 10 | 11135 | 1300 |
| 2008 | 23 | 88662 | 5694 | 13 | 67372 | 4399 | 10 | 21290 | 1295 |
| 2009 | 23 | 122774 | 5927 | 13 | 98978 | 4346 | 10 | 23796 | 1581 |
| 2010 | 23 | 140237 | 6694 | 13 | 109232 | 4420 | 10 | 31005 | 2274 |
| 2011 | 23 | 175967 | 6441 | 13 | 144056 | 4531 | 10 | 31911 | 1910 |
| 2012 | 23 | 196881 | 7470 | 13 | 146945 | 4742 | 10 | 49936 | 2728 |

# 15-25 广播、电视基本情况
## BASIC STATISTICS BROADCASTING AND TELEVISION STATIONS

| 项　　目 | | Item | | 1995 | 2000 | 2010 | 2011 | 2012 |
|---|---|---|---|---|---|---|---|---|
| **广播电台** | (座) | **Broadcasting Stations** | (unit) | **2** | **2** | **1** | **1** | **1** |
| 节目套数 | (套) | Produced Programs | (set) | 4 | 3 | 4 | 4 | 4 |
| 中、短波转播发射台 | (座) | Transmission Stations and Relaying Stations of MW & SW | (unit) | 35 | 36 | 42 | 42 | 42 |
| 中、短波转播发射功率 | (千瓦) | Power of MW & SW Transmitters | (kw) | 1041 | 1401.9 | 179.0 | 179.0 | 179.0 |
| 广播综合人口覆盖率 | (%) | Listener Rating | (%) | 55.00 | 77.73 | 90.28 | 91.67 | 93.38 |
| **电视台** | (座) | **Television Stations** | (unit) | **2** | **2** | **5** | **5** | **2** |
| 节目套数 | (套) | Produced Programs | (set) | 3 | 3 | 10 | 10 | 4 |
| 电视转播发射台 | (座) | Television Transmitters Stations and Relaying Stations | (unit) | 333 | 647 | 2060 | 2060 | 2060 |
| #50W以上电视转播发射台 | (座) | With Power above 50W | (unit) | 80 | 80 | 80 | 80 | 80 |
| 电视转播发射功率 | (千瓦) | Power of Transmitters | (kw) | 19.8 | 21.6 | 104.0 | 104.0 | 107.6 |
| 电视综合人口覆盖率 | (%) | Viewer Rating | (%) | 55.00 | 76.13 | 91.41 | 92.8 | 94.51 |
| **广播电视台** | (座) | **Broadcast-Television Stations** | (unit) | | | **3** | **3** | **6** |
| 节目套数 | (套) | Produced Programs | (set) | | | 6 | 6 | 12 |
| **卫星收转站** | (座) | Satellite Receicing and Transmission Stations | (unit) | **1156** | **2759** | **15404** | **15404** | **12135** |
| **广播电视农村直播卫星用户** | (户) | Rural Users of Direct Broad cast Safetellite | (unit) | | | | **311458** | **412647** |
| **县级以上有线电视转播发射台** | (座) | TV Transmission Stations and Relaying Stations in Counties and Cities | (unit) | **76** | **72** | **76** | **76** | **76** |
| **100W以上调频转播发射台** | (座) | Transmission and Relaying Stations of Frequency Modulation Broadcast With Power above 100W | (unit) | **1** | **1** | **76** | **78** | **78** |
| **卫星地球站** | (座) | Satellite Communication Earth Station | (unit) | | **1** | **1** | **1** | **1** |

# 15-26 广播电视节目播出时间
## BROADCAST IN THE BROADCAST TIME OF TV PROGRAMME

单位：小时:分　　(hour:minute)

| 项　　目 | Item | 2012 | 项　　目 | Item | 2012 |
|---|---|---|---|---|---|
| 广播节目 | **Broadcasting Program** | | 电视节目 | **Television Program** | |
| 播出公共节目时间 | Broadcast Public Program Time | 42242:00 | 播出公共节目时间 | Broadcast Public ProgramTime | 45620:00 |
| #转播中央台节目时间 | Transfer to the Program time of chinese central Broadcasting | 1637:00 | #转播中央台节目时间 | Transfer to the Program time of chinese central Broadcasting | 2727:00 |
| 转播省级台节目时间 | Transfer to and Save one Grade of Programs time | 360:00 | 转省级台节目时间 | Transfer to and Save one Grade of Programs time | 2170:00 |
| 播出制作节目时间 | Broadcast and Make Program time | 29547:00 | 播出制作节目时间 | Broadcast and Make Program time | 8438:00 |
| 购买交换节目时间 | Buy Exchange Program time | 7328:00 | 购买交换节目时间 | Buy Exchange Program time | 21112:00 |

## 第十六篇

# 体育 卫生 环保

## Chapter 16

# SPORTS,PUBLIC HEALTH AND ENVIRONMENTAL PROTECTION

# 16-1 体育局系统职工人数

## NUMBER OF STAFF AND WORKERS IN SPORTS COMMISSIONS

单位：人　　(person)

| 人员分类 | Category Personnel | 1995 | 2000 | 2007 | 2010 | 2011 | 2012 |
|---|---|---|---|---|---|---|---|
| **合计** | **Total** | **707** | **640** | **672** | **607** | **444** | **447** |
| 专职教练员 | Full-time Coaches | 40 | 22 | 47 | 42 | 45 | 36 |
| 专职文化教师 | Full-time Teachers | 53 | 3 | 18 | 23 | 30 | 40 |
| 医务人员 | Medical Personnel | 17 | 11 | 12 | 13 | 13 | 12 |
| 行政管理干部 | Administrative Personnel | 140 | 120 | 135 | 186 | 223 | 239 |
| 工人 | Workers | 457 | 325 | 327 | 145 | 90 | 102 |
| 其他 | Others |  | 137 | 133 | 198 | 43 | 18 |

# 16-2 等级运动员（2012年）

## NUMBER OF ATHLETES IN GRADES BY TYPE OF SPORTS (2012)

单位：人　　(person)

| 运动项目 | Item | 等级运动员 Number of Athletes in Grades | 国际运动健将 International Master of Sports | 运动健将 Master of Sports | 一级运动员 First Grade Sportsman | 其他 Others |
|---|---|---|---|---|---|---|
| **合计** | **Total** | **131** | **24** | **7** | **4** | **96** |
| 田径 | Track and Field |  |  |  |  |  |
| 射箭 | Archery | 14 |  |  |  | 14 |
| 国际式摔跤 | International Wrestling | 53 | 1 | 6 |  | 46 |
| 柔道 | Judo | 4 |  |  |  | 4 |
| 足球 | Football |  |  |  |  |  |
| 登山 | Mountaineering | 25 | 23 | 1 |  | 1 |
| 马术 | Horsemanship | 32 |  |  | 4 | 28 |
| 射击 | Shooting | 1 |  |  |  | 1 |
| 拳击 | Boxer | 2 |  |  |  | 2 |
| 举重 | Weightlifting |  |  |  |  |  |

# 16-3 政府援建体育场地

## PHYSICAL EDUCATION FIELD AIDED BY GOVERNMENT

| 级次 Level | 场地设施数量（个/条） Number of Physical Field Establishment (unit) | | | | | 投入(万元) Investment (10000 yuan) | | | | 场地规模(m²) Field Size (m²) | |
|---|---|---|---|---|---|---|---|---|---|---|---|
| | 小计 Total | 健身路径 Fitness Route | 篮球场 Basketball Court | 乒乓球台 Table Tennis Table | 小篮板 Mini-Basketball | 小计 Total | 财政拨款 Government Subsidies | 体彩公益金 Pysical Education lottery Public Fund | 其他 Other | 占地面积 Land Covering | 场地面积 Field Area |
| **自治区 Autonomous Region** | | | | | | | | | | | |
| 2010年 | 1065 | 600 | 155 | 310 | | 2229 | 1829 | 400 | | 350600 | 234100 |
| 2011年 | 415 | 415 | | | | 4245 | | 4245 | | | |
| 2012年 | 3358 | 358 | 1000 | 2000 | | 13232 | | 13232 | | 671600 | 553700 |
| **地市 City** | | | | | | | | | | | |
| 2011年 | 10 | 10 | | | | 70 | 70 | | | 1000 | 900 |
| 2012年 | | | | | | 800 | | | 800 | 1200 | 850 |

# 16-4 体育彩票销量、公益金及税收情况

## SITUATIONS OF SALES,PUBLIC FUND AND TAX OF PHYSICAL EDUCATION LOTTERY

单位：万元 (10000 yuan)

| 年度 Year | 竞猜型销量 Guess | 乐透型销量 Lottery | 即开型销量 Instant | 销量合计 Total Sales | 公益金 Public Fund | 上缴税款 Tax |
|---|---|---|---|---|---|---|
| 2006 | 382 | 1635 | | 2017 | 656 | 29 |
| 2007 | 323 | 2087 | | 2410 | 801 | 37 |
| 2008 | 298 | 3110 | 12180 | 15588 | 3590 | 185 |
| 2009 | 396 | 2875 | 16640 | 19911 | 4433 | 336 |
| 2010 | 745 | 3545 | 9669 | 13959 | 4765 | 166 |
| 2011 | 1048 | 7329 | 15789 | 24166 | 6029 | 502 |
| 2012 | 1629 | 7610 | 17349 | 26588 | 6601 | 232 |

# 16-5 环保系统机构、人员数

## NUMBER OF ENVIRONMENTAL PROTECTION AGENCIES AND PERSONS

| 指　标 | Item | 2000 | 2010 | 2011 | 2012 |
|---|---|---|---|---|---|
| 机构总数 （个） | Number of Agencies (unit) | 21 | 112 | 114 | 114 |
| 人员总数 （人） | Total Number of Staff & Workers (person) | 176 | 588 | 660 | 670 |
| #科技人员 | Scientific and Technical Personnel | 25 | | | |
| 监测人员 | Monitoring Personal | 48 | 78 | 78 | 77 |
| 监察人员 | Supervising and Administrative Personnel | 5 | 36 | 62 | 58 |

# 16-6 “三废”排放及治理情况

## DISCHARGE AND TREATMENT OF WASTE WATER，WASTE GAS AND SOLID WASTES

| 指　标 | Item | 2000 | 2010 | 2011 | 2012 |
|---|---|---|---|---|---|
| **废 水** | **Waste Water** | | | | |
| 废水排放总量 （万吨） | Total Volume of Industrial Waste Wate Discharged (10000 tons) | 5204 | 736 | 363 | 352 |
| 化学需氧量排放量 （吨） | Discharge frome Industrial Waste Water (tons) | | | 1021 | 924 |
| 氨氮排放量 （吨） | Ammonia Nitrogen Discharge from Industrial Waste Water (tons) | | | 66 | 83 |
| 废水处理量 （万吨） | Total Volume of Industrial Waste Water Treated (10000 tons) | 1615 | 217 | 498 | 556 |
| **废 气** | **Waste Gas** | | | | |
| 废气排放总量 （亿标立方米） | Total Volume of Industrial Waste Gas Emission (100 Millon cu.m) | 1.2 | 15.81 | 113.74 | 113.96 |
| 二氧化硫排放量 （吨） | Volume of Sulphur Dioxide Emission by Industrial (tons) | | | 1369 | 1316 |
| 氮氧化物排放量 （吨） | Nitrogen Oxide Emission (tons) | | | 3802 | 3986 |
| 工业烟(粉)尘排放量 | Volume of Industrial Soot and Dust Emission (tons) | 8530 | 1566 | 4452 | 955 |
| **固体废物** | **Solid Wastes** | | | | |
| 工业固体废物产生量 （万吨） | Volume of Industrial Solid Wastes Produced (10000 tons) | 17.05 | 11.12 | | |
| 工业固体废物处置量 （万吨） | Volume of Industrial Solid Wastes Accumulated (10000 tons) | | | | |
| 工业固体废物排放量 （万吨） | Volume of Industrial Solid Wastes Treated (10000 tons) | 17.04 | 4.12 | | |

# 16-7 卫生事业发展情况

| 指　标 | Item | 1980 | 1985 | 1990 | 1995 |
|---|---|---|---|---|---|
| **全区机构数　(个)** | **Number of Health Institutions (unit)** | **832** | **958** | **1110** | **1198** |
| 医院、卫生院 | Hospitals | 528 | 525 | 742 | 882 |
| #医院 | Hospitals | 92 | 96 | 83 | 104 |
| 疗养院 | Sanatoriums | | | | 1 |
| 门诊部(所) | Clinics | 247 | 374 | 548 | 195 |
| 疾病预防控制中心 | Center For Disease Control And Prerention | 31 | 75 | 80 | 83 |
| 妇幼保健院(所、站) | Maternity and Child Care Centers | | 4 | 13 | 24 |
| 采供血机构 | Blood Gathering and Supplying Institutions | | | | |
| 卫生监督所 | Health Supervision | | | | |
| 社区卫生服务中心 | Health Service Center for Community | | | | |
| 其他卫生事业机构 | Other Health Care Institutions | 20 | 20 | 15 | 4 |
| **全区床位数　(张)** | **Nmber of Beds (unit)** | **4328** | **4580** | **5381** | **6176** |
| 医院、卫生院 | Hospitals | 4261 | 4412 | 5015 | 5895 |
| #医院 | Hospitals | 3719 | 3679 | 3361 | 4331 |
| 疗养院 | Sanatoriums | | | 150 | 150 |
| 门诊部 | Clinics | 67 | 160 | 207 | 78 |
| 妇幼保健所(站) | Maternity and Child Care Centers | | 8 | 9 | 43 |
| 社区卫生服务中心 | Other Health Care Institutions | | | | |
| 其他卫生事业机构 | Other Health Care Institutions | | | | 10 |
| **全区人员数　(人)** | **Personnel (person)** | **8382** | **8461** | **9513** | **10747** |
| 卫生技术人员 | Medical Technical Personnel | 6663 | 6837 | 7498 | 8467 |
| #执业医师、助理医师 | Working Traditional Doctors and Assistants | 3564 | 3628 | 4514 | 4851 |
| #注册护士 | Registered Nurses | 1104 | 1351 | 1883 | 1657 |
| 其他技术人员 | Other Technical Personnel | 100 | 16 | 185 | 272 |
| 管理人员 | Managerial Personnel | 644 | 584 | 584 | 758 |
| 工勤技能人员 | Logistics Workers | 975 | 1024 | 1246 | 1250 |

注：执业医师、助理医师和注册护士数2001年及以前各年份分别为医生和护士(师)数。

Note:The data of Working Traditional Doctors and Assistants and Registered Nurses is the data of Doctors and Nurses before 2001 .

# DEVELOPMENT OF HEALTH INSTITUTIONS

| 1996 | 1997 | 1998 | 1999 | 2000 | 2007 | 2008 | 2009 | 2010 | 2011 | 2012 |
|---|---|---|---|---|---|---|---|---|---|---|
| **1300** | **1324** | **1307** | **1254** | **1237** | **1339** | **1326** | **1329** | **1352** | **1380** | **1403** |
| 882 | 895 | 876 | 824 | 810 | 765 | 764 | 763 | 773 | 783 | 777 |
| 106 | 108 | 108 | 107 | 105 | 97 | 99 | 100 | 101 | 103 | 104 |
| 1 | 1 | 1 | 1 | 1 | 1 | 1 | 1 | 1 | 1 | 1 |
| 302 | 303 | 303 | 303 | 303 | 419 | 412 | 417 | 430 | 444 | 473 |
| 82 | 84 | 84 | 83 | 81 | 79 | 81 | 81 | 81 | 82 | 82 |
| 21 | 30 | 32 | 32 | 32 | 58 | 57 | 57 | 55 | 57 | 57 |
|  |  |  |  |  | 1 | 1 | 1 | 1 | 1 | 1 |
|  |  |  |  |  | 1 | 2 | 2 | 2 | 2 | 2 |
|  |  |  |  |  | 14 | 7 | 6 | 8 | 9 | 9 |
| 12 | 8 | 2 | 8 | 7 | 1 | 1 | 1 | 1 | 1 | 1 |
| **6136** | **6246** | **6512** | **6440** | **6348** | **7127** | **8765** | **8553** | **8838** | **9642** | **10134** |
| 5979 | 6049 | 6305 | 6255 | 6156 | 6832 | 8344 | 8193 | 8439 | 9192 | 9666 |
| 4546 | 4498 | 4572 | 4462 | 4426 | 4462 | 5585 | 5368 | 5444 | 6314 | 6653 |
| 120 | 150 | 150 | 120 | 120 | 57 | 40 | 40 | 40 | 40 | 40 |
| 37 | 47 | 57 | 65 | 72 | 235 | 336 | 320 | 342 | 377 | 415 |
|  |  |  |  |  | 3 |  |  | 17 | 33 | 13 |
|  |  |  |  |  |  | 45 |  |  |  |  |
| **10935** | **10929** | **10974** | **10957** | **11027** | **10635** | **11680** | **12099** | **12269** | **12995** | **13896** |
| 8682 | 8697 | 8785 | 8892 | 8948 | 8535 | 9435 | 10047 | 9983 | 10664 | 11313 |
| 4909 | 5149 | 5089 | 5181 | 5262 | 4148 | 4376 | 4465 | 4371 | 4105 | 4818 |
| 1669 | 1669 | 1760 | 1687 | 1816 | 1807 | 1920 | 2007 | 1986 | 2073 | 2278 |
| 190 | 154 | 126 | 154 | 211 | 454 | 509 | 415 | 481 | 601 | 867 |
| 817 | 743 | 811 | 714 | 676 | 607 | 634 | 649 | 610 | 568 | 596 |
| 1246 | 1335 | 1252 | 1197 | 1192 | 1039 | 1102 | 988 | 1195 | 1162 | 1120 |

# 16-8 卫生机构数

## NUMBER OF HEALTH INSTITUTIONS

单位：个 (unit)

| 年份 Year | 合计 Total | 医院、卫生院 Hospitals | #医院 Hospitals | 门诊部、所 Clinice | 疾病预防控制中心 Center For Disease Control And Prerention |
|---|---|---|---|---|---|
| 1958 | 43 | 8 | 8 | 35 | |
| 1959 | 62 | 11 | 11 | 51 | |
| 1965 | 193 | 86 | 83 | 106 | 1 |
| 1978 | 855 | 519 | 92 | 297 | 14 |
| 1980 | 832 | 528 | 92 | 247 | 31 |
| 1981 | 924 | 530 | 92 | 337 | 30 |
| 1982 | 958 | 529 | 93 | 351 | 50 |
| 1983 | 940 | 519 | 94 | 432 | 52 |
| 1984 | 927 | 520 | 95 | 315 | 64 |
| 1985 | 958 | 525 | 96 | 330 | 75 |
| 1986 | 770 | 450 | 389 | 213 | 72 |
| 1987 | 868 | 544 | 85 | 188 | 81 |
| 1988 | 883 | 564 | 83 | 211 | 80 |
| 1989 | 1008 | 638 | 83 | 263 | 80 |
| 1990 | 1110 | 742 | 83 | 255 | 80 |
| 1991 | 1197 | 787 | 83 | 287 | 80 |
| 1992 | 1223 | 831 | 85 | 269 | 82 |
| 1993 | 1068 | 614 | 80 | 345 | 78 |
| 1994 | 1152 | 838 | 88 | 196 | 81 |
| 1995 | 1198 | 882 | 104 | 195 | 83 |
| 1996 | 1300 | 882 | 106 | 231 | 83 |
| 1997 | 1324 | 895 | 108 | 303 | 84 |
| 1998 | 1307 | 876 | 108 | 303 | 84 |
| 1999 | 1254 | 824 | 107 | 303 | 83 |
| 2000 | 1237 | 810 | 105 | 303 | 81 |
| 2001 | 1284 | 808 | 105 | 355 | 81 |
| 2002 | 1346 | 771 | 98 | 361 | 82 |
| 2003 | 1305 | 769 | 97 | 397 | 81 |
| 2004 | 1326 | 764 | 97 | 422 | 79 |
| 2005 | 1378 | 763 | 97 | 474 | 81 |
| 2006 | 1349 | 763 | 97 | 446 | 81 |
| 2007 | 1339 | 765 | 97 | 419 | 79 |
| 2008 | 1326 | 764 | 99 | 412 | 81 |
| 2009 | 1329 | 763 | 100 | 417 | 81 |
| 2010 | 1352 | 773 | 101 | 430 | 81 |
| 2011 | 1380 | 783 | 103 | 444 | 82 |
| 2012 | 1403 | 777 | 104 | 473 | 82 |

# 16-9 卫生机构床位数和卫生技术人员数

## NUMBER OF BEDS AND TECHNICAL PERSONNEL IN HEALTH INSTITUTIONS

单位：张、人　　(unit,person)

| 年份 Year | 床位数 Beds | 医院、卫生院 Hospitals Health Centers | # 医院 Hospitals | 卫生技术人员数 Medical Technical Personnel | 每千人拥有床位数 Every Thousand People has Berths to Count | 每千人卫生技术人员数 Number of Medical Technical Personnel Per 1000 Population |
|---|---|---|---|---|---|---|
| 1958 | 174 | 174 | 174 | 502 | 0.14 | 0.42 |
| 1959 | 480 | 480 | 480 | 791 | 0.39 | 0.64 |
| 1965 | 1631 | 1570 | 1570 | 2424 | 1.14 | 1.77 |
| 1978 | 4421 | 4198 | 3488 | 5780 | 2.35 | 3.23 |
| 1980 | 4328 | 4261 | 3719 | 6663 | 2.30 | 3.60 |
| 1981 | 4622 | 4507 | 3837 | 7268 | 2.42 | 3.91 |
| 1982 | 4396 | 4353 | 3670 | 7189 | 2.30 | |
| 1983 | 4455 | 4307 | 3642 | 6899 | 2.23 | 3.57 |
| 1984 | 4738 | 4594 | 3892 | 6725 | 2.34 | 3.42 |
| 1985 | 4580 | 4412 | 3679 | 6837 | 2.20 | 3.43 |
| 1986 | 4983 | 4720 | 2881 | 7001 | 2.30 | 3.46 |
| 1987 | 5222 | 4986 | 3414 | 7003 | 2.40 | 3.37 |
| 1988 | 5197 | 4876 | 3233 | 7097 | 2.30 | 3.34 |
| 1989 | 5355 | 4999 | 3325 | 8064 | 2.30 | 3.73 |
| 1990 | 5381 | 5015 | 3361 | 7498 | 2.30 | 3.39 |
| 1991 | 5397 | 5077 | 3337 | 7749 | 2.30 | 3.44 |
| 1992 | 5857 | 5555 | 3569 | 8030 | 2.50 | 3.51 |
| 1993 | 5042 | 4515 | 3036 | 7540 | 2.00 | 3.25 |
| 1994 | 5602 | 5333 | 3087 | 8176 | 2.29 | 3.46 |
| 1995 | 6176 | 5895 | 4331 | 8467 | 2.62 | 3.53 |
| 1996 | 6136 | 5979 | 4546 | 8006 | 2.56 | 3.29 |
| 1997 | 6246 | 6049 | 4498 | 7999 | 2.57 | 3.23 |
| 1998 | 6512 | 6305 | 4572 | 8785 | 2.65 | 3.49 |
| 1999 | 6440 | 6255 | 4462 | 8892 | 2.60 | 3.48 |
| 2000 | 6348 | 6156 | 4426 | 8948 | 2.52 | 3.44 |
| 2001 | 6372 | 6153 | 4385 | 8820 | 2.51 | 3.35 |
| 2002 | 6087 | 5694 | 4297 | 7913 | 2.38 | 2.97 |
| 2003 | 6216 | 5859 | 4261 | 8287 | 2.40 | 3.07 |
| 2004 | 6413 | 5928 | 4238 | 8569 | 2.34 | 3.13 |
| 2005 | 6767 | 6412 | 4426 | 8914 | 2.44 | 3.22 |
| 2006 | 7496 | 7091 | 4513 | 8895 | 2.67 | 3.17 |
| 2007 | 7127 | 6832 | 4462 | 8535 | 2.51 | 3.02 |
| 2008 | 8765 | 8344 | 5585 | 9435 | 3.05 | 3.29 |
| 2009 | 8553 | 8193 | 5368 | 10047 | 2.95 | 3.47 |
| 2010 | 8838 | 8439 | 5444 | 9983 | 3.02 | 3.44 |
| 2011 | 9642 | 9192 | 6314 | 10664 | 3.17 | 3.52 |
| 2012 | 10134 | 9666 | 6653 | 11313 | 3.29 | 3.67 |

# 16-10 全区卫生机构、床位和人员情况（2012年）

| 指　　标 | Item | 机构数(个) Number of Institutions (unit) | 床位数(张) Beds (unit) | 人员数(人) Number of Personnel (person) |
|---|---|---|---|---|
| **总计** | **Total** | **1403** | **10134** | **13896** |
| 医院 | Hospitals | 104 | 6653 | 8041 |
| 综合医院 | Comprehensive Hospitals | 84 | 5533 | 6557 |
| 民族医院 | Native Hospitals | 19 | 1020 | 1321 |
| 专科医院 | Specialized hospitals | 1 | 100 | 163 |
| 疗养院 | Sanatoriums | 1 | 40 | 39 |
| 社区卫生服务中心(站) | Community Health | 9 | 13 | 59 |
| 卫生院 | Rural Township Hospitals | 673 | 3013 | 3049 |
| 乡镇卫生院 | Township Hospitals | 673 | 3013 | 3049 |
| #中心卫生院 | Center Hospitals | 258 | 1221 | 1280 |
| 诊所、卫生所、医务室 | Center,community Health | 473 | | 1032 |
| 采供血机构 | Blood Gathering and Supplying Institutions | 1 | | 23 |
| 妇幼保健院(所、站) | Meternity and Child Care Centers | 57 | 415 | 515 |
| 疾病预防控制中心 | Center For Disease Control And Prerention | 82 | | 1085 |
| 卫生监督所(中心) | Health Supervision | 2 | | 41 |
| 医学在职培训机构 | Health Care Institution Earth Station | 1 | | 12 |

# 16-11 各地（市）卫生机构、床位和人员情况（2012年）

| 地　　区 | Region | 机构数(个) Number of Institutions (unit) | 床位数(张) Beds (unit) | 人员数(人) Number of Personnel (person) |
|---|---|---|---|---|
| 拉萨市 | Lhasa | 267 | 2325 | 4647 |
| 昌都地区 | Qamdo | 242 | 1571 | 1748 |
| 山南地区 | Shannan | 174 | 1041 | 1560 |
| 日喀则地区 | Xigazê | 323 | 2384 | 2704 |
| 那曲地区 | Nagqu | 194 | 1281 | 1511 |
| 阿里地区 | Ngari | 74 | 638 | 613 |
| 林芝地区 | Nyingchi | 129 | 894 | 1113 |

## NUMBER OF ALL HEALTH INSTITUTIONS,BEDS AND PERSONS ENGAGED BY TYPE OF INSTITUTIONS (2012)

| 卫生技术人员 Medical Technical Personnel | 执业(助理)医师 Working Traditional Doctor's Assitants | 执业医师 Working Traditional Doctors | 注册护士 Registered Nurses | 药剂师(士) Pharmaceutical Personnel | 技师(士) Technician | 检验师 Laboratory Personnel | 其他 Others | 其他技术人员 Other Technical Personnel | 管理人员 Managerial Personnel | 工勤人员 Logistics Workers |
|---|---|---|---|---|---|---|---|---|---|---|
| **11313** | **4818** | **3533** | **2278** | **513** | **533** | **318** | **3171** | **867** | **596** | **1120** |
| 6296 | 2862 | 2209 | 1780 | 394 | 426 | 232 | 834 | 467 | 448 | 830 |
| 5227 | 2282 | 1712 | 1543 | 288 | 373 | 201 | 741 | 380 | 320 | 630 |
| 969 | 555 | 477 | 188 | 99 | 38 | 22 | 89 | 73 | 96 | 183 |
| 100 | 25 | 20 | 49 | 7 | 15 | 9 | 4 | 14 | 32 | 17 |
| 12 | 1 | 1 | 11 | | | | | | 15 | 12 |
| 33 | 20 | 13 | 5 | 4 | 2 | 1 | 2 | 14 | 1 | 11 |
| 2685 | 660 | 336 | 175 | 77 | 7 | 3 | 1766 | 267 | 41 | 56 |
| 2685 | 660 | 336 | 175 | 77 | 7 | 3 | 1766 | 267 | 41 | 56 |
| 1154 | 300 | 152 | 80 | 38 | 4 | 2 | 732 | 89 | 21 | 16 |
| 966 | 670 | 583 | 186 | 22 | 7 | 5 | 81 | | | 66 |
| 13 | | | | | 5 | 5 | 8 | | 7 | 3 |
| 416 | 208 | 139 | 100 | 8 | 26 | 17 | 74 | 24 | 34 | 41 |
| 850 | 396 | 251 | 21 | 8 | 60 | 55 | 365 | 93 | 48 | 94 |
| 41 | | | | | | | 41 | | | |
| 1 | 1 | 1 | | | | | | 2 | 2 | 7 |

## NUMBER OF HEALTH INSTITUTION AND IT'S BEDS AND PERSONNEL BY REGION(2012)

| 卫生技术人员 Medical Technical Personnel | 执业(助理)医师 Working Traditional Doctor's Assitants | 执业医师 Working Traditional Doctors | 注册护士 Registered Nurses | 药剂师(士) Pharmaceutical Personnel | 技师(士) Technician | 检验师 Laboratory Personnel | 其他 Others | 其他技术人员 Other Technical Personnel | 管理人员 Managerial Personnel | 工勤人员 Logistics Workers |
|---|---|---|---|---|---|---|---|---|---|---|
| 3549 | 1541 | 1323 | 1121 | 189 | 187 | 118 | 511 | 211 | 272 | 615 |
| 1439 | 536 | 379 | 177 | 50 | 49 | 27 | 627 | 186 | 56 | 67 |
| 1344 | 715 | 535 | 214 | 34 | 63 | 36 | 318 | 63 | 62 | 91 |
| 2241 | 850 | 535 | 357 | 116 | 112 | 59 | 806 | 171 | 107 | 185 |
| 1235 | 459 | 330 | 190 | 61 | 55 | 37 | 470 | 174 | 48 | 54 |
| 558 | 219 | 148 | 76 | 25 | 26 | 17 | 212 | 11 | 18 | 26 |
| 947 | 498 | 283 | 143 | 38 | 41 | 24 | 227 | 51 | 33 | 82 |

第十七篇

# 各县（市、区）主要统计指标

Chapter 17

# MAIN ECONOMIC INDICATORS BY COUNTIES(CITY AND REGIONS)

# 17-1 乡村从业人员（2012年）

## RURAL LABOR FORCE BY SECTOR (2012)

单位：人　　(person)

| 地区 | Region | 乡村从业人员 Number of Rural Laborers | 农林牧渔业 Farming,Forestry, Animal Husbandry and Fishery | 工业 Industry | 建筑业 Construction | 其他非农从业人员 Other Non-agricultural Trades |
|---|---|---|---|---|---|---|
| **拉萨市** | **Lhasa** | | | | | |
| 城关区 | Lhasa Chengguanqu | 8524 | 2584 | 776 | 1171 | 3993 |
| 林周县 | Lhünzhub | 31367 | 28380 | 129 | 22 | 2836 |
| 当雄县 | Damxung | 19390 | 9015 | 77 | 525 | 9773 |
| 尼木县 | Nyêmo | 18202 | 9558 | 175 | 3425 | 5044 |
| 曲水县 | Qüxü | 20735 | 7650 | 2388 | 4772 | 5925 |
| 堆龙德庆县 | Doilungdêqên | 25715 | 13543 | 190 | 2344 | 9638 |
| 达孜县 | Dagzê | 15591 | 6722 | 755 | 1194 | 6920 |
| 墨竹工卡县 | Maizhokunggar | 20121 | 11316 | 333 | 3354 | 5118 |
| **昌都地区** | **Qamdo** | | | | | |
| 昌都县 | Qamdo | 36143 | 26961 | 3690 | 2974 | 2518 |
| 江达县 | Jomda | 44046 | 33413 | 3151 | 3093 | 4389 |
| 贡觉县 | Konjo | 17692 | 15168 | | 1269 | 1255 |
| 类乌齐县 | Riwoqê | 17535 | 14811 | 968 | | 1756 |
| 丁青县 | Dêngqên | 30522 | 28203 | 34 | 1046 | 1239 |
| 察雅县 | Chagyab | 24396 | 19098 | 198 | 2612 | 2488 |
| 八宿县 | Baxoi | 19658 | 16289 | 129 | 1077 | 2163 |
| 左贡县 | Zogang | 21866 | 20604 | 17 | 371 | 874 |
| 芒康县 | Markam | 50670 | 43983 | 638 | 1321 | 4728 |
| 洛隆县 | Lhorong | 15538 | 12971 | 38 | 444 | 2085 |
| 边坝县 | Banbar | 19235 | 16461 | 178 | 512 | 2084 |
| **山南地区** | **Shannan** | | | | | |
| 乃东县 | Nêdong | 20620 | 8223 | 929 | 7054 | 4414 |
| 扎囊县 | Chanang | 15893 | 6291 | 55 | 7944 | 1603 |
| 贡嘎县 | Konggar | 23610 | 16428 | 846 | 3799 | 2537 |

17-1 续表1 continued

单位：人 (person)

| 地　区 | Region | 乡村从业人员 Number of Rural Laborers | 农林牧渔业 Farming,Forestry, Animal Husbandry and Fishery | 工　业 Industry | 建筑业 Construction | 其他非农从业人员 Other Non-agricultural Trades |
|---|---|---|---|---|---|---|
| 桑日县 | Sangri | 7291 | 4050 | | 760 | 2481 |
| 琼结县 | Qonggyai | 8835 | 2642 | 35 | 5657 | 501 |
| 曲松县 | Qusum | 7277 | 2780 | 1167 | 2199 | 1131 |
| 措美县 | Comai | 6852 | 3475 | 46 | 2613 | 718 |
| 洛扎县 | Lhozhag | 9240 | 6114 | 76 | 2362 | 688 |
| 加查县 | Gyaca | 8371 | 5692 | 172 | 883 | 1624 |
| 隆子县 | Lhünzê | 17491 | 10317 | 263 | 5198 | 1713 |
| 错那县 | Cona | 7423 | 5251 | 34 | 1256 | 882 |
| 浪卡子县 | Nagarzê | 19836 | 9148 | 535 | 7846 | 2307 |
| **日喀则地区** | **Xigazê** | | | | | |
| 日喀则市 | Xigazê Shi | 42536 | 26669 | 1433 | 9382 | 5052 |
| 南木林县 | Namling | 42284 | 36431 | 149 | 1616 | 4088 |
| 江孜县 | Gyangzê | 31907 | 26642 | 1064 | 3158 | 1043 |
| 定日县 | Tingri | 29625 | 18328 | 329 | 1052 | 9916 |
| 萨迦县 | Sa'gya | 24845 | 16610 | 618 | 3444 | 4173 |
| 拉孜县 | Lhazê | 29364 | 13225 | 867 | 376 | 14896 |
| 昂仁县 | Ngamring | 24051 | 21543 | 57 | 833 | 1618 |
| 谢通门县 | Xaitongmoin | 24369 | 21153 | 1092 | 916 | 1208 |
| 白朗县 | Bainang | 25252 | 16381 | 1224 | 3102 | 4545 |
| 仁布县 | Rinbung | 17348 | 9950 | 705 | 4881 | 1812 |
| 康马县 | Kangmar | 10049 | 7360 | 267 | 1671 | 751 |
| 定结县 | Dinggyê | 11636 | 9243 | 469 | 801 | 1123 |
| 仲巴县 | Zhongba | 11292 | 9200 | | | 2092 |
| 亚东县 | Yadong | 6520 | 5193 | 247 | 142 | 938 |
| 吉隆县 | Gyirong | 6706 | 5697 | 202 | 380 | 427 |
| 聂拉木县 | Nyalam | 8559 | 6738 | 76 | 717 | 1028 |
| 萨嘎县 | Saga | 6360 | 6298 | | | 62 |
| 岗巴县 | Kamba | 5773 | 5017 | 30 | | 726 |

17-1 续表2 continued

单位：人 (person)

| 地　区 | Region | 乡村从业人员 Number of Rural Laborers | 农林牧渔业 Farming,Forestry, Animal Husbandry and Fishery | 工　业 Industry | 建筑业 Construction | 其他非农从业人员 Other Non-agricultural Trades |
|---|---|---|---|---|---|---|
| **那曲地区** | **Nagqu** | | | | | |
| 那曲县 | Nagqu | 40957 | 29473 | 766 | 972 | 9746 |
| 嘉黎县 | Lhari | 13812 | 11518 | | 794 | 1500 |
| 比如县 | Biru | 23877 | 20735 | 297 | 99 | 2746 |
| 聂荣县 | Nyainrong | 16338 | 11795 | 961 | 1537 | 2045 |
| 安多县 | Amdo | 16924 | 12548 | | 1161 | 3215 |
| 申扎县 | Xainza | 8719 | 7158 | 55 | 573 | 933 |
| 索　县 | Sog | 17666 | 15159 | | | 2507 |
| 班戈县 | Bangoin | 19719 | 17768 | | | 1951 |
| 巴青县 | Baqên | 19024 | 4999 | | | 14025 |
| 尼玛县 | Nyima | 14582 | 13626 | | 130 | 826 |
| **阿里地区** | **Ngari** | | | | | |
| 普兰县 | Burang | 4312 | 3106 | | 688 | 518 |
| 札达县 | Zanda | 2934 | 2699 | | 5 | 230 |
| 噶尔县 | Gar | 4012 | 3028 | 125 | 620 | 239 |
| 日土县 | Rutog | 4938 | 3942 | | 655 | 341 |
| 革吉县 | Gê'gyai | 13168 | 9088 | 1973 | 746 | 1361 |
| 改则县 | Gêrzê | 11416 | 9156 | | 804 | 1456 |
| 措勤县 | Coqên | 6615 | 5678 | | 800 | 137 |
| **林芝地区** | **Nyingchi** | | | | | |
| 林芝县 | Nyingchi | 7186 | 4439 | 100 | 297 | 2350 |
| 工布江达县 | Gongbo' gyamda | 14354 | 12754 | 30 | 156 | 1414 |
| 米林县 | Mainling | 8006 | 7358 | 46 | 39 | 563 |
| 墨脱县 | Mêdog | 4916 | 4702 | | 80 | 134 |
| 波密县 | Bomê | 11965 | 9235 | 24 | 1121 | 1585 |
| 察隅县 | Zayü | 11705 | 10660 | 35 | 220 | 790 |
| 朗　县 | Nang | 7823 | 7260 | 86 | 33 | 444 |

# 17-2 农林牧渔业、工业总产值（2012年）

## GROSS OUTPUT VALUE OF FARMING，FORESTRY，ANIMAL HUSBANDRY，FISHERY AND INDUSTRY (2012)

单位：万元 (10000 yuan)

| 地区 | Region | 农林牧渔业产值 Gross Out Value of Farming Forestry, Animal,Husbandry and Fishery | 农业 Farming | 林业 Forestry | 牧业 Animal Husbandry | 渔业 Fishery | 服务业 Service | 工业总产值 Gross Output Value of Industry |
|---|---|---|---|---|---|---|---|---|
| **拉萨市** | **Lhasa** | | | | | | | |
| 城关区 | Lhasa Chengguanqu | 11389 | 4992 | 571 | 5826 | | | 301449 |
| 林周县 | Lhünzhub | 30044 | 14693 | 53 | 15299 | | | 5025 |
| 当雄县 | Damxung | 28754 | 5636 | | 23118 | | | 25504 |
| 尼木县 | Nyêmo | 12030 | 5153 | 157 | 6720 | | | 4038 |
| 曲水县 | Qüxü | 18436 | 11469 | 843 | 5994 | 130 | | 26854 |
| 堆龙德庆县 | Doilungdêqên | 22064 | 9763 | 791 | 10809 | | 701 | 151493 |
| 达孜县 | Dagzê | 19267 | 10371 | 1167 | 7728 | | | 29244 |
| 墨竹工卡县 | Maizhokunggar | 31497 | 12830 | 146 | 18520 | | | 100668 |
| **昌都地区** | **Qamdo** | | | | | | | |
| 昌都县 | Qamdo | 33515 | 13533 | 247 | 19329 | 16 | 391 | 38407 |
| 江达县 | Jomda | 33877 | 8757 | 1456 | 22818 | 1 | 844 | 562 |
| 贡觉县 | Konjo | 15447 | 5550 | 16 | 9468 | 1 | 412 | 220 |
| 类乌齐县 | Riwoqê | 21579 | 8424 | 1343 | 11492 | 4 | 317 | 2160 |
| 丁青县 | Dêngqên | 37155 | 24445 | 74 | 11728 | | 907 | 1851 |
| 察雅县 | Chagyab | 18333 | 7045 | 14 | 11054 | 4 | 216 | 540 |
| 八宿县 | Baxoi | 15918 | 5444 | 260 | 9862 | 4 | 348 | 364 |
| 左贡县 | Zogang | 22306 | 7588 | 213 | 13761 | 5 | 739 | 1344 |
| 芒康县 | Markam | 33408 | 12195 | 3612 | 16490 | 3 | 1108 | 1353 |
| 洛隆县 | Lhorong | 21710 | 9294 | 1176 | 10920 | 1 | 319 | 2391 |
| 边坝县 | Banbar | 23654 | 6593 | 3997 | 12725 | 1 | 338 | 1702 |
| **山南地区** | **Shannan** | | | | | | | |
| 乃东县 | Nêdong | 15810 | 6308 | 339 | 4638 | 1491 | 3032 | 31974 |
| 扎囊县 | Chanang | 7971 | 3695 | 192 | 3748 | | 336 | 2158 |
| 贡嘎县 | Konggar | 9964 | 5304 | 478 | 4149 | | 34 | 4345 |

## 17-2 续表1 continued

单位：万元 (10000 yuan)

| 地区 | Region | 农林牧渔业产值 Gross Out Value of Farming Forestry, Animal,Husbandry and Fishery | 农业 Farming | 林业 Forestry | 牧业 Animal Husbandry | 渔业 Fishery | 服务业 Service | 工业总产值 Gross Output Value of Industry |
|---|---|---|---|---|---|---|---|---|
| 桑日县 | Sangri | 5595 | 3031 | 66 | 2088 | | 410 | 60028 |
| 琼结县 | Qonggyai | 3748 | 2541 | 52 | 908 | | 248 | 1410 |
| 曲松县 | Qusum | 4773 | 1672 | 66 | 2988 | | 47 | 11281 |
| 措美县 | Comai | 3541 | 1174 | 48 | 2167 | | 153 | 95 |
| 洛扎县 | Lhozhag | 5642 | 2712 | 62 | 2471 | | 397 | 238 |
| 隆子县 | Lhünzê | 7802 | 3587 | 102 | 4067 | | 46 | 30439 |
| 错那县 | Cona | 3095 | 1449 | 15 | 1423 | | 208 | 241 |
| 浪卡子县 | Nagarzê | 6630 | 1356 | 78 | 4456 | | 741 | 337 |
| 加查县 | Gyaca | 9690 | 6951 | 193 | 2476 | | 70 | 435 |
| **日喀则地区** | **Xigazê** | | | | | | | |
| 日喀则市 | Xigazê Shi | 47587 | 40610 | 815 | 5187 | | 975 | 74806 |
| 南木林县 | Namling | 36266 | 24437 | 95 | 11085 | | 649 | 141 |
| 定日县 | Tingri | 20010 | 8484 | 323 | 10423 | | 780 | 127 |
| 萨迦县 | Sa'gya | 20144 | 11657 | 761 | 7568 | | 159 | 116 |
| 拉孜县 | Lhazê | 25909 | 18551 | 293 | 6779 | | 286 | 4 |
| 谢通门县 | Xaitongmoin | 20750 | 10121 | 384 | 9816 | | 430 | 152 |
| 昂仁县 | Ngamring | 19961 | 7610 | 11 | 12040 | | 300 | 85 |
| 定结县 | Dinggyê | 7152 | 3504 | 63 | 3322 | | 262 | 256 |
| 仲巴县 | Zhongba | 16276 | 14 | | 15687 | | 576 | 465 |
| 吉隆县 | Gyirong | 7466 | 2812 | 40 | 4465 | | 148 | 206 |
| 聂拉木县 | Nyalam | 9555 | 3633 | 112 | 5389 | | 420 | 2543 |
| 萨嘎县 | Saga | 7428 | 931 | | 6450 | | 46 | 118 |
| 江孜县 | Gyangzê | 35914 | 21369 | 759 | 13102 | | 684 | 4576 |
| 白朗县 | Bainang | 23736 | 18553 | 248 | 4717 | | 218 | 4133 |
| 仁布县 | Rinbung | 9874 | 3728 | 154 | 4778 | | 1214 | 1939 |
| 康马县 | Kangmar | 9632 | 4568 | 75 | 4839 | | 150 | 803 |
| 岗巴县 | Kamba | 4580 | 1541 | | 2962 | | 77 | 1552 |
| 亚东县 | Yadong | 7594 | 2261 | 177 | 4747 | 331 | 78 | 374 |

17-2 续表2 continued

单位：万元 (10000 yuan)

| 地区 | Region | 农林牧渔业产值 Gross Out Value of Farming Forestry, Animal,Husbandry and Fishery | 农业 Farming | 林业 Forestry | 牧业 Animal Husbandry | 渔业 Fishery | 服务业 Service | 工业总产值 Gross Output Value of Industry |
|---|---|---|---|---|---|---|---|---|
| **那曲地区** | **Nagqu** | | | | | | | |
| 那曲县 | Nagqu | 24947 | 13569 | | 11306 | | 72 | 5183 |
| 嘉黎县 | Lhari | 16696 | 9962 | 5 | 6703 | | 26 | 490 |
| 比如县 | Biru | 29557 | 24566 | | 4654 | | 337 | 141 |
| 聂荣县 | Nyainrong | 9786 | 3355 | | 6408 | | 22 | |
| 安多县 | Amdo | 10202 | | | 10202 | | | 134 |
| 申扎县 | Xainza | 6362 | | | 6175 | | 187 | 207 |
| 索　县 | Sog | 14828 | 9627 | | 4432 | | 770 | 227 |
| 班戈县 | Bangoin | 11635 | | | 9024 | | 2611 | 1012 |
| 巴青县 | Baqên | 20480 | 14595 | | 5706 | | 180 | 204 |
| 尼玛县 | Nyima | 13438 | 128 | | 13309 | | | |
| **阿里地区** | **Ngari** | | | | | | | |
| 普兰县 | Burang | 4226 | 1155 | 13 | 2967 | | 92 | 515 |
| 札达县 | Zanda | 3041 | 400 | 23 | 2550 | | 68 | 548 |
| 噶尔县 | Gar | 4805 | 833 | 40 | 3854 | | 78 | 5747 |
| 日土县 | Rutog | 6666 | 471 | 25 | 6045 | | 124 | 606 |
| 革吉县 | Gê'gyai | 11028 | 41 | | 10797 | | 190 | 261 |
| 改则县 | Gêrzê | 19089 | 38 | | 18782 | 22 | 247 | 352 |
| 措勤县 | Coqên | 7838 | 4 | | 7674 | | 160 | 33 |
| **林芝地区** | **Nyingchi** | | | | | | | |
| 林芝县 | Nyingchi | 15379 | 6849 | 440 | 7789 | 84 | 217 | 56648 |
| 工布江达县 | Gongbo' gyamda | 18608 | 7284 | 670 | 10203 | 58 | 394 | 826 |
| 米林县 | Mainling | 13108 | 6477 | 159 | 5023 | 30 | 1419 | 1244 |
| 墨脱县 | Mêdog | 2819 | 1437 | 336 | 998 | 6 | 42 | |
| 波密县 | Bomê | 19499 | 11569 | 637 | 6937 | 1 | 355 | 2377 |
| 察隅县 | Zayü | 12117 | 6922 | 289 | 4625 | 2 | 278 | 537 |
| 朗　县 | Nang | 12593 | 5117 | 218 | 6957 | 4 | 297 | 172 |

# 17-3 农林牧渔业产值

## GROSS OUTPUT VALUE OF FARMING，FORESTRY，ANIMAL HUSBANDRY AND FISHERY

单位：万元 (10000 yuan)

| 地　　区 | Region | 农林牧渔业产值 Gross Output Value | | 指数 Index |
|---|---|---|---|---|
| | | 2011 | 2012 | |
| **拉萨市** | **Lhasa** | | | |
| 城关区 | Lhasa Chengguanqu | 10321 | 11389 | 110.4 |
| 林周县 | Lhünzhub | 27495 | 30044 | 109.3 |
| 当雄县 | Damxung | 26266 | 28754 | 109.5 |
| 尼木县 | Nyêmo | 10871 | 12030 | 110.7 |
| 曲水县 | Qüxü | 16736 | 18436 | 110.2 |
| 堆龙德庆县 | Doilungdêqên | 20267 | 22064 | 108.9 |
| 达孜县 | Dagzê | 17582 | 19267 | 109.6 |
| 墨竹工卡县 | Maizhokunggar | 28829 | 31497 | 109.3 |
| **昌都地区** | **Qamdo** | | | |
| 昌都县 | Qamdo | 34513 | 33515 | 97.1 |
| 江达县 | Jomda | 31471 | 33877 | 107.6 |
| 贡觉县 | Konjo | 12026 | 15447 | 128.4 |
| 类乌齐县 | Riwoqê | 20580 | 21579 | 104.9 |
| 丁青县 | Dêngqên | 32095 | 37155 | 115.8 |
| 察雅县 | Chagyab | 19459 | 18333 | 94.2 |
| 八宿县 | Baxoi | 14104 | 15918 | 112.9 |
| 左贡县 | Zogang | 20059 | 22306 | 111.2 |
| 芒康县 | Markam | 32049 | 33408 | 104.2 |
| 洛隆县 | Lhorong | 21211 | 21710 | 102.4 |
| 边坝县 | Banbar | 18825 | 23654 | 125.7 |
| **山南地区** | **Shannan** | | | |
| 乃东县 | Nêdong | 14770 | 15810 | 107.0 |
| 扎囊县 | Chanang | 7353 | 7971 | 108.4 |
| 贡嘎县 | Konggar | 9247 | 9964 | 107.8 |

## 17-3 续表1 continued

单位：万元 (10000 yuan)

| 地　　区 | Region | 农林牧渔业产值 Gross Output Value | | 指数 Index |
|---|---|---|---|---|
| | | 2011 | 2012 | |
| 桑日县 | Sangri | 5185 | 5595 | 107.9 |
| 琼结县 | Qonggyai | 3478 | 3748 | 107.8 |
| 曲松县 | Qusum | 4386 | 4773 | 108.8 |
| 措美县 | Comai | 3295 | 3541 | 107.5 |
| 洛扎县 | Lhozhag | 5188 | 5642 | 108.8 |
| 隆子县 | Lhünzê | 7419 | 7802 | 105.2 |
| 错那县 | Cona | 2859 | 3095 | 108.3 |
| 浪卡子县 | Nagarzê | 6154 | 6630 | 107.7 |
| 加查县 | Gyaca | 8963 | 9690 | 108.1 |
| **日喀则地区** | **Xigazê** | | | |
| 日喀则市 | Xigazê Shi | 44061 | 47587 | 108.0 |
| 南木林县 | Namling | 33481 | 36266 | 108.3 |
| 定日县 | Tingri | 18439 | 20010 | 108.5 |
| 萨迦县 | Sa'gya | 18546 | 20144 | 108.6 |
| 拉孜县 | Lhazê | 23884 | 25909 | 108.5 |
| 谢通门县 | Xaitongmoin | 19033 | 20750 | 109.0 |
| 昂仁县 | Ngamring | 18489 | 19961 | 108.0 |
| 定结县 | Dinggyê | 6563 | 7152 | 109.0 |
| 仲巴县 | Zhongba | 15270 | 16276 | 106.6 |
| 吉隆县 | Gyirong | 6888 | 7466 | 108.4 |
| 聂拉木县 | Nyalam | 8808 | 9555 | 108.5 |
| 萨嘎县 | Saga | 6933 | 7428 | 107.1 |
| 江孜县 | Gyangzê | 33359 | 35914 | 107.7 |
| 白朗县 | Bainang | 21588 | 23736 | 109.9 |
| 仁布县 | Rinbung | 9034 | 9874 | 109.3 |
| 康马县 | Kangmar | 8899 | 9632 | 108.2 |
| 岗巴县 | Kamba | 4153 | 4580 | 110.3 |
| 亚东县 | Yadong | 7294 | 7594 | 104.1 |

## 17-3 续表2 continued

单位：万元 (10000 yuan)

| 地　区 | Region | 农林牧渔业产值 Gross Output Value | | 指数 Index |
|---|---|---|---|---|
| | | 2011 | 2012 | |
| **那曲地区** | **Nagqu** | | | |
| 那曲县 | Nagqu | 23151 | 24947 | 107.8 |
| 嘉黎县 | Lhari | 15546 | 16696 | 107.4 |
| 比如县 | Biru | 27321 | 29557 | 108.2 |
| 聂荣县 | Nyainrong | 9037 | 9786 | 108.3 |
| 安多县 | Amdo | 9467 | 10202 | 107.8 |
| 申扎县 | Xainza | 5880 | 6362 | 108.2 |
| 索　县 | Sog | 13767 | 14828 | 107.7 |
| 班戈县 | Bangoin | 10765 | 11635 | 108.1 |
| 巴青县 | Baqên | 18946 | 20480 | 108.1 |
| 尼玛县 | Nyima | 12472 | 13438 | 107.7 |
| **阿里地区** | **Ngari** | | | |
| 普兰县 | Burang | 3780 | 4226 | 111.8 |
| 札达县 | Zanda | 2417 | 3041 | 125.8 |
| 噶尔县 | Gar | 4387 | 4805 | 109.5 |
| 日土县 | Rutog | 6205 | 6666 | 107.4 |
| 革吉县 | Gê'gyai | 9345 | 11028 | 118.0 |
| 改则县 | Gêrzê | 18710 | 19089 | 102.0 |
| 措勤县 | Coqên | 7186 | 7838 | 109.1 |
| **林芝地区** | **Nyingchi** | | | |
| 林芝县 | Nyingchi | 14645 | 15379 | 105.0 |
| 工布江达县 | Gongbo' gyamda | 16971 | 18608 | 109.6 |
| 米林县 | Mainling | 12134 | 13108 | 108.0 |
| 墨脱县 | Mêdog | 2297 | 2819 | 122.7 |
| 波密县 | Bomê | 18094 | 19499 | 107.8 |
| 察隅县 | Zayü | 10639 | 12117 | 113.9 |
| 朗　县 | Nang | 11741 | 12593 | 107.3 |

# 17-4 年末耕地面积（2012年）

## AREA UNDER CULTIVATED AT THE YEAR-END (2012)

单位：公顷 (heactare)

| 地区 | Region | 年末实有耕地面积 Cultivated Areas (Year-end) | # 旱地 Dry Fields | 农田有效灌溉面积 Irrigated Areas |
|---|---|---|---|---|
| **拉萨市** | **Lhasa** | | | |
| 城关区 | Lhasa Chengguanqu | 1437 | 1437 | 1398 |
| 林周县 | Lhünzhub | 11355 | 11355 | 10441 |
| 当雄县 | Damxung | | | |
| 尼木县 | Nyêmo | 2787 | 2787 | 2437 |
| 曲水县 | Qüxü | 4229 | 4229 | 3846 |
| 堆龙德庆县 | Doilungdêqên | 5545 | 5545 | 5545 |
| 达孜县 | Dagzê | 4605 | 4605 | 3941 |
| 墨竹工卡县 | Maizhokunggar | 5131 | 5131 | 5110 |
| **昌都地区** | **Qamdo** | | | |
| 昌都县 | Qamdo | 5442 | 5442 | 1824 |
| 江达县 | Jomda | 4918 | 4918 | 1005 |
| 贡觉县 | Konjo | 4080 | 4080 | 2003 |
| 类乌齐县 | Riwoqê | 2980 | 2980 | 400 |
| 丁青县 | Dêngqên | 8035 | 8035 | 1122 |
| 察雅县 | Chagyab | 3077 | 3077 | 186 |
| 八宿县 | Baxoi | 2701 | 2701 | 2262 |
| 左贡县 | Zogang | 2675 | 2675 | 1769 |
| 芒康县 | Markam | 5328 | 5328 | 3824 |
| 洛隆县 | Lhorong | 5853 | 5853 | 4525 |
| 边坝县 | Banbar | 3533 | 3533 | 1548 |
| **山南地区** | **Shannan** | | | |
| 乃东县 | Nêdong | 4021 | 4021 | 4020 |
| 扎囊县 | Chanang | 4554 | 4554 | 4396 |
| 贡嘎县 | Konggar | 5555 | 5555 | 3123 |

17-4 续表1 continued

单位：公顷 (heactare)

| 地 区 | Region | 年末实有耕地面积 Cultivated Areas (Year-end) | #旱地 Dry Fields | 农田有效灌溉面积 Irrigated Areas |
|---|---|---|---|---|
| 桑日县 | Sangri | 1531 | 1531 | 1531 |
| 琼结县 | Qonggyai | 1827 | 1827 | 1821 |
| 曲松县 | Qusum | 1663 | 1663 | 1308 |
| 措美县 | Comai | 984 | 984 | 984 |
| 洛扎县 | Lhozhag | 2070 | 2070 | 2070 |
| 加查县 | Gyaca | 1670 | 1670 | 1433 |
| 隆子县 | Lhünzê | 3233 | 3233 | 3212 |
| 错那县 | Cona | 1481 | 1481 | 1268 |
| 浪卡子县 | Nagarzê | 2578 | 2578 | 2519 |
| **日喀则地区** | **Xigazê** | | | |
| 日喀则市 | Xigazê Shi | 16307 | 16307 | 15513 |
| 南木林县 | Namling | 7891 | 7891 | 5279 |
| 江孜县 | Gyangzê | 10799 | 10799 | 9227 |
| 定日县 | Tingri | 7066 | 7066 | 7066 |
| 萨迦县 | Sa'gya | 7684 | 7684 | 6606 |
| 拉孜县 | Lhazê | 7903 | 7903 | 5957 |
| 昂仁县 | Ngamring | 4972 | 4972 | 4883 |
| 谢通门县 | Xaitongmoin | 4065 | 4065 | 3591 |
| 白朗县 | Bainang | 8493 | 8493 | 8026 |
| 仁布县 | Rinbung | 3420 | 3420 | 3420 |
| 康马县 | Kangmar | 3140 | 3140 | 3121 |
| 定结县 | Dinggyê | 2749 | 2749 | 2337 |
| 仲巴县 | Zhongba | 98 | 98 | |
| 亚东县 | Yadong | 890 | 890 | 641 |
| 吉隆县 | Gyirong | 1226 | 1226 | 951 |
| 聂拉木县 | Nyalam | 1615 | 1615 | 1545 |
| 萨嘎县 | Saga | 476 | 476 | 399 |
| 岗巴县 | Kamba | 1500 | 1500 | 1500 |

## 17-4 续表2 continued

单位：公顷 (heactare)

| 地 区 | Region | 年末实有耕地面积 Cultivated Areas (Year-end) | # 旱地 Dry Fields | 农田有效灌溉面积 Irrigated Areas |
|---|---|---|---|---|
| **那曲地区** | **Nagqu** | | | |
| 那曲县 | Nagqu | | | |
| 嘉黎县 | Lhari | 331 | 331 | 221 |
| 比如县 | Biru | 1693 | 1693 | |
| 聂荣县 | Nyainrong | | | |
| 安多县 | Amdo | | | |
| 申扎县 | Xainza | | | |
| 索 县 | Sog | 2583 | 2583 | |
| 班戈县 | Bangoin | | | |
| 巴青县 | Baqên | 244 | 244 | |
| 尼玛县 | Nyima | 165 | 165 | |
| **阿里地区** | **Ngari** | | | |
| 普兰县 | Burang | 621 | 621 | 621 |
| 札达县 | Zanda | 691 | 691 | 298 |
| 噶尔县 | Gar | 827 | 827 | |
| 日土县 | Rutog | 636 | 636 | 636 |
| 革吉县 | Gê'gyai | | | |
| 改则县 | Gêrzê | | | |
| 措勤县 | Coqên | | | |
| **林芝地区** | **Nyingchi** | | | |
| 林芝县 | Nyingchi | 2561 | 2561 | 2523 |
| 工布江达县 | Gongbo' gyamda | 3013 | 3013 | 3010 |
| 米林县 | Mainling | 3058 | 3058 | 2832 |
| 墨脱县 | Mêdog | 1702 | 1702 | 1600 |
| 波密县 | Bomê | 4254 | 4254 | 2448 |
| 察隅县 | Zayü | 2768 | 2768 | 2199 |
| 朗 县 | Nang | 1344 | 1344 | 1000 |

# 17-5 农作物播种面积（2012年）

## TOTAL SOWN AREAS OF FARM CROPS （2012）

单位：公顷 (hectare)

| 地 区 | Region | 农作物 播种面积 Total Sown Area | 粮食作物 Grain Crops | #谷物 Cereal | #豆类 Beans | 油料 Oil-bearing Crops |
|---|---|---|---|---|---|---|
| **拉萨市** | **Lhasa** | | | | | |
| 城关区 | Lhasa Chengguanqu | 1513 | 428 | 428 | | 244 |
| 林周县 | Lhünzhub | 10755 | 9191 | 9191 | | 1004 |
| 当雄县 | Damxung | 2663 | | | | |
| 尼木县 | Nyêmo | 2437 | 1969 | 1899.62 | 69 | 369 |
| 曲水县 | Qüxü | 4736 | 3495 | 3494.77 | | 265 |
| 堆龙德庆县 | Doilungdêqên | 5542 | 3687 | 3493.19 | 194 | 693 |
| 达孜县 | Dagzê | 4939 | 3195 | 3172.84 | 22 | 251 |
| 墨竹工卡县 | Maizhokunggar | 5869 | 4116 | 3825.21 | 291 | 1114 |
| **昌都地区** | **Qamdo** | | | | | |
| 昌都县 | Qamdo | 5920 | 4767 | 4763.33 | 3 | 279 |
| 江达县 | Jomda | 4835 | 4307 | 4245.98 | 61 | 121 |
| 贡觉县 | Konjo | 4280 | 3720 | 3681 | 39 | 400 |
| 类乌齐县 | Riwoqê | 2980 | 2405 | 2405 | | |
| 丁青县 | Dêngqên | 8010 | 6852 | 6626 | 226 | 626 |
| 察雅县 | Chagyab | 3845 | 3300 | 3155.21 | 118 | 171 |
| 八宿县 | Baxoi | 3320 | 2800 | 2743.32 | 40 | 171 |
| 左贡县 | Zogang | 3805 | 3241 | 3079.27 | 24 | 163 |
| 芒康县 | Markam | 7021 | 5865 | 5630.7 | 147 | 475 |
| 洛隆县 | Lhorong | 6091 | 4806 | 4659.99 | 13 | 564 |
| 边坝县 | Banbar | 3562 | 3009 | 2725.85 | 283 | 273 |
| **山南地区** | **Shannan** | | | | | |
| 乃东县 | Nêdong | 4041 | 2851 | 2778.67 | 72 | 629 |
| 扎囊县 | Chanang | 4554 | 3401 | 3367.36 | 33 | 867 |
| 贡嘎县 | Konggar | 5555 | 4129 | 4068.39 | 61 | 503 |

## 17-5 续表1 continued

单位：公顷 (hectare)

| 地区 | Region | 农作物播种面积 Total Sown Area | 粮食作物 Grain Crops | #谷物 Cereal | #豆类 Beans | 油料 Oil-bearing Crops |
|---|---|---|---|---|---|---|
| 桑日县 | Sangri | 1531 | 878 | 870 | 8 | 403 |
| 琼结县 | Qonggyai | 1828 | 1039 | 998 | 41 | 382 |
| 曲松县 | Qusum | 1663 | 1108 | 1015 | 93 | 385 |
| 措美县 | Comai | 984 | 699 | 683 | 16 | 95 |
| 洛扎县 | Lhozhag | 2070 | 1604 | 1324 | 279 | 284 |
| 加查县 | Gyaca | 2013 | 1505 | 1500 | 5 | 155 |
| 隆子县 | Lhünzê | 3358 | 2234 | 1922 | 312 | 484 |
| 错那县 | Cona | 1491 | 1188 | 1096 | 92 | 134 |
| 浪卡子县 | Nagarzê | 2578 | 1839 | 1831 | 8 | 223 |
| **日喀则地区** | **Xigazê** | | | | | |
| 日喀则市 | Xigazê Shi | 12561 | 6213 | 6176 | 37 | 1568 |
| 南木林县 | Namling | 7891 | 4106 | 3893 | 213 | 860 |
| 江孜县 | Gyangzê | 10799 | 7994 | 7101 | 893 | 1233 |
| 定日县 | Tingri | 6812 | 5112 | 4681 | 431 | 544 |
| 萨迦县 | Sa'gya | 7651 | 4671 | 4361 | 311 | 706 |
| 拉孜县 | Lhazê | 7874 | 4447 | 4350 | 97 | 1500 |
| 昂仁县 | Ngamring | 4972 | 3953 | 3795 | 158 | 340 |
| 谢通门县 | Xaitongmoin | 4065 | 2505 | 2385 | 120 | 440 |
| 白朗县 | Bainang | 8257 | 5260 | 5260 | | 1000 |
| 仁布县 | Rinbung | 3420 | 2040 | 1840 | 200 | 464 |
| 康马县 | Kangmar | 3140 | 2192 | 1876 | 316 | 442 |
| 定结县 | Dinggyê | 2605 | 1833 | 1459 | 374 | 333 |
| 仲巴县 | Zhongba | 98 | | | | |
| 亚东县 | Yadong | 887 | 382 | 382 | | 19 |
| 吉隆县 | Gyirong | 1223 | 802 | 726 | 15 | 208 |
| 聂拉木县 | Nyalam | 1615 | 1082 | 1039 | 43 | 175 |
| 萨嘎县 | Saga | 476 | 372 | 300 | 71 | 31 |
| 岗巴县 | Kamba | 1500 | 905 | 905 | | 213 |

17-5 续表2 continued

单位：公顷 (hectare)

| 地 区 | Region | 农作物播种面积 Total Sown Area | 粮食作物 Grain Crops | #谷物 Cereal | #豆类 Beans | 油料 Oil-bearing Crops |
|---|---|---|---|---|---|---|
| **那曲地区** | **Nagqu** | | | | | |
| 那曲县 | Nagqu | | | | | |
| 嘉黎县 | Lhari | 341 | 284 | 275 | 5 | |
| 比如县 | Biru | 1604 | 1245 | 1245 | | |
| 聂荣县 | Nyainrong | | | | | |
| 安多县 | Amdo | | | | | |
| 申扎县 | Xainza | | | | | |
| 索 县 | Sog | 2520 | 1886 | 1837 | 49 | 54 |
| 班戈县 | Bangoin | | | | | |
| 巴青县 | Baqên | 154 | 82 | 70 | | |
| 尼玛县 | Nyima | 164.83 | 87 | 77 | 10 | |
| **阿里地区** | **Ngari** | | | | | |
| 普兰县 | Burang | 1131 | 556 | 509 | 39 | 55 |
| 札达县 | Zanda | 509 | 382 | 333 | 35 | 24 |
| 噶尔县 | Gar | 1961 | 368 | 368 | | 33 |
| 日土县 | Rutog | 1190 | 329 | 326 | 1 | 19 |
| 革吉县 | Gê'gyai | 748 | | | | |
| 改则县 | Gêrzê | 734 | | | | |
| 措勤县 | Coqên | 650.2 | | | | |
| **林芝地区** | **Nyingchi** | | | | | |
| 林芝县 | Nyingchi | 3294 | 1959 | 1922 | 37 | 379 |
| 工布江达县 | Gongbo' gyamda | 2974 | 2326 | 2186 | 12 | 512 |
| 米林县 | Mainling | 3365 | 2680 | 2648 | 33 | 324 |
| 墨脱县 | Mêdog | 1595 | 1419 | 1373 | 46 | 21 |
| 波密县 | Bomê | 4509 | 3991 | 3887 | 85 | 273 |
| 察隅县 | Zayü | 4658 | 4060 | 3876 | 114 | 196 |
| 朗 县 | Nang | 1300 | 1034 | 943 | 17 | 175 |

# 17-6 主要农作物产量（2012年）

## YIELD OF MAJOR FARM CROPS (2012)

单位：吨 (ton)

| 地区 | Region | 粮食 Grain | #谷物 Cereal | #豆类 Beans | 油菜籽 Oil-bearing Crops |
|---|---|---|---|---|---|
| **拉萨市** | **Lhasa** | | | | |
| 城关区 | Lhasa Chengguanqu | 2501 | 2501 | | 723 |
| 林周县 | Lhünzhub | 62053 | 62053 | | 2521 |
| 当雄县 | Damxung | | | | |
| 尼木县 | Nyêmo | 12531 | 12223 | 308 | 1197 |
| 曲水县 | Qüxü | 25092 | 25092 | | 2021 |
| 堆龙德庆县 | Doilungdêqên | 24732 | 24058 | 674 | 2368 |
| 达孜县 | Dagzê | 23878 | 23810 | 67 | 1520 |
| 墨竹工卡县 | Maizhokunggar | 23524 | 22690 | 834 | 2874 |
| **昌都地区** | **Qamdo** | | | | |
| 昌都县 | Qamdo | 18589 | 18575 | 14 | 348 |
| 江达县 | Jomda | 12900 | 12670 | 230 | 350 |
| 贡觉县 | Konjo | 12581 | 12496 | 85 | 185 |
| 类乌齐县 | Riwoqê | 7942 | 7942 | | |
| 丁青县 | Dêngqên | 23785 | 23138 | 647 | 804 |
| 察雅县 | Chagyab | 13279 | 12655 | 417 | 253 |
| 八宿县 | Baxoi | 10830 | 10593 | 161 | 241 |
| 左贡县 | Zogang | 16805 | 16216 | 168 | 249 |
| 芒康县 | Markam | 26018 | 24863 | 546 | 620 |
| 洛隆县 | Lhorong | 21255 | 20426 | 190 | 680 |
| 边坝县 | Banbar | 10570 | 9955 | 615 | 515 |
| **山南地区** | **Shannan** | | | | |
| 乃东县 | Nêdong | 21310 | 20994 | 315 | 1789 |
| 扎囊县 | Chanang | 21277 | 21207 | 70 | 2555 |
| 贡嘎县 | Konggar | 29049 | 28904 | 145 | 1386 |

17-6 续表1 continued

单位：吨 (ton)

| 地　区 | Region | 粮食 Grain | #谷物 Cereal | #豆类 Beans | 油菜籽 Oil-bearing Crops |
|---|---|---|---|---|---|
| 桑日县 | Sangri | 7991 | 7940 | 51 | 1124 |
| 琼结县 | Qonggyai | 11109 | 10885 | 225 | 1267 |
| 曲松县 | Qusum | 7179 | 6672 | 508 | 975 |
| 措美县 | Comai | 3200 | 3169 | 31 | 405 |
| 洛扎县 | Lhozhag | 9578 | 8068 | 1511 | 838 |
| 加查县 | Gyaca | 7749 | 7723 | 27 | 404 |
| 隆子县 | Lhünzê | 16952 | 15715 | 1237 | 999 |
| 错那县 | Cona | 4179 | 3915 | 265 | 369 |
| 浪卡子县 | Nagarzê | 7519 | 7503 | 16 | 701 |
| **日喀则地区** | **Xigazê** | | | | |
| 日喀则市 | Xigazê Shi | 72054 | 71774 | 280 | 3479 |
| 南木林县 | Namling | 20796 | 20136 | 660 | 2411 |
| 江孜县 | Gyangzê | 61187 | 58302 | 2884 | 6073 |
| 定日县 | Tingri | 26325 | 24841 | 1484 | 1322 |
| 萨迦县 | Sa'gya | 26358 | 24655 | 1704 | 2551 |
| 拉孜县 | Lhazê | 36540 | 36053 | 487 | 4520 |
| 昂仁县 | Ngamring | 18189 | 17718 | 471 | 958 |
| 谢通门县 | Xaitongmoin | 14825 | 14469 | 356 | 1155 |
| 白朗县 | Bainang | 41358 | 41358 | | 2360 |
| 仁布县 | Rinbung | 8497 | 7953 | 544 | 916 |
| 康马县 | Kangmar | 9476 | 7636 | 1841 | 738 |
| 定结县 | Dinggyê | 6081 | 4834 | 1247 | 881 |
| 仲巴县 | Zhongba | | | | |
| 亚东县 | Yadong | 1231 | 1231 | | 38 |
| 吉隆县 | Gyirong | 4551 | 4184 | 87 | 726 |
| 聂拉木县 | Nyalam | 6153 | 5961 | 192 | 507 |
| 萨嘎县 | Saga | 1308 | 1080 | 228 | 69 |
| 岗巴县 | Kamba | 3203 | 3203 | | 255 |

17-6 续表2 continued

单位：吨 (ton)

| 地区 | Region | 粮食 Grain | #谷物 Cereal | #豆类 Beans | 油菜籽 Oil-bearing Crops |
|---|---|---|---|---|---|
| **那曲地区** | **Nagqu** | | | | |
| 那曲县 | Nagqu | | | | |
| 嘉黎县 | Lhari | 1652 | 1608 | 13 | |
| 比如县 | Biru | 3290 | 3290 | | |
| 聂荣县 | Nyainrong | | | | |
| 安多县 | Amdo | | | | |
| 申扎县 | Xainza | | | | |
| 索　县 | Sog | 6448 | 6364 | 85 | 87 |
| 班戈县 | Bangoin | | | | |
| 巴青县 | Baqên | 104 | 46 | | |
| 尼玛县 | Nyima | 174 | 174 | | |
| **阿里地区** | **Ngari** | | | | |
| 普兰县 | Burang | 2634 | 2373 | 137 | 152 |
| 札达县 | Zanda | 819 | 742 | 27 | 43 |
| 噶尔县 | Gar | 707 | 707 | | 17 |
| 日土县 | Rutog | 965 | 939 | 3 | 22 |
| 革吉县 | Gê'gyai | | | | |
| 改则县 | Gêrzê | | | | |
| 措勤县 | Coqên | | | | |
| **林芝地区** | **Nyingchi** | | | | |
| 林芝县 | Nyingchi | 11787 | 11657 | 130 | 868 |
| 工布江达县 | Gongbo' gyamda | 6629 | 5654 | 7 | 814 |
| 米林县 | Mainling | 9806 | 9753 | 52 | 518 |
| 墨脱县 | Mêdog | 4975 | 4924 | 51 | 1 |
| 波密县 | Bomê | 17297 | 17031 | 95 | 614 |
| 察隅县 | Zayü | 18625 | 17837 | 226 | 164 |
| 朗　县 | Nang | 6091 | 5635 | 160 | 315 |

# 17-7 年末牲畜存栏头数和肉类产量（2012年）

## NUMBER OF ANIMALS TKG OUTPUT OF MEAT AT THE YEAR-END(2012)

| 地区 | Region | 年末牲畜存栏头数（万头只） Number of Animals (Year-end) (10000 heads) | #大牲畜 Large Animals | #羊 Sheep and Goats | 肉类总产量（吨） Output of Meat (ton) | #牛肉 Beef | #羊肉 Mutton |
|---|---|---|---|---|---|---|---|
| 拉萨市 | **Lhasa** | | | | | | |
| 城关区 | Lhasa Chengguanqu | 1.56 | 1.31 | 0.10 | 1097 | 895 | 27 |
| 林周县 | Lhünzhub | 25.73 | 13.80 | 11.16 | 4248 | 3325 | 363 |
| 当雄县 | Damxung | 41.34 | 20.01 | 21.33 | 8261 | 5753 | 2508 |
| 尼木县 | Nyêmo | 14.51 | 5.58 | 8.91 | 2916 | 2030 | 866 |
| 曲水县 | Qüxü | 10.17 | 5.26 | 3.47 | 1559 | 1036 | 152 |
| 堆龙德庆县 | Doilungdêqên | 11.01 | 6.15 | 3.99 | 3811 | 2913 | 488 |
| 达孜县 | Dagzê | 9.71 | 4.62 | 4.40 | 2711 | 2163 | 203 |
| 墨竹工卡县 | Maizhokunggar | 21.38 | 13.32 | 7.42 | 6829 | 6038 | 541 |
| 昌都地区 | **Qamdo** | | | | | | |
| 昌都县 | Qamdo | 34.30 | 28.06 | 6.24 | 10517 | 9775 | 740 |
| 江达县 | Jomda | 48.04 | 31.68 | 16.32 | 13283 | 11923 | 1358 |
| 贡觉县 | Konjo | 25.51 | 13.37 | 12.14 | 6354 | 5115 | 1239 |
| 类乌齐县 | Riwoqê | 20.40 | 17.12 | 3.28 | 5996 | 5450 | 546 |
| 丁青县 | Dêngqên | 25.70 | 15.05 | 10.65 | 7483 | 6744 | 739 |
| 察雅县 | Chagyab | 32.31 | 16.60 | 15.70 | 6804 | 5514 | 1281 |
| 八宿县 | Baxoi | 25.18 | 12.87 | 12.03 | 5539 | 4617 | 844 |
| 左贡县 | Zogang | 25.97 | 11.21 | 11.89 | 8606 | 5631 | 1372 |
| 芒康县 | Markam | 44.57 | 20.00 | 22.66 | 7556 | 4688 | 2162 |
| 洛隆县 | Lhorong | 20.18 | 13.67 | 6.39 | 6493 | 5965 | 497 |
| 边坝县 | Banbar | 20.35 | 16.97 | 3.37 | 8373 | 8267 | 102 |
| 山南地区 | **Shannan** | | | | | | |
| 乃东县 | Nêdong | 12.64 | 4.80 | 7.48 | 3879 | 1671 | 505 |
| 扎囊县 | Chanang | 10.50 | 3.59 | 6.67 | 3045 | 2119 | 848 |
| 贡嘎县 | Konggar | 21.01 | 4.44 | 16.30 | 2400 | 1390 | 840 |

17-7 续表1 continued

| 地区 | Region | 年末牲畜存栏头数(万头只) Number of Animals (Year-end) (10000 heads) | #大牲畜 Large Animals | #羊 Sheep and Goats | 肉类总产量(吨) Output of Meat (ton) | #牛肉 Beef | #羊肉 Mutton |
|---|---|---|---|---|---|---|---|
| 桑日县 | Sangri | 10.22 | 5.21 | 4.73 | 2110 | 1666 | 274 |
| 琼结县 | Qonggyai | 7.12 | 1.45 | 5.52 | 881 | 507 | 288 |
| 曲松县 | Qusum | 11.75 | 2.86 | 8.84 | 1834 | 1288 | 502 |
| 措美县 | Comai | 15.97 | 3.24 | 12.71 | 2035 | 1100 | 924 |
| 洛扎县 | Lhozhag | 9.62 | 2.75 | 6.67 | 915 | 558 | 284 |
| 加查县 | Gyaca | 7.52 | 6.36 | 0.95 | 1955 | 1722 | 109 |
| 隆子县 | Lhünzê | 20.10 | 6.91 | 13.00 | 2610 | 1767 | 708 |
| 错那县 | Cona | 9.94 | 2.76 | 7.12 | 1119 | 687 | 404 |
| 浪卡子县 | Nagarzê | 36.50 | 6.39 | 30.11 | 2852 | 1472 | 1380 |
| **日喀则地区** | **Xigazê** | | | | | | |
| 日喀则市 | Xigazê Shi | 30.33 | 6.56 | 23.27 | 2592 | 1192 | 1117 |
| 南木林县 | Namling | 40.38 | 13.33 | 26.84 | 2673 | 1879 | 702 |
| 江孜县 | Gyangzê | 32.82 | 7.11 | 25.54 | 2750 | 1355 | 1319 |
| 定日县 | Tingri | 32.52 | 5.89 | 26.63 | 2317 | 992 | 1325 |
| 萨迦县 | Sa'gya | 33.99 | 3.62 | 30.30 | 2448 | 1054 | 1372 |
| 拉孜县 | Lhazê | 32.90 | 5.50 | 27.37 | 1898 | 819 | 1077 |
| 昂仁县 | Ngamring | 59.07 | 12.18 | 46.88 | 3606 | 1535 | 2071 |
| 谢通门县 | Xaitongmoin | 32.78 | 9.80 | 22.93 | 3877 | 2724 | 1133 |
| 白朗县 | Bainang | 24.10 | 4.57 | 19.34 | 1319 | 525 | 736 |
| 仁布县 | Rinbung | 16.14 | 3.95 | 12.18 | 960 | 506 | 454 |
| 康马县 | Kangmar | 19.33 | 1.83 | 17.50 | 1181 | 433 | 746 |
| 定结县 | Dinggyê | 22.60 | 1.77 | 20.80 | 1030 | 218 | 797 |
| 仲巴县 | Zhongba | 61.66 | 8.01 | 53.65 | 4977 | 2608 | 2369 |
| 亚东县 | Yadong | 9.37 | 2.84 | 6.50 | 957 | 773 | 173 |
| 吉隆县 | Gyirong | 13.26 | 2.56 | 10.66 | 1373 | 706 | 642 |
| 聂拉木县 | Nyalam | 19.39 | 2.26 | 17.13 | 634 | 289 | 346 |
| 萨嘎县 | Saga | 21.82 | 4.23 | 17.59 | 1880 | 875 | 1005 |
| 岗巴县 | Kamba | 16.18 | 0.91 | 15.27 | 1118 | 147 | 971 |

17-7 续表2 continued

| 地　区 | Region | 年末牲畜存栏头数(万头只) Number of Animals (Year-end) (10000 heads) | #大牲畜 Large Animals | #羊 Sheep and Goats | 肉类总产量(吨) Output of Meat (ton) | #牛肉 Beef | #羊肉 Mutton |
|---|---|---|---|---|---|---|---|
| **那曲地区** | **Nagqu** | | | | | | |
| 那曲县 | Nagqu | 78.27 | 41.49 | 36.78 | 11863 | 8814 | 3049 |
| 嘉黎县 | Lhari | 20.43 | 18.19 | 1.79 | 5948 | 5542 | 334 |
| 比如县 | Biru | 24.5785 | 19.83 | 4.75 | 8296 | 7878 | 418 |
| 聂荣县 | Nyainrong | 30.60 | 19.74 | 10.86 | 8508 | 7193 | 1315 |
| 安多县 | Amdo | 87.06 | 27.48 | 59.58 | 12480 | 7281 | 5199 |
| 申扎县 | Xainza | 59.86 | 6.80 | 53.06 | 5721 | 2766 | 2955 |
| 索　县 | Sog | 14.19 | 11.22 | 2.97 | 4885 | 4637 | 249 |
| 班戈县 | Bangoin | 91.14 | 16.03 | 75.12 | 6322 | 2261 | 4061 |
| 巴青县 | Baqên | 26.99 | 22.13 | 4.86 | 6645 | 6476 | 170 |
| 尼玛县 | Nyima | 100.79 | 9.24 | 91.55 | 8347 | 3054 | 5293 |
| **阿里地区** | **Ngari** | | | | | | |
| 普兰县 | Burang | 13.09 | 1.76 | 11.32 | 544 | 276 | 268 |
| 札达县 | Zanda | 12.50 | 2.11 | 10.39 | 473 | 98 | 375 |
| 噶尔县 | Gar | 19.38 | 1.18 | 18.19 | 1311 | 393 | 918 |
| 日土县 | Rutog | 38.93 | 0.95 | 37.98 | 2097 | 152 | 1945 |
| 革吉县 | Gê'gyai | 56.62 | 2.55 | 54.07 | 4427 | 673 | 3753 |
| 改则县 | Gêrzê | 69.62 | 4.47 | 65.14 | 5416 | 1086 | 4330 |
| 措勤县 | Coqên | 47.00 | 4.18 | 42.82 | 2033 | 261 | 1772 |
| **林芝地区** | **Nyingchi** | | | | | | |
| 林芝县 | Nyingchi | 11.18 | 6.18 | 0.70 | 2435 | 625 | 53 |
| 工布江达县 | Gongbo' gyamda | 16.02 | 10.29 | 0.92 | 2221 | 1369 | 21 |
| 米林县 | Mainling | 11.80 | 5.88 | 1.84 | 1441 | 624 | 37 |
| 墨脱县 | Mêdog | 1.29 | 0.67 | | 329 | 99 | |
| 波密县 | Bomê | 10.22 | 6.62 | 0.21 | 1536 | 891 | 3 |
| 察隅县 | Zayü | 11.23 | 4.84 | 2.21 | 1370 | 462 | 148 |
| 朗　县 | Nang | 9.18 | 6.58 | 2.09 | 2079 | 1826 | 92 |

# 17-8 奶类、皮、毛产量（2012年）

## OUTPUT OF MILK，SHEEP AND GOAT WOOL，SHEEPSKIN AND COWSKIN PRODUCTS(2012)

| 地区 | Region | 奶类 (吨) Milk (ton) | #牛奶 Cow Milk | 羊毛 (吨) Sheep and Goat Wool (ton) | #绵羊毛 Sheep Wool | 羊皮 (张) Sheepskin (unit) | 牛皮 (张) Cowskin (unit) |
|---|---|---|---|---|---|---|---|
| **拉萨市** | **Lhasa** | | | | | | |
| 城关区 | Lhasa Chengguanqu | 8994 | 8994 | 1.66 | 1.43 | 1744 | 7671 |
| 林周县 | Lhünzhub | 3508 | 3422 | 78.93 | 62.74 | 30538 | 29963 |
| 当雄县 | Damxung | 4452 | 2671 | 102.06 | 94.09 | 101441 | 32393 |
| 尼木县 | Nyêmo | 3526 | 3323 | 47.24 | 28.09 | 54626 | 17752 |
| 曲水县 | Qüxü | 4784 | 4784 | 50.68 | 42.67 | 8737 | 9411 |
| 堆龙德庆县 | Doilungdêqên | 2007 | 2007 | 9.50 | 7.73 | 21361 | 22771 |
| 达孜县 | Dagzê | 2391 | 2391 | 26.84 | 15.20 | 20620 | 22169 |
| 墨竹工卡县 | Maizhokunggar | 3122 | 3115 | 48.98 | 25.08 | 21970 | 38178 |
| **昌都地区** | **Qamdo** | | | | | | |
| 昌都县 | Qamdo | 15530 | 13489 | 88.80 | 70.95 | 36177 | 75054 |
| 江达县 | Jomda | 8957 | 8791 | 86.20 | 49.40 | 58043 | 81697 |
| 贡觉县 | Konjo | 4393 | 2844 | 202.00 | 202.00 | 59963 | 35747 |
| 类乌齐县 | Riwoqê | 9346 | 8919 | 36.00 | 20.00 | 33683 | 44126 |
| 丁青县 | Dêngqên | 5785 | 5325 | 48.00 | 42.30 | 63454 | 46888 |
| 察雅县 | Chagyab | 5218 | 4942 | 133.74 | 79.58 | 52283 | 47929 |
| 八宿县 | Baxoi | 5300 | 3910 | 73.05 | 66.35 | 60649 | 32267 |
| 左贡县 | Zogang | 5646 | 5100 | 68.23 | 32.84 | 52512 | 36157 |
| 芒康县 | Markam | 8767 | 5960 | 133.00 | 98.00 | 61332 | 30789 |
| 洛隆县 | Lhorong | 6408 | 5920 | 55.94 | 40.75 | 22110 | 46086 |
| 边坝县 | Banbar | 6143 | 5301 | 12.82 | 7.55 | 7922 | 64679 |
| **山南地区** | **Shannan** | | | | | | |
| 乃东县 | Nêdong | 3012 | 3012 | 54.28 | 41.81 | 35188 | 12608 |
| 扎囊县 | Chanang | 3952 | 2799 | 99.82 | 90.72 | 48553 | 13826 |
| 贡嘎县 | Konggar | 3697 | 3697 | 192.51 | 180.10 | 67203 | 11120 |

## 17-8 续表1 continued

| 地区 | Region | 奶类 (吨) Milk (ton) | #牛奶 Cow Milk | 羊毛 (吨) Sheep and Goat Wool (ton) | #绵羊毛 Sheep Wool | 羊皮 (张) Sheepskin (unit) | 牛皮 (张) Cowskin (unit) |
|---|---|---|---|---|---|---|---|
| 桑日县 | Sangri | 2203 | 2203 | 38.02 | 13.02 | 17900 | 12380 |
| 琼结县 | Qonggyai | 926 | 926 | 39.28 | 34.25 | 20607 | 2535 |
| 曲松县 | Qusum | 5610 | 5518 | 136.09 | 118.28 | 40170 | 10300 |
| 措美县 | Comai | 3873 | 3474 | 168.04 | 160.51 | 76064 | 11203 |
| 洛扎县 | Lhozhag | 2948 | 2945 | 63.51 | 50.05 | 24532 | 5869 |
| 加查县 | Gyaca | 4502 | 4502 | 8.95 | 4.65 | 8721 | 14351 |
| 隆子县 | Lhünzê | 5906 | 5841 | 168.70 | 129.70 | 49762 | 17526 |
| 错那县 | Cona | 2083 | 2029 | 69.09 | 59.66 | 20190 | 3856 |
| 浪卡子县 | Nagarzê | 8085 | 6404 | 268.49 | 251.00 | 110367 | 12413 |
| **日喀则地区** | **Xigazê** | | | | | | |
| 日喀则市 | Xigazê Shi | 6647 | 6647 | 104.79 | 88.44 | 80437 | 8016 |
| 南木林县 | Namling | 3650 | 3340 | 98.70 | 89.40 | 52286 | 29 |
| 江孜县 | Gyangzê | 16976 | 16409 | 161.25 | 138.45 | 107347 | 17052 |
| 定日县 | Tingri | 2785 | 813 | 67.70 | 50.92 | 98698 | 13438 |
| 萨迦县 | Sa'gya | 2073 | 1628 | 123.84 | 102.74 | 103817 | 16411 |
| 拉孜县 | Lhazê | 1766 | 1056 | 74.71 | 55.40 | 88188 | 10821 |
| 昂仁县 | Ngamring | 4741 | 2099 | 198.94 | 165.74 | 152946 | 22519 |
| 谢通门县 | Xaitongmoin | 3262 | 2604 | 79.39 | 71.13 | 118916 | 36816 |
| 白朗县 | Bainang | 4250 | 3942 | 127.96 | 103.65 | 84212 | 6808 |
| 仁布县 | Rinbung | 1584 | 1582 | 78.83 | 60.93 | 46688 | 6937 |
| 康马县 | Kangmar | 2710 | 2220 | 100.55 | 93.02 | 77127 | 5822 |
| 定结县 | Dinggyê | 1394 | 459 | 91.12 | 69.95 | 80735 | 2161 |
| 仲巴县 | Zhongba | 13167 | 2924 | 514.37 | 463.26 | 201288 | 22738 |
| 亚东县 | Yadong | 1028 | 876 | 48.40 | 46.03 | 18142 | 5471 |
| 吉隆县 | Gyirong | 2689 | 1461 | 214.25 | 158.69 | 52459 | 7333 |
| 聂拉木县 | Nyalam | 2230 | 1296 | 85.11 | 70.27 | 29194 | 3928 |
| 萨嘎县 | Saga | 1829 | 1196 | 76.30 | 71.30 | 88183 | 9145 |
| 岗巴县 | Kamba | 1035 | 149 | 116.09 | 111.60 | 78031 | 2009 |

## 17-8 续表2 continued

| 地区 | Region | 奶类 (吨) Milk (ton) | #牛奶 Cow Milk | 羊毛 (吨) Sheep and Goat Wool (ton) | #绵羊毛 Sheep Wool | 羊皮 (张) Sheepskin (unit) | 牛皮 (张) Cowskin (unit) |
|---|---|---|---|---|---|---|---|
| **那曲地区** | **Nagqu** | | | | | | |
| 那曲县 | Nagqu | 9199 | 8362 | 230.82 | 214.46 | 240143 | 91280 |
| 嘉黎县 | Lhari | 4728 | 4551 | 28.83 | 18.65 | 10036 | 31138 |
| 比如县 | Biru | 6760 | 6456 | 96.39 | 76.52 | 28803 | 53610 |
| 聂荣县 | Nyainrong | 4878 | 4512 | 193.30 | 190.70 | 74187 | 54265 |
| 安多县 | Amdo | 6707 | 4857 | 555.67 | 532.17 | 289318 | 66422 |
| 申扎县 | Xainza | 4541 | 2723 | 482.15 | 451.96 | 227166 | 11 |
| 索　县 | Sog | 2682 | 2344 | 10.57 | 7.06 | 17347 | 38492 |
| 班戈县 | Bangoin | 6081 | 2142 | 835.34 | 783.04 | 324460 | 26600 |
| 巴青县 | Baqên | 1227 | 1140 | 31.27 | 25.89 | 12349 | 54479 |
| 尼玛县 | Nyima | 3088 | 1014 | 655.97 | 594.19 | 397731 | 26049 |
| **阿里地区** | **Ngari** | | | | | | |
| 普兰县 | Burang | 836 | 314 | 64.61 | 62.22 | 8665 | 839 |
| 札达县 | Zanda | 571 | 89 | 58.71 | 51.91 | 16808 | 1334 |
| 噶尔县 | Gar | 922 | 111 | 102.10 | 81.60 | 32604 | 1019 |
| 日土县 | Rutog | 201 | 41 | 126.00 | 117.00 | 62173 | 1500 |
| 革吉县 | Gê'gyai | 2447 | 207 | 266.80 | 255.20 | 241360 | 7971 |
| 改则县 | Gêrzê | 2570 | 201 | 711.10 | 470.00 | 231237 | 12407 |
| 措勤县 | Coqên | 1484 | 206 | 291.71 | 270.01 | 83329 | 2182 |
| **林芝地区** | **Nyingchi** | | | | | | |
| 林芝县 | Nyingchi | 4565 | 4565 | 4.11 | 4.11 | 247 | 1141 |
| 工布江达县 | Gongbo' gyamda | 4435 | 4425 | 28.00 | 28.00 | 1127 | 7933 |
| 米林县 | Mainling | 3316 | 3316 | 11.65 | 10.20 | 638 | 1519 |
| 墨脱县 | Mêdog | 95 | 95 | | | | |
| 波密县 | Bomê | 3751 | 3751 | | | 139 | 1032 |
| 察隅县 | Zayü | 1269 | 1269 | 8.00 | 3.00 | 2917 | 1326 |
| 朗　县 | Nang | 3885 | 3885 | 24.00 | 12.00 | 4948 | 15338 |

第十八篇

# 全国各省（区、市）统计资料

Chapter 18

# STATISTICAL DATA OF PROVINCE, MUNICIPALITY AND AUTONOMOUS REGION

# 18-1 各省（区、市）生产总值（2012年）

## GROSS DOMESTIC PRODUCT BY PROVINCE, MUNICIPALITY AND AUTONOMOUS REGION (2012)

单位：亿元 (100 million yuan)

| 地区 | Region | 地区生产总值 Gross Domestic Product | 第一产业 Primary Industry | 第二产业 Secondary Industry | #工业 Industry | 第三产业 Tertiary Industry |
|---|---|---|---|---|---|---|
| **全国** | **National Total** | **519322.1** | **52377.0** | **235318.6** | **199859.6** | **231626.5** |
| 北京 | Beijing | 17801.0 | 150.3 | 4058.3 | 3294.3 | 13592.5 |
| 天津 | Tianjin | 12885.2 | 171.5 | 6663.7 | 6122.9 | 6050.0 |
| 河北 | Hebei | 26575.0 | 3186.7 | 14001.0 | 12511.6 | 9387.3 |
| 山西 | Shanxi | 12112.8 | 697.9 | 7009.1 | 6302.7 | 4405.9 |
| 内蒙古 | Inner Mongolia | 15988.3 | 1447.4 | 9032.5 | 7966.6 | 5508.4 |
| 辽宁 | Liaoning | 24801.3 | 2155.8 | 13338.7 | 11712.7 | 9306.8 |
| 吉林 | Jilin | 11937.8 | 1412.1 | 6374.5 | 5582.5 | 4151.3 |
| 黑龙江 | Heilongjiang | 13691.6 | 2113.7 | 6456.4 | 5659.3 | 5121.4 |
| 上海 | Shanghai | 20101.3 | 127.8 | 7912.8 | 7159.4 | 12060.8 |
| 江苏 | Jiangsu | 54058.2 | 3418.3 | 27121.9 | 23908.4 | 23518.0 |
| 浙江 | Zhejiang | 34606.3 | 1669.5 | 17312.4 | 15336.3 | 15624.4 |
| 安徽 | Anhui | 17212.1 | 2178.7 | 9404.0 | 8025.8 | 5629.3 |
| 福建 | Fujian | 19701.8 | 1776.5 | 10288.6 | 8644.2 | 7636.7 |
| 江西 | Jiangxi | 12948.5 | 1520.2 | 6967.5 | 5854.6 | 4460.8 |
| 山东 | Shandong | 50013.2 | 4281.7 | 25735.7 | 22798.3 | 19995.8 |
| 河南 | Henan | 29810.1 | 3772.3 | 17020.2 | 15357.4 | 9017.6 |
| 湖北 | Hubei | 22250.2 | 2848.8 | 11190.5 | 9735.2 | 8210.9 |
| 湖南 | Hunan | 22154.2 | 3004.2 | 10506.4 | 9140.0 | 8643.6 |
| 广东 | Guangdong | 57067.9 | 2848.9 | 27825.3 | 25937.2 | 26393.7 |
| 广西 | Guangxi | 13031.0 | 2172.4 | 6333.1 | 5364.9 | 4525.6 |
| 海南 | Hainan | 2855.3 | 711.5 | 803.7 | 521.2 | 1340.1 |
| 重庆 | Chongqing | 11459.0 | 940.0 | 6172.3 | 5181.0 | 4346.7 |
| 四川 | Sichuan | 23849.8 | 3297.2 | 12587.8 | 10800.5 | 7964.8 |
| 贵州 | Guizhou | 6802.2 | 890.0 | 2655.4 | 2196.1 | 3256.8 |
| 云南 | Yunnan | 10309.8 | 1654.6 | 4419.1 | 3450.7 | 4236.1 |
| 西藏 | Tibet | 701.0 | 80.4 | 242.9 | 55.4 | 377.8 |
| 陕西 | Shaanxi | 14451.2 | 1370.2 | 8075.4 | 6847.4 | 5005.6 |
| 甘肃 | Gansu | 5650.2 | 780.4 | 2600.6 | 2074.2 | 2269.2 |
| 青海 | Qinghai | 1884.5 | 176.8 | 1092.0 | 895.9 | 615.8 |
| 宁夏 | Ningxia | 2326.6 | 200.2 | 1158.6 | 878.6 | 967.9 |
| 新疆 | Xinjiang | 7466.3 | 1320.6 | 3560.8 | 2929.9 | 2585.0 |

# 18-2 各省（区、市）生产总值构成（2012年）

## COMPOSITION OF GROSS DOMESTIC PRODUCT BY PROVINCE, MUNICIPALITY AND AUTONOMOUS REGION (2012)

单位：% (%)

| 地区 | Region | 地区生产总值 Gross Domestic Product | 第一产业 Primary Industry | 第二产业 Secondary Industry | 第三产业 Tertiary Industry |
|---|---|---|---|---|---|
| 全国 | **National Total** | **100.0** | **10.1** | **45.3** | **44.6** |
| 北京 | Beijing | 100.0 | 0.8 | 22.8 | 76.4 |
| 天津 | Tianjin | 100.0 | 1.3 | 51.7 | 47.0 |
| 河北 | Hebei | 100.0 | 12.0 | 52.7 | 35.3 |
| 山西 | Shanxi | 100.0 | 5.8 | 57.9 | 36.4 |
| 内蒙古 | Inner Mongolia | 100.0 | 9.1 | 56.5 | 34.5 |
| 辽宁 | Liaoning | 100.0 | 8.7 | 53.8 | 37.5 |
| 吉林 | Jilin | 100.0 | 11.8 | 53.4 | 34.8 |
| 黑龙江 | Heilongjiang | 100.0 | 15.4 | 47.2 | 37.4 |
| 上海 | Shanghai | 100.0 | 0.6 | 39.4 | 60.0 |
| 江苏 | Jiangsu | 100.0 | 6.3 | 50.2 | 43.5 |
| 浙江 | Zhejiang | 100.0 | 4.8 | 50.0 | 45.1 |
| 安徽 | Anhui | 100.0 | 12.7 | 54.6 | 32.7 |
| 福建 | Fujian | 100.0 | 9.0 | 52.2 | 38.8 |
| 江西 | Jiangxi | 100.0 | 11.7 | 53.8 | 34.5 |
| 山东 | Shandong | 100.0 | 8.6 | 51.5 | 40.0 |
| 河南 | Henan | 100.0 | 12.7 | 57.1 | 30.3 |
| 湖北 | Hubei | 100.0 | 12.8 | 50.3 | 36.9 |
| 湖南 | Hunan | 100.0 | 13.6 | 47.4 | 39.0 |
| 广东 | Guangdong | 100.0 | 5.0 | 48.8 | 46.2 |
| 广西 | Guangxi | 100.0 | 16.7 | 48.6 | 34.7 |
| 海南 | Hainan | 100.0 | 24.9 | 28.1 | 46.9 |
| 重庆 | Chongqing | 100.0 | 8.2 | 53.9 | 37.9 |
| 四川 | Sichuan | 100.0 | 13.8 | 52.8 | 33.4 |
| 贵州 | Guizhou | 100.0 | 13.1 | 39.0 | 47.9 |
| 云南 | Yunnan | 100.0 | 16.0 | 42.9 | 41.1 |
| 西藏 | Tibet | 100.0 | 11.5 | 34.5 | 54.0 |
| 陕西 | Shaanxi | 100.0 | 9.5 | 55.9 | 34.6 |
| 甘肃 | Gansu | 100.0 | 13.8 | 46.0 | 40.2 |
| 青海 | Qinghai | 100.0 | 9.4 | 57.9 | 32.7 |
| 宁夏 | Ningxia | 100.0 | 8.6 | 49.8 | 41.6 |
| 新疆 | Xinjiang | 100.0 | 17.7 | 47.7 | 34.6 |

# 18-3 各省（区、市）总人口（2012年）

## TOTAL POPULATION BY PROVINCE, MUNICIPALITY AND AUTONOMOUS REGION (2012)

单位：万人　　　　(person)

| 地区 | Region | 年末总人口 Total Population (year-end) | 比重(%) Proportion(%) 2000年 2000 | 2010年 2010 | 2011年 2011 | 2012年 2012 |
|---|---|---|---|---|---|---|
| 全国 | **National Total** | **135404** | **100.00** | **100.00** | **100.00** | **100** |
| 北京 | Beijing | 2069 | 1.09 | 1.46 | 1.50 | 1.53 |
| 天津 | Tianjin | 1413 | 0.79 | 0.97 | 1.01 | 1.04 |
| 河北 | Hebei | 7288 | 5.33 | 5.36 | 5.37 | 5.38 |
| 山西 | Shanxi | 3611 | 2.6 | 2.67 | 2.67 | 2.67 |
| 内蒙古 | Inner Mongolia | 2490 | 1.88 | 1.84 | 1.84 | 1.84 |
| 辽宁 | Liaoning | 4389 | 3.35 | 3.27 | 3.25 | 3.24 |
| 吉林 | Jilin | 2750 | 2.16 | 2.05 | 2.04 | 2.03 |
| 黑龙江 | Heilongjiang | 3834 | 2.91 | 2.86 | 2.85 | 2.83 |
| 上海 | Shanghai | 2380 | 1.32 | 1.72 | 1.74 | 1.76 |
| 江苏 | Jiangsu | 7920 | 5.88 | 5.87 | 5.86 | 5.85 |
| 浙江 | Zhejiang | 5477 | 3.69 | 4.06 | 4.05 | 4.04 |
| 安徽 | Anhui | 5988 | 4.73 | 4.44 | 4.43 | 4.42 |
| 福建 | Fujian | 3748 | 2.74 | 2.75 | 2.76 | 2.77 |
| 江西 | Jiangxi | 4504 | 3.27 | 3.33 | 3.33 | 3.33 |
| 山东 | Shandong | 9685 | 7.17 | 7.15 | 7.15 | 7.15 |
| 河南 | Henan | 9406 | 7.31 | 7.02 | 6.97 | 6.95 |
| 湖北 | Hubei | 5779 | 4.76 | 4.27 | 4.27 | 4.27 |
| 湖南 | Hunan | 6639 | 5.09 | 4.9 | 4.90 | 4.90 |
| 广东 | Guangdong | 10594 | 6.83 | 7.79 | 7.80 | 7.82 |
| 广西 | Guangxi | 4682 | 3.55 | 3.44 | 3.45 | 3.46 |
| 海南 | Hainan | 887 | 0.62 | 0.65 | 0.65 | 0.66 |
| 重庆 | Chongqing | 2945 | 2.44 | 2.15 | 2.17 | 2.17 |
| 四川 | Sichuan | 8076 | 6.58 | 6 | 5.97 | 5.96 |
| 贵州 | Guizhou | 3484 | 2.78 | 2.59 | 2.57 | 2.57 |
| 云南 | Yunnan | 4659 | 3.39 | 3.43 | 3.44 | 3.44 |
| 西藏 | Tibet | 308 | 0.21 | 0.22 | 0.23 | 0.23 |
| 陕西 | Shaanxi | 3753 | 2.85 | 2.79 | 2.78 | 2.77 |
| 甘肃 | Gansu | 2578 | 2.02 | 1.91 | 1.90 | 1.90 |
| 青海 | Qinghai | 573 | 0.41 | 0.42 | 0.42 | 0.42 |
| 宁夏 | Ningxia | 647 | 0.44 | 0.47 | 0.47 | 0.48 |
| 新疆 | Xinjiang | 2233 | 1.52 | 1.63 | 1.64 | 1.65 |

# 18-4 各省（区、市）全社会固定资产投资
## TOTAL INVESTMENT IN FIXED ASSETS BY PROVINCE, MUNICIPALITY AND AUTONOMOUS REGION

| 地区 | Region | 2005 | 2009 | 2010 | 2011 | 2012 |
|---|---|---|---|---|---|---|
| **全国** | **National Total** | **88773.6** | **193920.4** | **241430.9** | **302396.1** | **364835.1** |
| 北京 | Beijing | 2827.2 | 4149.63 | 4916.53 | 5519.84 | 6064.15 |
| 天津 | Tianjin | 1495.1 | 4446.57 | 5896.52 | 7040.68 | 7913.26 |
| 河北 | Hebei | 4139.7 | 10476.50 | 12922.66 | 15780.26 | 19104.63 |
| 山西 | Shanxi | 1826.6 | 4509.56 | 5526.60 | 6837.69 | 8584.85 |
| 内蒙古 | Inner Mongolia | 2643.6 | 7143.84 | 8687.99 | 10252.97 | 11732.22 |
| 辽宁 | Liaoning | 4200.4 | 11605.12 | 15106.33 | 17431.46 | 21535.37 |
| 吉林 | Jilin | 1741.1 | 5958.95 | 7395.23 | 7226.65 | 9462.09 |
| 黑龙江 | Heilongjiang | 1737.3 | 4695.74 | 6292.67 | 7157.92 | 9376.10 |
| 上海 | Shanghai | 3509.7 | 4618.91 | 4630.47 | 4959.93 | 5114.64 |
| 江苏 | Jiangsu | 8165.4 | 14266.80 | 17416.47 | 26313.46 | 30427.25 |
| 浙江 | Zhejiang | 6520.1 | 7454.33 | 8438.08 | 13651.65 | 17000.96 |
| 安徽 | Anhui | 2525.1 | 7945.50 | 10281.29 | 12007.87 | 14902.31 |
| 福建 | Fujian | 2316.7 | 5548.61 | 7385.78 | 9677.09 | 12165.64 |
| 江西 | Jiangxi | 2176.6 | 6008.12 | 7856.94 | 8753.93 | 11388.92 |
| 山东 | Shandong | 9307.3 | 15439.10 | 18844.41 | 25907.38 | 30319.76 |
| 河南 | Henan | 4311.6 | 11454.89 | 13934.82 | 16934.32 | 20870.16 |
| 湖北 | Hubei | 2676.6 | 7183.67 | 9405.63 | 12195.39 | 15162.21 |
| 湖南 | Hunan | 2629.1 | 6880.00 | 8617.98 | 11407.74 | 13966.26 |
| 广东 | Guangdong | 6977.9 | 10230.05 | 12599.26 | 16599.16 | 18248.04 |
| 广西 | Guangxi | 1661.2 | 4689.88 | 6383.26 | 7580.90 | 9345.18 |
| 海南 | Hainan | 367.2 | 942.68 | 1257.50 | 1599.14 | 2045.38 |
| 重庆 | Chongqing | 1933.2 | 4855.11 | 6170.61 | 7366.95 | 8606.46 |
| 四川 | Sichuan | 3585.2 | 9090.09 | 11061.38 | 13687.75 | 16526.89 |
| 贵州 | Guizhou | 998.3 | 2049.83 | 2609.36 | 4026.47 | 5304.93 |
| 云南 | Yunnan | 1777.6 | 4117.51 | 5052.61 | 5932.75 | 7553.51 |
| 西藏 | Tibet | 309.9 | 327.64 | 404.98 | 549.30 | 709.98 |
| 陕西 | Shaanxi | 1882.2 | 5888.37 | 7569.90 | 9108.98 | 11705.83 |
| 甘肃 | Gansu | 870.4 | 2076.36 | 2808.55 | 3870.08 | 5040.53 |
| 青海 | Qinghai | 329.8 | 689.09 | 840.01 | 1365.91 | 1773.67 |
| 宁夏 | Ningxia | 443.3 | 964.16 | 1292.80 | 1589.14 | 2033.03 |
| 新疆 | Xinjiang | 1339.1 | 2434.15 | 3065.13 | 4444.99 | 5857.58 |

# 18-5 各省（区、市）主要农产品和畜产品产量（2012年）

## YIELD OF MAJOR FARM CROPS AND OUTPUT OF LIVESTOCK PRODUCTS BY PROVINCE, MUNICIPALITY AND AUTONOMOUS REGION (2012)

单位：万吨 (10000 tons)

| 地区 | Region | 粮食产量 Yield of Grain | 油料产量 Yield of Oil-bearing Crops | 牛肉产量 Output of Beef | 猪肉产量 Output of Pork | 羊肉产量 Output of Mutton |
|---|---|---|---|---|---|---|
| **全国** | **National Total** | **58958.0** | **3436.8** | **662.3** | **5342.7** | **401.0** |
| 北京 | Beijing | 113.8 | 1.3 | 2.2 | 23.9 | 1.2 |
| 天津 | Tianjin | 161.8 | 0.6 | 3.3 | 29.2 | 1.5 |
| 河北 | Hebei | 3246.6 | 142.8 | 55.3 | 259.0 | 28.7 |
| 山西 | Shanxi | 1274.1 | 19.6 | 4.9 | 56.3 | 5.9 |
| 内蒙古 | Inner Mongolia | 2528.5 | 145.1 | 51.2 | 73.9 | 88.6 |
| 辽宁 | Liaoning | 2070.5 | 120.9 | 43.2 | 230.2 | 7.9 |
| 吉林 | Jilin | 3343.0 | 80.7 | 45.0 | 132.7 | 4.1 |
| 黑龙江 | Heilongjiang | 5761.5 | 22.5 | 39.7 | 128.4 | 12.1 |
| 上海 | Shanghai | 122.4 | 1.7 | 0.01 | 18.7 | 0.6 |
| 江苏 | Jiangsu | 3372.5 | 146.9 | 3.5 | 228.8 | 7.6 |
| 浙江 | Zhejiang | 769.8 | 38.3 | 1.2 | 139.7 | 1.7 |
| 安徽 | Anhui | 3289.1 | 227.7 | 18.1 | 249.7 | 14.6 |
| 福建 | Fujian | 659.3 | 28.1 | 2.5 | 155.6 | 2.0 |
| 江西 | Jiangxi | 2084.8 | 117.1 | 12.1 | 237.3 | 1.1 |
| 山东 | Shandong | 4511.4 | 351.0 | 67.0 | 376.7 | 33.1 |
| 河南 | Henan | 5638.6 | 569.5 | 80.4 | 432.5 | 24.8 |
| 湖北 | Hubei | 2441.8 | 319.7 | 18.9 | 317.3 | 8.2 |
| 湖南 | Hunan | 3006.5 | 207.8 | 16.8 | 427.6 | 10.3 |
| 广东 | Guangdong | 1396.3 | 96.6 | 6.7 | 276.4 | 0.9 |
| 广西 | Guangxi | 1484.9 | 54.5 | 13.9 | 252.5 | 3.2 |
| 海南 | Hainan | 199.5 | 10.4 | 2.5 | 48.1 | 1.0 |
| 重庆 | Chongqing | 1138.5 | 50.1 | 7.1 | 150.7 | 2.8 |
| 四川 | Sichuan | 3315.0 | 287.8 | 29.3 | 496.4 | 24.0 |
| 贵州 | Guizhou | 1079.5 | 87.4 | 13.0 | 156.1 | 3.5 |
| 云南 | Yunnan | 1749.1 | 62.8 | 31.9 | 264.1 | 13.6 |
| 西藏 | Tibet | 94.9 | 6.3 | 15.1 | 1.5 | 8.5 |
| 陕西 | Shaanxi | 1245.1 | 60.3 | 7.5 | 83.5 | 6.9 |
| 甘肃 | Gansu | 1109.7 | 67.0 | 16.7 | 48.6 | 15.9 |
| 青海 | Qinghai | 101.5 | 35.2 | 9.6 | 9.4 | 10.4 |
| 宁夏 | Ningxia | 375.0 | 18.0 | 7.9 | 7.7 | 8.5 |
| 新疆 | Xinjiang | 1273.0 | 59.0 | 36.2 | 30.2 | 48.0 |

# 18-6 各省（区、市）规模以上工业企业主要经济指标（2012年）

## MAIN ECONOMIC INDICATORS OF ALL INDUSTRIAL ENTERPRISES ABOVE DESIGNATED SIZE，MUNICIPALITY AND AUTONOMOUS REGION (2012)

单位：亿元　　(100 million yuan)

| 地　区 | Region | 主营业务收入 Business Income of The Main Products | 主营业务成本 Cost of The Core Business | 主营业务税金及附加 Sales Tax of The core business and Adding | 销售费用 Operation Expense | 税金总额 Total Tax | 利润总额 Total Profits |
|---|---|---|---|---|---|---|---|
| **全　国** | **National Total** | **915914.8** | **776396.3** | **14435.1** | **22150.9** | **40939.0** | **55577.7** |
| 北　京 | Beijing | 16851.2 | 14307.4 | 262.8 | 753.6 | 725.4 | 1216.6 |
| 天　津 | Tianjin | 23570.4 | 20020.9 | 291.5 | 529.7 | 1022.3 | 1940.0 |
| 河　北 | Hebei | 43466.9 | 38061.1 | 416.7 | 653.8 | 1498.2 | 2296.9 |
| 山　西 | Shanxi | 17788.4 | 14919.6 | 158.2 | 473.6 | 964.2 | 806.5 |
| 内蒙古 | Inner Mongolia | 17898.7 | 14163.0 | 234.6 | 452.4 | 903.3 | 1754.2 |
| 辽　宁 | Liaoning | 47965.1 | 41293.7 | 856.0 | 944.1 | 1965.1 | 1906.3 |
| 吉　林 | Jilin | 19727.3 | 16236.9 | 489.9 | 660.7 | 983.0 | 1161.7 |
| 黑龙江 | Heilongjiang | 12295.6 | 9425.8 | 696.9 | 268.2 | 1296.0 | 1201.0 |
| 上　海 | Shanghai | 33738.3 | 28342.1 | 803.5 | 1186.5 | 1637.3 | 2131.3 |
| 江　苏 | Jiangsu | 117774.3 | 102325.3 | 972.4 | 2573.4 | 4332.4 | 6881.8 |
| 浙　江 | Zhejiang | 56729.9 | 48930.5 | 619.6 | 1331.9 | 2089.0 | 2899.8 |
| 安　徽 | Anhui | 27911.2 | 23978.9 | 351.2 | 673.8 | 1072.8 | 1470.2 |
| 福　建 | Fujian | 28892.9 | 24688.8 | 350.5 | 749.2 | 1110.4 | 1779.2 |
| 江　西 | Jiangxi | 22267.6 | 19320.2 | 228.6 | 343.6 | 844.7 | 1285.1 |
| 山　东 | Shandong | 116222.0 | 99445.4 | 1420.7 | 2142.7 | 4647.4 | 7443.3 |
| 河　南 | Henan | 51558.3 | 43975.0 | 631.3 | 972.1 | 1966.8 | 3889.1 |
| 湖　北 | Hubei | 31372.8 | 26798.5 | 632.4 | 877.5 | 1402.2 | 1602.9 |
| 湖　南 | Hunan | 27575.5 | 22097.8 | 738.6 | 714.5 | 1726.6 | 1322.7 |
| 广　东 | Guangdong | 92089.6 | 78823.6 | 1034.0 | 3045.8 | 3134.6 | 4635.9 |
| 广　西 | Guangxi | 14324.4 | 12260.1 | 292.7 | 316.8 | 713.3 | 749.0 |
| 海　南 | Hainan | 1686.1 | 1364.6 | 102.3 | 48.2 | 164.2 | 123.7 |
| 重　庆 | Chongqing | 12715.7 | 10871.4 | 172.7 | 340.4 | 579.5 | 608.3 |
| 四　川 | Sichuan | 31065.7 | 25541.0 | 528.7 | 884.3 | 1749.4 | 2142.7 |
| 贵　州 | Guizhou | 5686.2 | 4338.0 | 247.2 | 186.6 | 531.7 | 466.0 |
| 云　南 | Yunnan | 8662.8 | 6666.6 | 705.5 | 240.8 | 1131.5 | 507.7 |
| 西　藏 | Tibet | 89.6 | 73.4 | 1.6 | 4.2 | 8.5 | 13.1 |
| 陕　西 | Shaanxi | 16101.3 | 12101.6 | 508.9 | 384.3 | 1341.8 | 1982.6 |
| 甘　肃 | Gansu | 7587.8 | 6371.5 | 260.6 | 113.6 | 471.4 | 259.2 |
| 青　海 | Qinghai | 1951.4 | 1520.4 | 43.9 | 61.9 | 131.6 | 152.4 |
| 宁　夏 | Ningxia | 2972.6 | 2531.1 | 62.0 | 61.8 | 153.3 | 107.0 |
| 新　疆 | Xinjiang | 7375.3 | 5602.0 | 319.6 | 161.1 | 641.2 | 841.7 |

# 18-7 各省（区、市）社会消费品零售总额

## TOTAL RETAIL SALES OF CONSUMER GOODS BY PROVINCE, MUNICIPALITY AND AUTONOMOUS REGION

单位：亿元 (100 million yuan)

| 地　区 | Region | 2006 | 2007 | 2008 | 2009 | 2010 | 2011 | 2012 |
|---|---|---|---|---|---|---|---|---|
| **全　国** | **National Total** | **79145.2** | **93571.6** | **114830.1** | **132678.4** | **156998.4** | **183918.6** | **210307.0** |
| 北　京 | Beijing | 3295.3 | 3835.2 | 4645.5 | 5309.9 | 6229.3 | 6900.3 | 7702.8 |
| 天　津 | Tianjin | 1383.1 | 1650.6 | 2078.7 | 2430.8 | 2860.2 | 3395.1 | 3921.4 |
| 河　北 | Hebei | 3435.7 | 4053.8 | 4991.1 | 5764.9 | 6821.8 | 8035.5 | 9254.0 |
| 山　西 | Shanxi | 1635.4 | 1953.3 | 2421.1 | 2809.0 | 3318.2 | 3903.4 | 4506.8 |
| 内蒙古 | Inner Mongolia | 1628.6 | 1964.0 | 2463.0 | 2855.3 | 3384.0 | 3991.7 | 4572.5 |
| 辽　宁 | Liaoning | 3471.6 | 4097.8 | 5032.4 | 5812.6 | 6887.6 | 8095.3 | 9346.6 |
| 吉　林 | Jilin | 1697.6 | 2038.3 | 2549.2 | 2957.3 | 3504.9 | 4119.8 | 4772.9 |
| 黑龙江 | Heilongjiang | 2029.0 | 2386.2 | 2928.3 | 3401.8 | 4039.2 | 4750.1 | 5491.0 |
| 上　海 | Shanghai | 3375.2 | 3873.3 | 4577.2 | 5173.2 | 6070.5 | 6814.8 | 7412.3 |
| 江　苏 | Jiangsu | 6706.2 | 7985.9 | 9905.1 | 11484.1 | 13606.8 | 15988.4 | 18331.3 |
| 浙　江 | Zhejiang | 5358.0 | 6271.3 | 7533.3 | 8622.3 | 10245.4 | 12028.0 | 13588.3 |
| 安　徽 | Anhui | 2056.5 | 2451.9 | 3045.2 | 3527.8 | 4197.7 | 4955.1 | 5736.6 |
| 福　建 | Fujian | 2717.6 | 3212.3 | 3866.7 | 4481.0 | 5310.0 | 6276.2 | 7256.5 |
| 江　西 | Jiangxi | 1448.2 | 1718.9 | 2142.0 | 2484.4 | 2956.2 | 3485.1 | 4027.2 |
| 山　东 | Shandong | 7217.1 | 8607.5 | 10658.8 | 12363.0 | 14620.3 | 17155.5 | 19651.9 |
| 河　南 | Henan | 3932.6 | 4690.3 | 5815.4 | 6746.4 | 8004.2 | 9453.6 | 10915.6 |
| 湖　北 | Hubei | 3461.1 | 4115.8 | 5109.7 | 5928.4 | 7013.9 | 8275.2 | 9562.5 |
| 湖　南 | Hunan | 2869.4 | 3419.2 | 4222.6 | 4913.7 | 5839.5 | 6884.7 | 7921.9 |
| 广　东 | Guangdong | 9194.3 | 10731.3 | 12986.6 | 14891.8 | 17458.4 | 20297.5 | 22677.1 |
| 广　西 | Guangxi | 1620.3 | 1932.7 | 2395.8 | 2790.7 | 3312.0 | 3908.2 | 4516.6 |
| 海　南 | Hainan | 313.4 | 370.9 | 463.2 | 537.5 | 639.3 | 759.5 | 870.8 |
| 重　庆 | Chongqing | 1431.5 | 1711.1 | 2147.1 | 2479.0 | 2938.6 | 3487.8 | 4033.7 |
| 四　川 | Sichuan | 3472.5 | 4105.6 | 4944.8 | 5758.7 | 6810.1 | 8044.6 | 9268.6 |
| 贵　州 | Guizhou | 710.0 | 858.2 | 1075.2 | 1247.3 | 1482.7 | 1751.6 | 2027.6 |
| 云　南 | Yunnan | 1204.8 | 1422.5 | 1764.7 | 2051.1 | 2542.4 | 3000.1 | 3511.6 |
| 西　藏 | Tibet | 90.0 | 112.6 | 130.0 | 156.6 | 185.3 | 219.0 | 254.6 |
| 陕　西 | Shaanxi | 1542.4 | 1837.3 | 2317.1 | 2699.7 | 3195.7 | 3790.0 | 4383.8 |
| 甘　肃 | Gansu | 729.5 | 854.4 | 1023.6 | 1183.0 | 1394.5 | 1648.0 | 1906.5 |
| 青　海 | Qinghai | 182.6 | 212.6 | 259.7 | 300.5 | 350.8 | 410.5 | 476.0 |
| 宁　夏 | Ningxia | 202.5 | 239.5 | 295.4 | 339.3 | 403.6 | 477.6 | 548.8 |
| 新　疆 | Xinjiang | 733.2 | 857.5 | 1041.5 | 1177.5 | 1375.1 | 1616.3 | 1858.6 |

# 18-8 各省（区、市）人民生活（2012年）
## PEOPLE'S LIFE BY PROVINCE, MUNICIPALITY AND AUTONOMOUS REGION (2012)

单位：元 (yuan)

| 地区 | Region | 城镇居民人均收入情况 Per Capital Annual Income of Urban Households | | 城镇居民消费支出 Total Living Expenditures of Urban Housholds | | 农村居民人均收支情况 Per Capital Annual Income and Expenditure of Rural Households | |
|---|---|---|---|---|---|---|---|
| | | 总收入 Total Income | #可支配收入 Disposable Income | 总支出 Total Expenditure | #消费性支出 Increases | 纯收入 Net Income | 生活消费支出 Living Expenditures |
| **全国** | **National Total** | **26959.0** | **24564.7** | **22341.4** | **16674.3** | **7916.6** | **5908.0** |
| 北京 | Beijing | 41103.1 | 36468.8 | 30828.1 | 24045.9 | 16475.7 | 11878.9 |
| 天津 | Tianjin | 32944.0 | 29626.4 | 29424.9 | 20024.2 | 14025.5 | 8336.5 |
| 河北 | Hebei | 21899.4 | 20543.4 | 16117.2 | 12531.1 | 8081.4 | 5364.1 |
| 山西 | Shanxi | 22100.3 | 20411.7 | 17104.9 | 12211.5 | 6356.6 | 5566.2 |
| 内蒙古 | Inner Mongolia | 24790.8 | 23150.3 | 22562.5 | 17717.1 | 7611.3 | 6382.0 |
| 辽宁 | Liaoning | 25915.7 | 23222.7 | 23457.0 | 16593.6 | 9383.7 | 5998.4 |
| 吉林 | Jilin | 21659.6 | 20208.0 | 19727.6 | 14613.5 | 8598.2 | 6186.2 |
| 黑龙江 | Heilongjiang | 19367.8 | 17759.8 | 17228.8 | 12983.6 | 8603.8 | 5718.0 |
| 上海 | Shanghai | 44754.5 | 40188.3 | 35432.0 | 26253.5 | 17803.7 | 11971.5 |
| 江苏 | Jiangsu | 32519.1 | 29677.0 | 26128.6 | 18825.3 | 12202.0 | 9138.2 |
| 浙江 | Zhejiang | 37994.8 | 34550.3 | 30639.7 | 21545.2 | 14551.9 | 10652.7 |
| 安徽 | Anhui | 23524.6 | 21024.2 | 21420.8 | 15011.7 | 7160.5 | 5556.0 |
| 福建 | Fujian | 30877.9 | 28055.2 | 25273.9 | 18593.2 | 9967.2 | 7401.9 |
| 江西 | Jiangxi | 21150.2 | 19860.4 | 16190.3 | 12775.7 | 7829.4 | 5129.5 |
| 山东 | Shandong | 28005.6 | 25755.2 | 20657.4 | 15778.2 | 9446.5 | 6776.0 |
| 河南 | Henan | 21897.2 | 20442.6 | 17300.5 | 13733.0 | 7524.9 | 5032.1 |
| 湖北 | Hubei | 22903.9 | 20839.6 | 20107.1 | 14496.0 | 7851.7 | 5726.7 |
| 湖南 | Hunan | 22804.6 | 21318.8 | 20121.4 | 14609.0 | 7440.2 | 5870.1 |
| 广东 | Guangdong | 34044.4 | 30226.7 | 29129.0 | 22396.4 | 10542.8 | 7458.6 |
| 广西 | Guangxi | 23209.4 | 21242.8 | 18889.2 | 14244.0 | 6007.5 | 4933.6 |
| 海南 | Hainan | 22809.9 | 20917.7 | 18290.0 | 14456.6 | 7408.0 | 4776.3 |
| 重庆 | Chongqing | 24811.0 | 22968.1 | 20984.1 | 16573.1 | 7383.3 | 5018.6 |
| 四川 | Sichuan | 22328.3 | 20307.0 | 19496.0 | 15049.5 | 7001.4 | 5366.7 |
| 贵州 | Guizhou | 20042.9 | 18700.5 | 17312.8 | 12585.7 | 4753.0 | 3901.7 |
| 云南 | Yunnan | 23000.4 | 21074.5 | 18447.5 | 13883.9 | 5416.5 | 4561.3 |
| 西藏 | Tibet | 20224.2 | 18028.3 | 14204.9 | 11184.3 | 5719.4 | 2967.6 |
| 陕西 | Shaanxi | 22606.0 | 20733.9 | 20003.0 | 15332.8 | 5762.5 | 5114.7 |
| 甘肃 | Gansu | 18498.5 | 17156.9 | 16766.8 | 12847.1 | 4506.7 | 4146.2 |
| 青海 | Qinghai | 19746.6 | 17566.3 | 16633.4 | 12346.3 | 5364.4 | 5338.9 |
| 宁夏 | Ningxia | 21902.2 | 19831.4 | 19240.4 | 14067.2 | 6180.3 | 5351.4 |
| 新疆 | Xinjiang | 20194.6 | 17920.7 | 18447.9 | 13891.7 | 6393.7 | 5301.3 |

# 18-9 各省(区、市)居民消费价格分类指数（2012年）
## GENERAL PRICE INDICES BY CATEGORY AND BY PROVINCE, MUNICIPALITY AND AUTONOMOUS REGION (2012)

(上年=100) (preceding year=100)

| 地区 Region | 居民消费价格总指数 General Consumer Price Index | 食品 Food | 烟酒及用品 Tobacco and Liquor and It's Articles | 衣着 Clothing | 家庭设备用品及服务 Household Facilities and Articles and Service | 医疗保健和个人用品 Medicine and Medical and Personal Articles | 交通和通信 Transportation & Communication | 娱乐教育文化 Recreation, Education and Culture | 居住 Housing |
|---|---|---|---|---|---|---|---|---|---|
| **全　国 National Total** | **102.6** | **104.8** | **102.9** | **103.1** | **101.9** | **102.0** | **99.9** | **100.5** | **102.1** |
| 北　京 Beijing | 103.3 | 106.6 | 102.2 | 100.9 | 102.8 | 101.5 | 99.1 | 102.3 | 103.9 |
| 天　津 Tianjin | 102.7 | 106.4 | 104.9 | 107.0 | 101.6 | 102.2 | 97.6 | 99.3 | 100.9 |
| 河　北 Hebei | 102.6 | 103.8 | 104.7 | 104.7 | 102.8 | 102.4 | 100.3 | 100.6 | 101.7 |
| 山　西 Shanxi | 102.5 | 104.2 | 103.1 | 102.1 | 101.7 | 101.9 | 99.7 | 101.0 | 102.7 |
| 内蒙古 Inner Mongolia | 103.1 | 105.8 | 102.8 | 103.8 | 101.4 | 102.1 | 99.7 | 100.8 | 102.4 |
| 辽　宁 Liaoning | 102.8 | 104.9 | 102.3 | 102.3 | 102.9 | 101.9 | 100.1 | 101.1 | 102.8 |
| 吉　林 Jilin | 102.5 | 104.9 | 102.1 | 101.2 | 100.7 | 102.2 | 100.2 | 101.0 | 101.8 |
| 黑龙江 Heilongjiang | 103.2 | 105.5 | 103.0 | 102.8 | 101.7 | 102.5 | 99.5 | 99.9 | 103.9 |
| 上　海 Shanghai | 102.8 | 105.8 | 101.4 | 103.0 | 103.5 | 100.6 | 100.8 | 99.3 | 102.8 |
| 江　苏 Jiangsu | 102.6 | 104.7 | 103.9 | 103.6 | 103.6 | 101.3 | 99.8 | 99.9 | 102.4 |
| 浙　江 Zhejiang | 102.2 | 105.3 | 101.5 | 101.3 | 102.5 | 101.3 | 99.7 | 99.4 | 101.6 |
| 安　徽 Anhui | 102.3 | 103.8 | 103.3 | 102.5 | 101.6 | 101.5 | 100.7 | 101.7 | 101.0 |
| 福　建 Fujian | 102.4 | 104.6 | 102.4 | 105.0 | 101.7 | 102.3 | 100.1 | 98.8 | 101.6 |
| 江　西 Jiangxi | 102.7 | 105.2 | 102.2 | 100.2 | 101.7 | 102.2 | 100.1 | 100.9 | 102.7 |
| 山　东 Shandong | 102.1 | 103.5 | 102.8 | 103.3 | 101.2 | 102.1 | 100.2 | 100.3 | 101.8 |
| 河　南 Henan | 102.5 | 103.6 | 103.4 | 103.2 | 102.8 | 101.9 | 100.7 | 101.2 | 102.5 |
| 湖　北 Hubei | 102.9 | 105.4 | 103.0 | 102.5 | 102.2 | 102.8 | 99.8 | 100.6 | 102.3 |
| 湖　南 Hunan | 102.0 | 103.3 | 102.0 | 101.1 | 101.4 | 102.7 | 99.9 | 101.2 | 101.7 |
| 广　东 Guangdong | 102.8 | 105.6 | 102.6 | 104.0 | 101.9 | 101.9 | 99.2 | 100.7 | 101.8 |
| 广　西 Guangxi | 103.2 | 105.2 | 103.1 | 103.6 | 101.1 | 102.0 | 100.2 | 101.5 | 103.7 |
| 海　南 Hainan | 103.2 | 105.2 | 101.2 | 102.8 | 103.5 | 102.0 | 101.6 | 102.1 | 101.7 |
| 重　庆 Chongqing | 102.6 | 104.7 | 107.1 | 102.2 | 100.9 | 101.9 | 98.3 | 100.9 | 102.5 |
| 四　川 Sichuan | 102.5 | 104.2 | 102.7 | 109.7 | 99.6 | 101.7 | 100.3 | 99.5 | 100.8 |
| 贵　州 Guizhou | 102.7 | 104.7 | 102.8 | 103.8 | 101.1 | 102.5 | 99.6 | 101.2 | 101.4 |
| 云　南 Yunnan | 102.7 | 106.2 | 100.6 | 98.7 | 101.4 | 101.6 | 100.2 | 101.2 | 102.2 |
| 西　藏 Tibet | 103.5 | 106.9 | 101.5 | 104.3 | 101.5 | 100.9 | 101.2 | 100.3 | 101.4 |
| 陕　西 Shaanxi | 102.8 | 104.8 | 103.0 | 102.7 | 102.4 | 103.9 | 99.1 | 100.6 | 102.2 |
| 甘　肃 Gansu | 102.7 | 104.1 | 103.0 | 102.6 | 101.1 | 103.8 | 100.4 | 101.0 | 101.8 |
| 青　海 Qinghai | 103.1 | 106.6 | 102.8 | 98.4 | 99.3 | 100.9 | 99.4 | 100.8 | 105.0 |
| 宁　夏 Ningxia | 102.0 | 104.5 | 101.5 | 103.0 | 100.2 | 101.6 | 99.5 | 98.6 | 100.8 |
| 新　疆 Xinjiang | 103.8 | 107.6 | 105.6 | 101.9 | 101.9 | 102.9 | 99.5 | 100.1 | 102.8 |

# 18-10 各省(区、市)客运量和货运量（2012年）

## PASSENGER TRAFFIC AND FREIGHT TRAFFIC BY PROVINCE, MUNICIPALITY AND AUTONOMOUS REGION (2012)

| 地区 Region | 客运量 (万人) Total (10000 persons) | #铁路 Railways | #公路 Highways | #水运 Waterways | 货运量 (万吨) Total (10000 tons) | #铁路 Railways | #公路 Highways | #水运 Waterways |
|---|---|---|---|---|---|---|---|---|
| **全　国 National Total** | **3804035** | **189337** | **3557010** | **25752** | **4099400** | **390438** | **3188475** | **458705** |
| 北　京 Beijing | 142731 | 10398 | 132333 | | 26162 | 1237 | 24925 | |
| 天　津 Tianjin | 27529 | 2970 | 24483 | 76 | 46015 | 7909 | 27735 | 10371 |
| 河　北 Hebei | 105064 | 7846 | 97218 | | 219130 | 21010 | 195530 | 2590 |
| 山　西 Shanxi | 39987 | 6208 | 33662 | 117 | 144608 | 71428 | 73150 | 30 |
| 内蒙古 Inner Mongolia | 27630 | 4320 | 23310 | | 189942 | 64682 | 125260 | |
| 辽　宁 Liaoning | 103283 | 12045 | 90650 | 588 | 206789 | 19803 | 174355 | 12631 |
| 吉　林 Jilin | 72679 | 6263 | 66175 | 241 | 54808 | 7347 | 47130 | 331 |
| 黑龙江 Heilongjiang | 52404 | 10524 | 41551 | 329 | 65231 | 16591 | 47465 | 1175 |
| 上　海 Shanghai | 10859 | 6758 | 3748 | 353 | 94038 | 825 | 42911 | 50302 |
| 江　苏 Jiangsu | 267710 | 11758 | 255358 | 594 | 220007 | 7670 | 153698 | 58639 |
| 浙　江 Zhejiang | 233115 | 9144 | 220517 | 3454 | 191817 | 4607 | 113393 | 73817 |
| 安　徽 Anhui | 213432 | 6385 | 206888 | 159 | 312437 | 12260 | 259461 | 40716 |
| 福　建 Fujian | 82041 | 5295 | 75044 | 1702 | 84345 | 3814 | 59431 | 21100 |
| 江　西 Jiangxi | 84240 | 6335 | 77650 | 255 | 127196 | 5562 | 113703 | 7931 |
| 山　东 Shandong | 265632 | 8347 | 254711 | 2574 | 333603 | 23145 | 296754 | 13704 |
| 河　南 Henan | 207247 | 9213 | 197785 | 249 | 272115 | 12638 | 251772 | 7705 |
| 湖　北 Hubei | 127079 | 8266 | 118369 | 444 | 122945 | 5882 | 97136 | 19927 |
| 湖　南 Hunan | 184336 | 8601 | 174386 | 1349 | 191052 | 5677 | 166670 | 18705 |
| 广　东 Guangdong | 574266 | 15031 | 556510 | 2725 | 256077 | 9306 | 189034 | 57737 |
| 广　西 Guangxi | 90229 | 3310 | 86449 | 470 | 161356 | 6846 | 135112 | 19398 |
| 海　南 Hainan | 47117 | 1162 | 44374 | 1581 | 26880 | 752 | 16600 | 9528 |
| 重　庆 Chongqing | 156545 | 3040 | 152249 | 1256 | 86474 | 2328 | 71272 | 12874 |
| 四　川 Sichuan | 277611 | 7997 | 266338 | 3276 | 174349 | 8793 | 158396 | 7160 |
| 贵　州 Guizhou | 83527 | 3902 | 77172 | 2453 | 52655 | 6665 | 44892 | 1098 |
| 云　南 Yunnan | 48456 | 2762 | 44839 | 855 | 68735 | 5031 | 63239 | 465 |
| 西　藏 Tibet | 3849 | 110 | 3739 | | 1127 | 85 | 1042 | |
| 陕　西 Shaanxi | 111773 | 5757 | 105647 | 369 | 136727 | 31942 | 104593 | 192 |
| 甘　肃 Gansu | 64361 | 2383 | 61884 | 94 | 45832 | 6290 | 39517 | 25 |
| 青　海 Qinghai | 12692 | 544 | 12100 | 48 | 13484 | 3784 | 9700 | |
| 宁　夏 Ningxia | 16343 | 535 | 15666 | 142 | 41113 | 8467 | 32646 | |
| 新　疆 Xinjiang | 38331 | 2125 | 36206 | | 58794 | 6840 | 51954 | |

## 18-11 西部十二省（区、市）行政区划（2012年）
## DIVISIONS OF ADMINISTRATIVE AREAS IN TWELVE PROVINCES, MUNICIPALITY AND AUTONOMOUS REGION (2012)

单位：个　　(unit)

| 省级行政区划名称 Provinces, Municipalities and Autonomous Regions | 地级区划数 Number of Prefectures | #地级市 Cities at Prefectural Level | 县级区划数 Number of Counties | #县级市 Cities at Country Level | #市辖区 Districts Under the Jurisdiction of Cities | 乡镇级区划数 Number of Regions at Townships Levels |
|---|---|---|---|---|---|---|
| **全　国 National Total** | **333** | **285** | **2852** | **368** | **860** | **40446** |
| 西　藏 Tibet | 7 | 1 | 74 | 1 | 1 | 693 |
| 重　庆 Chongqing | | | 38 | | 19 | 1012 |
| 四　川 Sichuan | 21 | 18 | 181 | 14 | 45 | 4660 |
| 贵　州 Guizhou | 9 | 6 | 88 | 7 | 13 | 1518 |
| 云　南 Yunnan | 16 | 8 | 129 | 11 | 13 | 1365 |
| 内蒙古 Inner Mongolia | 12 | 9 | 101 | 11 | 21 | 1010 |
| 广　西 Guangxi | 14 | 14 | 109 | 7 | 34 | 1243 |
| 陕　西 Shaanxi | 10 | 10 | 107 | 3 | 24 | 1418 |
| 甘　肃 Gansu | 14 | 12 | 86 | 4 | 17 | 1345 |
| 青　海 Qinghai | 8 | 1 | 43 | 2 | 4 | 396 |
| 宁　夏 Ningxia | 5 | 5 | 22 | 2 | 9 | 237 |
| 新　疆 Xinjiang | 14 | 2 | 101 | 22 | 11 | 1026 |

## 18-12 西部十二省（区、市）农林牧渔业总产值（2012年）
## GROSS OUTPUT VALUE OF FARMING, FORESTRY, ANIMAL HUSBANDRY AND FISHERY OF TWELVE PROVINCES MUNICIPALITY AND AUTONOMOUS REGION (2012)

单位：亿元　　(100 million yuan)

| 地　区 Region | 农林牧渔业总产值 Total | 农业 Farming | 林业 Forestry | 牧业 Animal Husbandry | 渔业 Fishery | 农林牧渔业总产值比上年增长(%) Increase Rate in 2012over 2011(%) |
|---|---|---|---|---|---|---|
| **全　国 National Total** | **89453.0** | **46940.5** | **3447.1** | **27189.4** | **8706.0** | **4.9** |
| 西　藏 Tibet | 118.3 | 53.4 | 2.6 | 59.0 | 0.2 | 3.6 |
| 重　庆 Chongqing | 1402.0 | 841.8 | 43.5 | 453.9 | 45.0 | 5.1 |
| 四　川 Sichuan | 5433.1 | 2764.9 | 151.5 | 2269.9 | 163.8 | 4.5 |
| 贵　州 Guizhou | 1436.6 | 864.9 | 54.2 | 421.5 | 28.2 | 9.3 |
| 云　南 Yunnan | 2680.2 | 1398.2 | 225.8 | 913.0 | 63.1 | 7.0 |
| 内蒙古 Inner Mongolia | 2449.3 | 1172.0 | 97.8 | 1118.9 | 26.1 | 5.7 |
| 广　西 Guangxi | 3490.7 | 1724.0 | 245.3 | 1072.8 | 331.7 | 5.7 |
| 陕　西 Shaanxi | 2303.2 | 1526.3 | 58.4 | 598.7 | 14.6 | 6.0 |
| 甘　肃 Gansu | 1358.2 | 984.2 | 20.1 | 231.7 | 1.8 | 6.4 |
| 青　海 Qinghai | 263.9 | 117.1 | 4.6 | 137.1 | 0.6 | 5.4 |
| 宁　夏 Ningxia | 385.1 | 240.5 | 9.8 | 105.7 | 13.4 | 6.0 |
| 新　疆 Xinjiang | 2275.7 | 1675.0 | 43.0 | 485.4 | 15.3 | 7.4 |

# 18-13 西部十二省（区、市）规模以上工业企业主要经济效益指标（2012年）

## MAIN INDICATORS ON ECONOMIC BENEFIT OF INDUSTRIAL ENTERPRISES IN TWELVE PROVINCES,MUNICIPALITY AND AUTONOMOUS REGION (2012)

| 地区 Region | 总资产贡献率(%) Ratio of Total Assets to Industrial Output Value (%) | 资本保值增值率(%) Ratio of (%) | 资产负债率(%) Assets-Liability Ratio (%) | 流动资产周转次数(次) Number of Times of Annual of Turnover Working Capitals(times) | 成本费用利润率(%) Ration of Profits to Industrial Cost(%) | 产品销售率(%) Proportion of Products Sold (%) |
|---|---|---|---|---|---|---|
| **全国 National Total** | **15.3** | **113.0** | **57.8** | **2.7** | **6.6** | **98.0** |
| 西藏 Tibet | 5.6 | 137.1 | 31.1 | 0.7 | 15.0 | 102.2 |
| 重庆 Chongqing | 13.4 | 114.1 | 63.0 | 2.6 | 5.1 | 97.5 |
| 四川 Sichuan | 14.3 | 118.3 | 61.4 | 2.5 | 7.6 | 98.2 |
| 贵州 Guizhou | 15.5 | 122.3 | 64.6 | 2.0 | 9.4 | 95.0 |
| 云南 Yunnan | 15.8 | 107.7 | 63.9 | 1.8 | 6.8 | 95.0 |
| 内蒙古 Inner Mongolia | 15.4 | 116.2 | 59.5 | 2.4 | 11.3 | 97.2 |
| 广西 Guangxi | 15.7 | 109.1 | 62.8 | 3.0 | 5.6 | 95.4 |
| 陕西 Shaanxi | 19.5 | 120.4 | 56.0 | 2.0 | 14.6 | 95.9 |
| 甘肃 Gansu | 10.4 | 116.3 | 63.1 | 2.3 | 3.7 | 93.4 |
| 青海 Qinghai | 10.1 | 110.4 | 66.0 | 1.8 | 8.8 | 93.1 |
| 宁夏 Ningxia | 8.2 | 121.6 | 66.0 | 1.8 | 3.8 | 97.5 |
| 新疆 Xinjiang | 15.7 | 110.5 | 56.9 | 2.2 | 13.6 | 97.5 |

# 18-14 西部十二省（区、市）国际旅游接待情况

## FOREIGN EXCHANGE EARNING FROM INTERNATIONAL TOURISM OF TWELVE PROVINCES MUNICIPALITY AND AUTONOMOUS REGION

| 地区 Region | 2011年 | | | 2012年 | | |
|---|---|---|---|---|---|---|
| | 旅游人数(万人次) Interantional tourists (10000 persons-times) | #外国人 Foreigners | 旅游外汇收入(亿美元) Foreign Exchange Earnings from Tourism (USD 100 million) | 旅游人数(万人次) Interantional tourists (10000 persons-times) | #外国人 Foreigners | 旅游外汇收入(亿美元) Foreign Exchange Earnings from Tourism (USD 100 million) |
| 西藏 Tibet | 27.1 | 24.9 | 1.30 | 19.5 | 17.5 | 1.06 |
| 重庆 Chongqing | 186.4 | 132.6 | 9.68 | 224.3 | 152.6 | 11.68 |
| 四川 Sichuan | 164.0 | 113.7 | 5.94 | 227.3 | 151.3 | 7.98 |
| 贵州 Guizhou | 58.5 | 23.6 | 1.35 | 70.5 | 30.4 | 1.69 |
| 云南 Yunnan | 395.4 | 281.0 | 16.09 | 457.8 | 329.8 | 19.47 |
| 内蒙古 Inner Mongolia | 151.5 | 147.6 | 6.71 | 159.2 | 151.5 | 7.72 |
| 广西 Guangxi | 302.8 | 171.5 | 10.52 | 350.3 | 192.7 | 12.79 |
| 陕西 Shaanxi | 270.4 | 189.9 | 12.95 | 335.2 | 233.7 | 15.97 |
| 甘肃 Gansu | 9.1 | 5.5 | 0.17 | 10.2 | 6.7 | 0.22 |
| 青海 Qinghai | 5.2 | 4.1 | 0.27 | 4.7 | 3.8 | 0.24 |
| 宁夏 Ningxia | 1.9 | 1.4 | 0.06 | 1.9 | 1.4 | 0.05 |
| 新疆 Xinjiang | 56.4 | 48.8 | 4.65 | 62.5 | 49.0 | 5.51 |

 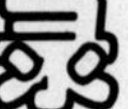

# APPENDIX

## 附录 1：

# 主要统计指标解释

# Explanatory Notes for Major Indicators

**森林面积　Forest Area**

指生长着乔木和竹林，郁闭度在 0.3 以上（不包括 0.3）的林地面积，即有林地面积。它是反映森林资源总面积的重要指标。森林面积包括天然林面积和人工林面积，不包括灌木林地和疏林地面积。

Refers to the area of forest land where trees and bamboo grow with canopy density above 0.3, including land of natural woods and planted woods, but excluding bush land and thin forest land. It reflects the total areas of afforestation.

**森林覆盖率　Forest Coverage-rate**

是反映一个国家或地区森林资源和绿化水平的重要指标。国家规定在计算森林覆盖率时，森林面积还包括灌木林面积、农田林网树占地面积以及四旁树木的覆盖面积。计算公式为：

森林覆盖率(%)=森林面积/土地总面积×100%

Refer to the ratio of area of afforested land to total land area. This indicator shows the forest resources and afforestation progress of a country or a region. According to regulations of the government, in addition to afforested land, the area of bush forest, the area of forest land inside farm land and the area of trees planted by the side of farm houses and along the roads, rivers and fields should also be include in the area of afforested land in the calculation of the forest coverage-rate. The formula for calculating forest coverage-rate is as follows:

Forestry Coverage-rate(%)=Area of Afforested Land/Area of Total Land×100%

**活立木总蓄积量　Total Standing Stock Volume**

指全部土地上树木蓄积的总量，包括森林蓄积、疏林蓄积、散生木蓄积和四旁树蓄积。

Refers to the stock volume of trees in land, including trees in forest ,trees in sparse forest, scattered trees and trees planted by the side of farm house and the roads, rivers and fields.

**森林蓄积量　Stock Volume of Forest**

指森林面积上生长着的林木树干材积总量，是反映一个国家或地区森林资源总规模和水平的重要指标。

Refers to total stock volume of wood growing in forest area, which shows the total size and level of forest resources of a country or a region.

**草地面积　Grass Land**

指牧区和农区用于放牧牲畜或割草，植被盖度在 5%以上的草原、草坡、草山等面积。包括天然的和人工种植或改良的草地面积。

Refers to prairies, grasslands on the slopes, and grass-mountains in pastoral and agricultural areas used for herding and grass growing with vegetation coverage above 5%, including natural, planted or improved grassland.

**内陆水域总面积　Inland Water Area**

指江、河、池塘、湖泊、塘堰、水库等各种流水或蓄水的水面占地面积。

Refers to water area of rivers, lakes, ponds, reservoir, etc.

**矿产保有储量　Ensured Mineral Reserves**

指探明的矿产储量(包括工业储量和远景储量)扣除已开采部分和地下损失量后的年末实有储量，是反映国家矿产资源现状的重要指标。

Refers to the actual mineral reserves, which equal to the proven mineral reserves (including industrial reserves and prospective reserves) minus extracted parts and underground losses. This indicator shows the current condition of the mineral resources of a country.

**可比价格　Comparable Prices**

指计算各种总量指标所采用的扣除了价格变动因素的价格，可进行不同时期总量指标的对比。按可比价格计算总量指标有两种方法：一种是直接用产品产量乘某一年的不变价格计算；另一种是用价格指数进行伸缩。

Refers to prices that are used to remove the factors of price change in calculating economic aggregates, so as to facilitate comparison of aggregates over time. Tow methods are used for calculating economic aggregates at comparable prices: 1.multiplying the output of products by their constant prices of certain year; 2.deflation of data at current prices by relevant price index.

**不变价格　Constant Price**

指以同类产品某年的平均价格作为固定价格，用于计算各年的产品价值。按不变价格计算的产品价值消除了价格变动因素，不同时期对比可以反映生产的发展速度。新中国成立后，随着工农业产品价格水平的变化，国家统计局先后五次制定了全国统一的工业产品不变价格和农业产品不变价格。从 1949 年到 1957 年使用 1952 年工（农）业产品不变价格，从 1957 年到 1971 年使用 1957 年不变价格，从 1971 年到 1981 年使用 1970 年不变价格，从 1981 年到 1990 年使用 1980 年不变价格，从 1990 年开始使用 1990 年不变价格。

Refers to the average price of a given product in certain year, which is used for comparison of output value over time. As the output value at constant prices removes the factor of price changes, it reflects the trend of production development over time. Since 1949, with the changes in general price level, the State Statistical Bureau has issued nationally unified constant prices five times: the 1952 constant prices for 1949-1957; the 1957 constant prices for 1957-1971; the 1970 constant prices for 1971-1981; the 1980 constant prices for 1981-1990; and the 1990 constant prices have been used since 1991.

**平均增长速度　Average Annual Growth Rate**

我国计算平均增长速度有两种方法：一种是习惯上经常使用的“水平法”，又称几何平均法，是以间隔期最后一年的水平同基期水平对比来计算平均每年增长（或下降）速度；另一种是“累计法”，又称代数平均法或方程法，是以间隔期内各年水平的总和同基期水平对比来计算平均每年增长（或下降）速度。

在一般正常情况下，两种方法计算的平均每年增长速度比较接近；但在经济发展不平衡、出现大起大落时，两种方法计算的结果差别较大。

Tow methods for calculating average annual growth rate are applied in China, one is often called “level approach" or the method of calculating geometric average, which is derived by comparing the level of the last year of the interval with that of the beginning year; the other is called "accumulative approach" or algebraic average or equation method, which is derived by the summation of the actual figure of each year in the interval divided by the figure in the base year.

Usually the results calculated by the two methods are fairly close, but they differed sharply when uneven economic development occurred with striking fluctuations in growth.

**各个计划时期　Various Planning Periods**

年鉴中各个"时期"代表的年份如下：恢复时期为 1950 年到 1952 年；第一个五年计划时期（简称一五时期）为 1953 年到 1957 年；第二个五年计划时期（简称二五时期）为 1958 年到 1962 年；第三个五年计划时期（简称三五时期）为 1966 年到 1970 年；第四个五年计划时期（简称四五时期）为 1971 年到 1975 年；第五个五年计划时期（简称五五时期）为 1976 年到 1980 年；第六个五年计划时期（简称六五时期）为 1981 年到 1985 年；第七个五年计划时期（简称七五时期）为 1986 年到 1990 年；第八个五年计划时期（简称八五时期）为 1991 年到 1995 年；第九个五年计划时期（简称九五时期）为 1996 年到 2000 年；第十个五年计划时期（简称十五时期）为 2001 年到 2005 年。

The conventional division of "time period" in this yearbook is as follows: Economic Rehabilitation Period, 1950-1952; The first five-year plan period, 1953-1957;The second five-year plan period, 1958-1962; The third five-year plan period, 1966-1970; The fourth five-year plan period, 1971-1975; The fifth five-year plan period,1976-1980; The six five-year plan period, 1981-1985; The seventh five-year plan period, 1986-1990; The eighth five-year plan period, 1991-1995; The ninth five-year plan period,1996-2000;And the tenth five-year plan period,2001-2005.

**企业（单位）登记注册类型　Registration Status of Enterprises**

是以在工商行政管理机关登记注册的各类企业为划分对象，以工商行政管理部门对企业登记注册的类型为依据，将企业登记注册类型分为内资企业、联营企业、有限责任公司、股份有限公司、私营公司和其它企业；港澳台商投资企业和外商投资企业分别包括合资经营企业、合作经营企业、独资经营企业和股份有限公司。对不在工商行政管理部门进行登记注册的行政机关、事业单位和社会团体，主要按其经费来源和管理方式进行划分。

Enterprises are classified into 3 categories, namely domestic-funded enterprises, enterprises with investment from Hong Kong, Macao and Taiwan, and enterprises with foreign investment, in the light of the registration status of an enterprise in industrial and commercial administration agencies. Domestic-funded enterprises include state-owned enterprises, collective-owned enterprises, cooperative enterprises, joint ownership enterprises, limited liability corporations, share-holding corporations Ltd., private enterprises and other enterprises. Include in the enterprises with investment from Hong Kong, Macao and Taiwan and enterprises with foreign investment are joint-venture enterprises, cooperative enterprises, sole investment enterprises and share-holding corporations Ltd. For government agencies, institutions and social organizations which are not requested to be registered in industrial and commercial administration agencies, they are classified mainly by way of management.

**国有企业　State-owned Enterprises**

指企业全部资产归国家所有，并按《中华人民共和国企业法人登记管理条例》规定登记注册的非公司制的经济组织。不包括有限责任公司中的国有独资公司。

Refers to non-corporation economic units where the entire assets are owned by the state and which have registered in accordance with the Regulation of the People's Republic of China on the Management of Registration of Corporate Enterprises. Excluded from this category are sole state-funded corporations in the limited liability corporations.

**集体企业　Collective-owned Enterprises**

指企业资产归集体企业所有，并按《中华人民共和国企业法人登记管理条例》规定登记注册的经济组织。

Refers to economic units where the assets are owned collectively and which have registered in accordance with the Regulation of the People's Republic of China on the Management of Registration of Corporate Enterprises.

**股份合作企业　Cooperative Enterprises**

指以合同制为基础，由企业职工共同出资入股，吸收一定比例的社会资产投资组建，实行自主经营，自负盈亏，共同劳动，民主管理，按劳分配与按股分红相结合的一种集体经济组织。

Refers to a form of collective economic units (enterprises) where capitals come mainly from employees as their shares, with certain proportion of capital from the outside, where production is organized on the basis of independent operation, independent accounting for profits and losses, joint work, democratic management, and a distribution system that integrates remuneration according to work with dividend according to capital share.

**联营企业　Joint Ownership Enterprises**

指两个及两个以上相同或不同所有制性质的企业法人或事业单位法人，按自愿、平等、互利的原则，共同投资组成的经济组织。联营企业包括国有联营企业、集体联营企业、国有与集体联营企业和其它联营企业。

Refer to economic units established by two or more corporate enterprises or corporate institutions of the same or different ownership, through joint investment on the basis of equality, voluntary participation and mutual benefits. they include state joint ownership enterprises, collective joint ownership enterprises, joint state-collective enterprises, other joint ownership enterprises.

**有限责任公司　Limited Liability Corporations**

指根据《中华人民共和国公司登记管理条例》规定登记注册，由两个以上五十个以下的股东共同出资，每个股东以其所认缴的出资额对公司承担有限责任，公司以其全部资产对其债务承担责任的经济组织。有限责任公司包括国有独资公司以及其它有限责任公司。

国有独资公司：指国家授权的投资机构或者国家授权的部门单独投资设立的有限责任公司。

其他有限责任公司：指国有独资公司以外的有限责任公司。

Refers to economic units established with investment from 2-50 investors and registered in accordance with the Regulation of the People's Republic of China on the Management of Registration of Corporations, each investor bearing limited liability to the corporation depending on its share of investment, and the corporation bearing liability to its debt to the maximum of its total assets. limited liability corporations include exclusive state-funded limited liability corporations and other limited liability corporations.

(1) Exclusive state-funded Corporations refer to limited liability corporations established with exclusive investment from investment institutions or departments authorized by the state.

(2) Other Limited Liability Corporations refer to limited liability corporations other than exclusive state-funded corporations.

**股份有限公司　Share-holding Corporations Ltd.**

指根据《中华人民共和国公司登记管理条例》规定登记注册，其全部资本由等额股份构成并通过发行股票筹集资本，股东以其认购的股份对公司承担有限责任，公司以其全部资产对其债务承担责任的经济组织。

Refers to economic units registered in accordance with the Regulation of the People's Republic of China on the Management of Registration of Corporations, with total registered capitals divided into equal shares and raised through issuing stocks. Each investor bears limited liability to the corporation depending on the holding of shares, and the corporation bears liability to its debt to the maximum of its total assets.

**私营企业　Private Enterprises**

指由自然人投资设立或由自然人控股，以雇佣劳动为基础的盈利性经济组织。包括按照《公司法》、《合伙企业法》、《私营企业暂行条例》规定登记注册的私营有限责任公司、私营股份有限公司、私营合伙企业和私营独资企业。

(1)私营独资企业：指按《私营企业暂行条例》的规定，由一名自然人投资经营，以雇佣劳动为基础，投资者对企业债务承担无限责任的企业。

(2)私营合伙企业：指按《合伙企业法》或《私营企业暂行条例》的规定，由两个以上自然人按照协议共同投资、共同经营、共负盈亏，以雇佣劳动为基础，对债务承担无限责任的企业。

(3)私营有限责任公司：指按《公司法》、《私营企业暂行条例》的规定，由两个以上自然人投资或由单个自然人控股的有限责任公司。

(4)股份有限责任公司：指按《公司法》的规定，由五个以上自然人投资，或由单个自然人控股的股份有限公司。

Refers to profit-making economic units invested and established by natural persons, or controlled by natural persons using employed labor. Included in this category are private limited liability corporations, private share-holding corporations Ltd., private partnership enterprises and private-funded enterprises registered in accordance with the Corporation Law, Partnership Enterprises law and Interim Regulations on Private Enterprises.

(1) Private-funded enterprises: refer to enterprises registered in accordance with the Interim Regulations on Private Enterprises, invested and operated by a single natural person using employed labor and bearing unlimited liability to the debt of the enterprise.

(2) Private partnership enterprises: refer to enterprises registered in accordance with the Partnership Enterprise Law or Interim Regulations on Private Enterprises, jointly invested and operated by two or more natural persons using employed labor and bearing unlimited liability to the debt of the enterprise.

(3) Private limited liability corporations: refer to limited liability corporations registered in accordance with the Corporation Law and Interim Regulations on Private Enterprises, jointly invested by two or more

natural persons or exclusively invested by a single natural person.

(4) Private share-holding corporations Ltd.: refer to share-holding corporations registered in accordance with the Corporation Law, jointly invested by five or, more natural persons or exclusively units other than those mentioned above.

**其他内资企业　Other Domestic-funded Enterprises**

指上述企业之外的其他内资经济组织。

Refer to domestic-funded economic units other than those mentioned above.

**与港澳台商合资经营企业　Joint-venture Enterprises with Funds from Hong Kong, Macao and Taiwan**

指港澳台地区投资者与内地企业依照《中华人民共和国中外合资经营企业法》及有关法律的规定，按合同规定的比例投资设立、分配利润和分担风险的企业。

Refer to enterprises jointly established by investors from Hong Kong, Macao and Taiwan with enterprises in the mainland of China in accordance with the Law of the People's Republic of China on Sino-foreign Joint Venture Enterprises and other relevant laws, where the share of investment, profits and risks is stipulated in the contract.

**与港澳台商合作经营企业　Cooperative Enterprises with Funds from Hong Kong, Macao and Taiwan**

指港澳台地区投资者与内地企业依照《中华人民共和国中外合作经营企业法》及有关法律的规定，依照合作合同的约定进行投资或提供条件设立、分配利润和分担风险的企业。

Refers to enterprises jointly established by in investors from Hong Kong, Macao and Taiwan with enterprises in the mainland of China in accordance with the Law of the People's Republic of China on Sino-foreign Cooperative Enterprises and other relevant laws, where the investment or provision of facilities, and the share of profits and risks is stipulated in the cooperative contract.

**港澳台商独资经营企业　Enterprises with Sole (exclusive) Investment from Hong Kong, Macao and Taiwan**

指依照《中华人民共和国外资企业法》及有关法律的规定，在内地由港澳台地区投资者全额投资设立的企业。

Refers to enterprises established in the mainland of China with exclusive investment from investors from Hong Kong, Macao and Taiwan in accordance with the Law of the People's Republic of China on Foreign-Funded Enterprises and other relevant laws.

**港澳台商投资股份有限公司　Share-holding Corporations Ltd. with Investment from Hong Kong,Macao and Taiwan**

指根据国家有关规定，经外经贸部依法批准设立，其中港、澳、台商的股本占公司注册资本的比例达 25%以上的股份有限公司。凡其中港、澳、台商的股本占公司注册资本的比例小于 25%的，属于内资企业中的股份有限公司。

Refers to share-holding corporations Ltd. established with the approval from the Ministry of Foreign Trade and Economic Relations in line with relevant state regulations, where the share of investment from Hong Kong, Macao or Taiwan businessmen exceeds 25% of the total registered capital of the corporation. In case the share of investment from Hong Kong, Macao or Taiwan is less than 25% of the total registered capital, the enterprise is to be classified as domestic-funded share-holding corporation Ltd.

**中外合资经营企业　Joint-venture Enterprises with Foreign Investment**

指外国企业或外国人与中国内地企业依照《中华人民共和国中外合资经营企业法》及有关法律的规定，按合同规定的比例投资设立、分享利润和分担风险的企业。

Refers to enterprises jointly established by foreign enterprises or foreign Joint Venture Enterprises and other relevant laws, where the share of investment, profits and risks is stipulated in the contact.

**中外合作经营企业　Cooperation Enterprises with Foreign Investment**

指外国企业或外国人与中国内地企业依照《中华人民共和国中外合作经营企业法》及有关法律的规定，依照合作合同的约定进行投资或提供条件设立、分配利润和分担风险的企业。

Refers to enterprises jointly established by foreign enterprises or foreigners with enterprises in the mainland of China in accordance with the Law of the People's Republic of China on Sino-foreign Joint Venture Enterprises and other relevant laws, where the investment or provision of facilities, and the share or profits and risks is stipulated in the cooperative contract.

**外资企业　Enterprises with Sole (exclusive) Foreign Investment**

指依照《中华人民共和国外资企业法》及有关法律的规定，在中国内地由外国投资者全额投资设立的企业。

Refers to enterprises established in the mainland of China with exclusive investment from foreign investors in accordance with the Law of The People's Republic of China on Foreign-Funded Enterprises and other relevant laws.

**外商投资股份有限公司　Share-holding Corporations Ltd. with Foreign Investment**

指根据国家有关规定，经外经贸部依法批准设立，其中外资的股本占公司注册资本的比例达 25%以上的股份有限公司。凡其中外资股本占公司注册资本的比例小于 25%的，属于内资企业中的股份有限公司。

Refers to share-holding corporations Ltd. established with the approval from the Ministry of Foreign Trade and Economic Relations in line with relevant state regulations, where the share of investment from foreign investor exceeds 25% of the total registered capital, the enterprise is to be classified as domestic-funded share-holding corporation Ltd.

**行政机关事业单位和社会团体　Government Agencies, Institutions and Social Organizations**

参照企业登记注册类型，主要按其经费来源和管理方式划分。具体规定如下：

(1)行政机关：包括国家机关和政党机关，原则上均列为“国有”。但有特殊规定的，如供销社等，则列为“集体”。

(2)事业单位：包括经国家机构编制部门和有关业务主管部门批准成立的各类事业单位，但不包括实行企业化管理的事业单位。事业单位的划分办法如下：

①由国家财政预算拨款或列入财政预算外资金管理以及经费主要来源于国有主管部门或国有上级单位的事业单位，列为“国有”。

②经费主要来源于集体单位的事业单位，列为“集体”。

③公民个人（或个人合伙）开办的事业单位，列为“私营”。

④上述以外的其他事业单位, 如果其经费来源不明确, 按管理方式进行划分。

(3)社会团体：包括经民政部门批准成立以及未纳入社会团体管理条例范围的工会妇联等各类社会

团体。社会团体的划分办法如下：

①未纳入民政部社会团体管理条例范围的工会、妇联、共青团、青联、工商联、科协、侨联等社会团体，国家拨款设立的基金会或基金管理组织以及经费主要来源于国有业务主管部门或国有上级单位的社会团体，列为“国有”。

②经费主要来源于集体单位的社会团体，列为“集体”。

③公民个人（或各人合伙）开办的社会团体，列为“私营”。

④上述以外的其他社会团体，如果其经费来源不明确，按管理方式进行归类。

Are classified into following categories by source of funds and way of management taking reference of the registration status of enterprises:

Government agencies: include state and party agencies, classified in principle as “state-owned”. There are exceptions, such as supply and marketing cooperatives which are classified as “collective”.

Institutions: include institutions of various types established with the approval by organization and staffing departments of the government, but exclude institutions where enterprises management system is introduced. Institutions are further classified as follows:

Institutions whose main budget is listed in the government budget appropriations or extra-budget funds, or allocated from the budget of their competent government agencies. Such institutions are classified as “state-owned”.

Institutions whose budget mainly comes from collective units. Such institutions are classified as “collective”.

Institutions other than those mentioned above whose source of budget is not clear. Such institutions are classified by way of management.

Social organizations: include social organizations established with the approval from the Ministry of Civil Affairs, and organizations that are not covered by social organization management regulations such as trade unions, women’s federations etc. . Social organizations as further classified as follows:

Social organizations that are not covered by social organization management regulations of the Ministry of Civil Affairs such as trade unions, women’s federations, communist youth leagues, youth associations, industrial and commerce associations, scientists associations, overseas Chinese associations, etc., foundations and fund management organizations established with funds from the state, and social organizations whose funds mainly come from the budget of their competent government agencies. Such institutions are classified as “state-owned”.

Social organizations whose budget mainly comes from collective units. Such institutions are classified as “collective”.

Social organizations established by individual or a group of citizens, which are classified as “private”.

Social organizations other than those mentioned above whose source of budget is not clear. Such organizations are classified by way of management.

**国内(地区)生产总值　（GDP）Gross Domestic Product**

指一个国家（或地区）所有常住单位在一定时期生产活动的最终成果。国内（地区）生产总值有三种表现形态，即价值形态、收入形态和产品形态。从价值形态看，它是所有常住单位在一定时期内生产的全部货物和服务价值超过同期中间投入的全部非固定资产货物和服务价值的差额，即所有常住单位的增加值之和；从收入形态看，它是所有常住单位在一定时期内创造并分配给常住单位和非常住单位的初次收入分配之和；从产品形态看，它是所有常住单位在一定时期内最终使用的货物和服务价值与货物和服务净出口之和。在实际核算中，国内（地区）生产总值有三种计算方法，即生产法、收入法和支出法。三种方法分别从不同的方面反映国内生产总值及其构成。

Refers to the final products of all resident units in a country (or a region) during a certain period of time. Gross domestic product is expressed in three different forms, i. E. Value, income, and products respectively. The form of value refers to the total value of all products and services produced by all resident units during a certain period of time minus total value of intimidate input of materials and services of the nature of non-fixed assets or the summation of the value-added of all resident units; the form of income includes all the income created by all resident units and distributed primarily to all resident and non-resident units; the form of products refers to the value of all final goods and services for final use by all resident units plus the value of net exports of goods and services during a given period of time. In the practice of national accounting, gross domestic product is calculate with three approaches, i.e. production approach, income approach, and expenditure approach, which reflect gross domestic product and its composition from different aspects.

**三次产业　Three Industries**

是根据社会生产活动历史发展的顺序对产业结构的划分，产品直接取自自然界的部门称为第一产业，对初级产品进行再加工的部门称为第二产业，为生产和消费提供各种服务的部门称为第三产业。我国的三次产业划分是：

第一产业：农林牧渔业。

第二产业：工业和建筑业。

第三产业：除第一、第二产业以外的其他各业。

Industry structure has been classified according to the historical sequence of development. Primary industry refers to extraction of natural resources; secondary industry involves processing of primary products; and tertiary industry provides services of various kinds for production and consumption. Industry in China comprises:

Primary industry: farming, forestry, animal husbandry, fishery, and service for farming、forestry、 animal husbandry、fishery .

Secondary industry: industry and construction.

Tertiary industry: all other industries not included in primary or secondary industry.

**支出法国内(地区)生产总值　GDP Calculated with Expenditure Approach**

指一个国家（或地区）所有常住单位在一定时期内用于最终消费、资本形成总额，以及货物和服务净出口总额，它反映本期生产的国内生产总值的使用及构成。

Refers to total expenditure on final consumption, total capital formation and net export of goods and services by resident units of a country in a certain period of time. It reflects the composition of GDP by its use.

**最终消费　Final Consumption**

指常住单位在一定时期内对于货物和服务的全部最终消费支出，也就是常住单位为满足物质、文化和精神生活的需要，从本国经济领土或国外购买的货物和服务的支出；不包括非常住单位在本国经济领土内的消费支出。最终消费分为居民消费和政府消费。

Refers to the total expenditure of resident units on final consumption of goods and services in a certain period, namely the expenditure of the resident units for purchases of goods and services from domestic economic territory and abroad to meet the requirements of material, cultural and spiritual life. It excludes the expenditure of non-resident units on consumption in the economic territory of the country. The final consumption is classified into household consumption and government consumption.

**居民消费　Households Consumption**

指常住居民对于货物和服务的全部最终消费支出。居民消费按市场价格计算，即按居民支付的购买者价格计算。购买者价格是购买者取得货物所支付的价格，包括购买者支付的运输和商业费用。居民消费除了直接以货币形式购买货物和服务的消费以外，还包括以其他方式获得的货物和服务的消费支出，即所谓的虚拟消费支出。居民虚拟消费支出包括以下几种类型：单位以实物报酬及实物转移的形式提供给劳动者的货物和服务；居民生产由本居民消费了的货物和服务，其中的服务仅指居民的自有住房的服务；金融机构提供的金融媒介服务；保险公司提供的保险服务。

Refers to the total expenditure of resident households on the final consumption of goods and services. The households consumption is calculated at market prices, namely the purchaser's prices which the households pay; the purchasers' prices of goods re the prices the households pay when they obtain the goods, including the transport and commercial expenses paid by the households. In addition to the consumption of goods and services bought by the households directly with money, the expenditure on goods and services obtained by the households in other ways, i.e. the so-called imputed expenditure on consumption, is also included in the households consumption. The imputation expenditure of the households on consumption includes the following types: (a) the goods and services provided to the households by the units in the form of payment in kind and transfer in kind; (b) the goods and services produced and consumed by the households themselves, in which the services refer only to the services provided by the residential buildings owned by the households; (c) the services of financial intermediary provided by the financial institutions; (d) the insurance services provided by the insurance companies.

**政府消费　Government Consumption**

指政府部门为全社会提供公共服务的消费支出和免费或以较低价格向居民提供的货物和服务的净支出。前者等于政府服务的产出价值减去政府单位所获得的经营收入的价值，政府服务的产出价值等于它的经常性业务支出加上固定资产折旧；后者等于政府部门免费或以较低价格向居民提供的货物和服务的市场价值减去向居民收取的价值。

Refers to the expenditure on the consumption of the public services provided by the government to the whole society and the net expenditure on the goods and services provided by the government to the households at free charge or lower prices. The former equals to the output value of the government services minus the value of operating income obtained by the government departments. (The output value of the government services equals to its current operating expenditure plus depreciation of fixed assets). The latter equals to the market value of the goods and services provided by the government free of charge or at low prices to the households minus the value received by the government from the households.

**资本形成总额　Total Capital Formation**

指常住单位在一定时期内获得的减去处置的固定资产加存货的变动，包括固定资本形成总额和存货增加。

Refers to the fixed assets acquired minus those disposed and the change in inventory, including the total fixed assets formation and the increase in inventory.

**固定资本形成总额　Total Fixed Capital Formation**

指常住单位购置、转入和自产自用的固定资产，扣除固定资产的销售和转出后的价值，分有形固定资产形成总额和无形固定资产形成总额。有形固定资产形成总额包括一定时期内完成的建筑工程安装工程和设备工器具购置（减处置）价值，以及土地改良、新增役、种、奶、毛、娱乐用牲畜和新增经济林木价值。无形固定资产形成总额包括矿藏的勘探、计算机软件、娱乐和文学艺术品原件等获得（减处置）价值。

Refers to the value of fixed assets purchased, transferred in by the resident units and those produced and used by themselves deducting the value of fixed assets sold and transferred out. It can be classified into total tangible assets formation and total tangible assets formation and total intangible assets formation. The total tangible assets formation include the value of the construction projects, installation projects completed and the equipment, apparatus and instruments purchased as well as the value of land improved, the value of draught animals, breeding stock, milk, wool and recreational animals and the newly increased economic forest in a certain period. The total tangible assets formation includes the prospecting of minerals, the originals of recreational works and works of literature and arts minus the disposal of them.

**库存增加　Increase in Inventory**

指常住单位存货实物量变动的市场价值，即期初与期末差额。正值表示库存增加，负值表示库存减少。具体包括本期购买的原材料、燃料和储备物资等存货，以及生产单位本期生产的产成品、半成品和在制品等存货。

Refers to the market value of the change in inventory, i.e. the difference of value between the beginning and the end of the period. The increase in inventory can be positive or negative. A positive value indicates the increase in inventory while a negative value indicates the decrease in stock. The inventory includes the raw materials, fuels and reserve materials purchased by the production units as well as the inventory of finished products, semi-finished products, work-in-progress, etc.

**货物和服务净出口　Net Export of Gods and Services**

指货物和服务出口与货物和服务进口的差额。出口包括常住单位向非常住单位出售或无偿转让的各种货物和服务的总值；进口包括常住单位从非常住单位购买或无偿得到的各种货物和服务的总值。由于服务活动提供与使用同时发生，因此服务的进出口业务并不发生出入境现象，一般把常住单位从国外得到的服务作为进口，反之，非常住单位从本国得到的服务作为出口。货物的出口和进口都按离岸价格计算。

Refers to the difference of the exports of goods and services minus the imports of goods and services. The imports include the value of various goods and services sold or gratuitously transferred by the resident units to the non-resident units. The imports include the value of various goods and services purchased or gratuitously acquired by the resident units from the non-resident units. Because the provision of services and the use of them happen simultaneously, the import and export of services do not appear to have the phenomena of crossing the border of the country. The acquisition of services by the resident units from abroad is usually treated as import while the acquisition of services by non-resident units in this country is usually as export. The export and import of goods are calculated at FOB.

**固定资产折旧　Depreciation of Fixed Assets**

指一定时期内为弥补固定资产损耗而按照核定的折旧率提取的补偿价值，或按国民经济核算统一规定的折旧率虚拟计算的补偿价值。它反映了固定资产在本期生产中的转移价值。各类企业和企业化管理的事业单位的固定资产折旧是指从成本费用中提取的折旧费。对不计提折旧的政府机关、非企业化管理的事业单位、和居民住房的固定资产折旧则按照统一规定的折旧率和固定资产原值进行虚拟折旧。

Refers to the depreciation of fixed assets drawn in accordance with the stipulated depreciation rate for the purpose of compensating the wear loss of the fixed assets or the depreciation of fixed assets calculated in a fictitious way in accordance with the stipulated unified depreciation rate in the national economic accounting system. It reflects the value of transfer of the fixed assets in the production of the current period. The depreciation of fixed assets in various enterprises and institutions managed as enterprises refers to the depreciation expenses actually draw and calculate as part of the cost. In government agencies and institutions not managed as enterprises which do not draw the depreciation expenses, as well as for the houses of residents, the depreciation of fixed asses is the imputed depreciation, which is calculated in accordance with the stipulated unified depreciation rate. In principle, the depreciation of fixed assets should be calculated on the basis of the re-purchased value of the fixed assets. However, there is no actual condition to re-evaluate all the fixed assets in China. Therefore, the above-mentioned methods are temporarily adopted at resent.

**劳动者报酬　Laborers' Remuneration**

指劳动者从事生产活动而获得的各种报酬。它反映劳动者参与增加值创造而获得的原始收入。包括劳动者获得的工资、奖金和津贴，包括货币形式和实物形式的；还包括劳动者所享受的公费医疗和医药卫生费上下班交通补贴和单位支付的社会保险费等。对于个体经济来说，其所有者所获得的劳动报酬和经营利润不易区分，这两部分统一作为劳动者报酬处理。

Refers to the whole payment earned by the laborers from the productive activities they are engaged in. It includes wages, bonuses and allowances the laborers earned in monetary form and in kind. It also includes the free medical services provided to the laborers and the medicine expenses, traffic subsidies and social insurance fee paid by the laborers' working units for them. As the individual economy is concerned, since the laborers' remuneration is not easily distinguished from the operating profit, both are treated as laborers remuneration.

**生产税净额　Net Taxes on Production**

指生产税减补贴后的余额。生产税是指政府对生产单位生产销售和从事经营活动以及从事生产活动使用某些生产要素（如固定资产、土地、劳动力）所征收的各种税、附加费和规费。生产补贴与生产税相反，指政府对生产单位的单方面收入转移，因此视为负生产税，包括政策亏损补贴、粮食系统价格补贴、外贸企业出口退税收入等。

Refers to the residual of the taxes on production minus the subsidies on production. The taxes on production refers to the various taxes, extra charges and fees levied on the production units on their production, sale and business activities as well as n some factors of production, such as fixed assets, land and labor force, used in the production activities they are engaged in. In contrast to the taxes on production, the subsidies on production refer to the unilateral transfer of part of the government's revenue to the production units and is therefore regarded as negative taxes on production. They include subsidies on the loss due to implementation of government policies, price subsidies to the grain institutions, foreign trade corporations' receipts from drawback, etc.

**营业盈余　Operating Surplus**

指常住单位创造的增加值扣除固定资产折旧、劳动者报酬和生产税净额后的余额。它相当于企业的营业利润加上生产补贴，但要扣除从利润中开支的工资和福利等。

Refers to the balance of the value added created by the resident units deducting the laborers' remuneration, net taxes on production and the depreciation of fixed assets. It is equivalent to the business profit of the enterprises plus subsidies on production, but the wages and welfare expenses paid from the profits should be deducted.

**总人口　Total Population**

指一定时点、一定地区范围内的有生命的个人的总和。

年度统计的年末总人口是指每年１２月３１日２４时的人口数，未包括海外华侨人数。

Refers to the total number of people alive at a certain point of time within a given area.

The annual statistics on total population is taken at midnight, the 31st of December，not including Chinese compatriots overseas China.

**市镇总人口和乡村总人口　Urban Population and Rural Population**

一般是按常住人口划分的。

Are classified, in general, with the permanent population.

**市镇总人口　Urban Population**

指市镇辖区的全部人口。

Refers to the population living in areas under the jurisdiction of cities or towns.

**乡村总人口　Rural Population**

指县（不含镇）的全部人口。

Refers to the population of counties excluding those living in towns.

**市　City**

指经国家批准成立的"市"建制的城市。

Refers to cities establish with the approval of the central government.

**镇　Town**

指经省自治区直辖市批准的镇。1963 年以前为常住人口在 2000 人以上，非农业人口占 50%以上的。1964 年起改为常住人口在 3000 人以上，非农业人口占 70%以上；或常住人口在 2500 人以上，不满 3000 人，非农业人口占 85%以上的。1984 年后又调整为凡县级地方国家机关所在地；或总人口在 20000 人以下的乡，乡政府驻地非农业人口超过 2000 人的；或总人口在 20000 人以上的乡，乡政府驻地非农业人口占全乡人口 10%以上；或少数民族地区、人口稀少的边远地区、山区和小型工矿区、小港口、风景旅游区、边境口岸等地，非农业人口虽不足 2000 人都可以建镇。

Refers to towns established with the approval of the governments of province, autonomous region, or municipality directly under the central government. Prior to 1963, a town was defined as an area with more than 2000 permanent residents, of which 50% or more were non-agricultural population. A revision of the definition was made in 1964. By the new definition, a town was an area with more than 3000 permanent residents, of which 70% or more were non-agricultural population or an area with more than 2500, but lower than 3000 permanent residents, of which 85% or more were non-agricultural population. Further adjustment was made in 1984: a town is defined as: (1) an area being the location of county-level government agency, or (2) a township with a total population less than 20000, where the non-agricultural population of the location of a township government exceeds 2000; or (3) a township with a total population more than 20000, where the proportion of the non-agricultural population to the total population of the location of a township government is greater than 10%; or (4) a remote area, mountainous area small-sized mining area, small harbor, tourism area, or border area with non-agricultural population less than 2000.

**出生率（又称粗出生率）　Birth Rate or (Crude Birth Rate)**

指在一定时期内（通常为一年内）平均每千人所出生的人数的比率，一般用千分率表示。计算公式为：出生率＝（年出生人数 / 年平均人数）×1000‰

式中：出生人数是指活产婴儿，即胎儿脱离母体时（不管怀孕月数），有过呼吸或其他生命现象。年平均人数是指年初、年末人口数的平均数，也可用年中人口数代替。

Refers to the ratio of the number of births to the average population during a certain period of time (usually a year), which is often expressed in ‰. The following formula is used:

Birth Rate = Number of Births / Average Number of Population ×1000‰

Number of births refers to live births, i.e. the births when babies had showed any vital phenomena regardless of the length of pregnancy.

**死亡率（又称粗死亡率）　Death Rate (or Crude Death Rate)**

指在一定时期内（通常为一年内）一定地区的死亡人数与同期平均人数（或期中人数）之比，一般用千分率表示。计算公式为：死亡率＝（年死亡人数 / 年平均人数）×1000‰

Refers to the ratio of the number of deaths to the average population (or mid-year population) during a certain period of time (usually a year), which is often expressed in ‰. The following formula is used:

Death Rate = Number of Deaths / Annual Average Number of Population × 1000‰

**人口自然增长率　Natural growth Rate of Population**

指在一定时期内（通常为一年内）一定地区的人口自然增加数（出生人数减死亡人数）与该时期内平均人数（或期中人数）之比，一般用千分率表示。计算公式为：

人口自然增长率＝(本年出生人口数－本年死亡人口数）/ 年平均人数×1000‰

人口自然增长率＝人口出生率－人口死亡率

Refers to the ratio of natural increase in population (number of births minus number of deaths) in a certain period of time (usually a year) to the average population or mid-year population) of the same period, which is often expressed in ‰. The following formulas are applied:

Natural Growth of Population = (number of Births-Number of deaths) / Average Number of Population × 1000‰

Natural Growth Rate of Population = Birth Rate – Death Rate

**从业人员　Employed Persons**

指从事一定社会劳动并取得劳动报酬或经营收入的人员，包括全部职工、再就业的离退休人员、私营业主、个体户主、私营和个体从业人员、乡镇企业从业人员、农村从业人员、其他从业人员（包括民办教师、宗教职业者、现役军人等）。这一指标反映了一定时期内全部劳动力资源的实际利用情况，是研究我国基本国情国力的重要指标。

Refers to the persons who are engaged in social labor and receive remuneration payment or earn business income, including: total staff and workers, re-employed retirees, employers of private enterprises, self-employed workers, employees in private enterprises and individual economy, employees in the township enterprises, employed persons in the rural areas, other employed persons (including teachers in the schools run by the local people, people engaged in religious profession and the servicemen, etc.). This indicator reflects the actual utilization of total labor force during a certain period of time and is often used for the research on China's economic situation and national power.

**单位从业人员　Persona Employed in Various Units**

指在各级国家机关、政党机关、社会团体及企业、事业单位中工作，取得工资或其他形式的劳动报酬的全部人员。包括在岗职工、再就业的离退休人员、民办教师以及在各单位中工作的外方人员和港、澳、台方人员、兼职人员、借用的外单位人员和第二职业者。不包括离开本单位仍保留劳动关系的职工。各单位的从业人员反映了各单位实际参加生产或工作的全部劳动力。

Refers to all the persona working in government agencies of various levels, political and party organizations, social organizations, enterprises and institutions, and receiving wages or other forms of payment. They include fully-employed staff and workers, re-employed retirees, teachers in schools run by the local people, foreigners and Chinese compatriots from Hong Kong, Macao and Taiwan working in various units, part-time employees, employees of other units working temporarily at current posts, and employees holding the job, but exclude staff and workers who have left their working units while keeping their labor contract (employment relation) unchanged. This indicator reflects the total number of laborers actually engaged in production or other operations in various units.

**城镇私营和个体从业人员　Persons Employed in Private Enterprises and Self-Employed Individuals in Urban Areas**

城镇私营从业人员指在工商管理部门注册登记，其经营地址设在县城关镇（含城关镇）以上的私营企业从业人员；包括私营企业投资者和雇工。城镇个体从业人员指在工商管理部门注册登记，并持有城镇户口或在城镇长期居住，经批准从事个体工商经营的从业人员；包括个体经营者和在个体工商户劳动的家庭帮工和雇工。

Persons employed in private enterprises refer to the persons employed in the private enterprises which have been registered at the departments of industrial and commercial administration and are situated at a county town (i.e. a town where the county government is located) for business operation or at urban areas with the level higher than a county town. The self-employed individuals in urban areas refer to persons who hold the certificates of residence in urban areas or have resided in the urban areas for a long time and have been registered at the departments of industrial and approved to be engaged in individual industrial or commercial business, including self-employed persons as well as helpers and hired laborers who work in the individual households engaged in industrial or commercial business.

**职工　Staff and Workers**

指在国有经济、城镇集体经济、联营经济、股份制经济、外商和港、澳、台投资经济、其他经济单位及其附属机构工作，并由其支付工资的各类人员。

Refers to the persons who work in (and receive payment therefrom) enterprises and institutions of state ownership, collective ownership, joint ownership, share holding, foreign ownership, and ownership by entrepreneurs from Hong Kong, Macao and Taiwan, and other type of ownership and their affiliated units, excluding the retired persons invited to work in the units again, teachers in the schools run by the local people and foreigners and persons coming from Hong Kong, Macao and Taiwan and working in the state-owned economic units.

**在岗职工　Fully Employed Staff and Workers**

指在本单位工作并由单位支付工资的人员，以及有工作岗位，但由于学习、病伤、产假等原因暂未工作，仍由单位支付工资的人员。

Refers to persons who work in, and receive wages from their working units, as well as persons who have their work posts, but are temporarily absent from work for reasons of study or on sick, injury or maternal leave and still receive wages from their working units.

**国有单位职工　Staff and Workers in State-owned Economic Units**

指在国有经济单位及其附属机构工作，并由其支付工资的各类人员。

Refers to the persons who work in the state-owned economic units or their attached units and are listed in their payrolls.

**城镇集体单位职工　Staff and Workers of Collective Owned Units in Urban Areas**

指在城镇集体经济单位及其管理部门工作，并由其支付工资的各类人员。

Refers to the persons who work in collective owned units in urban areas and their administration departments and receive payment therefrom.

**其他经济单位职工　Staff and Workers in Units of Other Type of Ownership**

指在联营经济、股份制经济、外商投资经济、港、澳、台投资经济单位工作，并由其支付工资的各类人员。

Refers to those who work in (and receive payment there from) enterprises and institutions of joint ownership, share holding, foreign ownership, and ownership by entrepreneurs from Hong Kong, Macao and Taiwan.

**职工工资总额　Total Wages of Staff and Workers**

指各单位在一定时期内直接支付给本单位全部职工的劳动报酬总额。工资总额的计算原则应以直接支付给职工的全部劳动报酬为根据。各单位支付给职工的劳动报酬以及其他根据有关规定支付的工资，不论是计入成本的还是不计入成本的，不论是按国家规定列入计征奖金税项目的，还是未列入计征奖金项目的，不论是以货币形式支付的还是以实物形式支付的，均包括在工资总额内。

Refers to the total remuneration payment to staff and workers in various units during a certain period of time. The calculation of total wages is based on the total remuneration payment to the staff and workers. Therefore, all the wages and salaries and other payments to staff and workers are included in the total wages regardless of their sources, category, and forms (in kind or cash). (Total wages of staff and workers in this yearbook include only total wages of fully employed staff and workers, excluding the living allowances distributed to those who have lift their working units while keeping their labor contract/employment relation unchanged).

**奖金 Bonus**

指支付给职工的超额劳动报酬和增收节支的劳动报酬。

Refers to remuneration payment to workers for extra work and for increasing earnings and practicing economy.

**津贴和补贴 Subsidies and Allowances**

指为了补贴职工特殊或额外的劳动消耗和因其他特殊原因支付给职工的津贴，以及为保证职工工资水平不受物价影响支付给职工的物价补贴。

Refers to subsidies paid to staff and workers for compensating special or extra labor and allowances paid to staff and workers to offset the impact of inflation on real wages.

**职工平均工资 Average Wage of Staff and Workers**

指企业、事业、机关单位的职工在一定时期内平均每人所得的货币工资额。它表明一定时期职工工资收入的高低程度，是反映职工工资水平的主要指标。计算公式为：

职工平均工资＝报告期实际支付的全部职工工资总额／报告期全部职工平均人数

Refers to the average wage in money terms per person during a certain period of time for staff and workers in enterprises, institutions, and government agencies, which reflects the general level of wage income during a certain period of time and is calculate as follows:

Average Wage of Staff and Workers = Total Wages of Staff and Workers in Reference Period/Average Number of Staff and Workers in Reference Period

**职工平均实际工资 Average Real Wage of Staff and Workers**

指扣除物价变动因素后的职工平均工资。计算公式为：

职工平均实际工资＝报告期职工平均工资／报告期职工生活费价格指数

Refers to average wage of staff and workers after removing the effects of price changes, which is calculated as follows:

Average Real Wage of Staff and Workers = Average Wage of Staff and Workers in Reference Period/Consumer Price Index of Urban Residents in Reference Period

**全社会固定资产投资 Total Investment in Fixed Assets in the Whole Country**

是以货币形式表现的在一定时期内全社会建造和购置固定资产的工作量以及与此有关的费用的总称。该指标是反映固定资产投资规模、结构和发展速度的综合性指标，又是观察工程进度和考核投资效果的重要依据。全社会固定资产投资按登记注册类型可分为国有、集体、个体、联营、股份制、外商、港澳台商、其他等。

Refers to the volume of activities in construction and purchases of fixed assets of the whole country and related fees, expressed in monetary terms during the reference period. It is a comprehensive indicator which shows the size, structure and growth of the investment in fixed assets, providing a basis for observing the progress of construction projects and evaluating results of investment. Total investment in fixed assets in the whole country includes, by type of ownership, the investment by State-owned units, collective-owned units, individuals, joint ownership units, share-holding units, as well as investments by entrepreneurs from foreign countries and from Hong Kong, Macao and Taiwan, and by other units.

**城镇固定资产投资　Urban Investment in Fixed Assets**

指城镇各种登记注册类型的企业、事业、行政单位及个体户进行的计划总投资（或实际需要总投资）50 万元及 50 万元以上的建设项目投资、房地产开发投资、城镇和工矿区私人建房投资。县城及以上区域内发生的投资，县及县以上各级政府及主管部门直接领导、管理的建设项目和企业事业单位的投资均为城镇固定资产投资。

Refers to construction projects involving a total planned (or required) investment of 500,000 yuan and over by enterprises of various types of ownership, institutions, administrative units and individuals in urban areas, investment in real estate development, and private investment in housing construction in urban areas and industrial and mining areas. In other words, all investments that take place in county towns and urban areas, investment in construction projects under the direct leadership and management of government agencies at and above county levels and investments by enterprises and institutions at and above county levels are covered in urban investment in fixed assets.

**房地产开发投资　Investment in Real Estate Development**

指房地产开发公司、商品房建设公司及其他房地产开发法人单位和附属于其他法人单位实际从事房地产开发或经营的活动单位统一开发的包括统代建、拆迁还建的住宅、厂房、仓库、饭店、宾馆、度假村、写字楼、办公楼等房屋建筑物和配套的服务设施，土地开发工程（如道路、给水、排水、供电、供热、通讯、平整场地等基础设施工程）的投资。包括非房产企业实际从事房地产开发或经营活动，不包括单纯的土地交易活动。

It includes the investment by the real estate development companies, commercial buildings construction companies and other real estate development units of ownership in the construction of house buildings, such as residential buildings, factory buildings, warehouses, hotels, guesthouses, holiday villages, office buildings, and the complementary service facilities and land development projects, such as roads, water supply, water drainage, power supply, heating, telecommunications, land leveling and other projects of infrastructure. It excludes the activities in simple land transactions.

**农村投资　Investment in Rural Areas**

包括在农村区域范围内进行固定资产投资活动的企业、事业、行政单位及农村个人投资

Refers to investment in fixed assets by enterprises, institutions, administrative units and individuals in rural areas.

**固定资产投资的资金来源　Sources of Funds for Investment in Fixed Assets**

根据固定资产投资的资金来源不同，分为国家预算内资金、国内贷款、利用外资、自筹资金和其他资金来源。

(1)国家预算内资金：指中央财政和地方财政中由国家统筹安排的基本建设拨款和更新改造拨款，以及中央财政安排的专项拨款中用于基本建设的资金和基本建设拨款改贷款的资金等。

(2)国内贷款：指报告期内企、事业单位向银行及非银行金融机构借入的用于固定资产投资的各种国内借款。包括银行利用自有资金及吸收的存款发放的贷款、上级主管部门拨入的国内贷款、国家专项

贷款（包括煤代油贷款、劳改煤矿专项贷款等） 地方财政专项资金安排的贷款、国内储备贷款、周转贷款等。

(3) 利用外资：指报告期内收到的用于固定资产投资的国外资金，包括统借统还、自借自还的国外贷款，中外合资项目中的外资，以及对外发行债券和股票等。国家统借统还的外资指由我国政府出面同外国政府团体或金融组织签订贷款协议，并负责偿还本息的国外贷款。

(4) 自筹资金：指建设单位报告期收到的，用于进行固定资产投资的上级主管部门、地方和企事业单位自筹资金。

(5) 其他资金来源：指报告期收到的除以上各种拔款、借款、自筹资金之外，其他用于固定资产投资的资金。

State budgetary appropriation, domestic loans, foreign investment, self-raised funds, and others.

(1) State budgetary appropriation refers to appropriation in the budget of the central and local governments earmarked for capital construction and for innovation projects, and the special appropriation from the budget of the central government for capital construction and for the transfer fund to banks to be issued as loans for capital construction projects.

(2) Domestic loans refers to various funds borrowed by enterprises and institutions from banks and non-bank financial institutions during the reference period for the purpose of investment in fixed assets, including loans issued by banks from their self-owned funds and deposit, loans appropriated by higher responsible authorities, special loans by government (including loan for replacing petroleum with coal, special loan for reform-through-labor coal mines), loans arranged by local government from special funds, domestic reserve loan, and working loan, etc.

(3) Foreign Investment refers to foreign funds received during the reference period for the purpose of investment in fixed assets, including foreign fends borrowed and managed by the government, by individual units, foreign fund in joint venture program, and issue if bonds and stocks at the international financial markers. The foreign funds borrowed and managed by the government refer to foreign loans borrowed by the government from foreign government, organizations, or financial institutions under official agreement signed by both parties, under which government is responsible for the repayment of both the principal and interests of the foreign loans.

(4) Self-raised funds refer to funds received by construction enterprises from their higher responsible authorities, local governments, or raised by enterprises or institutions themselves for the purpose of investment in fixed assets during the reference period.

(5) Others refer to funds received during the reference period which are not included in the above-mentioned sources.

**固定资产投资按国民经济行业分　Investment in Fixed Assets by Sector**

建设项目归哪个行业，按其建成投产后的主要产品或主要用途及社会经济活动性质来确定。基本建设按建设项目划分国民经济行业，更新改造、国有单位其他固定资产投资及城镇集体投资根据整个企业、事业单位所属的行业来划分。一般情况下，一个建设项目或一个企业、事业单位只能属于一种国民经济行业。为了更准确地反映国民经济各行业之间的比例关系，联合企业（总厂）所属分厂属于不同行业的，原则上按分厂划分行业。

The classification of construction projects by sector is determined by the major products or the purpose of the projects when they are put into production or use, and by the nature of their social economic activities. The investment in capital construction is classified by construction projects, while investment in innovation, other investment by state-owned units and urban collective units are classified according to the sector which the whole enterprises or institution belongs to. In general, one project or one enterprise or institution can only belong to one sector. In order to reflect more accurately the proportions among various sectors, the branch factories of integrated complex are classified into different sectors according to their economic activities.

**固定资产投资按建设性质分　Investment in Fixed Assets by Type of Construction**

建设项目的性质一般分为新建、扩建、改建、迁建、恢复。基本建设按建设项目划分建设性质，更新改造、国有单位其他固定资产投资及城镇集体投资按整个企业、事业单位的建设情况确定建设性质。目前基本建设和更新改造是根据我国现行的计划管理体制区分的，所以基本建设和更新改造都可分别按新建、扩建等划分。

(1)新建：一般是指从无到有、“平地起家”新开始建设的单位。有的单位原有的基础很小，经过建设后其新增加的固定资产价值超过原有固定资产价值（原值）三倍以上的也算新建。

(2)扩建：一般是指为扩大原有产品的生产能力，在厂内或其他地点增建主要生产车间（或主要工程）、独立的生产线或总厂之下的分厂的企业；事业单位和行政单位在原单位增建业务用房（如学校增建教学用房、医院增建门诊部或病房、行政机关增建办公楼等）也作为扩建。

(3)改建：一般是指现有企业、事业单位为了技术进步，提高产品质量，增加花色品种，促进产品升级换代，降低消耗和成本，加强资源综合利用和三废治理、劳保安全等，采用新技术、新工艺、新设备、新材料等对现有设施、工艺条件进行技术改造或更新（包括相应配套的辅助性生产、生活福利设施）。有的企业为充分发挥现有生产能力，进行填平补齐而增建不增加单位主要产品生产能力的车间等，也属于改建。

The construction projects in general can be classified by the type of construction into new construction, expansion, reconstruction and moving away. In capital construction, the type of construction is determined by the condition of the project. In investment in innovation, in other investment by state-owned units and investment by collective –owned units, the type of construction is determined by the condition of the whole enterprise and restoration. The current distinction between capital construction and innovation is determined by China's current planning and management system. Therefore the projects of capital construction and innovation can all be classified respectively into new construction, expansion, etc.

(1) New construction in general refers to newly constructed units. In the case in which the value of the original fixed assets is quite small, and the value of newly added fixed assets exceeds the original ones by three times, the expansion construction is considered as new construction.

(2) Expansion refers to construction of new major production workshop or independent production line within a factory or in other locations, or construction of a branch factory so as to increase the production capacity of the original products. Newly constructed business houses in institutions and administrative organizations (such as the newly constructed teaching buildings in schools, clinics or bed building in hospitals, and office buildings in administrative agencies, etc.) are also classified as expansion.

(3) Reconstruction refers to technical innovation and transformation of the existing equipment and

technical conditions undertaken by enterprises and institutions for the purposes of technological advancement, improvement in product quality, enlarging variety of products, promoting new generation of products, reducing production consumption and cost promoting comprehensive utilization of resources, strengthening treatment of waste gas, waste water and solid wastes, and safety in production, etc. Through application of new technologies and techniques, use of new equipment and new materials (including accessory facilities for production or for living and welfare purposes). Construction of new workshops for improving existing production capacity rather than increasing production capacity is also considered as reconstruction.

**固定资产投资按构成分　Investment in Fixed Assets by Structure**

固定资产投资活动按其工作内容和实现方式分为建筑安装工程，设备、工具、器具购置，其他费用三个部分。

(1)建筑安装工程（建筑安装工作量）：指各种房屋、建筑物的建造工程和各种设备、装置的安装工程。包括各种房屋建造工程，各种用途设备基础和各种工业窑炉的砌筑工程；为施工而进行的各种准备工作和临时工程以及完工后的清理工作等；铁路、道路的铺设，矿井的开凿及石油管道的架设等；水利工程；防空地下建筑等特殊工程；以及各种机械设备的安装工程；为测定安装工程质量，对设备进行的试行工作。在安装工程中，不包括被安装设备本身的价值。

(2)设备、工具、器具购置：指购置或自制达到固定资产标准的设备、工具、器具的价值。固定资产的标准按财务部门规定。新建单位、扩建单位的新建车间按照设计和计划要求购置或自制的全部设备、工具、器具，不论是否达到固定资产标准均计入“设备、工具、器具购置”中。

(3)其他费用：指在固定资产建造和购置过程中发生的，除建筑安装工程和设备、工具、器具购置以外的各种应摊入固定资产的费用。

Refers to the three major parts of investment activities, i.e. construction and installation, purchase of equipment and instrument, and other expenses.

(1) Construction and installation (work volume of construction and installation) refers to the construction of various houses and buildings and installation of various kinds of equipment and instruments, including construction of various houses, equipment foundations and industrial kilns and stoves, preparation works for project construction, and clearing up works post project construction, pavement of railways and roads, drilling of mines and putting up of oil pipes, construction of projects water conservancy, construction of underground air-raid shelters and construction of other special projects, installation of various machinery equipment, testing operation for pre-testing the quality of installation projects. The value of equipment installed is not included in the value of installation projects.

(2) Purchase of equipment and instruments refers to the total value of equipment, tools, and vessels purchased or self-produced which come up to standards for fixed assets. Equipment, tools and vessels purchased or self-produced for new workshops by newly established or expanded units are categorized as “purchase of equipment and instruments” no matter whether they come up to the standards for fixe assets or not.

(3) Other expenses refers to expenses occurring during the construction or purchase of fixed assets other than construction, installation or purchase of equipment and instruments.

**施工项目　Projects under Construction**

指报告期内曾进行建筑或安装工程施工活动的建设项目，包括报告期内新开工项目、报告期以前开工跨入报告期继续施工的项目以及报告期施过工并在报告期内全部建成投产或停缓建的项目。

Refers to projects having construction and installation activities undertaken in the reference period, including projects started in the reference period, or continued from the previous period, or completed and put into production or suspended in the reference period.

**全部建成投产项目　Projects completed and Put into Use**

工业项目是指设计文件规定形成生产能力的主体工程及其相应配套的辅助设施全部建成，经负荷试运转，证明具备生产设计规定合格产品的条件，并经过验收鉴定合格或达到竣工验收标准，与生产性工程配套的生活福利设施可以满足近期正常生产的需要，正式移交生产的建设项目。非工业项目是指设计文件规定的主体工程和相应的配套工程全部建成，能够发挥设计规定的全部效益，经验收鉴定合格或达到竣工验收标准，正式移交使用的建设项目。

Industrial projects refers to the major projects and accessory facilities completed which result in forming production capacity and have been checked and accepted while the living and welfare facilities have been completed and can ensure normal production and formally put into production. Non-industrial projects refer to the major projects and accessory facilities completed which possess the designed capacity and have been checked, accepted and formally put into production.

**新增生产能力　Newly increased Production Capacity**

指通过固定资产投资活动而增加的设计能力或工程效益，它是用实物形态表示的固定资产投资的成果。新增生产能力的计算，是以能独立发挥生产能力或效益的单项工程（或项目）为对象。当单项工程（或项目）建成，经有关部门鉴定合格，正式移交投入生产，即可计算新增生产能力。

新增生产能力或工程效益有以下几种表现形式：

(1) 以建设项目或单位工程建成后的年生产能力表示，如煤炭开采、石油开采等。

(2) 以建设项目或单项工程建成后处理原料的能力表示。如选矿工程的年处理矿石能力，洗煤厂年洗原煤能力等。

(3) 以新增的主要设备数量或容量表示。如棉纺锭枚数，发电机组容量等。

(4) 以建筑物容积、容量、面积或长度表示。如水库容量，铁路公路里程等。

新增生产能力的数量一般按设计能力计算。设计能力是指设计文件中规定的在正常情况下能达到的生产能力，而不论投产后的实际产量如何。以设备数量、建筑物容积、面积、长度等表示的新增生产能力（或工程效益），则按建成的实际数量计算。

Refers to the increase of designed capacity and project efficiency through investment in fixed assets, which reflects the accomplishment of investment in fixed assets in kind. The calculation of newly increased production capacity is based on individual project which operates independently and efficiently. When an individual project is completed and checked and accepted and put into production, it is counted as newly increased production capacity.

The newly increased production capacity and project efficiency are usually expressed in one of the following forms:

(1) Annual production capacity, such as extraction of coal and petroleum;

(2) Raw material processing capacity, such as ore dressing capacity of ore dressing projects, the dressing capacity of a coal washery;

(3) Number or capacity of major equipment increased, such as the number of cotton spindles increased and the capacity of generating sets increased;

(4) Physical measures of construction, such as volume, capacity, area, and length, for instance, the capacity of reservoirs, the length of railways or highways.

Newly increased production capacity in terms of quantity is calculated in designed capacity in general, which refers to the production capacity of a project under conditions designed in construction documents regardless of the actual output.

**房屋建筑面积　Floor Space of buildings under Construction and Completed**

指从房屋外墙线算起的各层平面面积的总和，包括可供使用的有效面积和房屋结构（如柱墙）占用的面积。多层建筑按各层（包括地下室）面积总和计算

Refers to total floor space in each story of buildings calculated from the outside line of building walls, including both usable space and the space occupied by constructions like pillars or walls. The floor space of multi-story buildings includes the total floor space of each story (including basement).

**住宅建筑面积　Floor Space of Residential Buildings**

指施工和竣工房屋建筑面积中供居住用的施工和竣工房屋建筑面积。

Refers to the floor space of the residential buildings under construction and completed among the total space of buildings under construction and completed.

**施工面积　Floor Space under Construction**

指报告期内施工的全部房屋建筑面积。包括本期新开工的面积 上期跨入本期继续施工的房屋面积 上期停缓建在本期恢复施工的房屋面积 本期竣工的房屋面积及本期施工后又停缓建的房屋面积。

Refers to total floor space of all buildings under construction during the reference period, including floor space of newly started building the reference period, floor space of construction extended from the previous period to the current period, floor space of construction suspended during the previous period and resumed in the current period, floor space of construction completed in the current period, and floor space of construction started and then suspended in the current period.

**竣工面积　Floor Space of Buildings Competed**

指在报告期内房屋建筑按照设计要求已全部完工，达到住人和使用条件，经验收鉴定合格，正式移交使用单位的建筑面积。

Refers to the floor space of buildings completed in the reference period, which have come up to the designed standards and have been put into use.

**房屋建筑面积竣工率　Completed Rate of Floor Space of Buildings**

指一定时期内房屋竣工面积占同期房屋施工面积的比率。它是从房屋建筑施工速度的角度反映投资效果和建筑业经济效益的指标。

Refers to the ratio of the floor space of buildings completed in certain period of time to the floor space of buildings under construction in the same period, which reflects the investment result and economic efficiency of the construction industry from the angle of the speed of project construction.

**新增固定资产　Newly Increased Fixed Assets**

指通过投资活动所形成的新的固定资产价值。包括已经建成投入生产或交付使用的工程价值和达到固定资产标准的设备、工具、器具的价值及有关应摊入的费用。它是以价值形式表示的固定资产投资成果的综合性指标，可以综合反映不同时期、不同部门、不同地区的固定资产投资成果。

Refers to the newly increased value of fixed assets through investment, including the value of projects completed and put into production, the value of equipment, tools, and vessels considered as fixed assets, as well as the relevant expenses as investment in fixed assets. This is a comprehensive indicator of investment in fixed assets, reflecting the achievements of investment in fixed assets in different periods, different sectors, and different regions.

**建设项目投产率　Rate of Construction Projects Completed and Put into Use**

指一定时期内全部建成投入生产项目个数与同期正式施工项目个数的比率。它是从项目建设速度的角度反映投资效果的指标。

Refers to the ratio of the number of construction projects completed and put into use in certain period of time to the number of projects under construction in the same period. This reflects the investment efficiency from the angle of the speed of projects construction.

**固定资产交付使用率　Rate of :Projects of Fixed Assets and Put into Operation**

指一定时期新增固定资产与同期完成投资额的比率。它是反映各个时期固定资产动用速度，衡量建设过程中投资效果的一个综合性指标。

Refers to the ratio of the newly increased fixed assets to the total investment made in the same period. This is a comprehensive indicator, reflecting the speed of the employment of fixed assets and the investment efficiency.

**财政收入　Government Revenue**

指国家财政参与社会产品分配所取得的收入，是实现国家职能的财力保证。财政收入所包括的内容主要有：

(1) 各项税收：包括增值税、营业税、消费税、土地增值税、城市维护建设税、资源税、城市土地使用税、印花税、固定资产投资方向调节税、个人所得税、企业所得税、关税、农牧业税、和耕地占用税等。

(2) 专项收入：包括征收排污费收入、征收城市水资源费收入、教育费附加收入等。

(3) 其他收入：包括基本建设贷款归还收入、基本建设收入、捐赠收入等。

(4) 国有企业计划亏损补贴：此项为负收入，冲减财政收入。

Refers to the revenue of the government finance by means of participating in the distribution of the social products, which is the financial resources for ensuring the government to function. The contents of government revenue have been changed several times. Now it includes the following main items:

(1) Various tax revenues, including value added tax, business tax, consumption tax, land value added tax, tax on city maintenance and construction, resources tax, tax on use of urban land, stamp tax, tax on adjustment of the orientation of investment in fixed assets, personal income tax, enterprise income tax, tariff, tax on agriculture and animal husbandry and tax on occupancy of cultivated land, etc.

(2) Special revenues, including revenue collected from imposing fee on sewage treatment, revenue

collected from imposing fee on urban water resources, and extra-charges for education, etc.

(3) Other revenues, including revenue from the repayment of capital construction loan, revenue from capital construction projects, and donations and grants.

(4) Planned subsidies for the losses of the state-owned enterprises. This is an item of negative revenue, used to eat up part of the government revenue.

**财政支出　Government Expenditure**

国家财政将筹集起来的资金进行分配使用，以满足经济建设和各项事业的需要，主要包括：

(1)基本建设支出：指按国家有关规定，属于基本建设范围内的基本建设有偿使用、拨款、资本金支出以及经国家批准对专项和政策性基建投资贷款，在部门的基建投资额中统筹支付的贴息支出。

(2)企业挖潜改造资金：指国家预算内拨给的用于企业挖潜革新和改造方面的资金。包括各部门企业挖潜改造资金和企业挖潜改造贷款资金，为农业服务的县办“五小”企业技术改造补助，挖潜改造贷款利息支出。

(3)地质勘探费用：指国家预算用于地质勘探单位的勘探工作费用，包括地质勘探管理机构及其事业单位经费、地质勘探经费。

(4)科技三项费用：指国家预算用于科技支出的费用，包括新产品试制费、中间试验费、重要科学研究补助费。

(5)支援农村生产支出：指国家财政支援农村集体（户）各项生产的支出。包括对农村举办的小型农田水利和打井喷灌的补助费，对农村水土保持措施的补助费，对农村举办的小水电站的补助费，特大抗旱的补助费，农村开荒补助费，扶持乡镇企业资金，农村农技推广和植保补助费，农村草场和畜禽保护补助费，农村造林和林木保护补助费，农村水产补助费，发展粮食生产专项资金。

(6)农林水利气象等部门的事业费：指国家财政用于农垦、农场、农业、畜牧、农机、林业、森工、水利、水产、气象、乡镇企业的技术推广、良种推广（示范）、动植物（畜禽森林）保护、水质监测、勘探设计、资源调查、干部训练等项费用，园艺特产场补助费，中等专业学校经费，飞播牧草试验补助费，营林机构、气象机构经费，渔政费以及农业管理事业费等。

(7)工业交通商业等部门的事业费：指国家预算支付给工交商各部门用于事业发展的经费，包括勘探设计费、中等专业学校经费、技术学校经费、干部训练费。

(8)文教科学卫生事业费：指国家预算用于文化、出版、文物、教育、卫生、中医、公费医疗、体育、档案、地震、海洋、通讯、电影电视、计划生育、党政群干部训练、自然科学、社会科学、科协等项事业的经费支出和高技术研究专项经费。主要包括工资、补助工资、福利费、离退休费、助学金、公务费、设备购置费、修缮费、业务费、差额补助费。

(9)抚恤和社会福利救济费：指国家预算用于抚恤和社会福利救济事业的经费。包括由民政部门开支的烈士家属和牺牲病残人员家属的一次性、定期抚恤金，革命伤残人员的抚恤金，各种伤残补助费，烈军属、复员退伍军人生活补助费，退伍军人安置费，优抚事业单位经费，烈士纪念建筑物管理、维修费，自然灾害救济事业费和特大自然灾害灾后重建补助费等。

(10)国防支出：指国家用于国防建设和保卫国家安全的支出，包括国防费、国防科研事业费、民兵建设以及专项工程支出等。

(11)行政管理费：包括行政管理支出，党派团体补助支出，外交支出，公安安全支出，司法支出，法院支出，检察院支出以及公检法办案费用补助。

(12) 价格补贴支出：指经国家批准，由国家财政拨给的政策性补贴支出。主要包括粮食加价款，粮、棉、油差价补贴，棉花收购价外奖励款，副食品风险基金，市镇居民的肉食价格补贴，平抑市价肉食、蔬菜价差补贴等以及经国家批准的教材课本、报刊新闻纸等价格补贴。

Refers to the distribution and use of the funds the government finance has raised, so as to meet the needs of economic construction and various causes. It includes the following main items:

(1) Expenditure for capital construction: it refers to the non-gratuitous use and appropriation of funds for capital construction in the range of capital construction, outlay of capital as well as the loans on capital construction approved by the government for special purpose or policy purpose and the expenditure with discount paid in an overall way within the amount of the funds appropriated to the departments for capital construction.

(2) Innovation funds of the enterprises: they refer to the funds appropriated from the government budget for the enterprises to tap the latent power, upgrade the technology and carry out innovation, including the innovation fund of the departments, loan of the enterprises for innovation, subsidies on the innovation of the small fertilizer plant, small cement plant, small coal mines, small machinery plant and small steel plant, the expenditure of interest for the loan for innovation.

(3) Geological prospecting expenses: they refer to the expenses appropriated from the government budget to the geological prospecting units for the expenditure of the prospecting work, including the expenditures of the administrative agencies for geological prospecting and their institutional units as well as the geological prospecting expenditure.

(4) Expenditures for science and technology promotion: they refer to the expenses appropriated from the government budget for the scientific and technological expenditure, including new products development expenditure, expenditure for intermediate trial and subsidies on important scientific researches.

(5) Expenditure for supporting rural production: it refers to the expenditures appropriated from the government budget for supporting the various expenditures of the rural collective units or households for production, including the subsidies to the small water conservancy projects and well drilling, sprinkling irrigation projects run by the villages; subsidies on the rural water and soil conserving measures; subsidies to the small power stations run by the villages; subsidies to the expenditure for fighting against particularly severe draughts; subsidies on the rural waste land exclamation; fund for supporting the township enterprises; subsidies to the expenditure for popularization of the agricultural technologies and plant protection in the rural areas; subsidies to the expenditure for the protection of grasslands and cattle and fowls; subsidies on afforestation and forest protection in rural areas; subsidies on the rural aquatic products industry; special fund for developing grain production.

(6) Operating expenses of the departments of farming, forestry, water conservancy and meteorology etc.: they refer to the expenses appropriated from the government budget for the expenditures of agricultural exclamation, farms, agriculture, animal husbandry, agricultural machinery, forestry, timber industry, water conservancy, aquatic products industry, meteorology, technology popularization in township enterprises, popularization (demonstration) of improved varieties, plant (cattle and fowls, forest) protection, water quality monitoring, prospecting and designing, resources investigation, cadres training, subsidies to horticulture

gardens, expenditure of specialized secondary schools, subsidies on the experiments of sowing herbage seeds by flights, expenditures of afforestation agencies and meteorology agencies, expenses for fishery administration and operating expenses for agricultural administration, etc.

(7) Operating expenses of the department of industry, transport and commerce: they refer to the expenses appropriated from the government budget to the departments of industry, transport and commerce for the expenditure of business development, including expenses for prospecting and designing, expenditures of specialized secondary schools, expenditures of the technical training schools and expenditures for cadres training, etc.

(8) Operating expenses of the departments of culture, education, science and public health: they refer to the expenses appropriated from the government budget for the expenditures of the causes of culture, publication, cultural relics, education, public health, traditional Chinese medical science, free medical services, sports, archives, earthquake, ocean, communications, broadcasting, film and television, family planning; expenditure for training of cadres of government, party and mass organization; expenditures for natural sciences, social sciences, associations for science and technology and the special expenditure for the high-tech researches. They include mainly wages, extra wages, welfare funds, pension for the retirees, stipend, expenses for official business, expenses for equipment purchases, expenses for repairs, business expenses and subsidies to the units which are unable to support their expenditures by their own earnings.

(9) Pension for the disabled or for the families of the bereaved and relief funds for social welfare: they refer to the funds appropriated from the government budget for the expenditures of pension for the disabled or for the families of the bereaved and relief funds for social welfare, including the lump-sum or regular pension paid by the departments of civil affairs to the members of martyrs families and families of those who died for the public interest, pension to the revolutionary disabled, subsidies for permanent disability of various kinds, subsidies to the military martyrs dependents and the demobilized servicemen, expenditure for settling down the demobilized servicemen, operating expenses of the consoling institutions, expenses for management and repair of the commemorative buildings for the martyrs, the expenses managed by the departments of civil affairs for the retirees and those who have quitted their work, expenses for social relief in rural and urban areas, operating expenses for providing relief to the areas of natural calamity and subsidies on the reconstruction after the particularly severe natural calamities, etc.

(10) Expenditures for national defence: they refer to the funds appropriated from the government budget for the expenditures for building up national security, including expenses of national defence, expenses of scientific researches on national defence, expenses for building up people's militia and expenditure for special projects, etc.

(11) Administrative expenses: they include expenditure for administration, subsidies to the parties and mass organizations, diplomatic expenditure, expenditure for public security, judicial expenditure, law court expenditure, procuratorial expenditure and subsidies to the expenses for treating the cases by he public security departments, procuratorial organs and law courts.

(12) Expenditure for price subsidies: it refers to the expenditure appropriated, with the approval of the government, from the government budget for the policy subsidies to price adjustment, including the funds for

the increase of grain prices, the subsidies to the difference between the selling prices and purchasing prices of grains, cotton and edible oil, awards in addition to the purchasing prices of cotton, risk fund for non-staple food, subsidies on the prices of meat and meat products, subsidies on the price difference for curbing the high market prices of meat, meat products and vegetables and the subsidies approved by the government on the prices of textbooks and newsprint of newspapers and periodicals.

**中央财政收入和地方财政收入 Revenue of the central government and revenue of the local governments**

指按财政体制划分的中央本级收入和地方本级收入。1994 年分税制财政体制以后，属于中央财政的收入包括关税、海关代征消费税和增值税，消费税，中央企业所得税，地方银行和外资银行及非银行金融企业所得税，铁道、银行总行、保险公司等集中缴纳的营业税、所得税、利润和城市维护建设税，增值税的 75%部分，海洋石油资源税的和证券（印花）税的 50%部分。属于地方财政的收入包括营业税，地方企业所得税，个人所得税，城镇土地使用税，固定资产投资方向调节税，城镇维护建设税，房产税，车船使用税，印花税，屠宰税，农牧业税，农业特产税，耕地占用税，契税，增值税 25%部分，证券交易税（印花税）50%部分和除海洋石油资源以外的其他资源税。

In accordance with the classification of the structure of the government finance in 1994 in the bases of the classification of channels for collection of tax revenues, the revenue of the central government and the revenue of the local governments have different coverage. The revenue of the central government includes tariff, consumption tax and value added tax levied by the customs, consumption tax, income tax of the enterprises subordinate to the central government, income taxes of the local banks, foreign-funded banks and non-bank financial institutions, business tax, income tax and profits of railways, head offices of banks, head office f insurance company, which are handed over to the government in a centralized way, tax on city maintenance and construction, 75% of the value added tax, tax on ocean petroleum resources, 50% of the tax on stock dealing (stamp tax). The revenue of the local governments includes business tax, income tax of the enterprises subordinate to the local government, personal income tax, tax on the use of urban land, tax on the adjustment of the investment in fixed assets, tax on town maintenance and construction, tax on real estates, tax on the use of vehicles and ships, stamp tax, slaughter tax, tax on agriculture and animal husbandry, tax on special agricultural products, tax on the occupancy of cultivated land, contract tax, 25% of the value added tax, 50% of the tax on stock dealing (stamp tax) and tax on resources other than the ocean petroleum resources.

**中央财政支出和地方财政支出 Expenditure of the central government and expenditure of the local governments**

指根据政府在经济和社会活动中的不同职责，划分中央和地方政府的责权，按照政府的责权划确定的支出。中央财政支出包括国防支出，武装警察部队支出，中央级行政管理费和各项事业费，重点建设支出以及中央政府调整国民经济结构、协调地区发展、实施宏观控制的支出。地方财政支出主要包括地方行政管理和各项事业费，地方统筹的基本建设、技术改造支出，支援农村生产支出，城市维护和建设经费，价格补贴支出等。

According to the different functions of the central government and local governments in the economic and social activities, the rights of affaire administration are classified between the central government and local governments; and the classification of the expenditure between the central government and local governments are made on the basis of the classification of the rights of affairs administration between them. The expenditure of the central government includes the expenditure for national defence, expenditure for armed police forces, the administrative expenses and various operating expenses at the level of central government, expenditure for key projects and the expenditure of the central government for adjusting the national economic structure, coordinating the development among different regions and exercising the macro-economic regulation and control. The expenditure of the local governments includes mainly the administrative expenses and various operating expenses at the level of local governments, expenditure for supporting rural production, expenditure for city maintenance and construction and expenditure for price subsidies, etc.

**预算外资金收支　Extra-budgetary revenue and expenditure**

预算外资金指国家机关、事业单位和社会团体为履行或代行政府职能，依据国家法律、法规和具有法律效力的规章而收取、提取和安排使用的未纳入国家预算管理的各种财政性资金。其范围主要包括：法律、法规规定的行政事业性收费、基金和附加收入等；国务院或省级人民政府及其财政、计划（物价）部门审批的行政事业性收费；国务院及财政部审批建立的基金、附加收入等；主管部门所属单位集中上缴资金；用于乡镇政府开支的乡自筹及乡统筹资金；其他未纳入预算管理的财政性资金。社会保障基金在国家财政尚未建立社会保障预算制度以前，先按预算外资金管理制度进行管理。部门和单位的预算外收入必须上缴同级财政专户，支出由同级财政按预算外资金收支计划和单位财务收支计划统筹安排，从财政专户中拨付，实行收支两条线管理。

Extra-budgetary fund refers to financial fund of various types not covered by the regular government budgetary management, which is collected, allocated or arranged by government agencies, institutions and social organizations while performing duties delegated to them or on behalf of the government in accordance with laws, rules and regulations. It mainly covers following items: administrative and institutional fees, funds and extra charges that are stipulated by laws and regulations; administrative and institutional fees approved by the State Council and provincial government and their financial and planning (price management) departments; funds and extra charges established by the State Council and the Ministry of Finance; funds turned over to competent departments by their subordinate institutions; self-raised and collected funds by township governments for their own expenditure; and other financial funds that are not covered in budgetary management. Social security funds are treated as extra-budget fund and managed for its exclusive use , given the circumstance that separate government budgetary system for social security is yet to be designed. Special accounts are opened by the financial departments in banks for the management of revenue and expenditure of extra-budgetary fund. Extra-budgetary revenue and expenditure is managed separately, namely, revenue of institutions and departments must enter into the special accounts of the financial departments at the same administrative level, and their extra-budgetary expenditure is arranged in line with the extra-budget plans and appropriated from these accounts.

**商品零售价格指数　Retail Price Index**

是反映城乡商品零售价格变动趋势的一种经济指数。零售物价的调整变动直接影响到城乡居民的生活支出和国家的财政收入，影响居民购买力和市场供需平衡，影响消费与积累的比例。因此，计算零售价格指数，可以从一个侧面对上述经济活动进行观察和分析。

Reflects the general change in retail prices of commodities. The change and adjustment in retail prices directly affect the living expenditure of urban and rural residents, government revenue , purchasing power of residents and the equilibrium of market supply and demand, and the ratio of consumption to accumulation. Therefore, the calculation of retail price index is useful to analyze the changes of the above economic activities.

**居民消费价格指数　Consumer Price Index**

是反映一定时期内城乡居民所购买的生活消费品价格和服务项目价格变动趋势和程度的相对数，是对城市居民消费价格指数和农村居民消费价格指数进行综合汇总计算的结果。利用居民消费价格指数，可以观察和分析消费品的零售价格和服务价格变动对城乡居民实际生活费支出的影响程度。

Reflects the trend and degree of changes in prices of consumer goods and services purchased by urban and rural residents, and is a composite index derived from the urban consumer price index and the rural consumer price index. Consumer price index can be used to analyze the impact of consumer price change on actual expenditure for living cost of urban and rural residents.

**城市居民消费价格指数　Urban Consumer Price Index**

是反映城市居民家庭所购买的生活消费品和服务项目价格变动趋势和程度的相对数。城市居民消费价格指数可以观察和分析消费品的零售价格和服务项目价格变动对职工货币工资的影响，作为研究职工生活和确定工资政策的依据。

Reflects the trend and degree of changes in prices of consumer goods and services purchased by urban households. It can be used to observe and analyze the impact of price changes in consumer goods and services→ on money wages of staff and workers, and provide basis for policy making concerning the living cost and wages of staff and workers.

**农村居民消费价格指数　Rural Consumer Price Index**

是反映农村居民家庭所购买的生活消费品价格和服务项目价格变动趋势和程度的相对数。农村居民消费价格指数可以观察农村消费品的零售价格和服务项目价格变动对农村居民生活消费支出的影响，直接反映农民生活水平的实际变化情况，为分析和研究农村居民生活问题提供依据。

Reflects the trend and degree of changes in prices of consumer goods and services purchased by rural households. It can be used to observe the impact of change in retail prices of consumer goods and service prices in rural areas on living expenditure of rural households, and to show the changes in the living standard of peasants. It provides basis for analysis and research on condition of life in rural areas.

**城镇居民家庭全部收入　Total Income of Urban Households**

指被调查城镇居民家庭全部的实际收入，包括经常或固定得到的收入和一次性收入。不包括周转性收入，如银行存款、向亲友借款、收回借出款以及其他各种暂收款。

Refers to the total actual income of the sample households, including regular or fixed income and occasional income. The income of a circulating nature such as withdrawal from bank deposits, loans borrowed from relatives or friends, repayment of loans received and various temporary collection of money is excluded.

**城镇居民家庭可支配收入　Disposable Income of Urban Households**

指被调查的城镇居民家庭在支付个人所得税、财产税及其他经常性转移支出后所剩下的实际收入。

Refers to the income of the sample households which can be used for daily expenses, i.e.. Total income minus income tax, property tax and other current transfers.

**城镇居民家庭消费性支出　Expenditure for Consumption of Urban Households**

指被调查的城镇居民家庭用于日常生活的全部支出，包括购买商品支出和文化生活、服务等非商品性支出。不包括罚没、丢失款和缴纳的各种税款（如个人所得税、牌照税、房产税等），也不包括个体劳动者生产经营过程中发生的各项费用。

Refers to total expenditure of the sample households for consumption in daily life, including expenditure for various commodities and expenses for non-commodity items such as culture and service, etc., but excluding fines and confiscation, loss, tax payments (such as income tax, license tax, real estates tax, etc.) and various expenses by individual laborers for business purposes.

**农村居民家庭纯收入　Net Income of Rural households**

指农村常住居民家庭总收入中，扣除从事生产和非生产经营费用支出、缴纳税款和上交承包集体任务金额以后剩余的，可直接用于进行生产性、非生产性建设投资、生活消费和积蓄的那一部分收入。它是反映农民家庭实际收入水平的综合性的主要指标。农村居民家庭纯收入包括从事生产性和非生产性的经营收入，取自在外人口寄回带回和国家救济、各种补贴等非经营性收入；既包括货币收入，又包括自产自用的实物收入。但不包括向银行信用社和向亲友借款等属于借贷性的收入。

Refers to the total income of the permanent residents of the rural households during a year after the deduction of the expenses for productive and non-productive business operation, the payment for taxes and the payment for collective units for their contracted tasks, which can then be spent for investments in productive and non-productive construction for consumption in daily life and for savings deposit. It is a comprehensive indicator to show the actual level of the income of the peasants' household. The net income of the rural households includes not only the income from the productive and non-productive business operation, but also the income from the non-business operation, such as the money remitted or brought back by the members of the household who are in other places, the government relief payment and various subsidies. It includes not only the money income, but also the income in kind. But the income from borrowing from banks, friends and relatives is excluded.

**农林牧渔业总产值　Gross Output Value of Farming, Forestry, Animal Husbandry and Fishery**

是以货币表现的农、林、牧、渔业全部产品的总量，它反映一定时期内农业生产的总规模和总成果。

农业总产值的计算方法通常是按农林牧渔业产品及其副产品的产量分别乘以各自单位产品价格求得，少数生产周期较长，当年没有产品或产品产量不易统计的，则采用间接方法匡算其产值，然后将四业产品产值相加即为农业总产值。

1957 年以前的农业总产值中包括了厩肥和农民自给性手工业（如农民自制衣服、鞋、袜，自己从事粮食初步加工等）。1958 年及以后的农业总产值，林业中增加了村及村以下竹木采伐产值；牧业中取消了厩肥产值；副业中取消了农民自给性手工业产值，增加了村及村以下办的工业产值；渔业中增加了海洋捕捞水产品产值。1980 年及以后的农业总产值，在副业中增加了农民家庭兼营工业商品部分的产值。从 1984 年起村及村以下办工业产值划归工业。从 1993 年起，取消副业，将野生动物的捕猎划入牧业，野生植物采集和农民家庭兼营商品性工业划归农业。

Refers to the total volume of products of farming, forestry, animal husbandry and fishery in value terms, which reflects the total scale and total result of agricultural production during a given period of time. Gross output value of agricultural is obtained by first multiplying the output of each product or by-its price, resulting in the output value of each single item. For a small number of products, annual output of which is not available or difficult to get due to the long production/growing process involved, the output value is estimated through an indirect approach. The sum of out put value of all products of farming, forestry, animal husbandry, and fishery is then equal to the gross out put value of agriculture. Prior to 1957, China's gross agricultural output value included barnyard manure and handicraft products for self-consumption (clothes, shoes, stockings, and initial grain processing undertaken by peasants). Since 1958, cutting and felling of bamboo and trees by villages and other cooperative organizations under villages have been included in forestry; value of barnyard manure has been excluded from animal husbandry; self-consumed handicrafts has been excluded from sideline occupations, while the output value of industries run by villages and cooperative organizations under village had been included in sideline occupations and the output value of fish catches by motor fishing boats has been added to fishery. Since 1980, the value of handicraft products made for sale by individuals in households had been added to sideline occupations. Since 1993, the subdivision of sideline occupations has been canceled, and the hunting of wild animals has been classified into animal husbandry, and the gathering of wild plants and commodity industry run by rural household have been include in farming.

**粮食产量　Grain Yield**

指全社会的产量。包括国有经济经营的、集体统一经营的和农民家庭经营和其它生产单位的粮食产量。粮食除包括稻谷、小麦、玉米、高粱、谷子及其他杂粮外，还包括薯类和豆类。其产量计算方法，豆类按去豆荚后的干豆计算；薯类（包括甘薯和马铃薯，不包括芋头和木薯）1963 年以前按每 4 公斤鲜薯折 1 公斤粮食计算，从 1964 年开始及以后改为 5 公斤鲜薯折 1 公斤粮食计算。城市郊区作为蔬菜的薯类（如：马铃薯等）按鲜品计算，并且不做为粮食统计。其他粮食一律按脱粒后的原粮计算。

Refers to the yield in the whole country including grains produced by state farms, collective units, industrial enterprises and mines. Grain includes rice, wheat, corn, sorghum, millet and other miscellaneous grains as well as tubers and beans. Output of beans refers to dry beans without pods. The output of tubers (sweet potatoes and potatoes, not including taros and cassava) was converted into that of grain at the ratio 4:1, i.e. four kilograms of fresh tubers was equivalent to one kilogram of grain up to 1963. Since 1964 the ratio for conversion has been 5:1. Tubers supplied as vegetables (such as potatoes) in cities and suburbs are calculated as fresh vegetables and their output is not included in the output of grain. Output of all other grains refers to husked grain.

**油料产量　Yield of Oil-bearing Crops**

指全部油料作物的生产量。包括花生、油菜籽。不包括大豆，也不包括木本油料和野生油料。花生以带壳干花生计算。

Refers to catches of both artificially cultured and naturally grown aquatic products, including fish, shrimps, crabs and shellfish in sea and inland water as well as seaweed. Freshwater plants are not included.

**期初（末）畜禽存栏头（只）数　Number of Livestock of Poultry in Stock at Beginning (or End) of Reference Period**

指本期期初（末）农村各种合作经济组织和国营农场、农民个人、机关、团体、学校、工矿企业、部队等单位以及城镇居民饲养的大牲畜、猪、羊、家禽等畜禽的存栏头（只）数。

Refers to the total number of large animals, pigs, sheep, fowls, etc. Raised by rural cooperative organizations, state farm, rural individuals, government agencies, schools, industrial and mining enterprises, army, and urban residents at the beginning (or end) of the reference period.

**猪、牛、羊肉产量　Output of pork, Beef and mutton**

指当年出栏并已屠宰除去头蹄下水后带骨肉（即胴体重）的重量。

Refers to the meat of slaughtered hogs, cattle, sheep and goats with head, feet, and offal taken away.

**耕地面积　Cultivated Area (Area under cultivation)**

指年初可以用来种植农作物、经常进行耕锄的田地，除包括熟地、当年新开荒地、连续撂荒未满三年的耕地和当年的休闲地（轮歇地），还包括以种植农作物为主并附带种植桑树、茶树、果树和其他林木的土地，以及沿海、沿湖地区已围垦利用的“海涂”、“湖田”等面积。但不包括属于专业性的桑园、茶园、果园、果木苗圃、林地、芦苇地、天然或人工草地面积。

Refers to farmland which is plowed constantly for growing crops, including cultivated land, newly cultivated land in the current year, farmland left without cultivation for less than three years and fallow land in the current year, rotation land, rotation land of grass and crops, farmland with some fruit trees, mulberry trees and other trees and cultivated seashore land, lake land, and etc. The land of mulberry fields, tea plantations, orchards, nurseries of young plants, forest land, reed land, natural and man-made grassland and other land are not included in cultivated land.

**农作物播种面积　Sown Area Corps**

指实际播种或移植有农作物的面积。凡是实际种植有农作物的面积，不论种植在耕地上还是种植在非耕地上，均包括在农作物播种面积中。在播种季节基本结束后，因遭灾而重新改种和补种的农作物面积，也包括在内。

Refers to area of land sown or transplanted with crops regardless of being in cultivated area or non-cultivated area. Area of land re-sown to natural disaster is also included.

**有效灌溉面积　Irrigated Area**

指具有一定的水源，地块比较平整，灌溉工程或设备已经配套，在一般年景下当年能够进行正常灌溉的耕地面积。

Refers to areas that are effectively irrigated, i.e. level land which has water source and complete sets of irrigation facilities to lift and move adequate water for irrigation purpose under normal conditions.

**农用化肥施用量　Consumption of Chemical Fertilizers in agriculture**

指本年内实际用于农业生产的化肥数量。包括氮肥、磷肥、钾肥和复合肥。化肥施用量要求按折纯量计算数量。折纯法化肥施用量是把氮肥、磷肥和钾肥分别按含氮、含五氧化三磷、含氧化钾的百分之一百成份折算后的数量。复合肥按其所含主要成分折算。

Refers to the quantity of chemical fertilizers applied in agriculture in the year, including nitrogenous fertilizer, phosphate fertilizer, potash fertilizer, and compound fertilizer. The consumption of chemical fertilizers is required in calculation to convert the gross weight into weight containing 100% effective component (e.g. 100% nitrogen content in nitrogenous fertilizer, 100% phosphorous pentoxide contents in phosphate fertilizer, 100% potassium oxide contents in potash fertilizer). Compound fertilizer is converted with its major component.

**农业机械总动力　Total Power of Farm Machinery**

指主要用于农、林、牧、渔业的各种动力机械的动力总和。包括耕作机械、排灌机械、收获机械、农产品加工机械、运输机械、植物保护机械、牧业机械、林业机械、渔业机械和其他农业机械[内燃机按引擎马力折成瓦（特）计算，电动机按功率折成瓦（特）计算]。不包括专门用于乡、镇、村、组办工业、基本建设、非农业运输、科学试验和教学等非农业生产方面用的动力机械与作业机械。

Refers to total mechanical power of machinery used in farming, forestry, animal husbandry, and fishery, including ploughing, irrigation and drainage, harvesting, transport, plant protection, stock breeding, forestry and fishery. The power of internal combustion engines is required to convert horsepower into watts and the power of electric motors is required to be converted into watts. Machinery employed for non-agricultural purposes, such as the machines used in township-run and village-run industry, construction, non-agricultural transport, scientific experiments and teaching, is excluded.

**农林牧渔业劳动力　Labor Force Engaged in Farming, Forestry, Animal husbandry and Fishery**

指直接参加农林牧渔业生产劳动的劳动力。

Refers to the total laborers who are directly engaged in production of farming forestry, animal husbandry and fishery.

**工业　Industry**

指从事自然资源的开采，对采掘品和农产品进行加工和再加工的物质生产部门。

具体包括：（1）对自然资源的开采，如采矿晒盐森林采伐（但不包括禽兽捕猎和水产捕捞）；（2）对农副产品的加工再加工，如粮油加工食品加工轧花缫丝纺织制革等；（3）对采掘品的加工再加工，如炼铁炼钢化工生产机器制造木材加工等，以及电力自来水煤气的生产和供应等；（4）对工业品的修理翻新，如机器设备的修理交通运输工具（包括小卧车）的修理等。

1984年以前农村的村及村以下办工业归属农业，1984年以后划归工业。

Refers to the material production sector which is engaged in extraction of natural resources and processing and reprocessing of minerals and agricultural products,  including (1) extraction of natural resources, such as mining, salt production, logging (but not including hunting and fishing); (2) processing and reprocessing of farm and sideline produces, such as rice husking, flour milling, wine making, oil pressing, cotton ginning, silk reeling, spinning and weaving, and leather making; (3) manufacture of industrial products, such as steel making, iron smelting, chemicals manufacturing, petroleum processing, machine building, timber processing; water and gas production and electricity generation and supply; (4) repairing of industrial products such as the repairing of machinery and means of transport (including cars).

**工业统计调查单位　Units of Industry Statistics and Inquiry**

工业统计调查单位分为两类：独立核算法人企业和工业活动单位。

（1）独立核算法人工业企业：指从事工业生产经营活动的单位。独立核算法人工业企业应同时具备以下条件：①依法成立，有自己的名称组织机构和场所，能够承担民事责任；②独立拥有和使用资产，承担负债，有权与其他单位签订合同；③独立核算盈亏，并能够编制资产负债表。

（2）工业活动单位：指在一个场所从事一种或主要从事一种工业生产活动的经济单位。它包括独立核算工业企业按主营业务活动（即工业生产活动）划分的主营业务活动单位和非工业企业所属的工业生产活动单位（即原非独立核算工业生产单位）。工业活动单位，一般应同时具备以下三个条件：①具有一个场所，从事一种或主要从事一种工业活动；②单独组织工业生产经营或业务活动；③单独核算收入和支出。

They are classified into two categories : corporate industrial enterprises with independent accounting system and industrial establishments.

(1) Corporate industrial enterprises with independent accounting system refer to enterprises engaging in industrial production activities, which meet the following requirements: ①They are established legally, having their own names, organizations, location, able to take civil liability;②they possess and use their assets independently, assume liabilities, and are entitled to sign contracts with other units;③they are financially independent and compile their own balance sheets.

(2) Industrial establishments refer to economic units which located in one single place and engaged entirely or primarily in one kind of industrial activity, including financially independent industrial enterprises and units engaged in industrial activities under the non-industrial enterprises (or financially dependent). Industrial establishments generally meet the following requirements: ①they have each one location and are engaged in one kind of industrial activity each; ②they operate and manage their industrial production activities separately; ③they have accounts of income and expenditures separately.

**国有经济工业（即过去的全民所有制工业或国营工业） State-owned Industry**

指生产资料归国家所有的一种经济类型。包括中央和地方各级国家机关、部队、科研机构、学校、人民团体和国有经济企事业单位等举办的国有经济工业。1957 年以前的公私合营和私营工业，后均改造为国营工业，1992 年改为国有工业，这部分工业的资料不单独分列时，均包括在国有工业内。

Refers to industrial enterprises where the means of production or income are owned by the state. Joint state-private industries and private industries, which existed before 1957, have been transformed into state industries. Statistics on these enterprises has been included in the state-owned industries since 1957 when separation of data was no longer necessary.

**集体经济工业　Collective-owned Industry**

指生产资料归公民集体所有的一种经济类型，是社会主义公有制经济的组成部分。包括城乡所有使用集体投资举办的企业，以及部分个人通过集资自愿放弃所有权并依法经工商行政管理机关认定为集体所有制的企业。

Refers to industrial enterprises where the means of production are owned collectively, including urban and rural enterprises invested by collectives and some enterprises which were formerly owned privately but have been registered in industrial and commercial administration agency as collective units through raising fund from the public.

**其他经济类型工业　Industry of Other Types of Ownership**

指除国有经济、集体经济、城乡个体经济以外的其他经济类型工业企业（单位）。包括私营经济、联营经济、股份制经济（股份有限公司，有限责任公司）；外商投资经济（中外合资经营、中外合作经营、外资企业）；港、澳、台投资经济（与大陆合资经营、与大陆合作经营、港、澳、台独资企业）及其他经济类型的工业。

Refers to industrial enterprises (units) of the ownership other than the state-owned economy, collective economy, individual economy. They include the enterprises of private economy, joint-owned economy, share-holding economy (companies limited by shares and companies limited with liabilities.), foreign -funded economy (Sino-foreign joint ventures , Sino-foreign cooperative enterprises and foreign ventures exclusively with their own investment ),economy funded by the entrepreneurs from Hong Kong ,Macao and Taiwan( joint ventures and cooperative enterprises with the mainland as well as ventures exclusively with their own investment )and other types of ownership.

**轻工业　Light Industry**

指主要提供生活消费品和制作手工工具的工业。按其所使用的原料不同，可分为两大类：（ 1 ）以农产品为原料的轻工业，是指直接或间接以农产品为基本原料的轻工业。主要包括食品制造、饮料制造、烟草加工、纺织、缝纫、皮革和毛皮制作、造纸以及印刷等工业；（ 2 ）以非农产品为原料的轻工业，是指以工业品为原料的轻工业。主要包括文教体育用品、化学药品制造、合成纤维制造、日用化学制品、日用玻璃制品、日用金属制品、手工工具制造、医疗器械制造、文化和办公用机械制造等工业。

Refers to the industry that produces consumer goods and hand tools. It consists of two categories, depending on the materials used:

(1) Industries using farm products as raw materials. These are branches of light industry which directly or indirectly use farm products as basic raw materials, including the manufacture of food and beverages, tobacco processing, textile, clothing, fur and leather manufacturing, paper making, printing, etc.

(2) Industries using non-farm products as raw materials. These are branches of light industry which use manufactured goods as raw materials, including the manufacture of cultural, educational articles and sports goods, chemicals, synthetic fiber, chemical products for daily use, glass products for daily use, metal products for daily use, hand tools, medical apparatus and instruments, and the manufacture of cultural and clerical machinery.

**重工业　Heavy Industry**

指为国民经济各部门提供物质技术基础的主要生产资料的工业。按其生产性质和产品用途，可以分为下列三类：（ 1 ）采掘（伐）工业，是指对自然资源的开采，包括石油开采、煤炭开采、金属矿开采、非金属矿开采和木材采伐等工业；（ 2 ）原材料工业，指向国民经济各部门提供基本材料、动力和燃料的工业。包括金属冶炼及加工、炼焦及焦炭化学、化工原料、水泥、人造板以及电力、石油和煤炭加工等工业；（ 3 ）加工工业，是指对工业原材料进行再加工制造的工业。包括装备国民经济各部门的机械设备制造工业、金属结构、水泥制品等工业，以及为农业提供的生产资料如化肥、农药等工业。

根据上述划分原则，修理中以重工业产品为修理作业对象的划为重工业，反之划为轻工业。

Refers to the industry which produces capital goods, and provides various sectors of the national economy with necessary material and technical basis. It consists of the following three branches according to the purpose of production or the use of products:

(1)Mining, quarrying and logging industry refers to the industry that extracts natural resources, including extraction of petroleum, coal, metal and non-metal ores and logging.

(2)Raw materials industry refers to the industry that provides various sectors of the national economy with raw materials, fuels and power. It includes smelting and processing of metals, coking and coke chemistry, chemical materials and building materials such as cement, plywood, and power, petroleum refining and coal dressing.

(3)Manufacturing industry refers to the industry that processes raw materials. It includes machine-building industry which equips sectors of the national economy, industries of metal structure and cement products, industries producing means of agricultural production, such as chemical fertilizers and pesticides. According to the above principle of classification, the repairing trades which are engaged primarily in repairing products of heavy industry are classified into heavy industry while these engaged in repairing products of light industry are classified into light industry.

**工业总产值　Gross Industrial Output Value**

是以货币表现的工业企业在一定时期内生产的已出售或可供出售工业产品总量，它反映一定时期内工业生产的总规模和总水平。包括在本企业内不再进行加工，经检验、包装入库（规定不需包装的产品除外）的成品价值，对外加工费收入，自制半成品、在产品期末期初差额价值。工业总产值采用“工厂法”计算，即以工业企业作为一个整体，按企业工业生产活动的最终成果来计算，企业内部不允许重复计算，不能把企业内部各个车间（分厂）生产的成果相加。但在企业之间、行业之间、地区之间存在着重复计算。

轻重工业总产值的划分也是按“工厂法”计算的，即一个工业企业在正常情况下生产的主要产品的性质属于轻工业，则该企业的全部总产值作为轻工业总产值；一个工业企业生产的主要产品的性质属于重工业，则该企业的全部总产值作为重工业总产值。

Is the total volume of industrial products sold or available for sale in value terms which reflects the total achievements and overall scale of industrial production during a given period. It includes the value of the finished products, which are not to be further processed in the enterprises and have been inspected, packed and put in storage, the value of industrial services rendered to other units, and the changes in the value of the semi-finished products and products in process between the beginning and closing of the period. The gross industrial output value is calculated with “factory method”. No double calculations are to be made within the same enterprise. However, double counting does occur among different enterprises.

Output value of light and heavy industries is also classified with the “factory” method. Under normal conditions, if the major products of an industrial enterprise belong to light industry products, the gross output value of that enterprise is classified wholly into light industry; the same principle applies to heavy industry.

**工业增加值　Value-added of Industry**

指工业行业在报告期内以货币表现的工业生产活动的最终成果。

Refers to the final results of industrial production of the industrial trade in money terms during the reference period.

**固定资产原价　Original Value of Fixed Assets**

指企业在建造、购置、安装、改建、扩建、技术改造某项固定资产时所支出的全部货币总额。它一般包括买价、包装费、运杂费和安装费等。

Refers to the original value of all fixed assets owned by industrial enterprises, calculated at the cost paid at the time of purchase, installation, reconstruction, expansion, and technical innovation and transformation of the said assets, which includes expenses on purchase, package, transportation, and installation, etc.

**固定资产净值　Net Value of Fixed Assets**

指固定资产原价减去历年已提折旧额后的净额。

Is obtained by deducting depreciation over years from the original value of fixed assets.

**流动资产　Working Capital (Circulating Assets)**

指可以在一年或者超过一年的一个营业周期内变现或者耗用的资产，包括现金及各种存款、短期投资、应收及预付货款、存货等。

Refers to assets which can be cashed in or spent or consumed in an operating cycle of one year or over one year, which includes cash, various deposits, short term investment, and receivable payments, and advance payments, stock, etc.

**总资产贡献率　Ratio of Profits, Taxes and Interests to Average Assets**

反映企业全部资产的获利能力，是企业经营业绩和管理水平的集中体现，是评价和考核企业盈利能力的核心指标。计算公式为：

Refers the profit-making capability of all assets of the enterprise and is a key indicator manifesting the performance and management and evaluating the profit-making potential of the enterprise. It is calculated as follows:

总资产贡献率（%）= （利润总额+税金总额+利息支出）/ 平均资产总额×100%

Ratio of profits, taxes and interests to average assets (%)=(Total profits + total Taxes+ interest payment) /average assets ×100%

**利润总额　Total profits**

指企业实现的利润。

Refer to the profits gained by the enterprises.

**工业成本费用利润率　Ratio of profits to Total Industrial Costs**

指在一定时期内实现的利润与成本费用之比，是反映工业生产成本及费用投入的经济效益指标，同时也是反映降低成本的经济效益的指标。计算公式：

Refers to the ratio of profits realized in a given period to the total costs in the same period, which reflects the economic efficiency of input cost and is calculated as follows:

工业成本费用利润率（%）=利润总额 / 成本费用总额×100%

Ratio of profits to Total Industrial Cost (%)=Total Profits/Total Costs×100%

**工业增加值率　Value-added Rate of Industry**

指一定时期内工业增加值占同期工业总产值的比重，反映降低中间消耗的经济效益。计算公式：

Refers to the ratio of value added of industry in a given period to the gross output value in the same period, which reflects the economic efficiency of cutting down the intermediate input and is calculated as follows:

工业增加值率（%）=工业增加值（现价）/ 工业总产值（现价）×100%

Value-added Rate of Industry (%)=Value-added of Industry(at current prices)/Gross Output Value (at Current Prices) ×100%

**流动资产周转次数　Turnover of Working Capital**

指在一定时期内流动资产完成的周转次数，反映流动资产的周转速度。计算公式：

Refers to the number of times of turnover of working capital in a given period of time, which reflects the speed of the turnover of working capital and is calculated as follows:

流动资金周转次数=产品销售收入 / 全部流动资产平均余额

Turnover of Working Capital(%)=Sales Revenue of Products/Average Balance of Total Working Capital×100%

**产品销售率　Ratio of Sales to Gross Output Value**

指报告期内工业销售产值与同期全部工业总产值之比，是反映工业产品已实现销售的程度，分析工业产销衔接情况研究工业产品满足社会需求程度的指标。计算公式为：

Refers to the sales of industrial products to the gross industrial output value during the reference period, and is important in reflecting the linkage between production and sales and the extent of the needs of the society that has been met by the supply of industrial products. It is calculated as follows:

产品销售率（%）＝工业销售产值 / 工业总产值（现价）×100%

Ratio of Sales to Gross Output Value=Industrial sales/Gross industrial output value(at current prices) × 100%

**产品销售收入　Sales Revenue of Industrial Products**

指企业销售产品和提供劳务等主要经营业务的实际成本。

Refers to the revenue from the sales of products by industrial enterprises and the revenue from services provided and etc.

**产品销售成本　Sales Cost of Industrial Products**

指企业销售产品的销售收入和提供劳务等主要经营业务取得的收入总额。

Refers to the actual cost of products of industrial enterprises and industrial services provided, etc.

**全员劳动生产率　Overall Labour Productivity of Industrial Enterprises**

指根据产品的价值量指标计算的平均每一个从业人员在单位时间内的产品生产量。是考核企业经济活动的重要指标，是企业生产技术水平、经营管理水平、职工技术熟练程度和劳动积极性的综合表现。目前我国的全员劳动生产率是将工业企业的工业增加值除以同一时期全部职工的平均人数来计算的。计算公式：

Refers to the average output per employed per employed person in industrial enterprises in value terms. At present, the value added and the average number of staff and workers of an industrial enterprises in a given period are used to calculate the overall labour productivity. The formula used is:

全员劳动生产率＝工业增加值 / 全部职工平均人数

Overall Labour Productivity=Value Added of Industry/Average Number of Staff and Workers.

为了使各年度的全员劳动生产率数字可以比较，1990 年以前各年的全员劳动生产率均按指数换算成 1990 年不变价格。

For the purpose of comparison of the overall labour productivity among different years, the data on the overall labour productivity of the years prior to 1990 have been adjusted on the basis of 1990 constant prices.

**总资产　Total Assets**

指企业拥有或控制的全部资产。包括流动资产、长期资产、固定资产、无形及递延资产、其他长期资产递延税项等，即为企业资产负债表的资产总计项。

Refer to all assets which are owned or controlled by enterprises, including circulating assets, long term investment, fixed assets, intangible assets, and deferred assets other long term assets, and deferred taxes, etc. The summation of above items is equal to total assets shown in the balance sheets of the enterprises.

（1）流动资产　指企业可以在一年内或者超过一年的一个生产周期内变现或耗用的资产合计。包括现金及各种存款、短期投资、应收及预付款项、存款等。

Circulating assets (working capital) refer to assets which can be cashed in or spent or consumed in an operating cycle of one year or over one year, including cash, all kinds of deposits, short term investment, receivables, advance payment, stock, etc.

（2）固定资产　指企业固定资产净值、固定资产清理、在建工程、待处理固定资产损失所占用的资金合计。

Fixed assets refer to the net value of fixed assets, clearance of fixed assets, project under construction, fixed assets losses in suspense. These are corporations' fund holdings.

（3）无形资产　指企业长期使用而没有实物形态的资产。包括专利权、非专利技术、商标权、著作权、土地使用权、商誉等。

Intangible assets refer to the assets without material form used by enterprises over a long time, such as patents, non-patent technologies, trade marks, copyright, land use right, business reputation, etc.

**总负债　Total Liabilities refer**

指企业承担并需要偿还的全部债务。包括流动负债和长期负债、递延税项等，即为企业资产负债表的负债合计项。

To the debts that enterprises are responsible for repayment, including liquid liabilities, long-term liabilities and deferred taxes, etc. Total liabilities correspond to the summation item of liabilities shown in the balance sheets of the enterprises.

（1）流动负债　指企业在一年内或者超过一年的一个营业周期内需要偿还的债务合计，其中包括短期借款、应付及预收款项、应付工资、应交税金和应交利润等。

Liquid liabilities (also called quick liabilities or immediate liabilities) refer to enterprises' total debt payable within an operating cycle of one year or over one year, including short term loans, payables and advance payments, wages payable, taxes payable and profit payable, etc.

（2）长期负债　指企业在一年以上或者超过一年的一个生产周期以上需要偿还的债务合计，其中包括长期借款、应付债务、长期应付款项等。

Long term liabilities refers to total debt payable within an operating cycle of one year or over one year, including long-term loans, payable liabilities, long-term payables, etc.

**所有者权益　Creditors' Equity**

指企业投资人对企业净资产的所有权。企业净资产等于企业全部资产减去全部负债后的余额，其中包括投资者对企业的最初投入，以及资本公积金、盈余公积金和未分配利润，对股份制企业即为股东权益。

Refers to investors' ownership of net assets of the enterprise. It is equal to the total assets of the enterprise minus its total liabilities, including the primary input from investors, capital accumulation fund, surplus accumulation fund and undistributed profit. It is the shareholder's equity in share-holding companies.

**资产负债率　Ratio of Debts to Assets**

该指标既反映企业经营风险的大小，也反映企业利用债权人提供的资金从事经营活动的能力。计算公式为：

Reflect both the operation risk and the capability of the enterprise in making use of the capital from the creditors. It is calculated as follows:

资产负债率（%）=负债总额/资产总额×100%

Ratio of debts to assets (%)=Total debts/Total assets×100%

**产品销售税金及附加　Tax and Extra Charges on Sales of Products**

指企业销售产品和提供工业性劳务等主要经营业务应负担的城市维护建设税、消费税、资源税和教育费附加。

Refer to the tax on city maintenance and construction, consumption tax, resources tax and extra charges for education, which should be borne by the enterprises in selling products and providing industrial services.

**产品销售利润　Sales Profit of Products**

指企业销售产品和提供工业性劳务等主要经营业务收入扣除其成本、费用、税金后的利润。

Refers to the profit gained by the enterprises by deducting cost, charges and taxes from the business income of the enterprises obtained in selling products and providing industrial services.

**应交增值税　Value-added Tax Payable**

指企业在报告期内应交纳的增值税额。

Refers to amount of the value added tax which should be paid by the enterprises in the reporting period.

**实收资本　Capital Obtained**

指企业实际收到的投资人投入的资本。 按投资主体可分为国家资本、集体资本、法人资本、个人资本、港澳台资本和外商资本。

Refers to capital actually received by the enterprise from investors. It can be further classified by investors as state capital, collective capital, individual capital, capital from Hong Kong, Macau and Taiwan foreign capital.

**建筑业总产值(自行完成施工产值)　Gross Output Value of Construction (Output Value of Projects Under Construction)**

是以货币表现的建筑安装企业在一定时期内生产的建筑业产品的总和。建筑业总产值包括：

Refers to total of construction products, expressed in money terms, completed by construction and installation enterprises during a given period of time. It includes:

(1) 建筑工程产值　指列入建筑工程预算内的各种工程价值。

Output value of construction projects, that is the value of projects covered by the project budgets.

(2) 设备安装工程产值　指设备安装工程价值，不包括被安装设备本身价值。

Output value of installation projects, that is the value of the installation equipment, (excluding the value of the equipment to be installed).

(3) 房屋、构筑物修理产值　指房屋、构筑物修理所完成的价值， 但不包括被修理房屋、构筑物本身的价值和生产设备的修理价值。

Output value of repair of buildings and structures, that is the value created through the repairs of buildings or structures but does not include the value of buildings or structures being repaired and the value of the repair of production equipment.

(4) 非标准设备制造产值　指加工制造没有定型的、非标准的生产设备的加工费和原材料价值， 以及附属加工厂为本企业承建工程制作的非标准设备的价值。

Output value of manufactured non-standard equipment,that is the value of non-standard production equipment (including raw materials and manufacturing cost) made for the construction project, and the equipment manufactured by subsidiary workshops.

**建筑业统计单位　Statistical Unit in Construction**

指从事房屋、构筑物建造和设备安装活动的法人企业。 建筑业法人企业应同时具备的条件是：（1）依法成立，有自己的名称、组织机构和场所，能承担民事责任；（2）独立拥有和使用资产，承担负债，有权与其他单位签订合同；（3）独立核算盈亏，能够编制资产负债表。

Refers to corporate enterprise engaged in the construction of buildings and structures and in the installation of equipment. A corporate construction enterprise should meet the following 3 requirements: (1) being set up in line with relevant legal basis, having its full name, organization and location, and capable of taking civil liabilities; (2) independently possessing and using its assets and assuming its liabilities, and entitled to sign contracts with other institutions; and (3) making independent accounts of its profits and losses, and capable of compiling its own balance sheet.

**建筑业增加值　Value-added of Construction**

指建筑业企业在报告期内以货币表现的建筑业生产经营活动的最终成果。目前建筑业增加值采用分配法（收入法）计算，即从收入的角度出发，根据生产要素在生产过程中应得到的收入份额计算。具体计算公式为：

Refers to the final result of the activities of production and management of construction in monetary terms in the reference period. At present, the value-added of construction is calculated with the income approach. In other words, it is the sum of income of various production factors in the production process. The formula is as follows:

建筑业增加值=本年提取的固定资产折旧+应付工资+应付福利费+管理费用中的劳动待业保险金、税金+工程结算税金及附加+工程结算利润

Value-added of construction=depreciation of fixed assets in the year + wages payable + welfare expenses payable + insurance premium and tax for waiting for employment in the administrative expenses + taxes and surcharges on project settlement + profit gained from project settlement.

**房屋建筑施工面积　Floor Space of Buildings Under Construction**

指在报告期内施工的全部房屋建筑面积，包括本期新开工的房屋面积、上期施工跨入本期继续施工的房屋面积、上期停缓建在本期恢复施工的房屋面积、本期竣工的房屋面积及本期施工后又停缓建的房屋面积。

Refers to floor space of buildings under construction during the reference period, including newly started buildings, buildings started earlier and continued during the reference period, and buildings suspended earlier but restarted during the reference period, buildings completed during the reference period, and buildings under construction and then suspended during the reference period.

**房屋建筑竣工面积　Floor Space of Buildings Completed**

指在报告期内房屋建筑按照设计要求全部完工，达到了住人和使用条件，经验收鉴定合格，正式移交使用单位的房屋建筑面积。

Refers to the floor space of buildings that are completed in the reference period in accordance with the requirements of the design, up to the standard for putting them into use, and have been checked and accepted by concerned departments as qualified ones.

**自有机械设备年末总台数　Total Number of Machinery and Equipment Owned by the End of Year**

指归本企业所有，属于本企业固定资产的生产性机械设备年末总台数。包括施工机械、生产设备、运输设备及其他设备。

Refers to the number of machines and equipment owned by the enterprises, and listed as the fixed assets of the enterprises by the end of the year, including machinery and equipment for construction, production and transportation.

**自有机械设备年末总功率　Total Power of Machinery and Equipment Owned by the End of Year**

指本企业自有施工机械、生产设备、运输设备以及其他设备等列为在册固定资产的生产性机械设备年末总功率，按设定能力或查定能力计算。包括机械本身的动力和为该机械服务的单独动力设备，如电动机等。计算单位用千瓦，动力换算可按 1 马力=0. 735 千瓦折合成千瓦数。电焊机、变压器、锅炉不计算动力。

Refers to the total power of machinery and equipment owned by the enterprises, and listed as the fixed assets of the enterprises by the end of the year, including machinery and equipment for construction, production and transportation. The power of the machinery is calculated on basis of the designed or verified capacity, covering the power of the machinery/equipment and the separate power equipment serving the machinery/equipment (such as electric motors), but excluding welders, transformers and boilers. The unit used for the calculation of power is kilowatt, with horsepower converted to kilowatt by 1 horsepower=0.735 kilowatt.

**工程结算收入　Income from Settlement of Projects**

指企业承包工程实现的工程价款结算收入，以及向发包单位收取的除工程价款以外的按规定列作营业收入和各种款项，如临时设施费、劳动保险费、施工机械调迁费等以及向发包单位收取的各种索赔款。

Refers to the income received by the construction enterprise from the contracted project through settlement procedures, and other charges to the contractores as operational costs in addition to the value of the project, such temporary facility fee, labour insurance premium, moving cost of construction equipment, as well as various types of claims to the contracte.

**工程结算利润　Profit from Settlement of Projects**

指已结算工程实现的利润，如亏损以“-”号表示。计算公式为：

Refers to profit realized through settled projects. It is calculated with the following formula:

工程结算利润=工程结算收入-工程结算成本-工程结算税金及附加

Profit from Settlement of Projects=Income from Settlement of Projects - Settled Cost – Settled Taxes and Other Cost.

**企业总收入　Total Revenue of Enterprises**

指与企业生产经营直接有关的各项收入，包括工程结算收入和其他业务收入。计算公式为：

Refers to the sum of income from production and operation of enterprises, including income from settlement of projects and other operational income, namely:

企业总收入=工程结算收入+其他业务收入

Total Revenue of Enterprises=Income from Settlement of Projects + Other Operational Income.

**公路里程　Length of Highways**

指在一定时期内实际达到《公路工程(WTBZ)技术标准 JT101-88》规定的等级公路，并经公路主管部门正式验收交付使用的公路里程数。包括大中城市的郊区公路以及通过小城镇街道部分的公路里程和桥梁、渡口的长度，不包括大中城市的街道、厂矿、林区生产用道和农业生产用道的里程。两条或多条公路共同经由同一路段，只计算一次，不得重复计算里程长度。它是反映公路建设发展规模的重要指标，也是计算运输网密度等指标的基础资料。

Refers to the length of highways which are built in conformity with the grades specified by the highway engineering standard formulated by the Ministry of Communications, and have been formally checked and accepted by the departments of highways and put into use. The length of highways includes that of the suburb highways at large and medium-sized cities, highways passing through streets at small cities and towns, and also the length of bridges and ferries. It does not include the length of streets in big and medium-sized cities and highways built for the production purpose at factories, mines, forest areas and agricultural areas. If two or more highways go the same section of the way, the length of the section is only calculated for once and no duplication is allowed. The length of highways is an important indicator to show the development of the highway construction and to provide essential information to calculate the transport network density.

**民用航空线里程　Length of Civil Aviation Routes**

指民航运输定期班机飞行的航线长度的总和。航线长度按机场之间的距离计算，通常有两种计算方法：一是将每条航线长度相加称为重复计算航线里程；二是将两线或两条以上航线经过同一区段里程，只计算一次航线长度称为不重复计算航线里程。一般常用的是后者，它能确切反映民航运输网的规模，表明民航事业为国民经济服务和方便人民生活程度的主要指标。

Refers to the length of all routes for regular civil aviation flights. There are usually two ways to calculate the distance between airports connected by the route length: One is to put the length of all air routes together, called duplicated calculation of the length of the routes; the other is not to allow the duplication in calculation when two or more routes passing the same section of aviation routes. The latter is usually used, as it can precisely show the size of the civil aviation network and indicate the extent of civil aviation serving the national economy and the people.

**货（客）运量　Freight (Passenger) Traffic**

指在一定时期内，各运输部门实际运送的货物（旅客 ）数量。是反映运输业为国民经济和人民生活服务的数量指标，也是制定和检查运输生产计划，研究运输发展规模和速度的重要指标。货运按吨计算，客运按人计算。货物不论运输距离长短，货物类别，均按实际重量统计；旅客不论行程远近或票价多少，均按一人一次作为客运量统计。半价票、小孩也按一人统计。

Refers to the volume of freight (passenger) transported with various means. Freight transport is calculated in tons and passenger traffic is calculated in the number of persons. Despite the type of freight and traveling distance, the freight transport is calculated in the actual weight of the goods: and despite the traveling distance and ticket price, the passenger traffic is calculated by the principle that one person can be counted only once in one travel. The passenger who travel with a half-price ticket or a child ticket is also calculated as one person. The freight (passenger) traffic provides a quantitative measure to show how the transport industry serves the national economy and people, and is also an important indicator for planning the transport industry and for studying the development scale and speed of the transport industry.

**货（客）运密度　Freight (Passenger) Traffic Density**

指在一定时期内某种运输方式在营运线路的某一区段平均每公里线路通过的货物（旅客）运输周转量。计算单位是吨（人）公里 / 公里。计算公式为：

Refers to the freight (passenger) traffic volume carried by a particular means of transportation during a given period through one kilometer of a specific section of transportation route. The formula is as follows:

货（客）运密度＝货物（旅客）周转量 / 营业线路长度

Freight (Passenger) Traffic Density=Freight Ton-kilometers (Passenger-kilometers) / Length of Route in Operation

货（客）运密度是反映交通运输线路上货物（旅客）运输量运输繁忙程度的主要指标。是平衡运输线路运输能力和通过能力，规划线路建设及改造、配备技术设备，研究运输网布局的重要依据。

Freight (passenger) traffic density reflects the degree of business of freight (passenger) traffic on transportation routes, and therefore provides important information for balancing transport capability, planning construction and upgrading of transport routes and studying the distribution of transport network.

**货物（旅客）周转量　Freight Ton-kilometers (Passenger-kilometers)**

指在一定时期内，由各种运输工具运送的货物（旅客）数量与其相应运输距离的乘积之总和，是反映运输生产总成果的重要指标，也是编制和检查运输生产计划，计算运输效率、劳动生产率以及核算运输单位成本的主要基础资料。计算货物周转量通常按发出站与到达站之间的最短距离，也就是计费距离计算。

Refer to the sum of the products of the volume of transported cargo (passengers) multiplying by the transport distance, usually using ton-kilometer and passenger-kilometer as units for measurement. Normally, the shortest distance between the departure station and the destination station (i. e., the payable distance) is the basis to calculate the freight ton-kilometers. This is an important indicator to show the total results of the transport industry, to prepare and examine the transport plan and to measure the efficiency, the labour productivity and the unit cost of transport.

**邮电业务总量　Business Volume of Post and Telecommunications**

指以货币表现的邮电部门用于传递信息和提供其他邮电服务的总数量。它综合反映了一定时期邮电工作的总成果，是研究邮电业务量构成和发展趋势的重要指标。根据邮电管理体制不同，分为中央国营业务总量和地方国营业务总量。它用各种邮电分类业务量，如函件件数、电报份数、长话张数、市内电话和农村电话的年均户数、订销报刊累计份数等，分别乘以相应的平均单价（不变价），加总后再加上出租电路和设备的收入、代用户维护电话交换机和线路等设备的收入、其他业务收入求得。

Refers to the total amount of post and telecommunications services, expressed in value terms, provided by the post and telecommunications departments for the customers. Post and telecommunications services can be classified as letters, parcels, remittance, issue of newspapers and magazines, fast mail service, express mail service, savings deposits, stamps for collection, public and individual telegraph service, facsimiles, long-distance telephone service, leasing of telephone lines, urban paging service, mobile telephone service, data transfer and transmission, etc. The accounting approach is to multiply the service products of all types with their average unit price (constant price) to get sum of business value, plus income from other services such as leasing of telephone lines and equipment, maintenance of telephone switchboards and lines on behalf of customers. This indicator reflects the overall results of post and telecommunications service during a given period, and is important to study the composition of business service and the development of post and telecommunications service.

**无线寻呼电话用户　Subscribers of Paging Services**

指携带小型寻呼机，接收市话用户通过无线寻呼中心，在规定范围内向其发出声音、数字或文字显示的信息的用户。目前在邮电部门办理登记手续的无线寻呼电话用户，每一部寻呼机按一户计算。

Refer to subscribers who carry small-size pagers and receive audio signals, digital signals or character signals sent out by city telephone through wireless paging center within assigned area. Each pager is counted as a subscriber.

**移动电话用户　Mobile Telephone Subscribers**

指在邮电部门登记，通过移动电话交换机进入移动电话网、占有移动电话号码的电话用户。用户数量以实际办理登记手续进入邮电部门移动电话网的户数进行计算，一部或一台移动电话统计为一户。

Refer to the persons who own mobile telephone number connected with the mobile telephone communication network and registered by post and telecommunications organization. The number of subscribers is calculated only when the subscribers who have gone through all the register formalities and entered into the mobile telephone network. One mobile telephone is treated as a subscriber.

**社会消费品零售额　Total Retail Sales of Consumer Goods**

指各种经济类型的批发零售贸易业、餐饮业、制造业和其他行业对城乡居民和社会集团的消费品零售额。这个指标反映通过各种商品流通渠道向居民和社会集团供应的生活消费品来满足他们生活需要，是研究人民生活，社会消费品购买力、货币流通等问题的重要指标。社会消费品零售额包括：（1）售给城乡居民作为生活用的商品和住房及修建房屋用的建筑材料；（2）售给社会集团的各种办公用品和公用消费品；（3）售给机关、团体、学校、部队、企业、事业单位的职工食堂和旅店（招待所）附设专门供本店旅客食用，不对外营业的食堂的各种食品、燃料；企业、单位和国营农场直接售给本单位职工和职工食堂的自己生产的产品；（4）售给部队干部、战士生活用的粮食、副食品、衣着品、日用品、燃料；（5）售给来华的外国人、华侨、港澳台同胞的消费品；（6）居民自费购买的中、西药品、中药材及医疗用品；（7）报社、出版社直接售给居民和社会集团的报纸、图书、杂志、集邮公司出售的新、旧纪念邮票、特种邮票、首日封、集邮册、集邮工具等；（8）旧货寄售商店自购、自销部分的商品零售额；（9）煤气公司、液化石油气站售给居民和社会集团的液化灶具和灌装液化石油气；（10）城市建设，房产管理等部门、企业、事业单位售给居民的商品房；（11）农民售给非农业居民和社会集团的商品。不包括售给国民经济各部门企业、事业单位（包括国有经济的农场）生产经营用的各种原材料、燃料、设备、工具等和售给批发零售贸易业、餐饮业作为转卖用的商品、旧货寄售商店受托寄售卖出的商品、服务业的营业收入、邮局出售邮票的收入、自来水、电力、煤气生产（供应）单位的产品供应收入，也不包括农民之间的商品销售。

Refer to the sum of retail sales of consumer goods sold by all sectors of the national economy to urban and rural residents and social groups. This indicator is used to show the supply of consumers goods through various channels to households and institutions, and is very important for the study on people's livelihood, on the purchasing power of consumer goods and on money. The retail sales of consumer goods include:

(1)commodities sold to urban and rural residents for their daily use and building materials sold to them for the construction or repair of houses; (2) office appliances and supplies sold to institutions; (3)food and fuels sold to canteens of institutions, enterprises, schools, military units and to canteens of hotels that only serve their guests, and commodities produced by enterprises, institutions or state farms and sold directly to their employees or their canteens; (4) grain and non-staple food, clothing, daily articles and fuels sold to military personnel; (5)consumer goods sold to foreigners, overseas Chinese, and Chinese compatriots from Taiwan, Hong Kong and Macao during their stay in the mainland of China; (6)Chinese and western medicines, herbs and medical facilities purchased by residents; (7)newspapers, books and magazines directly sold to residents and social groups by publishers, new and old commemorative stamps, special stamps, first-day covers, stamp albums and other stamp-collection articles sold by stamp companies; (8) consumer goods purchased and then sold by second-hand shops; (9) stoves and other heating facilities and liquefied gas sold by gas companies to households and institutions; and (10) commodities sold by farmers to non-agricultural residents and social groups. Excluded under this heading are: raw materials, fuels, equipment, tools sold to enterprises, institutions and state farms for production purpose; commodities sold to trade establishments for re-selling; commissioned sales at second-hand shops; operational income of urban public utilities; stamps sold at post offices; income of water, power, gas production and supply establishments from the supply of their products; and sales of commodities among farmers.

**批发零售贸易业商品购、销、存、总额　Purchase, Sales and Stock of Commodities by Wholesale and Retail Trade**

指以各种经济类型的批发、零售贸易业（不包括个体）为总体的商品购、销、存。

Refer to the purchase, sales and stock of commodities by wholesale and retail establishments of different status of registration (excluding individual sellers).

**商品购进总额　Total Purchases of Commodities**

指从本企业（单位）以外的单位和个人购进（包括从国外直接进口）作为转卖或加工后转卖的商品。这个指标反映批发零售贸易业从国内、国外市场上购进商品的总量。商品购进总额包括：（1）从工农业生产者购进的商品；（2）从出版社、报社的出版发行部门购进的图书、杂志和报纸；（3）从各种经济类型的批发零售贸易企业（单位）购进的商品；（4）从其他单位购进的商品，如从机关、团体、企业、单位购进的剩余物资，从餐饮业、服务业购进的商品，从海关、市场管理部门购进的缉私和没收的商品，从居民收购的废旧商品等；（5）从国（境）外直接进口的商品。不包括企业（单位）为自身经营用，和未通过买卖行为而收入的商品以及销售退回、商品升溢等。

Refer to the total of value of purchases of commodities by the establishments from other establishments or individuals (including direct import from abroad) for the purpose of re-selling, either with or without further processing of the commodities purchased. This indicator is used to show the total value of purchases of commodities by wholesale and retail establishments from domestic and overseas markets. The total purchases include: (1) agricultural and industrial products purchased from producers; (2) books, magazines and newspapers purchased from distribution departments of the publishers; (3)commodities purchased from wholesale and retail establishments of different status of registration;(4) commodities purchased from other units, such as surplus materials purchased from government agencies, enterprises or institutions, commodities purchased from catering and service establishments, confiscated goods purchased from customs authorities or market management agencies, second-hand goods and wastes purchased from residents; and (5) commodities directly imported from abroad. Excluded are commodities purchased by establishments (units) for use in their own business operation, commodities obtained without buying or selling procedures, rejected commodities, etc.

**商品销售总额　Total Sales of Commodities**

指对本企业（单位）以外的单位和个人出售（包括对境外直接出口）的商品。它反映批发零售贸易业在国内市场上销售商品以及出口商品的总量。商品销售总额包括：（1）售给城乡居民和社会集团消费用的商品；（2）售给工业、农业、建筑业、运输邮电业、批发零售贸易业、餐饮业、服务业等作为生产、经营使用的商品；（3）售给批发零售贸易业作为转卖和加工后转卖的商品；（4）对国（境）外直接出口的商品。不包括：出售本企业（单位）自用的废旧包装用品，未通过买卖行为付出的商品，经本单位介绍，由买卖双方直接结算，本单位只收手续费的业务，购货退出的商品以及商品损耗和损失等。

Refer to selling of commodities by the establishments to other establishments and individuals (including direct export). This indicator is used to show the total value of sales of commodities at domestic markets and export. The total sales include: (1) commodities sold to urban and rural residents and social groups for their consumption; (2) commodities sold to establishments in industry, agriculture, construction, transportation, post and telecommunications, wholesale and retail trades, catering trade and public utility for their production and operation; (3) commodities sold to wholesale and retail establishments for re-selling, with or without further processing; and (4) commodities for export to other countries. Excluded are selling of waste packaging materials used by the establishments (units) themselves, commodities transferred without buying or selling procedures, commission income from brokerage in transactions whose settlement is directly handled and sellers, rejected commodities in the purchase, loss in commodities, etc.

**批发零售贸易业库存　Commodity Stock of Wholesale and Retail Enterprises**

指报告期末各种登记注册类型的批发零售贸易企业（单位）已取得所有权的商品。它反映批发零售贸易企业（单位）的商品库存情况和对市场商品供应的保证程度。期末库存包括：（1）存放在批发零售贸易业经营单位（如门市部、批发站、经营处）仓库、货场、货柜和货架中的商品；（2）挑选、整理、包装中的商品；（3）已记入购进而尚未运到本单位的商品，即发货单或银行承兑凭证已到而货未到部分；（4）寄放他处的商品，如因购货方拒绝承付而暂时存放在购货方的商品和已办完加工成品收回手续而未提回的商品；（5）委托其他单位代销（未作销售或调出）尚未售出的商品；（6）代其他单位购进尚未交付的商品。不包括所有不属于本单位的商品、拨付除批发零售贸易业以外的其他行业所属独立核算加工厂等加工生产尚未收回成品的商品、代国家物资储备部门保管的商品等。库存总额采用的计算价格是：农副产品采购单位按购进价计算，批发单位按进货价计算，零售单位按核算价格计算，即按什么价格核算就按什么价格计算。

Refers to total commodities possessed by wholesale and retail enterprises (units) of various types of registration status at the end of the reference period, which reflects the commodity stock level of various wholesale and retail enterprises and the potential for market supply. It includes: (1)commodities located in storage, garages, counters, and shelves of operating units (such as sale stores, wholesale centers, and operating offices) of wholesale and retail enterprises; (2)commodities in the process of selecting, sorting, and packing; (3)commodities not arrived but recorded as purchase in the account, i. e.. commodities not arrived but payment receipts for the commodities from the sellers or the banks arrived; (4) commodities deposited in other places rather than places mentioned above, for instance: commodities in the hold of purchasers temporarily due to the refusal of payment and commodities not taken back after going through the formalities; (5) commodities entrusted to other units to sell but not sold yet; (6) commodities purchased for other units but not delivered yet. Commodities not included as stock are those not owned by the enterprises (units), those allocated to financially independent factories rather than wholesale and retail enterprises for processing but not taken back yet, and finally those put in stock by wholesale and retail enterprises on behalf of the state material reserves units. For the calculation of the value of commodities stock, the value is calculated at purchasing prices in agricultural goods purchasing units and wholesale units, and at the accounting prices in retail units.

**城乡集市贸易成交额　Volume of Business (Transaction Value) at Urban and Rural Free Market**

指在农村集市和城市集市上买卖双方（包括农民、非农业居民、机关、团体、工商企业、个体商贩）成交的全部商品金额，是反映集市贸易规模的综合性指标。

Refers to the value of all goods changed hands between sellers and buyers, including farmers, no-agricultural residents, institutions, organizations, enterprises and private peddlers, at urban and rural free markets. It is a comprehensive indicator used to show the size of the transaction at the free trade markets.

**进出口总额　Total Imports and Exports at Customs**

海关进出口总额是指从实际进出我国国境的货物总金额，包括对外贸易实际进出口货物来料加工装配进出口货物，国家间、联合国及国际组织无偿援助物资和赠送品，华侨、港澳台同胞和外籍华人捐赠品，赁期满归承租人所有的租赁货物，边境地方贸易及边境地区小额贸易进出口货物（边民互市贸易除外），中外合资经营企业、中外合作经营企业、外商独资经营企业进出口货物和公用物品，到、离岸价格在规定限额以上的进出口货样和广告品（无商业价值、无使用价值和免费提供出口的除外），从保税仓库提取在中国境内销售的进口货物，以及其他进出口货物。进出口总额用以观察一个国家在对外贸易方面的总规模。我国规定出口货物按离岸价格统计，进口货物按到岸价格统计。

Refer to the value of commodities imported into and exported from the boundary of China. They include the actual imports and exports through foreign trade, imported and exported goods under the processing and assembling trades and materials, supplies and gifts as aid given gratis between governments and by the United Nations and other international organizations, and contributions, donated by overseas Chinese, compatriots in Hong Kong and Macao and Chinese with foreign citizenship, leasing commodities owned by tenant at the expiration of leasing period, the imported and exported commodities processes with imported materials, commodities trading in border areas (excluding mutual exchange goods), the imported and exported commodities and articles for public use of the Sino-foreign joint ventures, cooperative enterprises and ventures exclusively with foreign own investment. Also included are import or export of samples and advertising goods for whose CIF or FOB value are beyond the permitted ceiling (excluding goods of no trading or use value and free commodities for export), imported goods sold in China from bonded warehouses and other imported or exported goods. The indicator of the total imports and exports at customs can be used to observe the total size of external trade in a county. It accordance with the stipulation of the Chinese government, imports are calculated at CIF, while exports are calculated at FOB.

**旅游人数　Number of Tourists**

人数、出包括入境国际旅游者境居民人数和国内旅游者人数。

Include international tourists entering into China, Chinese residents going abroad and domestic tourists.

（1）入境国际旅游者人数：指来我国参观、访问、旅行、探亲、访友、休养、考察、参加会议和从事经济、科技、文化、教育、体育、宗教等活动的外国人、华侨、港澳台湾同胞的人数。不包括外国在我国的常驻机构，如领使馆、通讯社、企业办事处的工作人员；来我国常住的外国专家、留学生以及在岸逗留不过夜人员。

International tourists refer to foreigners, overseas Chinese, Chinese compatriots from Hong Kong, Macao and Taiwan coming to China for sightseeing visits, tours, family reunions, vacations, study tours, conferences and other activities of a business, scientific and technological, cultural, educational and religious nature. It does not include representatives and employees of resident institutions of foreign countries in China such as embassies, consulates, news agencies and offices of foreign companies and organizations, no does it include long-term foreign experts or students residing in China, or persons in transition without spending a night in China.

（2）出境居民人数：指大陆居民因公务活动或私人事务短期出境人数。公务活动出境居民人数包括在国际交通工具上的中国服务员工，因私出境居民人数不包括在国际交通工具上的中国服务员工。

Chinese residents going abroad refer to Chinese residents going abroad refer to Chinese residents going abroad for short terms for short terms for either public business or private purposes. Chinese employees working on international transport carriers are included in those going abroad for public business purpose, not in those for private purpose.

（3）国内旅游者人数：指我国大陆居民和在我国常住 1 年以上的外国人、华侨、港澳台湾同胞离开常住地在境内其他地方的旅游设施内至少停留一夜，最长不超过 6 个月的人数。

Domestic tourists refer to residents of the mainland of China who stay for one night at least but no more than 6 months at tourist facilities in other places than their permanent residence within the territory of the mainland China, including foreigners, overseas Chinese and Chinese compatriots from Hong Kong, Macao and Taiwan who have resided in China for over one year.

**国际旅游（外汇）收入　Foreign Exchange Earnings from International Tourism**

指入境旅游的外国人、华侨、港澳和台湾同胞在中国大陆旅游过程中发生的一切旅游支出，对于国家来说就是国际旅游（外汇）收入。

Refer to the total expenditures of foreigners, overseas Chinese, Chinese compatriots from Hong Kong, Macao and Taiwan during their stay in the mainland of China, which are earnings of foreign exchange from international tourism from the point of view from China.

**企业存款　Deposit**

指企业、机关、团体或居民根据可以收回的原则，把货币资金存入银行或其他信用机构保管并取得一定利息的一种信用活动形式。根据存款对象的不同划分为企业存款、财政存款、机关团体存款、对外贸易存款、城乡居民储蓄存款、农村存款等科目。它是银行信贷资金的主要来源。

Is a form of credit by which enterprises, institutions, organizations or households can put money into banks and other credit institutions for safekeeping and interest earning under the principle of free withdrawal.

According to different depositors, deposits are divided into enterprise deposits, treasury deposits, deposits of government agencies and organizations, capital construction deposits, urban savings deposits, rural deposits and other deposits. Deposits are major sources of the credit funds of banks.

**贷款　Loan**

银行或其他信用机构根据必须归还的原则，按一定利率，为企业、个人等提供资金的一种信用活动形式。我国银行贷款，分流动资金贷款，中短期设备贷款以及农户贷款等科目。

Is a form of credit by which banks and other credit institutions provide funds at certain interest rate to enterprises and individuals in the light of the principle of unconditional repayment. Loans from Chinese banks include circulating capital loans, fixed assets loans, loans to urban and rural individuals engaged in industrial and commercial business and agricultural loans.

**赔款　Settled Claim**

指保险人根据保险合同的规定，向被保险人支付的赔偿保险责任损失的金额。

Is the compensation paid by the insurer to the insurant in accordance with the insurance contract.

**普通高等学校　Regular Institutions of Higher Learning**

按国家规定的设置标准和审批程序批准举办，通过国家统一招生考试，招收高中毕业生为主要培养对象，实施高等教育的全日制大学、独立设置的学院和高等专科学校、短期职业大学。

Refer to educational establishments set up according to the government evaluation and approval procedures, enrolling graduates from senior secondary schools and providing high professional schools and courses and training for senior professionals. They include full-time universities, colleges, high professional schools and short-term professional universities.

**成人高等学校　Institutions of Higher learning for Adults**

指按照国家有关规定审批，招收通过全国成人高教统一招生考试的具有高中毕业或同等学历的在职从业人员利用脱产、半脱产、业余或函授等多种形式对其实施高等学历教育，培养高等教育专科或本科毕业水平的专门人才，修业年限、课程设置和总学时数均按高等学历教育要求付诸实施的学校。包括广播电视大学、职工高等学校、农民高等学校、管理干部学院、教育学院、独立设置的函授学院等。

Refer to educational establishments, set up in line with relevant rules approved by the government, enrolling staff and workers with senior secondary school or equivalent education, and providing higher education courses in many forms of full-time, part-time, spare-time, or correspondence for adults. Professionals thus trained receive a qualification equivalent to graduates studying regular courses at regular universities, colleges and professional colleges. Institutions of higher learning for adults include Radio and TV universities, schools of high education for staff and workers and peasants, colleges for management cadres, pedagogical colleges, independent correspondence colleges.

**小学学龄儿童入学率　Enrollment Rate of Primary School-age Children**

指调查范围内已入小学学习的学龄儿童占校内外学龄儿童总额（包括弱智儿童在内，但不包括盲聋哑儿童）的比重。计算公式：

小学学龄儿童入学率＝已入学的小学学龄儿童数／校内外小学学龄儿童总数×100%

Refers to the proportion of school-age children enrolled at schools to the total number of school-age children both in and outside schools (including retarded children, but excluding blind, deaf and mute children). The formula is :

Enrollment Rate of Primary School-age Children = Total Primary School-age Children at Schools / Total Primary School age Children Both at and Outside Schools ×100%

**独立研究与开发机构　Independent Research and Development Institutions**

指有明确任务和研究方向，有一定学术水平的业务骨干和一定数量的研究人员，具有研究、开发、开展学术工作的基本条件，主要进行科学研究与技术开发活动，并且在行政上有独立的组织形式，财务上独立核算盈亏，有权与其他单位签订合同，在银行有单独户头的单位。包括国务院各部门、中国科学院、中国社会科学院和各省、自治区、直辖市以及地（市）以上［含地（市）］各部门所属的国有独立的科学研究与技术开发机构。

Refer to the state owned institutions which have direct mission and research purpose, a certain number of core member with higher research level and a certain number of research personnel, necessary conditions for R&D activities and engaging in scientific research and technological development. The institutions also have their own independent organization and finance, authority to sign contracts with other units, with their own accounts in banks. Independent research and development institutions include the institutions attached to central government agencies, Chinese Academy of Sciences. Chinese Academy of Social Sciences and the institutions attached to local governments.

**独立研究与开发机构职工　Personnel of Independent Research and Development Institutions**

指在科学研究与技术开发机构工作，并由其支付工资的各种人员。包括长期职工和临时职工，不包括编制以外的离休、退休人员和停薪留职人员，但包括招聘人员。

Refers to the persons working in and receiving payment from research and development institutions. It includes regular full-time and temporary staff and workers and employees working on contracts, but excludes retirees and persons leaving their work without payment but still retaining their posts, who are not on the employee list.

**研究与发展经费支出　Total Expenditure on Research and Development**

指报告期内用于研究与试验发展课题活动（基础研究、应用研究、试验发展）的全部实际支出。包括用于研究与发展课题活动的直接支出，还包括间接用于研究与发展活动的一切支出（院、所管理费、维持院、所正常运转的必需费用和与研究发展有关的基本建设支出）。

Refers to all actual expenditure made for R&D (basic research, applied research and experimental development) in reference period. It includes direct expenditure on R&D and indirect expenditure on R&D (including management and necessary administrative expenses of research institutes, investment in capital construction relating to R&D) .

**科学家和工程师　Scientists and Engineers**

指具有大学本科及以上学历和不具备上述学历但有高、中级职称的人员。

Refer to persons who have completed university or higher education or obtained titles of senior and middle-level professional positions.

**其他科技人员　Other Scientific and Technical Personnel**

指大专、中专毕业和具有中级职称的从事科技活动的人员。

Refer to persons who engage in scientific activities that have completed college or technical secondary school or obtained titles of middle-level professional positions.

**自然科学技术人员　Scientific Technical Personnel**

指已取得科学技术职称，或大学、中专的理、工、农、医科系毕业，以及国民经济各部门从工作实践中提拔，从事理、工、农、医等自然科学技术的研究、教学、生产的专业人员和在机关、企业、事业中从事科学技术业务管理工作的专业人员。

Refer to persons who obtained titles of scientific and technical positions, or graduated from department of science, technical, agriculture or medicine in college or technical secondary school, and promoted from practice in department of national economy, or research, teach, produce in technology of science of science, technical, agriculture or medicine, or engage in scientific management in government, enterprises and institutions.

**工程技术人员　Engineering Professionals**

指在国民经济各行业从事工程技术工作的自然科学技术专业人员，包括：高级工程师、工程师、助理工程师、技术员和未评定职称的技术人员。

Refer to the persons who are engaged in engineering science and technology in different sectors of the national economy, including senior engineers, engineers, assistant engineers, technicians and technical personnel without professional titles.

**农业技术人员　Agricultural Professionals**

指在国民经济各行业从事农业技术工作的自然科学技术专业人员，包括：高级农艺师、农艺师、助理农艺师、技术员和未评定职称的技术人员。

Refer to the persons who are working on the science of agriculture in different sectors of the national economy, including senior agronomists, agronomists, assistant agronomists, technicians and technical personnel without professional titles.

**卫生技术人员　Public Health Professionals**

指在国民经济各行业从事卫生医务工作的自然科学技术专业人员，包括：正副主任医师、主治医师、医师、医（护）士和未评定职称的技术人员。

Refer to the persons who are engaged in medical and health work in different sectors of the national economy, including director doctors and their deputies, doctors in charge, paramedics, nurses and technical personnel without professional titles.

**科学研究人员　Scientific Research Personnel**

指在国民经济各行业从事科学技术活动的自然科学技术专业人员，包括：正副研究员、助理研究员、研究实习员、技术员和未评定职称的技术人员。

Refers to those personnel engaged in scientific and technical activities in different sectors of the national economy, including research fellows and their deputies, assistant research fellows, research trainees, technicians and technical personnel without professional titles.

**教学人员　Teaching Personnel**

指在国民经济各行业从事自然科学技术方面教学活动的专业人员，包括：正副教授、讲师、助教、教师和在中学从事自然科学技术方面教学活动的人员。

Refers to those professionals engaged in the teaching in different sectors of the national economy, including professors, associate professors, lecturers, teaching assistants, teachers and teaching personnel in science and technology in middle schools.

**文化事业机构　Cultural Institutions**

指从事专业文化工作和为专业文化工作服务的独立建制的单独核算的单位。不包括这些单位另外举办独立核算的其他机构和各部门的业余文化组织。

Refer to units which have their own organizational system and independent accounting system and specialize in or serve cultural development. They exclude other establishments run by these cultural institutions and amateur cultural groups established by various departments. Art Troupe refers to the troupe which is engaged in drama, opera, music, dance, acrobatics or other art performance, opens independent accounts with banks and has self-supporting accounting system; excluding the troupes which are engaged partly in industrial or agricultural activities, partly in art performance and the professional troupes organized by the people.

**艺术表演团　Number of Spectators at Art Performance**

指从事戏曲、音乐、舞蹈、杂技等专业艺术表演，有独立帐户，实行单独核算的团体。不包括半工半艺、半农半艺的业余剧团。

Refers to the number of attendants at commercial shows, completely booked shows or free shows given in minority national areas, and does not include the number of spectators at rehearsals for examination and internal shows for study.

**电影放映单位　Film Projection Units**

指具有放映机器设备、固定或不固定的放映场所与专职或兼职的放映技术人员，经有关部门登记批准，经常为一定的观众对象放映电影的机构。包括批准对外开放进行营业，并与电影发行放映管理机构分帐的专用放映单位和军委系统片单位。

Refer to units with film projection equipment, full or part-time projectionists, permanent or non-permanent places, approved by related administrative departments to show films regularly regularly for certain groups of audience, including those film projection units which have been approved to give commercial shows and run business with independent accounting system as well as those film-renting units of the military system.

**体育场　Stadiums**

指有 400 米跑道(中心含足球场)，有固定道牙、跑道 6 条以上，并有固定看台的田径场。以看台容纳观众人数分：甲级 25000 人以上，乙级 15000—25000 人，丙级 5000—15000 人，丁级 5000 人以下。

Refer to stadiums for track and field events with six lane 400-meter tracks around soccer fields, permanent track marks and permanent bleachers. Stadiums are classified according to seating capacity. They include: Class A stadiums seating 25000 people each. Class B stadiums seating 15000 to 25000 people each. Class C stadiums seating 5000 to 15000 people each. And Class D stadiums seating fewer than 5000 people.

**体育馆　Gymnasiums**

指有固定看台可供篮球、排球、羽毛球、乒乓球、体操等项目训练比赛活动用的室内场地，以看台容纳观众人数分：甲级 6000 人以上，乙级 4000—6000 人，丙级 2000—4000 人，丁级 2000 人以下。

Refer to indoor sports grounds with permanent seats in which basketball, volleyball. badminton, table tennis and gymnastics competitions can be held. Gymnasiums are classified according to seating capacity. They include Class A gymnasiums seating over 6000 people. Class B gymnasiums seating 4000 to 6000 people. Class C gymnasiums seating 2000 to 4000 people, and Class D gymnasiums seating fewer than 2000 people.

**等级裁判员人数　Number of Referees in Grades**

指经考试正式批准授予等级裁判员称号的人数。裁判员等级分为国际级裁判，国家级裁判、一级、二级、三级裁判。

Refers to the number of referees who have been given titles after examination. They are classified as international referees, national referees and referees of the first, second and third grades.

**等级运动员人数　Number of Athletes in Grades**

指经考核正式批准授予等级运动员称号的人数。运动员等级分为国际运动健将、运动健将、一级、二级、三级运动员、少年运动员。

Refers to the number of athletes who have been given titles through examination. The titles of athletes include international masters of sports, masters of sports, first-grade and third-grade sportsmen and young athletes.

**医院　Hospitals**

指名称为医院，设有固定床位能收容病人住院并能为病人提供医疗、护理服务的医疗机构。包括县及县以上医院、农村乡卫生院、其他医院三部分。按所属性质分为卫生部门、工业及其他部门、集体所有制三类。其中县及县以上医院按业务性质分为综合医院和专科医院。

Refer to medical institutions with permanent hospital beds, which are able to take in patients and provide them with medical and nursing services. Hospitals are classified into three categories: hospitals at or above the county level, hospitals of rural townships, and other hospitals. According to their ownership, hospitals can be classified into three categories: hospitals under the public health departments, hospitals under industrial and other departments and collective-owned hospitals. Hospitals at or above county level are divided into comprehensive and specialized hospitals.

**卫生技术人员　Medical Technical Personnel**

指卫生事业机构支付工资的全部固定职工和合同制职工中现任职务为卫生技术工作的人员。包括中医师、西医师、中西医结合高级医师、护师、中药师、西药师、检验师、其他技师、中医士、西医士、护士、助产士、中药剂士、西药剂士、检验士、其他技士、其他中医、护理员、中药剂员、西药剂员、检验员、其他初级卫生技术人员。

Refers to all medical staff and workers employed by medical institutions, including doctors of Chinese and Western medicine, senior doctors who integrate traditional Chinese therapeutics with Western therapeutics in practice, senior nurses, pharmacists of Chinese and Western medicine, laboratory specialists, other specialists, paramedics of Chinese and Western medicine, nurses, midwives, druggists in Chinese and Western medicine, laboratory technicians, other technicians, other practitioners of Chinese medicine, nursing attendants, pharmacological workers of Chinese and Western medicine, laboratory workers, and other primary medical personnel.

**医生　Doctors**

指经卫生部门审查合格，从事医疗工作的专业人员。分为中医医生和西医医生。包括卫生技术人员的中医师、西医师、中西结合高级医师、中医士、西医士和其他中医。

Refer to qualified professional medical workers approved to practice by public health departments. They are classified into doctors of Chinese medicine, doctors of Western medicine, senior doctors who integrate traditional Chinese therapeutics with Western therapeutics in practice, paramedics of Chinese medicine and Western medicine, and other specialists of Chinese medicine.

## 附录 2：

# 政府工作报告

——2013 年 1 月 24 日在自治区第十届人民代表大会第一次会议上

自治区主席 白玛赤林

各位代表：

本届政府从 2008 年至今五年届满。现在，我代表自治区人民政府向大会报告工作，请各位代表审议，并请政协各位委员提出意见。

## 过去五年工作回顾

本届政府履职的五年，在党中央、国务院的坚强领导下，在自治区党委的正确领导和自治区人大、政协的监督支持下，我们高举中国特色社会主义伟大旗帜，以邓小平理论、“三个代表”重要思想、科学发展观为指导，认真贯彻党的十七大、十八大和中央第四、第五次西藏工作座谈会精神，认真落实自治区第七、第八次党代会和九届人大的部署，坚定不移走有中国特色、西藏特点的发展路子，着力推动跨越式发展，强力维护社会稳定，全力保障改善民生，大力保护生态环境，“十一五”规划圆满完成，“十二五”规划进展顺利，为全面建成小康社会奠定了坚实基础。

这五年，是极不寻常、极不平凡的五年。面对拉萨“3·14”事件、各种自然灾害、国际金融危机、国内经济增长放缓等重大挑战和严峻考验，我们突出科学发展主题和加快转变经济发展方式主线，坚持以人为本、统筹兼顾，在攻克重重困难中不断提高驾驭市场经济和应对复杂局面的能力，着力推进经济社会全面协调可持续发展，保持了跨越式发展的良好态势，保持了社会大局持续和谐稳定。

——经济增长速度和质量效益同步提升。我们努力转变经济发展方式，促进速度和结构质量效益相统一。地区生产总值连续突破 400、500、600、700 亿元，年均增长 12%；人均 GDP 突破 2 万元；社会消费品零售总额突破 250 亿元，年均增长 17%；公共财政预算收入连续突破 30、50、80 亿元，税收达到 153.56 亿元；农牧民人均纯收入达到 5645 元，比 2007 年翻了一番多，年均增长 15%；城镇居民人均可支配收入达到 18056 元，比 2007 年增长 62.2%，年均增长 10.2%；三次产业结构从 2007 年 16.1∶28.8∶55.1 调整为 11.4∶35.2∶53.4。

——政府调控和市场配置资源协同发力。我们准确把握经济形势和发展的阶段性特征，及时出台保增长的针对性措施，实现平稳较快发展。安排资金 260 亿元，扩大投资、刺激消费；完善税制，落实结构性减税政策；物价涨幅控制在目标范围以内。支持 3 家民营企业成功上市，全区市场主体超过 12 万户。

——基础设施建设和产业发展齐头并进。我们不断破解瓶颈制约，夯实产业基础，内生动力持续增强。青藏直流联网工程投入运行、结束了西藏电网孤网运行的历史，拉萨至贡嘎机场高速公路建成通车、结束了西藏没有高等级公路的历史。142 个产业项目建设取得重大进展。建工、矿业、旅游、藏药、商贸等九大集团相继组建。2012 年主要产业园区完成税收 26.5 亿元，比 2007 年增长 28 倍。

——民生改善和社会事业全面推进。我们始终注重以改善民生为重点的社会建设，每年承诺为全区各族人民办好惠民利民的实事好事。“两基”目标全面实现，在全国率先实现学前至高中阶段15年免费教育。县乡医疗卫生机构补充卫生人员 2845 人，基层医疗设备和常用药品基本配齐。公共文化服务体系基本健全。城乡居民社会保障制度实现全覆盖。西藏高校毕业生基本实现全就业。40%的拉萨市居民用上了暖气、结束了西藏没有集中供暖的历史。城乡居民收入大幅提高，农牧民安居工程和“八到农家”工程深入实施，城乡面貌发生深刻变化。

——社会大局持续和谐稳定。我们在推进经济发展的同时，着力强化维稳工作、构建维护稳定长效机制。依法果断处置“3·14”事件，迅速恢复正常社会秩序。坚持抓早抓小抓快抓好，制定实施强基惠民干部驻村、加强和创新寺庙管理、推行城镇网格化管理等十个方面维稳措施，努力做到没有缝隙、没有盲区、没有空白点，全区社会大局进入持续和谐稳定的新阶段。

五年来，重点抓了十个方面的工作：

**一、强农惠农富农，农牧区面貌显著改善。**累计投入“三农”资金475.8亿元，比上个五年增长2.4倍。农牧业综合生产能力稳步提高，落实粮食、良种等补贴资金14.29亿元，粮食总产保持在92万吨以上，牲畜出栏率保持在30%以上。农牧区生产生活条件大幅改善，88.7%的农牧户住上了安居房，解决了 173 万人的安全饮水问题、67 万农牧民的用电问题，乡镇和行政村公路通达率分别提高到 99.7%和94.2%，农牧区移动互联网覆盖率达到 65%，实现了村村通电话、乡乡通宽带，广播电视人口综合覆盖率分别提高到93.38%和94.51%，41.27万农牧户实现“户户通”、1787座寺庙实现“寺寺通”，乡镇通邮率达到90.18%，完成2500个行政村人居环境建设。全区农牧民专业合作组织达939家。培训农牧民66万人次。按2300元的新标准，扶贫对象减少24.8万人。投放涉农贷款205.73亿元，涉农保险实现全覆盖。

**二、扩大投资消费，经济发展动力更加强劲。**全社会固定资产投资累计完成2361.87亿元，比上个五年增长1.3倍，其中完成国家投资1727亿元。“188项目”全部完成。“226项目”落实投资650亿元。五年新增油路 4341 公里，县通油路率达到 84.9%。拉日铁路建设进展顺利。川藏铁路拉林段项目建议书获国家发改委批复。区内支线航空网络基本建成。全区电力装机规模达到116.26万千瓦。

新增和改善灌溉面积160多万亩。城乡消费水平分别比2007年增长34.3%和40.6%。家电家具下乡销售额累计达到9.12亿元，落实补助1.87亿元；升级改造5个农产品批发市场和 17个县级农贸市场。汽车、住房、旅游、餐饮、休闲等消费日趋旺盛。

**三、强化政策引导，内生发展能力不断增强。**按照提升一产、壮大二产、做强三产的要求，加大扶持力度，特色优势产业加快发展。7个特色农牧业产业带初步形成，建设农业标准化示范区20个，培育地市级以上农牧业产业化龙头企业 80 家。和谐矿区建设积极推进，地质找矿工作取得重大进展。2012年，全区工业完成增加值57亿元，比2007年翻了近一番；接待国内外游客1100万人次，旅游总收入132亿元。建筑、新型建材、藏医药、高原特色食品、信息、能源、民族手工业等产业快速发展。

**四、突出共建共享，各族群众物质文化生活水平全面提升。**社会事业全面进步。教育水平明显提高，劳动人口人均受教育年限达到8.1年，义务教育年生均补助标准提高到2500元。科技创新大力推进，科技富民强县专项行动覆盖47个县（市、区）。卫生事业加快发展，建设了290个标准化县乡医疗卫生机构，实现了“一村一卫生室”的目标，卫生应急应对能力不断提升。对城乡居民实施免费健康体检，对1032名先心病儿童实行免费救治。孕产妇和婴儿死亡率分别由2007年的254.6/10万、27.10‰下降到2012年的176.12/10万和24.84‰。

社会主义文化不断繁荣。以“爱国、团结、和谐、发展、文明”为主题的社会主义核心价值观教育活动扎实推进。文化惠民工程深入实施，基层文化设施不断完善，县级综合文化活动中心、文化信息资源共享工程、农家书屋、寺庙书屋和农村电影放映实现全覆盖。“十一五”文物维修保护工程竣工。8个国家级和自治区级文化产业示范基地建成，培育扶持51支民间艺术团，文化产业市场主体达455家。西藏和平解放60周年百幅唐卡工程取得重大进展。大型史诗音乐剧《文成公主》舞台剧在北京成功首演。新闻出版产品和艺术创作成果丰硕。全民健身活动全面推进。

千方百计扩大就业，覆盖城乡居民的社会保障体系全面建立。实现了西藏高校应届毕业生全就业、往届毕业生基本就业，城镇新增就业10.1万人，城镇登记失业率控制在2.7%以内，动态消除了城镇零就业家庭。3次上调最低工资标准。基本养老、医疗和工伤、生育、失业、新农保、城居保制度实现全覆盖，并率先在全国实现自治区级统筹。为全部城乡居民、在编僧尼和援藏干部购买了团体人身意外伤害保险。城镇职工、居民和农牧民医疗费用年度最高报销额分别达到22万元、14万元、13万元。农牧民免费医疗补助标准提高到每人每年300元。企业退休人员月人均养老金提高到2704元。

社会救助体系基本建立。城乡低保实现应保尽保，低保标准分别提高到每月400元、每年1600元。建立社会救助和保障标准与物价上涨挂钩的联动机制，向39.5万名困难群众发放价格临时补贴。五保集中供养标准提高到2400元。建立了孤儿基本生活保障和困难群众教育、住房、司法等救助制度。保障房建设管理和使用不断加强，建成保障房5.99万套。建设各级救灾物资储备仓库111个。

统计服务科学决策、促进国民经济和社会发展的作用进一步显现。社会科学、文学艺术等事业和审计、质监、气象、人防、老龄等工作都取得新成绩。残疾人事业加快发展。双拥共建共保活动深入开展，军政军民鱼水关系更加巩固。

**五、加强和创新社会管理，社会局势更加安定和谐。**按照党中央“强基固本、争取人心”、“下好先手棋、打好主动仗”的重要指示精神，牢固树立稳定压倒一切的思想，把维护稳定作为硬任务和第一责任，坚持抓早抓小抓快抓好，强化各项维稳措施，深入开展反分裂斗争。以开展创先争优强基惠民活动为有力抓手, 派工作队驻村；以干部驻寺常态化为主要内容，加强和创新寺庙管理；以便民服务、维稳处突为首要职能，推行城市网格化管理；以强化拉萨、昌都、那曲、日喀则、“两边一线”等重点地区、重点部位管控为有效途径，实现维稳措施全覆盖；以加强新兴媒体管理、信息情报工作和应急机制建设为关键举措，提高预知预防能力；以加强学校管理和青少年思想政治教育为工作重点，培养合格的社会主义建设者和接班人；以开展严打整治行动为重要载体，加强社会治安综合治理；以开展新旧西藏对比教育为重要手段，筑牢维护稳定的思想基础；以维护稳定为硬任务和第一责任，建立维稳工作责任制和责任追究制，坚决粉碎敌对势力和十四世达赖集团一切分裂渗透破坏图谋，确保了党的十八大、西藏和平解放60周年、每年“三节”、“两会”、三月敏感期等一系列重大活动和敏感时段的安定祥和，确保了全区社会大局持续和谐稳定。人民调解、司法调解、行政调解等综合作用充分发挥。流动人口培训、就业、居住、子女就学等问题逐步解决。城市社区管理制度逐步健全，农村社区建设顺利推进。基层政权和基层政法基础设施建设得到加强。严格食品药品监管，加强交通、消防等重点领域安全监管，安全生产形势持续好转。

**六、切实加强民族团结，平等团结互助和谐的社会主义民族关系日益巩固发展。**全面贯彻党的民族政策，坚持和完善民族区域自治制度，牢牢把握各民族共同团结奋斗、共同繁荣发展的主题，推动各民族交往交流，促进各民族和睦相处、和衷共济、和谐发展，少数民族干部培养使用力度加大，藏语言文字工作不断加强，边境地区和人口较少民族聚居区发展加快。深入推进民族团结宣传教育，每年9月集中开展民族团结宣传月活动。广泛开展民族团结进步创建活动，坚持每年召开一次民族团结进步表彰大会，举办庆祝“3·28”百万农奴解放纪念日活动，营造了民族团结的好氛围。

**七、重视做好宗教工作，促进了藏传佛教与社会主义社会相适应。**全面贯彻党的宗教工作基本方针和国家管理宗教事务的法律法规，依法保护正常宗教活动，维护宗教团体、宗教活动场所以及宗教界人士和信教群众的合法权益。把寺庙作为基本的社会组织，把广大僧尼作为公民和朋友，在全区 1787 座寺庙实施“六建”，实现了寺庙管委会（专职特派员）全覆盖和干部驻寺常态化。深入开展“六个一”活动，推进寺庙“九有”、“一覆盖”，使广大僧尼切身感受到党和政府的关怀与温暖。深化“一个创建”，强化“一个教育”，实施“一个工程”，充分调动了广大僧尼爱国守法的积极性。改进和规范宗教事务管理，把依法管理、社会管理和民主管理落到实处。

**八、坚持保护建设并重，生态环境持续良好。《西藏生态安全屏障保护与建设规划》全面推进。**草原生态保护补助奖励机制在全国率先启动并全面推行，森林生态效益补偿范围扩大，水生态补偿试点启动。生态补偿年均达 35 亿元，200 万农牧民受益。退耕还林、退牧还草取得阶段性成果，治理沙化、水土流失面积 13 万多公顷。天然林保护二期工程顺利启动。植树造林 390 万亩，封山育林 767 万亩。在全国率先启动生态功能保护区建设，实施 6 个国家级保护区规范化建设，新建 8 个自治区级湿地保护区。规划环评和项目环评不断加强。资源开发环境监管和环境监测能力显著增强。污染防治和辐射环境管理大力推进，重点区域环境综合整治成效显著，主要污染物排放总量目标顺利实现。

**九、不断深化改革开放，经济社会发展更具活力。**草场承包经营责任制不断完善，农村集体土地确权登记颁证工作进展顺利，农村水电、兽医管理体制改革深入推进，曲水农村改革试验区启动实施，集体林权制度主体改革试点全面完成，粮食流通体制改革取得新进展。自治区监管的国企改制目标全面实现，全区国有企业上缴税金比 2007 年增长 87.44%。政府投资项目审批权限进一步下放，清理调整行政审批项目 261 个，行政收费全面取消。西藏航空、西藏银行成功组建，西藏信托恢复开办业务。财政改革成效明显，税费改革稳步推进，推动发展、改善民生、维护稳定的保障支撑能力显著增强。国开行、农发行、工行、邮储银行在藏设立分行，2012 年末各项贷款余额比 2007 年末增长 2 倍。新一轮政府机构改革全面完成，双湖县批准成立。事业单位分类改革稳步推进。医药、文化、水利等体制改革顺利推进。口岸基础设施建设力度加大。2012 年全区进出口贸易总额突破 30 亿美元，5 年年均增长 30.4%。招商引资 389.21 亿元。制定出台一系列支持非公有制经济发展的政策措施，非公有制经济实现快发展大发展，从业人员达 56.1 万人，上缴税收份额超过 90%。

中央第五次西藏工作座谈会，确立了新时期西藏工作指导思想，丰富和发展了党的治藏方略，树立了党的西藏工作新的里程碑。会议确定的政策措施得到认真落实，五年来中央累计向我区投入 3338 亿元。援藏资金稳定增长机制基本形成，五年落实援藏资金 125.49 亿元，比上个五年增长 1.77 倍。

**十、坚持为民务实清廉，政府自身建设不断加强。**加快转变政府职能，经济调节、市场监管、社会管理、公共服务能力和水平不断提升。依法行政全面推进，行政监察和执法监督力度加大，颁布政府规章和规范性文件 37 件。“十二五”规划纲要和 70 个专项规划颁布实施，主体功能区规划编制完成。政务公开和电子政务建设加快推进。自治区发展咨询委员会的决策咨询作用充分发挥。认真办理人大代表建议 1479 件、政协委员提案 1507 件，办复率达到 100%。源头治理腐败工作成效显著。扎实开展深入学习实践科学发展观活动，全面开展创先争优强基惠民活动和基层组织建设年活动，进一步密切了与人民群众的血肉联系。

过去五年，我们成功举办了庆祝西藏民主改革 50 周年、西藏和平解放 60 周年、西藏百万农奴解放纪念日等重大活动，全区各族人民在隆重喜庆的氛围中，凝聚了人心、鼓舞了斗志。面对北京奥运这一百年盛事，我们积极配合、全力支持、精心组织，北京奥运火炬成功登顶珠峰、圣城之旅安全圆满。面对汶川大地震这一重大灾难，全区各族人民及时伸出援助之手，行动之快、捐款数额之大、参与面之广，为我区历史罕见。面对“9·18”亚东地震，我们迅速组织抢险救灾，最短时间内抢修基本公共服务设施，最短时间内恢复了灾区正常生产生活秩序，恢复重建基本完成，灾区群众切身感受到了党和政府的温暖。

刚刚过去的 2012 年，我们在自治区党委的坚强领导下，按照中央稳中求进的工作总基调，抓住难得机遇，加强综合调控，狠抓投资消费，大力发展特色产业，加快发展社会事业，积极建设文化强区，深入推进改革开放，经济社会实现了又好又快发展。全区生产总值达到 701 亿元，比 2011 年增长 12%；公共财政预算收入 86.58 亿元，增长 58.1%；全社会固定资产投资 660 亿元，增长 20.1%；社会消费品零售总额 258 亿元，增长 18%；农牧民人均纯收入和城镇居民人均可支配收入分别增长 15.1%、11.5%；居民消费价格增长 3.9%；城镇登记失业率控制在 2.6%以内。

各位代表，本届政府所取得的成绩，是党中央、国务院亲切关怀和全国人民无私支援的结果，是自治区党委正确领导的结果，是全区各族人民艰苦奋斗的结果，得益于历届自治区政府打下的良好基础，离不开自治区人大、政协的监督和支持。在此，我代表本届政府，向全区各族人民和驻藏人民解放军、武警官兵以及各族各界爱国人士，向为西藏的革命和建设作出贡献的老领导、老党员、老同志，向所有关心和支持西藏现代化建设的港澳台同胞、海外侨胞以及外国朋友，表示衷心的感谢和崇高的敬意！

在推进西藏跨越式发展和长治久安、全面建设小康社会的生动实践中，我们深切体会到：坚持中国共产党的领导是我们做好西藏工作的根本保证。在西藏改革发展稳定的每一个关键时期，党中央、国务院都专门研究西藏问题，及时召开西藏工作座谈会，明方向、指路子、绘蓝图，开创了“一个转折点、三个里程碑”的光辉实践；在每一个关键阶段，自治区党委都作出专门部署，促跨越、保稳定、惠民生、护生态，推动西藏站在了新的历史起点上。邓小平理论、“三个代表”重要思想、科学发展观是指导我们做好西藏工作的强大思想武器。在西藏就是要始终坚持用这一马克思主义理论创新的最新成果武装头脑、指导实践，紧扣科学发展主题和加快转变经济发展方式主线，坚定不移地走有中国特色、西藏特点的发展路子，把符合中央要求、立足西藏实际、顺应人民期待作为衡量所有工作的标准，努力推进跨越式发展和长治久安。中央关心、全国支援同西藏各族干部群众艰苦奋斗相结合，是我们做好西藏工作的重要保障。中央关心、全国支援始终是我们事业的强大后盾，各族干部群众继承和发扬“老西藏精神”，自力更生、艰苦创业始终是我们推进跨越式发展和长治久安的基本立足点，必须始终不渝地坚持和弘扬。

在具体工作实践中，必须把解放思想作为做好一切工作的前提。坚持与时俱进、开拓创新、求真务实，坚决破除一切妨碍科学发展的思想观念和体制机制弊端，坚定不移走改革开放之路。必须把发展作为解决西藏所有问题的关键。用发展的眼光、发展的思路、发展的办法解决发展中的问题，进一步转变发展方式，不断推动西藏在科学发展的轨道上实现跨越式发展。必须把维护稳定作为压倒一切的硬任务。坚持强基固本、争取人心，下好先手棋、打好主动仗，谋长久之策、行固本之举，深入持久地开展反分裂斗争，不断加强和创新社会管理，推动和谐社会建设，维护社会大局和谐稳定。必须把改善民生作为我们工作的出发点和落脚点。坚持为人民服务的宗旨，突出群众主体地位，依靠群众、相信群众，以城乡居民生产生活条件改善和收入增加为重点，不断提高居民生活质量和水平，实现好、维护好、发展好最广大人民的根本利益。必须把民族团结作为西藏繁荣发展的坚强基石。坚持民族区域自治制度，高举维护民族团结的旗帜，促进各民族交往交流交融，使各民族始终做到同呼吸、共命运、心连心，共同致力于创造西藏更加幸福美好的未来。必须把保持生态环境良好作为我们的重要职责。坚持保护与开发互促共进，为人民创造良好的生产生活环境，确保生态环境良好，努力构建国家重要的生态安全屏障。

在看到成绩的同时，我们也清醒地认识到：从长远看，我区主要依靠投资拉动经济增长的方式难以持续，需要我们加快转变经济发展方式；城乡发展不平衡、区域发展不协调的状况依然存在，需要我们加大统筹协调力度；农牧民持续增收的难度越来越大，与全国平均水平的差距在拉大，需要我们千方百计拓展增收渠道；社会就业观念亟需转变，就业任务仍然十分艰巨，需要我们进一步加大工作力度；特色优势产业规模小、层次低，发展的内生动力不足，需要我们下大力气扶持培育；各级政府的思想观念、行政方式、工作作风等还不能完全适应发展稳定的新要求和人民群众的新期待，需要我们进一步解放思想、深化改革，不断加强自身建设。这些困难和挑战，大多是改革发展过程中出现的阶段性问题，需要我们继续用改革发展的办法认真加以解决。同时，由于十四世达赖集团在国际敌对势力支持下一刻也没有停止渗透破坏活动，我区还存在着各族人民同以十四世达赖集团为代表的分裂势力之间的特殊矛盾，我们同十四世达赖集团的斗争是长期的、尖锐的、复杂的，有时甚至是激烈的，反对分裂、维护稳定任务十分艰巨。

## 今后五年工作建议

今后五年，是我区全面建成小康社会的攻坚时期，是继续追赶全国发展步伐的关键时期。党的十八大对未来五年乃至更长时期党和国家全局工作作出了新的战略部署，具有重大的现实意义和深远的历史意义，为我们进一步做好西藏工作指明了前进方向。我们一定要认真学习、全面贯彻，紧紧围绕坚持和发展中国特色社会主义，进一步坚定道路自信、理论自信、制度自信，把思想统一到党的十八大精神上来，把力量凝聚到实现党的十八大确定的各项任务上来，把行动统一到自治区党委关于贯彻党的十八大精神的工作部署上来，团结一心，攻坚克难，为加快推进跨越式发展和长治久安，与全国一道全面建成小康社会顽强拼搏、艰苦奋斗、不懈努力。

今后五年政府工作的总体要求是：高举中国特色社会主义伟大旗帜，以邓小平理论、“三个代表”重要思想、科学发展观为指导，深入贯彻落实党的十八大精神，认真贯彻落实习近平总书记在十八届一中全会上的重要讲话等一系列重要讲话精神，贯彻落实中央关于西藏工作的指导方针和决策部署，贯彻落实中央第五次西藏工作座谈会精神，贯彻落实自治区第八次党代会精神，坚持中国共产党领导，坚持社会主义制度，坚持民族区域自治制度，坚持走有中国特色、西藏特点的发展路子，按照党中央明确的“一个中心”、“两件大事”、“四个确保”，抓好社会持续和谐稳定，推动有质量有效益的发展，切实保障和改善民生，进一步深化改革开放，推动跨越式发展和长治久安，努力建设富裕西藏、和谐西藏、幸福西藏、法治西藏、文明西藏、美丽西藏。

今后五年的主要预期目标是：经济建设、政治建设、文化建设、社会建设和生态文明建设协调发展。全区生产总值年均增长12%以上，公共财政预算收入年均增长15%以上，全社会固定资产投资年均增长15%以上，城镇登记失业率控制在4%以内，城镇居民人均可支配收入年均增长7.5%以上，农牧民人均纯收入年均增长13%以上、与全国平均水平的差距显著缩小。基本公共服务能力显著提高，基础设施建设取得重大进展，生态环境进一步改善，各民族团结和谐，社会大局持续稳定，为全面建成小康社会打下决定性意义的基础。

### 一、加快转变经济发展方式，推动经济跨越式发展

切实把推动发展的立足点转到提高质量和效益上来，以扩大投资消费需求、壮大特色优势产业、促进

城乡一体化为重点，加快形成新的经济发展方式，推动更有质量、更有效率、更加公平、更可持续发展。

巩固发展投资消费协调拉动经济增长的良好格局。积极争取中央投资，引导和鼓励社会投资，用好援藏项目资金，不断扩大各类投资规模。突出重大项目投资拉动作用，努力构建综合交通运输、综合能源、现代通讯、水利保障体系，力争到2017年新增公路通车里程20000公里以上，拉林铁路建成通车，区内航空网络健全完善，电力装机容量达到260万千瓦以上。充分发挥流通促进消费的功能，以培育农村消费、扩大服务消费为重点，建立健全城乡商贸流通体系，着力发展服务型消费，巩固和提升旅游、住房、汽车等消费热点，改善消费环境，推动消费结构升级，提升城市消费水平，力争社会消费品零售总额年均增长15%以上。

推动特色优势产业快速发展。着力提升一产、壮大二产、做强三产，大力发展实体经济，突出抓好特色优势产业，大力发展现代服务业，做大做强园区经济，建设高原特色农畜产品基地和产业带，加快推进西电东送接续能源基地和西藏优势矿产资源格尔木精深加工基地建设，努力打造国家重要的战略资源储备基地、高原特色农产品基地和世界旅游目的地。力争到2017年粮食产量稳定在100万吨以上、畜牧业占农牧业总产值的比重达到60%以上、农牧业产业化经营率达到40%以上，工业增加值占地区生产总值比重达到20%以上，接待国内外旅客突破2000万人次。实施创新驱动发展战略，加快科技创新、转移和转化，着力构建以企业为主体、市场为导向、产学研相结合的技术创新体系，充分发挥科技创新对产业建设的促进作用。

加快推进城乡发展一体化。加大统筹城乡发展力度，推动城镇化和农业现代化相互协调、同步发展。加大统筹区域协调发展力度，支持边境地区、贫困地区、昌都等相对落后地区加快发展，大力推进以拉萨市为中心的城镇体系建设，积极稳妥发展小城镇，有序推进农牧业转移人口市民化，力争到2017年城镇化率达到35%以上。着力改善农牧区生产生活条件，加大强农惠农富农力度，继续推进水、电、路、气、讯、邮、广播电视、优美环境等进村入户，不断改善农牧区面貌。着力保持农牧民收入持续较快增长。打好新一轮扶贫攻坚战，力争到2017年低收入人口占农牧区总人口的比例降至10%以下。着力增强农牧民主体意识、市场意识和创业意识，牢固树立劳动光荣、勤劳致富的观念，引导农牧民形成科学文明健康的生活方式。

**二、深化改革扩大开放，构建更具活力的科学发展机制**

着力深化重点领域的体制机制改革，为经济社会发展注入动力活力。坚持尊重市场规律，更大程度更广范围发挥市场在资源配置中的基础性作用，大力推进重点领域和关键环节改革。继续深化国有企业改革和收入分配制度改革，稳步推进事业单位分类改革，全面推进医药卫生体制改革，积极推进文化体制改革。加快形成科学有效的社会管理体制，完善社会保障体系，健全基层公共服务和社会管理网络。着力激发各类市场主体发展新活力，放心放开放宽放胆放手发展非公有制经济，力争非公有制经济增加值、上缴税收年均分别增长15%以上。增多做强金融主体，提升完善地方金融机构功能，加强基层金融机构服务网点建设。加快担保体系建设。积极培育和选择后备企业资源，支持上市公司再融资。

着力推进对内对外开放，提升开放型经济水平。加强区域性合作与交流，加快融入内地经济大循环，逐步提升我区在全国经济发展布局与产业分工中的战略地位。积极推进南亚贸易陆路大通道建设，加大边贸市场、出口基地基础设施建设和改造力度，加快发展边境贸易，着重提高自产产品出口能力。配合国家总体外交，增强外事外宣工作的针对性和有效性。积极做好侨务工作，扩大境外藏胞爱国统一战线。

**三、提升基本公共服务水平，持续增进民生福祉**

加快形成政府主导、覆盖城乡、可持续的基本公共服务体系，在学有所教、劳有所得、病有所医、老有所养、住有所居上持续取得新进展。坚持优先发展教育，推进义务教育均衡发展，推动教育资源重点向农牧区、边境和人口较少民族聚居区倾斜，力争到2017年，学前教育毛入园率达到60%、小学入学率达到99.5%、初中毛入学率达到99%、高中入学率达到80%以上；强化人力资源开发，做好人才工作。着力提高人民健康水平，完善城乡医疗卫生设施和功能，加强医疗卫生人才队伍建设；巩固和完善以免费医疗为基础的农牧区医疗制度，为群众提供安全有效方便价廉的公共卫生和基本医疗服务；健全全民健康体检制度；推动全民健身运动深入开展；提高出生人口素质，促进人口长期均衡发展。努力实现更高质量的就业，贯彻劳动者自主就业、市场调节就业、政府促进就业和鼓励创业的方针，鼓励多渠道多形式就业，促进创业带动就业，动态消除零就业家庭；引导高校毕业生到企业、基层就业，鼓励自主创业，确保西藏高校应届毕业生全就业；加强职业技能培训，提升劳动者就业创业能力，每年新增城镇就业2万人以上、农牧区劳动力转移45万人次以上。统筹推进城乡社会保障体系建设，落实广覆盖、保基本、多层次、可持续的方针，进一步扩大社会保险覆盖范围，稳步提高社会保险待遇水平，尽快做到能转移、可接续、好衔接，到2017年各险种参保率达到95%以上；积极发展社会福利事业，农村五保集中供养率达到50%以上；加大残疾人就业扶持力度，继续做好优抚工作。

**四、切实加强文化建设，推动文化大发展大繁荣**

加强社会主义核心价值体系建设，深入开展中国特色社会主义宣传教育，深入开展以“爱国、团结、和谐、发展、文明”为主题的核心价值观教育。推进重点文化惠民工程，用社会主义先进文化占领城乡文化阵地，大力开展科技、文化、卫生、法律、宗教服务“五下乡”活动，实现公共文化服务体系全覆盖，提高公共文化产品生产供给能力。加快文化产业发展，加强文化精品创作，完善文化管理体制和文化生产经营机制，培育文化企业和文化市场，力争到2017年文化产业增加值占生产总值的比重达到3%以上、逐步成为全区新的特色支柱产业。加大文物和非物质文化遗产的保护力度，努力建设中华民族特色文化保护地。加快实施“西新工程”，推进党报党刊“村村通”、“寺寺通”和广播电视“户户通”、“寺寺通”，确保党中央的声音形象在全区120多万平方公里的辽阔疆域上听得到看得到，敌对势力和十四世达赖集团的声音形象听不到看不到，确保意识形态和文化领域绝对安全。加强涉藏外宣工作，在国内外树立客观真实、欣欣向荣、团结和谐新西藏的良好形象。

**五、维护社会和谐稳定，努力推进西藏长治久安**

坚持“强基固本、争取人心”、“下好先手棋、打好主动仗”坚持抓早抓小抓快抓好，深入开展反分裂斗争，继续完善落实好十个方面的维稳措施，构建维护稳定的长效机制。进一步深化强基惠民干部驻村工作，筑牢城乡稳定的社会根基；进一步加强和创新寺庙管理，确保寺庙和谐稳定；进一步强化延伸城镇网格化管理，实现全区网格化管理全覆盖；进一步严格宗教事务管理，维护藏传佛教正常秩序；进一步强化重点地区、重点部位、重点人员的管控，确保没有缝隙、没有盲区、没有空白点；进一步强化新兴媒体管理，确保信息网络安全；进一步强化信息情报工作和应急机制建设，确保遇有情况能够在第一时间果断处置；进一步强化社会治安综合治理，确保社会面和谐稳定；进一步健全完善维稳机制，形成党政军警民协调联动的群防群治维稳格局；进一步强化维稳责任，确保中央的部署和自治区的要求落到实处，努力实现大事不出、中事不出、力争小事也不出，确保全区社会大局全面稳定、持续稳定、长期稳定。

**六、认真做好民族宗教工作，促进民族和睦宗教和顺**

全面正确贯彻落实党的民族政策，坚持民族区域自治制度。深入开展民族团结宣传教育和民族团结进步创建活动，每年召开一次民族团结进步表彰大会。加大对人口较少民族聚居区发展的扶持力度。全面贯彻党的宗教工作基本方针，完善宗教事务管理法规体系。发挥宗教界人士和信教群众在促进经济社会发展、维护社会和谐稳定中的积极作用。继续推进寺庙管理创新，构建寺庙管理长效机制。发挥好佛教协会和西藏佛学院的作用，积极引导藏传佛教与社会主义社会相适应。

**七、积极倡导生态文明，着力构建生态安全屏障**

树立尊重自然、顺应自然、保护自然的生态文明理念，把生态文明建设放在突出地位，融入经济建设、文化建设、社会建设等各方面。坚持节约资源和保护环境的基本国策，努力建设生态环境优美、生态经济发达、生态家园舒适、人与自然和谐相处的生态强区。加大西藏生态安全屏障保护与建设规划、主体功能区战略的实施力度。健全生态补偿机制。严守耕地保护红线，严格土地用途管制。加快城镇生活垃圾和污水处理设施建设，开展重点区域和农村环境综合整治。鼓励推广应用节能环保的新工艺、新技术、新设备、新材料，扎实推进节能、节水、节地、节材工作。加大植树造林、封山育林力度，力争到 2017 年森林覆盖率达到 13%以上。加强气象防灾减灾体系建设和应对气候变化监测服务预警能力建设，强化环境监测和执法监管，建立健全生态环境保护责任追究制度和环境损害赔偿制度。

**八、把人民放在心中最高位置，努力建设人民满意的政府**

坚持为民务实清廉，与全区各族人民共同团结奋斗，创造更加美好生活，是我们始终不渝的奋斗目标。坚持为民宗旨。着力解决群众最直接、最关心、最现实的利益问题，努力让各族人民享有更好的教育、更稳定的工作、更满意的收入、更可靠的社会保障、更高水平的医疗卫生服务、更舒适的居住条件、更优美的环境，让人民过上更好生活。坚持群众路线。坚决执行中央关于改进工作作风、密切联系群众的“八项规定”及自治区党委提出的“约法十章”，着力解决脱离群众、形式主义、官僚主义等问题。突出群众主体地位，做到问政于民、问需于民、问计于民，不断提高做好新形势下群众工作的能力，进一步密切与群众的血肉联系。坚持依法行政。加强政府立法工作，严格依法办事，强化执法监督，深入开展法制宣传教育，提高各级政府运用法治思维和法治方式深化改革、推动发展、化解矛盾、维护稳定能力，切实把政府管理工作纳入规范化、法制化轨道，建设法治政府。坚持廉洁行政。严格执行党风廉政建设责任制，大力加强执法监督和行政效能监察，切实纠正各种不正之风，着力解决发生在群众身边的腐败问题。严格要求、严格教育、严格管理、严格监督政府机关工作人员特别是领导干部，努力建设高素质的公务员队伍。坚持实干兴藏。牢记“空谈误国、实干兴邦”，大兴求真务实之风，脚踏实地、埋头苦干，察实情、讲实话、鼓实劲、出实招、干实事，说了就干、干就干成、干就干好，坚决杜绝浮在上面、空喊口号、坐而论道，确保各项工作落到实处、见到实效。坚持转变政府职能。深化行政审批制度改革，继续简政放权，推动政府职能向创造良好发展环境、提供优质公共服务、维护社会公平正义转变，加快建设职能科学、结构优化、廉洁高效、人民满意的学习型、服务型、创新型、务实型政府。

同时，大力支持国防和军队建设。加强国防教育，增强国防意识，着力推进军警民融合式发展，支持驻藏人民解放军、武警、边防、消防、公安、民兵预备役部队建设，推动国防建设与经济社会发展良性互动。

## 2013 年工作重点

今年全区经济社会发展主要预期目标是：全区生产总值增长 12%以上，公共财政预算收入增长 15%以上， 城镇登记失业率控制在 2.5%以内，居民消费价格涨幅控制在 3.5%左右，城镇居民人均可支配收入增长 8%以上，农牧民人均纯收入增长 13%以上。

建议重点抓好以下几个方面工作：

**一、扎实推进重点基础设施建设。**加快落实“十二五”规划项目，做好中期评估和调整，确保年度落实国家投资380亿元以上，全社会固定资产投资增长18%以上。加快交通运输建设。公路方面，加快推进国省干线、通县油路、经济干线、边防公路、农村公路建设，新增公路通车里程5000公里以上，行政村通路率达到98%；铁路方面，加快拉日铁路沿线配套设施建设，力争拉日铁路建成通车、拉林铁路开工建设，加快川藏铁路昌都段前期工作；航空方面，重点实施贡嘎机场、林芝机场改扩建和邦达机场飞行区改造工程，力争那曲机场开工建设，拉萨机场前期工作全面启动，大力发展区内支线航空网络，增加国内航线航班，力争旅客吞吐量达到270万人次、货邮吞吐量达到1.8万吨以上。加快综合能源建设。加快推进“西电东送”接续能源基地建设，积极推进川藏铁路配套供电工程；加快推进多布、藏木、果多等水电站建设，推进阿里并网光伏电站、那曲风能电站建设；加快推进昌都电网与四川电网联网工程，加快完善电网骨干网架和城镇配电网，大力推进无电地区电力建设和农网升级改造，推进主电网向农牧区延伸，基本实现用电人口全覆盖。加快水利设施建设。推进安全饮水、区域防洪、节水灌溉、水源保护、水利骨干工程和特殊地区水利工程建设，开工建设拉洛水利枢纽及配套灌区工程，加快推进旁多水利枢纽工程建设，扎实开展澎波灌区等项目前期工作；建设高标准基本农田10万亩，改造中低产田14.5万亩。加快现代通讯建设。推进移动网广覆盖和宽带通信工程，完善党政专网通信基础设施，建立区地县三级应急通信体系，加强邮政基础设施建设，力争97.5%的乡镇通光缆、实现乡镇邮政网点全覆盖。

**二、扎实推进特色优势产业发展。**按照提升一产、壮大二产、做强三产的发展思路，着力建设特色优势产业大区，努力将资源优势转化为经济优势。着力提升农牧业。抓好特色农牧业产业带、农畜产品基地、“一江三河”流域现代农牧业示范基地建设，推进尼洋河流域国家级可持续发展试验区建设。加快实施粮食增产行动计划，确保粮食产量达到95万吨以上、力争达到100万吨，蔬菜产量达到80万吨以上，保证粮食特别是青稞安全和重要农产品供给；推动畜牧业大发展，开展畜禽标准化规模养殖示范创建活动，加大畜禽良种体系建设力度，力争肉、奶产量分别达到31.2万吨和35万吨,畜牧业占农牧业总产值的比重达到50%以上；大力推进农牧业产业化经营，调整优化农牧业结构，推进农副产品深加工，重点扶持24家国家级、自治区级龙头企业，力争农牧业产业化经营率达到36.5%。加快发展新型工业。着力发展园区经济，加快推进拉萨经济技术开发区、青藏铁路那曲物流中心、格尔木藏青工业园、昌都经济技术开发区等产业园区建设；着力壮大企业规模，集中力量培育一批规模大、效益好、市场前景广、竞争力带动力强的大企业集团；着力打造优势矿产业、能源产业、藏医药业、高原特色食品业、民族手工业等优势产业，推动企业技术改造，力争工业增加值达到70亿元左右、增长20%以上。做大做强服务业。加快发展旅游业，加大宣传力度，改善交通条件，提高管理服务水平，拉长产业链条，打响“世界屋脊、神奇西藏”特色品牌，力争全年接待国内外游客1260万人次、增长20%以上；加快发展文化产业，建设拉萨文化旅游产业园区，推出大型实景演出《文成公主》，实施好“百幅唐卡”创作工程；加快发展商贸物流业，推进城乡市场体系建设，推进农牧区商业网点建设，落实好家电家具下乡和家电、汽车以旧换新政策，扩大城乡居民消费，力争社会消费品零售总额突破300亿元；加快发展金融保险业，增多做强金融主体，用好用活西藏金融保险机构特殊优惠政策，最大限度地缩小银行存贷差，为经济发展提供资金支持；积极稳妥地发展房地产业，完善支持规范房地产发展的相关政策，完善贷款、购房、落户、入学、就业等配套政策，促进房地产市场健康发展；积极发展总部经济、电子商务、物流配送等现代服务业，努力培育新的经济增长点。推进科技创新。大力实施人才强区战略，对接落实好中央支持我区的 12 项国家重点人才工程，启动实施高端人才培养计划；深入实施青稞产业、藏药产业、金牦牛等八大重大科技专项，推进拉萨、日喀则农牧业国家级科技园区、成果转化基地建设。

**三、扎实推进改革开放**。着力深化重点领域和关键环节改革。全面开展农村土地承包经营权确权登记颁证工作，稳步推进农村基本经营制度创新；深化财税体制改革，搞好营改增、资源税改革试点；加快国有企业改革，健全现代企业制度；继续深化医疗卫生体制改革，巩固完善以免费医疗为基础的农牧区医疗制度。着力扩大对内对外开放。加强与内地特别是对口援藏省市、中央企业的交流合作，实现优势互补、互利共赢；加强与周边省区的交流合作，加快融入大西南经济圈；加强与南亚各国的交流合作，加强边境口岸建设，积极推进吉隆口岸跨境经济合作区建设，推动对外贸易稳定增长；抓好那曲综合保税区申建工作，不断扩大引进外资规模，力争实际利用外资 2 亿美元以上。着力优化发展环境。在加快交通、能源、通讯等基础设施建设的同时，着力优化软环境，坚持简政放权，加快转变政府职能，大幅度下放审批权限，大力简化审批程序，今年自治区各有关部门的审批事项原则上要减少 50%，最大限度地下放权力、打造政策环境梯度差，吸引国内外客商来藏投资兴业。

**四、扎实推进民生改善工作**。办好惠及全区各族人民的“十件实事”。加快实施安居工程。筹措资金 8.75 亿元，解决剩余 52035 户农牧民安居房建设，确保 46.03 万户农牧民全部住进安全适用的房屋；推进城镇保障性住房建设，完成 4.3 万套建设任务；推进拉萨市城市供暖工程，确保实现拉萨市居民供暖全覆盖。着力改善农牧区条件。加快“八到农家”工程，解决所有农牧民饮水安全问题、所有行政村通达问题，乡镇油路通畅率达到 60%，建成农村沼气 1.5 万户，完成广播电视“户户通”8.4 万户，广播、电视人口综合覆盖率达到 94.4%、95.5%，电话普及率达到 96.8%，行政村通邮率达到 91.6%，完成 1000 个行政村人居环境建设。千方百计扩大就业。实施更加积极的就业政策，确保西藏高校应届毕业生全就业、往届毕业生基本就业，城镇新增就业 2.2 万人以上，动态消除零就业家庭；培训农牧民 12 万人次以上，转移农牧区富余劳动力 45.5 万人以上。努力稳控物价。完善价格应急协调机制，把居民消费价格涨幅控制在全国平均水平以下。健全社会保障体系。加快构建覆盖城乡居民的社会保障体系和社会救助体系，全面落实劳动合同制度，确保非公有制经济组织和农民工劳动合同签订率达到 85%以上；做好社会保险基金征缴、监管、发放和社会保险关系转移接续工作，提高农民工、城乡居民、非公有制经济组织及其从业人员参保率，各险种参保率达到 93%以上；完善新型农村社会养老保险制度，力争农村五保集中供养率达到 40%左右；加强儿童福利院建设，确保全区分散供养的 4588 名孤儿得到有效救助。优先发展教育。加强城乡薄弱学校、职业教育实验实训基地建设，推进中小学校、中等职业学校标准化建设，推进农牧区幼儿园建设、配强相应的师资力量；大力推进“双语”教育，巩固提高学生入学率，学前教育毛入园率达到 50%，小学适龄儿童入学率达到 99.4%，初中毛入学率达到 98.7%，高中毛入学率达到 75%；完善 15 年教育“三包”政策，年生均补助标准提高到 2700 元；稳步推行内地西藏班各项改革，鼓励高校积极调整专业结构。强化医疗卫生保障。力争开工建设自治区疾控中心、儿童医院、全科医师临床培养基地，实现县县有标准化医院、乡乡有卫生院、村村有卫生室、街道有社区卫生服务中心，实施好 27 个农村急救体系建设；继续为城乡居民进行免费健康体检，全面完成先心病患儿免费救治；开展重特大疾病医疗救助工作，探索适合我区的医疗救助一站式即时结算。推进文化惠民。力争地市博物馆、群艺馆和图书馆全面开工建设，加快推进 543 个乡镇综合文化站和 23 个民间艺术团排练场建设，完成 589 个文化信息资源共享工程乡镇基层点建设；开展好第一次全国可移动文物普查，做好芒康盐井申报世界文化遗产工作，抓好全区重点文物保护维修工程；大力推进城乡社区服务设施建设。加强扶贫开发。全面实施到户帮扶，使 8 万户、38 万人得到项目全覆盖，力争 12.8 万贫困人口稳定脱贫。

抓好防灾减灾和安全生产。认真做好防灾减灾工作，严格落实安全生产责任制，确保安全生产事故起数和死亡人数“双下降”，坚决遏制重特大安全事故发生。同时，加强对广大僧尼的关爱，进一步落实利寺惠僧政策，巩固完善各项保险措施，开展好在编僧尼免费健康体检，在寺庙领袖像、国旗、报纸、文化书屋全覆盖的基础上，力争今年实现所有寺庙通路、通水、通电、通讯、通广播电视，改善寺庙公共服务和僧尼修行条件。

**五、扎实推进社会和谐稳定。**认真贯彻落实自治区党委、政府各项维稳措施，突出抓好第二批干部驻村工作，加强和创新寺庙管理，提升城镇网格化管理水平，加强手机、固定电话和互联网管理，加强信息情报和应急处置机制建设，巩固发展民族团结，深入开展新旧西藏对比教育，深入揭批十四世达赖集团的“三性”分裂本质，加强社会治安综合治理，确保实现“三不出”（大事不出、中事不出、力争小事也不出），确保社会大局持续稳定、长期稳定、全面稳定。加强信访和人民调解工作，及时妥善调处人民内部矛盾。加强安全生产监管，有效防范和坚决遏制重特大安全事故。

**六、扎实推进城镇化。**坚持走集约、智能、绿色、低碳的新型城镇化道路。加快完善城镇发展规划布局。坚持科学规划、合理布局，加快构建以拉萨市为中心，以地区所在地为支点，以县城、边境城镇、特色文化旅游城镇为网络的城镇体系，提高产业和人口集聚能力。有序推进农牧业转移人口市民化。积极探索解决户籍、土地、财税、住房、教育、社会保障等涉及农牧业转移人口进城落户的问题，力争城镇化率达到25%以上。着力提高城市建设和管理科学化水平。加强城市历史文化保护，完善城市基础设施，改善人居环境质量，使城市更加宜居、宜业、宜商、宜游。大力发展县域经济。引导资金、项目、人才向县域流动，集中打造一批基础条件好、带动能力强的中心县城和经济强县。

同时，加强生态环境保护。完成《生态西藏建设规划纲要》编制；积极争取调整珠峰、羌塘、雅江中游河谷等国家级自然保护区范围和功能，争取湖泊、湿地、大江大河生态效益补偿；努力扩大国家重点生态功能区转移支付范围；开展矿产、水电等资源开发生态补偿机制试点，落实好草原生态保护补助奖励和森林生态效益补偿政策；完成贡嘎机场-拉萨-林芝区域环境综合整治项目；加大重点资源开发、重点项目建设和重要区域的环境保护监管力度；加快实施重点节能减排工程，全面落实主要污染物总量控制目标责任制。大力支持工青妇等人民团体工作。组织实施好第三次经济普查。

各位代表，党的十八大开启了中国特色社会主义事业新的伟大征程。让我们更加紧密团结在以习近平同志为总书记的党中央周围，高举中国特色社会主义伟大旗帜，以邓小平理论、“三个代表”重要思想、科学发展观为指导，认真贯彻落实党的十八大精神，在自治区党委的坚强领导下，团结一致、凝心聚力，求真务实、开拓进取，努力建设富裕和谐幸福法治文明美丽的社会主义新西藏，奋力推进跨越式发展和长治久安，为与全国一道全面建成小康社会而努力奋斗！

## 附录 3:

# 西藏自治区 2012 年国民经济和社会发展计划执行情况与 2013 年国民经济和社会发展计划草案报告

——2013 年 1 月 24 日在自治区第十届人民代表大会第一次会议上

西藏自治区发展和改革委员会

各位代表：

受自治区人民政府委托，现将 2012 年国民经济和社会发展计划执行情况与 2013 年国民经济和社会发展计划草案提请自治区第十届人民代表大会第一次会议审议，并请自治区政协各位委员和各位列席代表提出意见。

## 一、2012 年国民经济和社会发展计划执行情况

2012 年以来，全区上下认真学习贯彻党的十八大精神，深入贯彻落实胡锦涛同志“五个继续着力”和中央关于西藏工作的重要指示精神，在自治区党委的坚强领导下，按照自治区第九届人民代表大会第五次会议的安排部署，一方面狠抓维护稳定工作，特别是党的十八大前后各项维稳措施的落实，一方面狠抓经济发展，充分利用中央促进经济稳定增长系列措施落实的机遇，着力提升一产、壮大二产、做强三产，促进经济又好又快发展。总体来看，2012 年继续保持了强劲的发展势头，预计，地区生产总值达到 701 亿元，增长 12%；全社会固定资产投资增长 20.1%，社会消费品零售总额增长 18%；农牧民人均纯收入增长 15.1%，城镇居民人均可支配收入增长 11.5%；公共财政预算收入增长 58.1%，进出口总额增长 170%；城镇登记失业率控制在 2.6%以内，居民消费价格涨幅控制在 3.9%以内，完成全年经济社会发展目标任务，呈现出“经济总量迈上新台阶、主要指标实现新突破、落实投资取得新进展、人民生活得到新改善”的特点。经济总量迈上新台阶。全区生产总值突破 700 亿元。主要指标实现新突破。农牧民人均纯收入突破 5000 元，增速高于经济增长，城镇居民人均可支配收入突破 18000 元，基本同步于经济增长；税收和旅游收入首次突破 100 亿元，分别达到 153.56 亿元和 132 亿元；公共财政预算收入达到 86.58 亿元。全区金融机构本外币各项贷款余额 664.05 亿元，同比增加 254.99 亿元、增长 62.34%，贷款增速高于全区经济增速 50.34 个百分点。落实投资取得新进展。落实国家投资 354 亿元，再创历史新高，180 个重点项目开工建设，带动全社会固定资产投资完成 660 亿元，增长 20.1%。投资成为拉动经济增长的主要动力。人民生活得到新改善。教育优先战略、免费医疗政策、积极就业政策、全方位社保政策、文化共享政策等惠民政策的全面贯彻落实，切实让各族群众享受到发展改革的成果。全年累计发放临时价格补贴 4000 万元，惠及 39.6 万困难群众。按 2300 元的新标准，减少扶贫对象 13 万人。教育三包政策延伸扩大到 15 年，城乡居民免费体检全面完成，寺庙僧尼等人群全部纳入基本医疗保险范围，西藏籍应届大学毕业生实现全就业，创先争优强基础惠民生活动深入开展。

**（一）投资消费进出口平稳增长**

——**落实国家投资再创新高。**自治区高度重视项目工作，主要领导亲力亲为，多次赴京汇报衔接。

各地市各部门围绕落实“十二五”项目方案，完善投资争取与项目建设双联动机制，上下一心，全力攻关，确保了落实投资和项目建设顺利推进。全年落实国家投资超过年度300亿元目标任务，比2011年增加26.4%。

——**千方百计扩大消费**。推进“万村千乡市场工程”，发放“三大节日”慰问金和购物卡，增加公益性岗位投入，重新启动干部职工住房按月补贴政策，落实折算后工龄工资政策，调整住房供应结构，加快农家店、商品配送中心、家政服务体系等流通设施建设，农家店覆盖所有县、85%乡（镇）和60%以上行政村，全年社会消费品零售总额完成258亿元，增长18%。

——**对外贸易强劲增长**。随着经济社会快速发展和贸易便利化政策的有力带动，对外贸易强劲增长，全年进出口总额超过30亿美元，实现翻番，增速列全国各省区市首位。利用外资取得新突破，合同利用外资3.94亿美元，实际利用外资1.74亿美元。

**（二）人民生活水平大幅提高**

——**城乡居民收入大幅增加**。坚持政策资金项目向薄弱地区和基层倾斜，努力扩大就业，连续提高最低工资标准，经营流转政策放宽，有力带动居民收入持续快速增长，农牧民人均纯收入达到5645元，增长15.1%，连续十年保持两位数增长；城镇居民人均可支配收入达到18056元，增长11.5%。

——**农牧区基础设施更加完备**。创先争优强基础惠民生活动第一批5451个驻村工作队、2万多名干部深入乡村，围绕“五项任务”，为农牧民群众办实事办好事超过10万件，投入资金12亿元，走访慰问困难群众超过60万人次，发放慰问金1.244亿元，一批短平快项目极大地夯实了基层基础，拓宽了群众致富门路。同时全面启动了创先争优强基础惠民生活动系列专项行动计划工程，总投资360亿元。大力推进安居工程建设，解决了6.9万多户住房条件较差农牧民的安居问题。扎实推进“八到农家工程”，解决了30万人安全饮水问题，新增用电人口16.5万，新建农村户用沼气2.5万户，建制村公路通达率和乡镇通光缆率分别达到94.43%、96.7%，广播电视人口综合覆盖率达到93.38%和94.51%，完成1000个行政村农村人居环境建设和环境综合整治，项目村的道路、健身场地等土建部分基本完工。

——**就学更有保障**。教育优先发展战略得到全面贯彻，教育经费保障机制不断完善。大力改善教育基础设施建设，完成了654所农村寄宿制学校改扩建，新建教师周转宿舍11万平方米。全面启动城镇三年、农牧区两年学前免费教育，2012年秋季新增在园幼儿1.97万人。建立了城镇公办幼儿园免费教育和民办幼儿园定额补助制度，在全国率先实现了真正意义上的15年免费教育。“三包”政策扩面提标，年生均达到2500元。全面落实农牧区义务教育学生营养改善计划，政策资金覆盖率均达到100%。

——**就医更加方便**。以免费医疗为基础的农牧区医疗制度继续保持农牧区人口全覆盖，建立了农牧区大病补充医疗保险和孕产妇住院医疗保险。取消了医疗救助起付线，率先在全国实现了城乡一体化和社会全覆盖。国家和自治区下达卫生项目建设投资3.2亿余元，进一步完善了各级医疗卫生服务体系。启动了农村急救、农村巡回、全科医生临床培养基地、食品安全风险监测和基层医疗卫生机构信息化项目。完成了3个区级、2个地级医疗机构改扩建，4个县级和42个乡镇卫生院标准化建设，村卫生室标准化建设得以科学规划，平均每个乡（镇）和行政村卫生人员分别达到4.63名、1.8名。全区城乡居民健康档案建档率达96.44%，在12个县开展国家免费孕前优生健康检查12000多例，在编僧尼体检率达到97.75%。完成1032例儿童先心病人免费救治和2191例白内障复明手术。公立医院内涵建设深入推进。

——**就业更加充分**。就业形势稳定，全区城镇新增就业2.5万人，城镇登记失业率控制在2.6%以内。提供高校毕业生公职岗位1.47万个，援藏企业提供就业岗位12420个，1300名高校毕业生实现区外就业。通过公益性岗位共安置“九类”就业困难人员19867人，2233户零就业家庭实现了动态消零。农牧区富余劳动力转移就业突破 90 万人次，劳务创收 18.8 亿元，农牧民就业稳定性和收入不断提高。

——**社会保障政策更加普惠**。覆盖城乡居民的社会保障体系不断健全，完善新型农村社会养老保险制度，实施免费意外保险，建立了寺庙僧尼社会养老保险制度。各项社会保险参保人数达到 239.72 万人次，所有险种均实现自治区级统筹，共兑现各项社会保险待遇 23.8 亿元。连续 8 年调整企业退休职工基本养老金，调整后月人均达 2704 元，居全国前列。提高最低生活保障标准，城市居民由每人每月 360 元提高到 400 元，农村居民由每人每年 1450 元提高到 1600 元。农牧区五保户供养标准每人每年 2200 元提高到 2400 元。及时发放城乡困难群众慰问金，落实临时价格补贴资金 4000 万元和孤儿基本生活保障资金 3552 万元。续建新建保障房 2.8 万套。

**（三）项目建设加快推动**

——**项目前期工作全面加强**。加强统筹协调，及时下达项目前期工作计划、投资计划、重点项目建设计划，自治区专门成立了落实“十二五”规划项目北京工作组，增加了有关部门厅级领导职数，按月统计汇报重点项目建设完成情况，先后召开了三次全区重点项目工作会议，解决项目建设过程中的阶段性困难和问题，安排推进项目建设中的重点难点工作，有力保障了项目建设进度，确保年内在建项目达到 180 个，圆满完成了年度目标。

——**重大项目取得新进展**。旁多水利枢纽、藏木电站、拉日铁路分别完成投资 12.5 亿元、7.93 亿元、25.02 亿元，占项目总投资的 29 %、13.17 %、20.17 %，旁多水利枢纽顺利实现截流，藏木电站进入大坝混凝土浇铸阶段，拉日铁路完成铺轨 69.4 公里；国道 317 线夏曲卡至那曲段、省道 301 线那曲至班戈油路完工正式通车；公安综合执法检查站、拉萨市教育城、西藏文化产业创意园等规划外项目相继开工建设。中国援尼“沙拉”公路竣工。自治区领导与国家有关部委确定的有关事项加快推进，林芝机场站坪改扩建工程已完成，西藏航油配送中心工程开工建设，那曲机场加紧开展前期论证工作；川藏铁路拉萨至林芝段项目建议书获得国家发展改革委批复；无电地区用电难问题基本解决，15.3 万套户用光伏发电系统和 54 座集中光伏电站投入使用，实现行政村通电率 100%的目标，村村通广播电视工程加快推进；“9·18”地震灾后恢复重建顺利实施；农村公路建设力度加大，实现 411 个建制村通公路和 15 个乡通油路；拉萨城市供暖试点工程开通运行，实现 40%的供暖目标；完成全区 580 个寺庙管委会中 85%的综合业务用房建设，便民警务站 1.12 亿元投资全部到位，并全部建成投入使用；自治区党政会议中心已由国家发展改革委委托中咨公司进行评估，成办疗养基地扩建正式开工。

——**加大了对昌都地区和边境地区扶持力度**。针对昌都地区当前最突出、最紧迫的困难和问题，召开昌都工作会议，全面梳理昌都地区经济社会发展总体思路和主要任务，在基础设施建设、产业发展、民生改善、生态环境保护、基层政权和社会管理能力建设等方面重点支持，为打造藏东经济强区奠定了基础。加快实施“十二五”边境地区经济社会发展规划，进一步整合资金，加大投入，边境地区基础设施逐步改善，特色产业起步发展，民生和生态建设得到加强，经济社会跨越式发展的基础不断夯实。

——**项目管理水平显著提高**。在严格执行基本建设项目管理制度的同时，进一步完善项目立项阶段的决策机制，全面实施《关于规范政府投资项目委托咨询评估和审议审批的意见（暂行）》，规范了项目工程咨询评估程序和评审要求；加快研究制定《重大项目社会稳定风险评估实施办法》，最大限度地预防、减少和化解项目实施过程中可能产生的社会稳定风险；印发《关于解决我区当前政府投资工程建设中带有普遍性问题的意见》和《西藏自治区招标投标管理办法》，配合国家发展改革委重大项目稽察办对全区 130 个项目进行了稽察，促进项目建设质量不断提高。

**（四）经济结构进一步优化**

——**三次产业结构不断优化**。第一产业生产效率不断提高、存量进一步优化。预计全年粮食产量达到95万吨，连续13年保持在90万吨以上；畜牧业占农牧业总产值的比重达到50%以上，牲畜出栏率达32%。第二产业比重增加1个百分点，工业快速发展的稳定性不断增强，后三个季度增速均高于经济增速，预计全年规模以上工业增加值达到48亿元，增长29.2%。以旅游业为龙头的第三产业加快发展，比重继续稳定在53%，预计全年接待国内外游客1100万人次，旅游收入实现132亿元，旅游总收入增幅首次高于旅游接待人次增幅。

——**多种所有制经济蓬勃发展**。非公有制经济步入快速发展新阶段。藏医药业、能源产业、优势矿产业、建筑业、高原特色食品业、民族手工业等企业达到1982家，其中注册资本上亿元的达254家。拉萨国家级经济技术开发区、达孜工业园、青藏铁路那曲物流中心分别入驻企业639、64、57家。非公有制经济上缴税收总量达到143亿元，占整体税收的比重上升至93%，非公有制经济逐步成为我区社会就业的主要渠道、地方财政收入的主要来源、繁荣城乡市场的主导力量、招商引资的主要领域。国有企业发展势头不断趋好，全区297户国有企业资产总额达到265.32亿元，增长9.31%；营业收入90.32亿元，增长18.84%；利润总额达到9.2亿元，增长31.43%；上缴税金8.06亿元，增长15.14%。

——**文化产业加快发展**。全面实现文化设施“无障碍、零门槛”，新建成103个乡（镇）基层点和近500个村基层点，启动了文化信息资源共享工程《格萨尔》特色数字资源库和《藏医药》特色资源建设工作。拉萨市文化旅游创意产业园区、山南雅砻文化大观园等项目相继开工。登记注册文化企业455家。文化产业重点项目《文成公主》在国家大剧院成功上演，实景演出项目全面启动。大型歌舞《魅力西藏》参加“2012波兰·中国西藏文化周”，获得巨大成功。123部古籍入选第四批《国家珍贵古籍名录》推荐名单。《西藏自治区珍藏贝叶经部目录》、《西藏自治区珍藏贝叶经影印大全》整理收集取得重大阶段性成果。

——**科技支撑能力进一步增强**。大力支持特色优势产业关键技术攻关，全面启动实施青稞产业、饲草产业、金牦牛工程、金太阳工程、西藏生态屏障保护与建设等重大科技专项，青藏专项地质找矿取得重大突破。农牧业科技成果转化成效显著，科技富民强县、星火计划、农牧业成果转化、创优争先强基础惠民生送科技等专项行动覆盖全区80%县（市、区）。科技基础平台加快建设，日喀则农业科技园正式批准为国家农业科技园区，拉萨国家农业科技示范园区基本建立种植养殖信息化平台，那曲高新技术产业园区批准为自治区级高新技术产业园区，科技企业孵化器落户拉萨。实施科技特派员技术服务示范项目，全区聘用科技特派员5540名，其中农牧民科技特派员4564名。信息网络加快发展，实施了宽带普及提速工程，“三网融合”试点工作有序推进，电子商务开始起步，移动电话藏文输入、藏文办公软件、异地容灾备份等成果推广应用发挥了良好社会效益。科技信息在引领经济社会发展和增加农牧民收入方面发挥着越来越重要的作用。.

（五）生态环保基础不断巩固

——**加快构建生态安全屏障**。《西藏生态安全屏障保护与建设规划（2008—2030年）》十大工程，截至目前到位投资40亿元。其中，治理草原鼠虫毒草害3284万亩，使5050万亩天然草场得到保护与恢复。完成昌都、山南、日喀则、林芝四个地区森林重点火险区综合治理733.16万公顷。实施了6个国家级保护区规范化建设。开工建设6个湿地保护工程。在全区47个县建设饲草饲料基地120万亩，治理沙化土地102.4万亩和水土流失面积150平方公里。草场承包责任制深入落实，草场承包面积占草场总面积的80%以上，占利用草地面积的98%。全区完成植树造林和封山育林108.6万亩，其中植树造林56.8万亩，封山育林51.8万亩。启动了生态环境监测体系建设，纳木错生态环境保护项目落实投资0.9

亿元，在全国率先开展生态功能保护区建设工作。

——**严格环境准入制度**。严格控制“两高一资”市场准入，坚决遏制不符合国家和自治区产业政策、有关规划和环境功能区划、污染物排放和生态保护要求的项目。强化环境影响评价工作，累计审批各类建设项目环境影响评价书（表）450余份，严格实施固定资产投资项目节能评估和审查制度，全年审批445个项目节能审查，有效控制了各类开发建设活动对环境的不利影响和新增污染物排放量。提高环评审批效率，进一步规范项目审批、核准和备案等前置审批程序，下放了部分审批权限，在确保重大项目及时开工建设的同时，保护好生态环境。

——**更加重视节能减排**。自治区与各地（市）签订了《“十二五”主要污染物总量削减目标责任书》。8家规模以上工业企业列入“国家万家企业节能低碳行动”名单。建立了能耗跟踪统计长效机制，加强对48家重点监控企业和90家监督企业的日常监管，督促关闭或限期整改28家选矿企业。实施了11个节能项目建设，推广100万只高效照明产品。实施了拉萨市PM2.5等新指标空气质量自动监测能力建设，拉萨市与全国同步发布PM2.5等新指标空气质量日报，全区主要城镇环境空气质量良好。加快城镇减排设施建设，林芝地区墨脱县、日喀则地区白朗县等13个县城垃圾填埋场开工建设。完成主要污染物排放年度目标任务。

**（六）改革开放不断深化**

——**改革稳步推进**。全面启动农村集体土地确权登记发证制度。集体林权体制改革试点主体工作基本完成。曲水县农村改革试验区启动实施。乡财县管、部门预算、政府采购改革稳步推进，国库集中支付覆盖到所有县。提高个体工商户增值税、营业税起征点，调整增值税小规模纳税人征收标准。清理了127项行政事业收费项目。纳入改制计划的223家企业改制面达到100%，11家国有商贸流通企业整体划转国资委履行出资人责任。西藏盛源、西藏能投、兴贸公司等组建成立。中国农业发展银行西藏分行成立，西藏银行正式营业，国有粮食企业改革启动实施，加快组建粮食产业集团公司。供销合作社各项工作全面启动。医药卫生体制改革取得阶段性成果，在自治区第二人民医院启动事业单位岗位管理试点工作，基层医疗机构全部实行国家基本药物制度，公共服务均等化逐步推进，医疗保障水平不断提高。积极稳妥扩大工资集体协商覆盖范围。自治区第14次调整月最低工资标准，连续8次调高企业退休人员基本养老金水平。科技、教育、文化体制改革继续深化，12.9%的事业单位、30%的人员实行了聘用制。积极稳妥推进资源性产品价格改革，年内建立价格调节基金制度。

——**合作开放全面加强**。国务院国资委在北京召开了中央企业援藏工作座谈会，与自治区签署了《合作备忘录》，已有12个中央国家部委召开了系统援藏工作会议。加强区域经济交流合作，与援藏省（市）和中央骨干企业签订17项战略合作协议。编制完成了自治区援藏总体规划，积极落实年度援藏资金和项目，加强对口援藏资金统筹管理，明确了资金拨付、管理等程序。全年落实援藏投资39.53亿元，项目1095个。落实招商引资项目502个，实际到位资金125.71亿元。

——**发展的社会环境不断优化**。全面加强和创新社会管理服务，不断夯实基层基础，大力营造和谐稳定的发展环境。加快推进寺庙“六建”、“九有”工程，深入开展民族团结进步宣传教育和创建评选表彰活动，实现驻寺干部常态化，管理科学化。建立健全重大决策社会稳定风险评估机制，全面推进城市网格化管理，基本建成中心城镇便民警务站，构建起城乡发展稳定的长效机制，形成推动科学发展、促进民族团结、维护社会稳定、保障改善民生的强大合力，为跨越式发展夯实了基础，营造了良好的社会环境。认真做好防灾减灾工作，严格落实安全生产责任制，确保了安全生产事故起数和死亡人数“双下降”。

### （七）经济调控能力进一步提高

**——强化经济运行分析。**根据阶段性经济运行态势和宏观环境面临的形势，在全面掌握全区各行业领域季度经济运行情况的基础上，科学统筹，每个季度末及时总结全区经济运行情况及提出下一步经济工作建议。特别是召开上半年全区经济形势通报电视电话会议，针对经济运行面临的形势，提出了强有力的应对措施，为完成年初确定的目标任务统一了思想，坚定了信心。

**——确保要素保障。**从电、油、气、运、物调节入手，加大瓶颈制约突破力度。青藏直流联网工程稳定运行，有力缓解藏中电网供电压力。针对昌都、阿里电力供应紧张局面，协调援建了昌都应急电厂，全部机组投产发电，加快阿里并网光伏电站审批，计划投产 5000 千瓦。加强物资储备和成品油、液化气、粮食供需平衡。协调中航油集团和相关部门，将航油进销差价从 3800 元 / 吨降为 800 元 / 吨，满足了执飞西藏航线飞机的用油需求，执飞西藏航线的航空公司增至 7 家，开辟航线 37 条，通达城市 22 个。民航实现旅客吞吐量 221.7 万人次，货邮吞吐量 1.65 万吨。增开拉萨至西宁旅客列车 0.5 对，拉萨火车站预计完成进出藏旅客 200 万人次、货物 350 万吨，增长 3%和 29%。公路预计完成客运量 3711 万人次、货运量 1025 万吨，分别增长 1.4%和 4.5%。

**——及时提出并落实调控措施。**第四季度提出了加大一般公共服务支出，扩大居民消费；加大重点项目冬季施工力度，确保形成更多实物工作量；全力稳控物价，建立完善价格调节基金等各项价格调控机制；加大冬季旅游促销，加强工业生产，保障工业用电需求，充分发挥经济运行调度资金作用等调控措施，并加强工商、质量技术监督、食品药品安全等市场监管，确保经济健康持续平稳发展。

## 二、2013 年经济社会发展面临的形势分析

纵观 2012 年，全区经济发展的基本面是好的。展望 2013 年，我们也面临着加快发展的良好机遇。一是党的十八大为我们在新的历史起点上夺取新胜利，明确了清晰的政治纲领和行动指南。中央进一步加大对革命老区、民族地区、边疆地区、贫困地区的特殊关怀，为我们实现同全国一道全面建成小康社会宏伟目标指明了方向，提供了支撑。二是自治区及时贯彻落实党的十八大精神，召开了区党委八届三次全委会，描绘了建设富裕西藏、和谐西藏、幸福西藏、法治西藏、文明西藏、美丽西藏的蓝图，进一步丰富了有中国特色、西藏特点发展路子，为我们推进西藏跨越式发展和长治久安理清了思路。三是经济连续 20 年保持两位数增长，发展环境不断向好，交通、能源、水利、通信等基础设施保障体系初步建成，特色优势产业起步发展，区域合作、对外开放水平显著提高，为我们在科学发展的轨道上实现跨越式发展和长治久安奠定了坚实基础。四是新一轮对口支援工作纵深发展，援助方式不断优化，倾斜基层、注重造血、互利共赢模式不断深化，经济援藏、干部援藏、人才援藏、科技援藏、文化援藏和就业援藏格局基本形成，援助力度前所未有，为我们推进全面发展提供了投资补充、产业引导、民生改善、人才培养、加强合作的重要桥梁。五是有力有效的维稳措施，赢得民心的惠民举措，夯实基层的固本行动，为加快发展营造了良好的社会环境。

## 三、2013 年经济社会发展的总体要求和预期目标

按照全区经济工作会议部署，确定 2013 年经济社会发展的总体要求是：深入贯彻落实党的十八大精神，坚持以邓小平理论、“三个代表”重要思想、科学发展观为指导，认真贯彻落实中央关于西藏工

作的指导方针和决策部署，贯彻落实习近平总书记关于西藏工作的重要讲话和重要指示精神，贯彻落实习近平总书记在党的十八届一中全会上的重要讲话等一系列重要讲话精神，贯彻落实中央第五次西藏工作座谈会精神，贯彻落实中央经济工作会议精神，认真执行中央的宏观经济政策，以科学发展为主题，以加快转变经济发展方式为主线，坚持稳中求进的工作总基调，抓好社会持续和谐稳定，推动有质量有效益的发展，切实保障和改善民生，着力深化改革开放，不断优化发展环境，努力保持跨越式发展的良好势头。

2013 年经济社会发展主要预期指标为：地区生产总值增长 12%以上，全社会固定资产投资增长 18%以上、社会消费品零售总额增长 18%以上，进出口总额增长 12%，公共财政预算收入增长 15%以上，城镇登记失业率控制在 2.5%以内，居民消费价格涨幅控制在 3.5%左右，城镇居民人均可支配收入增长 8%以上，农牧民人均纯收入增长 13%以上。

## 四、2013 年经济社会发展的主要任务和措施

2013 年是全面深入贯彻落实党的十八大精神的开局之年，是实施“十二五”规划承前启后的关键一年，是为全面建成小康社会奠定坚实基础的重要一年，做好今年的经济社会各项工作意义十分重大。我们将紧紧围绕主题主线，按照这次会议的部署，强化措施，狠抓落实，开拓创新，推动有质量有效益的发展，着力建设“六个西藏”，确保经济社会跨越式发展势头不减。

### （一）深入贯彻落实党的十八大和区党委八届三次全委会精神

**进一步完善跨越式发展的思路。**围绕十八大提出的到2020年全面建成小康社会宏伟目标，按照区党委八届三次全委和全区经济工作会议部署，对照“十二五”规划纲要目标任务，深入研究，进一步优化发展战略，着力把落实规划纲要提出的“主题主线”和“六个坚持”的基本要求，同落实十八大提出的“四个必须”和“八个坚持”的基本要求紧密结合起来。重点开展规划纲要中期评估，认真分析实施成果，深化完善思路，提出我区城镇化发展的基本思路和发展重点、统筹城乡发展政策建议、基本公共服务均等化标准、建设特色产业大区政策方向、促进区域经济一体化措施，努力把十八大报告中的一系列新思想、新观点、新目标、新举措，贯穿到规划纲要执行过程中，奋力推进跨越式发展和长治久安。

**在发展中充分体现十八大的要求。**把学习贯彻党的十八大精神，同贯彻落实中央第五次西藏工作座谈会精神相结合，同贯彻落实习近平总书记关于西藏工作的重要讲话和指示精神相结合，同贯彻落实自治区第八次党代会精神相结合，同实施“十二五”规划纲要相结合，把区党委八届三次全委会精神落实到经济社会发展的各个方面，细化阶段性目标任务，全面落实中央对西藏的财税、金融、投资、人才、援藏等扶持政策，统筹施策，深挖潜力，确保为全面建成小康社会打牢坚实基础。

**继续抓好创先争优强基础惠民生驻村工作。**坚持以深化驻村工作为载体，按照区党委关于深入开展“万名干部进农家宣讲党的十八大精神”活动的部署要求，全力推动党的十八大精神进入千家万户，切实把党的十八大精神宣传到基层、贯彻到基层、落实到基层，做到家喻户晓、人人皆知。坚持不懈地抓好第二批干部驻村工作，扎扎实实完成好“五项任务”，不断开创创先争优强基础惠民生活动的新局面。

### （二）大力推动经济跨越式发展

**狠抓项目争取和投资落实。**强化区内区外两条战线工作，各级各部门，特别是具体项目承担单位和前置审批部门，加快推进项目前期工作，充实北京工作组各成员单位力量，落实经费，盯紧跑勤，加强沟通，争取拉林铁路、拉洛水利枢纽、苏洼龙水电站等重点项目尽早开工，力争226个项目中剩余项目

全部开工建设。加快多布、藏木、果多水电站和阿里并网光伏电站、那曲风能电站建设和金沙江上游水电站开发进程，加强电网建设和改造，进一步加快自治区领导与国家有关部委确定的有关事项落实进程。筛选储备一批项目，为 “十二五”项目规划方案中期调整做好准备，确保年度落实国家投资380亿元，力争“十二五”项目落实国家投资累计达到1000亿元。对已批或在建项目，督促项目法人单位、主管单位和监管部门，全程参与管理，严格落实基本建设程序，出现问题依法依规及时解决，确保项目进度、质量和投资效益。

**继续深挖扩大消费的潜力。**巩固和发展好城市消费，积极培育多元化、现代化消费热点，引导市场主体按照城市空间布局，促成房产、汽车、文化、健身、娱乐、购物、餐饮等新型消费，努力形成不同空间、不同特色的消费格局，带动城市消费增长20%以上。下大力气优化旅游消费环境，着力培育有特色、有创意、有优势的旅游消费极点，引导深度游。大力支持完善农牧区消费设施，落实刺激消费政策，在保质保量抓好“万村千乡市场”工程，保障农村消费需求的同时，根据农牧区季节性物资供需水平，组织搭建好不同区位、不同层次的销售平台，广开销售渠道，扩大消费潜力，促进乡村消费实现快速增长。严厉打击消费领域违法行为，切实维护消费者权益。

**稳定外贸增长。**实行更加积极主动的开放战略，完善互利共赢、多元平衡、安全高效的开放型经济体系，确保进出口增长12%以上。抓好吉隆口岸基础设施建设，加快吉隆口岸跨境经济合作区前期工作。积极提升樟木口岸，推动亚东口岸恢复开放。全面启动普兰、日屋口岸建设规划。继续加强边贸市场基础设施建设，完善贸易中心、物流中心、出口基地功能，提升自产产品出口能力和水平。

**（三）全面提高人民生活水平**

**千方百计增加居民收入。**把提高劳动者素质作为增加收入的重要手段，加大投入，完善机制，强化措施。加快推动收入分配制度改革，规范收入分配秩序。继续巩固城镇居民工资收入和农牧民家庭经营收入，多渠道增加居民财产性收入和转移性收入，提高劳动报酬在初次分配中的比重，努力实现居民收入增长和经济发展同步、劳动报酬增长和劳动生产率提高同步，确保城镇居民可支配收入增长 8%以上，农牧民人均纯收入增长 13%以上。加强扶贫开发，坚持政策扶贫、项目扶贫、产业扶贫、社会扶贫多措并举，力争减少 12.8 万贫困人口。

**加快实施安居工程和保障房建设。**精心组织，周密安排，加快推进，争取安居工程建设决战之年取得胜利，确保实现三年完成 18.55 万户农牧民安居工程的建设目标。加快实施水、电、路、气、讯、邮政、广播电视、优美环境“八到农家工程”，尚未完成的任务，集中攻关，力争年底基本实现八通。继续加快推进城镇保障房建设，尽早制定计划，加快前期工作，抓紧组织施工，建设 4.3 万套保障性住房，加大地（市）和县级干部职工周转房建设力度，最大限度满足中低收入城镇居民住房需求。加快推进拉萨市城市供暖工程，逐步实施地区和县供暖工程。

**扎扎实实落实好惠民政策。**加大教育、卫生和社会保障等事业的投入，全面加强社会事业，提高公共服务水平。不折不扣地落实好自治区已经确定的教育普惠政策、医疗免费政策、社会保障政策，更加主动地做好政策拓展和延伸工作，更加主动地争取国家各部委的支持，努力确保人民群众得到更好的教育、更稳定的工作、更可靠的社会保障，进一步提高教育质量，完成先天性心脏病儿童免费治疗，确保各险种参保率达到 93%以上、农村五保户集中供养率达到 40%以上、分散供养的 4500 多名孤儿得到有效资助。加强就业和再就业政策宣传，引导转变就业观念，确保城镇登记失业率控制在 2.5%以内。落实好自治区昌都工作会议和边境工作会议精神，做好“9·18”地震灾后恢复重建配套措施，努力缩小区域发展差距。

### （四）优化产业结构和布局

**积极推动城乡发展一体化。**继续加大强农惠农富农政策力度，推进农牧业现代化进程，增强农牧业综合生产能力，确保青稞等主产粮食安全和重要农产品有效供给，确保粮食总产量95万吨以上，力争达到100万吨，牲畜出栏率保持在30%以上。加大统筹城乡发展力度，加快完善城乡发展一体化体制机制。坚持和完善农村基本经营制度，加快推进征地制度改革。积极稳妥推进城镇化，加快城镇体系建设，建立健全户籍制度改革配套政策，完善农牧民工就业平台和维权机制，落实进城务工人员平等的基本公共服务，力争城镇化率达到25%。

**支持壮大二产。**发挥后发优势，大力推进能源产业、优势矿产业、藏医药业、民族手工业等支柱产业。加快实施国家和自治区科技重大专项，突出创新驱动和规模效益，打造一批有特色、上规模、附加值高、竞争力强的知名品牌，抢占市场先机和份额。继续推进青藏专项整装勘查，加快推进玉龙铜矿、雄村铜矿、甲玛铜多金属矿、巨龙铜多金属矿、扎布耶二期工程和昌都、拉萨、日喀则新型干法水泥生产线等重大项目建设。加强甲玛沟等有色金属基地规划和建设，完善交通、电力等基础设施，培育新的经济增长点。实行更加有利于实体经济发展的政策措施。加快推进拉萨国家级经济技术开发区B区、藏青工业园区、达孜工业园区等产业园区建设，支持设立昌都经济开发区。支持壮大区内大型企业集团和科技型中小企业发展，大力开展中小企业减负行动、成长工程，确保二产比重提高1个百分点。

**着力推动以旅游业为龙头的服务业加快发展。**在大力改善旅游软环境、健全旅游市场功能、提升旅游消费需求的同时，着力在观光游、休闲度假游、节庆游、登山等特种旅游上下功夫，强化旅游效益和质量，全方位提升世界旅游目的地形象和吸引力，确保旅游收入增长25%以上。加快推进生产性服务业发展，积极培育服务业新型业态，发展研发设计、检验检测、节能环保、电子商务、服务外包等专业化服务。研究推进我区服务业统计体系，推进拉萨市实施国家服务业综合改革试点，带动第三产业增加值增长12%以上。

**落实好创新驱动战略。**着力在建平台、攻专项、促转化、广普及上狠下功夫，增强高原特色领域的原始创新和集成创新能力。大力推进特色农牧业、特色生物资源、新能源利用、藏医药研究及藏药产业化、矿产资源开发、生态环境保护等领域的研究开发。深入实施星火计划、科技富民强县、科技特派员等专项行动，广泛开展科技培训和科普工作，不断提高科技推广力度和自主创新能力。加快基础电信网络、宽带通信、网络信息安全系统建设，建立应急通信系统，完善党政专用通信基础设施，加强进出藏干线光缆建设，提高信息服务水平。

**加快推进文化强区建设。**围绕着力建设文明西藏，谋划建设国家级西藏文化经济实验区，继续推进“西新工程”、党报党刊“村村通、寺寺通”、广播电视“户户通、寺寺通”等重大公共文化工程和文化重点项目，加快“十二五”期间6个国家级文化产业示范基地、20个自治区级文化产业示范基地建设，加大对农村和欠发达地区文化建设的帮扶力度，继续加大公共文化开放力度，推动文化事业全面繁荣、文化产业快速发展，推动我区由文化资源大区向文化发展强区的战略转变。着力打造集高原地理、历史、人文于一体的中国藏民族特色文化产业发展基地，努力把我区建设成为重要的中华民族特色文化保护地。

### （五）扎实推进生态西藏建设

**加快建立生态文明制度。**加快实施主体功能区战略，严格主体功能定位发展，构建科学合理的城市化格局、农业发展格局、生态安全格局。严守耕地保护红线，严格土地用途监管。健全生态环境保护责任追究和环境损害赔偿制度。着力推进绿色发展、循环发展、低碳发展，加强生态文明宣传教育，形成节约资源和保护环境的空间格局、产业结构、生产生活方式，从源头上扭转生态环境恶化趋势。健全国土空间开发、资源节约、生态环境保护的长效机制，推动人与自然和谐发展。

**加强生态环境保护与建设。**继续加快实施《西藏生态安全屏障保护与建设规划（2008—2030年）》十大工程，对生态安全屏障保护与建设规划进行全面评估。建立健全各类生态保护补助长效机制，制定并实施2013年度草原生态保护奖励机制，实现生态环境保护的同时农牧民增收不受影响。加强生态环境监测能力建设。推进矿产资源勘查、保护、合理开发。强化防灾减灾体系建设，提高灾害防御能力。

**严格执行节能减排政策。**支持节能低碳产业和新能源、可再生能源发展。大力推进能源利用以及可再生能源与建筑一体化的研发。加快推进城镇污水和垃圾处理设施建设运营。严格控制“两高一资”项目，加快淘汰落后产能。强化重点行业节能管理，鼓励发展低能耗、低污染的先进生产力，促进服务业、高技术产业和先进加工制造业加快发展。确保主要污染物排放总量控制在国家核定范围内。

**（六）扎实落实改革开放政策**

**积极稳妥推进各项改革。**着力推进投资、财税、金融、国企、土地、户籍、社保、文化、医药卫生等领域改革，更大程度更广范围发挥市场配置资源的基础性作用。稳步推进农牧区金融服务全覆盖。实行政策涉农保险联办共保模式。继续推进国有企业改制，发展混合所有制经济，完善优胜劣汰机制。深化行政审批制度改革，继续简政放权，审批事项原则上减少50%。支持和引导非公有制经济发展，消除有形和无形壁垒，降低市场准入门槛，保证市场公平。加快我区招标投标管理立法工作。健全招商引资政策和服务体系。

**充分发挥投资、财政和金融政策的作用。**发挥好投资对经济增长的关键作用，积极做好财政金融政策的衔接配合，利用好中央新增国债4000亿元和贷款9万多亿元的宏观调控政策，对一些国家可能审批的项目，特别是产业、能源项目，可以争取利用国债、银行贷款先做前期基础工作，充分发挥投资、财政和金融政策对经济发展的杠杆作用，吸引内地大型企业等社会投资向我区基础设施、公共服务等领域聚集，形成多元化的投资格局。

**加快合作开放步伐。**落实好自治区与13家中央企业、3省（市）、10个中央国家部委签订的各类战略合作协议。积极主动与援藏省市和企业的沟通协调，在确保完成援藏省（市）、中央企业对口支援规划和年度计划的同时，推动项目、资金、政策落实取得新突破。加快完善南亚陆路通道基础设施建设，继续深入推进同周边国家特别是周边友好国家的互利合作，推动贸易投资自由化便利化，提升对外开放水平，带动边境地区加快发展。

**（七）高度重视经济运行调节**

**加强监测分析。**继续加强经济运行分析工作，着力加强农业、工业、服务业、非公经济、国有经济运行监测，及时把握形势，分析问题，缓解矛盾，增强信心，全力确保经济增长12%以上，为实现“十二五”规划目标奠定基础。

**及时掌握宏观调控政策。**密切跟踪国际国内形势，特别是国家宏观调控政策的调整，准确研判形势走向，超前研究应对举措，牢牢把握主动权，着力增强经济工作的预见性。

**强化阶段性调控措施。**紧紧围绕经济运行中的重点领域、薄弱环节，及时采取有力措施，准确把握政策实施的时机、力度、节奏和重点，解决突出困难和问题，有效避免经济大起大落。同时，狠抓生产流通，降低生产流通成本，加大市场供应，加强市场监管，进一步完善全区价格调节基金制度，确保市场物价基本稳定，促进经济平稳较快发展。

同时，继续全力抓好维护稳定工作，加快完善社会管理体制、基本公共服务体系、社会组织体制和社会管理机制，进一步加强和创新寺庙管理，加快寺庙管委会业务用房建设，继续推进寺庙“六建”，落实好“九有”、“一覆盖”、“一教育”、“六个一”等措施。充分发挥便民警务站作用，完善治安防控体系，全面实施重大决策社会稳定风险评估机制，积极化解各类矛盾。强化公共安全体系和企业安全生产基础建设，遏制重特大安全事故，以和谐平安西藏建设的新成就为经济社会跨越式发展营造良好的环境和氛围。

各位代表，2013 年是实施“十二五”规划承前启后的关键一年，对与全国同步全面建成小康社会具有十分重要的意义。我们将按照区党委八届三次全委会、全区经济工作会议和自治区十届人大一次会议的决策部署，锐意进取，勇于创新，全面推动“十二五”规划实施，奋力推进我区跨越式发展和长治久安，确保圆满实现年度各项目标，为全面建成小康社会奠定坚实基础。

## 附录 4：

# 西藏自治区 2012 年财政预算执行情况和 2013 年财政预算草案的报告

——在西藏自治区第十届人民代表大会第一次会议上

西藏自治区财政厅

（2013 年 1 月）

各位代表：

受自治区人民政府委托，现将《西藏自治区 2012 年财政预算执行情况和 2013 年财政预算草案的报告》提请自治区十届人大一次会议审议，并请自治区政协各位委员提出意见。

## 一、2012 年财政预算执行情况

2012 年是“十二五”规划承上启下的关键一年。我们迎来了中国共产党第十八次全国代表大会的胜利召开。在新的历史阶段，各级财政部门在自治区党委的正确领导下，在各级人大的监督指导下，认真贯彻落实中央和自治区的决策部署，面对错综复杂的经济环境，“抓改革、促发展、保民生、重调控”，解放思想，凝聚力量，攻坚克难，为全区经济社会健康稳定发展提供了坚强的财力保障，财政预算执行情况良好。

**（一）2012 年财政预算执行总体情况**

自治区九届人大五次会议审议通过的自治区 2012 年财政预算为：公共财政预算总财力 6,667,747.5 万元。其中：地方公共财政预算收入 484,661 万元；中央补助收入 4,806,409.5 万元；上年结转收入 1,376,677 万元。公共财政预算支出 6,667,747.5 万元，当年财政预算收支平衡。2012 年政府性基金预算收支安排 200,201 万元。年度预算执行中，根据财力变化情况，经自治区九届人大常委会第三十次会议同意，公共财政预算收支调整为 9,413,138.3 万元，政府性基金预算收支调整为 323,821.2 万元。

预算执行结果，全区公共财政预算总财力为 10,327,924 万元，比年初预算增加 3,660,176.5 万元，增长 54.9%，比变更预算财力增加 914,786 万元，增长 9.7%。其中：地方公共财政预算收入完成 865,823 万元，为预算的 178.6%，比上年增加 318,176 万元，增长 58.1%。公共财政预算支出完成 9,053,369 万元，比上年决算支出增加 1,472,284 万元，增长 19.4%。上解支出 2,367 万元。收支相抵并扣除结转下年支出 1,271,976 万元后，当年实现净结余 212 万元，其中地县净结余 212 万元。实现了收支平衡，略有结余。

政府性基金预算财力 381,354 万元，其中：地方政府性基金预算收入完成 91,249 万元。政府性基金预算支出完成 243,984 万元。收支相抵，结余资金 137,370 万元结转下年继续使用。

以上预算执行结果待地方财政决算汇总后，会略有变化。

（二）2012 年财政主要工作及成效

1. 大力推进经济跨越式发展

扩大基建投资规模。2012 年，全区财政性基建资金累计到位 1,990,987 万元，比 2011 年增加 321,417 万元，增长 19.3%。其中：落实前期经费基建垫款 352,107 万元，支持墨脱公路、拉萨城市供暖、村村通电“金太阳”工程、成都顺江苑基地、广播电视进寺庙、墨竹输变电工程等重点项目建设。落实农村公路建设资金 335,347 万元，大力推进农村公路和寺庙公路通达工程。落实资金 196,591 万元，完成 8840 套保障性住房建设和 3671 户棚户区改造任务。落实资金 36,911 万元，支持“9.18 地震”灾后恢复重建。落实资金 35,634 万元，实施 41 个中小河流治理规划项目和 15 个病险水库除险加固项目。落实资金 1.5 亿元，支持加强地质灾害勘查及防治工作。落实资金 2,797 万元，支持基础测绘事业发展。

完善产业扶持政策。落实产业与企业改革、中小企业、外贸及企业扶持发展资金 36,274 万元，支持优化产业结构，加快产业转型升级，不断提高大中型企业核心竞争力，支持小微企业特别是科技型小微企业发展。落实旅游产业发展资金 13,500 万元，实施 21 个重点旅游开发建设项目，进一步优化景区环境、提升旅游服务质量。落实资金 6,601 万元，鼓励、支持、引导非公有制经济发展，保证各种所有制经济依法平等使用生产要素、公平参与市场竞争。

2. 扎实推进城乡统筹发展

2012 年，全区农林水事务支出 1,440,261 万元，比上年增加 241,049 万元，增长 20.1%。

深入推进新农村建设。继续实施农牧民安居工程，落实资金 115,947 万元，将贫困户安居补助标准提高到 2.5 万元/户，完成 69,517 户农牧民安居工程建设和抗震加固任务，提前一年完成边境县农牧民安居工程建设任务，又有近 34 万农牧民住上了安全适用的住房。落实资金 69,594 万元，继续在 1,000 个行政村开展农村人居环境建设和环境综合整治工程。通过实施“八到农家”工程，新增安全饮水人口 30 万人，基本实现了行政村村村通电话，广播、电视覆盖率分别达到 93.3%和 94.5%。

促进农牧民持续增收。落实农作物及牲畜良种补贴资金 7,156 万元，种粮农民化肥补贴 10,000 万元，测土配方施肥补贴资金 1,790 万元，粮食直补和农资综合补贴资金 7,366 万元，产粮大县奖励资金 4,550 万元，促进农牧业生产稳定发展。落实农牧机具购置补贴资金 17,000 万元，提高补贴标准，扩大补贴范围，进一步提高农业生产的机械化水平。落实资金 30,917 万元，涉农商业保险在全区实现了全覆盖。落实农牧民技能培训资金 5,929 万元，培训农牧民达 12.5 万人次。预计 2012 年全区农牧民人均纯收入将达到 5,645 元，其中财政对农牧民群众的直接、间接补贴近 2,200 元。

夯实农牧业发展基础。落实资金 54,600 万元，在 29 个粮食主产县及牧业县、22 个非粮食主产县实施小型农田水利重点县建设和专项水利工程建设。落实农业综合开发资金 42,758 万元，在 26 个农业综合开发县治理土地 49 万亩（含草场），实施产业化经营项目 28 个，实施节水灌溉、林业生态示范、良种繁育、优势特色种养等农业综合开发项目 12 个。落实防汛抗旱补助资金 10,307 万元，确保农牧业生产安全。落实资金 16,480 万元，支持重点公益性农业科研项目计划，实施农业科技成果转化项目 11 个、农业科技推广项目 98 个。落实资金 6,400 万元，支持发展农业生产经营服务组织 390 个，为 6.8 万户农牧民提供农牧业生产服务。落实资金 18,500 万元，大力支持以青稞、牦牛、藏药材为主导产业的现代农业发展。落实资金 5,900 万元，支持农业产业化及菜篮子工程建设。积极支持农牧业优势特色产业发展，投入资金 20,000 万元，扶持项目 56 个，项目覆盖的农牧民人均增收约 600 元。落实资金 135,578 万元，再度提高扶贫标准，将年人均纯收入 2,300 元以下的农牧民纳入扶贫扶持范围，实施扶贫项目 1,760 个，在 96 个乡镇实施整乡推进扶贫。

推进农牧区综合改革。落实农村税费改革资金25,295万元，农村综合服务保障经费15,080万元，村委会居委会兴办经济实体资金2,000万元，提高农牧区综合活动能力，推动农村实体经济发展，巩固农村综合改革的成果。以强基惠民驻村工作为契机，落实资金6,014万元，支持实施全区40个村开展以村容村貌整治和人居环境建设为重点的村级公益事业“一事一议”财政奖补工作。

3．着力保障和改善民生

推进城乡社会保障体系建设。全区社会保障和就业支出621,640万元，比上年增加147,024万元，增长31%。城镇居民社会养老保险制度全面覆盖，全区所有寺庙在编僧尼医疗和养老保险制度实现全覆盖，企业退休职工基本养老金标准从月人均2,439元提高至2,704元，工伤、生育保险实现自治区级统筹。社会保险体系进一步健全，落实资金4,384万元，为所有驻村驻寺人员、城乡居民、在编僧尼及援藏干部购买了人身意外伤害商业保险。完善社会救助体系，将城市低保标准从360元/月提高至400元/月，农村低保标准从年人均1,450元/年提高至1,600元/年，五保户供养标准从2,200元/年提高至2,400元/年。启动社会救助和保障标准与物价上涨挂钩联动机制，落实临时物价补贴资金3,948万元。三大节日期间，落实资金11,245万元，为城乡低保对象、国有企业离退休人员、优抚对象、五保户发放一次性生活补助。落实资金49,542万元，确保各地及时、有效、有序开展自然灾害救助和灾后重建工作，保障受灾群众的基本生产生活。落实资金3,552万元，做好孤儿基本生活经费保障工作。实施更加积极的就业政策，支持就业援藏工作，鼓励多渠道多形式就业，落实资金9.5亿元，确保新增人员的工资、公用经费的支出需求和自治区20,000个公益性岗位补贴资金及时足额兑现。落实资金1,223万元，对吸纳高校毕业生就业的企业进行奖励。

坚持教育优先发展。全区教育支出917,101万元，比上年增加216,181万元，增长30.8%。实行城镇学前教育阶段公办学校免费教育、民办学校定额免费补助政策，在全国率先实现了学前至高中阶段15年免费教育，“三包”经费年生均标准达到2500元。落实资金1.44亿元，启动农牧区义务教育阶段学生营养改善计划，政策惠及近24万名农牧区学生。继续实施高等教育师范及农牧林水地矿专业免费教育政策。着力改善教育基础办学条件，落实资金5.73亿元，支持城乡教育基础设施维修改造及信息化建设，启动农牧区中小学澡堂建设试点。落实资金8,552万元，大力发展职业教育，提高实训能力。落实资金1.92亿元，支持地方高校发展，提升办学水平和办学条件。加强教师队伍建设，落实教师培训经费3,019万元，提高师德水平和业务能力。

深化医药卫生体制改革。全区医疗卫生支出358,043万元，同口径比较，比上年增加39,682万元，增长12.5%。落实资金7.23亿元，将农牧区医疗制度财政补助标准从年人均260元提高至300元。落实资金8,403万元，支持实施居民健康档案、健康教育、免疫规划等十一类国家基本公共卫生服务项目。为全区所有寺庙在编僧尼进行免费健康体检，并建立健康档案。落实重大公共卫生专项资金17,009万元，加强疾病防治、妇幼卫生及卫生技术人员培训等工作，提高公共卫生服务水平。落实资金2,378万元，对先天性心脏病儿童接受手术治疗发生的交通及生活费用等进行补助。落实基层医疗机构药品“零差率”销售财政补贴2,407万元，缓解农牧民群众购药用药支出压力。落实资金8,768万元，实施医疗救助28,244人（次）。落实资金1.8亿元，支持74个县医疗服务中心医疗设备配备，进一步改善县级医疗机构基础设施条件，提高医疗业务能力和水平。落实计生事业费5,593万元，加强计划生育管理，促进优生优育。

推动文化大繁荣大发展。全区文化体育与传媒支出237,398万元，比上年增加80,944万元，增长51.7%。落实文化发展资金10,300万元，推动我区文化产业又好又快发展，促进实现我区由文化资源大区向文化发展强区的战略转型目标。落实资金 6,842 万元，全面实施博物馆、图书馆、群艺馆、基层文化馆站免费开放政策，支持实施 2,368 个农家书屋和 1,787 个寺庙书屋全覆盖。安排资金 2.49 亿元，支持广电事业发展，进一步提高节目质量，推进西新工程建设。落实资金 2.02 亿元，支持重点文物、寺庙及历史遗迹维修保护。

支持科技事业发展。全区科学技术支出 50,797 万元，比上年增加 18,682 万元，增长 58.2%。落实资金 19,369 万元，支持实施农牧业、特色资源、生态环境保护、藏医药研发、新能源等重大科技研究开发项目，推动科技和经济紧密结合。落实资金 1.29 亿元，支持西藏科技馆科普展教设备购置及配套设施建设。落实资金 3,809 万元，继续推行科技特派员制度，实施科技富民强县、科普惠农兴村工程，提升农业科技水平，科技对农牧业生产的贡献率达到 43%。

4. 全力促进社会和谐稳定

落实资金 159,612 万元，全力支持“创先争优、强基惠民”活动开展，加强基层社会管理和服务体系建设，夯实党在基层的执政基础和执政能力。落实资金 91,454 万元，支持创新寺庙管理和构建寺庙管理的长效机制，促进寺庙管理的规范化和法制化，及时兑现了和谐模范寺庙暨爱国守法先进僧尼表彰经费。强化政法经费投入，落实资金 233,578 万元，保障了各级政法部门办案、装备、基础设施及维护稳定经费需求。强化城市网格化管理和寺庙警务机构建设，落实资金 22,030 万元，进一步提高便民警务站和驻寺警务机构装备配备水平。落实治安、消防辅警员工资 13,806 万元，充实基层维稳力量。

5. 努力推进生态文明建设

继续实施草原生态保护奖励机制，落实资金 210,981 万元，实施草场禁牧及草畜平衡面积达 8.94 亿亩。安排资金 109,626 万元，确保森林生态效益补偿、天然林保护、重点区域造林等林业生态保护政策落到实处。落实资金 32,400 万元，在 54 个县开展山洪灾害防治非工程措施项目。落实资金 4,000 万元，开展湿地保护试点工作。落实资金 5,812 万元，支持完成“一池三改一棚”户用沼气配套建设达 17.5 万座，惠及 80 余万农牧民。落实资金 6,872 万元，支持环境自动监测站点和监测网建设，开展 27 个城镇饮用水水源地环境综合整治工作。落实资金 6,523 万元，用于纳木措生态环境保护建设和城镇污水配套管网建设。完成 100 万只高效照明产品推广应用，其中：免费供应农牧区 10 万只。实施村村通电“金太阳”示范工程项目建设，投资 10.24 亿元，发放并安装 15.36 万套户用光伏发电系统，完成 54 座集中光伏电站建设，基本实现行政村通电率 100%的目标。

6. 切实缓解基层政府压力

以缓解基层财政面临的主要矛盾为出发点，进一步完善自治区对下均衡性转移支付办法，2012 年，自治区对下均衡性转移支付规模达到 751,811 万元，比上年增加 189,485 万元，增长 34%。落实基层政权建设和西部政权建设资金 20,840 万元，支持乡镇“小食堂、小澡堂、小温室”建设，改善基层干部职工工作生活条件，提高基层政府公共服务和公共管理能力。落实资金 40,000 万元，支持地（市）所在城镇美化、绿化、亮化工作，提升重点城镇提供公共服务水平和吸纳就业能力。加大边境地区投入，落实边境地区专项转移支付资金 16,550 万元，支持边境地区公益事业发展和基础设施建设；落实“工作量”和“普惠性”边民补助 18,442 万元，调动边境群众参与边境管理工作的积极性和主动性。

在肯定成绩的同时，我们也清醒地认识到，我区财政预算管理仍存在一些矛盾和问题。一方面，受我国经济增速下降、实施结构性减税政策、扩大营业税改增值税试点范围等因素影响，全国财政收入增幅呈下降趋势，中央财政对我区的补助也将相应减少，同时，西藏经济基础差，底子薄，总量小，自身造血功能不足，财政收入增长缺乏稳定性；另一方面，新增支出基数大、刚性强，在财力增长有限、支出需求持续扩张的前提下，收支平衡的压力不断加大。另外，财力下沉和事权上移的问题依然存在，预算约束有待进一步强化，违反财经纪律、铺张浪费的现象时有发生。我们将充分估计面临的困难、问题，未雨绸缪，沉着应对，牢牢把握财政工作的主动权，坚定做好财政工作的信心和决心，坚持依法理财、民主理财和科学理财，努力促进全区经济社会跨越式发展。

## 二、2013年财政预算草案

根据国务院关于编制2013年地方预算的通知精神，结合我区实际，编制完成了2013年西藏自治区财政预算草案。

### （一）预算编制指导思想

高举中国特色社会主义伟大旗帜，以邓小平理论、“三个代表”重要思想、科学发展观为指导，全面贯彻落实党的十八大精神，按照中央第五次西藏工作座谈会、中央经济工作会和自治区经济工作会、自治区第八次党代会、八届三次全委会的部署，以科学发展为主题，以加快转变经济发展方式为主线，坚持稳中求进的工作总基调，加强和改善财政宏观调控。以改善民生为出发点和落脚点，进一步优化财政支出结构，加大对“三农”、教育、医疗卫生、社会保障和就业、保障性安居工程、文化、科技、节能环保以及公共安全的支持力度，着力确保促进就业、强基惠民、创新社会和寺庙管理等重点工作的支出需求，积极支持地方特色产业、非公有制经济和中小企业发展。牢固树立勤俭节约、“过紧日子”的思想，从严控制一般性支出，坚持依法理财、统筹兼顾和增收节支的方针，加强财政科学管理，提高财政资金使用效益。

### （二）2013年财政预算总体安排

2013 年西藏自治区公共财政预算总财力为 7,739,411 万元，按可比口径计算，比上年增加1,176,364.5万元，增长22.2%。其中：地方公共财政预算收入641,329万元，剔除2012年一次性和非可比收入因素后，增长15%；中央补助收入5,826,106万元，比上年增加1,019,696.5万元，增长21.2%；上年结转1,271,976万元。

公共财政预算支出安排7,739,411万元。其中：自治区本级支出安排2,904,775万元，占当年预算财力的44.9%，比重比上年下降了2.6个百分点；地（市）级支出安排3,562,660万元，占当年预算财力的55.1%，比重比上年上升了2.6个百分点。

2013年全区政府性基金预算财力为233,190万元，按可比口径计算，比上年增加29,205万元，增长43.8%。全区政府性基金预算支出安排233,190万元。

### （三）2013年预算安排的特点

1．收入预算科学合理。遵照全区跨越式发展和稳中求快的要求，结合2012年各地（市）收入实际，保持一定增幅的同时，确保收入预算安排符合经济社会发展实际。

2．重点支出保障有力。支出预算安排充分考虑财力可能，坚持“突出重点、统筹兼顾”，在做好“三农”、教育、社会保障和就业、医疗卫生、文化、科技、公共安全等支出保障的同时，着力确保昌都工作会确定的各项方针政策以及促进就业、强基惠民、创新社会和寺庙管理等重点工作的支出需求。

3．支出结构不断优化。自治区财政进一步扩大了对下提前告知转移支付的范围和规模，基层财政的预算支出比重继续上升，财力向下倾斜的力度持续加大，预算编制更准确地反映各级财政的实际情况。

4．一般性支出有效控制。在编制自治区本级部门预算时，对单位报送的接待、会议、车辆运行等一般性支出进行严格审核，从严控制，保证各部门正常运转的同时，切实降低行政运行成本。

（四）2013 年预算支出保障重点

1. 加大强农惠农投入，推动城乡发展一体化。安排支农投入 974,670.3 万元，同口径比较，比上年增加 119,059.97 万元，增长 13.9%。一是支持新农村建设，全面改善农牧区生产生活条件。整合资金 87,487 万元，完成 52,035 户农牧民安居工程建设和民房抗震加固任务。整合资金 72,514 万元，继续实施 1,000 个行政村人居环境建设和环境综合整治工程。安排资金 10,000 万元，支持 500 个边境村民小组（自由村）活动场所建设。二是继续完善农牧业综合补贴政策，安排各类农牧业及生产资料补贴资金 56,817 万元，促进农牧民持续增收。三是加快现代农业发展，增强农业综合生产能力。安排资金 88,884 万元，加大农业综合开发力度，支持现代农业生产、农牧民专业合作组织、农牧业特色产业和木本油料产业发展。四是安排资金 62,759 万元，推进农村综合改革，创新农村综合服务体制机制，支持农村综合服务站点建设、农牧业技术推广和菜篮子工程建设。其中：安排村级动物防疫员补助资金 2,360.52 万元，将动物防疫员补助标准从 200 元/月提高至 300 元/月。五是加大农牧业防抗灾投入，安排涉农商业保险、农业病虫害防治、农业生产救灾、动物疫病普查等补助资金 35,373 万元，保证农牧业稳产增收。六是促进水利改革发展，加快水利基础设施建设。安排资金 82,700 万元，大力支持农田水利基本建设和草原水利灌溉，提升农牧业生产能力。其中：安排资金 26,100 万元，加快区内中小河流规划治理。七是加大财政综合扶贫投入，支持提高贫困地区和贫困人口自我发展能力。安排财政扶贫、兴边富民及以工代赈资金 121,900 万元，增加 42,968 万元，增长 54.4%。八是安排资金 2,000 万元，继续实施家电家具下乡补贴政策，促进城乡消费齐头并进。

2. 加大民生投入，推进城乡社会保障体系建设。安排民生投入 640,884 万元，比上年增加 174,181 万元，增长 37.1%。一是支持完善覆盖城乡居民的社会保险体系。安排社会保险投入 140,000 万元，增加 22,100 万元，增长 18.7%。其中：安排全民意外伤害保险 4,500 万元。二是完善社会救助体系，健全社会福利制度。安排社会救助投入 102,221.3 万元，增加 24,918.6 万元，增长 32.2%。其中：安排城乡低保资金 51,000 万元，继续提高城乡低保标准，拟将城市居民最低生活保障标准从 400 元/月提高至 440 元/月，将农村低保标准从 1,600 元/年提高至 1,750 元/年；安排孤残儿童保障经费 5,000 万元，保障孤残儿童基本生活需求；安排城乡特困群众一次性生活补助资金 18,000 万元，继续在三大节日期间向低收入群体发放一次性生活补助。三是继续支持实施积极的就业政策，鼓励多渠道多形式就业，完善就业服务体系。安排就业补助资金 145,734.75 万元，增加 39,974.75 万元，增长 37.8%。其中：安排资金 1,000 万元，对我区吸纳高校毕业生就业的中小企业和非公有制企业社会保障缴费进行补贴；安排资金 35,000 万元，保证政府购买公益性岗位补贴资金和三支一扶人员经费支出需求；安排新增人员经费 102,874.75 万元，增加 32,874.75 万元，保证西藏籍高校毕业生全部实现就业。四是深化收入分配制度改革，规范收入分配秩序。安排干部职工取暖费补贴调标资金 5,000 万元，将取暖费补贴标准从取暖期内 220 元/月提高至 240 元/月；安排三老人员生活补助资金 5,717.08 万元，将三老人员生活补助标准在原基础上提高 50 元。安排拉萨市城镇居民供暖补贴资金 10,000 万元，缓解拉萨市城镇居民集中供暖费用支出压力。安排资金 110,980 万元，确保公租房、廉租房、住房公积金、等住房补贴支出需求。五是支持做好社会优抚安置工作。安排社会优抚安置投入 81,481 万元，增加 31,986 万元，增长 64.6%。六是安排资金 10,000 万元，支持城市社区建设和社区服务工作，推进和谐社区建设。七是安排资金 25,731 万元，加大市场风险应急准备投入，化解物价变动带来的市场风险，降低物价上涨对人民群众生活水平的影响。其中：安排价格调节基金 10,000 万元，增加 8,000 万元，进一步完善社会救助和保障标准与物价上涨挂钩联动机制。

3. 加大社会事业发展投入，加快基本公共服务体系建设。一是坚持教育优先发展，支持教育领域综合改革，着力提高教育质量。安排教育事业投入681,376万元，增加92,995万元，增长15.8%。全面实行城镇学前免费教育政策，完善15年教育“三包”政策，将年生均补助标准从2500元提高至2700元。认真落实农村义务教育学生营养改善计划。加快推进学前双语教育，做好双语幼儿园设备配备资金保障工作。加快推进农牧区中小学太阳能澡堂建设。加大投入，大力支持职业教育基础能力建设和高等学校办学条件改善。二是支持科技创新和科技成果转化。安排科技事业发展资金20,826万元，同口径比较，比上年增加1,918万元，增长15.1%。其中：安排应用技术研究与开发资金17,000万元，增加1,000万元。三是支持实施重点文化惠民工程，积极促进文化事业和文化产业发展。安排文化事业发展投入28,563万元，同口径比较，比上年增加5,124万元，增长21.9%。继续支持实行公共文化场所及设施免费开放政策，支持重点文物、非物质文化遗产保护，大力扶持民间艺术团发展和精品文艺创作。积极支持高原特色体育事业发展和群众体育设施建设。四是加大广播电视发展投入。安排广播电视发展资金18,410万元，同口径比较，比上年增加2,454万元，增长15.4%。其中：安排广播电视发展专项资金3,000万元，西新工程专项资金12,103万元；新增安排自治区电视台体制补助1,000万元，推动电视台体制改革。五是支持医药卫生体制改革，推进基本公共卫生服务均等化。安排医疗卫生事业发展资金172,404万元，增加30,718万元，增长21.5%。适当提高基本公共卫生服务经费保障标准，安排农牧区医疗制度补助资金75,100万元，将补助标准从年人均300元提高至340元；安排基本公共卫生服务经费10,967万元，将补助标准从年人均30元提高至35元；安排村医岗位补贴资金3,788万元，将补助标准从200元/月提高至300元/月。继续完善药品零差率销售补贴政策，推进以全科医生为重点的基层医疗卫生人才队伍建设。安排资金8,000万元，推进全民健康免费体检工作。安排资金2,720万元，做好全区儿童先天性心脏病救治交通生活补助经费保障工作。六是安排资金10,970万元，支持十八大主题宣传教育、重大新闻宣传、重大课题研究等工作开展。

4. 加大创新社会管理投入，支持建立网格化社会治安防控体系。安排公共安全投入194,887.63万元，增加32,171.93万元，增长19.8%。一是安排资金135,082万元，强化政法经费保障，支持加强政法队伍建设，充实基层维稳力量。其中：安排资金5,000万元，为一线民警发放生活补贴。二是安排资金15,000万元，支持加强社会管理综合治理，完善维护稳定经费保障机制。三是安排资金29,637万元，支持促进民族团结及创新寺庙管理，确保和谐模范寺庙和爱国守法先进僧尼表彰经费及时足额兑现。四是安排资金15,169万元，保障安全生产、行政执法、统战民族宗教事务、青藏铁路护路联防、边境治安联防、平安西藏建设、人民防空等方面的经费需求。

5. 加大党团组织建设投入，支持加强基层基础工作。安排强基惠民活动经费153,700万元，进一步扩大基层建设年活动成果，密切党群干群关系。安排资金5,576万元，支持基层党组织、居委会及团组织建设，进一步提高基层党组织的学习、培训等综合活动能力。

6. 加大产业发展投入，促进经济发展结构转变。安排产业发展投入115,064万元，增加25,073万元，增长27.9%。一是支持地方优势特色产业发展。安排矿产资源勘查专项资金15,000万元，支持找矿突破战略行动，加强矿产资源勘查、保护和合理开发。安排旅游产业发展资金11,000万元，进一步提升西藏作为世界旅游目的地的服务水平和质量。二是安排资金22,141万元，科学配置中小企业发展的政策和资金，着力减轻中小企业负担，促进中小企业加快发展。三是安排资金22,000万元，支持国有企业改革与发展，鼓励企业转型升级，提升企业发展的内生动力。其中：安排资金12,000万元，支持西藏航空有限公司贷款贴息和西藏民航发展。四是安排资金 12,790 万元，支持企业开拓新兴市场，建设进出口营销网络，促进进出口结构调整，带动企业和社会投入，促进对外贸易健康发展。五是安排资金 12,000 万元，推动非公有制经济大发展快发展。六是安排资金 12,000 万元，加快党政机关应用软件正版化进程，保障信息技术与网络安全。

7. 加大基础设施建设投入，推动城乡规划、基础设施、公共服务一体化发展。安排基础设施建设投入 620,227 万元，比上年增加 182,444 万元，增长 41.7%。其中：安排地方预算内基本建设投入 80,000 万元，加快铁路、公路、水利等重点项目工程建设；安排资金 10,200 万元，加快村村通电"金太阳"工程项目实施，不断改善无电地区群众的用电条件；安排资金 60,000 万元，加快全区周转房、廉租房建设；安排资金 401,497 万元，继续推进公路养护体制改革，加快农村公路、寺庙公路等通达工程建设；安排资金 5,000 万元，加快边境口岸和边境配套基础设施建设；安排资金 4,000 万元，支持地质灾害防治体系规划、预警预报及治理，提高应对自然灾害能力。

8. 加大节能环保投入，支持构建高原生态安全屏障。安排环境保护投入 350,691 万元，增加 33,227 万元，增长 10.5%。其中：安排资金 323,321 万元，健全草原生态奖补政策和森林生态效益补偿机制，支持实施重点区域造林、天然林保护工程，开展湿地生态保护和高原湖泊等水资源补偿试点；安排资金 5000 万元，支持重点环境治理项目实施，促进资源节约利用。

9. 加大基层财政补助力度，完善对下财力补助机制。一是进一步扩大均衡性转移支付规模，缩小地区间财力差异，提升基层政府提供基本公共服务的水平和质量。安排自治区对下均衡性转移支付 876,992 万元，增加 148,051 万元，增长 20.3%；安排完善城镇功能配套建设资金 40,000 万元，推进城镇化建设。二是安排资金 61,500 万元，继续完善"工作量"与"普惠性"相结合的边民补助机制，继续支持边境事务、边境公益事业及基础设施投入，促进边境地区社会稳定和经济发展。三是安排基层政权建设资金 33,546 万元，改善基层政权办公生活条件，强化基层政权执政能力建设。四是安排资金 12,000 万元，落实实施自治区中长期人才发展规划纲要，支持人才队伍建设。五是安排资金 30,000 万元，鼓励基层政府积极调整经济结构，提高基层政府抓好"经济发展、财政增收"的积极性。

各位代表，完成 2013 年预算意义重大。我们将在区党委的正确领导下，高举中国特色社会主义伟大旗帜，坚持以邓小平理论、"三个代表"重要思想、科学发展观为指导，自觉接受人大代表的监督，虚心听取政协委员的意见和建议，继续加强和改善财政宏观调控，深化财税制度改革，完善预算管理制度，狠抓预算执行管理，强化基层财务管理和财政监督，推进财政科学化精细化管理，开拓进取，扎实工作，确保预算圆满完成，为实现 2013 年经济社会发展目标作出贡献！

## 附录 5：

# 2012 年西藏自治区国民经济和社会发展统计公报

西 藏 自 治 区 统 计 局
国家统计局西藏调查总队

2012 年，是我区实施“十二五”规划的关键之年，自治区党委、政府沉着应对复杂的维稳形势和繁重的发展任务，团结带领全区各族人民积极迎接、学习、宣传、贯彻党的十八大，深入贯彻落实科学发展观，坚持走有中国特色、西藏特点的发展路子，按照中央稳中求进的工作总基调，全力以赴保稳定、促增长、控物价、抓改革、扩开放、惠民生，全区经济社会呈现出经济增长快、投资增长快，财政税收增幅高、外贸出口增幅高，城乡居民生活持续改善、发展环境持续改善，全区上下安定团结、社会大局持续和谐稳定的良好态势。

## 一、综 合

初步核算，2012 年，实现全区生产总值（GDP）701.03 亿元，按可比价格计算，比上年增长 11.8%。其中：第一产业增加值 80.41 亿元，增长 3.4%；第二产业增加值 241.65 亿元，增长 14.4%；第三产业增加值 378.98 亿元，增长 12.0%。人均地区生产总值 22936 元，增长 10.4%。

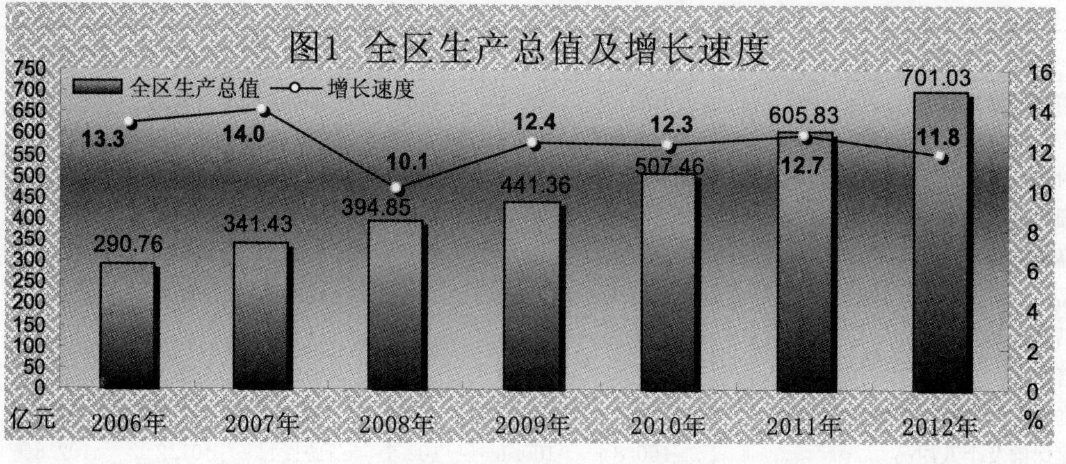


在全区生产总值中，第一、二、三产业增加值所占比重分别为 11.5%、34.5%、54.0%，与上年相比，第一产业比重下降 0.8 个百分点，第二产业持平，第三产业提高 0.8 个百分点。

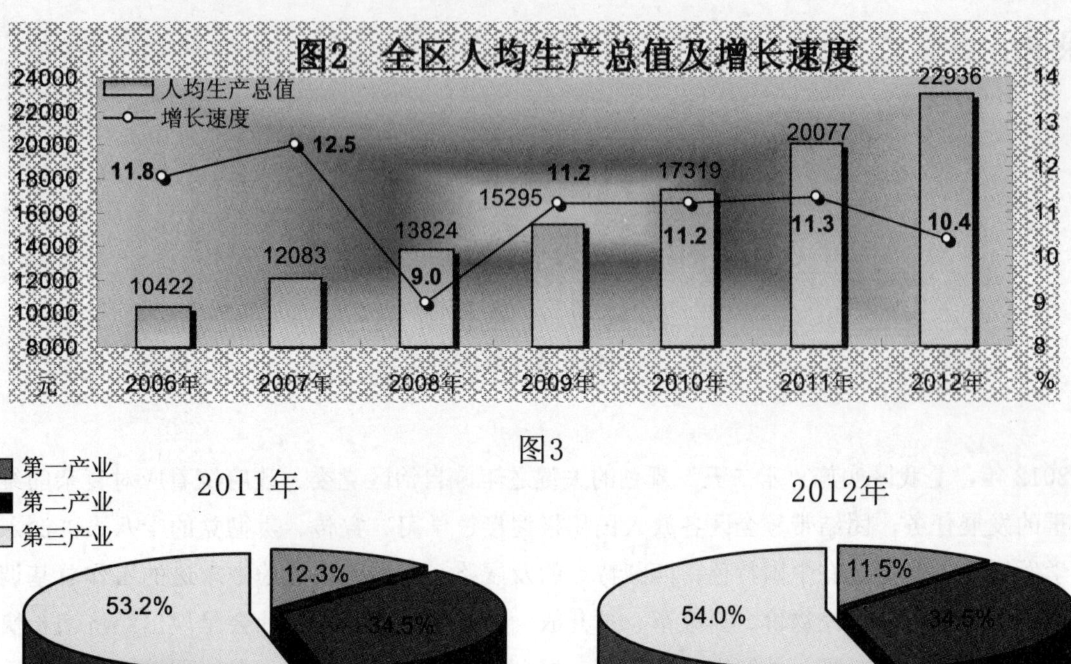

图3

全区居民消费价格总水平比上年上涨 3.5%。其中：城市上涨 3.6%，农村上涨 3.4%。服务项目价格上涨 2.0%，消费品价格上涨 3.9%。从居民消费价格构成大类看，食品类、烟酒及用品类、衣着类、家庭设备用品及维修服务类、医疗保健及个人用品类、交通和通讯类、娱乐教育文化用品及服务类和居住类，分别比上年上涨 6.9%、1.5%、4.3%、1.5%、0.9%、1.2%、0.3%和 1.4%。商品零售价格上涨 2.9%。农业生产资料价格上涨 1.6%。工业品出厂价格下降 0.3%。

表 1　我区居民消费价格变化情况

上年=100

| 年份 | 2006 | 2007 | 2008 | 2009 | 2010 | 2011 | 2012 |
|---|---|---|---|---|---|---|---|
| **居民消费价格指数** | 102.0 | 103.4 | 105.7 | 101.4 | 102.2 | 105.0 | 103.5 |
| 城市 | 101.9 | 102.9 | 105.7 | 101.5 | 102.2 | 105.2 | 103.6 |
| 农村 | 102.4 | 104.2 | 105.7 | 101.3 | 102.2 | 104.7 | 103.4 |
| **服务项目价格指数** | 105.0 | 103.7 | 102.6 | 101.0 | 101.5 | 104.3 | 102.0 |
| **消费品价格指数** | 101.5 | 103.3 | 106.4 | 101.5 | 102.3 | 105.2 | 103.9 |
| 食品 | 102.9 | 106.6 | 112.1 | 103.9 | 104.5 | 109.1 | 106.9 |
| 烟酒及用品 | 100.3 | 102.5 | 102.3 | 101.9 | 101.1 | 102.7 | 101.5 |
| 衣着 | 99.7 | 102.0 | 103.1 | 101.6 | 102.1 | 102.8 | 104.3 |
| 家庭设备用品及维修服务 | 98.6 | 100.0 | 102.3 | 99.3 | 100.6 | 101.9 | 101.5 |
| 医疗保健及个人用品 | 100.8 | 100.1 | 102.7 | 101.4 | 101.2 | 102.8 | 100.9 |
| 交通和通信 | 104.0 | 100.6 | 101.3 | 97.0 | 99.8 | 102.2 | 101.2 |
| 娱乐教育文化用品及服务 | 104.8 | 100.2 | 99.0 | 99.1 | 99.7 | 100.7 | 100.3 |
| 居住 | 103.6 | 107.1 | 106.6 | 100.0 | 102.8 | 106.3 | 101.4 |
| **商品零售价格指数** | 100.2 | 101.7 | 103.9 | 99.5 | 101.0 | 103.7 | 102.9 |
| 城市 | 99.9 | 101.3 | 104.1 | 99.5 | 101.0 | 103.9 | 103.1 |
| 农村 | 100.8 | 102.5 | 103.5 | 99.6 | 101.0 | 103.3 | 102.5 |
| **农业生产资料价格指数** | 100.4 | 101.1 | 103.2 | 99.1 | 100.6 | 102.6 | 101.6 |

## 二、农牧业

全年农作物种植面积 243.95 千公顷，比上年增加 2.52 千公顷。其中：青稞面积 118.26 千公顷，比上年减少 0.16 公顷；小麦面积 37.73 千公顷，增加 0.13 千公顷；油菜籽面积 23.89 千公顷，减少 0.03 千公顷；蔬菜面积 23.72 千公顷，增加 1.32 千公顷。全年实现粮食总产量 94.89 万吨，比上年增长 1.2%；油菜籽 6.30 万吨，下降 0.5%；蔬菜 65.59 万吨，增长 9.1%。年末牲畜存栏总数 2056.31 万头（只、匹），比上年末减少 128.9 万头（只、匹）。其中：牛 624.92 万头，减少 19.96 万头；羊 1352.46 万只，减少 106.49 万只。全年猪牛羊肉产量达 28.95 万吨，比上年增长 4.6%；奶类产量 31.69 万吨，增长 1.1%。

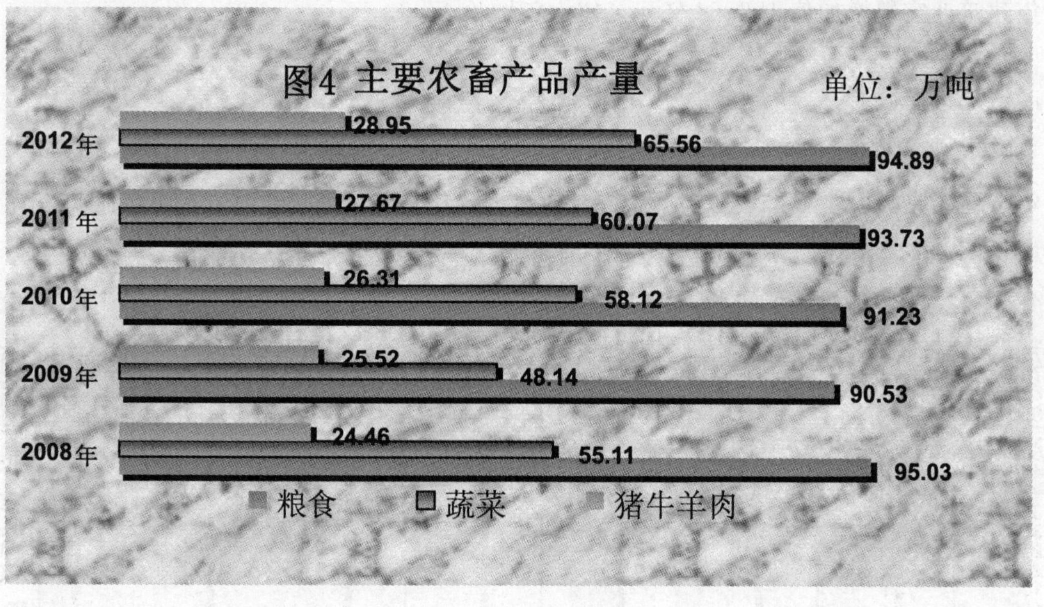

图4 主要农畜产品产量

## 三、工业和建筑业

全年全部工业实现增加值 55.11 亿元，比上年增长 14.7%。规模以上工业企业实现增加值 42.83 亿元，比上年增长 15.1%。其中：轻工业实现增加值 11.32 亿元，增长 9.1%；重工业实现增加值 31.51 亿元，增长 17.3%。国有及国有控股企业全年实现增加值 21.50 亿元，比上年增长 8.8%。按登记注

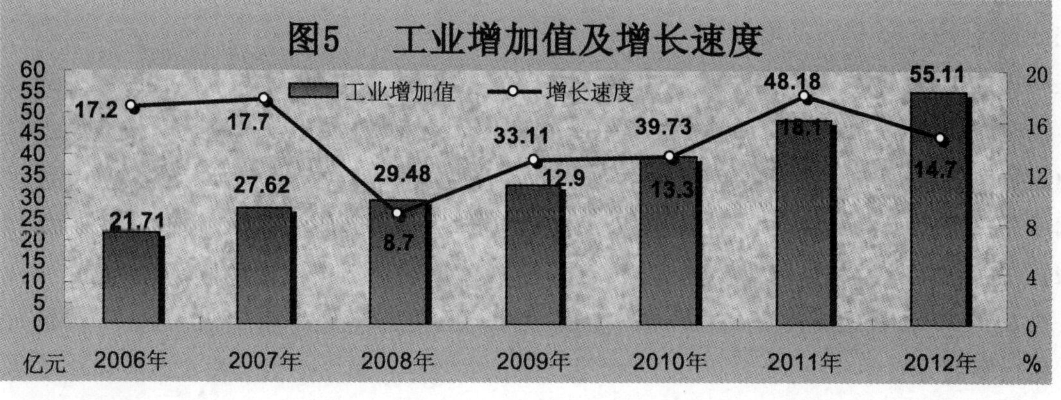

图5 工业增加值及增长速度

册类型分，国有企业实现增加值 14.33 亿元，增长 10.0%；集体企业实现增加值 0.57 亿元，增长 4.9%；股份制企业实现增加值 20.96 亿元，增长 22.0%；外商及港澳台企业实现增加值 2.47 亿元，增长 7.6%；其他经济类型企业实现增加值 4.49 亿元，增长 8.4%。

全年规模以上工业企业实现利润总额 13.07 亿元，比上年增长 3.4%。其中：外商及港澳台企业实现利润 1.53 亿元，增长 59.5%；其他经济类型企业实现利润 2.15 亿元，增长 21.0%；集体企业实现利润 0.27 亿元，增长 22.9%；股份制企业实现利润 13.80 亿元，增长 53.1%。规模以上工业企业产品销售率 102.2%。

全年规模以上工业企业完成水泥产量 286.67 万吨，比上年增长 23.1%；发电量 19.57 亿千瓦时，下降 9.6%；啤酒 17.52 万吨，下降 3.5%；中成药（藏医药）1346 吨，增长 24.8%；自来水 11535 万吨，增长 9.6%；瓶（罐）装饮用水 8.77 万吨，增长 6.1%；铬矿石 12.35 万吨，增长 12.4%。

全年建筑业实现增加值 186.54 亿元，比上年增长 14.3%。

## 四、固定资产投资

全年全社会完成固定资产投资总额 709.98 亿元，比上年增长 29.3%。其中：民间投资 219.09 亿元，增长 72.8%。

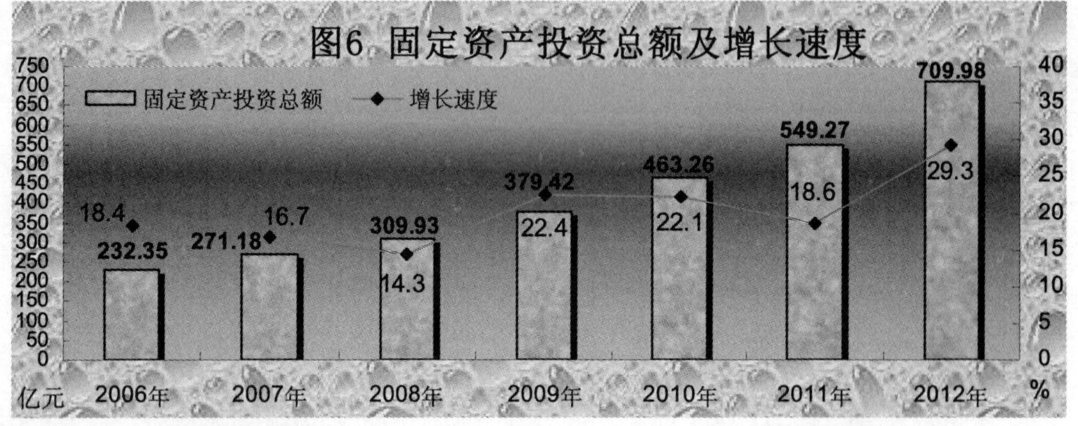


按产业分：第一产业 32.03 亿元，比上年增长 4.4%；第二产业 222.82 亿元，增长 47.9%；第三产业 455.13 亿元，增长 23.7%。按经济类型分：国有经济完成投资 473.01 亿元，比上年增长 15.5%；集体经济完成投资 14.74 亿元，增长 2.1 倍；其他各种经济类型完成投资 99.48 亿元，增长 28.7%；个体经济完成投资 32.04 亿元，增长 48.5%。按城乡分：城镇完成投资 606.93 亿元，比上年增长 26.2%；农村完成投资 103.05 亿元，增长 50.6%。

在城镇固定资产投资中，农、林、牧、渔业投资完成 22.45 亿元，增长 11.0%；采矿业投资完成 41.17 亿元，增长 2.0 倍；制造业投资完成 43.10 亿元，增长 28.2%；电力、燃气及水的生产和供应业投资完成 85.70 亿元，增长 39.4%；建筑业投资完成 25.51 亿元，下降 20.5%；交通运输、仓储和邮政业投资完成 132.24 亿元，下降 7.9%；信息传输、计算机服务和软件业投资完成 13.05 亿元，增长 1.1 倍；批发和零售业投资完成 14.65 亿元，增长 3.2 倍；住宿和餐饮业投资完成 24.95 亿元，增长 91.5%；金融业投资完成 2.58 亿元，增长 3.4 倍；房地产业投资完成 17.56 亿元，下降 1.3%；租赁和商务服务业投资完成 10.12 亿元，增长 4.4 倍；科学研究、技术服务和地质勘查业投资完成 2.56 亿元，增长 1.1 倍；水利、环境和公共设施管理业投资完成 45.03 亿元，增长 1.5%；

居民服务和其他服务业投资完成 4.91 亿元，增长 2.4 倍；教育投资完成 19.66 亿元，增长 4.5%；卫生、社会保障和社会福利业投资完成 8.52 亿元，增长 13.9%；文化、体育和娱乐业投资完成 14.25 亿元，增长 24.3%；公共管理和社会组织投资完成 72.06 亿元，增长 67.2%。

全年房地产开发投资 6.87 亿元，比上年增长 33.8%。房地产开发施工房屋面积 47.33 万平方米，比上年下降 2.9%；竣工房屋面积 9.23 万平方米，下降 57.5%；商品房销售面积 22.50 万平方米，增长 18.5%。

## 五、国内贸易

全年社会消费品零售总额 254.64 亿元，比上年增长 16.3%。分地域看，城镇消费品零售额 211.79 亿元，增长 18.3%；乡村消费品零售额 42.85 亿元，增长 7.2%。分行业看，批发和零售业零售额 212.28 亿元，增长 14.7%；住宿和餐饮业零售额 42.36 亿元，增长 24.7%。

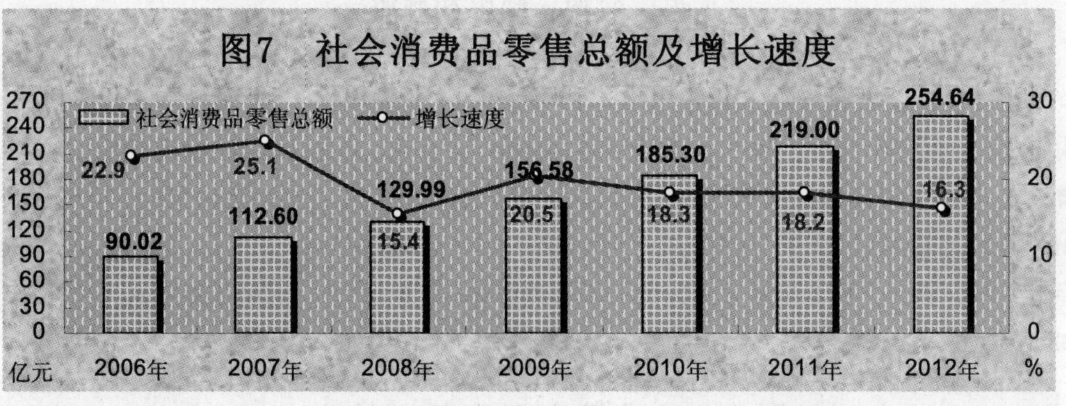


在限额以上批发和零售业零售额中，增长较快的有：石油及制品类增长 18.9%，中西药类增长 45.2%，化妆品类增长 85.2%，服装、鞋帽、针纺织品类增长 27.4%。

## 六、对外贸易

全年进出口总额 342397 万美元，比上年增长 1.5 倍。其中：出口总额 335501 万美元，增长 1.8 倍；进口总额 6896 万美元，下降 60.7%。

在进出口贸易中，边境小额贸易实现进出口总额 168648 万美元，比上年增长 81.3%，占进出口贸易总额的 49.3%。其中：出口 167739 万美元，增长 81.5%；进口 909 万美元，增长 48.3%。

全年对亚洲进出口 266240 万美元，比上年增长 1.6 倍；对欧洲进出口 30229 万美元，增长 26.0%；对北美洲进出口 22347 万美元，增长 1.5 倍；对大洋洲进出口 2210 万美元，增长 3.6 倍。

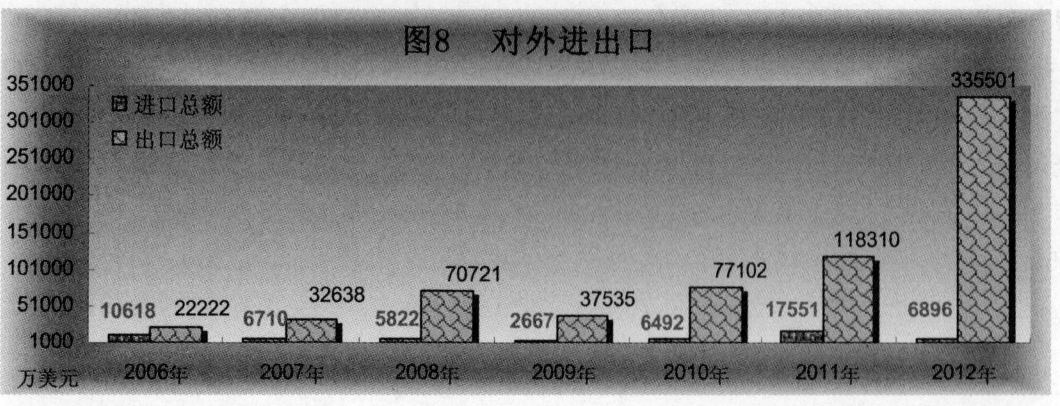


图8　对外进出口

全年合同利用外商直接投资 39353 万美元，实际利用外商直接投资 17402 万美元，全年审批利用外商直接投资项目 2 家。

## 七、交通、邮电和旅游

全年完成货运量 1144 万吨，比上年增长 9.6%。其中：公路运输完成 1042 万吨，增长 6.4%；铁路运输完成 84.6 万吨，增长 74.0%；航空运输完成 1.65 万吨，增长 36.4%；管道运输完成 15.74 万吨，增长 5.6%。全年客运总量 4052.76 万人次，增长 2.9%，其中：公路运输完成 3739 万人次，增长 2.2%；铁路运输完成 92.03 万人次，下降 4.0%；航空运输完成 221.73 万人次，增长 21.1%。

年末公路总通车里程 65198 公里，比上年增加 2090 公里，其中：有铺装路面总里程 8896 公里，增加 2267 公里。

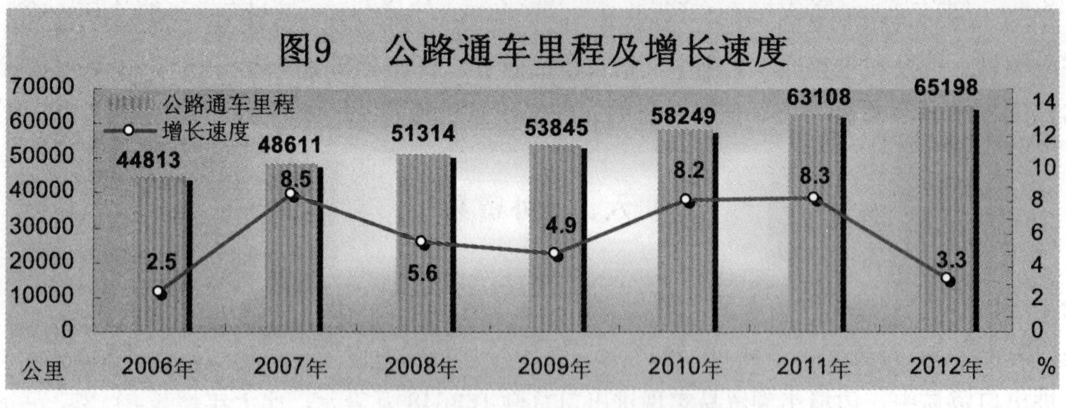


图9　公路通车里程及增长速度

年末全区民用汽车拥有量达到 27.38 万辆，比上年末增长 6.2%。

全年完成邮电业务总量 34.14 亿元，比上年增长 27.3%。其中：邮政业务总量 1.43 亿元，增长 4.4%；电信业务总量 32.98 亿元，增长 28.5%。年末局用交换机总容量 126.20 万门。年末固定电话用户 40.52 万户，其中：城市电话用户 39.10 万户，乡村电话用户 1.40 万户。新增移动电话交换机 117 万门，总容量达 342 万门。新增移动电话用户 39.09 万户，年末达到 235.49 万户。年末全区固定及移动电话用户总数达到 276 万户，比上年末增加 39.1 万户。电话普及率达到 92 部/百人。

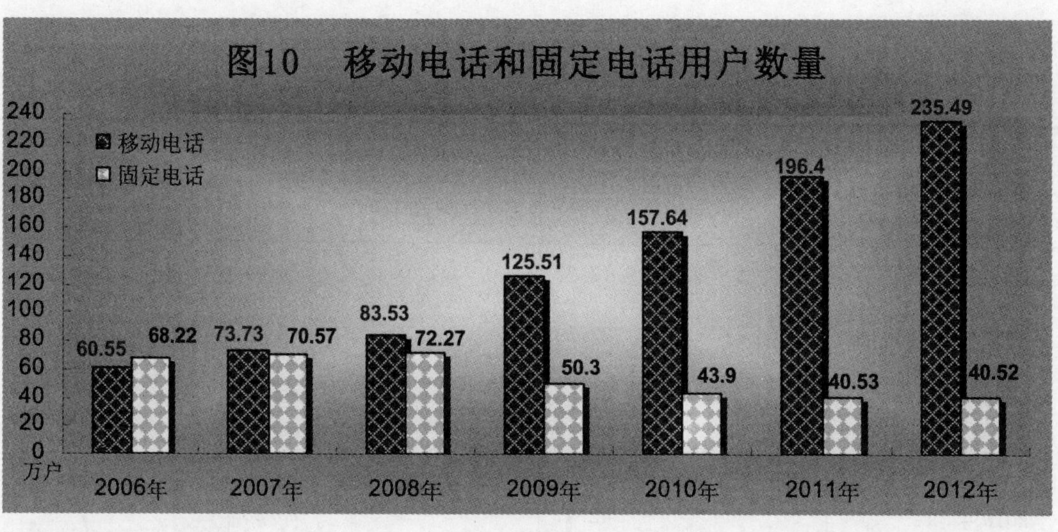

图10　移动电话和固定电话用户数量

全年接待国内外旅游者 1058.39 万人次，比上年增长 21.7%。其中：接待国内旅游者 1038.89 万人次，增长 23.3%；接待入境旅游者 19.49 万人次，下降 28.0%。旅游总收入 126.48 亿元，增长 30.3%；旅游外汇收入 10570 万美元，下降 18.5%。

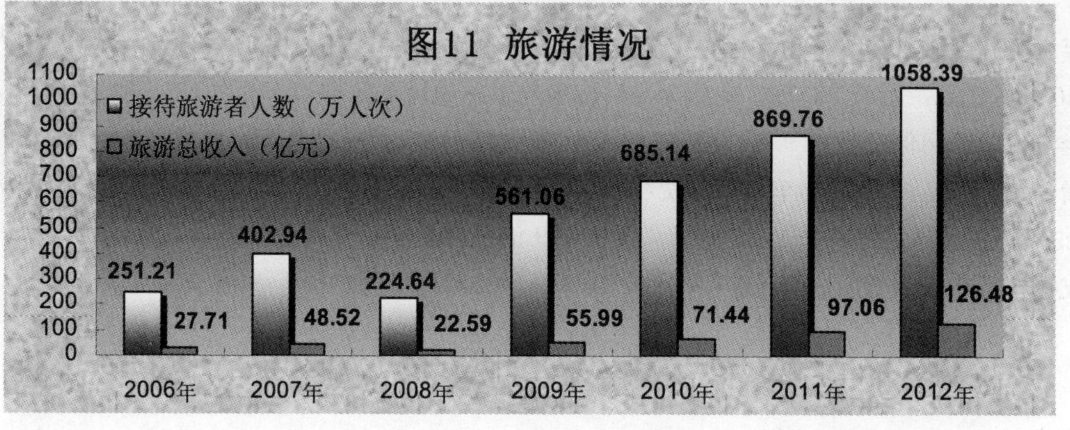

图11　旅游情况

## 八、财政、金融和保险

全年完成地方财政收入 95.71 亿元，按同比口径计算，比上年增长 48.3%。其中：一般预算收入 86.58 亿元，增长 58.1%。

全年地方财政支出 929.74 亿元，按同比口径计算，比上年增长 19.9%。其中：一般预算支出 905.34 亿元，增长 19.4%。在一般预算支出中，社会保障和就业支出 62.16 亿元，增长 7.8%；教育支出 91.71 亿元，下降 17.9%；医疗卫生支出 35.80 亿元，增长 1.4%；环保支出 23.44 亿元，增长 46.1%。

表 2　地方财政收入和支出情况

单位：亿元

| 年　份 | 地方财政收入 | | 地方财政支出 |
| --- | --- | --- | --- |
| | | #各项税收 | |
| 2006 年 | 17.27 | 8.84 | 202.30 |
| 2007 年 | 23.14 | 11.68 | 279.36 |
| 2008 年 | 28.59 | 15.19 | 384.02 |
| 2009 年 | 30.91 | 18.48 | 471.13 |
| 2010 年 | 42.47 | 25.25 | 562.58 |
| 2011 年 | 64.53 | 45.83 | 775.68 |
| 2012 年 | 95.71 | 70.07 | 929.74 |

年末全部金融机构本外币各项存款余额 2054.25 亿元，比上年末增长 23.7%。其中：个人储蓄存款 403.96 亿元，增长 25.7%。全部金融机构本外币各项贷款余额 664.05 亿元，增长 62.3%。

全年保险公司保费收入 9.54 亿元，比上年增长 25.5%。其中：财产险保费收入 6.52 亿元，比上年增长 13.7%，其中机动车辆险保费收入 4.26 亿元，增长 17.7%；人寿险保费收入 0.98 亿元，增长 25.4%;意外险保费收入 1.27 亿元，增长 1.9 倍；健康险保费收入 0.77 亿元，增长 18.0%。全年共支付各类赔款 4.05 亿元，比上年增长 21.2%。

## 九、教育、科学技术

全区普通高等教育院校 6 所，年内招生 10605 人，其中：研究生 473 人，普通本专科 10132 人；在校生 34531 人，其中：研究生 1079 人，普通本专科 33452 人；毕业生 8808 人，其中：研究生 228 人，普通本专科 8580 人。中等职业学校 6 所，招生 7901 人，在校生 18291 人，毕业生 9350 人。中学 122 所，其中：高级中学 22 所，完全中学 8 所，初级中学 92 所，高中招生 17529 人，在校生 47825 人，毕业生 13286 人；初中招生 43424 人，在校生 130266 人，毕业生 46578 人。小学 857 所，招生 51552 人，在校生 292016 人，毕业生 47537 人。特殊学校招生 150 人，在校生 420 人。年末幼儿园在园幼儿 61495 人，比上年增加 19744 人。全区小学学龄儿童入学率达 99.4%，比上年提高 0.05 个百分点。

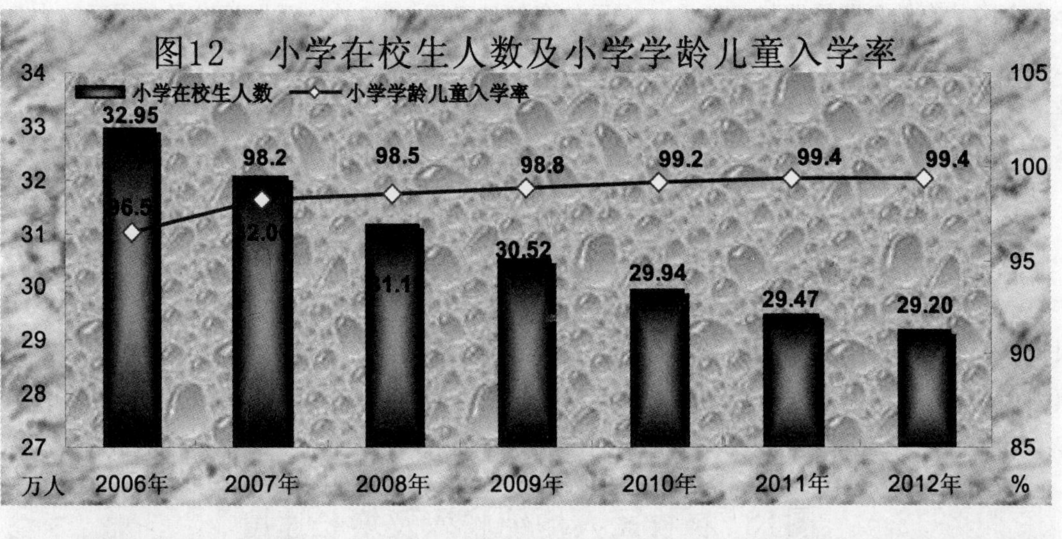


2012 年西藏气象系统共有 137 个自动气象站，其中：有人值守气象台站 39 个，无人值守气象站 98 个。天气雷达站 7 个，其中：多普勒雷达站 4 个，数字化雷达站 3 个。地震监测台站（点）共 21 个，其中试运行 19 个。水文监测站 34 个，水位监测站 56 个。

## 十、文化、卫生和体育

年末全区共有各类文化机构 393 个，其中，艺术事业 67 个，群众文化事业 320 个。公共图书馆 4 个，群众艺术馆 8 个，其他文化事业 2 个。年末全区共有电视台 2 座，广播电视台 6 座，广播电台 1 座。广播、电视人口综合覆盖率分别达 93.38%和 94.51%。出版报纸 205720 千印张，各类杂志 1705 千册，图书 1925 万册。

年末全区共有卫生机构 1390 个，其中：医院、卫生院 798 个，疾病预防控制中心（卫生防治机构）81 个，妇幼保健院、所、站 57 个。实有病床床位 9850 张，其中：医院 9392 张。卫生技术人员 13600 人，其中：执业/执业（助理）医师 7500 人。每千人病床数和卫生技术人员数分别达到了 3.28 张和 4.53 人。

**表 3　卫生机构床位数和技术人员数**

单位：张、人

| 年　份 | 床位数 | 技术人员数 | 每千人拥有床位数 | 每千人技术人员数 |
|---|---|---|---|---|
| 2006 年 | 7496 | 8895 | 2.67 | 3.17 |
| 2007 年 | 7127 | 8535 | 2.51 | 3.02 |
| 2008 年 | 8765 | 9435 | 3.05 | 3.29 |
| 2009 年 | 8553 | 10047 | 2.95 | 3.47 |
| 2010 年 | 8838 | 9983 | 3.02 | 3.44 |
| 2011 年 | 9642 | 10664 | 3.17 | 3.52 |
| 2012 年 | 9850 | 13600 | 3.28 | 4.53 |

年末全区共有健身路径器材 358 套、农民体育健身工程 1000 个。我区运动员在国际国内各种竞技体育比赛中共取得金牌 5 枚、银牌 8 枚、铜牌 5 枚。本年度认证社会体育指导员 399 人，其中：一级体育指导员 54 人；二级体育指导员 85 人；三级体育指导员 260 人。全年销售体育彩票 2.4 亿元，筹集体育彩票公益金 6601 万元。

## 十一、人口、人民生活和社会保障

根据人口抽样调查资料推算，年末全区常住人口总数为 308 万人，比上年净增加 4.7 万人。其中城镇人口 70 万人，占总人口的 22.75%；乡村人口 238 万人，占总人口的 77.25%。人口出生率为 15.48‰，死亡率为 5.21‰，自然增长率为 10.27‰ 。

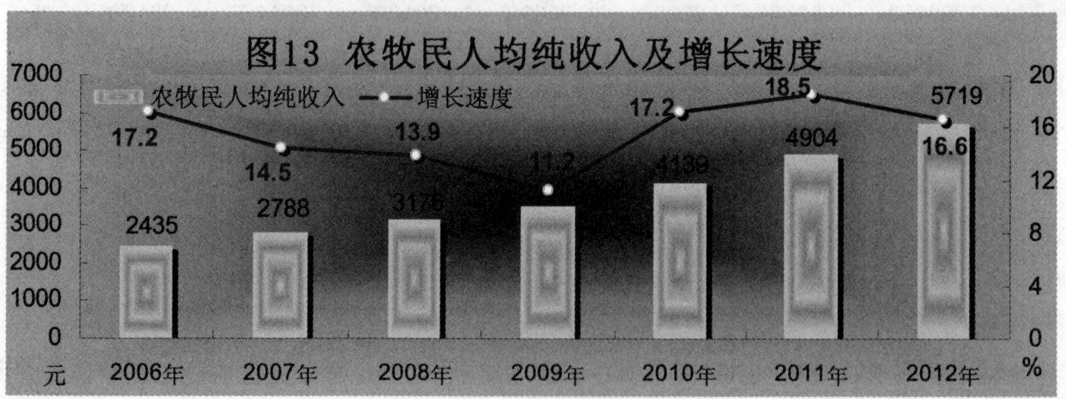


全区城镇居民人均可支配收入达 18028 元，比上年增长 11.3%；农牧民人均纯收入 5719 元，增长 16.6%。通过推进新农村建设、实施安居工程，年末已有 40.83 万户、181.22 万农牧民住上了宽敞明亮的新房。2012 年年末城镇居民人均居住面积 36.14 平方米，农牧民人均居住面积达到 29.58 平方米。

到 2012 年底，全区参加企业职工基本养老保险人数为 12.22 万人，城镇居民社会养老保险人数为 6.9 万人（含寺庙僧尼 2.32 万人），新农保人数为 130.69 万人，工伤保险人数为 12.39 万人，失业保险人数为 11.33 万人，生育保险人数为 16.99 万人；全区参加城镇职工基本医疗保险人数为 26.63 万人，参加居民基本医疗保险人数为 22.57 万人（含寺庙僧尼 2.32 万人）。

全区城镇居民共有 47690 人享受政府最低生活保障，发放低保救助金 14906 万元。农村居民有 32.9 万人享受政府最低生活保障，发放低保救助金 25230 万元。年末全区各类社会福利机构共有 277 个，公办儿童福利院 10 所，民办儿童福利院 3 所，集中收养 4544 人；供养五保户 3429 人，其中孤残儿童 1115 人。全年销售社会福利彩票 3.1 亿元，筹集社会福利公益金 1.1 亿元。

## 十二、矿产资源、安全生产

2012 年度全年新发现矿产 8 处，重点评价 2 处，具有开发价值的矿床 1 处。有 6 种矿新增储量，实施地质勘探项目 122 项，完成了钻探实物工作量 208974 米。

全年共发生各类安全事故 924 起，比上年下降 23.45%；死亡 356 人，上升 5.64 %；直接财产损失 1533.33 万元。

**注：**

1. 本公报数据均为初步统计数，正式数据以《西藏统计年鉴—2013》为准。

2. 对外贸易、交通、邮电、旅游、财政、金融、保险、教育、科技、气象、环保、文化、卫生、体育、社会福利和保障、资源、安全生产方面的数据均由自治区有关部门提供。

3. GDP、各产业增加值绝对数按现价计算，增长速度按可比价计算。

# 中国统计出版社最新图书简目

(仅供参考,以最后出书为准)

## 统计资料

中国统计年鉴-2013　中国统计摘要-2013　国际统计年鉴-2013

2013中国发展报告　中国第三产业统计年鉴-2013　中国区域经济统计年鉴-2013

中国劳动统计年鉴-2013　中国社会统计年鉴-2013　中国城市统计年鉴-2013

中国建筑业统计年鉴-2013　中国人口和就业统计年鉴-2013　中国工业经济统计年鉴-2013

中国商品交易市场统计年鉴-2013　中国房地产统计年鉴-2013　中国能源统计年鉴-2013

中国民政统计年鉴-2013　中国贸易外经统计年鉴-2013　2013中国地区经济监测报告

中国科技统计年鉴-2013　中国农村统计年鉴-2013　中国农产品价格调查年鉴-2013

中国高技术产业统计年鉴-2013　中国教育经费统计年鉴-2013　中国农村贫困监测报告-2013

全国农产品成本收益资料汇编-2013　中国科学技术协会统计年鉴-2013　工业企业科技活动资料-2013

大中型批发零售和住宿餐饮企业统计年鉴-2013　中国价格统计年鉴-2013

第二次全国R&D资源清查资料汇编一工业企业卷　中国住户调查年鉴-2013　中国县域统计年鉴-2013　中国农村全面建设小康监测报告-2013

第二次全国R&D资源清查资料汇编一综合卷　中国人才资源统计报告-2011　中国民族统计年鉴-2013　中国零售和餐饮连锁企业统计年鉴-2013

2010年中国第六次人口普查公报

### 2013年省级综合统计年鉴系列

北京 天津 河北 山西 内蒙古　辽宁 吉林 黑龙江 上海 江苏　浙江 安徽 福建 江西 山东

河南 湖北 湖南 广东 广西　海南 重庆 四川 贵州 云南　西藏 陕西 甘肃 青海 宁夏

新疆 新疆生产建设兵团

### 2013年市(县)级综合统计年鉴系列

天津滨海新区　石家庄 唐山 邯郸 太原 大同　长治 阳泉 晋城 朔州 晋中

运城 忻州 临汾 呼和浩特　包头 沈阳 大连 长春 吉林市　四平 哈尔滨　黑龙江垦区

上海浦东新区 南京　苏州 无锡 常州 徐州 南通　盐城 镇江 江阴 丹阳

杭州 宁波 绍兴 台州 温州　金华 嘉兴 衢州　福州　福州经济技术开发区

厦门经济特区 南昌 上饶　济南 青岛 潍坊 郑州　洛阳 三门峡 南阳 武汉 宜昌

十堰 荆州 咸宁 长沙 广州　东莞 惠州 深圳 桂林 南宁　柳州 来宾 河池 海口 成都 绵阳

贵阳 昆明 庆阳 西安　兰州 银川 乌鲁木齐

### 2010年人口普查资料系列

中国2010年人口普查资料　北京 天津 河北 山西 内蒙古　辽宁 吉林 黑龙江 上海 江苏

浙江 安徽 福建 江西 山东　河南 湖北 湖南 广东 广西　海南 重庆 四川 贵州 云南

西藏 陕西 甘肃 青海 宁夏　新疆 新疆生产建设兵团　河南省各市2010年人口普查资料丛书

中国分县2010年人口普查资料　中国分乡镇、街道2010年人口普查资料　中国分民族2010年人口普查资料

## "十一五"规划教材

统计学("十二五"规划,黄良文)　抽样调查理论与实践("十二五"规划,冯士雍)

统计学("十二五"规划,单微)　试验设计("十二五"规划,茆诗松)　贝叶斯统计("十二五"规划,茆诗松)

统计学:从数据到结论(十二五规划,吴喜之)　医学统计学(陆守曾)

非参数统计(吴喜之)　概率论与数理统计(茆诗松)　现代金融投资统计分析(李腊生)

多元统计分析(任雪松)　应用时间序列分析(王振龙)　统计指数理论及应用(徐国祥)

经济计量学教程(贺铿)　质量管理统计方法　(茆诗松)　统计实验系列教材(许涤龙)

社会统计学(蒋萍)　市场调查与预测(蒋志华)　统计学原理(非统计专业用,朱胜)

国民经济核算教程(杨灿)　概率论与数理统计(经济、管理类专业使用,朱胜)

## 重点图书

挑大学选专业2013—高考志愿填报指南　挑大学选专业2013—考研择校指南

**中国统计出版社发行部电话:(010)63376907,63376908　同椙行书店电话:68783171,68783172**

**通讯地址:北京市西城区三里河月坛南街57号　邮政编码:100826**

**网址:http://csp.stats.gov.cn**